The Business of Enlightenment:
A Publishing History of the *Encyclopédie*,
1775—1800

# 启蒙运动的生意

## 《百科全书》出版史（1775—1800）

〔美〕罗伯特·达恩顿　著

叶彤　顾杭　译

Robert Darnton
**THE BUSINESS OF ENLIGHTENMENT**
**A Publishing History of the *Encyclopédie*, 1775–1800**

Copyright © 1979 by the President and Fellows of Harvard College

Published by arrangement with Harvard University Press

through Bardon-Chinese Media Agency

Simplified Chinese translation copyright © 2022

by The Commercial Press, Ltd.

ALL RIGHTS RESERVED

根据哈佛大学出版社 1979 年版译出

献给苏珊

# 目 录

致谢　　　　　　　　　　　　　　　　　　　　　　001
术语和拼写说明　　　　　　　　　　　　　　　　　003

第一章　导言：一部书的传记　　　　　　　　　　　005
第二章　一桩投机生意的开端　　　　　　　　　　　048
　　　　纳沙泰尔的再版计划/049　从重印到修订/056　约瑟夫·杜普兰和四开本《百科全书》/070　出版、政治和庞库克/079　从修订版到四开本/090　1777年的巴黎会议/097　一桩好生意的基础/105
第三章　变戏法一样的各种版本　　　　　　　　　　111
　　　　"第二版"/111　"第三版"的由来/118　混乱局面/121　以纳沙泰尔的名义/130　最终谈判的序曲/136　用"公开信"斗法/140　螺丝的最后一扣/145　合同/149
第四章　盗版与商战　　　　　　　　　　　　　　　153
　　　　盗版的侵入/154　八开本出版商和他们的《百科全书》/159　四开本—八开本之战的由来/162　外交手段的最后失败/173　公开的战争/180　为和平而磋商/193　奇特的和平/200

## 第五章　造书　　　　　　　　　　　　　　　206

生产体系不堪重负/207　获得纸张/215　"原稿"/229　招募工人/237　制订工资标准/249　调整工作步伐和管理工人/258　印制：技术和人的因素/269

## 第六章　传播　　　　　　　　　　　　　　　291

管理问题及辩论/292　销售/301　书商/312　价格和消费者/324　销售模式/331　订购者，一个个案研究/341　在法国的传播/350　在法国以外的传播/356　阅读/381

## 第七章　清算　　　　　　　　　　　　　　　387

1778年，隐藏的分裂/388　初步清账/395　杜普兰和纳沙泰尔印刷公司的争执/401　行销策略/410　佩兰事件/417　对一个骗局的解剖/431　里昂，最后的对抗/443　结局/450　尾声/456

## 第八章　最终的《百科全书》　　　　　　　　473

《方法百科全书》的由来/474　启蒙运动出版的巅峰时刻/483　列日解决方案/491　庞库克的终极《百科全书》的构想/499　作为编辑者的庞库克/506　《方法百科全书》的作者/515　两代百科全书编纂者/523　从伏尔泰主义到专业主义/535　启动18世纪规模最大的图书/544

## 第九章　百科全书主义、资本主义和革命　　　551

庞库克的蠢行/551　从百科全书主义到雅各宾主义/575　文化革命中的一位启蒙出版商/593　最后的百科全书编纂者/610

第十章　结论　622
　　启蒙的生产和传播/623　启蒙运动的出版业和资本主义精神/635　《百科全书》和政府/640　文化的革命/645

附录A　《百科全书》出版商合同，1776—1780年　653
附录B　四开本《百科全书》的订单　689
附录C　法国主要城市的订购量　702
附录D　《方法百科全书》供稿人　706
参考文献说明　722
索引　730

编后说明　745

# 插图目录

图 1　纳沙泰尔四开本第 24 卷用纸分配图　　226
图 2　人力和产量，1778 年 6 月至 10 月　　266
图 3　1779 年 4 月 19—24 日的工作流图　　282
图 4　第 6 卷产量表（1777 年 7 月至 12 月）　　283
图 5　四开本在法国及其边境地区的传播　　332
图 6　贝桑松的四开本订购者的身份　　347
图 7　除贝桑松以外的孔泰订购者的身份　　348
图 8　四开本在法国之外的传播　　357
图 9　订单骗局　　433
图 10　两代百科全书编纂者的地理分布　　529
图 11　两代百科全书编纂者社会地位对照图　　532

引自《百科全书》的插图
　　在造纸作坊，布浆化成原料　　213
　　用模具制造纸张　　214
　　铅字，置于排字盘上对齐　　272
　　排字和拼版　　273
　　操控印版并拉动印刷机的杆　　274
　　普通印刷　　275

图表
　　纳沙泰尔的《百科全书》纸张供应　　221—223

# 致　谢

我要向在创作本书的过程中提供支持和资助的两家研究中心表达我的谢意。1973 年开始写作的时候,加利福尼亚斯坦福的行为科学高级研究中心给了我支持;1977 年我在荷兰瓦斯纳尔(Wassenaar)的荷兰高等研究所写完了本书。中间那段时间我搁置了写作,去进行其他研究。本研究的发端可追溯到 1965 年,当时,我第一次着手探索纳沙泰尔印刷公司(STN),以及法国国家图书馆印刷联合会档案和阿尼松-迪佩隆藏书。得益于哈佛大学学者协会(the Society of Fellows of Harvard University,1965—1968)和古根海姆基金会(1970—1971)的慷慨资助,这些探索工作得以持续多年,形成了包括本书在内的若干出版物。1971 年,我在高等研究实践学院(EPHE)六分部(即现在的高等社会科学研究院)以访问研究员的身份度过了半年时间,从法国的书籍史大家那里受益良多。而让我最受益匪浅的是雅克·里什纳(Jacques Rychner)。他现在是纳沙泰尔城市图书馆的馆长。他向我揭示了分析性书志学(analytical bibliography)的谜底,为此我们在纳沙泰尔图书馆周围的店里喝掉了无数杯咖啡。他允许我深入到他所管理的 STN 印刷厂去开展对《百科全书》的研究。而这座宝库在他出版其博士论文的时候会广为人知。我在纳沙泰尔的工作也受到了已故的沙利·吉约（Charly Guyot）的鼓励，我希望这本书可以纪念他的好意。另一位纳沙泰尔人也为我提供了极大的帮助，尽管我们从未谋面。他就是让·让普莱特（Jean Jeanprêtre），一位退休的化学家。他晚年倾注于为纳沙泰尔印刷公司的档案编目。他的工作和与市图书馆馆员愉快的合作，让研究纳沙泰尔印刷公司档案成了一件乐事。

最后，我希望感谢在撰写本书期间帮助过我的人。卡洛琳·汉纳威（Caroline Hannaway）提供了《方法百科全书》五位难以辨明的撰文者的信息。高等社会科学研究员的地图学实验室的玛丽-克劳德·拉佩尔（Marie-Claude Lapeyre）绘制了地图，夏洛特·卡尔逊（Charlotte Carlson）绘制了图表。贾尔斯·巴伯（Giles Barber）审读了第五章，雷蒙德·比恩（Raymond Birn）细致审读了整部手稿。伊丽莎白·萨特尔（Elizabeth Suttell）编辑了手稿。苏珊·达恩顿（Susan Darnton）制作了索引。玛丽安娜·珀拉克（Marianne Perlak）设计了图书的装帧。美国-斯特拉福德图文服务公司（American-Stratford Graphic Services, Inc.）负责排版。梅普尔-维尔图书制作集团（Maple-Vail Book Manufacturing Group）完成了打印和装订。

# 术语和拼写说明

在18世纪,法国没有与现代英语或者法语的"出版商"(publisher, éditeur)一词对等的词语。当时的人们通常说书商(libraires),书商-印刷商(libraires-imprimeurs)或者就用简单的"承包商"(entrepreneurs)。当然,许多"书商"卖书但不参与书的制作,所以,"出版社"和"出版"在整本书中用的都是现代英语的含义。"版"(edition)也是一个模糊的术语。现代文献学者区分"版"(editions)、"印"(printings)、"版本"(states),以及其他与文本的生产和复制有关的单位。但是,18世纪的书商和印刷商说的是宽泛意义上的"版",可以指重启不完整的印刷,有时候——如我们将会在讨论《百科全书》四开本和八开本"缺失"的第二版的时候会看到的——甚至根本不存在。本书中,为了避免混淆,同时也是付出了文献学上不纯洁的代价,"版"一词是以18世纪那种随意的方式使用的。这样,就能够理解出版商对他们作品的讨论,而无需被时代错误的术语所束缚,或是被过量使用的引号所干扰。由于本书几乎完全基于手稿材料,这些材料有着丰富的原汁原味,所以给出的是法语引文。拼写和标点按照现代规范改动,个别因为原文过于旧式,以至于难以改动的情况除外。地名,如里昂、马赛,除了在法语段落中出现外,已经根据英语习惯拼写。

第一章

# 导言：一部书的传记

本书试图通过详细描述《百科全书》的一生，驱散围绕在图书历史四周的迷雾。这是关于一部书的书：这位主角似乎有些神秘，而且它可以缩到无穷小，就像从一面镜子反射到另一面镜子里。不过，如果处理得当，也会增强人们对早期现代历史诸多方面的理解；如人们所知，在法国，书籍史（histoire de livre）就和历史研究中的广泛问题有关。启蒙运动这样伟大的思想运动是如何在社会中传播的？影响的深度和广度如何？贤哲的思想在物质化到书中时，采取何种形式？印刷品的物质基础和生产技术与它的主旨和传播有很大的关系吗？图书市场如何确定其功能？出版商、书商、推销员和文化传播中的其他媒介扮演什么角色？出版如何像生意那样运作？它如何适应革命前欧洲的经济和政治体制？问题可以层出不穷，因为书籍联系着极其广泛的人类活动——从捡破烂到传达上帝的声音的一切事。它们是匠人的产品、经济交换之物、观念之舟以及政治和宗教冲突的要素。

然而，这个处在多种研究方法交汇点上的诱人主题，如今在美国的历史研究中尚付阙如。我们对此尚未置一词。书籍史的概念听起来和图书史一样难以使用，而这种困难表明我们对大西洋彼岸已经出现的一种有着自己的方法、自己的刊物以及在兄弟学科间拥有了确定位置的独立历史学流派的生疏。在美国，图书的历史被归入图书馆学和善本收藏学之中。步入任何一间善本室，都会见到善本迷们品玩装帧、端详水印，博学家研究奥斯汀著作的各种版本；但你不会遇到任何一位主流的历史学家试图把书籍理解为历史中的一股力量。

这真是一件憾事，因为知识渊博的人也可以从图书宝库中的专家们身上学到很多东西。他们可以教他筛选他们的财宝，触摸那些贯穿他们期刊——《图书馆》(*The Library*)、《文献学研究》(*Studies in Bibliography*)、《美国文献学协会文集》(*Papers of the Bibliographical Society of America*)、《法国历史杂志》(*Revue Française d'histoire du livre*)、《黄金罗盘》(*De gulden passer*)、《古登堡年鉴》(*the Gutenberg Jahrbuch*) 和许多其他刊物——的信息的脉搏。世所公认，这些出版物似乎是文献学者写给文献学者看的，很难在深奥的语言和考据下面看到实质性的问题。但文献学不应局限于这样一些问题，诸如排字工 B 怎样始终在排《威尼斯商人》时犯拼写错误，或者，排字架的样式是否揭示了排版实践中的规律性。文献学直接进入了工人阶级历史的喧嚣之中：它为研究工业革命前熟练的手工业者的工作习惯提供了一种分析方法。

然而，奇怪的是，它并没有吸引法国人的多少注意力，尽管他们在这方面贡献最多，已将图书的历史带离纯粹博学的王国，引上了总体史的宽广大道。法国人的研究倾向于统计学和社会学，通常对图书的生产做宏观研究或对一个个的图书馆做微观分析，

第一章 导言:一部书的传记

但忽视图书生产和流通的过程。英国人对那些过程做了很好的研究。他们在出版商和销售商的账本里——而不像法国人那样仅在国家或者公证处的档案里——追寻研究材料。把英国的经验主义和法国对宽广的社会史的关注结合在一起,有可能在美国产生一种关于图书史的新颖的混合物。①

当然,历史应当怎样写,说起来容易做起来难;而一旦图书史家用目录索引和方法论武装了自己,冒险闯入这一领域,就可能遇到一个最大的障碍:材料匮乏。他可以在充斥着书籍的图书馆里从事研究工作,但他却不知道这些书在来到他面前之前有过何种经历,以及它们是否代表着过去的阅读习惯。国家的档案表明了图书是如何出现在掌控它们的权威面前的。拍卖目录和死者藏书清单则使人对私家图书馆略有所知。但是,正式的材料并没有告诉我们多少各种图书在普通读者中间曾经有过的鲜活的经历。事实上,在 18 世纪的法国,图书目录和图书一样必须经过审查,所以,启蒙运动没有出现在以书目和申请印书特许权(一种王室版权)为基础的研究中,就并不是一件怪事。启蒙运动存在于别处。它首先存在于哲学家的沉思中,其次则存在于出版商的投机中——他们为超越了法国法律边界的思想市场投资。

这些沉思和投机怎样在书中走到一起,以及这些书如何被读者获得,还是件不可思议的神秘之事,因为出版商的文件几乎全部散失了。但是,纳沙泰尔印刷公司(Société typographique de Neuchâtel,STN)的文件在瑞士城市纳沙泰尔幸存下来。这家公司

---

① 要了解这一领域内不同的研究领域或阅读更多的专著,请参见本书后面的"参考文献说明"。

是18世纪最重要的法文图书出版商之一,这些文件中包含了图书史各个方面的信息。如何对待作者,如何生产纸张,如何处理文稿,如何排版,如何印刷,如何装箱运输,如何讨好当局,如何计取警察,如何给销售商供货,以及如何满足1769年到1789年间遍及欧洲各地的读者,一切都展现在文件中。信息多到令研究者不知所措。一个销售商的几封信所揭示的就远远超过一整部关于图书交易的专著,而纳沙泰尔的文件中有50 000封信,它们出自以各种方式靠图书交易为生的形形色色的人之手。要在一部书中尽可能地使用材料,再现18世纪的图书世界,是不可能的。因此,1963年,经过一些了解之后,我决定仔细考察纳沙泰尔印刷公司的全部文件,辅以对其他文献的研究,撰写一系列著作,研究启蒙时代的知识分子、书籍和公共舆论。

本书是第一部。它试图通过追踪一部书的生命周期,揭示启蒙运动的出版方式。不过这可不是随便一部什么书,而是启蒙运动中最重要的著作——狄德罗的《百科全书》。假如材料丰富、研究对象复杂,做某一出版物的总体史似乎比处理出版的总体问题更好。循着某个主题,不论它导向何方,我们总可以向很多方向扩展,拓入人迹未至的领域。这一方法有个特别的好处:在一个未知领域进行摸索的初步阶段,搞清楚生产和销售一部书的过程中出版商如何草拟协议、如何编辑处理文稿、印刷商如何招募工人、销售商如何推销,要比就一般图书发表些模模糊糊的看法为好。这里也有对新奇事物的追求:过去从来没有可能追溯一部18世纪图书的生产和传播过程。最后一点,《百科全书》的出版史值得一说,因为这是一个好故事。

这个故事可以从那些出版商的信里拼织而成,其中大部分

## 第一章 导言:一部书的传记

的信都不是很商业性的。信中充满了对阴谋的谴责和诸如"盗版""海盗""土匪"一类的名词,暗示了旧制度下图书交易特有的性质。在追求金钱的无节制欲望的驱使下,同时又不会因为在合伙人背后捅刀子或把竞争者送入虎口而受良心谴责,《百科全书》的出版者成了经济史上著名的"劫掠资本主义"(booty capitalism)阶段的集中体现者。或许他们同文艺复兴时期的商业冒险家的共同点比与现代经理们更多。不过关于任何一个时期商业历史的内情,人们又知道多少呢?还有哪项事业能像《百科全书》这样被如此贴近地进行研究?这一研究不仅基于商业通信,还基于账簿、管理人员的秘密备忘录、旅行推销员的日记、顾客的抱怨以及工业间谍的报告——出版商用各种各样的间谍来对付敌人,也同样用来对付盟友。《百科全书》促成了很多的同盟和组合,它们之间的契约及其附录——出版商称之为协定——应该像外交文件那样得到研究。而且出版商们写了如此多的信,使得我们既可以研究他们的行为,也可以研究他们的思维方式。通过了解他们如何做出决定、如何算计谋划以及他们关心什么,就可以走进这些早期企业家的精神世界。《百科全书》的故事既是一种商人的思想史,也是一种商业的外交史。但在讲故事的同时又要分析行为模式是件困难的事。本书将在适当的时候从叙述状态切换到分析状态,喜欢其中某一部分的读者,可以章节标题为标志,在书中有选择地阅读。

狄德罗和《百科全书》的联系终止的时间,就是这个故事开始的时间,也即1772年,《百科全书》最后一卷出版的那年。在狄德罗驾驶着《百科全书》之舟安全驶入港湾后,着手研究其历史,看起来有些奇怪,但有两点理由。首先,关于狄德罗和《百科全书》已经存在着大量的文献。该书的文本已经被分析和编纂过数十次：即使对出版史的研究很重要，概述对它的思想内容的所有研究成果，也是多余的。[①] 其次，人们对第一版的生产和传播知之甚少。有人已经发现了原出版商账簿的一些残页，还可以从一个急脾气的订购者搜集的材料中推想出版者的商业活动，这个订购者叫卢诺·德·布瓦斯杰尔曼（Luneau de Boisjermain），他控告出版商欺诈，但未成功。尽管几位学者仔细爬梳了这些材料，但他们并未弄清楚第一版是如何生产的、被卖到了哪里以及谁买了它们。虽然乔治·B. 沃茨（George B. Watts）和约翰·洛（John Lough）从日内瓦的档案中发掘出了一些材料，但第二版的历史也还是同样面目模糊。虽然意大利学者使我们了解了围绕着卢卡版和里窝那版《百科全书》的政治活动，他们仍不知道意大利版的翻印花了多少钱、最终得到了多少部《百科全书》。

至于说到《百科全书》的传播，前四个版本相对而言则不那么重要。它们是豪华精美而昂贵的对开本，一般读者根本负担不起，而且只占1789年前《百科全书》数量的40%。1777—1782年，价格大大降低了的四开本和八开本付印后，大革命前的欧洲才有了大量的《百科全书》。法国50%—65%的《百科全书》是四开本的，而且来龙去脉都可以追踪得到，这要感谢纳沙泰尔印刷公司的文件。这些文件还使我们能够解释八开本的历史和《方法百科全书》的由来，后者是启蒙运动中最终的《百科全书》，它在整个

---

[①] 这句话不应被理解为是在暗示出版史可以忽略图书的内容。相反，这一研究就是要表明对文本的理解，以及对文本对过去某一特定时刻的读者的意义的理解的重要性。要参阅有关《百科全书》的文献，特别是关于其早期版本，请见本书后"参考文献说明"。

# 第一章 导言:一部书的传记

大革命中的遭遇(命运)还可以通过其他材料了解。更进一步,这些文件揭示了1750—1800年所有《百科全书》投机生意间的联系,其中的一些投机从来没有付诸实施。它们说明了出版商为了适应不断扩大的读者群,如何改变了《百科全书》的外观,以及当投机商们争相推销那个世纪最畅销的图书时,出版方面的联合企业如何一个紧接着一个地成立。因此,从图书史的角度看,《百科全书》的故事在18世纪70年代发生了重要的转折,只有到了此时,它才步入了代表启蒙运动大范围传播的阶段。如果文献不足以支持对《百科全书》的早期版本进行更多的研究,它至少足以显示狄德罗的著作在完成之后是如何到达他为数众多的读者手中的。

在试图追踪《百科全书》的文本后来的变动之前,应该考虑到一个基本事实,即《百科全书》的第一版第一卷刚刚到达订购者手中时,法国当局就明确地知道:这是一部危险的书。它不仅提供了关于万物的详细知识,还根据达朗贝尔(d'Alembert)在《绪论》(*Preliminary Discourse*)中详加阐述的哲学原理来记录知识。尽管达朗贝尔正式承认教会的权威,但他明确地指出:知识来自理性,而不是来自罗马教廷或《启示录》。伟大的秩序化力量是理性,它和记忆、想象等共同发挥作用。所以人们所了解的事情都来自周围的世界以及他自己头脑的活动。《百科全书》用一幅知识树说明了这一点,这棵树表明所有艺术和科学都来自三种精神活动。哲学是树干,神学占据了一个分支,另一支是巫术。狄德罗和达朗贝尔废黜了古老的科学"皇后"。他们重新安排了认知的世界,重新确定了人类的位置,并把上帝拒之门外。

他们知道改变对世界的看法是桩危险的事，所以他们躲在狡猾的托词、反语、对正统的虚假的强调的背后。但他们并没有隐藏用以抨击旧宇宙论的认识论基础。相反，《绪论》就像一部简明的哲学史，把这一点说得很清楚，这部哲学史建立了哲学家的知识谱系，并且一方面打倒了正统托马斯主义，另一方面打倒了笛卡尔主义的新正统，唯独留下洛克和牛顿。因此，狄德罗和达朗贝尔既把《百科全书》作为知识汇编，又作为一种哲学宣言。他们打算把这部书的这两方面结合起来，使它们成为一枚硬币的两面：百科全书主义（Encyclopedism）。他们把这一策略当作使启蒙运动合法化的方法，因为《百科全书》编纂者认为他们的哲学等同于知识本身，即：有根据的知识，来源于理性和大脑的其他功能，而不是教会和国家宣扬的知识。他们暗示，传统的知识除了偏见和迷信外等于零。所以，在《百科全书》28卷对开本的庞大体积和71 818个条目、2 885幅图版的巨大数目下隐藏着认识论上的转变，改变了人们熟知的万物的形貌。

正是这一点破除了对知识和权威的既有观念，这些观念曾视《百科全书》为异教。在破除了既有观念，并学会以《绪论》的观点浏览知识的世界之后，读者可以发现全书各处并未有多少异端邪说。寻找它们成了一种游戏。当然不会在明处找到它们，《百科全书》的编纂者和撰稿人必须小心翼翼地对付审查，尽管他们甚至向"CHRISTIANISME（基督教）"这样的条目中塞进一些不敬的言论。最好是到那些有着如"ASCHARIOUNS"\*和"EPIDÉLIUS"\*\*这样荒谬的标题，标志着基督教的荒谬性的条目中去搜寻。当然，

---

\* 似乎是一位穆斯林医生。——译者
\*\* 似乎是一位希腊神话人物。——译者

第一章 导言：一部书的传记

必须把标志隐藏起来。《百科全书》的撰稿人先给牧师穿上日本的和服，再在条目"SIAKO"中对他们冷嘲热讽，在"YPAINI"中，他们把圣餐打扮成异教徒铺张奢侈的仪式；在"AIGLE（鹰）"中，圣灵被说成是一种奇怪的鸟；在"AGNUS SCYTHICUS（西徐亚羔羊）"中，他们使得"道成肉身"的说法看起来如同迷信一种有魔力的植物一样怪诞可笑。同时，他们开辟了一个高尚的、守法的印度教徒、儒家弟子、霍屯都人、斯多葛派学者、索齐尼派教徒、自然神论信仰者、无神论者的阅兵场，他们通常似乎能在论战中打败正统——尽管由于不合逻辑的推论或者因为教会的干涉，正统总是取得最后的胜利，例如"UNITAIRES（一位论派教徒）"这一条目。《百科全书》编纂者通过这种方式，鼓励读者寻找字里行间的隐义，倾听两重声音。

一旦读者学会这种使用理性的方式，他就会发现包括社会和政治生活在内的生活中方方面面的无理性。《百科全书》比教会更尊重国家，它不挑战特权秩序和至高无上的权力。但有心的读者从混杂在惯常的、有时是矛盾的条目里的文字中，可以发现大量的对世俗世界主人的大不敬。不仅狄德罗在"政治权力"中把国王的权威降低为是由人民的允许才获得的，霍尔巴赫（d'Holbach）在"REPRÉSNTANTS（代表）"条目中鼓吹一种资产阶级式的君主立宪政体，卢梭在"ÉCONOMIE（*Morale et Politique*）[经济学（道德与政治）]"条目中先期提出了《社会契约论》的一些基本主张，若古（Jaucourt）在数十个条目中宣扬自然法理论，暗中挑战波旁王朝专制主义的意识形态。一些条目嘲弄了贵族统治的浮华和自命不凡。尽管在一些地方（如"EXEMPTIONS [豁免权]"和"PRIVILÈGE [特权]"）为特权阶级的免税政策做了辩护，但又在其他条目（"VINGTIÈME [二十分之一税]"和"IMPÔT [税]"）中进行了抨击。普通人的尊严在许多地方得到确认——不仅在关于资产阶级（NÉGOCE［交易］）的条目中，也在热情洋溢地描述劳动者（PEUPLE［平民］）的条目中。

如果把这些言论看作是在呼唤革命，那就错了。《百科全书》是时代的产物，它诞生于18世纪中叶的法国，那时作者们不能公然讨论社会和政治问题，这和大革命前摇摇欲坠的政府容许大量坦率讨论的状况形成了鲜明对比。《百科全书》甚至不赞成资本主义的高级形态。尽管它强调技术和重农主义，但试图阻碍雇工和机器在工厂的集中，它呈现了手工制造业的旧时图景，而没有在诸如"INDUSTRIE（工业）"或"MANUFACTURES（制造业）"之类的条目中展望工业革命的景象。《百科全书》的基本要素并非来自对遥远将来的法国和工业革命的先见之明，而是来自一种尝试，试图在理性并只在理性的支配下勾勒出知识世界新图景的新边界。正如它在扉页上宣称的：它自命为"有关科学、艺术和工艺的理性辞典"，即用理性的标准衡量一切人类活动，并以此为思考世界提供一个基本原则。

同时代的人不难察觉此书的目的，因为它的作者们在关键的条目（如狄德罗的"ENCYCLOPÉDIE［百科全书］"）或达朗贝尔的"第三卷前言"中已经公开承认。从1751年第一卷问世到1759年的危急时刻，《百科全书》一直遭到旧正统和旧制度辩护者的公开抨击，其中包括耶稣会士、詹森派教徒、最高宗教裁决会、巴黎高等法院、御前会议和教皇。抨击的声浪巨大而迅速，各色文章、小册子、图书和官方文告滚滚而来，《百科全书》似乎要完蛋了。但是出版者已经事先有所安排，他们强有力的保护人——书报总监马勒泽布（Malesherbes）在1750—1763年这个关键时期内

第一章　导言：一部书的传记

主管图书交易。

马勒泽布数次挽救了《百科全书》，第一次是在1752年，那年，它被卷入了德·普拉德事件。狄德罗的合作者之一，让－马丁·德·普拉德神甫（Jean-Martin de Prades）向索邦神学院提交了一篇神学学位论文。就像德·普拉德神甫的主教说的，这篇论文如果不是《绪论》本身，也一定直接出自《绪论》。在随之而来的流言蜚语中，德·普拉德神甫逃到了柏林，弗里德里希二世任命他为御前侍读；《百科全书》后来被用作攻击逐渐传播的无神论的证据送到弗里德里希二世手中；狄德罗两年前刚刚因《论盲人》在樊尚监狱度过了四个月的痛苦时光，看来有可能因此重入囹圄；有谣言说耶稣会士将接管《百科全书》，作为对他们努力揭露毁灭宗教的阴谋的奖赏。感谢马勒泽布，这次危机的后果不过是产生了一则国务会议决定，宣布前两卷"有多个条目试图破坏王权，培植独立与反叛精神，并且试图以隐晦和模棱两可的词语来为错误、道德败坏、不信教和怀疑确立基础"[①]，听起来严重得不得了，其实没有什么实际效果，因为《百科全书》已经分送到订购者手中，政府也没有废除它的特许权，而是允许这项工作继续进行下去。

在随后的七年中，叽叽喳喳的流言继续播散，在这期间，出版了《百科全书》第三卷至第七卷，而能言善辩的夏尔·帕里索（Charles Pallisot）和雅各布－尼古拉·莫罗（Jacob-Nicolas Moreau）也在教士中间煽风点火。另一方面，伏尔泰也加入进来；而狄

---

① 1752年2月7日的国务会议决定（Arrêt du Conseil），见 John Lough, *The "Encyclopédie"*《百科全书》）(New York, 1971), p. 21. 洛（Lough）的著作对《百科全书》早期的历史进行了很好的研究。作为补充，可以阅读附录中提到的沃茨（Watts）、普鲁斯特（Proust）和威尔森（Wilson）的著作。

德罗和达朗贝尔也发现因一些著名作者的加入使得合作者的等级提高了,其中包括了大多数开始被认为是哲学家的人:杜克洛(Duclos)、图桑(Toussaint)、卢梭、杜尔哥(Turgot)、圣朗贝尔(Saint-Lambert)、霍尔巴赫、多邦通(Daubenton)、马蒙泰尔(Marmontel)、布朗热(Boulanger)、莫列雷(Morellet)、魁奈(Quesnay)、达米拉维尔(Damilaville)、奈吉翁(Naigeon)、若古和格里姆(Grimm)。他们还声称其中也包括了孟德斯鸠和布丰,他们经常引用这两位的著作,尽管这两个人谁也没有直接为《百科全书》写过什么。(孟德斯鸠死于1755年,他留下的一段断片死后被收入条目"GOÛT"[品味]中;布丰则和《百科全书》的编纂者保持着一定距离,也许是因为他在1749年出版的《自然史》中的异端段落带给他的麻烦够多的了。)

对于这桩生意来说,没有比不断的争论和志愿的作者队伍更好的事了。《百科全书》的出版商安德烈-弗朗索瓦·勒布雷顿(André-François Le Breton)及其合伙人安托万-克洛德·布里亚松(Antoine-Claude Briasson)、米歇尔-安托万·达维德(Michel-Antoine David)和洛朗·杜朗(Laurent Durand)估计一版可销1 625部,但是订购单源源不断,只得三次调高数字,于1754年达到了4 255部。1751年,《百科全书》的说明书*承诺,到1754年底,将提供对开本的文字卷11卷和图版卷两卷,总价为280里弗。说明书确实提到可能增加一卷,并说此卷将以71%的价格出售,但向订购者保证文字和图版已经完成了——尽管此时离狄德罗完成

---

\* 即往往在图书出版前单独发行的关于图书内容、编选体例、开本、印制以及发行方式等方面的介绍。——译者

他的劳作还有二十多年的时间,并将生产出超过说明书许诺数量三倍卷数的《百科全书》。这一不实广告树立起了一个标志,在此后的五十年间,《百科全书》的出版商将不断使用这一伎俩。实际上,如果公众知道《百科全书》将有17卷文字和11卷图版,价格高达980里弗,最后一卷迟至1772年才能问世,这项雄心勃勃的事业就永远也不会开始了。虽然卢诺·德·布瓦斯杰尔曼试图控告出版商诈骗没有成功,但在1757—1759年这第二个危险期中,真正的威胁再次降临,这次是来自法国当局。

这是法国历史上的一个黑暗时期。它始于达米安刺杀路易十五。这个因七年战争大伤元气的国家充斥着关于无神论者和弑君者的谣言。国王1757年4月16日的公告引起了对阴谋的恐惧,公告称,书写或印制任何反对教会和国家的文字——实际上,甚至打算"扰乱思想"——的人将被处死。这时候,反百科全书者发出了最猛烈的宣传炮火,除了攻击《百科全书》第四和第七卷中的"异端邪说"之外,还把它们和自1758年7月在某个审查员的同意下出版了爱尔维修的《论精神》后他们认为已在公众中不知羞耻地爆发开来的厚颜无耻的无神论联系起来。这部书甚至比普拉德神甫论文案带来了更多的流言蜚语;尽管爱尔维修并未给《百科全书》撰文,但由他引发的愤慨大部分都指向了《百科全书》。1759年1月,巴黎高等法院的总检察长警告说,《论精神》背后隐藏着《百科全书》,《百科全书》的背后徘徊着毁灭宗教、侵蚀国家的阴谋。高等法院迅速禁止了《百科全书》的销售,并指定一个委员会开展调查。尽管进行了几个世纪的迫害,高等法院在法国一直没有取得对印刷品的控制。

这种权力是属于国王的,国王通过大臣行使这种权力,大臣又指派书报总监作为代表,凑巧的是,在这个案子中,这个代表正是马勒泽布。1759年3月8日,国务会议(the Conseil d'Etat)重申了国王的权力,把禁毁《百科全书》的事收到自己手中。它收回了《百科全书》的特许权,禁止出版商继续出版,并特别指出了作者们所采用的策略:"上述的《百科全书》——已成为一部完整的辞典和包括一切科学的总的论著——很受公众的欢迎并经常为人所查阅,这也使得充斥于已发行的各卷中的有害准则得以广泛传播并为人所相信。"[①]1759年3月5日,《百科全书》和《论精神》一起登在图书目录上,9月3日,罗马教皇克莱芒十二世警告所有拥有这部书的天主教徒把它焚毁,否则将被逐出教会。对一部书来说这是最彻底的宣判。《百科全书》与旧制度中最重要的权威发生了严重冲突,但幸存下来。它的幸存标志着启蒙运动和图书历史中的一个转折点。

在这次危机中,躲在屋中写作的狄德罗有时会从马勒泽布那里了解到,他的著作可能会被警察没收——但因为马勒泽布已经签署了没收的命令,这些东西会送到他那里存放,所以会被保存下来。在最终保存了整个事业的妥协方案背后,似乎也有马勒泽布的影子。1759年7月21日,一项国务会议决定要求出版商退还给每个订购者72里弗,在表面上了结了《百科全书》的账。然而,事实上,政府允许他们将这笔钱用于一部"有关科学、绘画、雕塑和工艺的千幅图版汇编",其实它不过是新名目下的《百科全书》图版卷而已。1759年9月8日给"图版汇编"授予的特许权,使出版商重新获得了对投机事业的合法控制,他们继续印制后10

---

① 1759年3月8日的国务会议决定,见John Lough, The "Encyclopédie", p. 26。

第一章　导言：一部书的传记

卷文本卷。为使流言减到最低程度，这10卷在1765年同时推出，但却冠以一个虚假的出版商姓名："纳沙泰尔，萨缪尔·福尔歇印刷和出版公司。"为了双重保险，勒布雷顿清除了校样上的文字，而这一切是背着狄德罗做的。尽管狄德罗从未原谅过出版商的这一暴行，他还是继续完成了图版的工作，最后两卷最终在1772年问世，但工作中已经毫无乐趣可言。被达朗贝尔、伏尔泰和18世纪50年代早期集结在他身边的大部分作者背弃后，狄德罗随意地安排了后面这些卷的内容，越来越多地依靠忠心耿耿的若古——若古不倦地抄写、编辑，自始至终地留心这部书的每个环节。狄德罗在失望和幻灭中完成了《百科全书》。回顾二十五年辛勤劳作的成果，他把《百科全书》描述成一个大怪物，需要从头到尾重新写过。① 他的话引发了对《百科全书》的一系列改造计划，这些改造在甚至更加畸形的《方法百科全书》中达到顶峰，因为对勒布雷顿的后续者和欧洲各地的书商而言，狄德罗的著作阅读起来对能力要求太高而不得不做修改，同时它又太有利可图而不能置之不理。但不管《百科全书》有什么不足，它的完成都是人类精神和出版物的伟大胜利。

尽管出现过非法行为，当局还是允许印刷出版狄德罗的文字，这给了这些哲学家把他们的产品拿到思想的市场上试运气的机会。但是，这一对法国关于出版物的旧的限制的突破，带来了什么后

---

① 狄德罗的这一批评是写给出版商夏尔·约瑟夫·庞库克（Charles Joseph Panckoucke）的，后者于1768年向狄德罗请求获得《百科全书》完全修订版的权利。狄德罗的原文已经散失，但其中一部分在卢诺·德·布瓦斯杰尔曼诉讼期间刊印，后重印，见狄德罗的 *Oeuvres complètes*（《全集》），ed. J. Assezat and M. Tourneux,（Paris, 1875–1877）, XX, 129–133。

14 果呢？历史学家都把注意力放在《百科全书》编纂者和旧制度之间争夺统治地位的斗争上，但这还只是讲了故事的一半。故事的另一半是关于18世纪书籍史中的一些基本问题的。首先，是否可能把这部著作放置在一个特定的社会语境中？《百科全书》从何而来？又向何处去？其次，后来的版本是如何从第一版中脱胎的？它们揭示了出版工业运作过程中的什么内容？

关于《百科全书》编纂者社会背景的研究已经提出了这样的问题：他们是否可以被看成是形成了阶级意识并在18世纪帮助建立了工业资本主义的资产者？对老一代的马克思主义学者而言，这个问题的答案毫无问题——也毫无书面证据——是"yes"。① 但年轻一代的社会历史学家发现了18世纪资产阶级身上所有的复杂性和矛盾性，而经济史家发现不能在19世纪下半叶之前的法国找到多少工业化的证据。面临其他学科中如此众多的不确定性以及知识界思潮的整体变化，研究书籍的学者为应对挑战，在《百科全书》的研究中采取了"概念革命"（révolution conceptuelle）的办法。法国《百科全书》研究的顶尖权威雅克·普鲁斯特（Jacques Proust）已经发出呼吁，他认为，必须把《百科全书》编纂者看成

---

① Albert Soboul, *Encyclopédie ou Dictionnaire raisonné des Sciences, des Arts et des Métiers*（《百科全书或有关科学、艺术和工艺的理性辞典》）(Paris, 1952), pp. 7-24。索布尔（Soboul）把狄德罗的美学看作是绘画中的社会主义现实主义的预言（p. 179），尽管他承认这些哲学家并不具有斯大林关于国家的观念（p. 149），因此百科全书的知识内容要等斯大林主义来使它达到完善："只有在已从资本主义和人剥削人中解放出来的社会中，百科全书的精神才得到自由和完全的实现，《苏联百科全书》就是这种无阶级社会的反映。"（p. 23）

# 第一章 导言：一部书的传记

一个独特的群体，一个有一定组织结构的"百科全书团体"，虽然他们也可以被定义为资产阶级。① 这一研究取向导致了一些重要研究的开展，但是，在对材料进行了大量研究之后，研究者普遍发现，"结构"和"资产阶级"消失在关于个体的信息的涌动中；虽然如此，信息依然不全。差不多 2/5 的作者的身份不能确认；可以确认的有 1/3 只写过一个条目，而像狄德罗、马莱院长（abbé Mallet）和布谢·达尔吉（Boucher d'Argis）这样的工作机器则完成了大部分工作。若古爵士，一个血统可以追溯到中世纪的贵族，撰写了大约全部内容的 1/4，但谁也不能说《百科全书》有 1/4 是贵族化的，尤其是若古写的很多条目只有短短几行，和达米拉维尔写的"VINGTIÈME"这样的论文般的条目相比价值很低，而后者一共只写了三个条目。

如果那些身份可以被认定的作者撰写的条目不具有代表性，而且这些作者的贡献也不平衡的话，那么如何找到一个有意义的标准对《百科全书》的编纂者做社会学研究呢？即使把他们混为一谈，根据社会职业给他们分类，他们看起来也不那么资产阶级，至少不是现代资本主义意义上的资产阶级。他们中间只有 4%的作者是商人或者制造业者，有贵族头衔的占同样比例，和医生（15%）、政府官员（12%），甚至神职人员（8%）相比，这两类人都只占很小的比例。能够把《百科全书》编纂者确认为同一个群

---

① Jacques Proust, "Questions sur l'*Encyclopédie*"（《有关〈百科全书〉的一些问题》），*Revue d'histoire littéraire de la France*, LXXII (Jan.-Feb. 1972). 很显然，普鲁斯特的"革命"从对《百科全书》编纂者的社会分析贯穿到他们的文本的结构主义式的分析。要更多了解把《百科全书》编纂者当作群体来研究的情况，请参看书末的"参考文献说明"。

体的,不是他们的社会身份,而是他们对某一理想的信奉。固然,当这一理想面临重大危险的时候,很多人退却了,但他们在《百科全书》中留下了印记,而这部书成为了启蒙运动的缩影。经历了流言、迫害,《百科全书》生存下来,并作为一场伟大的思想运动的知识大全逐渐被朋友和敌人认可,书背后的人也不仅被看作是合作者,他们更因被认为是百科全书派成员而闻名。这部书象征着一种"主义"的出现。①

《百科全书》刚完成的时候在市场上的境遇如何,现在很难说清楚了,因为勒布雷顿与合作人的文件几乎全部散失了。卢诺·德·布瓦斯杰尔曼诉讼期间产生的不太可靠的材料表明,第一个对开本版并没有在法国广泛销售:只有1/2甚至1/4留在法国。②不过出版商倒大赚了一笔。他们最初的投资是大约7万里弗,收益高达250万里弗。总收入约400万里弗,成本大约在150万至220万里弗之间,其中包括支付给狄德罗的约8万里弗。③这在18世纪可是一个很大的数字,出版商也只可能从订购者口袋里获

---

① 上述有关撰稿者情况的百分比资料来自Jacques Proust, *Diderot et l'"Encyclopédie"*(《狄德罗和"百科全书"》)(Paris, 1967),第1章和附录1,以及John Lough, *The Contributors to the "Encyclopédie"*("百科全书"的撰稿人)(London, 1973)。更多内容可参看本书第八章和第九章。

② 出版商称有3/4的出版物给了国外的订购者,但是他们可能夸大了国外销售的重要性,以此来表明他们通过促进有益的贸易平衡而对整个国家的福利做出了贡献,从而达到驳斥卢诺的目的。参见John Lough, "Luneau de Boisjermain v. the Publishers of the *Encyclopédie*"("卢诺·德·布瓦斯杰尔曼诉《百科全书》出版商案"), *Studies on Voltaire and the Eighteenth Century*, ed. Theodore Besterman, XXIII (1963), 132–133。

③ 这里的估算来源于出版商账册的断片和其他与卢诺案有关的材料,这些材料后来由路易-菲利普·迈(Louis-Philippe May)发表,见其"Histoire et sources de l'*Encyclopédie d'après* le registre de délibérations et de comptes des éditeurs et(转下页)

得这些收入。虽然同时发行的后 10 卷文本卷所用的纸张和印刷一定需要支出巨额现金,但多亏了这一现金流,到 1751 年,《百科全书》就可以自己负担经费了。

这桩生意的运作似乎和出版业中许多投机买卖一样。1745 年 10 月 18 日,勒布雷顿和三个合伙人签订了一份公司契约,建立了两万里弗的基金,还按照各自资金的多少分了股:勒布雷顿获得 3/6,其他人各获 1/6。补充条款还在每页的印制成本中分配给勒布雷顿一个固定的额度,所以合伙人就把生产的责任交到勒布雷顿手中,他便在合同约定的条款的规定下尽展所能。① 如今已不能确切地知道他是如何管理规模如此庞大的工作的,也不可能更多地了解他如何向顾客供货以及这些顾客都是什么人。勒布雷顿的材料中包括了 75 位订购者的名单,其中大部分是贵族,有几位是地位显赫的大臣——诺阿耶子爵、穆西元帅、拉瓦利埃公爵,还有一些高等法院和大法官裁判所的官员。其他订购者主要来自司

---

(接上页) un mémoire inédit")("依据出版商的决议记录和账簿以及未刊回忆录的百科全书的历史和原始资料"),*Revue de synthèse*, XV (1938), 7-110。在 Rolph H. Bowen, "The *Encyclopédie* as a Business Venture"("作为一项冒险生意的《百科全书》"), *From the Ancien Régime to the Popular Front: Essays in the History of Modern France in Honor of Shepard B. Clough*, ed. Charles K.Warner (New York and London, 1969), pp. 19-20 中,拉尔夫·H. 鲍温(Ralph H. Bowen)认为这些文件支持了狄德罗的观点,即一共收入 400 万里弗,其中支出 150 万里弗,利润 250 万里弗。但卢诺在证据上做了手脚来说明出版商欺骗了订购者,拉夫所做的仔细研究("Luneau de Boisjermain v. the Publishers of the *Encyclopédie*", p. 167)表明,支出大概达到 220.583 9 万里弗。事实上,卢诺的证据太有争议,不能支撑一个稳固的结论,尤其是收账上的艰难使得 18 世纪出版商的利润大大下降,这使得他们在财务报告中列出了有待追回的债款和信誉不良的欠款人的部分。

① 合同和补充条款的内容,请参见 May, "Histoire et sources de l'*Encyclopédie*", pp. 15-17, 25。

法界、神职人员和国家管理机构的上层。只有两人是商人。① 当然，这几个在辩论中被随意摆布的名字，并不能构成全部 4 000 位订购者的一个抽样样本。可以从第一版的出版史中得出的结论无非是：这些文字来自一个彼此不同的作者的群体，他们是因对这项工作怀有共同的想法而联合起来的；它的豪华的对开本卷进入了全欧洲的富贵之家；以及它的确是有利可图的。

最早得出它有利可图这一结论的人中有一位来自里尔的积极进取的出版商，名叫夏尔·约瑟夫·庞库克（Charles Joseph Panckoucke），在跟勒布雷顿做了短时间的学徒后，1762 年他在巴黎创办了自己的生意。庞库克和哲学家们尤其是布丰、伏尔泰和卢梭等人交朋友；他还设法在政府中结交保护人。到 1768 年，他已经是王家印刷局和王家科学院的正式书商。他在使自己成为法国新闻界权势人物的路上也一路顺风，这多亏了包含文学期刊在内的由政府许可的一系列相互交错的垄断权。1768 年 12 月 16 日——最后一部图版卷出版前四年——庞库克和两位合伙人，一个叫让·德尚（Jean Dessaint）的书商和一个叫肖夏（Chauchat）的造纸商，从勒布雷顿及其合伙人手里购买了《百科全书》以后各种文字版和图版的版权。②

当原出版商完成了图版的印刷后，这个新的合伙人小团体就

---

① Lough, "Luneau de Boisjermain v. the Publisher of the *Encyclopédie*", pp. 133–140.
② 杜朗死于 1763 年，其他的合伙人分割了他的那 1/6 股份，所以在 1768 年，勒布雷顿拥有 10/18 的股份，达维德和布里亚松各拥有 4/18。庞库克和两个合伙人各得新生意的 1/3。后面关于《百科全书》和增补部分的出版史的记述主要来自本书末"参考文献说明"部分引证的沃茨、洛、克莱芒（Clément）和伯恩（Birn）的著作。

第一章　导言：一部书的传记

开始游说以获得改编版甚至彻底修订版的版权。庞库克请狄德罗帮这个忙。狄德罗就答应做了一篇雄辩的文字，列数旧版的错误，认为应该编撰一部新的《百科全书》。虽然即将被赶出政府的舒瓦瑟尔公爵比较宽容，允许原版重印，司法大臣莫普（Maupeou）却拒绝了狄德罗的这个请求。这些困难吓退了德尚和肖夏，但庞库克买回了他们的股份，把它们转换成重印生意中的股份，并在1770年6月26日出售给一批新的合伙人。这批合伙人最后包括伏尔泰的出版商加布里埃尔·克拉梅尔（Gabriel Cramer），和他在日内瓦的出版商萨米埃尔·德·图尔内（Samuel de Tournes）；布永印刷公司的头头皮埃尔·卢梭（Pierre Rousseau）；以及两个巴黎人，公证人朗博（Lambot）和书商布律内（Brunet）。九个月之后，1771年4月12日，庞库克为了一系列的增补卷成立了另一个单独的公司，这些增补的部分可以改正原版的错误、填补原版的欠缺。这个公司由这些人组成：一些对重印投资的投机商，不包括朗博，他可能于1771年把股份卖给了庞库克；两个原来想加入最后还是放弃的日内瓦人；还包括马克-米歇尔·雷伊（Marc-Michel Rey），卢梭在阿姆斯特丹的出版商；以及让-巴蒂斯特·罗比内（Jean-Baptiste Robinet），学者，准备给增补卷做编辑工作。① 这样，开始是

---

① 出版商在信件中提到增补卷时，常常用单数形式，和扉页上的一致，但他们有时也用复数形式。根据1771年4月12日的原始"布永契约"（载于文件 Marc-Michel Rey, Bibliotheek van de Vereeniging ter Bevordering van de Belangen des Boekhandels of Armsterdam），在出版增补卷的公司中，股份是这样分割的：6/24属于克拉梅尔和德·图尔内，6/24属于卢梭，3/24属于雷伊，4/24属于庞库克，2/24属于布律内。两个日内瓦人退出后，股份由庞库克和布律内瓜分。已经不可能追索股份买卖的过程了，但庞库克只保留了原始股份中很小的一部分。到1770年10月26日，克拉梅尔和德·图尔内拥有2/6，朗博大约拥有2/6，卢梭拥有1/6，布律内和庞库克共同拥有1/6。

三个巴黎书商间规模不大的合伙关系,到后来逐渐演变成了建立在启蒙运动最有实力的出版商之间相互交叠的联盟体系之上的两个国际性协作机构。

《百科全书》后来的历史在很大程度上和 18 世纪的外交一样:充满复杂的阴谋和与争斗相伴随的突如其来的逆转。1751 年,《百科全书》的第一批出版商已经受到一些英国盗版者的攻击;尽管他们表面上通过支付赎金的方式消除了一种英国版《百科全书》的威胁,但并不能阻止在意大利印制的两个对开版本的出现。第一个于 1758 年出现在卢卡共和国,第二种来自里窝那,始于 1770年。尽管它们因拖延和诸多困难而陷入困境,但还是占领了《百科全书》在法国以外,尤其是阿尔卑斯山以南的一些市场。北部的市场也因一个意大利教士的背叛而沦陷,这个教士的法国名字叫福蒂内-巴泰勒米·德·菲利斯(Fortuné-Barthélemy de Félice)。在靠近纳沙泰尔的瑞士城市伊韦尔东(Yverdon)开了办事处以后,菲利斯宣布要印制市场十分需要的《百科全书》修订版,即一种四开本的完全修订版,他将延聘全欧洲的专家撰稿以改正原版的错误,填补不足,下一步,用严肃审慎的新教教义取代原版中不虔敬的内容。因此,购买《百科全书》的人将面临选择:可以要狄德罗的版本加上或不加上罗比内的增补卷,也可以从菲利斯这里订购经过净化和改进的版本。

由于这一决定关系着数百万里弗,出版商很快就陷入了一场商战。为对抗庞库克覆盖日内瓦、布永和阿姆斯特丹的双重联盟,菲利斯动员了两个同盟者:曾经帮助他开办生意的伯尔尼印刷公司(伊韦尔东就在伯尔尼境内)和海牙一个名为皮埃尔·戈斯(Pierre Gosse)的很有势力的图书经销商,他的生意遍布北欧。他

第一章 导言：一部书的传记

们包销菲利斯版的所有书，由菲利斯负责编辑印刷，他们负责销售。① 在宣传单、通知、期刊广告中，他们不断强调狄德罗版的欠缺和菲利斯版的优点。由于狄德罗的声望已经湮没了关于他的对手的记忆，很难充分估价这种宣传的效果。不过《伊韦尔东版百科全书》在18世纪的确收到了不少订单，而且并不限于德国和荷兰虔信派教徒的那些地区。伏尔泰原准备为《百科全书》增补卷撰文，爽约后写就《有关百科全书的问题》，他表示如果要买《百科全书》，他更愿意接受菲利斯的版本而不是狄德罗的。② 菲利斯的支持者在诸如《伯尔尼报》《莱顿报》这样的媒体上操纵评论，宣扬伏尔泰的看法。例如，1771年，戈斯指责纳沙泰尔印刷公司

① 菲利斯在1779年7月16日致纳沙泰尔印刷公司的信中说，他正在印制1 600套《百科全书》。1771年1月18日，戈斯通知纳沙泰尔印刷公司，他购买了全部股份的3/4，伯尔尼印刷公司购买了1/4。在1771年7月30日的信中，他说他接手了全部的股份。1774年继承了他的事业的儿子小皮埃尔·戈斯，在1779年7月16日致纳沙泰尔印刷公司的信中说，他正在接受全部1 600套《百科全书》，当时菲利斯快要完工了。这些材料和以后关于纳沙泰尔印刷公司的材料，除非有特别的说明，都来自纳沙泰尔市图书馆中纳沙泰尔印刷公司的文件。

② 起初，伏尔泰除了嘲讽菲利斯和他的《百科全书》之外并没有多说什么。见伏尔泰1769年6月4日致达朗贝尔的信，*Voltaire's Correspondance*（《伏尔泰通信集》），ed. Theodore Besterman (Geneva, 1962), LXXVII, 60。但到了1771年，他判断菲利斯已经取得了对庞库克的胜利："他们（菲利斯的撰稿者）成功地在自己的版本中纠正了很多非常明显的错误，这些错误在巴黎出版的《百科全书》中俯拾皆是，这是由于庞库克和德尚在重印过程中的不细心造成的，这一重要失误促使他们出版一本增补卷，这使该书再次涨价，但伊韦尔东版会有更好的市场。就我而言，我确信将买伊韦尔东版而不是其他版本的（《百科全书》）。"见伏尔泰1770年12月致克拉梅尔的信, ibid., LXXVII, 163。1777年，伏尔泰提议，把他原来承诺为庞库克的增补卷撰写的"有关百科全书的问题"，收入庞库克的四开本《百科全书》，但这一计划从未实施。参见伏尔泰1777年1月13日致亨利·里厄（Henri Rieu）的信，ibid., XCVI, 27。

在《瑞士杂志》(Journal helvétique)上发表了对菲利斯版《百科全书》不利的文章，纳沙泰尔印刷公司立即改变了方针，理由很简单：戈斯是它在低地国家中最大的顾客。①

21　　庞库克一方以眼还眼，他们通过报刊，主要是庞库克的《学者杂志》(Journal des savants)和卢梭的《百科全书杂志》(Journal encyclopédique)，做出回应。克拉梅尔甚至还给卢梭出如何奚落菲利斯的很具体的主意：不要显得太把新教的《百科全书》当回事，《百科全书杂志》应该着重强调一个卑微的意大利人的荒谬之处，他甚至连像样的法文都写不好，却企图给全法国最杰出的哲学家的文字挑错。② 菲利斯回答说，他只是删除了狄德罗版中荒谬的地方，汇编了由像阿尔布雷希特·冯·阿莱（Albrecht von Haller）和夏尔·博内（Charles Bonnet）这样的权威提供的文字，这些人使得狄德罗的撰稿人看起来有点过时。他继续向订购者提供他们自己的增补卷，其中包括来自罗比内增补本的纵览最新科学和艺术的任何有价值的东西。1775年，他更进了一步，宣布在印制一种四开本的增补卷的同时，还将印制一种对开本的增补卷，并且还

---

① 见戈斯致纳沙泰尔印刷公司的信，1771年1月18日，7月1日，7月30日。要更多了解菲利斯与《百科全书》对手出版商的情况，请参看 E. Maccabez, *F. B. de Felice (1727–1789) et son Encyclopédie (Yverdon, 1770–1780)*（《菲利斯 [1727—1789年] 及其百科全书 [伊韦尔东，1770—1780年]》）(Basel, 1903) 和 J. P. Perret, *Les Imprimeries d'Yverdon au XVIIe et au XVIIIe siècle*（《17—18世纪伊韦尔东的印刷工场》）(Lausanne, 1945)。
② 见克拉梅尔1771年7月23日致卢梭的信，转引自 John Lough, *Essays on the "Encyclopédie" of Diderot and d'Alembert*（《论狄德罗和达朗贝尔的百科全书》）(London, 1968), p. 88。

## 第一章 导言:一部书的传记

将把《伊韦尔东版百科全书》主体内容中大部分重要的新颖的材料补充到这个对开本中去。这一招正中对手要害,因为罗比内把增补卷的对象定位于所有对开本——卢卡版、里窝那版、巴黎版的《百科全书》以及庞库克-克拉梅尔的重印版——的拥有者。订了菲利斯的增补本,对开本的拥有者就可以同时获得《百科全书》的标准版和新的修订版,而标准版《百科全书》将退出罗比内的市场。

庞库克则想宣布将出版一种四开本的罗比内增补卷,以此吸引菲利斯的订购者。这场反攻并未实施,原因是一场公开的增补卷之战对罗比内的损害肯定要比对菲利斯大得多,因为和菲利斯四开本订购者的数量相比,对开本《百科全书》拥有者的数量要多得多,大约6∶1。所以,最后,庞库克请求和解。他同意如果菲利斯撤回对开本,他就撤回四开本,双方承诺交换成品以使彼此获得最大收益。

同时,庞库克更重要的事业——再版本本身遇到了大麻烦。1770年2月,在法国最高宗教裁决协会的告发下,巴黎警方查封了6 000本前三卷的《百科全书》,塞在巴士底狱的地下储藏室里,尽管庞库克竭尽所能地暗中活动、行贿,它们还是一直在那里待了六年。经历了这场大祸后,再版的出版商决定把这件事从巴黎挪到克拉梅尔和德·图尔内在日内瓦的印刷厂去做。但当克拉梅尔和德·图尔内刚刚开始准备铅字的时候,日内瓦牧师协会(Genevan Venerable Company of Pastors)向当局告发,要他们停下来。克拉梅尔为此向日内瓦的高级议会(Magnificent Council)申辩的同时,庞库克悄悄地撤走了,他把这件事转移到了布永和阿姆斯特丹,在那里,罗比内、卢梭和雷伊可以把它作为一种改编

22

本重新修订。但是雷伊不同意这桩生意和为策略的转换付高昂代价，而克拉梅尔逐渐把日内瓦城里的神甫拉拢过来，他们认可了他的经营活动对地方经济的重要性。克拉梅尔安抚牧师的办法是，提出减弱有争议的条目"GENEVE"（日内瓦）的刺激性，使他们看起来像自然神论信仰者，允许他们删除增补卷文本中所有有损于加尔文主义的内容。这个办法并没有解决重印中遇到的所有问题，因为法国当局仍然在巴士底狱中扣压着前三卷，庞库克仍然像开玩笑似的对待其他印刷商。但是除了在日内瓦和巴黎两地间的往来通信上的尖锐的言辞之外，这些困难并没有导致其他事情的发生。最后，日内瓦人不仅把赚钱的印制工作控制在自己手中，而且重新印制了第一卷至第三卷，并试图接手增补卷。

1771 年 4 月庞库克整合增补卷生意的时候，就向克拉梅尔和德·图尔内提供了 6/24 的股份。后者还打算接受印刷委托，但在接受之前，他们要求控制征订工作和资金，还要求罗比内把编辑工作挪到日内瓦来做。因为希望把罗比内留在布永并把印制工作也转移到那里去，卢梭否决了这个提议，雷伊也支持他。日内瓦人在 1771 年 1 月做出反应，全体撤出了增补卷的工作。随后的一年中，其余的合伙人一直在争论如何分配那 6/24 的股份以及把印制工作放到什么地方。庞库克和布律内最后购买了这些股份并答应为印制垫付资金。反过来，他们迫使卢梭和雷伊同意他们去和法国当局谈判在巴黎印制，假如不成功，就放弃印制，交给克拉梅尔去做，因为他们坚持认为，和布永相比，日内瓦是一个更好的走私基地。结束了这场争端后，庞库克和卢梭随即又卷入了关于他们的刊物的争论。庞库克想保留他新获得的《日内瓦历史与政治杂志》(*Journal historique et*

## 第一章 导言：一部书的传记

politique de Genève）的法国市场，卢梭要求法国向他在布永出版的两个刊物《政治杂志》（Journal de politique）和《百科全书杂志》开放。多亏有外交大臣的庇护，庞库克最终迫使卢梭每年支付5 000里弗以在法国销售他在布永出版的刊物，同时，他还成功地拉拢了罗比内，在整合布永版的增补卷时，后者参与了反对卢梭的刊物的活动。到了1776年2月，种种阴谋诡计使卢梭无法忍受。他把他在增补卷中的那6/24股份卖给了一个继续在巴黎印制《百科全书》的巴黎印刷商让-乔治-安托万·斯图普（Jean-Georges-Antoine Stoupe），同时雷伊在阿姆斯特丹印制另一个版本。这两个版本于1777年完成，每一种都包括四卷文本和一卷图版。

此时，克拉梅尔已经完成了再版的工作。虽然他在给庞库克的信里大吐苦水说遭遇了多少困难，但实际上可能相当成功，因为他和德·图尔内在好几个地方都打算买断其他合伙人的股份；而另一方面，尽管印制还将持续一年，庞库克也得对那些曾经购买过他出售的原始股份的合伙人做出后续安排。1775年6月13日，庞库克和日内瓦人觉得已经可以达成一个协议了。这天在日内瓦签订的协议中，庞库克用20万里弗收购日内瓦人所占的1/3股份，结束了合伙关系，日内瓦人承诺继续负责最后一个阶段的生产并把销售所得归在庞库克名下。当时，利润只有7.103 9万里弗，2 000套成品中尚有670套待售。如果能够按照每套840里弗的预定价售出，可以获得56.28万里弗。当然，其中的一大部分会因为延期、书商的折扣、不履行支付协议以及庞库克估价为4.5万里弗的6 000套第一卷至第三卷的损失而消耗掉了。不过，即使庞库克和他暗中的合伙人净得40万里弗（由于他们持2/3股份，那么日

24

内瓦人的收益是20万里弗），这项投资的回报也已相当可观。①

由于日内瓦对开版《百科全书》的数量相当少、价格相当高，所以它不大能代表《百科全书》的市场扩张的情况。弥补了狄德罗版的若干缺陷但失去了狄德罗神韵的增补版也不能。菲利斯版最终也不可能对《百科全书》的读者产生重大影响，由于法国当局成功的禁止，它没有进入法国市场，在欧洲其他地方，它的处境也不好，因为菲利斯不断扩大规模，提高售价，推迟完成的时间。1780年，在第一卷出版的十年后，58卷的最后一卷出版了，此时他已丢掉了很多订户，狄德罗版四开本和八开本的出版商侵入了他的市场。正是通过这两个版本，最初版的《百科全书》和增补版才到达欧洲各地的普通读者手中。经历了数度国际合作机构的分分合合，经历了与合伙人和对手的激烈斗争，学会了依靠当局运作生意而不是挑战它之后，庞库克已经着手进行向一般大众推销《百科全书》的生意了。

在《百科全书》走向普通读者的故事开始前，我们先来回顾一下这部书的早期历史，看看是否有贯穿始终的主题。从1749年勒布雷顿和合作人向当局请援，要求释放关在文森监狱中的狄德

---

① 庞库克、克拉梅尔和德·图尔内签订的协议的完整内容可参见 Lough, *Essays*, pp. 102–108。为什么庞库克要买断日内瓦人的股份，而不根据最后几卷的销售情况，依照股份多少来分配收益，现在很难说清楚了。他很可能想尽快彻底结束日内瓦的事，可以开始新的生意。他实际上支付了13万里弗，分三年付清，因为他从答应支付给日内瓦人的20万里弗中扣除了大约7万里弗的利润。同时他也接收了账面价值为15.202万里弗的赊账。他得到的未售出的《百科全书》的确切数目已不可知，因为关于这一版的原始合同规定一次印制2000部，并多印制150部以备损毁，而实际损毁了多少已无法了解。

# 第一章 导言：一部书的传记

罗，到1776年庞库克试图说服当局解禁巴士底狱中的6 000套《百科全书》，两个目标都在突出出版商的策略：他们要消除当局的疑虑，他们要挣钱。① 但是销售《百科全书》的理由和政府没收它的理由是一样的：它挑战传统价值和业已建立的旧制度的权威。出版商试图在困境中找到出路，办法是降低内容的调门。不仅勒布雷顿删削了后10卷，使它失去了应有的力量，而且，当1768年——大约是早期商战期间《伊韦尔东版百科全书》支持者们主张自己权利的时候——庞库克在为获得印制权奔走时，就已经打算限制他的改编本中的哲学思想。在一封打印的函件中，戈斯警告欧洲的书商要留心删节的情况：

> 正是根据我们已知的很大一部分巴黎人的意见，巴黎的出版商先生们正在申请一份新的印书特许权，并试图在这一新版本中删除第一版里冒犯政府的所有内容。与我们所主张的一样，这一新的印书特许权未被允许颁给他们，司法大臣和高等法院反对在法国重印《百科全书》。所有了解《百科全书》作者和最初的出版商在法国所遭受的迫害的人不难明白，对这部书加以完善的工作只有在一个自由的国度才适合。②

---

① 1749年7月24日，狄德罗被捕的那天，出版商们向发出命令的大臣达尔让松伯爵呼吁，强调该举动的经济后果："对我们来说至少价值25万里弗的这部书即将问世。狄德罗先生是我们知道的唯一能够承担这一庞大事业的人和整个活动的唯一关键，他的被拘禁会导致我们破产。"转引自Lough, The "Encyclopédie" (New York, 1971), p. 18.

② 1769年8月2日由海牙的皮埃尔·戈斯和达尼埃尔·皮内（Daniel Pinet）写给纳沙泰尔印刷公司的信。在1770年10月26日写给马克-米歇尔·雷伊的信中，庞库克表示，戈斯关于他的活动的说法差不多是正确的，因为他（庞库克）、（转下页）

26 　　当然,"完善"对菲利斯来说也意味着要对哲学思想动刀剪,甚至更进一步,把引起法国审查官注意的条目中的新教教义替换成天主教教义——为取悦伯尔尼当局而采用的策略不一定适用于凡尔赛。庞库克1770年回顾打算为了改编版而把印制工作从日内瓦迁到阿姆斯特丹和布永的想法时明确地说,他是把商业考虑置于一切之上的:"不允许有任何可能会吓坏法官们的亵渎宗教的放肆行为。相反,应该相当审慎、节制地撰写这部书,这甚至会受到你们政府的鼓励……这是一项有利可图的生意,所有人都会感兴趣。"①生意就是生意,即使它关乎启蒙。同样,增补版在意识形态上比在商业上更加小心翼翼。1771年4月12日的协议所要求的是一批专家而不是哲学家,罗比内也承诺把精力放在自然科学而不是哲学上。协议要求他"审慎地撰写增补卷,不允许其中有任何反对宗教、道德和政府的文字,增补卷以完善自然科学内容为

27 主要目标"②。有了这一点,庞库克成功地把印制工作迁移到巴黎并

---

（接上页）德尚和肖夏为取得改编权已经活动了六个月了,希望"政府允许改编此书,但要删除那些激怒政府的内容"。转引自 Fernand Clément, "Pierre Rousseau et l'édition des *Suppléments de l'Encyclopédie*"（"皮埃尔·卢梭和百科全书增补卷"）, *Revue des sciences humaines*, LXXXVI (April-June 1957), 140。

① 庞库克致雷伊的信,1770年10月26日,ibid., p. 141。
② Ibid., p. 136. 列在协议中要延聘的撰稿人包括:达朗贝尔（物理学）、阿尔布雷希特·冯·阿莱（解剖学）、J. J. 德·拉朗德和小让·贝尔布耶（天文学）、安托万·路易（外科学）、安托万·珀蒂（内科学）、L. -F. -G. 德·克拉里奥（兵法）、蒙贝里亚尔（炮兵）、尼古拉·德·博泽（语法）和 J. -F. 德·拉阿尔普（文学）。几年后,这些撰稿人几乎都被庞库克重新聘请,为《方法百科全书》撰稿,这部书在某种意义上可以看作是对增补版的扩充。罗比内没有请到协议列出的一些撰稿人,但他请了很多没有列出的人——大约有50位,包括孔多塞和马蒙泰尔以及像卡拉（J. -L. Carra）和卡斯蒂洪（J. -L. Castilhon）这样的雇佣文人,后者每人都几乎写了400个条目。参见 Lough, *The Contributors to the "Encyclopédie"*, pp. 54–69。

获得特许权就不足为怪了。①

当庞库克把《百科全书》之船驶向官方的正统时，官方也向《百科全书》靠拢了。在路易十五统治时期的最后几年中，当局的图书政策更加严厉，但路易十六统治时期，则开始更多地受到《百科全书》编纂者杜尔哥的影响。庞库克被没收的《百科全书》从巴士底狱"放"出来了，他后来的生意在一系列锐意改革的大臣的手下又兴旺起来，这些大臣不仅放宽了国家对图书交易的控制，而且向他咨询如何去做。马勒泽布的做法在他1763年从书报总监的位子上离任后曾一度中断，此刻又及时复活，刺激了《百科全书》从1776年开始直至大革命的繁荣。

《百科全书》的合法化有助于解释1745年至1789年间关于它的一系列生意中的有关环节。出版的合法性源自一项特许权，一种复制某个文本的排他性的专有权利，它由国王恩准，通过书报总监管理，并在巴黎出版和印刷协会印书特许权登记簿上登记。尽管和现代版权有共同之处，但图书特许权和旧制度的其他特权一样涉及了古老的观念和制度——国王的权力、复杂的官僚体系以及垄断性的同业公会。国王批准一项特许权不仅仅是允许一种书问世：他要在书上贴上准许的标志；他向臣民们推荐它，经由一位或多位审查官通过书中和正式的印书特许证印在一起的冗长得令人厌倦的"许可"与"批准"阐述其重要性甚至体例。特许权还是财产，可以买卖，可以分割，可以由丈夫遗赠给妻子或由父亲遗赠给儿子。但它们只是王权的延伸。在王国以外，其他的

---

① 这一在十二年内翻制和再版的排他性特权，被写进了1776年2月10日的"巴黎出版和印刷协会印书特许权登记簿"中（后作为书商的指南），见Bibliothèque nationale（法国国家图书馆），ms. Fr. 21967, p. 94。

出版商可以随其所愿地重印法国版,除非他们自己的当局禁止这样做。在法国获得特许权的出版商可以使劲抱怨盗版,但他只能请求书报总监、海关官员、同业公会巡视员以及警察向竞争者的版本关闭边界并没收进入法国市场的书。

整个制度刺激了法国之外法文版《百科全书》的生产,因为法语的传播已经在全欧洲制造出对便宜的、盗版的《百科全书》的需求,还因为只有纯粹正统的图书才能在法国合法地出版。从《百科全书》一出生,法国的出版机构就迫使启蒙运动转入地下、到处"放逐"——转到阿姆斯特丹、布永、日内瓦和纳沙泰尔的印刷厂中;因为国王怎么会同意出版挑战政权基本价值的文字呢?而僵化刻板的特许权又在法律之外维持着一个价值数百万里弗的产业。面临着这一进退两难的局面,马勒泽布这样的管理者在出版领域鼓励一种准合法的灰色区域的发展。他们承认"默许""可理解的许可""宽容""警察许可",即允许图书在没有王室许可的情况下出版,可是也没有与特许权相应的正式的排他性的财产保护。如果教会和高等法院反对一部异端的书,政府在表面上不会支持这部书,并且还要承诺没收,但有时他们会及时告诉出版商以便他们挽救存货。①

---

① 关于18世纪出版中的各种合法性的讨论,请参见 Robert Darnton, "Reading, Writing, and Publishing in Eighteenth-Century France: A Case Study in the Sociology of Literature"("18世纪法国的阅读、写作和出版:文学社会学的一个个案研究"), *Daedalus*, (winter, 1971), pp. 214-256. 出版制度方面的更多内容,可以参看 *Almanach de l'auteur et du libraire*(《作者与出版商年鉴》)(Paris, 1777)和 *Almanach de la librairie*(《出版社年鉴》)(Paris, 1781)以及关于图书交易的王室法令,见 A. J. L. Jourdan, O. O. Decrusy, and F. A. Isambert, eds., *Recueil général des anciennes lois françaises*(《法国古代法令大全》)(Paris, 1822-1833), XVI, 217-251 XXV, 108-128。

## 第一章 导言：一部书的传记

《百科全书》出版与再版的斗争发生在这个复杂而矛盾的体制的中心，也在外围展开。最早的出版商实际上获得了三项针对文本卷的特许权：一项在1745年4月，一项在1746年1月，一项在1748年4月。原来有一项翻译出版四卷本的1728年在英国最早出版的《埃弗拉伊姆·钱伯斯百科全书》或称《工艺和科学通用辞典》的计划，这三项特许权中的每一项分别对应着这个计划发展过程中的一个阶段。然而，1759年3月8日，当局废止了特许权，结束了他们对最终的成熟的《百科全书》的权利。确实，出版商还继续生产，但如狄德罗所说，是在"出于国家利益的默许"的借口下进行的。①

那么，庞库克怎么可能声称已经从勒布雷顿及其合伙人处购买了《百科全书》的专有"权利"呢？这一主张是1768—1800年绝大多数《百科全书》生意的基础，在所有的信函和合同中，庞库克都以绝对肯定的态度坚持了这一主张。比如，在写给马克-米歇尔·雷伊的信中，他声称："您不应忘记在大约18个月以前我已和德尚先生以及名叫肖夏的巴黎纸商获得了《百科全书》的所有权利和图版。"② 在与克拉梅尔和德·图尔内签订的关于日内瓦对开本的合同中，他把自己描述成"《百科全书》一书的权利和图版的

---

① Diderot, *Au public et aux magistrats*（致公众和法官），转引自 Lough, "Luneau de Bois-jermain v. the Publishers of the *Encyclopédie*", p. 132。严格说来，1759年3月8日的国务会议决定，废止了第二项特权，卢诺·德·布瓦斯杰尔曼在诉讼中提出，出版商的契约义务建立在最后一项特许权上，因此还是完整的。但他的观点在国务会议上变成了一个技术性问题或者被行政法院（Couseil d'Etat）忽略，没有得到法庭的支持。

② 庞库克致雷伊的信，1770年10月26日，见 Clément, "Pierre Rousseau et l'édition des Suppléments de l'Encyclopédie", p. 140。

所有者"①。其他的出版商非但不质疑这一所有权，而且承认了它。因此，1779年，纳沙泰尔印刷公司注意到庞库克由于拥有"这部书的独有的印书特许权"②，可以在法国全境销售《百科全书》。18世纪的出版商不轻易使用这样的语言。他们知道那一"权利"来自特许权，然而他们还是承认庞库克对一部特许权已被废止的书的权利。

对这一矛盾的解释在庞库克1776年7月3日和纳沙泰尔印刷公司签订的合同（参见附录A.I）中表现得十分明显。在这份合同中，庞库克以一贯的方式把自己说成是"《百科全书》一书的权利和图版的所有者"，而且，照例地，他把对这一权利和图版的所有权上溯到1768年12月16日和勒布雷顿、达维德、布里亚松签订的合同。然后他特别提到，他已经在1769年和1770年买断了自己的合伙人德尚和肖夏的股份，以及他对这部书的排他性权利得到了1776年5月20日王室特许权的确认，"题为《科学、艺术、工艺图版汇编》"。巴黎书商公会1776年的注册内容中，在庞库克名下有一项特许权产品正好以此为名，同样的特许权声明出现在第一版《百科全书》上，不是在文本卷的第一卷至第七卷上（其特许权已经在1759年宣布废止了），而是在1768年出版的图版第六卷上，是年，庞库克从勒布雷顿及其合伙人手中购买了该权利。③图版卷上的特许权声明说明，它已于1759年9月8日，即

---

① 合同文本参见 Lough, *Essays*, p. 67。
② 纳沙泰尔印刷公司致梅斯元帅的信，1779年8月22日。
③ Bibliothèque nationale, ms. Fr. 21967, p. 122, 1776年3月29日项下 "我们喜爱的出版商庞库克先生，向我们提出希望印刷和出版对开本的《科学、艺术和工艺图版汇编》和普雷沃神甫的《旅行通史》，他希望我们能为此颁给他印书（转下页）

# 第一章　导言：一部书的传记

当局通过允许勒布雷顿把订购者的钱用于各图版卷，在表面上摧毁、实际上挽救了《百科全书》的时候，在书商公会做了登记。①因此，1759 年的救助并不仅仅是为了保护出版商的资本，允许他们以半地下的方式继续印制工作，它还恢复了对该书"权利"的主张，这种财产权利在图书交易中有巨大的商业价值。结果，当 1768 年 12 月 16 日庞库克集团买断勒布雷顿及其合伙人的股份时，他们为"未来重印权和全部图版的所有权"付出了 20 万里弗。尽管在描述"权利"性质时拐弯抹角，但如此巨大的数目已经远远超过了合同里写明的铜版的价值。②

在庞库克接下来的一桩生意——导致日内瓦对开本再版的 1770 年 6 月 26 日的合伙——中，他允许合伙人仅在一个版本上使

---

（接上页）特许证。我们同意请求人的请求，允许他据此在连续十二年的期限内印刷上述书籍并在我们王国的范围内销售"。在"1776 年 5 月 20 日"下没有这项记载，庞库克所说的日期可能和最后从司法大臣处取得特许权有关而不是他在公会登记的日期。

① 如扉页上所称，图版卷是"依据国王的准许和印书特许证"而出版的，但是它们的标题"科学、艺术和工艺图版及解释汇编"并未表示出和三年前被取缔的《百科全书》有什么关联。

② 根据 Lough, *Essays*, p. 59 引用的文本，勒布雷顿及其合伙人称"我们将自己所拥有的未来重印《百科全书》的所有权利永久性地卖给德尚、庞库克和肖夏先生，我们所说的权利是现在始终有效的权利，买主们对此是很清楚也很满意的；由此，我们将它毫无担保地卖掉"。人们可能认为，铜版的所有权意味着事实上控制了以后的版本，因为没有插图的文本将失去价值。克拉梅尔在后来给庞库克的信中（ibid., pp. 94–95）详细说明了这个观点，但并没有起什么作用。四开本和八开本中只包括了 11 卷图版中的 3 卷，如果顾客喜欢，里窝那的出版商甚至可以提供没有图版的文本。庞库克所要的只是一种合法权利，以便他出售其中的股份、击退竞争对手。他的行为令人困惑只是因为现代的法律和财产观念不适合 18 世纪的实际。

用他的"权利",但他坚持权利仍然是他的。① 同样,当他于1771年4月12日建立出版增补本的合作关系时,他要求在该版本完成后权利仍回到他手中。② 随后,1776年春天,通过取得一项新特权,他确立了唯一所有者的权利,从而证实了他对包括文本、图版、增补卷在内的完整的《百科全书》的"专有者"的身份。从此时开始,他也把自己的"权利"称为"特许权"。最后,当他和纳沙泰尔印刷公司合伙时,他以10.8万里弗的价格出售了"图版权和印书特许证"的一半股份。这样,在被宣布为非法以后,《百科全书》逐渐恢复了在出版商眼里有现金价值的法律地位,即使它未能在1770年保护庞库克的6 000本书免遭没收;它是贯穿18世纪70年代甚至更长时间内的一系列生意的基础,在这一阶段中,产生了一个又一个合作协议,出版商们延续着数量不断增长的《百科全书》的谱系。

当然,谱系一直不甚确定,而且一系列的合同和合伙关系在今天看来也相当古怪、令人迷惑:一部合法化了的非法图书?关于文本的特许权被关于图版的特许权取代,甚至图版也以另一种名目出版而这个名目中并不包含"百科全书"和"辞典"这样的关键词。关于这个结构复杂的混血儿的"权利",半违法半虚构地被分成若干份在出版圈里叫卖,这个出版圈中既包括法国这样特许权尚有些许意义的国家,也包括那些出版商以违反特许权维

---

① 1770年6月26日的合同(见Lough, *Essays*, pp. 67—73)详细说明了"克拉梅尔和德·图尔内先生在这一版的2 000册中没有股份,对于该书的一切权利和图版,他们没有任何永久性的所有权"

② 见 Bibliotheek van de Vereeniging ter Bevordering van de Belangen des Boekhandels 所藏马克-米歇尔·雷伊档案中的合同第22条。

# 第一章 导言：一部书的传记

生的邻国。设计出这些手段需要18世纪的大脑，而这些手段也只在18世纪的环境中才有意义。出版商不仅要维持生产，还要保护自己的投资。他们要像买卖图书一样来买卖他们对图书的权利，他们把权利分成股份，在合伙人之间分配，并根据环境的变化分分合合。出版游戏就是这样玩的——无休止地联合，如庞库克所说。①

为如此高的回报筹划联合之策，需要金钱以外的某样东西：用庞库克最喜欢用的另一个词表示，就是"保护"。出版商需要保护人使他们的权利更加稳固，没有保护人的权利通常一文不值。因此，《百科全书》的历史中包含了大量的游说和施加影响的活动——它们在1752年和1759年取得了成功，政府挽救了第一版；1770年没有奏效，第二版被牺牲给了教会；1776年再度成功，庞库克获得特许权，在巴黎出版增补版。从那时直到18世纪末，庞库克和同盟者通过拍当局马屁来捍卫自己的"权利"。他们的捍卫以及来自伊韦尔东、里昂、洛桑、伯尔尼和列日等地的对这种捍卫活动的攻击，是后文的重要话题之一。应该指出，《百科全书》从一开始就倚赖金钱和权力的联合，在它最早期的历史进程中政治和经济利益就纠缠在一起，它努力地打开进入法国社会的通路，因为它的支持者知道如何围绕着构成旧制度文化特性的矛盾迂回前进。

为了不使读者迷失，列举一下《百科全书》的版本情况以及有关它的一些基本事实，也许不无助益。

（1）巴黎对开本（1751—1772年）：包括17卷文字（出版日

---

① 庞库克关于合纵连横的想法，请参见第四章。

期从1751年到1765年，最后10卷于1765年在纳沙泰尔以伪托的名字同时出版）和11卷图版（出版日期从1762年至1772年）。出版商——由勒布雷顿、达维德、布里亚松和杜朗于1745年组成的合伙关系——决定的印刷量是4 225部；但由于损坏和消耗，最后整套的《百科全书》的总数量一定比这个数字低，这些订购者并不是都想要那些后出的卷册。尽管订购价最初定在280里弗，但最终上涨到980里弗。在随后的几年中，市价上升到1 400里弗，但据较便宜的版本的出版商说，其中可能包含了增补卷、图表甚至装帧的价格。①

增补卷，包含对开的四卷文字和一卷图版，1776年和1777年在巴黎和阿姆斯特丹印制，随后，1780年，出版了两卷《索引表》(Table analytique)。增补卷的印制量大约达到了5 250部，价格160里弗。它和最初的《百科全书》没有形式上的联系，其撰稿人和出版商都与原来的《百科全书》不同。②

---

① 见1777年1月3日的《莱顿报》，上面刊载的四开本出版商的广告称，巴黎对开本的售价为1 400里弗。同样的数字也经常出现在纳沙泰尔印刷公司的通信中。例如，1777年6月8日，纳沙泰尔印刷公司告诉萨兰（Salins）的书商孔西代朗，第一版已经非常稀少，售价一般为1 100—1 500里弗。日期为1771年2月的日内瓦再版本的说明书中说，第一版"今天值60路易（即1 440里弗），如果人们能找到的话，因为最初几卷已极其稀少了"。见Lough, *Essays*, p. 76。这个价格可能包括了装帧但并不包括增补卷和《索引表》，当时它们还没有出版。
② 增补卷的印数是由1771年4月12日签订的合同规定的，但后来可能有所调整。参见Clément, "Pierre Rousseau et l'edition des *Suppléments de l'Encyclopédie*", p. 136，以及Raymond F. Birn, *Pierre Rousseau and the philosophes of Bouillon*（《皮埃尔·卢梭和布永的哲学家》）, in *Studies on Voltaire and the Eighteenth Century*, ed. Theodore Besterman, XXIX (1964), 122。关于价格和图表的背景材料，请参见George B. Watts, "*The Supplément* and the *Table analytique et raisonnée of the Encyclopédie*"（"百科全书的增补卷和《索引表》"）, *French Review*, XXVIII (Oct.1954), 4-19。

第一章　导言：一部书的传记

（2）日内瓦对开本（1771—1776 年）：这是第一版的再版本，印了 2 150 部，包括"加放"（多印的部分，用于补救印制和装订过程中损毁的部分）在内。订购价 840 里弗。但到 1777 年，四开本的竞争使它的价格降到 700 里弗甚至更低。①

（3）卢卡对开本（1758—1776 年）：由于一开始就对巴黎对开本亦步亦趋，这个版本因出版时间较晚而陷入困境。关于它，只有极少的历史材料。它大概印了 1 500 部，至少前几卷是如此。价格约为 737 里弗。尽管 18 世纪还没有国际版权法律，但法国的出版商极可能认为它是盗版，并试图把它拒于国门之外。不过，在小小的卢卡共和国，这可是一桩重要而且合法的事业，由一位敢作敢为的贵族奥塔维亚诺·迪奥达第（Ottaviano Diodati）管理，得到一些有钱贵族的支持，并受到上议院——这部书就是题献给它的——在政治上的保护。②

---

① 1777 年 6 月 8 日，纳沙泰尔印刷公司在致贝桑松的德罗兹的信中说，日内瓦对开本当时的价格已经降到了 700 里弗。纳沙泰尔印刷公司是从像拉罗谢尔的帕维这样的书商的信里获得这一信息的，他们在 1777 年 2 月 8 日建议按 700 里弗出售日内瓦对开本。此时比较便宜的四开本的预订已经开始，在四开本中拥有一半股份的庞库克，把他最后的 200 部日内瓦对开本以 10 万里弗的价格卖给巴黎的书商巴蒂尤（Batilliot），后者又以每部 600 里弗的最低价卖给零售商，并允许三个月以后付款。见巴蒂尤 1777 年 2 月 6 日致纳沙泰尔印刷公司的信，和纳沙泰尔印刷公司文件中巴蒂尤 1776 年 12 月 1 日的书面通知。1786 年托马斯·杰斐逊到巴黎购买时，包括增补本和图表在内的价格为 620 里弗（参见第六章）。

② 关于卢卡版对开本《百科全书》，请参见 Salvatore Bongi, "L'Enciclopedia in Lucca"（"卢卡的百科全书"）, *Archivo storico italiano*, 3d ser., XVIII (1873), 64-90，其中很少涉及商业方面的内容。不过，邦吉（Bongi）确实提到 1756 年 11 月开始征订时，迪奥达第定的价格是文字卷每卷 2 西昆（zecchini，意大利古金币。——译者），图版卷每卷 3 西昆。整套书包括 17 卷文字卷和 11 卷图版卷，价格大约是 67 西昆。根据 Samuel Ricard, *Traité général de commerce*（《商业总论》）(The Hague（转下页）

（4）里窝那对开本（1770—1778年）：这是最后一个再版本，随后就出版了增补卷（1778—1779年）。印数为1 500部，不包括增补卷在内，价格可能只有574里弗。出版商是朱塞佩·奥贝尔（Giuseppe Aubert），一位启蒙文学专家，他说服了三位富有的中产阶级出资。更重要的是，开明的托斯卡纳大公彼得·利奥波德（Peter Leopold）接受了题献，为它提供保护以免受教皇干预，甚至为印制提供了贷款和一幢房子。①

（5）日内瓦和纳沙泰尔四开本（1777—1779年）：这是两种带有增补卷的版本。每套包括36卷文字卷和3卷图版卷，订购价为384里弗。由于受到八开本的竞争，1781年最后的那几套四开本在公开市场的销售价格低至240里弗。包括加放在内，四开本共印制了8 525部。但是据约瑟夫·杜普兰（Joseph Duplain）说，由于大量的损坏和厄运，最终只能装订成8 011部完整的《百科全书》供

---

（接上页）and Amsterdam, 1781), II, 289, 293 中的比价表，1 西昆当时值 11 里弗，所以在卢卡，未装订的整套书的订购价为 737 里弗。价格看来比较低，但在阿尔卑斯山北麓，由于有运输成本，价格会略有提高。更进一步的材料，请参见 H. K. Weinert, ed., *Secondo centenario della edizione lucchese dell' Encyclopedia* (《卢卡版百科全书二百周年》) (Florence, 1959)，书中断言印数为 1 500。

① 关于奥贝尔和大公的关系，可参见 Ettore Levi-Malvano, "Les éditions toscanes de l'*Encyclopédie*"（"托斯卡纳版《百科全书》"），*Revue de litérature comparée*, III, (April-June 1923), 213-256; Adriana Lay, *Un editore illuminista: Giuseppe Aubert nel carteggio con Beccaria e Verri* (Turin, 1973)。不过，两本书均未涉及价格和印数。根据1769年的说明书，奥贝尔许诺给订购者的价格是36西昆，比卢卡版的低10西昆。不过，当时巴黎版只出版了11卷图版中的6卷，所以，十年以后，当奥贝尔完成整部书时，价格一定高得多。由于他开始把整部书的价格定为卢卡版的78%，所以574里弗可能是比较合理的估价，也许这个估价稍低了一些。关于印数的信息来自1775年3月6日奥贝尔从里窝那的海运代理商让蒂（Gentil）和奥尔（Orr）处写给纳沙泰尔印刷公司的信。

第一章　导言：一部书的传记

销售。约瑟夫·杜普兰是里昂的书商，他负责管理由他自己、庞库克、纳沙泰尔印刷公司、列日的克莱芒·普隆德（Clément Plomteux）、里昂的加布里埃尔·勒尼奥（Gabriel Regnault）以及一些小合伙人组成的联盟名下的企业。①

（6）洛桑和伯尔尼八开本（1778—1782 年）：尽管广告上说这是两个版本，但其实是基于两个订购活动的同一个扩充版。它们合在一起的印数达到 5 500—6 000 部；订购价为 225 里弗；包括 36 卷文字和 3 卷图版。联合起来的两地印刷公司共同生产八开本，把四开本的文字缩小后再版。因此被手握文字和增补卷权利的庞库克及其合伙人视为盗版。②

以上列举的事实和数字说明了一个令人吃惊的结论：大革命以前的欧洲拥有的《百科全书》的种类比任何人——除了 18 世纪

---

① 四开本价格的下降只影响到剩余的成品，而这些书已经在出版商内部分掉了，以便给这件事画个句号。1780 年 11 月 19 日，纳沙泰尔印刷公司通知巴黎的巴蒂尤只剩 60 部成书，每部的现金售价为 240 里弗，一年期的赊销价为 294 里弗。三个月之后，它以每部 200 里弗的特别价格出售给巴蒂尤 30 部，但它保持了 240 里弗的零售价，直至清理库存。然而庞库克以更低的价格销售了剩余成品，所以据纳沙泰尔印刷公司的两个成员于 1780 年 3 月 31 日从巴黎发往纳沙泰尔的报告称，1780 年 3 月，巴黎市面上只要 200 里弗就能买到这套四开本。
② 虽然八开本的出版商起初宣布订购价为 195 里弗，但最后升高到 225 里弗。参见《伯尔尼报》，1780 年 4 月 8 日。在同四开本的出版商为市场协议谈判时，他们一直说要把印数从 3 000 提高到 6 000。参见洛桑出版公司 1779 年 10 月 16 日、11 月 11 日致纳沙泰尔印刷公司的信，以及洛桑的贝朗热（Berenger）1779 年 11 月 23 日致纳沙泰尔印刷公司的信。但在l780 年初签订协议之后，纳沙泰尔印刷公司的一个成员报告说，加印的总量不过 2 500 部。纳沙泰尔印刷公司的奥斯特瓦德致纳沙泰尔印刷公司的博塞，1780 年 6 月 4 日："我知道洛桑和伯尔尼人开始确实只印了 3 000 册，自从获准进入法国后，现已达到 5 500 册。"

的出版商——想象的都要多得多。除了基于狄德罗基本文字版的六个版本之外,还有两个版本非常不同,它们把狄德罗版当作起点:菲利斯的《伊韦尔东版百科全书》和庞库克的《方法百科全书》,前者1770—1780年印制了1 600部,后者开始于1782年,印数大约是5 000部。有些出版商很可能用加放中剩余的内容制作了小的拼凑版。所以除去《伊韦尔东版百科全书》和《方法百科全书》,《百科全书》的总数大致是:①

| | 总数 | 法国国内 | 法国之外 | 加放 |
|---|---|---|---|---|
| 巴黎对开本 | 4 225 | 2 000(?) | 2 050 | 175 |
| 日内瓦对开本 | 2 150 | 1 000(?) | 1 000 | 150 |
| 卢卡对开本 | 1 500(+100) | 250(?) | 1 250 | (150) |

---

① 这里的估计中包含很多猜测的成分,尤其是计算加放的数量和法国内外销售量的比例的时候,表中用问号表示出来了。但是这些猜测可以得到纳沙泰尔印刷公司文件中大量定量和定性证据的支持,它们为在总体上计算《百科全书》的传播量提供了关键手段(参见第六章)。虽然出版商手册说按惯例每2令(1 000张)或每令(500张)有一个"多印的数"(main de passe)(25张),加放的数量实际是变化的。S. Boulard, *Le Manuel de l'imprimeur*(《印刷工人手册》)(Paris, 1791), p. 72, 和A. -F. Momoro, *Traité élémentaire de l'imprimerie, ou le manuel de l'imprimeur*(《印刷基础或印刷工人手册》)(Paris, 1793), p. 91。它们的总数很惊人:据保守估计,有625部对开本、514部四开本和300部八开本。(卢卡版、里窝那版、洛桑和伯尔尼版的参考数字是整体的,所以估计的加放的数量放在括号中。)大多数的散页都损毁了,但还有不少没有损毁的可能被装订成完整的《百科全书》,尤其是如果有一些缺失的地方又通过重新印刷做了弥补。由于一些出版商几乎肯定会以这种方式装订出一些拼装版,也由于八开本的数量可能是6 000而不是5 500, 25 000部只是对法国大革命前《百科全书》总数的保守估计。关于加放和拼装版,请参见Robert Darnton, "True and False Editions of the *Encyclopédie*, a Bibliographical Imbroglio"("《百科全书》的真假版本,文献目录的纷扰"),即将在日内瓦举行的关于印刷和书籍历史的国际研讨会的会议记录。

续表

|  | 总数 | 法国国内 | 法国之外 | 加放 |
|---|---|---|---|---|
| 里窝那对开本 | 1 500（+100） | 0（?） | 1 500 | （100） |
| 日内瓦-纳沙泰尔四开本 | 8 525 | 7 257 | 754 | 514 |
| 洛桑-伯尔尼八开本 | 5 500（+300） | 1 000（?） | 4 500 | （300） |
| 合计 | 23 400（+500） | 11 507 | 12 054 | 839（+500） |

1789年以前，所有的出版商一共印制了大约24 000部《百科全书》。至少11 500部到了法国读者手中，其中7 257部为四开本。这部起源于法国又在这个国家遭受到最多迫害的《百科全书》，成了最畅销的著作。幸运的是，大革命前法国的大多数《百科全书》（约60%）来自唯一可以详细地追索销售情况的版本。因此，通过研究四开本的生产和传播，我们就应该可以了解《百科全书》是如何在旧制度中传播开来的了。

第二章
/
# 一桩投机生意的开端

<sup>38</sup> 纳沙泰尔印刷公司的头头打算生意一开张就生产一部《百科全书》。1769 年 7 月 25 日，他们当时一册书未印，只有三台二手印刷机和一些残破的铅字，就给法国最有实力的出版商夏尔·约瑟夫·庞库克发去了备忘录：

《百科全书》——在法国从一开始就受到阻碍，现在还由于同样的障碍而陷入停顿——可能永远也不会在法兰西王国获得出版所必需的自由。渴望了解欧洲不同学者看法的公众们，急不可待地盼望着这部旨在教育人民的著作能够毫无困难地付印……有一种有效的方法可以避免人们在法兰西王国中所担心遭遇的各种反对，并为该书提供它能拥有的各种优势。在瑞士纳沙泰尔新成立的印刷公司由一些文人领导，愿向巴黎的出版商先生们提供印刷服务。渴望在创业伊始扬名立万的本公司，这一次会满足于很微薄的印刷利润，将全力投入整个出版过程，而不会再在英国、荷兰、德国或意大利

承揽任何其他的业务——总之只印刷已确定的册数。人所共知，纳沙泰尔伯爵领地是瑞士最自由的地区之一，因而不用担心任何来自政府和法官的阻碍。①

## 纳沙泰尔的再版计划

纳沙泰尔人可能既没有名气也没有经验，但是他们有自己的优势。他们为那些不能在法国安全印制的图书提供了理想的生产环境。尽管作为瑞士人在性格特征上与南方的洛桑和日内瓦人是一样的，但是自 1707 年以来，纳沙泰尔就已经是一个普鲁士公国了。因此，该地的出版商效忠一位哲学家国王弗里德里希二世，国王放任他们由当地管理松懈的当局统治，并向他们提供庇护，免受侏罗山脉另一侧的巨人的侵扰。虽然法国人有能力跨越边界查抄印刷工场，②但是纳沙泰尔人更多地把法国看作是市场而不是威胁。自 16 世纪以来，瑞士运输队就徒步翻越侏罗山脉向法国运送禁书。到 1769 年，审查制度（巴黎书商公会的垄断手段）和管理图书交易的国家机构迫使哲学家们在环绕法国边界如雨后春笋般冒出来的数十家印刷公司中印制他们的图书。目睹了遍布莱茵

---

① 纳沙泰尔印刷公司致庞库克的信，1769 年 7 月 25 日，收录在当日纳沙泰尔印刷公司致让-弗里德里克·佩雷戈（Jean-Frédéric Perregaux）的信中备查。

② 1764 年 12 月 11 日，一位巴黎警察巡视员和一队法国士兵查抄了位于理论上独立的布永公国内的三家印刷工场。见 Raymond F. Birn, *Rousseau and the "Philosophes" of Bouillon*（《卢梭和布永的启蒙"哲学家们"》），in *Studies on Voltaire and the Eighteenth Century*, ed. Theodore Besterman, XXIX (Geneve, 1964), 93.

兰地区和瑞士的出版企业的繁荣后,纳沙泰尔人决定开办自己的出版机构。正如他们在致欧洲各地书商的信中说的,纳沙泰尔印刷公司将出版各种"好"书;他们最初的投机目标将放在伏尔泰、卢梭、甚至霍尔巴赫的著作上。

在某种程度上,这种想法可能来源于纳沙泰尔印刷公司三位创始人的喜好,他们是弗雷德里克-萨米埃尔·奥斯特瓦尔德(Frédéric-Samuel Ostervald)、让-埃利·贝特朗(Jean-Elie Bertrand)和萨米埃尔·福什(Samuel Fauche)。[1] 奥斯特瓦尔德是位民间领袖——方旗骑士或者民兵首领以及市政委员会的成员——,并有写作生涯,出版过两部地理学的学术著作。他的女婿贝特朗是纳沙泰尔学院的文学教授,还是一位牧师。1769年贝特朗放弃教职,全身心投入纳沙泰尔印刷公司的工作,在一项百科全书式的工程——一部在法兰西学院的赞助下正在巴黎制作的多卷本《艺术和工艺说明》(Description des arts et metiers)的扩充翻印本——中,他渊博的知识发挥了作用。福什负责商业和技术方面的事务。在与奥斯特瓦尔德和贝特朗通力合作之前,他已有多年在纳沙泰尔出版和销售图书的经历,而且在禁书生意上——这是图书生意中风险和利润都最大的一个分支——自有一套。1772年,福什试图背着合伙人推销一种淫秽的、非法的诽谤性出版物,他们对他的

---

[1] 第四位创始人约纳斯-皮埃尔·贝尔图(Jonas-Pierre Berthoud)一年之内就退出了。关于这家公司的背景和创始人的情况,请参见 John Jeanpretre, "Histoire de la Société typographique de Neuchâtel 1769–1798"("1769—1798年的纳沙泰尔印刷公司历史"), *Musée neuchâtelois* (1949), pp. 1–22,和 Jacques Rychner, "Les archives de la Société typographique de Neuchâtel"("纳沙泰尔印刷公司档案"), *Musée neuchâtelois* (1969), pp. 1–24。

第二章 一桩投机生意的开端

报复是——把他赶走。不过此前他们赞成了一项他的成果——在1771年印制的霍尔巴赫的无神论的《自然的体系》，后来证明这次冒险虽然挣钱但很丢脸，因为它是一大丑闻，使得奥斯特瓦尔德和贝特朗暂时被挤出了市政委员会和牧师会。

不论纳沙泰尔印刷公司的头头们是否偏爱他们出版的图书中的理念，他们并不限于专出启蒙著作。他们印制和销售所有类型的图书——旅游、罗曼史、医药学、历史和法律，以及像布甘维尔的《周游世界记》和里柯博尼夫人的《索菲信简》这样吸引受过教育但没有高深知识和文化素养的读者的书。从本质上说，纳沙泰尔印刷公司的头头们更想赚钱而不是想传播知识。但他们知道，启蒙中有利可图。皮埃尔·卢梭，一位三流演员和剧作家，曾因普及哲学家的著作——尤其是《百科全书》——赚了大钱。在纳沙泰尔湖的另一侧，菲利斯已经建立了出版生意，正在出版的经过删节的新教版《百科全书》使他的经营状况良好。福什仅靠出借他的姓名就挣到834里弗——在初版的《百科全书》的8—17卷中印有虚假的出版者姓名："纳沙泰尔，萨米埃尔·福什印刷和出版公司"。奥斯特瓦尔德和贝特朗是富有而有影响的人，他们认为自己比卢梭、菲利斯和福什高出若干等。他们热切地希望在《百科全书》的思想上做投机生意，他们打算为庞库克印制《百科全书》时所具有的热心既来自利己主义，也来自对启蒙运动的兴趣。

他们并不直接和庞库克接洽，而是通过让-弗雷德里克·佩雷戈进行谈判，此人是纳沙泰尔人，1800年成为法兰西银行的创始人之一，1769年正在巴黎开始他的金融家生涯。他们给佩雷戈发去的备忘录上附带了一封信，信上说，"我们知道法国针对《百科全书》第一版的禁令不可能被那些刚刚宣布出版第二版的出版商们解除。在随信附上的申请书中我们向他们表达了自己的恳切请求,请您将它转达给庞库克先生"。他们又说,他们不仅能够保证印制的安全,还能够提高文本的质量,因为他们自己就舞文弄墨,并不只是印刷商,而且,还可以请其他博学的瑞士人帮助他们。①

经过数周的仔细调查和磋商,佩雷戈最终了解到纳沙泰尔印刷公司的动作已经太晚了。"以下是我昨天历经艰难才发现的生意机密。已不可能获得巴黎的同意,他们满足于已开始印刷的荷兰版本,这里最好的协定将只是为巴黎版本的增补卷服务……尽管有关出版商目前同意出版荷兰版本,但是,如何判断围绕这本书的所有变化在今后两年仍是问题,在这一时期应该做好准备。"②佩雷戈的判断是正确的:纳沙泰尔印刷公司可能为没有卷入对开本的重印感到庆幸——这个对开本的印制工作在1771—1776年是在日内瓦而不是阿姆斯特丹进行的。正如上文所说,这个版本的历史风狂雨骤。它惹起了庞库克和合伙人的争吵;6 000部的前三卷因被法国当局没收而不得不重印;征订过程异常艰难。1775年6月,当它的赞助人在日内瓦会面为它做初步的财务结算时,2 000部书还有1/3没有售出;利润看来非常微薄,尽管后几年似乎可能有所增长。

正当庞库克在日内瓦清算第二个对开本时,奥斯特瓦尔德到了巴黎,要和他共同建立一桩新的关于《百科全书》的买卖。得

---

① 纳沙泰尔印刷公司致佩雷戈的信,1769年7月25日。
② 佩尔格致纳沙泰尔印刷公司的信,1769年9月13日。

第二章 一桩投机生意的开端

知庞库克在瑞士后，奥斯特瓦尔德写信回去建议纳沙泰尔印刷公司把庞库克诱骗到纳沙泰尔去，这样，它就可以在谈判中处于有利地位："如果他接受你的邀请，那就让他喝最好的酒，也就是我酒窖最里面两个壁橱中的酒。"① 庞库克被缠在日内瓦脱不了身，但他写了封令人鼓舞的信，说他将会"很高兴被告知有关你所考虑的生意"②。1770 年，他拒绝了纳沙泰尔印刷公司寻求与他合作的努力，现在这封亲切和蔼的信表明了他对纳沙泰尔印刷公司的重视，后者在初次试图与他合作出版《百科全书》后的六年时间里成长为一个重要的出版商。到了 1775 年，纳沙泰尔印刷公司不仅出版了大量各种类型的图书，而且向从莫斯科到那不勒斯、从都柏林到佩斯，遍布欧洲的书商批发了大量图书。它的资本增加了，并且通过接纳纳沙泰尔最富有的商人之一阿布拉姆·博塞–德吕兹（Abram Bosset-DeLuze）作为占股 1/3 的合伙人而使资本规模不断膨胀。庞库克的地位在 18 世纪 70 年代中期也提高了。他在 1770 年被没收的 6 000 部《百科全书》于 1776 年 2 月发还——这表明凡尔赛有了新气象，也表明了他在其中的影响力。1774 年 5 月 10 日路易十六登基，一批新型的改革派大臣获得了权力。他们认为图书生意应该像小麦生意一样更加自由，对帮助他们使出版业自由化的庞库克颇为关照。有了凡尔赛的支持，庞库克把竞争者挤到一边，突入图书业和新闻业的核心，资助所有受雇于他的作者，建立或者撤销规模庞大的公会。但是他不断建立一桩又一桩不甚安全可靠的生意，逐渐消耗掉了他的资源；到了 1776 年夏

---

① 奥斯特瓦尔德致纳沙泰尔印刷公司的信，1775 年 6 月 2 日。
② 庞库克从日内瓦致纳沙泰尔印刷公司的信，1775 年 6 月 12 日。

天，他需要新资本的输入，就前往纳沙泰尔与纳沙泰尔印刷公司商谈《百科全书》的事。

这是纳沙泰尔人第三次投资《百科全书》生意的努力，这一回时势偏爱了他们。不仅当局的图书交易政策更加自由，握有《百科全书》版权的庞库克也在推动这件事。一年前清算了第二个对开本的庞库克认为，一个新版《百科全书》的市场已经成熟，他需要赞助者提供资金。纳沙泰尔印刷公司可以根据自己势力范围内的状况与庞库克洽谈合作条款，在这个范围内它可以论证自己生意的规模和可靠程度，至少奥斯特瓦尔德可以利用他的酒窖的"隐秘角落"。

1776年7月3日的合同（参见附录A.I）建立了一个联盟与合作的关系，这是一系列这样的关系中的第一个，这些关系塑造了18世纪后二十五年《百科全书》的历史。它规定了纳沙泰尔印刷公司和庞库克在印制一个重印本过程中的平等地位。他们计划把庞库克刚从巴士底狱拿回来的2 000套第一卷并入新的日内瓦对开本中，所以合同条款类似于庞库克1770年与日内瓦人签订的条款。纳沙泰尔印刷公司负责以34里弗每印张的固定价格印制同样数量的第4—17卷（2 000套以及150套的加放）；纸张（上好的纸，每令10里弗）和铅字（都来自巴黎的小富尼耶铸造厂）相同；庞库克用同样的铜版印制图版卷。新版的价格会便宜一些（预订价为720里弗，而不是840里弗），而且整件事将由纳沙泰尔印刷公司操作：纳沙泰尔人负责账目、推广和销售。这次合作花了他们10.8万里弗，他们承诺从1777年4月1日开始，在四年内以约定的时间间隔，每次付给庞库克6 750里弗，分16次付清。庞库克以这种方式获得了亟需的资金，而纳沙泰尔印刷公司则成为启

## 第二章 一桩投机生意的开端

蒙运动中最重要的图书的共同拥有者。①

在纳沙泰尔建立的新关系和庞库克从前的合伙关系有一处至关重要的不同：它授予纳沙泰尔印刷公司对《百科全书》本身的1/2的永久股份，而不仅仅是它某一个版本的利益。庞库克1770年6月26日在日内瓦和克拉梅尔及德·图尔内签订的第二对开本合同，明确排除了日内瓦人除了他们将要印制的那一版的1/3收益之外的任何其他利益。然而，纳沙泰尔人从合同中获得的不仅是印制第三对开本，而且取得了"无论是现在还是将来，在《百科全书》的所有图版、权利和印书特许权中"庞库克的所有权的一半。合同规定纳沙泰尔印刷公司可以重印增补卷，而当时庞库克刚和另一些合伙人开始做这部分生意，而且，它允许"几年内"纳沙泰尔印刷公司和庞库克在"包括所有增补卷的《百科全书》新修订版"的生意中拥有同样的股份。这样，纳沙泰尔印刷公司没有像在1769年希望的那样，成为庞库克的印刷商，而是成了他的同盟者。虽然第三对开本的计划很快就结束了，但这一次的联

---

① 克拉梅尔和德·图尔内仅为第二对开本1/3的版权支付了7.651万里弗，而纳沙泰尔印刷公司则为拟议中的第三对开本以及各种权利和图版的1/2股份支付了10.8万里弗。纳沙泰尔印刷公司也许拿到了更好的价格，因为还有大量第二对开本尚未售出。拥有两者版权的庞库克为保护自己将来的销售利益，在与纳沙泰尔印刷公司签订的合同中强调，直到1777年1月1日，新版将始终是最为保密的，这给他自己留下了足够的时间把日内瓦版卖掉。合同还规定纳沙泰尔印刷公司为前三卷文字和第一卷图版的1/2版权以及庞库克已经在巴黎印制的卷首插图和达朗贝尔、狄德罗的雕版肖像向庞库克支付3.54万里弗，日内瓦人事实上已经为这些卷付了同样的价钱，庞库克1775年6月13日清理账目时归还了这些钱。因此，他并未欺骗纳沙泰尔印刷公司要求他们为同样的东西再付一次钱，虽然表面看来是这样；但他把被没收的那些卷的成本并入了新版的成本当中。

盟关系带来了重大后果，庞库克和纳沙泰尔印刷公司为榨取共同财产——狄德罗和合作者痛苦地归并起来的文本卷和图版卷——中的利润保持了长时期的联合。

## 从重印到修订

1776年7月中旬回巴黎后不久，庞库克决定放弃为旧内容出新版本的纳沙泰尔计划，转而去创造一部经过彻底修订的、事实上是新书的《百科全书》。从那时起很多文件已经丢失，所以无法确切地知道他如何以及为什么做出这样的决定，但留下来的文件还足以使我们能够追踪他快速变化的行动的大致轨迹。

1776年7月初离开纳沙泰尔后，庞库克到日内瓦看望日内瓦对开本的合伙人、答应照管1775年合伙关系结束时留下来的670部《百科全书》的销售生意的萨米埃尔·德·图尔内，后者告诉他还有300部放在库房里没有卖出去。这对新对开本的销售不是个好兆头；而且新《百科全书》比旧版便宜120里弗，看来庞库克注定要因为仓促地启动后一版的生意而毁了前面的。① 对纳沙泰尔印刷公司合同的热情一冷却下来，庞库克又开始热心于一项伟大的计划，回到巴黎后，他和一些哲学家朋友特别是他的姻亲\*、法兰西学院著名院士让–巴蒂斯特–安托万·叙阿尔（Jean-Bap-

---

① 庞库克在日内瓦的讨论只能从博塞名为"博塞先生有关修订版的一些意见"的记录中了解一二，见纳沙泰尔印刷公司文件，ms. 1223。

\* brother-in-law，具体关系不详。——译者

## 第二章 一桩投机生意的开端

tiste-Antoine Suard）商量了这个计划。奉承好了有影响的哲学家，获得了沙龙社会的入场券，取得了可观的年金和工作清闲却收入丰厚的闲差：叙阿尔展现了启蒙运动——达朗贝尔为首的那种以法兰西学院为思想场所的启蒙运动——最成熟和最世俗的方面。①

庞库克建议叙阿尔取得一些哲学家的支持为修订版《百科全书》修订狄德罗版的文字。叙阿尔非常同意这个建议，他说服了法国两位最重要的院士达朗贝尔和孔多塞与他一起指导此事。这三位哲学家为此计划勾勒的轮廓写在庞库克1776年7月27日致纳沙泰尔印刷公司的备忘录中。虽然这份文件遗失了，但要点从后来庞库克和纳沙泰尔的交流中可以看得很清楚：1. 要把庞库克当时正在出版的五卷增补卷融入整个文本中；2. 要纠正错讹拾遗补缺，改善文字和图版间不协调的地方；3. 要新增大量条目；4. 要收编叙阿尔当时正准备出版的《法语辞典》。质言之，叙阿尔、达朗贝尔和孔多塞打算从头至尾彻底修订原来的《百科全书》。他们计划请一群哲学家来做这项工作，并且预期可以从庞库克和合伙人那里得到慷慨的回报。

这项计划最初不同于叙阿尔等人后来搞成的样子，其由来可以远远地追溯到庞库克打算投资《百科全书》之初。1768年12月16日获得《百科全书》版权前后，庞库克请狄德罗帮助他说服法国当局同意出版一种完全修订版。狄德罗答应了他的要求，写了一篇回顾性的文章，指出他为之辛勤工作了二十年的《百科全书》

---

① 关于叙阿尔与高层启蒙运动（High Enlightenment）融入旧制度上层的关系，请参见拙文"The High Enlightenment and the Low-Life of Literature in Prerevolutionary France"（"革命前法国学界中的高层启蒙与下层生活"），*Past and Present*, no. 51 (1971), 81–115。

的不足之处。他说,撰稿人的平庸伤害了《百科全书》的完美——他指出了这些人的名字以及《百科全书》中受其所害的大量段落。一些撰稿人并不胜任其职。有些则把自己的任务转包给只能写写平庸陈腐文字的雇佣文人。这些有问题的文字与那些好的内容看起来显得很不相称。文字的质量不一致,分配工作时也缺乏协调。因此遗漏了一些重要的条目,因为一些撰稿人以为已经由其他人做了论述;还遗漏了互见参照的工作,文字和图版也没有仔细地匹配。狄德罗坦率地说,《百科全书》一团糟:"《百科全书》有如深渊,这些捡破烂者将无数未经很好理解的、好的、坏的、可憎的、真的、假的、不确定的和互不一致、不协调的东西都倒入其中。"① 狄德罗接下来说,假如有一个可以信任的人,由他负责仔细筹划修订事宜,严格地按计划安排撰稿人,雇请抄写员誊写清楚,协调好文字和图版,选择最好的作者并支付优厚的报酬,新出版商就可以出版一种好得多的《百科全书》。结合自己记忆犹新的失败的领导经历,狄德罗说明了《百科全书》如何才能转变成一部崭新的好得多的著作。

狄德罗的这些文字启发了庞库克从一开始就制订自己的《百科全书》计划的想法,即深信最初的《百科全书》错误重重,需要重新做一个修订版——庞库克在信中称之为改编本。和现代学者不同,庞库克并不认为《百科全书》是一部神圣的书或者是不可更易的经典。从最开始,他就要改造它,让它更好。客观形势使他未能实现最初的目的,但他牢牢把握着他的计划,直到最后

---

① Diderot, *Oeuvres complètes* (《全集》), ed. J. Assézat and M. Tourneux (Paris, 1875–1877), XX, 130.

## 第二章 一桩投机生意的开端

出版《方法百科全书》的时候——这部书直到已经出版了202卷、庞库克也去世三十三年后的1832年还没有完成。

如果说狄德罗的回顾性文字是萦绕庞库克职业生涯始终的美妙事物，在1768年，它还有一个直接的公开的目的：试图说服法国当局相信初版《百科全书》千疮百孔，应该准许庞库克出版一个修订版。庞库克的请求被拒绝了，狄德罗的文章也被遗忘了——直到1172年、1776年两度由卢诺·德·布瓦斯杰尔曼出于完全不同的目的重新发表。卢诺是个刚愎自用的学者，他使《百科全书》最早的出版商卷进了一场著名的诉讼。他宣称他们欺骗了《百科全书》的订购者，因为他们以比原来的预订价高得多的价格向订购者提供以次充好的图书。不知怎的，他弄到了狄德罗的文章，把它作为打官司的一个证据。卢诺输掉了官司，但庞库克始终没有放弃出版一部新《百科全书》的决定。1776年7月重新启动心爱的项目时，他又翻出狄德罗的文章，这次是为了说服纳沙泰尔印刷公司接受计划中改变的部分。"我将从未出版过的狄德罗的回忆文章寄给你们。这是会招致背信指责的行为。卢诺抹杀了《百科全书》的所有优点以作为论据，但是读了这一回忆文章你们就会确信改编本是必要的。八年前（即1768年），我们就考虑出版改编本，但是狄德罗也是个坏蛋，他向我们索要10万埃居，这使我们很失望。"①

这封短而又短的信——该时期庞库克发出的仅存的两封信之

---

① 庞库克致纳沙泰尔印刷公司的信，1776年8月4日。这一回忆的目的在庞库克所写或是为他而写的一篇介绍中得到了清楚的体现。Diderot, *Oeuvres complètes*, XX, 129–130.

一——说明,在18世纪的出版充满如此吵吵嚷嚷的游说、争吵和密谋的过程中,狄德罗的文章不断被拿出来作为武器。该原文已经散失,庞库克提到卢诺从中截取了一些段落以便更有效地谴责《百科全书》。狄德罗并没有像卢诺说的那样对《百科全书》有过如此强烈的批评态度,但确实批评了它——也很尖锐,因为他想编辑庞库克原来打算出版的修订版的《百科全书》。庞库克的信表明,1768年他提议由狄德罗做编辑修订工作,狄德罗要价30万里弗。也许狄德罗太把庞库克的提议当回事,写了那篇文章,为庞库克争取获得当局允许出版新版《百科全书》的一系列活动提供了主要观点。因此,与原出版商的合作一结束,很明显,他就开始计划出版一部新的《百科全书》以改正所有的错误,这些错误使他对为勒布雷顿工作的二十五年光阴感到极其痛苦。为庞库克工作可以得到更多的回报,尽管狄德罗并不真的期待得到30万里弗之多的报酬。更为重要的可能是,庞库克应该不会毁伤它:因为他是哲学家们的朋友,不会干涉狄德罗把《百科全书》看作自己的梦。①

庞库克的计划使人对一件事很有兴趣:一位伟大的《百科全书》编纂者在暮年准备重做耗费了他整个中年时光的工作;但此

---

① 这段回忆性文字来源于卢诺发表的事实陈述书或法庭摘要,其中有一些被删除的段落和人名以省略号代替。不幸的是,庞库克发出的那一份没有保留在纳沙泰尔印刷公司的文件中。不过,在附信中,庞库克并没有就卢诺发表的段落的准确性提出质疑,所以狄德罗《全集》中的说法应该是准确的。研究狄德罗的学者正确地指出了这些文字的有争议的背景,但没有看到它对撰写狄德罗传记的作用。庞库克的信表明狄德罗认真地考虑了承担整部新《百科全书》而不仅仅是增补卷的编辑修订工作,尽管他在那篇文章中拒绝承担这一工作。

## 第二章　一桩投机生意的开端

事并未真的发生，因为专横独裁的大臣莫普没有批准这一雄心勃勃的、很可能导致一部比勒布雷顿版更直言不讳的《百科全书》诞生的事业。一年后，庞库克转回来开始一项新计划，重印原版《百科全书》并通过增补卷纠正错误、弥补遗漏——这项计划的最终成果是第二对开本或称日内瓦对开本以及增补卷。他请狄德罗主持增补卷的工作，并收到了一个著名的回复："你将做……你和你的书，我不再想参与其中。如果你给我两万路易，我会迅速满足你的需要，否则我将什么也不做。请离开这里，我想休息。"① 庞库克把狄德罗说成是坏蛋不足为奇，七年后他重拾改编本计划时，也没有再向狄德罗求助。不过，事实是，是狄德罗首先帮助设计了这一计划，他应该被看成叙阿尔计划之父或者祖父。

  这一计划的最终成形是在1776年8月14日庞库克和叙阿尔签订合同的时候（参见附录 A. II）。根据合同，达朗贝尔和孔多塞将"主持"新对开本《百科全书》，而由叙阿尔负责筹备工作。他必须组建一支由著名作者组成的队伍为新《百科全书》撰写文字稿。合同上列了圣朗贝尔、托马（Thomas）、莫列雷、达尔诺（d'Arnaud）、马蒙泰尔、拉阿尔普、珀蒂以及可能作为备选的路易——这些名字今天已经失去了往日的荣耀，但它们在18世纪70年代的文坛都享有崇高的威望。他们中包括了如此多的院士，以致改编本几乎成了被达朗贝尔和伏尔泰塞满了他们一派的哲学家的

---

① 狄德罗致索菲·沃兰（Sophie Volland）的信，8月31日（?），见 Diderot, Correspondance（《通信集》）, ed. G. Roth (Paris, 1955), IX, 123-124. 狄德罗对庞库克的厌恶，奥斯特瓦尔德在1780年6月4日致博塞的信中也曾谈到："阿尔莱（奥斯特瓦尔德的女婿，圣昆丁的商人）可能和你谈到了（庞库克），并可能同样也告诉了你，狄德罗用证据向他明确表示这是一个背信弃义的人。"

法兰西学院的产品。① 叙阿尔和同事们准备重写文字部分，做法是把增补卷中的新内容、菲利斯《伊韦尔东版百科全书》中靠得住的条目以及诸如叙阿尔打算出版的《法语辞典》等来源的材料合在一起。正如狄德罗在文章中建议的那样，他们得特别当心地纠正原书中文字、图版间以及互见条目中的不一致之处。也正如狄德罗提到的，他们得按照严格的进度表行事，得雇请一位抄写员誊清全部文稿，并给予优厚报酬。庞库克把重写《百科全书》的控制权全部交给了叙阿尔，很可能是想纠正使狄德罗十分不快的不均衡和不协调之处。不过庞库克要求叙阿尔从1777年5月1日（当时前两卷马上就要到印刷商的手上了）起保证稳定的产量——每年至少三卷，直至1781年底——估计到那时最后一卷应该完成了。当印刷机由于无稿可印而闲置的时候，叙阿尔将每周赔付500里弗。保持这样一种严格的生产日程，叙阿尔每卷可以得到5 000里弗，整个工作完成后，可以再收到20 000里弗。合同并没有明确规定修订版有多少卷，但庞库克显然计划要出20卷文字卷。假如是这样的话，叙阿尔将收入12万里弗，而他应该向撰稿者支付40 000里弗。

　　以12万里弗的代价让一群哲学家工作四年半，是一项大工程，庞库克深知他不仅需要经济上的支持，也需要知识和政治上的支持。所以他把达朗贝尔的支持看得非常重要。作为法兰西学院的统治者和法国最有声望的哲学家之一，达朗贝尔应该能够吸引最有才干的人，并使新《百科全书》作为他与狄德罗一起编辑过的

---

① 除了两个人，名单上的其他人都是法兰西学院的院士。这两个人在今天的知名度比较低：安托万·珀蒂，一位名医，法兰西科学院院士；安托万·路易，外科学院著名的终身秘书。两人都曾为初版的《百科全书》撰写过医药科学方面的条目。

## 第二章 一桩投机生意的开端

旧版的合法继承者出现。而且，达朗贝尔保护人的身份应该能够吸引更伟大的人物。1776年12月8日，达朗贝尔给纳沙泰尔印刷公司写了如下的信：

先生们：

尽管由于健康和工作原因，我不能像过去一样参与你们告诉我的这部重要著作，但是你们可以相信我对它非常感兴趣，并且渴望协助完成它，这既是由于这部书非常有用，也是由于长久以来将我和我可敬的同事叙阿尔先生团结起来的尊敬和友谊，他肯定会使这一事业得到你们和公众的欢迎。明年5月我打算去柏林，我将在普鲁士国王面前帮你们说话，这有赖于该国王对我的微薄信任和仁慈。由于你们所享有的真正自由，你们可能能做或将做这部书，它将是古代和现代文学中最美的丰碑之一。我只对自己不能为这一美丽的建筑添加我所希望数量的石头而感到遗憾。但是至少我将为建筑师挑一些灰浆，我只希望它是最好的和最丰富的。

此致敬意，

先生们

你们卑贱和顺从的仆人

达朗贝尔[①]

达朗贝尔的柏林之行一直没有成行，不过他许诺为获得弗里

---

[①] 达朗贝尔回复纳沙泰尔印刷公司的信。和当时与《百科全书》有关的大部分信件一样，纳沙泰尔印刷公司的原信已经丢失。

德里希二世对新《百科全书》的支持而游说。这一点对纳沙泰尔印刷公司意义重大，因为弗里德里希是纳沙泰尔的统治者，他可以保护他们免受地方或者法国当局的干扰。在与庞库克最初的合同中，瑞士印刷商规定要寻求弗里德里希的保护。达朗贝尔取消柏林之行后，瑞士印刷商给他写了份备忘录，内容是要求一份弗里德里希的正式诏书用以抵挡任何中断印制的企图。备忘录还强调了他们希望弗里德里希接受题献。1777年春天，奥斯特瓦尔德和博塞在巴黎与达朗贝尔讨论了这一计划。他们当时的信件和后来通信中的议论表明达朗贝尔为促进这一计划做了一系列承诺。很明显，他和狄德罗对初版《百科全书》需要改进这一点有同感，对他来说，他答应帮忙为修订版的《百科全书》写一篇"《百科全书》史"。①

因此，对庞库克而言，修订《百科全书》就不是一次偶然随意的赌博，而是针对他最想做的书的一系列商业活动。狄德罗

---

① 《百科全书》档案中纳沙泰尔印刷公司文件里的"1777年6月1日寄往巴黎的申请书"："在对达朗贝尔先生的关心——他在普鲁士国王陛下面前维护我们的利益——表示我们卑微的谢意时，我们请求他通过强有力的推荐来帮助我们获取陛下的同意而向他的纳沙泰尔和瓦朗金公国的枢密院发一份诏书，其中写明在首府已建立了一个名为印刷公司的重要印刷厂，他将这一公司置于自己的保护之下，因为它能成功地工作，不仅同意它自由印刷《百科全书》新版本，而且还同意这本书被献给自己。

"这份诏书被直接寄给我们将是适宜的，这样我们就能在需要的时候使用它，而且只在有人想妨碍我们做这项工作时才用到它。"

奥斯特瓦尔德和博塞认识达朗贝尔，并于1777年春天在巴黎旅行期间和他讨论了自己的《百科全书》计划。这些讨论的记录没有保存下来，但是纳沙泰尔印刷公司在1778年2月8日致庞库克的信中提及了此事："你也记得达朗贝尔先生在去年春天曾希望给我们写一篇《百科全书》的历史，这是一篇新作品，它出自这样一位作家之手，将会很好地凸显我们的事业吗？"

## 第二章 一桩投机生意的开端

1768年就向他提出过的这一建议，到1776年看来已经更加可行了——当时路易十六的新统治似乎对出版持比较容忍的态度，弗里德里希二世可以从国外给予更多保护，也可以指望达朗贝尔、孔多塞和叙阿尔在巴黎招募到最杰出的作者。1776年7月，他决定做的就是这样一部《百科全书》。下一步，他得说服纳沙泰尔印刷公司和他一起干。

庞库克可以指望他的瑞士合伙人能够经得起如此剧烈的计划变动。1776年7月3日的合同的确构想了一桩最终的合伙投机买卖来做修订版，但它规定合伙人必须立刻开始重印对开本的工作。庞库克离开后不久，纳沙泰尔印刷公司就购买了毗邻工场的一所房子，以便有足够的地方完成规模庞大的印制工作。它开始搜寻新的工人、印刷机、铅字和纸张，希望在几个月内把印制能力提高一倍。与庞库克所签合同的附加说明书规定了严格的生产日程，在任何情况下，日程都要维持下去以保证赚到足够的钱，因为应分16期支付给庞库克的款项的首期已经到期了。纳沙泰尔印刷公司的文件没有显示庞库克是如何提出建议的，但简要地说明了他提出的五条材料：狄德罗1768年的回忆性文章；关于庞库克-纳沙泰尔印刷公司对拟议中的重印第三对开本的说明书的一些重要"看法"；庞库克和叙阿尔之间修订版筹备工作合同的草案；对庞库克-纳沙泰尔印刷公司合同提出的使纳沙泰尔印刷公司受叙阿尔计划约束的修正案；以及达朗贝尔、孔多塞和叙阿尔1776年7月27日写的备忘录，备忘录认为应当修订而不是重印《百科全书》。这些材料都没有留存下来，不过纳沙泰尔印刷公司的文件中包含了一些更加能透露内情的材料：博塞在一次关于庞库克建议的讨论会前夕送给纳沙泰尔印刷公司其他领导者的备忘录，其中表明了18世纪的出版商是如何面对至关紧要的决定的。① 纳沙泰尔印刷公司应该接受叙阿尔计划吗？数十万里弗的金钱和许多年劳作的命运将受到那个决定——这些领导者将在第二天下午两点钟做出的决定——的判决。博塞认为事情极为重要，他记下发生在身边的事，把它们寄给奥斯特瓦尔德和贝特朗。写备忘录、订会议日程、仔细考虑复杂的资金和市场问题的正反两方面因素——纳沙泰尔印刷公司的头头们就像现代商人一样行事，虽然他们的生意是启蒙。

首先，博塞提出，纳沙泰尔印刷公司应该面对这样的事实，庞库克目前的行为超出了私利的范围：他需要推迟重印以便有足够的时间销售300部尚未出售的《百科全书》（对他而言，价值21万里弗）。但庞库克的目的和纳沙泰尔印刷公司面对的出版事务没有关系。增大叙阿尔计划的成本能导致利润的大幅度增长吗？博塞很容易这样想，因为他发现庞库克提供的"看法"暴露了重印战略一个危险的弱点：初版《百科全书》的市场可能已经充分饱和了。如果价格适中，那么假设存在对全新修订版《百科全书》的充分需求就是靠得住的。不过博塞在叙阿尔的计划中发现了一个破绽。它定的价格超过了除最富有的买书人之外的所有人能接受的限度。博塞相信，挖掘普通读者对《百科全书》的需求才能得到最大的利润："因此只能用给新版本定一个低价格的办法，才能使它进入家家户户从而增加销售量。"《百科全书》后来的历史将证明博塞已经理解了图书市场中一条深刻的现实真理。不过他采用低价策略却出于另外的原因。为满足纳沙泰尔印刷公司作

---

① 博塞的备忘录"博塞先生有关修订版的一些意见"，对庞库克送来的材料做了仔细考察，使人们可以对其内容有较好的了解，尤其是作为保存在纳沙泰尔印刷公司文件中的合同的基础的庞库克草案。

为股东的利益，就要做更多的事来满足它作为印刷商的利益。纳沙泰尔人想要承印全部的修订版，并根据产量确定报酬。所以印三四千部比较便宜的《百科全书》和印两千部比较贵的相比利润多得多。比较便宜的大部头被盗版的可能性也会降低。而且，博塞相信，它会比庞库克的更有优势。他提出，庞库克版有11卷图版，每卷的价格是36里弗，他可以压缩为6卷图版，每卷稍大一些，售价为40里弗，这样总价就会从396里弗降到240里弗。他考虑文字版仍然保持20卷（17卷来自初版，3卷来自增补本），因为增加的新内容将和被删除的错误和重复的部分数量相当。文字卷每卷24里弗，共480里弗，加上图版卷的240里弗，整部的价格为720里弗，和庞库克与纳沙泰尔印刷公司最初计划的对开本的价格相同。按此价格，他们可以售出两倍于庞库克计划的数量。而且三四千部720里弗的《百科全书》能够获得的利润，比庞库克原来提议的两千部864里弗修订版的更多。把目标对准一般大众，他们可以获得最大收益。

当然，如果成本超过了某个点，利润也不会继续增加。纳沙泰尔印刷公司不得不强迫庞库克从原来承诺付给哲学家们的报酬中扣出10万到12万里弗。博塞争辩说，修订需要的只是"讲究条理和注重品位"，而并非天才，而且他特别反对叙阿尔的"过分的意图"。他对叙阿尔是庞库克的姻亲未置一词，但建议叙阿尔应按新文字的数量而不是卷数取酬——这一办法可以防止他不加修改地从狄德罗版中获取内容并借此获得报酬。博塞还建议，修订工作结束时，叙阿尔应该得到12 000里弗和20部免费的《百科全书》，而不是庞库克提出的40 000里弗。最后，他建议纳沙泰尔印刷公司对庞库克关于1776年7月3日合同的修正案提出三项修改。首先，庞库克想要通过向其他图书经销商出售此项生意1/3的股份来扩大资金基础，他因此建议他和纳沙泰尔印刷公司各出售他们股份的1/3以换取25 000里弗的资金。博塞认为主意是好的，价格却太糟，因为纳沙泰尔印刷公司按那个价格的1/3付给庞库克的是36 000里弗：因此庞库克是要求纳沙泰尔印刷公司损失25%而不给予补偿，必须反对。其次，纳沙泰尔印刷公司已经付给庞库克35 400里弗，用以补偿他重印被扣在巴士底狱的日内瓦版前三卷的生产成本，而且他打算把它们用于第三个对开本。如果他废止了第三对开本的计划，纳沙泰尔印刷公司就不应支付那三卷的一半损失。最后，庞库克要求修订版的出版消息一直要保密到1777年7月1日，到那时再公开宣布这一消息并出版前两卷。这给了他额外六个月的时间销售300部剩余的日内瓦对开本，因为他与纳沙泰尔印刷公司的合同规定由他在1777年1月1日为纳沙泰尔版发布说明书。博塞认为速度至关重要。纳沙泰尔印刷公司已经投入了太多的资金，不能再在毫无回报的情况下牺牲六个月的时间。为了立刻扩充设施，它已经用过高的价格购买了一整幢房子，因而，博塞认为应该反对推迟。很显然，博塞是坐在家中迎接一天的结束，他这样结束他的论辩："先生们，大体上这就是我对这笔生意的看法，我完全听从你们的决定和主张。先生们，我希望明天能见到你们，一起商讨两个小时……先生们，祝你们晚安。"

两点钟的会议上发生了什么事情，没有任何记录，不过这个迷局的下一部分是纳沙泰尔人接受了修改合同的建议。他们1776年8月31日签订的协议修改了与庞库克关于叙阿尔计划的合同（参见附录A.Ⅲ）。在这份《与庞库克先生协定之附加条款》中，他们同意到1777年7月1日再发布新版公告。到那时，前两卷文

第二章　一桩投机生意的开端

字和第一卷图版应该已出版，而其余的部分也将按照合同规定的速度问世。纳沙泰尔印刷公司不得不接受在日内瓦版前三卷股份中的损失，除了一些尚可利用的图表和图片，那些旧书将被当作废纸卖掉。它还显然在定价上向庞库克做了让步，因为协议没有要求减少总卷数，而每卷文字版24里弗、每卷图版36里弗的价格也是庞库克所赞同的。（这是零售价格；图书销售商得到的价格分别是20里弗和30里弗。）纳沙泰尔印刷公司同意庞库克出售它那一半股份的1/6而不是1/3，记有出售价格的信件已经散失了。庞库克打算出售自己一半的股份。这样全部股份就将被分作12份，其中纳沙泰尔印刷公司占5/12，庞库克3/12，其他书商4/12。这种安排可以减轻庞库克资金上的压力，也可以通过补充像马克·米歇尔·雷伊——庞库克计划秋天时到阿姆斯特丹拜访他——这样强有力的赞助者而减少盗版的危险。纳沙泰尔印刷公司与叙阿尔没有合同关系，而是授权庞库克根据备忘录确立的指导方针与他商谈，这份备忘录已经从纳沙泰尔印刷公司的文件中遗失了。由于庞库克已经在8月14日的合同中确定了有关叙阿尔的工作的条款，纳沙泰尔印刷公司这一削减预算的努力没有成功。因此，正如上文所说，叙阿尔被授权向改写狄德罗的文本的哲学家们按每卷5 000里弗的数量支付报酬。全部工作结束时，他还将收到另外的20 000里弗，而不是庞库克原来提议的40 000里弗。① 纳沙泰尔印刷公司的贝

---

① 虽然叙阿尔接受了1776年8月14日有关修订本的合同，但直到很晚也没有接受庞库克-纳沙泰尔印刷公司协议强行要求的修改。1776年11月4日，庞库克致函纳沙泰尔印刷公司："我附上叙阿尔先生最终签字的契约。他要求修改。我告诉他这会把时间拖得过长，而我们已经浪费了太多的时间。我使他认识到停工条款的必要性以及仅仅推迟一个月就将可能造成的巨额亏损等。"

特朗也会因编辑和校对工作得到 20 000 里弗。纳沙泰尔印刷公司将只印制 2 000 部完整的《百科全书》。这样，庞库克为安抚纳沙泰尔人做了足够的让步；但他几乎没有失利，他强迫那些不情愿的合伙人接受他最初与狄德罗本人商议好的、雄心勃勃、代价高昂的改写狄德罗版的计划。尽管博塞的论辩很有说服力，但纳沙泰尔印刷公司还是输掉了与法国最有实力的出版商第二个回合的交易。

## 约瑟夫·杜普兰和四开本《百科全书》

1776 年秋天，庞库克在荷兰和英国进行了商业旅行。一回来他就向纳沙泰尔印刷公司报告说销售了 200 部日内瓦版的《百科全书》，"但是我还剩一些，你们可能会觉得这些书若不被售出，我就不能认真地专注于我们的事业。但这应该不断地进行"。他还售出了修订版的股份，并且把阿姆斯特丹的马克·米歇尔·雷伊、列日的 C. 普隆德和里昂的加布里埃尔·勒尼奥称为"其他股东"。显然每个人都买了一份 1/12 的股份，因为庞库克有四份 1/12 的股份要出售，他说雷伊购买了 1/12 而不是他想要的 2/12。勒尼奥实际上在 1776 年 7 月购买了他的股份，当时庞库克已经在纳沙泰尔和纳沙泰尔印刷公司终止了合同，到日内瓦看望了德·图尔内后顺访里昂。庞库克把余下的"你们曾经十分勉强地转让给我的" 1/12 的股份退还给了纳沙泰尔印刷公司。因而这项生意有了来自纳沙泰尔、巴黎以及里昂、列日、阿姆斯特丹的重要书商作

## 第二章 一桩投机生意的开端

为后盾。①

事情进展得很顺利,虽然比预期的步伐慢一些,庞库克写道。曾经在合同细节上斤斤计较的叙阿尔,没有能在1777年8月之前完成前两卷,但他承诺其余各卷将会按时完成。庞库克得催促富尼耶,他为纳沙泰尔印刷公司提供铅字,但进度给他造成的负担太重了。前三卷图版卷应该在1777年年底前完成:这项工作进展缓慢,因为得缩小规模,还得重新镌版以适应更加紧凑的版式。所有这些延迟都没有使庞库克感到紧张,他还有至少100部旧《百科全书》要卖,但他却说这是因祸得福:"雷伊先生主张在一年内什么也不宣布。过分仓促可能会损害最好的事业。对于人们投入如此多努力的事业,公众可以保持一定的信任……人们将会发现这是一项被误解的图书事业。人们将会对之充满期望。相反,不要过分催促我们,我们有公众和行家的认同,一定会完成一项很好和有益的事业。"同时,庞库克仍然感到资金紧张。从新合作中得到的资金帮了一点忙,但1777年他还需要偿付80 000里弗,所以他紧紧抓住纳沙泰尔印刷公司,要它严格按照时间表支付应付的10.8万里弗。他已经开始向叙阿尔付酬。后来的信件表明,从1776年9月开始,叙阿尔每月收到1 000里弗,每年花300里弗租

---

① 庞库克致纳沙泰尔印刷公司的信,1776年11月4日。勒尼奥是里昂最重要的图书经销商之一。他购买了1/12的重印版股份,并答应和纳沙泰尔印刷公司一样把这些股份转换为改编本的。参见勒尼奥致纳沙泰尔印刷公司的信,1776年8月27日。雷伊后来又把他的1/12股份回售给庞库克。在作为他的合伙人的短暂时间里,纳沙泰尔印刷公司试图和他发展密切的关系,但他不想和有时会盗印自己书的竞争对手结盟。参见纳沙泰尔印刷公司致雷伊的信,1777年1月25日,见雷伊的档案,Bibliotheek van de Vereeniging ter Bevordering van de Belangen des Boekhandeis。

一套公寓作为"办公室",以每年1200里弗雇用一位"精明的伙计"、800里弗雇请一位抄写员,并且开始勤勤恳恳地合并其他的《百科全书》和参考著作、纠正初版中的错误、为新条目搜集材料。所以,这桩生意在起步时情况非常好。但此时来自里昂的一位名叫约瑟夫·杜普兰(Joseph Duplain)的书商威胁说要让它垮台。①

杜普兰是《百科全书》生意最难做的一个城市中最好战的书商之一。在日内瓦和洛桑印制的"坏书"和哲学书,走私进入法国以满足对此类非法印刷品的需求时,里昂是主要的偷运渠道。里昂的书商觉得成车地订购像《揭露王储的诞生》和《自然的体系》这样的著作,照看着它们通过同业公会的大厅——政府官员可能会在那里把这些书没收并交给公开的执行者撕毁或者烧掉——是很寻常的事。固然,里昂的一些书商——比如布吕赛和佩里斯书店——手是干净的,他们在啰唆冗长的备忘录中向凡尔赛担保交易是清白的,设在凡尔赛的政府机构对里昂人知道得一清二楚,逐条对他们进行了驳斥。②不过更多的禁书还是通过里昂而不是其他的外省进入了法国。这座城市对地下交易有着强烈的爱好,因为它不仅是瑞士和阿维尼翁出版商的天然市场,它还领导着法国外省的出版商进行对抗巴黎同业公会的长期必然失败的战斗。国家在17世纪晚期在出版方面给予巴黎人扼住他人咽喉以致人死命的地位,在18世纪巴黎人丝毫没有松手。因为巴黎人垄断了合法图书——得到特许权的图书——的交易,外省人就用盗

---

① 庞库克在1776年11月4日致纳沙泰尔印刷公司的信中谈到了自己的资金状况,叙阿尔在1777年4月18日和1779年1月11日的信中仔细叙述了自己所做的工作。

② 例如,可参见巴黎出版和印刷公会档案,Bibliothèque nationale, ms. Fr. 21833。

版书交易作为报复。无论如何，由于有像在纳沙泰尔这样的天堂运作的盗版者的残酷竞争的资本主义（cutthroat capitalism），盗版书要便宜得多。这些经营家在里昂找到了很多盟友，这里的书商要么委托他们制作盗版书，要么批发大量盗版书，或者干脆帮助他们走私。里昂人也是对手，因为他们有时也在自己的工厂里印制非法图书。

他们也是很难对付的顾客。旅行推销员证实，在里昂书商的店铺里对他们进行挑战需要胆识和谨慎。在与他的客户对决以前，纳沙泰尔印刷公司的贝特朗的笔记本上全是对他们性格的勾勒和谈判中会涉及的要点。他警告自己说，"J. M. 布吕赛，冷酷而狡诈的人"，例如，说到最明智的办法是把讨论引向三个问题，他已经仔细列出了大纲，甚至在闯进布吕赛的密室前还做了预演。他似乎没有因"佩里斯兄弟，风趣的人，自炫有文学修养"而胆怯，打算同他们讨论六个经过认真准备的问题。他把"雅克诺父子"放在接近里昂书商底层的位置上。他们只保证尽快进行一次闲谈："随便拜访，与他们简单地商谈了一会儿；其子更感兴趣。"①

里昂人给埃默里克·达维德留下同样的印象，这是一位来自埃克斯的印刷商，他在日记中记下了 1787 年商业旅行中对某些事情的反应："面带愁容……只是一个旧书商……人们说他是一个骗子。""塞泽隆：上了年纪，懒惰。""见勒尼奥先生，行家：自信，坚定；显得有眼光和有主见。""在佩里斯的城堡用晚餐，餐桌上摆了 25 副餐具。过多礼节，人们始终不能放松一下。甚至在近亲之间也讲究客套……佩里斯·迪律克被看作风趣的人是有道理

---

① "Carnet de voyage, 1773, J. E. Bertrand"（"J. E. 贝特朗，1773 年游记"），见纳沙泰尔印刷公司文件，ms. 1058。

的。"尽管有这种偶然的奢华,但达维德断定在里昂的图书交易中占据主导地位的是愚钝和欺骗:"12位印刷商——其中3/4只专心于伪造……没有一个印刷商想好好干……爱财……抢劫。"①

其他的内部观察者也得出了同样的结论。一个在巴士底狱给警察写了关于全部地下图书交易报告的地下书商,说里昂人是"骗子这一高贵职业"(即盗版)的行家里手:"里昂的雷吉亚、勒尼奥是巴黎出版界讨厌的人,他们因为受到保护而更加危险。"②纳沙泰尔印刷公司的一位票据收款员感到里昂人太不值得信任,如果不威胁要把他们拖上法庭就几乎不可能让他们付账:"为了见塞利耶,我们几乎磨破了鞋,他真是一个健忘者和骗子。"③庞库克则不仅强烈谴责像让-马里·巴雷这样个别的里昂书商是"一个非凡的背信弃义者",而且还强烈谴责这个群体:"如果我要找一个不诚实的人,那么应该在里昂出版界里找。他们既不守信义,也不讲廉耻。"④

杜普兰就是在这样的环境中成长并日益活跃的。他的父亲伯努瓦和侄子皮埃尔-约瑟夫也是书商;⑤当他接管家族生意的时候,在朋友圈中以精明透顶而闻名。一个走私者以强调自己的个性如

---

① Emeric David, "Mon voyage de 1787"("1787年游记"), Bibliothèque de l'Arsénal, Paris, ms. 5947.
② "Mémoire sur la librairie de France fait par le sieur Guy pendant qu'il étai à la Bastille"("居伊先生在巴士底狱时所写的有关法国出版的回忆"),1767年2月8日, Bibliothèque nationale, ms. Fr. 22123.
③ 让·绍布(Jean Schaub)致纳沙泰尔印刷公司的信,1775年1月10日。
④ 庞库克致纳沙泰尔印刷公司的信,1779年11月6日。
⑤ 皮埃尔-约瑟夫·杜普兰做了大量的非法图书交易,直到1773年一位同行揭发了他,一封密札迫使他逃到了瑞士。1777年,他以代理人和秘密经销商的身份出现在巴黎,在那里他通过买卖利润丰厚又十分危险的禁书和手稿使自己免遭破产的命运。参见纳沙泰尔印刷公司文件中的P.-J.杜普兰的档案。

何与杜普兰家族相去甚远来向纳沙泰尔印刷公司介绍自己："尽管与这些人从小就是亲密的朋友，但我们和杜普兰、勒鲁瓦一点都不像。因为我们是讲信用的人，以言出必诺而自豪的人。但是他们不仅欠我们的钱，而且还想从我们这里骗取4 000里弗。"①这次，纳沙泰尔印刷公司通过与杜普兰打交道很好地了解了这个人，以实际的例子说明了外省书商和外国出版商之间互利共存的关系。

1773年春，杜普兰和纳沙泰尔印刷公司同意交换两项非法生意。杜普兰承诺交出已经印好的84部12卷十二开本的卢梭著作，等价交换纳沙泰尔印刷公司版的伏尔泰的《有关百科全书的问题》。以货易货在批发商的图书交易中是很普通的事，纳沙泰尔印刷公司如期地发了货。但他们等了三个月才收到杜普兰的货。纳沙泰尔人认为拖延的原因是杜普兰试图阻止他们和他在卢梭著作市场上的竞争，与此同时他又在伏尔泰著作市场上与纳沙泰尔印刷公司竞争。在最后收到卢梭的著作后，他们请杜普兰帮一个忙以证明他良好的愿望，并补偿他做过的坏事。他们在博凯尔的展销会上需要一批被禁的《伊韦尔东版百科全书》，请求杜普兰疏通里昂行业公会让这批货顺利通过。他答应了，由此获得了一笔有朝一日由纳沙泰尔印刷公司来偿付给他的债务。1773年秋，纳沙泰尔人得知杜普兰正在印制一批盗版的《艺术与工艺辞典》（五卷，八开本），而他们自己也刚刚开始印制。他们停下自己的活计成全杜普兰——然后，又向他提了一个新的请求。他们有三板条箱的禁书被里昂行业公会没收了，希望有人帮忙把它们弄出来。杜普兰

---

① 雷沃尔（Revol）致纳沙泰尔印刷公司的信，1780年6月24日。阿马布勒（Amable）和托马·勒鲁瓦（Thomas Le Roy）也是里昂书商，他们和杜普兰一起做四开本《百科全书》的生意。

帮了这个忙,并把书送到纳沙泰尔印刷公司的买家——尼姆的戈德手里。数月以后,他又答应帮助另一批《伊韦尔东版百科全书》通过里昂行业公会:"这里已不再运送《百科全书》。在这方面我们公会已接到很明确的命令,但是我从未忘记你们曾给我的帮助,请告诉我你们想运送的东西,我来想办法运送。"①

该轮到杜普兰要求帮忙了。他盗印过一版《教会法》,一个握有该书图书特许权的巴黎书商、寡妇德尚(widow Dessaint)设法扣压了杜普兰的一批货,正在告发他做盗版生意。为了免遭重罚或被取消图书经营资格,杜普兰请纳沙泰尔印刷公司向巴黎警察总监递交一份假申诉状。上面要说明是纳沙泰尔印刷公司向法国境外的出版商购买了这批货,并把货发给杜普兰,后者发现其中缺了一些页。纳沙泰尔印刷公司在申诉状上应该解释说,他们颇费了一番唇舌,才说服杜普兰在当地补印这些页以挽救这些书,并避免和真正的盗版者卷入麻烦的谈判中。寡妇德尚早已得知杜普兰的小伎俩,控告他印制了整本书——这将导致灾难性的审判后果。因而(纳沙泰尔印刷公司应该说),法国当局应该把货送回纳沙泰尔,还应该免除杜普兰"不应面对的指控和诉讼"。纳沙泰尔印刷公司不想向巴黎警方呈交伪造的供认状,但他们很重视与里昂行业公会的盟友关系,所以给杜普兰寄去了请愿书:"信中有你想要的请愿书,希望它将发挥你所期望的作用,从而不影响一切。很高兴能经常有机会向你证明我们的忠诚。"②这就是里昂书商

---

① 杜普兰致纳沙泰尔印刷公司的信,1775年11月3日。本段中的其他材料选自纳沙泰尔印刷公司文件中的杜普兰档案。
② 杜普兰致纳沙泰尔印刷公司的信,1775年11月3日;纳沙泰尔印刷公司致杜普兰的信,1775年11月9日。

## 第二章 一桩投机生意的开端

和瑞士出版商之间发展相互关系的方式——在艰苦的讨价还价中累积各自的责任和义务，在竞争与合作的两极间把握好分寸，尽可能地抑制彼此的猜疑以打击在巴黎的共同敌人。

1776年12月，这个代表了里昂人强硬的图书交易风格的人，发布了关于一种价格低廉的再版的四开本《百科全书》的说明书。杜普兰没有权利做这件事；这部书的权利在庞库克和他的合伙人手里，而即使是他们也不敢在法国的领土上印这部书。杜普兰是在赌博。他宣布出版一种大部头的非法著作时，并不能保证它真的能问世或者可以把它带进法国。但是发布图书说明书费不了什么气力：杜普兰只在寄给代理人和关系户的小册子中公布自己的条款。很明显，他是想在真正花钱置办铅字和纸张之前，试探一下反应。因为如果他开始征订，就可以用订购者的预付金支付高昂的启动资金。而且在试探这个市场的深浅时，他可以藏而不露。因为他是以日内瓦出版商让-莱奥纳德·佩莱的名义发布说明书的，后者接受了3 000里弗答应做挡箭牌。

试探的过程——或者如18世纪法国出版商所知，"号一号公众的脉搏"——中也包括在某些报刊上发布通告、通知或者广告。1777年1月3日，《莱顿报》刊登了一则有关杜普兰生意的通知，成为关于这桩生意最初特色的最有意义和价值的信息来源。这则通知表明，杜普兰打算按照博塞提出的策略，用价格相当低廉的《百科全书》开辟出一片广阔的市场。他们为一件事感到痛惜：18世纪最重要的著作——它本身就是一座图书馆——的定价远远超出了最能从中受益的人可承受的限度。新出版商——没有提到姓名——将以引人注目的大减价推出它：不是当前的1 400里弗，而是344里弗。之所以能够以如此大的力度把价格砍削到如此低的程度，他们解释说，是因为只印了3卷图版——这样也不会有重大损失，因为原来的11卷图版中的大多数没什么用。新版《百科全书》将会给真正重要的图版重新镌版，想搜集图版的读者可以购买由科学院赞助的《艺术与工艺手册》。新版的文字将远远超过原版。它用称为"哲学字"（philosophie）的字体印在漂亮的纸张上，它将收编增补卷，将纠正对开本中的大量错误，将包括一些新内容，通知含糊地把它描述为"一些因其与众不同及所具有的用处而变得珍贵的文章"。订购者需交12里弗的预付金，每收到一卷文字再付10里弗，每收到一卷图版再付18里弗（最后一卷图版只需6里弗）。订购者每年将收到6—8卷，最终共收到29卷文字卷和3卷图版卷。出版商将以收到的订单数量来决定生产的数量；所以不可能在预订结束后买到便宜货。所有对此书感兴趣的人都要尽快把预付金交给日内瓦的书商特隆，很明显，此人是杜普兰的一个代理人。

当庞库克正在印制一种昂贵的《百科全书》时宣布将有一种便宜版的问世，就像用枪指着他的头，不过庞库克可不是那种等别人先开火的人。他用另一桩《百科全书》的生意发起反击，这是他和纳沙泰尔印刷公司在1777年1月3日的合同中商定的（参见附录A.IV-V）。首先，他们确认，杜普兰发布的所谓新版本的消息使他们必须把修订版的印数从2 000降到1 000。不过，以牙还牙，他们也对着出一种四开本，迫使杜普兰丢掉部分市场，因为这是一种比较便宜的修订版，印数高达3 150部。它只有3卷或者4卷图版，36卷到40卷文字，文字卷的价格为每卷12里弗。因此，它比杜普兰版本的部头大一些，价格也贵一些，但还没有贵到进入另一个价格区段。如果了解到一个杰出的哲学家群体正准备进行一项出色的工作时，可以预料，潜在的读者会放弃杜普兰的版本。通过加强他的权利与印书特许权，庞库克将确保购买者远离对手的四开本。

特许权保护是庞库克战略中至关重要的部分。他拥有复制这部书的排他性权利——根据当时的标准，这项权利在法律上是有效的，他可以把它分割开来，在全西欧以高价出售。如果法律上的义务不能被强制服从，那么把法律条文转变为看得见摸得着的对权利的维护就是一句空话。所以应该让国家对杜普兰的四开本就像对待私盐一样严厉地穷追猛打，直到全部缴获。惩戒性的没收，甚至严词禁止的公告，都会使杜普兰的很多订购者跑到庞库克这边来。所以，庞库克让书报总监勒卡缪·德·内维尔（Le Camus de Néville）给各个书商公会和书报审查官发出通知，警告说杜普兰的《百科全书》是非法的盗版图书，当局将全部予以收缴。这样，庞库克用两个办法回击了杜普兰：以自己质量更好的《百科全书》诱使杜普兰的订购者和潜在的订购者离开他，用法国政府的力量压垮杜普兰的四开本。但是这一反击引发了一个重要问题：法国政府几乎摧毁了这部书的前两版，又如何会成为保卫第三版的主要防线呢？

## 出版、政治和庞库克

如果考虑到1770年把庞库克的6 000部书投入巴士底狱的政府和1776年把它们放出来的政府是不同的政府，前节所说的这个悖论看起来就不那么令人困惑了。路易十五统治的最后几年，政治环境越来越压抑。从七年战争损失惨重、令人颜面无光的经历和1764年耶稣会的解散,到布列塔尼事件和1771—1774年的高等法院危机,政府遭到的反对日益增长,随之而来的就是同样日益增长的权威主义。这在图书交易领域尤其严重,庞库克为了解这一点交了很多学费。不过1774年5月路易十六的登基结束了大臣莫普、泰雷和达吉永严酷的三头统治。杜尔哥,这位《百科全书》的撰稿人、这些哲学家的朋友,为新统治定了基调。即使在1776年6月他下台以后,政府还保持了断断续续的改革,在出版政策方面尤其比较宽松。1777年8月30日,政府发布了一系列法令,准备加强反盗版措施,同时放松对巴黎出版商公会成员握有的特许权垄断的控制。

1777年,这个公会看起来像路易十四治国机构的残渣余孽。国家在17世纪后半叶通过它管理出版物。科尔贝利用公会的权力消灭了大量的外省印刷厂,把出版业集中到巴黎,并招募帮手禁止印行所有没有特许权的图书。通过审查机制,王室的管理机构和警察加强了它们在经济上的垄断,公会成员得到了绝大多数的图书特许权,迫使外省的竞争对手投入像纳沙泰尔印刷公司这样专攻盗版书和禁书的出版商的怀抱。到路易十六登基以前,这一政策的效果已被证明适得其反。它在赋予巴黎的出版贵族们对正统印刷品垄断权的同时,导致了盗版书的繁荣。路易十六治下的改革者要放松对正统印刷品的控制,在图书交易中建立一种有限的自由。它们制定的法令规定,不再赋予一部著作无限和永久的权利,特许权将在十年后或者申请者死亡后终止。作者和继承人可以无限期地拥有特许权(以前,公会的权力大到使他们几乎不可能拥有自己著作的特许权),外省的出版商也可以出版进入公共

第二章　一桩投机生意的开端

领域的任何图书，即原来为巴黎出版商保留的大部分印刷品。八月法令承认，巴黎出版商的垄断迫使外省出版商从事盗版生意，所以允许他们清算这些生意中的存货，但建立了严厉的惩罚和约束制度，防止出现新的禁书和盗版书生意。①

这些在向过时的、科尔贝式组织管理下的企业逐渐灌注现代企业精神的愿望影响下的法令，使巴黎的寡头惊恐不安。公会的反应是：请愿、抗议、出小册子、诉讼以及非正式的罢工，它们在出版企业中造成了混乱，直到大革命来临，通过同时消灭特许权和社团主义才解决了纷争。在整个抗议中，巴黎公会最有势力的成员的缺席颇引人注意。1777年12月，纳沙泰尔印刷公司的巴黎代理商报告说："这里的出版商掀起了反对新规定的斗争，其中100人几天来一直聚集在公会，并将向掌玺大臣提交一份请愿书。如果它未取得预想的成功，他们将给国王写信。斗争主要涉及保持印书特许权……庞库克……根本没有出席出版商的集会，被指责是这些新规定的始作俑者。"② 庞库克没有在信中公开讨论他在改革中扮演的角色，但他没有掩饰和公会中其他成员的糟糕关系以及对新法令的支持。1777年7月4日，他写道："对于新规定人们已谈了很多，但是当它出现时我还不知道。" 1777年11月19日，他写道："出版业需要改革。滥用已导致过剩，而这又引起

---

① 参见1777年8月30日法令的文本，载 Recueil des anciennes lois françaises, ed. F. A. Isambert, Decrusy and A.H.Taillandier (Paris, 1822-33), XXV, 108-128。关于公会和出版企业家的关系的讨论，请见拙文 "Reading, Writing, and Publishing in Eighteenth-Century France: A Case Study in the Sociology of Literature", Daedalus (Winter, 1971), pp. 214-256。

② 佩雷戈致纳沙泰尔印刷公司的信，1777年12月17日。

我们所见到的各种问题","法令已在这里引起轰动,各方都有表示,文人和出版商似乎已失去理智。不可能有更糟的看法和评论了。"①1791 年,为了证明自己的公民责任感,他强调 1789 年以前他反对"出版商的贪婪和公会的专制"。他声称为了对抗公会的团体精神(esprit de corp),他参加了 1777 年的改革。② 不过,他一定是小心翼翼地参加的,因为所有可以用以证明其革命前的进步立场的不过是一份回忆录,它显然是在政府调查中为反对公会提交的备忘录而写给书报总监的。不过也不能期望庞库克 1777 年和公会公开决裂;而就像我们今天相信的,他也很可能就是改革中的关键人物,即使是躲在幕后以他喜欢的方式提出建议或者进行游说。③

庞库克和公会中其他人疏远的原因之一是,他不像他们那样做生意。除了几个冒险家以外,他们都趋向于保守,要获取安全图书——经典、法律文集、宗教著作等——的特许权,获得相当可靠的、定期的但也有限的收入。他则大量地向新书和大套的书投资:30 卷的《法语词汇大全》、23 卷的《游记通史概要》、86 卷的《判例总汇》。1763 年,通过收购书商米歇尔·朗贝尔的股份

---

① 提到他和外省的出版商联合反对巴黎出版商时,他说:"鲁昂人已通过代表表示感谢,希望里昂和其他大城市也这样做,无论发生什么情况,这些法令对我们的事业(即《百科全书》)都没有任何影响。"
② *Lettres de M. Panckoucke à Messieurs le président et électeurs de 1791*(《庞库克 1791 年致主席和选民的信》)(Paris, Sept. 9, 1791), pp. 23, 14。
③ 庞库克把自己描述成一个改革者,并于 1789 年 11 月 21 日的《信使报》上发表了他的回忆文章 "Observations de M. Panckoucke"("庞库克的看法")。他把文章,或者至少是其中的一个部分——关于限制图书特许权的低调的合理的观点——印进了《方法百科全书》的法律卷,VI, 813-817。

## 第二章 一桩投机生意的开端

在巴黎开办自己的生意时,庞库克就承担了销售由王家印刷局印制的大部头著作的责任:其中有布丰的《自然史》,它最终达到36卷四开本的规模;有41卷的《铭文与美文学院论文集》;有从1699年开始印制,一直延续到1793年结束,共出版了188卷的《王家科学院论文集》。

庞库克并不独自为这些庞大的生意负担资金。他建立合伙关系,出售股份,形成非常复杂的借贷关系,几乎不可能搞清楚他到底有多少财富。比较清楚的是,从每年的图书交易收入中,他要付给王家印刷局总监阿尼松·迪佩龙 70 000—80 000 里弗;他还对报章杂志投入了更多的资金。在他职业生涯的不同阶段,他一共投资过16种报纸。他把9种并入《信使报》(Mercure),还以很快的速度吞下其他报纸,可以称得上是法国历史上第一位媒体大王。18世纪70年代,他追随当时流行的策略,从图书交易转向新闻业,正如他向纳沙泰尔印刷公司解释的:"我刚刚以前所未有的优惠条件获得今后二十五年内出版《信使报》的许可证。我将《政治杂志》和取消的五份报刊的预订户都给了它。这一行动促使我实行始终在考虑的出售《自然史》之外的所有资产的计划。"[①]1776年,他甚至考虑在纳沙泰尔设立常驻办事机构,这样他就可以夏天在法国以外某个安全的根据地考虑图书生意,冬天在巴黎管理他的庞大的新闻帝国。[②]

---

① 庞库克致纳沙泰尔印刷公司的信,1778年7月7日。在1776年11月4日致纳沙泰尔印刷公司的信中,庞库克解释说:"我每年付给王家印刷局总监迪佩龙先生70 000—80 000里弗……我请你注意,到1777年底我将预付80 000里弗以上。"
② 庞库克在标注日期为1776年12月25日、致纳沙泰尔印刷公司的信的草稿中,大致勾勒了这个计划的轮廓,其中包括了通过达朗贝尔获得弗里德里(转下页)

同时代的人把这个庞大的企业视为垄断整个图书交易的一种努力。1786 年庞库克买下了法国历史最悠久的报纸《法兰西报》后,《秘密回忆》评论道:"庞库克先生是贪得无厌的:如有可能,他想将整个出版业据为己有。"① 十年之前,纳沙泰尔印刷公司问他是否像谣言所说的,打算每年向王权政府交纳 800 万里弗以完全控制出版业。庞库克把谣言归结为对他在图书交易改革中所扮演的角色的憎恨:"交纳 800 万里弗以成为唯一的出版商的说法是

---

（接上页）希二世的恩赐（见 Bibliothèque publique et universitaire de Genève, ms. suppl. 148）:"先生们,请告诉我一个信仰罗马天主教的法国人是否能在你们那里,也就是纳沙泰尔和瓦朗金伯爵的领地购买土地和不动产。另请让我知道普鲁士国王是否可能给我一些地方,他书面同意给予的是什么样的,可以买什么样的,可以给的是什么样的,是否只有清教徒才能获得这些土地?现在是否有空闲的需要有人居住的地方?是否每年在那里住几个月还不够等。先生们,我想向你们坦白,我确实很希望与妻子和女儿一起每年有六个月,也就是说气候宜人的季节,住在你们附近,然后在冬天回到巴黎。达朗贝尔先生打算在 5 月去普鲁士,我们可以借此机会表达我们的献辞（即将《百科全书》献给普鲁士国王）,我渴望住在你们城市以巩固我们的活动,而且我还打算将《自然史》和报纸之外的所有资产都售出。我甚至将清查自己的财富,这一出售可能在一个月内进行。不管如何我都会毫不犹豫地购买博塞·德吕兹的小商铺。但是因为我们依赖舆论状况,而且我卖了四分之三的资产,我根本不想在你们那里建立一个新的书店。我只想有一个适当的地点可以促使这一协议进行下去。在这个国家我们已有一些书店,它们在一些君主领地都设立了机构,都有自己的地点,有权开展活动,我也想能这样。"在最后的草稿中,除了最前面的两句话,庞库克删除了所有的内容,这封信在第二天发给了纳沙泰尔印刷公司,但后来纳沙泰尔印刷公司给他的信中间接提到他曾与奥斯特瓦尔德和博塞讨论过在纳沙泰尔居住的事。

① 巴绍蒙（Bachaumont）,1786 年 12 月 2 日日记。《秘密回忆》中 1778 年 7 月 6 日的日记评论道:"庞库克先生,根据授予他的《信使报》许可证,产生了最远大的抱负。他已不满足于将《法兰西报》《妇女报》《政治和文学杂志》合并;还想让其他报纸也依赖于他。"

## 第二章 一桩投机生意的开端

荒谬的。(这里)也在风传,而且还有很多其他的诽谤。人们相信我参与了这些法令的制定,因而出版商们怒而反对我。这将逐渐平息。"①

庞库克作为"出版业的阿特拉斯"②的独特地位使他成为政府对付公会的天然盟友。不论他是否在1777年法令方面和政府合作,他都代表了一种政府试图注入图书交易中的企业家精神。当然,杜普兰也是企业家,但做起事来像个盗版者,超出了法律规定的范围。庞库克,这位王家印刷局的书商,是在体制的中心做投机生意的,而这个体制的开明改革和自由交易政策与他个人的利益与看法完全一致。不过,庞库克的《百科全书》生意似乎和他总的原则和方针相抵触。他赞同限制特许权、开放市场的改革,但同时却利用对《百科全书》的特权对杜普兰关闭了市场。然而,在庞库克个人利益上,完全没有抵触,因为1777年改革法令宣布的废除特许权的十年期限,没有威胁到他在《百科全书》生意中的财产。日内瓦版销售不畅表明未来对初版没有什么需求,特别是如果纳沙泰尔重印版也即将发行,情况就更糟。但庞库克希望修订版取得好成绩,而且1777年的法令规定,如果一部书的内容增加了1/4以上,那么从特许权到期起就将免除特许权。此外,新法令提供了有力的保护以打击盗版,而盗版正是修订版面临的最大危险。所以,修订版的前途在新法令下会比在旧法令下平坦得多。庞库克把投资从图书转移到新闻的总体计划,将在其他的

---

① 纳沙泰尔印刷公司致庞库克的信,1777年12月18日;庞库克致纳沙泰尔印刷公司的信,1777年12月22日。
② 巴绍蒙,1781年12月5日日记。

特许权到期、有可能面临危险的时候为他的财产提供保护，因为1777年法令并未涉及新闻领域的特许权。最重要的是，在政府与公会对抗时他提供的支持，把他置于这样一个位置，他可以通过在凡尔赛的幕后操纵来保护他所有的利益。

最后一条可能是最重要的，因为旧制度下的出版业中丝毫没有后来形成的绅士般虚伪的外表，旧制度的政治表现形式是不受大众参与限制的宫廷密谋。行政职位的设置不受文职官员传统的困扰。而且拥有官职者期待从自己的投资中获得回报，而毫无现代对贿赂的顾忌。由此利益冲突可以通过施加影响或是18世纪广为人知的"保护"来加以解决。①

庞库克的保护者中包括了凡尔赛最有权势的人。他的信中经常提到他在最高层的影响，尤其是像：巴黎警察总监让-夏尔-皮埃尔·勒鲁瓦，他有权没收庞库克图书的仿冒品；书报总监勒卡缪·德·内维尔，他能够在主管图书交易的政府机构中保护庞库克的利益；外交大臣韦尔热内伯爵，他可以在庞库克想出口图书时开放边界，也可以向庞库克的对手关闭边界。庞库克在政府中有如此大的影响，以至于兰盖（Linguet）指控他拥有绝对权力，为证明指控，兰盖还公布了韦尔热内伯爵给庞库克的一封信，该信"充满真诚、友爱、优雅和敬意，绝对超出了普通礼节"②。庞库

---

① 虽然有关路易十五和路易十六时期宫廷政治和施加影响的情况的研究尚有待进行，但是关于这一被奇怪地忽略的问题的具体情况可参阅 Michel Antoine, *Le conseil du roi sou sle règne de Louis XV*（《路易十五统治下的御前会议》）(Geneva, 1970)，以及 J. F. Bosher, *French Finances 1770-1795: From Business to Bureaucracy*（《1770—1795年的法国财政：从商业到官僚制》）(Cambridge, Eng., 1970)。

② 巴绍蒙，1776年9月17日日记。《秘密回忆》认为这封信太过随便，真实性令人怀疑，但说"人们解释说韦尔热内先生本人写信总是充满热情"。

## 第二章 一桩投机生意的开端

克在凡尔赛如此左右逢源，以至于同时代的人都认为他是编外的文化部门官员："他的马车将他带到凡尔赛各大臣处，在那里他被当作大臣来接待。"①

庞库克自然会利用这些保护伞来维护自己的利益。当雷纳尔直言不讳的《两印度的欧洲机构与商业的哲学与政治史》( Histoire philosophique et politique des établissements et du commerce des Européens dans les deux Indes )（日内瓦，1780 年）在法国被禁的时候，庞库克拜访了韦尔热内伯爵和莫勒帕；不久他的代理商就在王宫出售这部书，而警察却佯装未见。1776 年他单独获得了日内瓦版的伏尔泰著作的经销特许权。路易十六的大臣们不仅归还了没收的日内瓦版《百科全书》，还允许他大量进口，绕开海关和公会巡视员，直接运到他在巴黎的库房中。②他在凡尔赛臭名昭著，以至于书商在他的面前都会发抖。巴雷（ J. M. Barret ），里昂最有本事的书商之一，警告纳沙泰尔印刷公司不要把盗版的布丰的《自然史》走私进法国，因为庞库克拥有它的特许权："你不应忘了对这个项目非常在意的庞库克先生，很容易就能从与他关系密切的大臣那里获得阻

---

① D. -J. Garat, *Mémoires historiques sur la vie de M.Suard, sur ses écrits, et sur le XVIIIe siècle* (《有关叙阿尔生活、著作和 18 世纪的历史回忆》) (Paris, 1820), I, 274.

② 见庞库克的《书信集》中 1791 年 9 月 9 日的信，他自炫说传播了伏尔泰、卢梭和雷纳尔的著作："我如此好地控制了国王的大臣们，以至于我可以使这些人的著作在王国内自由流通。"( p. 9；参见 p. 16，关于雷纳尔的《哲学史》的销售情况，以及巴绍蒙，1776 年 2 月 16 日日记 )。当然，庞库克并不只在幕后操纵启蒙著作的传播。牛津大学图书馆收藏的文件（ms. Fr. c. 31），是一份庞库克与斯图普的合同，日期为 1781 年 5 月 7 日，他花了 25 万里弗购买了《哲学史》占控制地位数量的股份。庞库克还在 1777 年 8 月 5 日致纳沙泰尔印刷公司的信中提到他进口日内瓦版《百科全书》的特别权利。

止该书发行的最严厉的命令；法国出版界将对此感到震惊，并被压垮。"①

庞库克在维护他的新闻帝国的利益时，最大限度地利用了保护伞。纳沙泰尔印刷公司出版了一种文学小刊物，想获准进入法国，数年间用尽了计谋和贿赂等种种手段，毫无结果：庞库克不会允许对他的《信使报》市场的最轻微的侵犯。②1779 年，庞库克宣称，《文学、科学和艺术杂志》非法侵入了他的领地，因为它发表了貌似给编辑的信的政治新闻。政府裁决说，这份刊物冒犯了庞库克的特许权，如果继续讨论保留给《信使报》的主题，就须向庞库克支付天价的补偿金。1786 年，《巴黎杂志》也卷入了与《信使报》的类似争议，而且很可能输掉。《秘密回忆》评论说，因为庞库克"在外交部、巴黎市政府和警察局的各个办公室内分发了将近一千路易"③。庞库克的确迫使《巴黎杂志》在 1777 年暂时停

---

① 巴雷致纳沙泰尔印刷公司的信，1779 年 10 月 24 日。四年之后，纳沙泰尔印刷公司向里昂的勒鲁伊提出同样的建议，收到了同样的回答（勒鲁伊致纳沙泰尔印刷公司的信，1783 年 12 月 17 日）："从我的产业角度考虑，我对此有兴趣，只要它们（你的投机行为）并不是针对所有大臣的宠儿庞库克的。他拥有这部书的真正的印书特许权，我相信他将运用其影响摧垮参与你的计划的全国性书店。"

② 纳沙泰尔印刷公司的活动主要发生在它结束了和庞库克在《百科全书》上的生意以后。纳沙泰尔印刷公司的几位代理商都说，庞库克阻碍了争取获得批准的每一次努力。见蒂里奥（Thiriot）致纳沙泰尔印刷公司的信，1781 年 5 月 5 日（"庞库克大发雷霆，掌玺大臣处无任何进展"）以及勒·塞内（Le Senne）致纳沙泰尔印刷公司信中同样的内容，该信无日期，但肯定写于 1780 年 5 月。

③ 巴绍蒙，1786 年 8 月 31 日日记。关于这里提到的其他事件，请见巴绍蒙，1786 年 11 月 5 日，1773 年 7 月 2 日日记，以及巴绍蒙的附录，vol. 27, pp. 278-279，没有标明具体日期。巴绍蒙关于公共舆论的资料比关于事件的更可靠，但大多数研究 18 世纪新闻业的学者除了使用报刊本身以外，由于缺少更好的（转下页）

止印行，他还曾使《百科全书杂志》在1773年被中止，因为它发表的一些评论令某大臣不快。据《秘密回忆》说，后果之所以会如此严重，真正的原因是《百科全书杂志》控制了庞库克想用他的《历史与政治杂志》取代的市场；由于该杂志在布永出版，所以在法国没有合法身份。为挽救自己的命运，《百科全书杂志》只得向庞库克支付了5.15万里弗的赎金。庞库克自己也得定期给不同的政府部门送钱，以维持自己的垄断地位。1777年1月，他发现拿不出应该送给外交部的2.2万里弗，三个月后，他的赤字达到了34万里弗。这次，他使用了保护伞使自己免于破产。宫内卿阿梅洛允许他暂缓支付，不久，庞库克恢复了良好的财务状况，又有能力重续和凡尔赛的特殊关系。

因此，游说对庞库克做出版生意是绝对必要的，同时，他也是个声名狼藉的凶恶的从业者。他利用国家机器对付竞争对手。但他也没有轻易地就请求政府帮忙。他拒绝了纳沙泰尔印刷公司不断地请他在一些相对不甚重要的事情上帮忙游说的要求，他解释说要保存自己的影响力，用在最重要的时刻："我还不能在将保护我们的大买卖的德·内维尔先生面前替你说话。我不想用一些很微小的请求打扰他……当我在法官中拥有良好声誉（我的那些同行的抱怨也无法败坏它）时，我将在重要事情上更好地支持

---

（接上页）资料来源而不得不使用它。关于这个题目的背景，请参见 Eugène Hatin, *Histoire politique et littéraire de la presse en France*（《法国新闻出版的政治与文学史》）, 8 vols., (Paris, 1859–1861) 和 Hatin, *Bibliographie historique et critique de la presse périodique française*（《法国期刊的历史与批判目录提要》）(Paris, 1866)，它还没有被 Claude Bellanger, Jacques Godechot, Pierre Guiral and Fernand Terrou, *Histoire générale de la presse française*（《法国新闻出版通史》），vol. 1 (Paris, 1969) 等更新的研究著作所取代。关于1777年庞库克的财务危机，请参见他的《书信集》, 1791年9月9日, pp. 11, 29。

你。"① "我们的大买卖"意为《百科全书》。庞库克打算借助保护伞的力量维护他对《百科全书》的特许权。

　　修订版和四开本《百科全书》的对抗因而就像旧制度中的利益冲突一样复杂。不能简单地把它解释成特权和企业之间的对立,因为庞库克是一个被授予特权的企业家,他把政府拉在自己一边以打退竞争对手,但在政府开发出版业时又站在被剥夺了基本权利者的一方。政府要支持一部十八年前就被禁止了的书,看起来似乎自相矛盾,更为自相矛盾的是,它把这一支持建立在特许权原则的基础上,这项原则在它自己的改革中已经成了问题,而《百科全书》本身也在逐渐侵蚀这一原则。旧制度中出现了大量类似的矛盾,尤其在最后的几年里,当政府试图重新构造体制的基本元素却不打算触动其结构时,情况更是如此。不过贯穿了庞库克《百科全书》计划的每一个精微之处的,是一成不变的目的:个人利益。不论他个人的准则和与哲学家们的关系如何,他都奉行着老式的恩威并施的策略。如果能够增加财富,他甚至准备拥抱敌人。

## 从修订版到四开本

　　因此,请求书报总监通过法令击溃杜普兰的四开本《百科全书》,对庞库克来说就是最自然的事情。不过,这一反击尚在启动

---

① 庞库克致纳沙泰尔印刷公司的信,1777年5月5日。纳沙泰尔印刷公司请庞库克帮忙要回一些被没收的盗版的《艺术与工艺说明》。庞库克当即拒绝:"这将连累我。我已允许多包《百科全书》直接进入我的商店。我的那些不讲公道的同行,如果知道我和你的生意往来,那么就可能会怀疑其中包括了你的《艺术》一书。"

阶段时，庞库克又在垂涎于更大的诱惑：与打败他相比，和杜普兰联合起来是否会使自己获得更多的利益？这个想法的产生缘于18世纪出版业的另一个特点：工业间谍活动。

1776年12月26日，庞库克给纳沙泰尔印刷公司写了一份关于杜普兰的企业的秘密报告，他是从在里昂的合伙人那里听说的："正是通过他我知道了杜普兰的所有活动，但是他不应该被牵累。"勒尼奥，里昂最狡猾书商之一，获得了四开本预订成功的确切消息，其来源大概是杜普兰的生产合同。这个消息是如此有说服力，预订的成功也是如此激动人心，庞库克突然决定改变计划。两个半星期后，庞库克和杜普兰在第戎会面，同意共同开发四开本，而不是互相打击。①

庞库克是如何完成他《百科全书》计划中第四次巨大改变的，因为文件太少，如今已无法确知。但他与杜普兰1777年1月14日签订的合同（即他们后来时常提及的《第戎协定》）却提供了极其丰富的材料，说明了一个18世纪的出版企业是如何组织起来的。因为它决定了最终出现于庞库克所有的谋划中的《百科全书》的特性，所以值得仔细研究（参见附录A.Ⅵ）。合同规定由庞库克和杜普兰组建一个公司，他们各占一半利益。庞库克获得已经取得的订单和因说明书在法国"所有省"广为散发而将不断到来的订单收入的一半。作为回报，他向这个机构赠送"所有可以转

---

① 庞库克致纳沙泰尔印刷公司的信，1776年12月26日。勒尼奥的报告和这一时期与纳沙泰尔印刷公司的其他往来书信都已经遗失，不在纳沙泰尔印刷公司的文件中，但《第戎协定》以及后来纳沙泰尔印刷公司的通信清楚地解释了庞库克认为四开本在商业上如此成功，使他更愿意从中捞一把而不是毁了它的信都保留了下来。

让的权利",即从他的"《百科全书》的权利与铜版画,以及《科学、艺术和工艺图版汇编》的印书特许权"的所有权中派生的合法权利。他还将监督三卷图版的生产和向巴黎市场供货——这部分的生意很容易出问题,他的保护伞的作用将是至关紧要的。杜普兰负责29卷文字卷的生产和发行。双方都接收订单,每月报告一次进展情况。半年后根据订单的数量平分利润。订单的来势很猛,杜普兰希望从预付金中积累足够的资金用以支付最初的生产成本;不过如果成本暂时超过收入,双方都要为维持后续生产预付一半的资金。① 为了简化计算,每一印张印制了4 250份后,杜普兰都将收到固定数目的资金,庞库克修整和新刻的图版也以同样方式结算。由于文字卷的印制是最费力的部分,所以杜普兰每年会收到2 000里弗用于支出。他们还需每年付给一位编辑600里弗,他的工作是把四卷增补卷打散糅进文字卷中,"不增加也不修改",即他不能改篡内容,更像是一个抄写员,而不是编辑。庞库克最初的说明书承诺新版中会包括新的内容,合同只在这个方面对原来的规定有所偏离。庞库克一定坚持了保持原来的内容,免得搅乱修订版的市场。

  合同规定了字体("哲学字")和纸张(介于18磅和20磅之间,里昂秤,每令9里弗),并列出了严格的生产进度表。从1777年7月1日开始,杜普兰须每六个月生产出四卷。文字卷须从日内瓦的一个中央库房发行,并以佩莱的名义出售,但杜普兰可以按自己的想法印制,印制合同可以与日内瓦和瑞士其他城市甚至里昂的

---

① 实际上,杜普兰将支付必需的资金,并因使用了自己的资金而从庞库克处获得5%的补偿,庞库克还应向他提供20 000里弗的期票作为担保。

印刷商签订。零售价格和杜普兰"说明书"中所规定的相同：29卷文字卷每卷10里弗，3卷图版卷每卷18里弗，总价344里弗。书商可以得到的批发价为文字卷每卷7里弗10苏、图版卷每卷15里弗10苏和总价264里弗，而且每售出12部，即可免费获得1部。

质言之，庞库克用他在法律上的独占权利换得了一桩稳赚不赔的生意的一半利润。他后来在给纳沙泰尔印刷公司的信中解释说，根据预订的情况，杜普兰可以售出的《百科全书》，两倍于合同所规定的4 000部，所以从中获益比消灭它更明智。可以给他重新算算账：总收入大约100万里弗，其中成本大约占一半，其余的一半是利润——这是一笔在四年中可以轻轻松松地得到而又不需投入什么资金的利润。①

不过，四开本会不会把庞库克剩余的日内瓦对开本《百科全书》的销售冲垮呢？他已经迫使纳沙泰尔印刷公司推迟到1777年

---

① 这里的计算依据是1777年的合同条款及其制订的代理成本和收入状况，而不是最后的大得多的数字。其中唯一没有计入的是图版卷的成本，根据庞库克1780年的一份"图版费用小结"（见纳沙泰尔印刷公司文件，ms. 1233），这一部分可以忽略。如果4 000部都以批发价售出，包括1/13免费赠送给书商的部分，他们可以收入96.808 8万里弗。如果都以零售价售出，总收入会达到137.6万里弗。因此，庞库克可以确切地推算出总收入将超过百万里弗。他的估算可能复杂得多，但忽略掉一些细枝末节后，大致是如下的样子：

| 修整和新刻图版 | 34 916里弗 |
| 印制图版 | 16 414里弗 |
| 图版卷纸张 | 17 737里弗 |
| 文字卷的案头工作及印制 | 180 090里弗 |
| 文字卷纸张 | 237 600里弗 |
| 杜普兰四年的费用 | 8 000里弗 |
| 编辑四年的费用 | 2 400里弗 |
| 成本总计 | 497 157里弗 |

7月1日再宣布修订版《百科全书》的消息，以保护日内瓦版的市场，并在1776年11月商业旅行后重申要维持这一方针。但在12月1日，一位专做书商票据贴现的名叫巴蒂尤的银行家发出通知说，他买断了庞库克的对开本《百科全书》，打算以每部600里弗的价格卖给书商。这比订购价低了240里弗；所以巴蒂尤觉得能够找到买家并大赚一笔，因为庞库克以500里弗一部的价格卖给他200部，总价为10万里弗。这笔交易能让他获得20 000里弗的纯收入，也有益于庞库克的利益，因为庞库克亟需资金，而在商业旅行中他得知不可能再以订购价售出剩余的对开本了。与巴蒂尤的交易看起来像图书买卖中难得的利益共享的例子，而不是乘机渔利。但是六周以后，庞库克和杜普兰兵合一处，完全清楚地了解到四开本将摧毁巴蒂尤对开本的市场。如果巴蒂尤知道了《第戎协定》，他肯定会惊呼这是个骗局。但庞库克还是保持着与杜普兰合伙关系的秘密。一年后，他把巴蒂尤从破产的边缘拯救回来，而巴蒂尤最终也的确卖掉了手中所有的《百科全书》。所以，看起来庞库克不像要欺骗朋友。事情变化太快了。庞库克迅速改变自己的策略以适应急速变化的局势——迅速而又冷酷，但并非不诚实。由此，到了1777年1月，他已经摆脱了对开本，并为四开本准备好了资金。①

当时，庞库克拼命地想得到资金。1777年4月，他发现有34万里弗没有按期付出，他搞到了王室的法令授予他暂停支付的合

---

① 这里的叙述依据纳沙泰尔印刷公司文件中保留的巴蒂尤101封信的丰富的档案材料。1778年3月13日，巴蒂尤通知纳沙泰尔印刷公司，除了一部，他已经售出了所有的日内瓦版《百科全书》，用行贿的办法开辟了通往巴黎的道路，尽管他的利益由此受到了损害。

法权利。6月，他打算要纳沙泰尔印刷公司购买《百科全书》的《索引表》，这是巴塞尔的一位牧师皮埃尔·穆雄（Pierre Mouchon）花了五年时间刚刚完成的《百科全书》的索引和摘要。庞库克的提议表明了他财务状况的紧张——也表明今天知名的"18世纪版"是强行推销的。他强调，《索引表》是一台挣钱机器。实际上，很多没有《百科全书》的人都会买，他对它的成功非常自信，如果失败了，由他偿还纳沙泰尔印刷公司的钱。他详细地描述了原稿，并阐述了生产和销售的最佳途径。他的结论是："请相信一切都将走俏，你们将做成一笔真正的好买卖。""别再犹豫了。"他已经用30 000里弗买下了原稿，准备以60 000里弗的价格出售——考虑到它的市场价值，这真是个很便宜的价格。但是他急需用钱，做此提议是因为财务上的压力："先生们，你们了解一年来我所遭遇的不幸。我已陷入了近30万里弗的债务之中，与某某（名字不清）一起我损失了10万里弗。布瓦斯兰·德·罗阿内刚刚失败，我又增加了相当数额的债务。我不会中止支付，但我必须削减业务，正是基于此我保证向你们提供这一《索引表》……我为自己完成了那些最伟大和最大胆的出版事业而感到自豪，其中没有一项失败了，与我一起工作的所有人都赚了很多钱。"①

庞库克想分享杜普兰的利润的迫切心情是易于理解的。但新的四开本公司是在哪里抛掉旧计划转向生产一种修订版的《百科

---

① 庞库克致纳沙泰尔印刷公司的信，1777年6月16日。在把价格设定为60 000里弗时，他沉湎于某种快速谈判（fast talk）之中："我以30 000里弗的价格从《百科全书》的合伙人手中买下了稿子……我愿意将这一《索引表》卖给你们，但希望价钱翻一番。"实际上他是以22 000里弗的价格从底·图尔内手中买来的。参见合同文本，见 Lough, *Essays*, p. 104。

全书》的?《第戎协定》中只有一处提到了修订版,那项条款约定,庞库克延迟两年发行"说明书",以免扰乱四开本市场。合同还授予杜普兰购买其中 3/12 股份的权利,但丝毫没有提到庞库克的合伙人购买四开本股份的可能性。庞库克不可能把他们排除在杜普兰的生意之外,因为 1777 年 1 月时庞库克只拥有"权利和印书特许权"的 3/12——他用这一特许权换取了其中一半的利益。所以勒尼奥、雷伊、普隆德和纳沙泰尔印刷公司都想得到另一半中的股份,以和他们在修订版生意中的股份相当。2 月 3 日,庞库克给《第戎协定》追加了转让条款,特别注明纳沙泰尔印刷公司在修订版中的 1/2 股份使他们得以拥有四开本的 1/4 股份(参见附录 A.VI)。他大概也和其他三位合伙人订了同样的合同。但这样的让步会令他们满足吗?

　　从纳沙泰尔印刷公司的角度看,《第戎协定》是个灾难。它在他们生意中最重要的方面——印制——给他们造成了最大的损失。在减少原来的重印计划转向修订版时,庞库克拒绝了他们的大部分要求,但对规模巨大的印制工作的期待使他们平息了自己的情绪。这一工作的规模在 1777 年 1 月 3 日突然翻了一番,当时庞库克同意在对开本的修订版之外再印制一种四开本的修订版,以对付杜普兰的威胁。《第戎协定》取消了这一安排并把修订版的事推迟了两年。在这期间,纳沙泰尔印刷公司已经极度扩张了的工场能做些什么呢?在与叙阿尔往来时,庞库克本人强调过保持纳沙泰尔印刷公司工场的重要性,后来在打算售出《索引表》时他再次强调了这一点。[①] 纳沙泰尔印刷公司拒绝了他的建议,因为它要

---

① 庞库克致纳沙泰尔印刷公司的信,1776 年 11 月 4 日和 1777 年 6 月 16 日。

收回投资,不想被卷入进一步的投机生意。所以它一定会对《第戎协定》第四款感到惊恐,这一款规定四开本的全部印制工作应该"合杜普兰先生之意"。杜普兰已经雇用了两个日内瓦人开始进行这项工作,并且正计划和里昂的印刷商签订部分工作的合同。他没有理由要雇请纳沙泰尔印刷公司;而且即使他这样做了,他也可以出一个比较低的价格,而不是协议派给他的每印张 S4 里弗。1 月 3 日的协议规定纳沙泰尔印刷公司以同样的价格印制 1 000 部对开本和 3 150 部四开本《百科全书》中的每一卷,而不管实际成本是多少。《第戎协定》似乎完全把它从印制工作中切了出去,甚至否认其在管理企业方面的任何地位,因为协议只把权利授予了庞库克和杜普兰。正如杜普兰后来解释的,协议在他和纳沙泰尔印刷公司之间没有约定任何义务。方针的突然逆转对纳沙泰尔人利益的威胁程度,与给庞库克带来好处的程度相同,而且他们有理由害怕两个行动迅速的法国人已经以灵活机动而取胜了,他们却还蒙在鼓里。

## 1777 年的巴黎会议

奥斯特瓦尔德和博塞发现事态严重,所以他们在 2 月中旬来到巴黎进行调查。他们计划秘密抵达,在遭遇庞库克之前尽可能地搜集关于他的信息——也就是说,他们打算像庞库克调查杜普兰那样,在密探的帮助下,调查庞库克。他们在给佩雷戈的信中这样解释自己的计划:"请在我们到达之前给我们收集一些有关庞库克先生的特别信息,他是一位出版商,住在普瓦特万街的托公馆，但是请找那些不仅了解他的财富情况，而且能够留心他的真诚、正直等情况的人。我们明白这并不是十分容易的。但是因为这些信息在我们抵达巴黎后对于我们非常重要，所以我们恳切地希望您对此不能疏忽大意，尤其是一点都不能让他知道。无论这些信息是直接还是间接的，我们不希望他知道我们到巴黎了。"一周之后，佩雷戈回信说："我找到两个可以打听你们希望了解的人的财产、为人等情况的人。"两个瑞士人到达不久，他就向纳沙泰尔的大本营报告说他已经完成了使命："我已将你们希望他们了解的信息告诉了你们的合作者。"奥斯特瓦尔德和博塞一直没有完整地说过他们了解到了什么，但他们写道，庞库克的财富和社会关系情况良好："首先我们要告诉你们，有关我们将与之谈生意的人的最确切的信息汇总起来是有利于此人的。鉴于他的上级以及他对他们所具有的重大影响，我们相信他是非常干练、非常活跃的人。"①

从纳沙泰尔到巴黎，奥斯特瓦尔德和博塞需要跨越巨大的文化差异。他们是老于世故的瑞士人，已经多次去过法国的首都。博塞的商业合同遍及法国和低地国家；奥斯特瓦尔德1777年已经64岁了，定期和欧洲各大城市的书商通信；他们精神上的视野已经非常宽广。但日常事务把他们局限在一个小城市中，那里的人都有阿尔卑斯山区人的气质，说一口缓慢的、德国式的法语。纳沙泰尔还远不是一个咖啡社会，虽然当地的居民已经在学着喝咖啡了——这令那些寻求乡村简朴生活和卢梭式田园牧歌的巴黎来

---

① 引自纳沙泰尔印刷公司致佩雷戈的信，1777年2月11日；佩雷戈致纳沙泰尔印刷公司的信，1777年2月19日和28日；奥斯特瓦尔德和博塞致纳沙泰尔印刷公司的信，1777年3月7日。从法国发出的信不经常提到当事人的姓名，因为法国当局有拆检信件的恶名。

第二章　一桩投机生意的开端

客感到非常遗憾。① 最重要的文化滋养依然来自星期天的布道。布道在纪尧姆·法雷尔的讲道台上以加尔文教的风格进行。从法雷尔罗马式的山顶教堂放眼四望，整个小城尽收眼底，它被中世纪的城墙环绕，东面和南面是阿尔卑斯山，西面和北面是侏罗山。

奥斯特瓦尔德和博塞于2月17日星期一动身离开这个小小的世界，经过两天艰苦的骑行到达贝桑松，这是位于侏罗山崎岖不平的西坡上的法国文化的重要前哨。沿直线算，贝桑松到巴黎的行程五倍于纳沙泰尔至贝桑松的距离。但由于使用马车旅行，只需要两倍的时间。这得归功于刚刚于一年前完成的法国交通工具的变革，这一变革正在帮助这个王国从多省的异质拼贴向统一的国家转变。这一"革命性"的交通工具是"驿车"（diligence），这是一种舒适轻便的快速马车，安装了弹簧，由在驿站按时更换的马匹牵引，在极佳的新道路网中飞奔。奥斯特瓦尔德和博塞2月20日在贝桑松踏上快速马车，一路飞奔，经过多勒、第戎、沙蒂永、特鲁瓦，四天后急匆匆跨进巴黎。②

在以前所未有的速度横跨法国的时候，奥斯特瓦尔德和博塞就像是现代性的代言人、由快速马车和《百科全书》集中体现的力量的代言人。但他们也以旧制度中绅士的方式旅行——不是指

---

① Charly Guyot, *De Rousseau à Mirabeau.Pèlerins de Môtiers et prophètes de 89* (《从卢梭到米拉波：摩提埃德朝圣者和1889年的预言家》) (Neuchâtel, 1936), p. 103. 卢梭18世纪60年代居住在这个地区，并对它做了生动的描述。
② 关于旅行的安排在纳沙泰尔印刷公司1777年2月和贝桑松的代理人佩里耶（Pellier）与波谢（Pochet）的通信中写得很清楚。关于旅行中的"革命性"，请参见Guy Arbellot, "La grande mutation des routes de France au milieu du XVIIIe siècle" ("18世纪中期法国道路的大变革"), *Annales, E.S.C.*, XXVIII, (May-June 1973), 765–791.

贵族，而是说他们的行为举止来源于超越国界的优雅规范。因此，在某些方面，他们和庞库克而不是和他们自己的阶层有更多的共同之处。离开纳沙泰尔前，他们要求佩尔格为他们在巴黎过绅士派头的生活提供必需的支持，提供"一个聪明、勤劳、可靠的仆人"，还要他给他们保留两个相邻的房间，"价格大约为30苏，房间虽小但要整洁，而且是在可靠的人家中"①。安顿下来后，他们马上用金钱和奉承建立起一个圈子。他们出入咖啡馆和戏院。他们和世故的神甫与漂亮的女士一起进餐。他们拜谒凡尔赛的权贵，了解需要结交谁的秘书、奉承谁的亲信、贿赂谁的仆人。这是在出版业的神经中枢从事商业活动的方式。但用尽了所有的经验和世故，奥斯特瓦尔德和博塞仍觉得在巴黎他们是外人——而且他们的确也是外人。国籍上是瑞士人，文化上是法国外省的。从他们写往家乡的信中可以看出他们有点不知所措："我们今天将去见德·内维尔和布歇洛先生，没有你们给我们穿礼服……与我们所过的生活相比，这是一种很奇怪的生活。"奥斯特瓦尔德匆匆中止了一封信，因为他刚刚"在福歇神甫家吃完晚饭，一起吃饭的还有另一位神甫，他灌了我如此多的酒以至于我不得不睡觉了"②。

赢得好感和赴宴只是附带性的，主要的工作是了解庞库克是否愚弄了他们，以及争取在《百科全书》的生意上从他那里得到更好的条款。在得到关于庞库克的报告后，奥斯特瓦尔德和博塞开始同他谈判。关于会谈，他们给家乡写了非常详细的信，凭此

---

① 纳沙泰尔印刷公司致佩雷戈的信，1777年2月11日。
② 奥斯特瓦尔德和博塞致纳沙泰尔印刷公司的信，1777年3月12日，3月20日。参见3月23日信中类似的内容。

## 第二章 一桩投机生意的开端

我们可以轻而易举地想象出，当围着桌子争来争去的时候，这三个人如何在座位上因紧张而局促不安："我们那位（庞库克）体态肥胖，声称在第戎已完成了一项工作。我们要求他以最恳切的方式写信给杜普兰，让我们印刷他的一半书。他非常担心我们会登出通告。必要时我们将向他提出，同时注意掌握分寸，因为这对于我们来说是必需的……对于杜普兰，庞库克已采取（预防措施），这就是将发送图版的事留待以后再做。但是两者我们都要留心，以免受他们的骗……我们这位（庞库克）是一个真正变化多端的人。对于他的财富人们已有了更好的认识——此外应该巧妙地控制他，不断使他保持耐心。我们的顾问是邻居的长子和G神甫。"①

听起来奥斯特瓦尔德和博塞很怀疑庞库克企图串通杜普兰把他们摒除在有销路的市场之外。他们知道了"他们的人"如何粗暴地对待毫无疑心的巴蒂尤，而他们收到的来自家乡的一份关于他们到达巴黎的报告使得杜普兰的生意看起来更加可疑。沙尔梅，贝桑松一个经验丰富的书商、纳沙泰尔印刷公司的老盟友，曾经在巡回拜访瑞士出版商时顺访过纳沙泰尔印刷公司。他告诉贝特朗（纳沙泰尔印刷公司的第三个合伙人，一直隐在幕后照料生意），杜普兰从来没有认真考虑过做《百科全书》，而只是发行了他的说明书"以吸引公众的兴趣"，而且公众也没有做出反应。和庞库克与杜普兰的说法相反，他断言"里昂的卡佩尔书店只销售了150部这套书，和一个最小的村庄一样"。贝特朗的结论是，"从这一真正的伪造的事实中可以得出结论：庞库克先生在撒谎或者说他

--------

① 奥斯特瓦尔德和博塞致纳沙泰尔印刷公司的信，1777年2月28日。"G神甫"很可能是格罗西埃（Grosier），一位和纳沙泰尔印刷公司签有合同的二流文人。

想欺骗你们,他事实上把同一件东西卖给了两个人"。①

纳沙泰尔人的怀疑得到了证实,他们获得了来自意想不到的方面的支持:叙阿尔和哲学家们。尽管他们以前反对他的修订版计划,叙阿尔还是热情地欢迎了他们,并请他们吃了顿"充满学院气氛的晚宴"②。由于《第戎协定》,学院哲学家们一定失掉了和纳沙泰尔印刷公司一样多的利益,因为他们的著作被推迟了两年。因此他们越过庞库克向当局呼吁;而且他们成功地使杜普兰感到害怕,派同盟者勒鲁伊紧急出使巴黎。勒鲁伊和庞库克决定用贿赂来平息事态。1月23日,他们签订了《第戎协定》的附加协议,许可庞库克在每卷出版前拿出240里弗以铺平进入法国的道路。③叙阿

---

① 贝特朗致奥斯特瓦尔德和博塞的信,1777年2月23日。他的信说明了使早期现代出版商之间谈判复杂化的一个因素:猜疑中混合着错误的感觉。1777年的沙尔梅已经是一个对自己的生意失去了理解力的老人。他关于卡佩尔的说法是错误的,卡佩尔最后在第戎得到了152份订单。他还大大低估了自己生意范围中对《百科全书》的需求量,一位名叫雷帕涅的年轻些的书商,最后卖出了338部。然而同时,沙尔梅的报告似乎又被奥斯特瓦尔德和博塞在巴黎收到的其他报告证实,1777年3月10日,庞库克致信杜普兰:"现在在这里的鲁昂的书商布歇先生根本不相信你的事业所取得的成功。他对这些先生说了,而这些报告使他们相信我过于轻率地相信了你的订货额。他们始终相信如果他们宣布了要出版自己的书,那么所有你的订户都将放弃原来的预订。" Bibiotheque publique et universitaive de Genève, ms. suppl. 148。
② 奥斯特瓦尔德和博塞致纳沙泰尔印刷公司的信,1777年2月28日。
③ 附加协议中的有关安排如下(略有省略):"鉴于执行上述协定所遇到的困难——大臣认为它是与文人的利益相悖的,托马·勒鲁瓦——杜普兰与西先生的合作者——回到巴黎以消除上述协定所遇到的种种困难,他委托庞库克先生采取任何适当措施以克服所遇到的障碍:为此他授权庞库可以为每卷文字提供100皮斯托尔,以此来获取该版本进入法国的必要便利条件。"《第戎协定》第17款(该款提到需将修订版消息的发布时间推迟两年)页边的空白处,(转下页)

## 第二章 一桩投机生意的开端

尔是否对他的姻亲不满还不确定，不过，他和哲学家们打算在奥斯特瓦尔德和博塞与庞库克的争论中支持前者："我们已见了叙阿尔先生两次，今天将见达朗贝尔和孔多塞先生。"两个纳沙泰尔人在一周的谈判后报告了情况。"叙阿尔和我们的看法相当一致，但是他始终认为有关改编本的通告将会受到公众的热烈欢迎，他对杜普兰的事业并无好感。我们这位（庞库克）始终坚持现有的订户数量已很大，而且低廉的价格将使这一版本马上销售出去。"①

争吵大约持续了四周。庞库克坚持用最畅销的《百科全书》赚钱并暂不发行修订版的重要性。奥斯特瓦尔德和博塞反对称，《第戎协定》剥夺了他们有利可图的印制工作，而他们已经为扩充工场花费了大量的资金。叙阿尔则反对解散他的编辑队伍。争论把庞库克置于尴尬的境地，因为看起来他把同一份 1/2 的股份卖了两次——一次是因为改编本卖给了纳沙泰尔印刷公司，一次是因为四开本卖给了杜普兰——而且他无法协调合同中相互矛盾的义务，除非他能说服纳沙泰尔人接受杜普兰生意中第二合伙人的地位。他们可以要求他遵守最初的承诺，并通过发行改编本的说

---

（接上页）留有庞库克的笔迹："法国（即内维尔）给我的正是特派令，他甚至希望人们加快速度。"庞库克明确表示，书报总监向他施加了压力，要他加快四开本的速度，把对叙阿尔的那伙撰稿人可能造成的损失降到最低。当时的人认为，和其他出版商一样，庞库克和杜普兰一定也行了贿。一本匿名的小册子 Lettre d'un libraire de Lyon à un libraire de Paris（《一位里昂书商致巴黎书商的信》）(1779 年 3 月 1 日) 展现了当时的流言（p. 1），"先前我已告诉过你，整个里昂的出版界都已知道为了获得印刷《百科全书》的许可，杜普兰付了 40 000 里弗。"参见关于庞库克的类似评论，p. 8。

① 奥斯特瓦尔德和博塞致纳沙泰尔印刷公司的信，1777 年 3 月 7 日。原信中每个人的名字只有第一个字母。

明书来削弱四开本。如果他要摆脱他们,把他们扔给杜普兰,他就等着看他们出版自己的盗版四开本吧。

防止这些交叉的生意破裂的唯一办法,就是说服杜普兰让出足够的印制工作以平息纳沙泰尔印刷公司的怒气。2月28日,庞库克在给杜普兰的急信中解释了局势的严重性。但是杜普兰没有回信,因为当巴黎的空气日益紧张的时候,他正在里昂操办婚事。庞库克承受不住奥斯特瓦尔德和博塞的压力,3月10日又写了一封信。在对婚姻表示了匆匆忙忙的祝贺和马马虎虎的赞美——"当人们很好地适应它时将是真正的幸福状态"——之后,他拟订了一封"可以公开的信件"的大纲,他要求杜普兰按此写给他,他再给纳沙泰尔人看。杜普兰要尽可能地向纳沙泰尔印刷公司提供印制工作;他得把四开本说成是可以一夕致富的生意,不会造成改编本的过分推迟;他还要提供关于有大量订单的充足的有说服力的信息。"根本不用担心这些,交给他们印刷,一切都将合你意……别在这封信中加入任何可能妨碍我向他们指出这一点的话,最后别把这一回应看作无足轻重。"①

与此同时,纳沙泰尔人试图通过做哲学家们的工作来软化庞库克。在庞库克向杜普兰发出最后请求的同一天,他们给家乡写信说,他们和叙阿尔的立场正在接近,"我们希望更好地利用他而不是他的姻亲,后者是一个自负、坚决,甚至粗暴缺乏耐心的人……我们这位的态度是否定和反驳任何与其观点和计划不同的

---

① 庞库克致杜普兰的信,1777年3月10日,Bibiothèque publique et universitaire de Genève, ms. suppl. 148。

第二章 一桩投机生意的开端

东西"①。两天以后，叙阿尔转向纳沙泰尔印刷公司的阵营，庞库克则摇摆不定："叙阿尔先生大声指责他的姻亲拖了如此长时间才签字，并有理由相信改编工作已因此而受到损害。同时他坚持希望在这一事业中拥有股份，这体现了他的勤奋工作。庞库克显得很尴尬，而且恼怒于我们清楚地看到他任杜普兰摆布。"②3月14日，奥斯特瓦尔德和博塞报告说，当他们和庞库克一起吃饭的时候，他带着"沉思的表情，有点局促不安"。他们感到他就要退却了。他同意让他们直接向杜普兰提出要求，他们就写了一封很强硬的信。信中要求由他们印制一半的四开本，并要求在1777年年底以前出版修订版《百科全书》。他们绝不会再同意推迟修订版，并告诉杜普兰，如果他不让步，他们就一直发行修订版的说明书，毁掉四开本的市场。

## 一桩好生意的基础

在等待杜普兰回音的间隙，奥斯特瓦尔德和博塞到鲁昂做了短暂的访问，和当地30位书商中的7位洽谈生意。对最活跃的外省图书交易中心之一的接触，使他们改变了看法，因为他们了解到，鲁昂人成群结队地订购了四开本，而且订购的热潮已经延展到全法国。回到巴黎后，他们又与普隆德联合起来，他是他们在列日的《百科全书》合作者，为了在与庞库克的谈判中保护自己

---

① 奥斯特瓦尔德和博塞致纳沙泰尔印刷公司的信，1777年3月10日。
② 奥斯特瓦尔德和博塞致纳沙泰尔印刷公司的信，1777年3月12日。

的利益赶到巴黎来了。"我们只能感谢上帝给我们送来了如此好的帮忙的团体,"他们给家乡写信说,"这位有名望的书商(并不冷酷)似乎对我们那位有点屈服。"① 不过同时,庞库克收到了他提出恳求后杜普兰给他的两封重要的回信。

在第一封信中,杜普兰说明了订购情况。他不能提供准确的数字,但他向庞库克保证情况不同凡响:"我们能向你确保的是,通过统计我们收到的所有信件,我们将销售 4 000 多部;如果你能给我们更多的时间,我们将把这个数字翻一番。我们已具有了完成世界上最完美事件的条件,但是第二版(即修订版)的计划和你留给我们的时间太有限,妨碍了我们从中获益。我们的流动推销员到处都有收获。没有哪个村庄他没有发现订购者,没有哪个小城镇没有提供 36 份订单。多菲内的瓦朗斯已达到这个数,格勒诺布尔更多,蒙彼利埃超过了 60 份,尼姆也是,第戎答应给我们 200 份。总之,从未有一项计划曾如此受欢迎,然而你奇怪的禁止信使人变得狂怒,但现在人们又平静了。"②

这一信息证实了奥斯特瓦尔德和博塞在鲁昂了解到的情况,第二封信的内容则更进了一步:"我不知如何向你描绘公众对于我们计划的热情。在我给你写信的时候,我收到雷恩的罗比盖的 50 份订单,勒阿弗尔的卡特里的 32 份,欧丹的阿贝尔的 100 份中有 26 份有担保,欧里亚克的一位律师的 13 份。没有哪一封来信不提供一些数字。我能向你确保的是我们将销售 4 000 部,如果我们有

---

① 奥斯特瓦尔德和博塞致纳沙泰尔印刷公司的信,1777 年 3 月 20 日。
② 杜普兰致庞库克的信,1777 年 3 月 10 日,见纳沙泰尔印刷公司文件中的庞库克档案。

更多的时间，印刷 6 000 部我也毫不担心。以上帝的名义，我的朋友，不要太担心，我们将从中获利。另外你很明白，如果《欧洲报》上还满是另一版本的新通告，那么警觉的教士将会加以反对，大臣将会撤销保护，我们将陷入一场小战争，并遭受失败。我建议你使纳沙泰尔的先生们明白我们的意见。他们都是明事理的人，巨大利益的前景将使他们睁开眼睛，使他们放弃印刷计划，后者归根结底只能给他们带来仅够满足工人要求的微薄收益。此外如果他们坚持想做几卷，像我一样参与到制作中，那么他们应该先弄到一副新的哲学体铅字，而我将让给他们三卷。"①

　　杜普兰的两封信透露了四个方面的情况。首先，尽管信是在庞库克鼓动下写的，它们还是表明了杜普兰对这桩生意的态度：他把它看成自己职业生涯中一桩最激动人心的生意，能充分开发出其价值的商业活动，应该具有最优先的地位。这一态度在三年后这桩生意遭遇最后一次危机时十分关键。其次，杜普兰关于政府的议论表明了他是如何从第戎的讨论中理解了庞库克的"保护"：庞库克在凡尔赛的确有强有力的后台，但他们不会抛头露面。在他小心翼翼地做生意的时候，他们在幕后帮他操控。然而，如果他激怒了那些启蒙运动的敌人，他们也可能抛弃他。再次，杜普兰只通过庞库克和纳沙泰尔印刷公司打交道，在与他们打交道时采用庞库克的方式：当他们看到一件好事的时候，应该能认得出来；在生意上，他们得有想象力，而不是攫取微不足道的利润，脑筋像个小镇上的店主。最后，杜普兰让了一小步：他允许纳沙泰尔印刷公司印制其中的三卷。他解释说，他不能让得更多

---

① 杜普兰致庞库克的信，1777 年 3 月 16 日。

了,因为他已经就其中的大部分印制工作和四位印刷商签订了合同,他们已经制好了特殊的"哲学体"铅字,一周之内就会有30台印刷机开始工作。而纳沙泰尔印刷公司在六到八个月内不可能铸好必需的铅字。最好委托他们印制其他的东西,以保持开工状态。但如果他们一定要坚持,他愿意让给他们三卷。

这足以使奥斯特瓦尔德和博塞信服。3月24日,他们大获全胜般地给家乡去信:"先生们,我们终于可以高兴地向你们宣布长期以来一直令人不快地困扰着我们的大事了结了,我们觉得已获得了尽可能多的利益。杜普兰的生意取得了令人惊讶的成就。"① 但是他们3月28日和庞库克签订的正式合同中,并没有体现纳沙泰尔印刷公司的胜利(参见附录 A. VII-VIII)。它只是要求纳沙泰尔印刷公司接受《第戎协定》,作为交换,他们可以按照协议的规定印制三卷《百科全书》。后来,杜普兰在3月28日的约定中认可了这一协议,把修订版的全部印制工作按照纳沙泰尔印刷公司的要求留给了纳沙泰尔印刷公司。这一附加协议很容易使纳沙泰尔印刷公司放弃原来承印1/2四开本的要求,特别是庞库克向他们保证,虽然步子比较慢,但修订版的工作会继续下去,而且最后会以对开和四开两种形式一共印制3 500部。修订版的延续也平息了叙阿尔的不满,他获得了1/12股份的赠与作为赔偿。这一赠与来自纳沙泰尔印刷公司的六份1/12的股份,不过庞库克把它看成是归还纳沙泰尔印刷公司因启动投资借给他的钱而产生的普通的债务偿还。

债务偿还是件复杂的事,因为庞库克的思路的每次反复都伴

---

① 奥斯特瓦尔德和博塞致纳沙泰尔印刷公司的信,1777年3月24日。

第二章　一桩投机生意的开端

随着财务安排的调整，1776 年 7 月 3 日，纳沙泰尔印刷公司获得了庞库克最初生意的一半股份。（所以，后来股份被分成 12 份的时候，纳沙泰尔印刷公司获得了 6 份，每份价值 18 000 里弗。）它答应从 1777 年 4 月 1 日起，每三个月一期，分 16 期付清。到了 1777 年 1 月 3 日，为修订本所做的新安排使得庞库克必须同意偿还这笔债务的首期款项。纳沙泰尔印刷公司收回了 16 期的老期票，做了 36 期新期票，总额达到 11.04 万里弗，到期时间也稍晚一些：自 1778 年 1 月开始，每月为一期。1777 年 3 月 28 日，纳沙泰尔印刷公司接受了《第戎协定》，庞库克需要做出新的财务安排。他把债务减少为 92 000 里弗，作为对它放弃 1/12 股份给叙阿尔的补偿。纳沙泰尔印刷公司自己定了偿还计划：48 期记名期票。它取代了第二次的安排，将于 1778 年 1 月 1 日开始，四年后结束。①

通过减少应付资金的总额和延长付清的时间，纳沙泰尔印刷公司缓解了自己财政上的紧张，并且感到有点可以接受在印制方面失去的大量份额。想到在四开本上占 5/24 股份的收益，它也寻找到了一丝安慰（放弃了占四开本股份 1/2 的庞库克股份中的 1/12 之后，它在杜普兰生意中的股份变为 5/24，可是它还在"权利和印书特许权"以及修订版《百科全书》中占 5/12 的股份）。既然如他们所说的"这桩生意成为我们的了"，奥斯特瓦尔德和博塞完全改变了他们评价四开本的调子。它的印数可以轻易地增加到 6 000 部，他们高兴异常。"会有 10 万里弗的收益（对于他们

---

① 参见《1776 年 7 月 3 日协定的第三条补充》，附录 A. VIII。1776 年 7 月 3 日的合同还约定纳沙泰尔印刷公司在 1777 年 8 月至 1778 年 11 月 1 日间分六次支付 35 400 里弗，以补偿来自日内瓦版的三卷文字卷的 1/2 价值。尽管后来的安排使得这几卷几乎一钱不值，但他们没有废止这笔债务。

5/24的股份而言)……这是确定的利润。"① 他们发出一连串的指令：广泛发行说明书，回收订购单，准备好纸张、铅字和工人。他们对修订版的热情逐渐下降，对四开本的热情却逐渐高涨——这是个调整情感的过程，可能是一种常见的决策余波。但纳沙泰尔人很难否认庞库克再度打败了他们。这第四回合的谈判是最重要的，因为它决定了生产流传于法国旧制度中的《百科全书》的共同投机联盟的性质。

---

① 奥斯特瓦尔德和博塞致纳沙泰尔印刷公司的信，1777年3月23、24日。参见他们1777年4月4日致纳沙泰尔印刷公司的信中的类似说法。

第三章

# 变戏法一样的各种版本

在巴黎达成了有关"大生意"的协议后，事情就从制订方针转向了实际运作。但是，既有方针在指引这个新的四开本联盟向成功迈进的时候继续发挥着重要作用。事实上，四开本的成功也造成一些问题，因为它在整个出版界激起了谋利的欲望，尤其是四开本本身的出版商，每当订购数量打破了新的上限，根据生产扩充的情况，需要一些新的协议条款时，他们都面临自控的关头。四开本如何在纷争中从第一版走到第三版的故事，恰恰揭示了启蒙运动的企业家是如何操控生意的。

## "第二版"

整个1777年，订购单源源不断地涌来。全国的旅行推销商和书商都在报告激动人心的销售佳绩，生意的繁荣使庞库克越来越兴奋。到了1777年6月，奥斯特瓦尔德和博塞已经回到了纳沙泰尔，庞库克准备放下所有的事情，尽可能地扩大这一前所未有的成功的规模："根据各地书店的报告，我可以确定这一版本取得了惊人的成功，我们应该全部交货，因为已取得的利益要比不确定的利益强。可以肯定的是，只要很好地制作这一版本，我们就能卖出 10 000 部。"7 月初，他得知杜普兰的一个代理商在最近的一次商业巡回中售出了 395 部时说："这部书的成功使我越来越惊讶。"他的惊讶在不断地增长，因为杜普兰把一部最终达到 36 卷四开本的庞大规模的书印到了 4 000 套，这是一个非常有挑战性的目标，而在当时，一般单卷本的书的印数也不过是 1 000 本到 1 500 本。8 月中旬，杜普兰报告说，4 000 部的预订数字很快就要满了，他计划开始新一批次的征订工作。8 月 27 日，他告诉已开始印制所承担的三卷中的第一卷的纳沙泰尔印刷公司，把印数从 4 000 提高到 6 000。①

杜普兰的信给在一段时间内使文献学家感到困惑的四开本第二版的神秘失踪问题提供了一个答案。研究《百科全书》的学者只能确定四开本的第一版，它的扉页上称它是一个"新版本……日内瓦的佩莱"；以及随后的一版，它的扉页上称"第三版……日内瓦，让-莱昂纳尔·佩莱，共和国的印刷厂，纳沙泰尔印刷公司"。那么第二版呢？②

---

① 庞库克致纳沙泰尔印刷公司的信，1777 年 6 月 26 日和 7 月 8 日。参见庞库克 1777 年 3 月 13 日和 6 月 16 日致纳沙泰尔印刷公司的信，以及杜普兰 1777 年 8 月 18 日致纳沙泰尔印刷公司的信。

② 在他的"The Swiss Editions of the *Encyclopédie*"（"《百科全书》的瑞士版本"）(*Harvard Library Bulletin* IX, 1995, 228) 中，沃茨对"第二版"做了一个很好的猜测，虽然和其他学者一样，他也假设佩莱躲在整个事件的背后。洛同意沃茨对这个复杂问题的看法 (*Lough, Essays*, pp. 36-38)。完整的讨论，请参见拙文 "True and False Editions of *Encyclopèdie*, a Bibliographical Imbroglio"，刊登于即将出版的日内瓦印刷与书籍史国际会议论文集。

## 第三章 变戏法一样的各种版本

杜普兰的信表明，到了8月底，不计纳沙泰尔印刷公司在内的32台印刷机都在为印刷4 000部四开本《百科全书》而运转，前五卷的全部或者部分已经印制完成。这个月的最后两三天，印数提高到了6 000。但是没有完成的卷次的进度不一致，所以不存在统一的分隔点。纳沙泰尔印刷公司接到杜普兰提高印数的通知时，已经印到了第六卷的字母T。所以它重新上版印制了2 000套此前的各页，随后的印数增加到6 000。其他印刷商的情况也一样。不过他们各自的进度并不一致。当纳沙泰尔印刷公司在纳沙泰尔改变印数时，佩莱在日内瓦就要完成第五卷了，而同在日内瓦的巴松皮埃尔可能刚刚开始印第四卷，里昂的佩里斯兄弟则正印到第三卷的中间。把散页装订成卷，再用卷组成整部书，其间并没有划一的顺序，在各部中也不存在着一个标准部分可以被认定为印制中的第二或者中间阶段。每一部一定与其他的不同，第二版从来就没有存在过。在任何情况下，谈论版次都没有多少意义，因为佩莱的四开本中超过一半的印制工作都没有重排。相反，印制中存在过三个"版本"，与4 000、2 000和6 000印数的阶段大致相当。不过，按出版商不严谨的说法来说，只存在两个版本。为了避免混淆，本书将沿用这一用法，尽管根据现代书目文献学的原则这是不准确的。

杜普兰的指令还提供了详细而准确的印制规模。《第戎协定》要求出版4 000部，但规定要印4 250套。额外的250套打算部分或全部作为加放，用以代替被印刷商损坏的部分。但印刷商通常按令、刀、印张（rames, mains, feuilles；在18世纪的法国，每25印张为1刀，每20刀为1令，所以每令有500印张）计算。杜普兰实际上要求纳沙泰尔印刷公司在印制每印张的文字（8页）时

多使用3令10刀的纸张，总计是12令6刀，或者6150套。增加的数字如下：①

| | 原印量 | 8令16刀 | 或 | 4400套 |
|---|---|---|---|---|
| | 增加 | 3令10刀 | 或 | 1750套 |
| | 总计 | 12令6刀 | 或 | 6150套 |

如此庞大的一部著作，如此大的印数，使庞库克有些惊愕："确实，四开本这一版的成功是完全难以置信的。"他原则上同意增加印数，但并未打算接受任何扩大生产的建议，直到他亲自到里昂考察了杜普兰的实际操作情况，因为他对四开本的成功比对杜普兰的经营管理更有信心。"我想亲自确认一下事实真相，"他致信纳沙泰尔印刷公司说，"星期一我前往里昂，将亲自四处看看，这完全是为了共同利益。先生们，我认为在所有这一切中你们将会认可我处理大生意的习惯。"②纳沙泰尔人已经意识到了庞库克做

---

① 在1777年8月27日致纳沙泰尔印刷公司的信中，庞库克做了如下表达："我们决定增印3.5令纸。先生们，因此你们将全部12令又150张纸的每一张都印刷，而且当你们完成这一卷后，请你们重印所做的，并将只印3.5令纸。"在8月18日的信中，他说第八卷的印制工作已经在里昂开始了，前十卷将于9月完成，但他没有提供详细的信息，使人无法准确地了解前面的哪些卷次重印了1750份以及印制人是谁。

② 庞库克致纳沙泰尔印刷公司的信，1777年9月9日。庞库克补充说，他确实相信杜普兰的报告："我们希望在巴黎至少销售1000部。如果与各省的情况一致，零售量甚至可能翻一番。杜普兰已写信给我要求增加印数，对此我们可能无权制止，即使我们可能也没有理由希望如此。和他一样，我确信将销出这6000部，先生们，你们应该相信我已给你们带来一项极好的生意，因为这一数字将使我们的资产翻一番甚至更多。"

## 第三章　变戏法一样的各种版本

生意的自负风格，但他们乐于用它来对付杜普兰。因此，第五回合的谈判在一贯的阴谋筹划中开始了，虽然这次谈判主要涉及的是调整《第戎协定》、确定四开本新规模的技术问题。

大量金钱的使用情况取决于这些技术细节。例如，《第戎协定》分配给杜普兰每令纸 9 里弗用于纸张成本。由于每印张内容的用纸增加了 3 令 10 刀，四开本的合伙人就要自己额外购买大约 11 165 令纸，花费是 100 485 里弗。如此巨大的需求量一定会使纸价上扬。实际上，纸价已经大幅度上涨，以至于到了 5 月杜普兰说服庞库克同意每令纸增加 5 个苏。① 在关于第二版的合同中，庞库克要分配出多少钱呢？他知道杜普兰一定会欣然接受真实成本和分配成本之间的差价带来的收益。差价是巨大的——每令纸增加 5 个苏，11 165 令就是 2 761 里弗。给杜普兰分配的生产成本中也有同样的问题，尽管在这件事情上庞库克可以争取减少一些支出。《第戎协定》允许杜普兰按照他能够得到的任何价格签订印制协议，在印数为 1 000 部的条件下，分配给他每印张 30 里弗用于排版和印制，每增加 1 000 部就增加 8 里弗。由于协议规定了 4 000 部的印数，所以分配给杜普兰的是每印张 54 里弗。庞库克确信增加 2 000 部的印数所使用的人工，值不上每令再加 16 里弗。因此他要减少杜普兰的分配额。《第戎协定》还为一位"编辑者"的工作支付每卷 600 里弗的报酬，由他负责把增补卷合并到《百科全书》的文字中去，可能还要做一些编辑工作。杜普兰为此在

---

① 每令纸 9 里弗 5 苏的价格是 1777 年 5 月 15 日《第戎协定》的附加条款确定的。文件本身已经散失了，但内容在 1777 年 9 月 30 日订立的庞库克-杜普兰协议的第四段中有清楚的说明（参见附录 A.XI）。

里昂雇了个二流文人拉塞尔神甫，而拉塞尔想得到更多的钱。

最后，庞库克和杜普兰还要消除行销中的一些问题。杜普兰想和里昂书商罗塞（Rosset）签订一个协议，后者答应如果给他特殊条件，他可以一次预订500部到600部。《第戎协定》不允许背离固定的批发价格。但是为了增加销售获取更多利益，如果庞库克同意，杜普兰打算给罗塞一个秘密的折扣率。庞库克对秘密交易心存疑虑，他认为这个数量太大，超过了他们的需要。所以他要求纳沙泰尔印刷公司给他写一封可以公开的信让他拿给杜普兰和罗塞看，强调他对交易的控制权。事实上是他指示他们写了此信，信中着重强调了不得变动价格的条款；他还警告说，如果纳沙泰尔印刷公司想要当他在里昂的时候告诉他什么秘密的事情，必须另外用一张纸，"以火漆封缄，装进双重信封中"，因为他可能会和罗塞待在一起。①

1777年的巴黎会议，在庞库克围绕着《百科全书》构建起来的契约和协定体系上还添加了另一个合同。庞库克和杜普兰9月30日的协议（参见附录A.XI）规定了把印数增加1 750部的条款。庞库克表示，对订购记录的调查使他相信，4 047部订购的《百科全书》已经售出，迫切需要增加印数。他同意纸的价格增加5个苏，而额外的1 750部的印制价格则每印张下降3里弗（杜普兰因此将得到每印张33里弗的价格，而不是像在第戎约定的、他希望得到的36里弗）。拉塞尔神甫每卷多得到250里弗。多出来的薪水使他有可能雇请一位新助手（抄写员），这样就可以在1779年底以前完成所有的任务。杜普兰没有得到为罗塞争取的特别让步，

---

① 庞库克致纳沙泰尔印刷公司的信，1777年9月9日。

## 第三章　变戏法一样的各种版本

但他在 9 月 29 日与庞库克签订的关于《索引表》的附加生意中得到了补偿。①

纳沙泰尔印刷公司拒绝了庞库克购买《索引表》的提议后，他决定用从前在巴黎的合伙人斯图普的印刷机进行印制。正如他向纳沙泰尔印刷公司所解释的，他预料前两个对开本《百科全书》的很多拥有者会购买《索引表》，作为狄德罗版内容的索引和提要。四开本《百科全书》的成功意味着同时存在着对四开本《索引表》的需求。庞库克和杜普兰都赞同把它做出来，成本和利润平分。庞库克一俟对开版的散页从印刷机上印出来就交给杜普兰。拉塞尔负责把版式调整为四开版，报酬是 2 400 里弗。杜普兰负责印制和销售事宜。这项计划将在四开本《百科全书》印制完成后开始，并一直保密到那个时候——甚至不让纳沙泰尔印刷公司和四开本的其他合伙人知道。

这样，庞库克和杜普兰和睦地结束了里昂会议。庞库克刚到里昂时准备打一仗，离开的时候感到与杜普兰的关系很和谐，甚至对杜普兰对四开本的运作感到高兴。他在给纳沙泰尔印刷公司寄新合同的副本时说："在将三卷书付印时我遇到了很多困难。他们说服了我纸张必须加重，只用奥弗涅的重为 20—22 磅的纸。他们从中挣不了钱。而且我实在担心他们到这个冬季将会陷入困境。以前拉塞尔神甫是被当作傻瓜付给那样的报酬的。他的要求获得满足是合理的……我很清楚人们在第戎所强加给我的，但是

---

① 这一"杜普兰与庞库克间有关《索引表》的协定副本"的文本保存在纳沙泰尔印刷公司的文件（ms. 1233）中。纳沙泰尔印刷公司 1778 年 5 月 3 日致庞库克的信表明，纳沙泰尔印刷公司并不知道关于四开本《索引表》的秘密协议，他们还打算背着杜普兰与庞库克做同样的交易。

这一切不再是伤害,因为成功已超越了我们的期望。我看了日内瓦的印刷机,一切在我看来都令人激动而且运转顺利。4 407 这个数字确实是真实的。图卢兹的一个装订工就完成了 200 册,每天都有新的订单到来。我可以证明一个星期中就有 150 套。在 1778 年底以前还不可能有任何回款,因为必须事先支付购买大量纸张的款项。此外,将每半年提供一次账目。杜普兰在里昂有一些聪明的合作者已在他的生意中投资超过 40 万里弗,在这一生意中下了最大的订单。记录很完整,不可能欺骗……最后,如果政府不阻挠,这一生意将有最美好的前景……公众的热情是前所未有的。"①

## "第三版"的由来

订购的洪流如此澎湃,使庞库克和杜普兰在订立"第二版"(即增加印数)的条款时,就提出了"第三版"的计划。在签订里昂合同的当天,杜普兰就写信给纳沙泰尔印刷公司,说他希望安排新印制 2 000 部,但应该是单独的、有区别的,以免延迟前 6 000 部的生产。② 不过,制作新版可不是随随便便的事。庞库克、杜普兰和纳沙泰尔印刷公司经过一年的争吵和讨价还价才确定了条款。四开本前所未有的规模使它几乎难以驾驭。在上面再加上"第三版"更增大了出版商资源的负担,加剧了他们走向崩溃的情

---

① 庞库克自里昂致纳沙泰尔印刷公司的信,1777 年 10 月 9 日。
② 杜普兰致纳沙泰尔印刷公司的信,1777 年 9 月 30 日。

第三章　变戏法一样的各种版本

绪。对旧安排的每一处调整都会引起预算上数以千计里弗的变动，而每一次增加利润的尝试也会增加牟取暴利带来的危险。

杜普兰认真地试探了市场之后，才致力于如此大规模的生意扩张。订购继续保持了强劲的势头——他的一位代理商说，势头强劲到第二版多出来的订户很快就可以填满第三版的预订额。[①] 但杜普兰只进行了两次预订。到了1月中旬，他认为有必要宣布进行第三次预订，来看看需求是否足以满足一个新的版次。这种"号一号公众的脉搏"的手法是一种欺诈，会给预订带来坏名声，但有助于把风险降到最低。所以，当杜普兰要求纳沙泰尔印刷公司在各种报章杂志发布如下通知时，他是遵循了游戏的规则而不是打破它：

> 日内瓦的佩莱所预告的四开本《百科全书》的前两版被迅速销售一空，这证明公众欢迎这一出版计划，并且对它的制作方式表示满意。对这一超出他们预期的欢迎感到高兴的出版商们建议以与以往相同的条件进行第三次征订。通过提高印刷数量，这些想订购的人将和最初订购者同时拿到成书……征订将持续到3月1日，首批交货将在1778年5月。人们可以在各个城市的主要书店订购。[②]

---

[①] 代理商梅利诺·德·吉维尔迪11月告诉庞库克，如果有第三版的话，三个月内预订额就会饱满。庞库克带着那种充斥在他所有关于四开本的信中的喜气洋洋的评论的语气，把这个消息转告给纳沙泰尔印刷公司："这是一个难以置信的成功。"（庞库克致纳沙泰尔印刷公司的信，1777年11月8日。）

[②] 杜普兰致纳沙泰尔印刷公司的信，1778年1月16日。原信已经散失，这里是从1778年2月6日的《莱顿报》上引用的，纳沙泰尔印刷公司在当地印制这一版。

杜普兰没有和合伙人商议就走了这一步。因为他掌管预订工作，只有他知道新的版次如何才能行得通，而且他彻底支配了四开本的经营活动，他经常自己做出这样有方针性的决定。这种趋势使纳沙泰尔人感到焦虑，在投入一桩新的四开本的生意前，他们有理由犹豫，因为他们不想让修订本再延期，他们太了解杜普兰了，根本不能信任他，而且他们认为第三版太重要了，不能让它完全落入杜普兰的控制之中。所以他们的信中充满了焦虑的询问：杜普兰是否把他做试探性通告的决定通知了庞库克？有没有订购速度减缓的征兆？庞库克是否意识到杜普兰正把他们带入一个对大量资金重新做出承诺的局面中去？他们不再怀疑四开本的成功——"一件非常难以置信的事"，但是他们很焦虑，成功的本身可能过度刺激了杜普兰增加收入的胃口却以他们的利益为代价。"我们清楚地发现生意越是兴隆，他就越是嫉妒我们所拥有的份额。"他们向庞库克透露道。①

庞库克保持着泰然自若的乐观态度。他想让一切，包括修订本，都从属于对四开本极佳的销售力量的开发。纳沙泰尔印刷公司尊重他的判断，"知道您对这些生意是多么擅长"，但是在两点上给他施加了压力：第一，修订本的准备工作要继续进行，不能稍缓，这样，他们才可能在年底发布它的说明书（发布早了会破坏四开本第三版的销售）；第二，他们一定要搞清楚，第三版的规模没有超过预订的数量。②

对第三版规模的估计是一个棘手的问题，因为杜普兰不让纳

---

① 纳沙泰尔印刷公司致庞库克的信，1778 年 1 月 25 日和 29 日。
② 纳沙泰尔印刷公司致庞库克的信，1778 年 2 月 22 日。

沙泰尔印刷公司了解这个数字。这个信息对纳沙泰尔人很重要，因为他们试图增加在印制中的股份。他们不但想从第三版中得到新的印制工作，而且希望增加旧版次的印数。所有的三个版次各印 8 000 部与两个版次各印 6 000 部相比，他们能从中挣到的钱要多得多。不过，杜普兰只答应按规定的数量让纳沙泰尔印刷公司印制三卷（参见 1777 年 5 月 28 日的合同，附录 A. IX）。用更低的价格和其他印刷商签订合同，他可以得到更多收益。各种问题都要留待关于第三版的合同来解决，如果事实上第三版就要出现的话。与此同时，杜普兰和纳沙泰尔印刷公司在通信中玩起了刺探与躲避的游戏：纳沙泰尔印刷公司一直想从杜普兰那里刺探信息和资金方面的情况，杜普兰的回信则语焉不详或推脱逃避。

## 混乱局面

1778 年 3 月 4 日，第三版预订期满后的第三天，纳沙泰尔印刷公司写信询问公众的反应是否足以启动印制工作，并顺便提到了希望第三版的印数和前两版一样多。杜普兰没有直接回答，他写道，一些最近通过纳沙泰尔印刷公司预订的读者得等待第三版的供货。这一回答与以往一样是间接的，表明他已经决定要开始第三版的工作，但印数应该是多少呢？3 月底，纳沙泰尔印刷公司提醒杜普兰，它需要知道工作量有多大以便事先为印制工作做好准备。还补充说，它听到一个谣言说他正在印制其中的一些卷次，印量为 15 令纸（7 500 部）。这是试探杜普兰的战略的一个旁敲侧击的办法：他把第三版的规模定在 1 500 或者 2 000 部吗？他会为第三版改写文字内容吗？或者将三个版次现有的各卷一起印制7 500或8 000部？①杜普兰在4月5日做了坦率的回答："我们组织了12台印刷机，它们将只用于这一版本……我们已印了1 500部的将近1/3。我们将一点都不增加另一版本的数量。我们将重新组织直至完成。"不过纳沙泰尔印刷公司并不相信，因为它从秘密的消息来源得知杜普兰正在印制8 000部完整的《百科全书》，还因为它从杜普兰那里得到的信与庞库克转来的杜普兰给他的信互相矛盾。纳沙泰尔印刷公司向庞库克解释了其中的不一致之处，得出结论说："我们出于友谊而悄悄告诉您，这份简短的报告（来自里昂的有关杜普兰正在以8 000部的数字印一些书）和其他人所做的报告，使人对他不可能完全信任，而且要求您和我们一样保持相当的注意。"②

杜普兰是否正在印制超过他向合伙人承认的数量的《百科全书》，并从他对印制的管理中尽量获得超出正当界限的利益？这些问题在1778年4月间显得尤为紧迫，当时，杜普兰和庞库克正第一次试图就第三版的合作签订协议。这些经由信件进行的谈判中到底发生了什么事，已经很难知道了，因为庞库克的大部分信件自1778年就散失了。不过庞库克一定强调了他的管理费用的巨大增长，并要求获得比《第戎协定》规定的四年8 000里弗多得多的钱。庞库克通知纳沙泰尔印刷公司他正在试图把杜普兰在这方面的收入增长控制在16 000里弗，纳沙泰尔印刷公司回信表示支持："您已聪明地回答了杜普兰的要求，在我们看来，您是公平的，而

---

① 纳沙泰尔印刷公司致杜普兰的信，1778年3月29日。
② 纳沙泰尔印刷公司致庞库克的信，1778年4月9日。

## 第三章 变戏法一样的各种版本

他的计算总是过分的。应当承认是他负责艰难的零售，但 16 000 里弗是对分享利润的某人的合适补偿。我们秘密地将继续这一协商的事交付给您。"①纳沙泰尔印刷公司还警告庞库克，杜普兰在印制方面可能不老实，自己对此开展了调查。4 月 8 日，纳沙泰尔印刷公司通知里昂的银行家、博塞的女婿雅克·弗朗索瓦·达尔纳尔（Jacques François d'Arnal），要他"秘密打听杜普兰及其同伙印了多少部《百科全书》"。猜疑和阴谋的气氛日益浓厚，杜普兰的合伙人实际上在暗中监视他，以便了解他到底打算把他们共同出版的书印多少部。

4 月 12 日，达尔纳尔报告说，"通过两位相当熟悉情况的人，我们巧妙地了解到四开本的《百科全书》新版本将印 1 500 部"，并没有多大的问题。但是纳沙泰尔人怀疑杜普兰已经印制了 2 000 部，打算偷偷地卖掉。因此对于达尔纳尔的信他们秘而不宣，并在 1778 年春季试图通过保持和杜普兰友好的书信往来，让他自己暴露真实的计划。在一封特别友善的信中，他们说刚刚从庞库克那里得到了好消息：第三版的印数就要达到 2 000 部了，而强劲的订购势头表明再多印制一些也是没有问题的。如果销售前景看好，需要印制第三版，那么他们当然假定杜普兰会支持这一显而易见的节省预算的策略，即将剩余卷册的印数调整为 8 000 部。②

杜普兰觉得这样的事情全然属于他的管辖范围，他不会因受他们的挑动而告诉他们什么。《第戎协定》只要求他向庞库克提出报告。他们的合同关系中没有包括纳沙泰尔人，纳沙泰尔人是庞

---

① 纳沙泰尔印刷公司致庞库克的信，1778 年 4 月 9 日。
② 纳沙泰尔印刷公司致杜普兰的信，1778 年 4 月 15 日。

库克的合伙人，而不是杜普兰的。杜普兰明白纳沙泰尔人非常想得到印制工作，这些工作目前由他提供给了另外的印刷商，他们用比前两版合同规定的低得多的价格干这些活，把他的钱包装得鼓鼓的。如果他向纳沙泰尔提供更多的印制工作，他就得按照官价给他们付酬。而且作为次级合伙人，他们可能会窥探他对整个生意的管理。所以他尽力使他们一无所知；他写了封简洁而令他们沮丧的回信，没有给他们对第三版的前景表示乐观的余地。他说，非但远远不是要印制8 000部第三版《百科全书》，而且他还没有决定是否要印制它。他只收到500份订单，主要的原因是庞库克没有敲开巨大的巴黎市场。他本人正竭尽所能地推销。他已经给许多书商发去了通知函，要等看到了他们的反应再决定第三版的命运。①

这个回答在纳沙泰尔人听来很是可疑。他们在后一封给杜普兰信中把怀疑隐藏起来，却向庞库克表达了他们的怀疑。他们对庞库克说，不久前杜普兰曾声称第三版的预订肯定满额，现在他却怀疑预订量不能保证印数上的增加。为什么他的调子变化得如此彻底？纳沙泰尔人可以猜测这个令人烦扰的问题的答案，但是他们得对杜普兰隐藏起怀疑，对他的说法进行周密的调查。他们现在意识到了《第戎协定》第13、14两款的重要性，他们要求杜普兰做出关于预订情况和账目的报告；他们对庞库克说要到里昂去亲自检查杜普兰的账目表示高兴。他们同意庞库克推迟修订本以专心致志做四开本的建议。一旦他们把四开本中的利润榨取干净，结束了和杜普兰之间的账目，就可以开始进行背着杜普兰做

---

① 杜普兰致纳沙泰尔印刷公司的信，1778年4月21日。

## 第三章 变戏法一样的各种版本

好了准备的其他计划了。①

四开本联盟内部的关系充满了阴谋气息，只有来自外部的威胁才能防止内部的裂痕。1778年5月，他们放下所有的事情，和其他试图用新的《百科全书》侵入他们的市场的出版商进行紧急谈判。6月22日，庞库克使四开本联盟和来自列日的一个联盟结盟，后者已经开始生产一种按照主题而不是字母顺序排列的《百科全书》。这个项目最终发展成了《方法百科全书》，并终止了修订本《百科全书》的计划。6月24日，杜普兰出资使里昂一个生产盗版四开本的团伙罢了手。1778年整个夏天，纳沙泰尔印刷公司都在力图平息和洛桑与伯尔尼印刷公司的商战，后者正在推销一种八开本的《百科全书》。这些危机迫使四开本的出版商们暂时中止了关于第三版合同的谈判。

不过，他们承受不起第三版印制中的任何拖延。相反，他们得抢在竞争对手破坏之前把四开本送上市场。在把钱投入尚未存在的书的事情上，预订者是十分谨慎的。如果他们的钱还没有付给第一个征订者，他们就会转向第二个更有吸引力的预订者。四开本的预订者在收到书后支付书款，他们交来的钱为后面几卷的印制提供资金支持。因此，杜普兰把他的生产日程加速到几乎不可忍受的高速度上。他不仅在日内瓦和纳沙泰尔有印刷机，而且在里昂、格勒诺布尔和特雷武也有。他在里昂装订并储存印好的散页。他安排了几千英里的复杂运输路线。在保持账目有序、解开纠结、消除错误的同时，他还试图掌握预订和收费的来龙去脉。

---

① 纳沙泰尔印刷公司致庞库克的信，1778年5月3日；纳沙泰尔印刷公司致杜普兰的信，1778年5月2日。

管理如此复杂的事务所带来的问题，使杜普兰的情绪以及与合伙人的关系都变得很紧张，几乎达到了极限。1月份从纳沙泰尔印刷公司那里收到印制质量很差的一卷《百科全书》后，他爆发出了无可遏制的狂怒。两个星期以后他还气愤不已，告诉合伙人他是如何看待他们的："你们印糟了一卷书，为此庞库克先生已写信给我们的所有订户，要求给我们延长期限。总之，为了事业的成功，我们应夜以继日地工作，而且先生们，似乎你们做了所有可能会摧毁这一事业的事。当我们的外地债务日益增加时，谁将付钱给我们？大部分一文不值。这些都是庞库克先生所说的话引起的。顺便告诉你们，在外面我们有超过50 000埃居的债务，这多么令人担心，而且会使人产生可怕的想法。请将可憎的和连续的工作与此结合起来。请问你们如何面对这本该死的书，无论你们说什么，它事实上都是丑陋的。"①

杜普兰承受的压力使得第三版赖以诞生的形势变得复杂了。当他的合伙人暗中监视他的时候，他又向他们发了一通脾气，因为他们让他承担了这桩生意的几乎全部负担。他们不愿意减缓资金上的压力尤其使他愤怒。他提供成书的速度已经超过了预订者交钱的速度。大部分的预订者是那些卖出几十部书、需要时间从顾客那里收钱的书商。但杜普兰需要为纸张和印制准备大量的资金。当甚至到了入不敷出的时候，他开始感到绝望：因此有了在考虑到50 000埃居未付款时的"可怕想法"以及对庞库克同意给书商更多时间收账的暴怒。

由于推迟支付了一些个人的债务，尤其是应该按照纳沙泰尔

---

① 杜普兰致纳沙泰尔印刷公司的信，1778年2月9日。

## 第三章 变戏法一样的各种版本

印刷公司在印制中的股份支付给他们的钱后，杜普兰的资金压力稍稍得到一点缓解。到6月中旬，纳沙泰尔印刷公司已经印好了前两版的第6、15卷，开始印制第24卷。每卷的印制成本数以千里弗计；每印完一卷，纳沙泰尔印刷公司就根据《第戎协定》及其后来的相关合同中规定的标准给杜普兰开去账单。账务往来的方式和18世纪的一般商业一样：纳沙泰尔印刷公司向杜普兰发出要求支付的报告，然后，以他的名义填写汇票给自己的债权人或者在里昂照料其财会事务的达尔纳尔。达尔纳尔不停地代表纳沙泰尔印刷公司付出大量的金钱，主要用于购买纸张。因此，他必须要求杜普兰兑现票据以避免账目上出现赤字。但当这些票据到期时，杜普兰拒绝支付，辩称他的债务人——订购了四开本的书商——没有准时付钱，因此他只能推迟支付给纳沙泰尔印刷公司的时间。他主张说，作为这桩生意的合伙人，他们理应承担相应份额的财务困难。他们反驳说，作为印刷商自己理应得到报酬。不仅商业方面的法律赋予了他们获得报酬的权利，而且也不能指望他们再为自己的工作预付自己的资金，却不能从杜普兰手中得到一些肯定已经从预订者那里大量涌入的钱。这场争论爆发于1778年6月，正值四开本集团与竞争对手的谈判最关键的阶段，并断断续续地贯穿了当年的后半年。①

与此同时，杜普兰和纳沙泰尔印刷公司也在为第三版的印制而争吵。杜普兰知道，如果纳沙泰尔人不想解雇工人、拆除巨大的工场，就需要印制更多的《百科全书》。因此，他利用这一需要

---

① 关于纳沙泰尔印刷公司与杜普兰之间争吵的叙述基于纳沙泰尔印刷公司文件中厚厚的达尔纳尔档案以及纳沙泰尔印刷公司与杜普兰之间的通信。

推迟偿还债务的时间。6月2日，他要求纳沙泰尔印刷公司推迟到期的汇票的支付日期三个月。为了表明他的目标是可以达到的，他不再回避纳沙泰尔印刷公司对第三版印数信息的渴求："第三版已开始印制，我们将它只交给两位印刷商，他们已开动了18台印刷机，并且保证每一页都三校，我们希望做一个好版本，即使因此还剩下一些张数，它们也将不是负担。我们印了3.5令（即1750套）。"这样看来，杜普兰已经开始印制一部规模很大的新版《百科全书》，并且很有可能把纳沙泰尔印刷公司排除在外。

杜普兰让纳沙泰尔人自己做最终的考虑，他希望他们在账单的支付方面变得比较灵活。纳沙泰尔印刷公司的反应是给庞库克发了一封急迫的信。他们悲叹道，他们已经占用了11台印刷机；而杜普兰还在打算把他们排除在第三版的印制工作之外，如果这样，他就违反了合同规定的给他们三卷印制工作的规定。的确，他们接到了前两版的三卷的印制工作，但他们有获得第三版中的三卷印制工作的权利，这可以从《第戎协定》中按逻辑推定。而且，他们还要安排第四卷的印制，希望印数是8000。他们迫切要求庞库克向杜普兰施加这一压力，并到里昂查他的账，因为"他一定已经收了大笔款项"。他们对杜普兰如何处理这笔钱表示担心，他们还对来自杜普兰和庞库克的最后的信中的不同之处感到困惑。庞库克说，他和杜普兰同意简化第三版的销售工作，各自印500部，在各自的势力范围里销售。这暗示着第三版共印制1000部，但杜普兰的信中谈到了1750部。此外，达尔纳尔的报告说印数是1500。关于这神秘的第三版，纳沙泰尔人一直不知应该相信什么。但现在清楚了，关于资金和印制的争吵日益紧密地联系在一起，推迟了合同的安排，尽管杜普兰的人已经开始排版并印制，数量大约是1 000到1 750之间的某个数字。①

纳沙泰尔印刷公司试图让庞库克对杜普兰施加压力的时候，杜普兰继续遭受着资金紧张之苦。"我们荣幸地提醒你们，这里钱非常少，我们的书店老板们要求更多的时间，总之我们不可能从石头中生出钱来。"6月9日他给纳沙泰尔印刷公司写信，"我们处理书的方式使得我们需要此前根本没有想到的额外资金。"他根本不能把6月到期的账支付给纳沙泰尔印刷公司。不过他可以从印制方面的强硬立场上后退一步——无论如何，这是他曾经坚持的立场，以图提高自己在财务问题上讨价还价的地位。纳沙泰尔人表示出愿意和他玩这个游戏的态度，他们指示达尔纳尔同意杜普兰延期支付，用来交换第四卷的印制工作。达尔纳尔报告说，交易做得非常好，尽管杜普兰不愿意牺牲作为中间商可能获得的任何有利可图的生意。因而，实质上，杜普兰用印制折扣的损失换得了避免因不能按时付款而受到惩罚的好处。

不过他太急于答应达尔纳尔的提议了。纳沙泰尔印刷公司把这种爽快解释为软弱的信号，回复达尔纳尔时指示他要求提高到第三版的三卷印制工作。随后纳沙泰尔印刷公司又直接给杜普兰写信，说很高兴能在他资金困难的时候帮他一把，并说很快会给他寄去一些"忠告书"，以解释它要求印制第三版的理由。同时，它愿意承印前两版的第四卷。它有充足的工人和纸张来进行这项工作。这一策略的结果是适得其反。杜普兰告诉达尔纳尔，经过重新考虑，他认为纳沙泰尔印刷公司不用再从第三版得到任何新的工作就够它忙的了。在给纳沙泰尔印刷公司的回信中，他

---

① 纳沙泰尔印刷公司致庞库克的信，1778年6月7日。

只是继续坚持需要推迟账单的支付。纳沙泰尔印刷公司只好退回到讨债的策略上。6月下旬，它警告杜普兰已经累计欠下它16 980里弗的债务，并坚持要他偿还，如果延迟就加收利息。7月上旬，杜普兰拒绝兑付两笔价值共2 019里弗的汇票。纳沙泰尔印刷公司随即通知他，达尔纳尔会再次提交汇票，它也不会接受任何的拖延。四开本联盟到了分裂的边缘，而他们还没有就第三版达成协议。①

## 以纳沙泰尔的名义

纳沙泰尔印刷公司认为局势非常严峻，派出了最信任的代理人法瓦吉（Jean-Francois Favarger）专程出使里昂。实际上，法瓦吉是要在法国全境做一次旅行，推销《百科全书》和其他图书，和全国的书商结算账目。但是这次旅行最重要的目的是在杜普兰不知情的情况下，到里昂做一次全面的侦察。以旅行推销商的面目出现，法瓦吉有可能会发现杜普兰的真实目的和意图，因为到目前为止纳沙泰尔印刷公司和杜普兰的关系在讨价还价和虚张声势中被搞得一团糟，以致纳沙泰尔人搞不清楚他的策略到底是什么。因此他们为法瓦吉与杜普兰的会面做了细致的准备，甚至还在法瓦吉的日志中写了"脚本"。法瓦吉参考了奥斯特瓦德和博塞在

---

① 在来往信件中最重要的是：达尔纳尔致纳沙泰尔印刷公司的信，1778年6月12日；纳沙泰尔印刷公司致达尔纳尔的信，6月17日；纳沙泰尔印刷公司致杜普兰的信，6月24日；纳沙泰尔印刷公司致杜普兰的信，7月8日；纳沙泰尔印刷公司致达尔纳尔的信，7月8日。

## 第三章　变戏法一样的各种版本

他会见沿途的纳沙泰尔印刷公司的客户之前写在他日志中的指导性意见,他也在每次会见后都记下结果。大部分的条目都只有几个词,但在杜普兰的事情上,"指导意见"占了两页半,并包括了如下的说法:

> 见杜普兰,尽力了解——但是不要表现得过分好奇——四开本《百科全书》的印刷进行到了什么程度,在里昂或是别的地方有多少台印刷机在为之工作;是否已开始第三版,印多少……
>
> 你要仔细听约瑟夫·杜普兰对你所说的一切涉及我们《百科全书》的话,并不要提任何建议……
>
> 你和约瑟夫·杜普兰说我们还希望印一卷6 000册。你要请求他写信给我们。告诉他很可能没有任何书曾被如此有文化的人如此细心地校对过。在制作过程中,我们非常重视,无论从哪个方面看,我们的印刷设备都比这一事业中使用的其他设备要运转得更好,我们的纸张比里昂的好,我们曾用专门的工场重印对开本,而他的四开本已延期了,因此以某种方式补偿我们是合理的。如果不能从他那里获得一卷6 000册,那么就告诉他根据合同我们有权印刷三卷各2 000册(即第三版),我们希望这一条款不会遇到任何困难……
>
> 注:你要向我们详细汇报你就此所做的事。

如果能够巧妙地扮演好自己的角色,法瓦吉本来是可以为纳沙泰尔印刷公司赢得印制份额的增加的。但为了发现杜普兰《百科全书》的总体计划到底是什么,他还是要到杜普兰的店铺周围去探听,去与达尔纳尔及拉塞尔神甫合作,去试探里昂其他的书商。①

法瓦吉在7月13日或14日到达里昂,正好及时收到发自大本营的最后指令。纳沙泰尔印刷公司警告说,杜普兰最近拒绝兑现两张汇票,而且用似是而非的理由为自己的行为辩护,纳沙泰尔印刷公司在信中逐条予以了驳斥,所以法瓦吉在与杜普兰的讨论中可以以此来挫败他。纳沙泰尔印刷公司以这样的劝告作结:"为做到商谈时心中有数,之前请仔细重读给你的有关里昂的所有笔记。"②可以想象,法瓦吉坐在客栈里,重温日志中的那些指南,排练设计好的程序,增强对付杜普兰的力量时的状态。但当那一刻到来的时候,他发现自己的对手和蔼可亲得令人惊讶。他数小时地谈论生意,看上去既开放又真诚,可是却丝毫没有涉及他那些更为重要的权谋。在滔滔的词语洪流中,法瓦吉固守着规定的角色,不过这可并不容易:"我……感谢上帝,完全遵循你们的指示。和他长时间在一起是不容易的。"他高兴地向纳沙泰尔报告说:杜普兰正在印制第三版,印数是4令15刀(2 375份);他将让纳沙泰尔印刷公司印制前两版的第四卷(即印数为6 150)和第三版中的三卷;他将兑现8月份到期的汇票。杜普兰坦率地承认,他在里昂而不是纳沙泰尔印制一卷可以挣到1 500里弗,不过他已经从那一阵坏脾气中恢复过来,希望和纳沙泰尔印刷公司保持良好的关系。他说自己6月份拒绝支付第15卷的印制费用是正当的,

---

① 法瓦吉日志,在纳沙泰尔印刷公司的文件(ms. 1059)中的标签是"给J. F. 法瓦吉的指令和资料"。
② 纳沙泰尔印刷公司致法瓦吉的信,1778年7月11日。

## 第三章 变戏法一样的各种版本

因为纳沙泰尔印刷公司的那一卷到货晚了，他无法及时地从订购者那里收钱，也就无法支付给纳沙泰尔印刷公司。他盼望纳沙泰尔印刷公司在他困难的时候施以援手，因为它是印刷商的同时也是合伙人。此外，铸币在里昂异乎寻常地短缺，而且他认为作为博塞的女婿，达尔纳尔应该同意把汇票的兑现推迟三个月。对法瓦吉来说，所有这些听起来都令人不安地合情合理。杜普兰似乎有魔力，他没有做任何努力就在绝大多数有争议的地方让了步。但是，是什么原因导致了他行为上的突然变化呢？①

在报告中，法瓦吉提到杜普兰"告诉我他们已写信要求第三版以你们的名义出版，这将使它更具优势"。这封信及时地到达了纳沙泰尔，减轻了法瓦吉在里昂与杜普兰打遭遇战的压力，因为杜普兰在信中对纳沙泰尔印刷公司毫不妥协的兑现汇票的要求做出了回应："我们已经决定重印第三版，数量为 2 375 部。"杜普兰写道："它已在印刷，我们希望到 8 月份能够交付两到三卷。我们希望这一版（只在我们之间谈谈）在制作、校对等方面都比其他版本好，这样即使剩下一些书，它们对于我们来说也不是负担，因而我们觉得要使这一版更加出众，它应该以另一个名义出版。因此我们恳请你们允许我们用你们的名义。你们应该表现出已从佩莱那里买了。在这一点上请给予我们以肯定的答复。"②在等了三天以使这一有吸引力的提议被完全理解后，杜普兰又给纳沙泰尔印刷公司去了信，请求把那两份汇票的兑现日期推迟到 8 月。这

---

① 法瓦吉致纳沙泰尔印刷公司的信，1778 年 7 月 15 日。
② 杜普兰致纳沙泰尔印刷公司的信，1778 年 7 月 10 日。这是对纳沙泰尔印刷公司 7 月 8 日来信的回复，来信实质上是要求杜普兰兑现汇票的最后通牒。

一招成功了。纳沙泰尔印刷公司回答说,同意推迟,并愿意以自己的名义支持新版——他们希望能够印制这一版中的多卷。① 当法瓦吉踏进杜普兰的铺子准备战斗时,这场争论已在他不知情的情况下解决了。在这场虎头蛇尾的对抗后不久,杜普兰交给他一份新印制的说明书,上面宣称纳沙泰尔印刷公司赞助第三版。②

就这样,第三版在纳沙泰尔印刷公司的名义下出版了。不过,杜普兰想要的不仅仅是和一个债权人和平共处。就像他在给纳沙泰尔印刷公司的信中所说的,前两版因为马虎的印制和劣质的纸张而得到了坏名声。通过把封面上虚构的"日内瓦的佩莱"改为"纳沙泰尔印刷公司",他可以吸引更多的订单。另外一桩在四开本出版后折磨了他整整一年的印刷上的麻烦事也解脱了。当杜普兰第一次打算销售四开本时,他独自负责提供全部的原版文字和增补卷,零售价为344里弗——29卷文字卷,每卷10里弗;3卷图版卷,每卷18里弗。印刷厂的领班建议他,把29卷对开本的原版文字和增补卷改为29卷四开本。然而,开印后不久他发现原来的估计严重不足。四开本的文字卷最后变成极厚的36卷。杜普兰能指望预订者会以比合同价格多70里弗的价格购买被承诺过的文本吗?庞库克认为不可能:"公众订购的是32卷本(即29卷正文和3卷图版)。如果此书有更多的卷数,我不知道将如何让他们掏钱购买。"③ 更糟的是,兰盖发现了这个错误,并在他的读者很多的《年鉴》上宣布这是诈骗。这样,杜普兰只能等着一场抗议风暴的

---

① 纳沙泰尔印刷公司致杜普兰的信,1778年7月15日。
② 法瓦吉致纳沙泰尔印刷公司的信,1778年7月23日。
③ 庞库克致纳沙泰尔印刷公司的信,1777年6月26日。

## 第三章 变戏法一样的各种版本

来临，假如他提高价格或者削减内容的话，还会面临一场诉讼。他最后只得靠仅收取多出来的七卷中的四卷的费用，好歹应付了进退两难的局面。用这一办法，他欺骗性地把零售价格提高到384里弗——这只够支付多出来的那些卷的印费，但没有在顾客中间造成骚动。

这是危险的策略，杜普兰试图骗售给公众而不被察觉。因此，当宣布第二版的预订消息时，他没有提到卷数和总价，只是说按照第一版的条款出售。直到杜普兰决定启动第三版时这次危机才过去。因而，他试图通过改变销售条款并把它归在纳沙泰尔印刷公司而不是佩莱名下来保护自己。新的订购者将不能要求他遵守在处理旧版问题时所违背的承诺，而新四开本的形象看起来很像是新的经营者手中的旧版。出于这些原因，杜普兰交给法瓦吉的说明书宣称"第三版《百科全书》，包括双栏四开本的36卷书，由纳沙泰尔印刷公司进行征订"①。它没有解释纳沙泰尔印刷公司是如何取代佩莱成为四开本的出版商的。天真的读者甚至可能推论说纳沙泰尔印刷公司盗了他的版，因为说明书上并未说明在这两桩生意后面的是杜普兰，是他在更换挡箭牌。只有具有敏锐观察力的人才会注意到这个四开本和其他版的关键的不同之处：它明确地定价为36卷一部（另加三卷图版），计384里弗。杜普兰甚至承诺，如果新版的规模超过36卷，读者将免费得到超出的部分。实际上，他已经把自己从整部《百科全书》为29卷的束缚中解放出来了。

---

① 法瓦吉在1778年7月23日致纳沙泰尔印刷公司的信中还夹了一份说明书的原稿。

"纳沙泰尔版"因此代表了一种掩盖经销中愚蠢错误的努力——实施另一种欺诈以掩盖原来的欺诈,尽管"欺诈"这个词对于18世纪在仿冒的名义下出版图书的惯例有些太过严重了。这个策略使纳沙泰尔人感到高兴,因为它看起来保证能使他们得到新版中至少三卷的印制工作。他们告诉杜普兰,自己对说明书感到高兴,他们重印了这一说明书并在自己的联系人中间散发。此时,杜普兰和庞库克也已经和与他们竞争的《百科全书》的出版商言归于好了。所以解决四开本合同问题的最终道路看来已经很清楚了。

## 最终谈判的序曲

四开本的内外交困迫使庞库克和杜普兰在4月份只好把最初的合同谈判暂时放在一边。当他们在7月份恢复谈判时,局势已经发生了变化:和来自列日的团体的协议迫使庞库克放弃了修订本的计划,纳沙泰尔印刷公司与杜普兰的争吵也引起了对他经营第三版活动的怀疑。到7月份的时候,他实际上已经制作了一部分的第三版,所以要阻止他安排生产已经太晚了,在生产第三版的过程中,他可以利用中间人和管理者的身份获取数以千计里弗。庞库克只能寄望于制订严格的合同来控制他。因此,最后一个回合的谈判果真比以前的要艰苦复杂得多。

最初,庞库克倾向于抚慰性的策略。他提出的合同草案看起来是要因为杜普兰成功的大管家般的工作而酬谢他——免费送给他全部《百科全书》的"印书特许权,权利和全部铜版"的一半。《第戎协定》把杜普兰的这1/2的利益限制在四开本上。通过把合

## 第三章 变戏法一样的各种版本

伙关系延伸到所有其他的《百科全书》生意，庞库克显然希望能在关于第三版合同的讨价还价中得到杜普兰的让步。为了使前景诱人，他在草案中明确说明将来的一个计划是制作一种包括所有原图版的四开本——这是一个聪明的主意，就像庞库克曾经被说服过的，很多四开本的预订者都希望获得完整的图版集，而不仅是其中三卷，这样可以使他们的《百科全书》尽可能地完整。没有什么比满足这个现成的市场更容易的了，因为庞库克和纳沙泰尔印刷公司拥有可能经过润饰的所有原图版，在某些情况下，它的规模被缩小了，用于按照订单印制若干本——费力最少，获利多多。① 庞库克非常认真地考虑了这着棋，准备在4月末提交纳沙泰尔印刷公司通过。不过，看起来他几乎不可能去和杜普兰谈，因为到了5月，杜普兰和纳沙泰尔印刷公司的争吵以及和他们竞争的《百科全书》的威胁给第三版的成功蒙上了阴影。到了6月，这些困难都解除了，但已不再适宜因任何事而给杜普兰酬谢了。庞库克放弃了出版图版增补卷以追逐其他猎物的计划，做好了就第三版进行艰苦的讨价还价的准备。

谈判以杜普兰和庞库克之间通信的方式重新开始。他们作为《第戎协定》的合同当事人，负责关于第三版的合同谈判，但他们只和自己的盟友商议，在庞库克一方主要是纳沙泰尔印刷公司，在杜普兰一方主要是梅利诺·德·吉维尔迪。现存的大部分文件都来自庞库克和纳沙泰尔印刷公司之间的磋商，所以必须从纳沙泰尔的视角去追踪这场谈判，它虽然存在偏见，但却足够宽阔，

---

① 庞库克的手稿保存在纳沙泰尔印刷公司的文件（ms. 1233）中，题为"1777年1月14日协定的补充条款"。

使我们可以对争论有极好的观察。

7月7日，庞库克把从杜普兰那里收到的合同草案以及他自己的逐点评论寄给纳沙泰尔印刷公司。一周后，纳沙泰尔印刷公司言辞温和地回了信。因此，这份文件显示了事情在里昂—巴黎—纳沙泰尔三角中每一方眼里是什么样子的。

首先，杜普兰确定的第三版的印数是3令16刀或者1900部，并要求每印制一个印张得到38里弗，每使用1令纸张得到10里弗的费用。为了吃掉分配给他的费用和实际支出之间的差额，他是否把成本定得太高了？庞库克直截了当地提出了问题，并回答说："不！"杜普兰只是要求把《第戎协定》所定标准稍稍提高一些。他应该同意，而"不应该无理取闹"。庞库克喜欢大大气气地做生意，而不是在小数字上争论不休，他对杜普兰实际上非常慷慨，在每令上增加的钱看起来很少，总数却高达8190里弗——虽然不到第三版预计收入的1%，但至少相当于一个瑞士印刷工人十一年的收入。①

---

① 在1778年7月7日和杜普兰的草案一起随信寄给纳沙泰尔印刷公司的"有关杜普兰先生契约的意见"中，庞库克解释了他的计算结果："3令16刀38里弗的价格是符合《第戎协定》的——前1000张30里弗，后1000张8里弗。只有4刀的差距……纸张10里弗；这太细小了，以此价格他们只能赚5苏。"根据他的推算可以了解到，18世纪的印刷商的计算单位通常是"令"而不是"册"。根据《第戎协定》制订的标准，杜普兰每个印张印1900份，费用相当于2000份。每印制一个印张的文字所多出来的这100印张或4刀纸值16个苏，或者相当于每卷104里弗（1卷通常有130个印张），或者相当于一整部书的印制要多出3744里弗。每个印张印1900份，每卷要用掉247000个印张或494令的纸，印制全部36卷需用纸17784令。每令纸增加5个苏，总的成本就增加4446里弗。最终的成本更高一些，因为杜普兰每印张又加印了一令纸。以上这些计算说明了18世纪印刷商推算成本的方法，他们是从每印张的标准成本开始计算的。

## 第三章　变戏法一样的各种版本

纳沙泰尔人同意杜普兰应该得到这些钱，尤其是由于纸张成本的增加——随着被四开本制造出来的需求的产生，纸价已快速上涨。他们反对的只是杜普兰表达这一条款时的措辞，因为它赋予他选择印刷商的全权，而丝毫没有提及应该给纳沙泰尔印刷公司分配一部分印制工作。因此，他们要求庞库克让杜普兰至少为纳沙泰尔印刷公司的印刷机保留三卷的活计。但他们对杜普兰提出的价格没有什么异议。和庞库克一样，他们推想他一定会以低于从四开本联盟得到的价格把工作委托出去，然后把差额放进自己的口袋。他们似乎认为，假如数量没有超过合同规定的标准的话，他以这种方式得到的钱，是他作为中间人的合法报酬。杜普兰非但没有隐瞒这笔收入，他还公开告诉法瓦吉，这样做，每卷可以给他带来1 500里弗的收益。① 今天遭到追究的吃差价的做法，对18世纪那些还需要应付制造技术问题的企业家来说则是正常的商业活动，那些技术正处在从发明到实用的进化阶梯中的某一位置上。

庞库克和纳沙泰尔印刷公司也同意杜普兰的意见，每年花1 000里弗雇一位"校对员"，为第三版纠正一些错误。但他们拒绝了草案中一项冗长复杂的条款，这项条款给杜普兰无数的机会超过合理限度地增加成本却损害他们的利益。条款是这样写的："我庞库克同意……他们［约瑟夫·杜普兰及其合股人］将在日内瓦及其选择的其他城市印刷此书；假如他们要在法国印几卷，那

---

① 法瓦吉致纳沙泰尔印刷公司的信，1778年7月15日："他对我说，在这里而不是在我们那里印刷，对他而言可以赚大约1 500里弗。"纳沙泰尔印刷公司是根据合同规定的标准得到这一版的印制费用的，而不是按杜普兰给其他印刷商的价格。

么它们应被寄到日内瓦以在同一家商店销售；假如他们拒绝如此，政府查封所造成的损失将记入我们最初的契约所规定的由我们付给他的费用的账户内；那些不包括在印刷费用内的支出，如仅仅晾干，将还给他们，店员、仓库、邮寄及其他一切相关费用也偿还给他们。"①

杜普兰的说法意味着，他可以在里昂冒着被当局没收的危险印制、贮藏、配销，并且联盟还得支付他把书从里昂运到日内瓦以及配销以前的贮藏费用。他还要求足以支付他各种费用的空白支票。庞库克反对这一提议，他的意见是杜普兰的所有开销为固定的16 000里弗，或者说是《第戎协定》规定的两倍（2 000里弗一年，共四年）。这个数字在庞库克看来是足够了，因为自协议签订以来，四开本的产量已经翻了一番。他在一些秘密的谈论中对此做了解释："你们知道杜普兰有关仓库、店员这些费用的过分要求，应该小心提防别让这一问题伤害我们。请以最坚定的形式就这一点写信给我，我将把你们信的这一部分寄到里昂。"②

## 用"公开信"斗法

纳沙泰尔印刷公司的回信复述了庞库克的观点，同时提出了至少承印三卷的主张。出版商在与对手或者法国当局讨价还价时

---

① 杜普兰提出的第三版合同副本，日期为1778年7月1日，庞库克把它附在7月7日致纳沙泰尔印刷公司的信中。
② Panckoueke, "Observations de M. Panckoueke"，见他1778年7月7日致纳沙泰尔印刷公司的信。

## 第三章 变戏法一样的各种版本

经常把这种假造的信当作武器,他们称之为"公开信"(lettres ostensibles)。纳沙泰尔印刷公司曾在1775年为杜普兰写过一封,现在杜普兰把这个技巧稍作变化,用以避开庞库克的策略。7月19日,他给自己的盟友梅利诺·德·吉维尔迪写了一封信,后者把它交给庞库克作为杜普兰在费用问题上的意见的证据。梅利诺随即在巴黎以杜普兰的名义和庞库克谈判;这封信当然可以使他采取有力的行动,因为它极其强烈地维护着杜普兰的利益。

杜普兰把信写得似乎他在里昂的支持者正在给他施加压力,让他反对庞库克的条款,而且他还不得不竭力摆脱当地教会极具威胁性的压力。当然,他说,庞库克已经拿到了《百科全书》上市的许可,但这份许可与在法国印制《百科全书》毫无关联。庞库克十分清楚杜普兰在里昂印制部分《百科全书》是冒了巨大风险的。假如当局制裁他们,杜普兰不得不保证里昂的印刷商免遭任何损失。他建起了秘密仓库来贮藏《百科全书》,并雇人在夜间把它们偷运出去。他甚至还得想办法安抚牧师,"这一可怕的团体已开始抱怨"。所有这些都需要钱,很多的钱;而四开本联盟每年只给他2 000里弗。幸好,他找到了降低费用的办法,就是在里昂而不是在日内瓦印刷。但为了节省费用所必须冒的风险应该得到补偿。他要得到把《百科全书》运送到日内瓦并贮存在那里的费用,尽管事实上它们是从里昂配销的。那笔钱等同于一种"保险费",因为杜普兰实际上扮演的是保险者的角色,他要承担赔偿当事人货物损失的风险。杜普兰还是一个战士,要为保卫这笔生意的共同利益而战,而庞库克却在后方游手好闲,抱怨成本太高。庞库克大发雷霆,而假如他不答应这个公平的合同,杜普兰也做好了和他干一仗的准备:"我并不……喜欢……责备自己的那些开支,所有这些拖拉使我极为恼火,我告诉你,如果九天内我未收到已签字的契约,我将上诉到法院。在我经历了这么多困难,取得如此辉煌的成功之后,有人对我的公正产生怀疑,这是荒谬的。法庭肯定不会拒绝我的要求。"①

没有人清楚杜普兰的动机是什么,但他的信完全有可能是欺骗。他数次试图用突然发怒来威胁同盟者。他在后来的信中说,他并不真的惧怕神职人员,他之所以那么说是为了从庞库克那里得到让步。而且他也没有理由把他和庞库克的争论带到法庭上去。庞库克一定是以这种方式阅读杜普兰的信的,并且听任九天的最后通牒期限过期而不解释任何理由。他给纳沙泰尔印刷公司写信说会支持《第戎协定》,即:他会为杜普兰的费用设定16 000里弗的上限。纳沙泰尔人回信说希望他和杜普兰把账算清楚,"以免除我们的所有烦恼",而且他应该"为了我们的共同安全"而坚持要求检查杜普兰的账目。②尽管他们这次在给杜普兰信中保持了友好的语气,对他的猜疑却与日俱增,认为迫使他接受严格的合同是至关重要的,只有这样才能保护自己免受侵吞之害。

8月份纳沙泰尔人有了一个向庞库克倾吐焦虑的机会,当时他到瑞士做了一次短暂的旅行。1778年夏天,除了《百科全书》以外,这位"出版界的阿特拉斯"还带着几桩别的生意。他得到了《信使报》,开始廉价出售图书的股份,并制订计划出版卢梭和伏

---

① 杜普兰致梅利诺的信,1778年7月19日,见纳沙泰尔印刷公司文件中杜普兰档案里保存的复制件。杜普兰用了"你"这一第二人称单数,因为梅利诺是他的表兄弟。
② 庞库克致纳沙泰尔印刷公司的信,1778年7月21日;纳沙泰尔印刷公司致庞库克的信,1778年7月28日。

## 第三章 变戏法一样的各种版本

尔泰的规模巨大的著作,他们二人在两个月内相继辞世,在专营启蒙运动著作的出版商中间激起了极大的兴趣。在这个领域居领导地位的庞库克,其瑞士之旅的目的是坚持主张对两位哲学家的手稿的权利,在旅途中,他顺访了纳沙泰尔印刷公司,讨论杜普兰和纳沙泰尔印刷公司的谈判事宜。他们根据已经提出过的条款形成了一份协议,并写了一封"公开信",纳沙泰尔印刷公司把自己的要求在其中做了简要的表达。

8月25日,纳沙泰尔人给庞库克写信,此时他已取道蒙巴尔回到巴黎,在蒙巴尔他和布丰讨论了更多的生意方面的事。他们增加了一条附言来表明他们的出版方针协调一致到何种程度:"根据我们的口头约定,我们让这信使给您捎去致杜普兰的'公开信',请您依照通常所具有的谨慎使用它,请您通知我们检查情况,同时您可以告诉我们一些有关伏尔泰著作的确切消息,并继续让我们负责让·雅克的著作。"这个时候,杜普兰已经把第三版的印数增加了1令,达到4令15刀,即2375套,并再次提出分配给他多少印刷成本的问题。这不是没有油水的事,因为杜普兰已经从前两版分配给他的印刷成本中刮去了50 000里弗,现在他在给庞库克、纳沙泰尔印刷公司施加压力,要求他们提高已经暂时同意的第三版的分配标准。与此同时,他无疑打算以尽可能低的价格印制第三版,因为他不仅从当地印刷商那里得到了有竞争力的价格,而且还置办了自己的印刷机,甚至要求四开本联盟为这些机器出钱。在公开信中,纳沙泰尔印刷公司说可以提高到每令44里弗,尽管它认为42里弗是更为合理的。根据44里弗这一价格,杜普兰将比按《第戎协定》规定的多得到13 104里弗。由于他还将从每令纸提高5个苏的分配价格中再赚到另外的4 446里弗，所以他应该按照庞库克提出的合同把事情做得很好，纳沙泰尔人写道。他们表示了自己的意见以期对杜普兰产生影响："我们和您应当承认在这一生意上杜普兰从一开始就表现出他的能干和聪明，对于他在里昂就交货问题所经历的种种困难，我们可以作证。如果作为印刷商有数量相当大的利润，那么他确实获得了。但是先生，在付给杜普兰的费用问题上背离《第戎协定》会有太多的弊病；我们如此希望保有他的友谊和与他的关系，因此应当排除任何诸如差旅费、仓储费等可能会引起争论的问题。"

鉴于纳沙泰尔印刷公司事实上在致庞库克的秘密信件中称杜普兰为强盗，它的"公开信"就像主权国家间的外交照会一样尽可能精确地表达了自己的感觉。它采取了不用向杜普兰做任何让步而能够取悦他的调子。事实上，纳沙泰尔印刷公司在比前一封假造的信更多地奉承杜普兰的同时，也更不肯妥协。它明确地说并不反对杜普兰以中间人的角色赚更多的钱，但在拒绝他为自己的开销确定上限的问题上不会有一丝一毫的让步。它不考虑他冒巨大风险的说法，以及假如来自里昂当局的威胁的确太大的话，他很愿意在纳沙泰尔设20台印刷机并在那里进行全部印制工作的意见。它还提出杜普兰错误估算了包含整个对开本内容的卷册数量这样令人难堪的问题。它抱怨，类似的差错已经败坏了菲利斯的《伊韦尔东版百科全书》的名声；它还批评说，《伊韦尔东版百科全书》已经因为这个错误而被迫安抚预订者，并免费送掉了第15卷。他至今没有告诉合伙人这件背离了他们所有人在《第戎协定》中认可的方针的事情。不过，纳沙泰尔印刷公司表示它不想再细究这么令人不快的事，也不再强调"我们为了这些铜版画、印书特许权等已付给您大笔的款项"——而杜普兰则省掉了这笔

第三章　变戏法一样的各种版本

费用。它只想要避免以后的争吵。所以它坚持自己的决定，在合同中给杜普兰所有的费用规定一个固定的额度。这样，和谐将继续主宰他们的合伙关系，他们也将彻底分享因制造了"这一事实上是出版界曾做过的最好的项目"而带来的光荣。

## 螺丝的最后一扣

不论是否期待着杜普兰会被这悦耳的说法打动，庞库克都可以把它作为证据，表明自己的手脚被捆住了：他不能再让步了，因为他的纳沙泰尔盟友不会同意。他和纳沙泰尔印刷公司已经在纳沙泰尔同意了这一策略，因为9月1日纳沙泰尔印刷公司给他写信说希望他已经安全返回巴黎，在那里他将收到那封"公开信"以及对他打算用来对抗杜普兰的合同草案的认可。他们补充说，他们将接受庞库克做出的任何决定，并完全相信他战胜杜普兰的"缺乏根据的要求"的能力。

同时，在直接发给杜普兰的信中，纳沙泰尔印刷公司保持了友善的调子。8月26日，它没有什么诚意地写道，希望他已经解决了和庞库克的分歧，因为它相信庞库克和纳沙泰尔印刷公司一样应该对他的愿望尽可能做出让步；最后，它表达了自己想得到杜普兰已经同意的第四个卷次的印制工作的愿望。一周以前，它已经通知杜普兰说已经接近完成第24卷即它所承印的第三卷的印制工作；所以对新工作的需要变得十分紧急。与此同时，杜普兰下一系列的账也将到期。8月29日，纳沙泰尔印刷公司通知杜普兰，他的债务已经高达23 723里弗，而且这次它希望他偿清汇票，

124

不再有任何麻烦。纳沙泰尔人补充说，它还在等第四卷。杜普兰回信说自己只有 2 957 里弗，而且不会再付一分钱。他自己做了份纳沙泰尔印刷公司的印制账单，和他从纳沙泰尔人那里收到的有很大出入，并且提出了无止境地讨价还价的借口。他争辩说，纳沙泰尔印刷公司承担了购买自己所有印刷用纸的义务并同意在印制中不用付还，直到把每一卷最后一个印好的印张送到里昂他的手上，这显示了他讨价还价而不是付账的决心。为了支持自己的观点，杜普兰引用了 1777 年 5 月 28 日与纳沙泰尔印刷公司签订的协议中一项不相干的条款，然后说他的财务状况非常紧张，无论如何纳沙泰尔印刷公司不应再期望他还账。①

可以预料纳沙泰尔印刷公司的反应是何等恼怒。杜普兰又重新开始讨论他们在 7 月份已经解决的问题，当时纳沙泰尔人同意把债务推迟到 8 月底，他也已经同意让他们印制前两版的第四个卷次。现在他又提出了似是而非的观点以停止兑付并免掉第四卷次的印制。纳沙泰尔印刷公司警告他，它不会再在任何事情上让步，而不兑现汇票将使它的财务状况陷入混乱，他的行为使人对他的动机产生了严重怀疑。②杜普兰在 8 月 21 日的信中把自己的动机说得很清楚："就费用问题我们与庞库克出现了纠葛。一旦这个问题得到解决，我们将寄给你们一卷。"但是纳沙泰尔人忽视了这一点，所以在回答他们的抗议时，他又重复了一遍。9 月 15 日他写道，他将坚持拒绝的态度；而且"对于新答应的一卷，我们将等待庞库克就双方争论的问题给出答复，我们决不放弃"。

---

① 杜普兰致纳沙泰尔印刷公司的信，1778 年 9 月 2 日。
② 纳沙泰尔印刷公司致杜普兰的信，1778 年 9 月 9 日。

## 第三章 变戏法一样的各种版本

实际上，纳沙泰尔人早就了解这一点了；当杜普兰给他们增加压力时，他们试图让庞库克来减轻它。9月15日，他们急切地要求谈判，并讲述了他们最近与杜普兰的分歧，最后说："事实上，先生，如此多变的态度使我们很不愉快。我们更加觉得有必要与这一合伙人结清账目，并期盼着我们之间为从事这一重要工作而约定的时刻的到来。"一周后，他们没有从庞库克那里收到关于谈判的只字片语，纳沙泰尔人开始感到绝望，就又给他写了一封信，更加急迫地抱怨杜普兰的策略，把它说成是敲诈勒索。他们说，杜普兰现在扣住了钱和书，强迫他们同意在合同中写进对他更有利的条款。不过，尽管他们强烈地谴责杜普兰的行为，事实上却要求庞库克向他让步。他们解释说，总有人要让步，而他们身上的压力正在变得使他们承受不住："先生，您可以想象得出他的固执已使我们陷入怎样的困境之中……事实上这一切是很让人讨厌的，我们迫切请求您采取措施尽可能快地使之结束。"不过假如他们在杜普兰花销额度的问题上弱化自己的态度，那么他们会比以往任何时候都更加坚定地要求四开本的所有合伙人汇聚里昂，仔细检查杜普兰的财务管理状况："如此不理智的行为揭示了他的那些观点。它们只可能是强迫我们接受他的要求，您知道我们对这一计划的评价……所有这一切导致一个结论：为了项目的顺利进行，非常希望里昂的当事人会议……能够提前和尽可能早地召开。"①

压力对纳沙泰尔人造成的损害最大，因为每多过一天就更接近他们汇票到期的日子，也更加临近第24卷即杜普兰同意让他

---

① 纳沙泰尔印刷公司致庞库克的信，1778年9月27日。

们印制的第三卷完工的日子。他们已经给杜普兰开出了17张不同的汇票，总值达到19 380里弗，假如杜普兰拒绝兑现，持票人随时可以要求达尔纳尔立即偿还。假如达尔纳尔拿不出钱，纳沙泰尔印刷公司将面临的不仅是诉讼还包括信誉的崩溃。当然可以向法院起诉要求杜普兰偿还，但法庭上漫长而痛苦的斗争最后会损害整桩生意。无论如何，杜普兰都没有给他们时间让他们把诉讼的威胁变成现实，因为他们得立刻搞到19 000里弗或者中止支付——这将对他们用九年的辛勤劳作建立起来的卓越的商誉造成不可挽回的损害。尽管纳沙泰尔印刷公司和达尔纳尔恳求他，杜普兰也没有放弃他拒绝兑现汇票的主意。通过在证券交易所的紧急操作，达尔纳尔设法搞到了19 000里弗。但是这一冒险的紧急措施使他自己的财源大大地紧张起来，在经济人佣金和短期贷款上需要花很多钱，而且也只不过把和杜普兰结账的时间推迟到下一批汇票的到期日而已。①

在1778年10月3日的信中，纳沙泰尔人大大地抱怨了一番杜普兰造成的财务危机给他们带来的痛苦。他们警告说，下次要收回全部款项，并且做好了准备，"面对世界上的任何法庭"为他们自己的案子做辩护。但是他们不得不遏制自己的怒气，因为他们需要说服杜普兰以某种方式同意把第四卷的稿子交给他们。此时，第三版的两卷已经印制完成并配销出去了，纳沙泰尔印刷公司的工人们在几天之内就将完成第24卷的工作。"这卷完成了，我们有20位工人要负担，应该辞退或是干其他事，我们总是有巨

---

① 纳沙泰尔印刷公司和杜普兰在财务上的麻烦事在它和达尔纳尔的通信中有解释，尤其是达尔纳尔1778年9月24日致纳沙泰尔印刷公司的信。

## 第三章 变戏法一样的各种版本

额亏损，除非您老实地将一部分相当完善的原稿寄给我们。"纳沙泰尔人恳求道。而且他们还表示愿意反对庞库克而给他帮忙："我们请求他与您和解。我们毫不怀疑他将同意这么做，而您将同意采取适当措施以应付各种形式的困难。您和我们一样认为这一危险是与盗版或是印刷事故同样有害。"没有合同，没有要交他们印制的材料，杜普兰回答他们。① 当他们的两个最强有力的合伙人通过斗争解决问题的时候，纳沙泰尔人除了在场外痛苦之外无事可做。欺诈、扭打、挤压，一定异常残忍，但没有留下任何记录。人们能知道的只是结果：10月10日，巴黎，庞库克和杜普兰的代理人梅利诺签订了四开本第三版的合同。

## 合同

合同象征了一种妥协，不过庞库克承担了大部分有争议内容的责任（参见附录 A. XIV）。如他所愿，合同规定的印制价格为每令44里弗，纸价上涨了6个苏，达到每令上涨10里弗。杜普兰提不出任何理由反对这个价格，因为这将比《第戎协定》多给他带来17 550里弗的收入，而《第戎协定》本身已经在印制方面给了他巨大利益。不过新合同继续严格执行了针对杜普兰的开销的旧的分配办法，给他16 000里弗用于8 000部《百科全书》的印制

---

① 杜普兰致纳沙泰尔印刷公司的信，1778年10月9日："我们正期待庞库克签署新契约以寄给你们新的一卷，他说正在等待你们的批准。这与我们无关，我们所能向庞库克说的，是我们的开支惊人，而且我们从未想过它会如此巨大。因此一旦我们知道庞库克同意了，新一卷将启动。"

和配销，取代原来的 8 000 里弗 4 000 部的方案。因而杜普兰在产生过激烈争斗的事情上做了让步。然而，他得到了一些补偿，第三款和第五款允许他在法国进行印制工作，并由四开本联盟负责支付相当于从法国到日内瓦的贮藏和配销的成本费用。合同非但没有提到分配给纳沙泰尔印刷公司一些印制工作的义务，而且这份关于"纳沙泰尔版《百科全书》"的合同还指出，印制工作将在"里昂与法国其他城市"进行，万一杜普兰认为在瑞士完成一部分印制工作是"恰当"的，联盟将支付日内瓦—里昂间的运输费用。合同甚至还规定由联盟负责支付杜普兰自己购买印刷机以及把工人带到里昂的费用。所以，它意味着《百科全书》的印制和配销工作从日内瓦移到里昂的转变。杜普兰承诺万一法国当局制裁他在法国的活动，他将偿还同盟者的所有损失，不过，他要求为承担这一风险而得到报酬：比如转运的费用。这项"保险"也只补偿了他"由于……数量非常可观的年度支出"中的 16 000 里弗。在合同中写入这项条款，杜普兰是要表明他并没有优雅地接受关于费用争论的失败。庞库克则试图通过两个条款使自己免得陷入进一步的争论中。第一，如果纳沙泰尔印刷公司反对，那么对从里昂到日内瓦的并不存在的货物转运的拨款就将无效。第二，如果联盟对生意的任何一个方面有不同意见，他们应该选择仲裁人，并根据协议接受仲裁人的裁定，而不是诉诸法庭。这一条款显示了商人对费用昂贵而且不公正的法国司法系统的不信任，但也表明了他们之间的互不信任。他们没有能做到毫无争议地达成一致，这一合同所确立的是休战，而不是和平。

　　合同争议所留下的痛苦和冲突状态毒化了纳沙泰尔和里昂之间的关系，但并没有能阻止纳沙泰尔印刷公司的工场继续工作。

## 第三章 变戏法一样的各种版本

一得知合同签署的消息，纳沙泰尔印刷公司就给杜普兰去了一封信，用有些做作的轻松语气要求他们那一卷的印制工作："万一您还有这一被如此强烈要求和坚决维护的原稿（即假如他还没有寄出），请毫不拖延地选择最短的路程将它寄出……此外，我们对您的能干充满信心。一个积极、老练的驾驶员肯定应将船驶入港口。"[①] 杜普兰的回信既不令人开心也不巴结奉承，他说在纳沙泰尔人接受这一合同以前，他不会提供这一卷的印制工作，因为合同的第五款需要得到他们的批准。纳沙泰尔印刷公司在10月18日收到了合同，并正式通知杜普兰他们接受它，尽管他们对第五款还有疑虑。他们希望合同能给虚拟的转运费用确定一个固定的额度，但他们不会拒绝签署合同，因为他们渴望着"长期争论"的结束。现在，最后，他们希望他能够给他们第四卷，或者如果可能，甚至同意他们印制8 000册——也就是说，所有的三个版。同一天，他们给庞库克写了一封更加坦率的信。他们担心第五款可能给杜普兰留下抬高"保险"开销的漏洞。不过，他们祝贺庞库克在两个关键问题上取得的胜利：杜普兰的一般费用限制在16 000里弗，以及用仲裁的条款防止了进一步的争论。如果他们能对杜普兰的账务做一次彻底的检查，他们就能毫发无损地从整个事件中摆脱出来。在又通了一通信之后，杜普兰最后让出了一卷。那是第35卷，纳沙泰尔印刷公司将为第一、二版印制6 000册。这样，它就不必解雇工人了。它终于得到了前两版的第四个卷次。但它没有得到"自己"那一版的任何印制工作，即后来被18世纪的出版商称作"一桩封闭生意"的那一版。

---

① 纳沙泰尔印刷公司致杜普兰的信，1778年10月14日。

无论如何，四开本联盟有了合同。漫长而痛苦的谈判的最后一个回合已经演变成了用"公开信"斗法。斗法以和局告终，杜普兰又使用了更有力的武器：敲诈勒索。他对易受攻击的对手纳沙泰尔这一侧进行打击，但没有强迫庞库克在巴黎求和。相反，杜普兰自己在最后的妥协中做了至关重要的让步。他并没有感受到10月10日休战带来的平静，他又开始寻找新的办法从极度膨胀了的四开本的利润上搜刮更多的好处，而他的合伙人则坚定了决心要仔细检查他的可疑行为。所以，在同意扩展他的生意——根据纳沙泰尔印刷公司的说法，是"出版史上最完美的"——时，四开本联盟又在里面灌注了如此多的口是心非、憎恨和贪婪，它很有可能在他们面前爆炸。巨大的成功增加了爆炸的可能性。不过，在介绍导致了最后的爆发的斗争之前，需要返回到1777年和1778年，以便了解发生在四开本外部的战争故事。

第四章

# 盗版与商战

四开本联盟在内部争吵的同时，还得保卫自己免遭来自外部的攻击。只有富有进攻性的对外方针才能保护自己的市场免受那些希望从对相对便宜的《百科全书》的巨大需求中分一杯羹的同行对手的侵袭。这一需求一直隐而不彰，直到四开本的成功使出版界大吃一惊，它在整个欧洲大陆展现出了百科全书知识的市场。正如纳沙泰尔印刷公司在一封就协调一致对付正在里昂、洛桑和列日生产的《百科全书》之事写给庞库克的信中所说："看到我们的四开本出版以来人们对《百科全书》如此关注，这是多么令人高兴啊，似乎我们已使整个世界为之震动。"[①]

---

① 纳沙泰尔印刷公司致庞库克的信，1778年6月7日。同样，1778年4月18日，纳沙泰尔印刷公司写信给巴黎的一位书商贝兰："正如您所注意到的，人们说四开本《百科全书》的成功是如此令人震惊，以至于每个人都想参与这一伟大辞典。"

## 盗版的侵入

最初把四开本作为盗版发行的杜普兰,在取得合法地位之后再也无法掩藏自己的财宝。其他的盗版者听到了风声,争相动手。1777年8月,杜普兰听说日内瓦的一些出版商准备仿冒四开本,并以每部100里弗的低价抛售,他赶往瑞士进行反击:他和他的同盟者不仅要利用法国政府的全部力量保护自己的市场,而且还要摧毁对手的市场,因为他们可以把自己的四开本生意结清,及时生产出修订版《百科全书》,以满足对任何其他的四开本的需求。修订版——叙阿尔的改编本——因而成为保护四开本的行之有效的武器,因为日内瓦人放弃了计划。① 可是同时,来自图卢兹的一群书商密谋在尼姆的戈德父子的店里印制一种仿冒版。这一计划也失败了,可能是因为庞库克的特许权在王国内不能受到公然冒犯。② 不过,它刚刚从视野里消失,另一个仿冒版的谣言又开始传播开来,这次来自洛桑。奥斯特瓦尔德做了调查,报告说

---

① 杜普兰在1777年8月18日致纳沙泰尔印刷公司的信中这样解释他的策略:"我们最近一次前往日内瓦的唯一目的是阻止已威胁我们的伪造行为。做到这一点的唯一办法是向这些疯子宣布从现在起到1779年2月,我们将全部交货,而且我们马上宣布出版由最初编订者增补的版本。在直至我们全部交货的间隔时间里,他们将刚刚完成第四至五卷。他们将做什么?他们的版本将如何进入法国?它将遭受强烈反对。所有这些口述而不是书面的理由将使最固执的人也停止活动。请通知洛桑公司。"

② 关于这一计划的唯一信息,来自图卢兹的一位装订商和书商加斯东1778年4月6日致纳沙泰尔印刷公司的信中顺便提到的话,加斯东已经得到了大量四开本《百科全书》的订单,并还想征集更多,他宣称,他要采取行动以免受到"图卢兹的出版商在尼姆的戈德那里印刷的"版本的削弱。

## 第四章 盗版与商战

洛桑人只是打算盗印三卷本的《判例总汇》(Encyclopédie de jurisprudence)的布鲁塞尔版。①不过，即使是错误的警报也使人不安。环绕法国边境的每一处地方，盗版产业都太富有进攻性、发展得太成熟，四开本难免会受到冲击。

在和盗版进行了多年小规模冲突后，庞库克知道盗版者正试图占领《百科全书》的市场。他自信可以祭出特许权和来自当局的保护击败对手，这是他原打算用来对付杜普兰的策略。当听说了来自日内瓦的危险时，他回答说已经知道了，并且还知道在其他地方正在酝酿中的侵袭，不过他已经建立起了稳固的防线："人们希望引起我对阿维尼翁的相同项目的担心。然而，我已一切准备就绪，不管怎样，这些版本都将无法进入法国，而没有法国，就谈不上成功。"②而且，盗版经常是虚张声势。所以，庞库克劝告合伙人安心对待这些冲击，要相信他保护法国市场的能力。起初，这一策略很成功：日内瓦和阿维尼翁的《百科全书》被证实不过是试图吓唬四开本联盟以索取保护费。不过这是危险的游戏。下一个攻击者可能就是当真的，而四开本出版商在他发起进攻之前并不能分辨出他是否只是在做假动作。

日内瓦、图卢兹和阿维尼翁的盗版者从视野中消失后，杜普兰又受到来自里昂内部的两位同行的攻击，他们是让·马里·巴雷和约瑟夫·叙尔皮斯·格拉比。这两个经销商创建了很大的批发生意，经营的大部分是从瑞士走私来的禁书，偶尔也直接在里

---

① 纳沙泰尔印刷公司致杜普兰的信，1777年8月23日。
② 庞库克致纳沙泰尔印刷公司的信，1777年9月9日；参见1777年8月31日纳沙泰尔印刷公司向庞库克提供的关于盗版的报告。

昂印制。例如，巴雷在 1772 年秘密印制了一版卢梭的著作，代表了他和他的同事们做生意的方式。未来四开本的里昂同盟者勒尼奥听说了这次印制，要求得到购买 1/2 利润权利的机会。由于害怕他遭到拒绝后向警察告发，巴雷勉强答应了。然而，他立即发现约瑟夫的父亲伯努瓦·杜普兰正在两间独立的工厂里印制和他竞争的秘密版本，以便更早占领市场。巴雷没有通知勒尼奥，而是放出风声说，商业上的困难使得他想要出售卢梭著作生意的另一半。勒尼奥急切地全部买了下来，却陷入了与杜普兰的商战之中，而巴雷倒乐得在安全的地方看热闹。"我对我同行的恶毒是如此了解，以至于我相信不可能采取更多的预防措施了。"这是他从过去的经验中得出的结论。①

格拉比靠同样的准则谋生。1773 年，他试图强迫巴黎的赛扬和尼永购买 1 000 套他们自己出版的韦利著《法国史》的盗版本的第 17 卷至第 22 卷，并威胁说，如果他们不在损害自己特许权的事情上合作的话，他就要仿冒第 1 卷至第 16 卷，并且毫不留情地低价抛售。而且他通过纳沙泰尔印刷公司匿名发出威胁，好像他是瑞士盗版商，而不是会用自己国家的法律对抗外国私商的法国人。他的阴谋破产了，但是这为说明里昂图书交易的性质提供了一个例证，在里昂，被认为是商场铁律的唯一准则就是：利润最大化。②

巴雷和格拉比自然欣然接受了靠杜普兰的四开本《百科全书》

---

① 巴雷致纳沙泰尔印刷公司的信，1772 年 12 月 28 日。
② 关于这一场复杂的阴谋，可以参考两方面的材料：1773 年末到 1774 年初，格拉比与纳沙泰尔印刷公司之间的通信以及纳沙泰尔印刷公司与赛扬和尼永之间的通信。

赚钱的机会。这是里昂同代图书经销商从未见到过的最有利可图的生意。他们决定生产自己的四开本——或者至少生产足够多的数量用来说服杜普兰,如果他不把它们买下来的话,他们将在印制方面走在前面,当然是使用在瑞士的印刷机。作为盗版老手,他们知道还得投入可观的资金来使他们的威胁看起来可信。可能他们都打算彻底实施了:想要知道他们是否在虚张声势,在今天和在两百年以前一样困难。无论如何,他们印制了至少六个印张(即48页),印量是4令8刀(2 200份),随后他们告诉杜普兰拿27 000里弗让他们停手。这可是一份数额巨大的敲诈,大约相当于一个印刷工一生的收入。杜普兰会付给他们吗?

纳沙泰尔印刷公司支持庞库克的强硬路线。"我们并没有忽视巴雷的计划,"他们写信给庞库克,"但是我们觉得他的目的只是迫使四开本的企业主们分给他一部分利益,而且我们认为针对王国内的书商而不是一位外国人,您将更容易利用您的特许权。"不过,庞库克自己心存疑虑。稍后,他把所有的威胁都告诉了四开本联盟:"这真的使我担心了。"因此,他把决定留给杜普兰去做,由于他有过做海盗的经验,是最有资格做决定的人。杜普兰决定投降。实际上,他投降得相当正式——通过订约的方式;而他和巴雷与格拉比签订的条约,是和四开本生意有关的一系列文件中最特别的一个(参见附录A.XIII)。①

它以严肃的法律语言写就了一个盗版者不侵犯条约。巴雷和格拉比庄重承诺放弃他们的版本,而且不再和任何《百科全书》

---

① 纳沙泰尔印刷公司致庞库克的信,1778年6月7日;庞库克致纳沙泰尔印刷公司的信,1778年7月7日。

发生关联。为表明自己的庄重，他们将把前六个印张的 2 200 份印刷物交给杜普兰。作为回报，杜普兰立即支付 3 000 里弗，并答应一年内支付其余的 24 000 里弗。但是，杜普兰把自己允诺的期票存放在公证人那里，除非满足最终条件，否则后者不会发放。最终条件是：杜普兰的大批四开本已经售出。如果他在 1779 年 6 月时能出示 500 部尚未出售的《百科全书》，他就不必再付那 24 000 里弗。如果出现这种情况，巴雷与格拉比有权利以 1/2 批发价的价格购买 500 部，并且得到那 24 000 里弗。这个复杂的公式将使他们以 49 500 里弗而不是 147 000 里弗的价格买到这些书，同时万一杜普兰的市场因为一些不可预见的灾难（比如另一次盗版的袭击）而崩溃，它也通过取消赎金——或者如合同中所称的"赔偿金"——来保护杜普兰。

这一条款看起来非常合理，但杜普兰还有一重秘密的动机。在与纳沙泰尔印刷公司讨论第三版时，庞库克后来解释说，杜普兰已经决定增印 1 令，"以补偿我们被迫与巴雷达成的协定"①。每印张多印 1 令意味着多出 500 部，正是巴雷-格拉比合同中例外条款规定的数字，而杜普兰正是希望通过这一条款挽救他的 24 000 里弗。他可能打算偷偷印制额外的 500 部，作为拒绝敲诈的借口，再把它们扔到巴雷和格拉比头上挣 48 700 里弗。这个报复将为一个毫无价值的插曲制造一个适宜的结局。但是，杜普兰一直没有实施这个计划。他后来的账目表明，巴雷和格拉比收到了所有的钱，他们在这件发生在盗版历史上的已知最大规模的和最大胆的袭击中，取得了极大的成功。正如庞库克后来在关于伏尔泰手稿

---

① 庞库克致纳沙泰尔印刷公司的信，1778 年 7 月 21 日。

的谈判中对博马舍所说的："当人们不能摧垮海盗时，最好的政策就是与他们和解，这是必要的法则。"①

## 八开本出版商和他们的《百科全书》

当杜普兰在里昂执行这一方针时，纳沙泰尔印刷公司则在同来自洛桑和伯尔尼的一个联盟进行争论，后者计划做一种比四开本更小更便宜的《百科全书》。在内容上它将是四开本的翻版，开本上缩减到八开，价格也只比四开本的一半稍多一些（225 里弗而不是 384 里弗）。这一威胁看起来比任何其他的攻击更加危险。但是在击退了来自日内瓦、图卢兹和阿维尼翁的盗版，在里昂人的敲诈中退让了 27 000 里弗之后，庞库克和合伙人决定抵抗和战斗；他们很快被卷入了一场全面的商战。

八开本的出版商洛桑和伯尔尼印刷公司是令人敬畏的对手，因为它在对法国图书交易进行掠夺的盗版中具有多年经验。它像纳沙泰尔印刷公司一样运作，在安全的瑞士仿冒法国图书，然后在包括法国在内的欧洲各地，以比法国出版商低得多的价格抛售。当伯尔尼印刷公司宣布出版八开本《百科全书》时，它已经有长达二十年的为法国读者提供仿冒图书的历史了。没错，它开始印制自己的著作了；它的批发生意中分量最重的部分是在欧洲北部，尤其是德国。它总是把整车的法国书运往莱比锡和法兰克福的市场。但它也委托其他印刷商生产图书，走私进入法国。18 世

---

① 庞库克致博马舍的信，1781 年 3 月 10 日，ms. Fr. d. 31, Bodleian Library, Oxford。

纪70年代晚期，它对法国市场的投机持续增长，那时它开始受到一个名叫普法勒的精明的年轻人的影响，此人从店员发迹，成为公司的主管之一，在盗版方面有天才。普法勒看起来和洛桑印刷公司的主管让-皮埃尔·霍伊巴赫是一路货色。霍伊巴赫从他曾做过装订工和印刷工的美因贝恩海姆和安斯巴赫移居日内瓦，和让·萨米埃尔·卡耶合伙，后者是专工最极端的法国禁书的出版商。在获得了地下交易的有用经验后，霍伊巴赫在洛桑建立了自己的出版生意。到了1771年，他已经有三台印刷机和15个工人。他在1773年和1774年两度扩充自己的店铺，吸纳新的合伙人；1774年，他重组了公司，称它为洛桑印刷公司。生意兴隆。1785年，霍伊巴赫有七台印刷机、价值27 388里弗的图书库存、一处城内住宅、乡间价值15 000里弗的土地，总资产133 190里弗。他很可能为八开本提供了原始推动力，不过普法勒热心地支持他，而他们的出版公司的联合支持使它成为四开本的严重威胁。①

起初，威胁看起来并不严重。1777年3月，这一《百科全书》计划的谣言从洛桑传到纳沙泰尔人的耳朵里，但是纳沙泰尔人认为这只是个玩笑，随便地打发了："因此人们今年如同印小册子一样印《百科全书》。"②8月，谣言把该计划和洛桑印刷公司联系到一

---

① 这些信息是从纳沙泰尔印刷公司文件中关于这两家企业数量庞大的档案中精选出来的。每个公司以各自的方式发展，吸引不同的合伙人和投资人开始工作。1758年伯尔尼印刷公司成立时，还带着若干文学俱乐部的性质。洛桑印刷公司则更商业化，也更面向法国。它的建立，在一封通函中有描述，日期为1774年2月22日。

② 纳沙泰尔印刷公司致洛桑的弗朗索瓦·格拉塞的信，1777年3月17日。

起，这时奥斯特瓦尔德在洛桑打探，他被告知他们已经转向了仿冒《判例总汇》。不过，这个显然出自公司自身的报告，可能是一个伪造的假警报——目的在于在完成进攻四开本的准备工作时误导奥斯特瓦尔德。

两个月之后，冲击波到来了。11月4日，由伯尔尼印刷公司出版的《伯尔尼报》宣布，开始征订八开本《百科全书》，它"与日内瓦的佩莱印刷的四开本完全一致"。后面一期的《伯尔尼报》中解释了预订条款，它所用的方式表明它打算抢四开本的生意：

> 由洛桑印刷公司预告的39卷文字卷（系29卷之误。——原注）将依照日内瓦的四开本逐页印刷，第30卷将是很有意思的增补卷，人们从中将看到这一版期间科学、艺术领域的新发现，并附有各个国家出版的关于这些科学和艺术的最好书籍的目录。这30卷在法国卖150里弗，3卷图版卷（为那些想要它们的人）卖45里弗。在法国一共卖195里弗。对于同类书籍而言这是非常低廉的价格。①

八开本在开本上比四开本小，但是在内容的范围上却更大一些；因为除了包括了佩莱已经混入他那版《百科全书》的旧的四卷本增补卷之外，还收入了额外的增补卷。最重要的是，八开本会便宜得多——对那些没有选择三卷图版卷的人来说，价格只是

---

① 《伯尔尼报》，1777年11月19日。参见1777年1月号《百科全书杂志》。价格最终达到225里弗，因为四开本的文字卷达到了36卷，而不是29卷，八开本被迫做了相应调整。

四开本的44%。

这是一个辉煌的销售计划，它使用了1776年纳沙泰尔印刷公司的博塞曾经试图让他的合伙人采用的策略：面向最广泛的读者、以最便宜的价格、提供最完备的文本。当然，和华丽的对开本以及威风的四开本放在一起，它显得比较微小。后来，四开本的出版商轻蔑地称之为"微缩品"和"袖珍《百科全书》"，说由于它太小，会使读者的眼睛变瞎。① 不过，盗版者总是用避免"豪华印刷"——他们这样称呼它——的办法而使生意兴隆。用这种办法，他们以比法国竞争者低得多的价格抛售，并保持了高额利润。杜普兰最早采用过这一方针，他把文本的开本降为四开，删去了原来大部分的图版。但是八开本的出版商更推进了一步，而且通过循盗版商之路而进，他们无意中深化了全面的文化运动：启蒙运动的普及。

## 四开本—八开本之战的由来

出版商经常把征订通知作为探测气球。如果没有得到很多响应，他们就放弃计划，只损失发行说明书所用的少量钱财，或者还会遇到一些把它们当真的竞争对手的敲诈。不过，八开本《百科全书》的出版商的确打算做他们在通知中说过的事情，因为在11月初，杜普兰有了一个令人痛苦的发现："我们确信洛桑印刷公司已让人铸造小号铅字、大号字面的整副铅字，打算以八开本形

---

① 纳沙泰尔印刷公司致庞库克的信，1777年12月18日和1778年2月22日。

式印我们的《百科全书》。您会觉得这是一个可笑的项目，但是从它发表的通告来看，它一定会给我们以最沉重的打击。"杜普兰向纳沙泰尔印刷公司发出了警告，并要求它派出代理人紧急出使洛桑。虽然定制特殊铅字意味着洛桑人已经箭在弦上，但是，如果遇上两个月前杜普兰用来说服日内瓦人的理由，他们也可能退却。"明显应该急遣一位使者以避免攻击……你们应马上前往洛桑……你们可以告诉洛桑的先生们，从第八卷算起我们所有卷册都有120个印张，它们不可能进入法国，一旦我们的版本在1778年末完成，我们就将出版由达朗贝尔与狄德罗编订的增补本。请不要耽搁。"[①]随后，在没有通知盟友的情况下，他准备自己进行反击。他印制了说明书，宣称四开本联盟将以更便宜的价格出产一种八开本来进行竞争。如果一面是杜普兰的威胁，一面是纳沙泰尔印刷公司的甜言蜜语，洛桑人很可能屈从或接受不利的妥协结果。

可以猜测纳沙泰尔人会对洛桑人做出抚慰，因为他们是朋友。两家企业有过多年的亲密合作，甚至是在盗版方面的合作，他们分摊成本、分享利润和交易秘密。他们还通过个人关系的纽带联合在一起，尤其是奥斯特瓦尔德和让-皮埃尔·贝朗热（Jean-Pierre Bérenger）之间的友情，后者负责处理洛桑印刷公司生意中的文学部分。贝朗热是出版世界中的异数。他是一个文人，同时还是一位绅士、一位讲原则的人，他被卷进18世纪60年代日内瓦躁动不安的政治中。因为他捍卫贫穷的当地人的利益，寡头政治的小委员会[*]把他驱逐出日内瓦，焚烧了他的包括六卷本的《日内瓦

---

[①] 杜普兰致纳沙泰尔印刷公司的信，1777年11月11日。

[*] Petit Conseil，当时日内瓦行使行政权职能的机构，由25人组成。——译者

史》在内的四部著作。有一段时间,他四处漂泊,先后寄希望于德国的教授之职、波兰的教师工作以及洛桑附近的膳食学校里的一份工作。最后,他用出售藏书换来的 4 000 里弗购得了洛桑印刷公司 1/10 的股份,并接受了公司作家的职位,年薪 50 金路易,足以养家糊口。每一步,他都向好友奥斯特瓦尔德寻求帮助和安慰。所以,接到杜普兰的求救信并赶往洛桑后,奥斯特瓦尔德很自然地向他求助。①

　　奥斯特瓦尔德向贝朗热介绍了杜普兰的看法,贝朗热又向洛桑印刷公司的主管转述,主管通过贝朗热回答奥斯特瓦尔德说,他们一步也不会退。他们说,他们甚至在杜普兰发起第一次征订之前就已经计划出版一种四开本《百科全书》。杜普兰率先发出了通告,所以,他们推迟了计划,并提出购买他的生意的股份,但没有收到任何回音。因此他们决定出版一种八开本并打算把事情做到底。如果说庞库克在高层有势力的话,他们也可以依靠自己的保护人,并且他们总是可以退而做走私生意。他们把所有关于修订本和与之竞争的八开本的会谈都当作诈骗加以拒绝。他们不想被胁迫,他们对奥斯特瓦尔德断然地说,他们永远不放弃八开本。不过,他们要和纳沙泰尔印刷公司保持良好的关系,可能甚至要在三家瑞士的印刷公司之间形成对抗法国人的"一种联盟"。假如纳沙泰尔印刷公司帮助他们出售八开本的 1/4 股份的话,他们也很愿意帮助纳沙泰尔印刷公司出售四开本 1/4 的股份,他们

---

① 这些资料主要来自纳沙泰尔印刷公司文件中的贝朗热档案,也来自 *Dictionnaire historique et biographique de la Suisse*(《瑞士历史与人物辞典》)(Neuchêtel, 1924)中关于他的文章。

还准备听取它想提出的任何其他建议。①

　　这一回答中强硬与缓和的结合很可能表明他们企图在纳沙泰尔印刷公司及其法国盟友之间打进楔子。洛桑人可以假设里昂和纳沙泰尔间已经出现了裂痕，因为当奥斯特瓦尔德抵达洛桑后，没有听说关于杜普兰的八开本说明书的事。四开本集团也不能协调防御行动，或者它正在崩溃中；而且没有一位当事人收到庞库克的信。

　　纳沙泰尔印刷公司已于11月16日把八开本威胁的事通知了庞库克，这正是奥斯特瓦尔德动身前往洛桑的那一天。大约七天以后，它接到了庞库克的热情回复，在信中，他回顾了自己全部的关于《百科全书》的经历：

> 对于我们面临的竞争我一点也不惊讶。八年前这一生意对于我而言就是一种折磨。在对开本出版的时候菲利斯不是就以他的四开本（即《伊韦尔东版百科全书》）来阻挠我们吗？我不是被投入巴士底狱了吗？6 000卷对开本不是被扣留了六年吗？法兰西的大门不是两次被关闭吗？60里弗的税不是我们遇到过的最高的税吗？我们刚刚坚定地克服了所有这些障碍。日内瓦的生意成功了。先生，我们的事业也将成功。这

---

① 贝朗热致奥斯特瓦尔德的信，1777年11月21日。在详细地讨论了局势之后，贝朗热概括了盟友的立场："此外，他们根本不相信这一新版本《百科全书》有完备的计划，也不相信将会禁止他们的版本进入法国。如果说庞库克是有势力的，那他并不是唯一有势力的；他们已经预见到这一麻烦，它并不能阻止他们，因为每天都有大量禁书运入法国；他们也不相信在日内瓦宣布的旨在吓唬他们的这一新八开本；最后，他们决心继续下去，而且它也取决于那些提供保护的人，因为即使他们愿意，他们也只负责整个生意的1/6。"

一八开本可能是一个警示,但是它不会使我们受到损害。我甚至怀疑这一版本是否会被实施。他们可能会做第二至四卷,但是也将仅此而已。您将发现我是否是一个好预言家。以小字号印刷《百科全书》是疯了。此外,我们将进行自卫。我正等待法官回来将这一切告诉他。我向您明确保证这种《百科全书》根本进入不了法国。①

虽然庞库克对自己保卫法国边界的能力很有信心,他还是考虑把八开本的出版商诱入谈判,这样可能会让自己从中再捞到一点什么。如果他们愿意为得到25部免费的四开本而搁下八开本的话,他将很愿意把它们买下来。也许,他们会被说服把计划推迟两年,以换取在将来某一同时营销八开本和修订本的联盟中的合伙人身份。不过他们也可能视谈判为软弱的表现。尽管当庞库克在谈判和强硬的敌对之间犹豫不决时,看起来很焦虑不安,但关键的是,不能让他们发觉任何害怕的情绪。最后,他建议纳沙泰尔印刷公司采取可能的最强硬的方式对待对手并相信他的保护。②

---

① 庞库克致博塞的信,1777年11月19日。1777年9月11日,法国对进口的法文和拉丁文图书征收每担60里弗的税。这一税则对日内瓦对开本《百科全书》的市场行销是沉重打击。

② 庞库克致纳沙泰尔印刷公司的信,1777年11月19日。庞库克的话展现了他在面临重大方针决策时激动不安的状态:"你们怎么能在几年里欺骗联盟,真想不到我们将参加他们的项目,它(八开本《百科全书》)今年将暂停,两个后续项目将肯定启动……可能不用担心它。如果表现出对它的担心,那么你们将给他们以信心。我们的6000册已就绪:我们还能期望更多吗?预订者不可能退订。人们将始终更愿意多付四到五金路易以购买字迹清晰和开本合适的百科全书。我确信试图妥协将比之不理更为有害。此外,我正等待法官以将(八开本的)内容介绍给他看,并研究将采取的措施。"

## 第四章　盗版与商战

一周以后，庞库克恢复了镇静并重新考虑了策略。据他看来洛桑人不可能罢手：他们的《百科全书》肯定会成功，而且它将毁掉四开本的市场。因此，他建议纳沙泰尔印刷公司提出妥协方案，把他们拉过来：他们中止出版两年，作为回报，他们将能够打着庞库克的特许权的旗号，合法地出售他们的图书。他和纳沙泰尔印刷公司将同他们一起结成三方合伙关系，它将从八开本的市场中榨出每一个苏。自然，这一安排把杜普兰排除在外，但杜普兰还毫不知情，而且由于它将在《第戎协定》期满后生效，到那时他将不再拥有《百科全书》的任何股份："你们明白如果采取类似措施，那么不能让杜普兰知道任何情况，我们将最严格地保守秘密。"①

所以，八开本的袭来的确使四开本集团产生了分裂。在发行八开本说明书的过程中，杜普兰在没有得到盟友支持的情况下发动了反击。庞库克提议秘密休战，打算背着杜普兰和对手暗中勾结。他们对立的行动方针表明他们之间的猜忌是多么深。杜普兰推动斗争以阻止庞库克试图安排由他花钱的秘密和解。而庞库克则做好了弃船逃跑的准备，因为他是首先遭劫的，对盗版之间的对立感到高兴。这一分裂把纳沙泰尔印刷公司甩在中间，它因为比其他受猜疑的合伙人同洛桑和伯尔尼的关系更近而处在更加困难的位置上。

起初，纳沙泰尔人倾向于支持杜普兰的方针，可能是认为他的"反八开本"会给他们带来被四开本剥夺的大宗印制工作。他们很把他的八开本提议当回事，对成功的可能性做了谨慎的估

---

① 庞库克致纳沙泰尔印刷公司的信，1777年11月27日。

测。①尽管他们同意如果能从有利的位置进入并由洛桑人提出条款的话就开始进行谈判，但对庞库克希望他们与八开本集团秘密妥协的建议并不热心。"似乎并不应由我们来向他们提出建议，既然您已确保王国的钥匙属于我们。"②简而言之，纳沙泰尔人采取了庞库克一周前放弃的立场，不过他们还是保持了足够的灵活性，以便根据洛桑和里昂之战的结果进行调整。

杜普兰在日内瓦储备了八开本的说明书，等待着在听到洛桑人对他的进攻的反应后就发行。11月下旬，他们用更严厉的最后通牒做了回答。收回你的说明书，他们说，否则我们把八开本的价格降到你的水平，还要生产自己的更便宜的四开本来破坏你的四开本生意。"你们将被迫向我们让步或是降低你们书的价格。这样大家会同归于尽，但是你们已给我们做出了榜样，并使我们认识到其必要性。请不要以为我们只是对你们做无谓的威胁。说明书已准备好，伊韦尔东有同样的铅字、必要的印刷机供我们使用。"③

负责八开本出版商一方策略的洛桑人给四开本集团答复最后

---

① 纳沙泰尔印刷公司遵循了宣布一项计划为既成事实时的惯例，在开始之前等待来自潜在顾客的反应。因此，在巴塞尔的塞里尼写信告诉它说，他一部四开本也征订不到，因为他的代理人更喜欢八开本后，它1777年11月24日的回信中，回答说将生产自己的八开本："我们看到您的主顾更喜欢八开本。我们也将着手做这一开本的书，质量不会比它差，而且价格更便宜。我们已布置就绪，说明书半个月内就将面世。我们期望这第二版在您那里取得比第一版更大的成功。我们希望它将为您和我们带来同样的利益。"参见纳沙泰尔印刷公司致里昂的克洛代的信，1777年11月22日。
② 纳沙泰尔印刷公司致庞库克的信，1777年12月7日。
③ 洛桑印刷公司把最后通牒提交给佩莱，让他转交"您的主顾"，并在1777年11月20日致纳沙泰尔印刷公司的信中附上不带评论意见的副本。

## 第四章 盗版与商战

通牒的期限是15天。里昂和纳沙泰尔在匆忙和混乱中提出了建议：他们应该推迟最后期限，双方在整个1777年12月里进行协商。他们对杜普兰使用了最强硬的言辞，断然要求他收回八开本说明书，否则他们就毁了他的四开本。他们对纳沙泰尔印刷公司的态度比较和缓，后者在12月10日提出的妥协建议中表明了达成一种友善的解决办法的愿望。在致奥斯特瓦尔德的个人信件中，贝朗热答复说，尽管他的盟友不能接受这一提议，但他们也不想开战。他们怀疑从杜普兰那里收到的提议，把它看成一种欺骗他们和拖延时间的企图。不过他们愿意给奥斯特瓦尔德提供一份相反的建议。但是，他们得小心行事，因为他们只拥有八开本生意的1/3，需要和其他两家明确所有的事情，其中的一家是伯尔尼印刷公司。也许，四开本集团会允许把它的图版用于八开本图版的雕版工作。假如这样，八开本出版商愿意把3 000部《百科全书》的一半以每部100里弗的价格让给它。①

奥斯特瓦尔德回答说，他也面临取得盟友同意的问题。他将尽力说服他们接受合理的妥协方案，并相信贝朗热也会这样做。最重要的是，八开本集团应该避免轻率行事并考虑对手提出的两个有利条件：开放通往法国之路以及使用图版。假如贝朗热能够使他的集团同意一系列的提议，奥斯特瓦尔德暗示他从来没有认真考虑过"售价100里弗"的建议，他们就能够防止商战。②同时，奥斯特瓦尔德向庞库克转达了贝朗热的建议，解释说，他认

---

① 贝朗热致奥斯特瓦尔德的信，1777年12月15日。洛桑人在1777年12月23日致纳沙泰尔印刷公司的信中描述了与杜普兰的谈判。
② 奥斯特瓦尔德致贝朗热的信，1777年12月18日。

为它不应被视为谈判的基础,而应当作八开本集团打算妥协的信号。他将做出什么反建议?尽管他对"这一微型本"只感到轻蔑,但他担心它的销售会很好,"如此便宜对于绝大多数人,即对于蠢人来说是有诱惑力的"。他已经听说订单增长得很快。据说一位销售商一人就预订了 300 部。不过庞库克可以从法国南部和他有关系的人那里了解到更详细的信息,洛桑人的一个代理人雅各布-弗朗索瓦·博尔南当时正在那里做商业旅行。杜普兰通过单独的谈判和以"骗人的和矛盾的建议"离间洛桑人使得事情变得纠缠不清;不过,四开本集团应该还有能力在讨价还价中处于强者的位置,并得到有利的协议安排。"由于价格低和公众对于这部书的持久兴趣",庞库克同意八开本一定会出售的看法。但他只授权纳沙泰尔印刷公司提出苛刻的条款:八开本集团必须出让其《百科全书》1/2 的股份,而且把出版时间推迟两年;作为回报,庞库克和合伙人将开放法国市场并向他们提供图版。如果八开本的出版商觉得不能接受这些条款,他们就得放弃法国市场;因为庞库克对自己关闭法国边界和从国内交易渠道中清除任何进攻性图书的能力有完全的信心。①

奥斯特瓦尔德立即把消息转告给贝朗热——还有杜普兰,他一直在像一股独立的力量一样运作。杜普兰甚至没有通知他的盟友他向八开本集团提出了什么要求。有一点令纳沙泰尔印刷公司感到不安:他们对他谈判的目标所知甚少;他们询问他到底提出了什么建议。他只是说并没有把八开本的威胁太当真,"而且他们

---

① 奥斯特瓦尔德致庞库克的信,1777 年 12 月 18 日;庞库克致纳沙泰尔印刷公司的信,1777 年 12 月 22 日。

的版本似乎在各地都不受欢迎"①。无疑地，他要对谈判的事守口如瓶，当纳沙泰尔印刷公司通知他庞库克已经授权它努力在洛桑达成妥协时，他表现出了可以预料得到的敌意。"在各地受轻视和嘲笑的八开本版计划中我们绝对没有任何直接或间接的利益。请相信我们，并请不要将这一计划委托给我们的巴黎朋友，他是一位幻想家，而且主张变化无常。请让我们行动，管理此事，并请相信你们的驾驶员。我们已回复洛桑说我们将把这一领地让给他们，我们本不想在这一领域耕耘，我们坚持这一点。根本不用担心，他们对我们的利益没有任何影响。"②假如杜普兰了解了庞库克的秘密合作计划，他一定会用更激烈的语言，不过他不用担心纳沙泰尔印刷公司公开合作的提议，因为洛桑人立即拒绝了它。

贝朗热写道，他的盟友认为庞库克的提议太不公平，没有理由再继续谈判了。他们已经在避开不同来源的、相互冲突的提议上花费了太多的时间。他们抱怨说，首先，杜普兰要求他们让八开本暂缓11个月出版，后来他又放弃这个要求，现在纳沙泰尔印刷公司又让他们推迟两年。他们宁可在法国被宣布为非法，再也不愿忍受拖延之苦。他们想要继续出版；而且如果杜普兰不在十天之内收回他的"反八开本"的说明书，他们就要着手做自己的"反四开本"了。③

---

① 杜普兰致纳沙泰尔印刷公司的信，1777年12月22日。12月23日，纳沙泰尔印刷公司警告杜普兰，八开本的确是一个严重的威胁。洛桑和伯尔尼已经派出了三到四个销售商，他们报告说所获订单甚丰。参见纳沙泰尔印刷公司致杜普兰的信，1777年12月28日。
② 杜普兰致纳沙泰尔印刷公司的信，1778年1月3日。
③ 贝朗热致奥斯特瓦尔德的信，1778年1月2日。

147　　看起来这个最后通牒将导致一场战争，纳沙泰尔印刷公司不快地致信庞库克。那是杜普兰的错。他先是攻击八开本集团，又通过狡诈的谈判离间他们。"不难得出结论：正是杜普兰突然抛出其差劲的八开本说明书激怒了这些人，而且在他们看来他的一些企图是有些傲慢的。而且由于他已决定将一切事情都瞒着我们，我们控诉他也是合理的。"他们现在能做的只是告诉洛桑人他们拒绝杜普兰的调遣，尽力施压要他收回八开本的说明书，并且以尽可能快的速度印制和销售四开本，把八开本交给洛桑和伯尔尼。①

　　几天以后，消息传来，杜普兰宣布正式放弃说明书。纳沙泰尔印刷公司在把这个消息通报给洛桑的时候，把他的退缩解释为和平的胜利，"大家都将各自工作，并将尽自己的最大努力，由此避免将与这一事业利益不符的争吵展现给公众。"②实际上，杜普兰的决定只不过是把四开本和八开本之间的战斗推迟到了它们在市场上发生冲突的那一天而已。它也把"反四开本"和"反八开本"推到未出版发行的《百科全书》的中间过渡状态，它们在这里和纳沙泰尔的对开本以及日内瓦、图卢兹、阿维尼翁和里昂的四开本会合在一起——不久被结合进了叙阿尔的改编本。多种版本生意的增加，甚至鼓舞着纳沙泰尔印刷公司一度打算提出三项改编本的计划："也就是说我们协定中有的对开本和四开本，我们伪造自己的（八开本），这是考虑到要打消那些伪造我们的人的想法。"

---

① 纳沙泰尔印刷公司致庞库克的信，1778年1月4日。
② 纳沙泰尔印刷公司致洛桑印刷公司的信，1778年1月8日。洛桑人以同样的心情在1月13日回了信。

这一计划甚至还不如那些"反"版本实在,但是它说明了在虚张声势和讨价还价时出版商能够达到的极端状况。①

## 外交手段的最后失败

"反"版本的取消为在第一批八开本运抵法国战场前的谈判多留出了一轮谈判的时间。这一次庞库克和纳沙泰尔印刷公司保持了对四开本联盟方针的控制,大部分的讨价还价发生在纳沙泰尔和伯尔尼之间。不过避免商战的这一最后努力把纳沙泰尔印刷公司置于尴尬的境地,因为它向两个三方联盟效忠。倾向于一方看起来就像背叛另一方。所以纳沙泰尔印刷公司努力把外交保持在秘密和平衡状态,既居间调停对立的双方,又挑拨离间从中谋利而不背叛任何一方。

三家瑞士印刷公司做生意的方式是相同的,它们通过合作把事情做好,而不是相互竞争。最令盗版者恼怒的是,当到达某处时发现别的盗版者已经有所斩获,而他却无从知晓能否在市场上打败竞争对手。当洛桑印刷公司开始为仿冒雷纳尔的《哲学史》准备铅字的时候,纳沙泰尔印刷公司可能正在印制另一种仿冒版的最后一个印张,而伯尔尼印刷公司可能已经带着第三种仿冒版的货到了巴黎。假如它们把印制工作一分为三,它们就会比其他的盗版者快得多;而且,通过分担成本,危险也会降至最低。

这些长处使得瑞士人形成了对抗法国人的天然联盟,有时甚

---

① 纳沙泰尔印刷公司致杜普兰的信,1777年12月28日。

至会对抗他们在法国的最好的朋友。例如，1778年2月，洛桑印刷公司向纳沙泰尔印刷公司提议合作仿冒罗伯逊的《美洲史》（History of America），该书由叙阿尔翻译，以庞库克的特许权的名义出版，由庞库克和勒尼奥销售。尽管这项计划会得罪几乎所有的《百科全书》盟友，纳沙泰尔印刷公司还是回答说，"我们真的很高兴与你们分享它"。2月24日，在经过对纸张、字形和分成等问题的详细讨论后，两家企业签订了合作出版合同。按照共同的样张和日程安排，它们各自印制一半；3月底，工作完成了，此时四开本和八开本《百科全书》激战正酣。①

商业环境事实上迫使它们达成这样的合同，尤其是在1777年8月31日的法令之后，该法令表明法国政府做出了新的决定，将消灭仿冒书的流通。在这一威胁之下，三家瑞士出版公司决定从以前的偶尔合作走向正式联盟或者像它们称呼的"瑞士邦联"（Confédération helvétique）。1778年5月，它们签署了一份协定，其中规定合伙经营一部分股份，在巴黎雇一位代理商，负责稳定地提供盗版材料，还规定在一个很大的范围内就仿冒书的生产和销售进行合作。每个企业各自独立地做自己的生意，但为邦联的工作保留两台印刷机，邦联很快就成为法文出版中一支重要的力量。瑞士人为了达成这一协定，在会议和通信上花费了八个月的时间，主要的困难就是他们之间处于竞争中的《百科全书》。最

---

① 纳沙泰尔印刷公司致洛桑印刷公司的信，1778年2月9日。因为叙阿尔进展缓慢，瑞士人用了另一种译本，所以在法国市场上打败了庞库克。1777年和1779年，纳沙泰尔印刷公司计划仿冒两种庞库克最喜欢的书：库克的《第二次南海航行》和布丰的《自然史》。它最终放弃了这两项计划，但并不是出于对庞库克的忠诚。

后，他们决定让这种竞争状态按照本身的程序进行下去，而把力量集中在更为重要的合作盗版生意上。纳沙泰尔印刷公司因此卷入两个对立的联盟中，但处于居间调停的位置。

调停一定会有两重性，如果把今天的标准加在那些依照当时的惯例行事以及有足够的商业经验能够预期到结盟和敌对状态会产生交叉的人身上，就会犯时代错位的毛病。因此，1778年1月21日，纳沙泰尔印刷公司同意为洛桑的盟友发行80份八开本说明书，1月25日又通知巴黎的盟友在法国边境的哪些地点，海关检查人员最有可能捕获八开本的货物。不过，洛桑和伯尔尼印刷公司知道纳沙泰尔印刷公司试图让它们的《百科全书》继续留在法国之外，也知道纳沙泰尔印刷公司为防止商战做了真诚的努力。1月29日，奥斯特瓦尔德通知庞库克他已经在伯尔尼终止合同，并想知道是否可以在那里和洛桑人开始谈判。

庞库克认为"公开信"可能在杜普兰收回八开本的说明书后触发新的讨价还价，而纳沙泰尔印刷公司的确对八开本集团有过一些提议。但是伯尔尼人希望直接和庞库克接触，在2月份派普法勒去了巴黎。然而，谈判没有什么结果。庞库克只是强调他有决心和能力把八开本赶出法国市场，普法勒回答说他和他的盟友并不反对，因为他们主攻法国以外的市场。纳沙泰尔印刷公司警告庞库克，普法勒可能是在欺骗他：他到巴黎来很可能是为走私他的《百科全书》做安排。另一位八开本的代理人、洛桑的雅各布-弗朗索瓦·博尔南也在法国旅行，销售《百科全书》，并且可能在建立走私线路。如果他在巴黎露面，庞库克对他也要采取强硬立场。重要的是使八开本集团信服，依靠庞库克的特许权和保护，四开本集团将把他们拒于法国之外。如果他们能够威胁对手使之害怕,庞库克和纳沙泰尔印刷公司可以等待他们提出和平建议。①

到了5月份,等不下去了。普法勒回了伯尔尼,博尔南回了洛桑;纳沙泰尔印刷公司知道有三台印刷机在洛桑独自生产《百科全书》;它还得到消息,很多法国书商已经接到了八开本的说明书。在四开本一方,庞库克设法使法国当局颁布了没收八开本的特别命令,而纳沙泰尔印刷公司没有因"战争迫在眉睫"②而屈服。看来离战争只有几周的时间了。

5月5日,八开本联盟在伯尔尼开会,决定为外交解决做最后的努力。普法勒宣布了他们在致庞库克信中的最后出价:他们以15 000里弗出让在法国销售收入的1/2股份,以取得自由进入法国市场的权利。③庞库克更愿意让纳沙泰尔印刷公司负责谈判的事。他把普法勒的信转到纳沙泰尔,并通知伯尔尼说纳沙泰尔印刷公司已经得到他的授权,全权负责达成解决办法。然而,这一花招使纳沙泰尔人不安——不是很不安,因为他们对和秘密同盟者讨价还价感到后悔,还因为他们对采取什么立场、追求什么目标感到困惑。法国市场一半八开本权益的出价使他们产生了怀疑,因为他们担心洛桑人和伯尔尼人在销售的事情上说谎,并在账目

---

① 纳沙泰尔印刷公司致庞库克的信,1778年3月10日。在1778年1—6月间,庞库克和纳沙泰尔印刷公司在一系列的通信中讨论了局势。
② 纳沙泰尔印刷公司致庞库克的信,1778年5月3日。
③ 在1778年5月5日致庞库克的信中,普法勒使出价尽可能地看起来有吸引力、更友善:"毋庸置疑,由此您将不费多少力也没有多少风险就赚到非常可观的利润,相应地,我们希望承担印刷、发货以及所有贸易方面的事。一段时间以后,您将获得利润,毫无任何其他微薄资金所产生的担心或是麻烦。" Bibiothèque publique et universitaire de Genève, ms. suppl. 148.

上作假。现金支付可能更好一些。但是，他们应该开多大的口呢？即使他们从八开本集团那里得到了一笔大数目，但他们要牺牲掉获得一个看来能够无限扩展的市场中相应份额的股份的机会。因为他们没有低估法国公众的要求，"迷恋它是大辞典，并因其价低而受诱惑"。最后，纳沙泰尔印刷公司只是下决心等待来自伯尔尼的提议，并准备进行艰苦的讨价还价。①

伯尔尼人写了一份合同草案，准备以之作为讨价还价的基础。它让纳沙泰尔印刷公司选择，是要在法国销售的一半权益，还是要整个生意的1/4权益。在每一种情况下，四开本集团都将为它的股份支付15 000里弗，并将保证货物免受法国当局的没收。如果四开本集团想在这些条款上合作，八开本集团将把印数从3 000提高到5 000。如果不，那就开战。伯尔尼人说，他们一点也不希望战斗，尤其是希望避免对邦联造成损害。但他们不会再做让步了："我们宁愿中断谈判也不同意难以接受的条件。"②

看起来伯尔尼人坚持立场的决心非常坚定，纳沙泰尔印刷公司甚至怀疑双方是否有可能走到一起。但它也不想放弃自己的立场。它认为八开本集团还没有认识到突破四开本在法国的防线会使自己遭受严重损失的可能性。所以，它做出了强硬的回答，于是，所有的谈判者都停下来去和自己的委托人商量。纳沙泰尔印刷公司给庞库克发了一份包括通信的副本在内的详尽报告，也给杜普兰写了几行——显然，这是给他的第一份通知，告诉他新的谈判开始了："伯尔尼人仍在讨价还价。他们提出1/4，我们则坚

---

① 纳沙泰尔印刷公司致庞库克的信，1778年6月。
② 伯尔尼印刷公司致纳沙泰尔印刷公司的信，1778年6月14日。

持要一半。"①

在这个时刻,贝朗热试图通过他给奥斯特瓦尔德的私人信件打破僵局。四开本《百科全书》已经"在法国和为了法国"而生产了,他说。但是八开本还是"非法国"的东西。4/5的预订者住在法国以外。所以,洛桑人和伯尔尼人从庞库克的特许权中所获甚微,即使他们把印数提高到6 000。仅仅为了得到数量较少的法国订单增长的可能性,要求他们放弃已经到手的一半订单,不太合理。两天以后,伯尔尼印刷公司写了一封信说八开本一方还保持着一定的灵活性。它可以考虑用现金支付的方式取代给四开本出版商一定的销售百分比的方式;不过,它需要确实的信息:"一次或几次支付的金额是否是可能给予我们的保险金,以使我们免受在还没有获得进入许可时可能会遭遇的那些事件的影响?政府的多变和其他事情使得这一预防措施是必要的,因为仅仅一个人的死亡或是失宠都可能带来意想不到的变化。"如果庞库克想要得到保护费,他就得提供关于他的保护人的有效性的一些保证。洛桑和伯尔尼的出版商对法国的政府体系有丰富的经验,知道势力是可以买来的,但也知道,一夜之间就可以蒸发。②

纳沙泰尔印刷公司的回信散失了,但无疑地,它对伯尔尼人不满,因为7月1日,它放弃了谈判。可是,他们这样做是相当犹豫,在收线的同时还不停地晃动着最后谈判的诱饵。尽管他

---

① 纳沙泰尔印刷公司致杜普兰的信,1778年6月24日。纳沙泰尔印刷公司还警告杜普兰,他低估了八开本的销售能力:"以你曾展示的活力而进行的这一版本取得了与四开本相同的辉煌成功。"

② 贝朗热致纳沙泰尔印刷公司的信,1778年6月23日;伯尔尼印刷公司致纳沙泰尔印刷公司的信,1778年6月25日。

们可以完全依赖非法国市场，他们说，但还是要放弃1/2的法国销售权益，以换取自由进入法国的权利。① 这个出价，相当于一件至少300部八开本、价值58 500里弗的礼物，一定引起了纳沙泰尔印刷公司的兴趣；但是它没有上钩，很可能因为它不想在售出2 000部第三版四开本之前，让便宜的《百科全书》冲击市场。然而，对八开本集团来说，这一出价可谓慷慨。它表明了保持和平的真实愿望，而拒绝它就有点商业暴政的味道了，贝朗热毫不犹豫地把拒绝归因为"法国出版界的阿特拉斯"。在给奥斯特瓦尔德的信中，他解释说，八开本的出版商已经做了所能做的一切来防止冲突，但他们不可能把一半的《百科全书》交给四开本集团。如果他们把印数提高到5 000，他们就只能保留2 500；而他们已经卖掉很多部了。此外，"他们难以形成和准备整个项目，并难以实施它。由于增加印数，他们就增加了开支、印刷机和麻烦，这是为了什么？为了能将它们无偿给予正袖手旁观的庞库克先生？不，这不可能。他们不是傻子，也不是疯子。他们更愿意自己的法国订户们自由选择。如果他们想要这一开本的《百科全书》，他们可以在边境上获得。庞库克先生可能有一天会为过分要求而懊悔。在我看来两个公司已准备以不同方式报复他——它们不可能不这样做——但是对于他来说是同样不利的"。庞库克及其合伙人想要

---

① 伯尔尼印刷公司致纳沙泰尔印刷公司的信，1778年7月1日："在咨询了我们《百科全书》的有关当事人先生以及相互权衡之后，他们发现我们应该坚持自己的版本，它几乎完全是在法国以外销售，而我们已完全放弃法国。可能还有达成协议的方法，如果你们在政府部门发生变化时能够让我们较为安全地进入，或是你们不拒绝我们的合伙建议；通过提供必要的资金而占总额的1/4；或是承担将进入法国的一半的书……我们今天将通知庞库克中断有关《百科全书》的谈判。"

战争；很好，他们将面对战争。①

## 公开的战争

18世纪出版商之间的贸易战并不激烈，也没有明确的冲突策略。当然，每一方都打算赢得市场；但他们都秘密地进行，策略也各有不同。一个出版商可能以低价抛售取胜，可能污蔑对方产品质量欠佳，可能切断对手的供应线，可能恐吓对手的预订者，可能通过质疑对手的诚信和满足读者需要的能力来吓退对手潜在的顾客；还有最后一招，让海关检查人员、行会官员和警察没收对手的书。在四开本和八开本的战争中，这些技巧全部或者大部分都派上了用场，但从本质上讲，这场冲突演变成了走私策略对特许权与保护策略之间的竞赛。

庞库克通过求助于保护人维护自己特许权的能力，实质上比拥有特许权重要得多。他能够转动凡尔赛的车轮碾碎闯入者。如果不是认识到了庞库克在图书交易中的独特地位，杜普兰不会让出四开本的一半，洛桑和伯尔尼的印刷公司也不会交出八开本在法国的一半权益。庞库克对自己通过纳沙泰尔印刷公司实施针对八开本集团的威胁的能力有完全的信心："我明确答复它们将无法进入法国。法官已对我承诺。当有1/3的反对者时，新规则为制止他们提供了最容易的方式。先生们，你们明白作为印书特许权的持有者，你们和我一样根本不能放弃你们的权利。根据我们的

---

① 贝朗热致奥斯特瓦尔德的信，1778年7月1日。

契约、我们的印书特许权,杜普兰刚刚与我们和解。洛桑人也应该这么做。"①

庞库克以当局做武器进行战斗的能力,是他向洛桑人和伯尔尼人提出严厉条款的理由,也是他们不顾庞库克的强硬,要和他保持谈判的理由。起初,他甚至拒绝展示他到底对凡尔赛有多大的影响力,在与洛桑人谈判的早期,纳沙泰尔印刷公司也是这样做的;但它的信表明,庞库克得到了来自强势力量的明确的支持承诺:"无论是口头还是书面上,我们都未曾告诉洛桑人有关人士将给予我们的保护的程度,他们刚刚才知道。我们仅限于告诉他们有关铜版画和改编本的特许权。"②因为数以千计的里弗有赖于这一支持的有效性,八开本集团要求得到保证——一项无条件的保证,要求庞库克消除他们的《百科全书》在法国流通的所有障碍,并且"在政府部门发生变化时也较为安全"。③纳沙泰尔印刷公司建议庞库克让对手知道他的保护人的力量有多么强,以增强在讨价还价中的影响。④考虑到洛桑人和伯尔尼人坚持要把他们的《百科全书》置于他的保护之下,他一定是这样做了。这些谈判的总体特色——每一方都把事情归结到庞库克在法国当局中的影响——表明了它的重要性。所以,庞库克关于他同主管图书交易的勒卡缪·德·内维尔的协商的谈论,不应被解释为说出名人名字来抬

---

① 庞库克致纳沙泰尔印刷公司的信,1777年12月22日。
② 纳沙泰尔印刷公司致庞库克的信,1778年1月25日。
③ 伯尔尼印刷公司致纳沙泰尔印刷公司的信,1778年6月14日和7月1日。
④ 纳沙泰尔印刷公司致庞库克的信,1778年2月22日:"我们相信您这样做是很适宜的:以直接或是通过第三者的方式(但是以明确的方式)让博尔南先生(洛桑的商务代理人)认识到您使用您的权利和旨在消除您的反对者的措施的决心。这是一种能够立即制止反对者的有效方式。"

高自己。正如纳沙泰尔印刷公司所说的,他握有"王国的钥匙"①:他想要向四开本打开法国的大门,并向八开本关上这扇门。

很难了解庞库克的战术细节,因为他对此保密,不过,就像他原来对四开本所做过的那样,他一定会让内维尔发布对八开本的特别警戒令。从庞库克和纳沙泰尔印刷公司通信中间接提及的内容判断,内维尔命令他的下属,加上遍及全法国的书商公会的书籍监察员,没收流通于他们领地上的任何八开本《百科全书》。②里昂监察员拉图雷特的领地覆盖了法国东部边界的大部分地区,其中包括从日内瓦和洛桑通往法国的要道。由于四开本的货物将沿日内瓦—里昂的路线走,八开本可能也是一样,庞库克和杜普兰就特别把拉图雷特拉到自己这一方来,送给他一部他们的《百科全书》,并向总督德弗莱塞尔、警察局长普洛斯特·德·鲁瓦耶以及当地科学院免费赠送。庞库克的赠送对象中有他在首都最重要的保护人:内维尔、韦尔热内,另外可能还有掌玺大臣米罗梅斯尼尔和警察总监勒鲁瓦。四开本联盟免费赠送的四开本加在一起有两打之多——这是物有所值的礼品,可以在地方和国家行政部门的层面上强化支持四开本、反对八开本的倾向。③

庞库克还可以使用贿赂和报酬等传统手段;一旦他给国家机

---

① 纳沙泰尔印刷公司致庞库克的信,1777 年 12 月 7 日。
② 因为庞库克这个时期的大部分信件都散失了,所以很难追踪他的行动,但纳沙泰尔印刷公司给他的信有时提到内维尔针对八开本发布特别命令的承诺。例如,1778 年 5 月 3 日,纳沙泰尔印刷公司写道:"考虑到新规则赋予他们的权力,命令应当给予不同雇主联合会的监察员们。"
③ 在"免费的"项目下,预订的名单(参见附录 B)中包括了打算用来疏通四开本进入法国之路的 25 部。其中至少 10 部送给里昂人,4 部到了庞库克在巴黎和凡尔赛的保护人手里。

器上好了油，他就会让它的轮子转动起来。他在和内维尔协商取得了在里昂采取特别措施的授权后，给拉图雷特发布命令，好像他自己就是一位大臣："我荣幸地通知您我已与杜普兰先生就四开本《艺术辞典》新版本达成协议。他告诉我此时他正在等待日内瓦的最初两卷。若是您颁布命令让这两卷毫无困难地通过并授权保护这部书，那么我将十分感激。德·内维尔先生已知悉我就此所做的一切。"①

四开本得到的保护如此有效，以至于从瑞士到里昂的运输过程成为对里昂的运输代理人勒沃尔公司组织的走私的一种掩护。这个"公司"实际上只有雅克·勒沃尔夫妻两人，而勒沃尔也只不过有一些实际技能而已。不过，他知道很多事情。他在车夫、仓库老板、旅馆主人和海关检查员中间有很高的知名度，而这些人是进行走私生意的人力资源，而且他了解图书进口控制系统的弱点。装满图书的大板条箱假如要经过边境检查站进入法国，站上的海关官员就会用绳索把箱子捆好，在绳索上加上铅封，出具一份称为"货物通运准单"的海关通行证。带着这份通行证，板

---

① 庞库克致拉图雷特的信，1778年7月18日，转引自庞库克做的副本，见 Bibliothèque publique et universitaire de Genève, ms. suppl. 148。尽管庞库克实际上可能没有发出这封信，但是，日内瓦档案中与之共存的文件表明，在八开本成为威胁以前很久，内维尔就在保护四开本的活动中参与了合作。佩兰（Perrin, 内维尔的秘书）致庞库克的信，1777年7月19日："先生，德·内维尔先生让我负责给您寄您已和他联系过的这封信。法官认为在投寄这封信上没有任何麻烦，但是德·拉图雷特先生现在不在里昂。他将于1号到达巴黎，德·内维尔先生并不认为写信给雇主联合会是合适的。如果您想明天上午或是星期二上午10点钟来，那么您将和德·内维尔先生一起另做决定。今晚我从雇主联合会那里收到三本（即四开本头几卷的免费副本），我立刻就寄了一本给德·韦尔热内伯爵先生。"

条箱被运到最近的有书商公会的城镇,公会的官员(理事和助理)被授权进行检查并放行通行证。瑞士的货物几乎总是要受到里昂公会的仔细检查。在地方书籍监察员的监视下,公会官员打开铅封,确认板条箱中没有违禁物品,然后在通行证上签字并返还给它所来自的边境检查站。这些书就可以由某个运输代理商运送到法国国内的最终目的地去了。这样的话,它们就像是国内货物,通常当局不会再来理它,除非内维尔发布了特别警报,或者除非它们的目的地是某些特定的城市,比如马赛、图卢兹,特别是巴黎,这些地方通常要进行另外的检查。

这一套系统通过取得行政官员和已获承认的书商的支持而把假货减到最少,但勒沃尔和其他的边缘中间人可以用策略避开它。勒沃尔指示车夫在里昂郊外的旅馆里和他会面,尤其是布塔里公司,该公司是位于圣克莱尔郊区的准联盟机构,在该市有合法图书生意。他会打开板条箱,用禁书换出合法图书,再关上箱子,伪造铅封,这比伪造通行证更容易。然后,他把违禁品储藏在秘密库房中,直到可以当成国内货物安全地运送,他还要让合法的货物通过里昂公会的检查室。

当然,如果他能够说服公会官员在监察员不加理睬时进行欺骗性的甚至是漫不经心的检查,他就可以省去不少麻烦并节约一些费用。检查是一种冗长而乏味的工作,其中包括了大量的官样文章,还要在大量的书页当中翻来翻去(图书通常是以未加装订和捆扎的散页的方式运输的)。很多代理人和监察员都草率从事:他们检查一下板条箱上面的书页,再从旁边瞥一眼能看到的地方。禁书的书页如果塞在填满了合法图书的板条箱的中间,就可能逃过去了。这种被称为"填馅"的办法和通过旅馆与秘密库房绕道的办法相比，危险性更大，但却更加便宜和轻松；而如果官员知道运输代理商接到了大批合法图书的常规货物时，危险性就会减少。

四开本《百科全书》非常好地适应了这一要求。监察员拉图雷特接到了帮助它顺利通过里昂的特别命令；每周都有大量的四开本的板条箱从瑞士到达；而杜普兰雇请的让板条箱顺利通过公会的代理人是他儿时的伙伴雅克·勒沃尔。勒沃尔也是纳沙泰尔印刷公司在里昂一流的走私人。所以，《百科全书》给他和纳沙泰尔人提供了做低价的违法生意的黄金机会，正如他在1778年7月5日的信中所说的："我们已通知你们我们有安全的仓库；如果你们想借机运送《百科全书》，那么可以四本打成一包，在外侧和顶部都伪装好。我们可以很容易地将它们送给你们，没有任何人会觉察到，因为还是我们收下杜普兰的所有货物，将它们存放到我们的店铺中。我们将它们拆成小包寄给他。人们很少入室检查货物；即使他们检查，也从不看里面，仅仅检查外侧。你们可以想象我们可以轻而易举地安全运送你们想要的任何东西。"纳沙泰尔印刷公司把禁书和盗版书以这种方式从里昂偷运出去，长达一年半的时间。《百科全书》没有像18世纪50年代那样引来法国当局的打击，而是在它的保护下流通，并且如此公开地流通，而在它确实想查禁的图书的传播过程中，它还成了伪装。①

庞库克和杜普兰不知道勒沃尔在他们的生意上嫁接了一桩小的走私生意；他们希望阻止走私，至少在八开本的生意中如此；在同洛桑和伯尔尼的谈判失败以后，他们知道八开本集团要试着通过

---

① 这一叙述以纳沙泰尔印刷公司文件中的勒沃尔档案为基础。这一引用出自他1778年7月5日致纳沙泰尔印刷公司的信。

秘密运输渗入法国。正如勒沃尔的操作所表明的，违法生意有两点易受攻击：边境检查站，在这里海关可能检查板条箱而不只是用货物通运准单转送；有公会的市镇，板条箱在这里通常要受检查。内维尔发布的反八开本的警告传遍了公会网络，纳沙泰尔印刷公司也帮忙在边界上加强防护。在写给庞库克并希望他转达给法国官员的信中，它指明了边界上走私者最可能通过的地点。①

纳沙泰尔人在这件事上有一定的发言权，因为他们已经和这一地区的运输代理商及走私者，特别是那些在弗朗堡边界检查站周围活动、支配着纳沙泰尔和法国的蓬塔尔利耶之间通道的人，做了近十年的生意。他们通常和蓬塔尔利耶的让-弗朗索瓦·皮翁打交道，后者指挥着一个庞大的车夫队伍。不过，皮翁懒而无信，纳沙泰尔印刷公司打算把更需要精心照管的货物委托给小一些但更稳当一些的代理人——法瑞边界瑞士一方的小村圣叙尔皮斯中的莫洪和菲利班，他们擅长以合法和不合法的各种手段跨越边界。他们要证明自己的威力以便从皮翁手中偷夺纳沙泰尔印刷公司的生意。他们精通从挑运到行贿的各色技巧，这些技巧在把走私作为重要产业的侏罗山谷中已经过了多年的发展。对瑞士的印刷公司来说，花费大量时间和金钱维持的通往拥有大量财富的法国禁书市场的秘密通道，是非常重要的。所以，纳沙泰尔印刷公司知道，洛桑人和伯尔尼人中断《百科全书》谈判的意愿的背

---

① 纳沙泰尔印刷公司致庞库克的信，1778年1月25日："重要的是使用我们所掌握的一切手段……最根本的问题之一是以最大的细心提防任何八开本书进入法国，因为洛桑人始终决定不顾我们的反对而将之引入法国。弗朗堡、若涅、莫莱和古隆格的检查站是与我们的边界相对应的主要地方。我们相信您知道如何采取最有效的措施以制止这种走私。"

## 第四章 盗版与商战

后是建立秘密通道的巨大努力。"我们在此已看到八开本的百科全书,"它通知庞库克,"他们并没有向我们提出与这一项目有关的任何建议,我们相信他们想与您商谈,或者他们认为没有这也能够安排好。他们实际印了 3 000 部,在谈话中他们表示保证承担将这些书运进王国的一切风险。我们认为应将这话告诉您以解释他们的行为。如果普法勒与您的通信中根本没有这一内容,那么可以得出结论他们已有或是相信有了一条安全的线路。"[①]

但是通道在哪里呢?如果能找到它,四开本集团就能切断八开本的供应线,也许有了这一毁灭性的后果,洛桑人和伯尔尼人会放弃法国。在动身去与杜普兰对抗和在法国南部与中部的商业旅行中,法瓦吉一直留心此事。他还打算探察纳沙泰尔印刷公司自己的供应线,他的第一站就是圣叙尔皮斯的办事处。在那里,莫洪三兄弟泰奥多尔、阿布拉姆和皮埃尔·弗雷德里克顺口谈到了带着五口 800 磅重的板条箱越过边界去巴黎的事,箱子里面装着八开本《百科全书》的第一卷。这是一次重要的启示,莫洪三兄弟带着比职业自豪感更多的想法开始了交谈,因为他们知道这将在与皮翁的竞争中给他们帮助。法瓦吉想引导他们说出更多的事情,但是"他们的回答始终是,'当我们有真正的朋友时,我们也知道在需要时帮助他们'"[②]。

法瓦吉随后带着这一信息赶往蓬塔尔利耶去找皮翁。皮翁为了生意的事去了贝桑松,不过他的照顾生意的儿子拿出了缺少的信息中的关键部分:他已经看到这批货的通行证。它们已经被第

---

[①] 纳沙泰尔印刷公司致庞库克的信,1778 年 5 月 21 日。
[②] 法瓦吉自蓬塔尔利耶致纳沙泰尔印刷公司的信,1778 年 7 月 8 日。

戎公会的理事卡佩尔放行了。弗朗堡检查站的代理人，通常只发放前往里昂的通行证，刚刚允许这批货直接通过第戎去巴黎。所以卡佩尔一定暗中勾结八开本联盟，放行通行证，让八开本的板条箱程前往目的地而不是没收它们。

　　法瓦吉给大本营写了封欢欣鼓舞的信报告这一发现，纳沙泰尔人立刻报告给了庞库克，当然，很小心地避免提到卡佩尔，并坚持要庞库克不要提到他们。他们知道，他会让他的保护人没收这批货，而他们不想被牵连进走私活动，即使他们不过是告密者，或者更恰当地说，他们是不愿意法国当局把他们和走私联系在一起。在给里昂的法瓦吉的回信中，他们强调对此事中卡佩尔的那部分进行保密的重要性，因为"我们希望他为了钱而同样为我们效劳"。如果卡佩尔像放行它的邻居的通行证那样放行纳沙泰尔印刷公司的通行证，那么，他可能适于取代勒沃尔作为自己主要的地下代理人，而第戎也可以成为纳沙泰尔印刷公司非法图书的主要集散地。在法国做进口交易的条件，迫使纳沙泰尔人的大部分货物要取道里昂，对于前往法国北部的富饶的图书市场来说，这条路太绕远，也太昂贵。卡佩尔的暗中合作将打开通往首都的西北通道，为了寻找这条路，他们已经徒劳无益地忙了很多年。里昂仍然是通往法国南方的门户，纳沙泰尔印刷公司也将继续支持勒沃尔的生意，以备西北通路的计划万一失败。所以，它还通知法瓦吉强化它与勒沃尔的联系："我们的办法越多，事情将进展得越顺利。"当然，应该通知杜普兰八开本突破了防线，但不告诉他勒沃尔的有关活动。纳沙泰尔印刷公司想在两面玩这个走私游戏。①

---

① 纳沙泰尔印刷公司致法瓦吉的信，1778年7月11日。

第四章 盗版与商战

法瓦吉成功地把规定数量的信息送给杜普兰，考虑到与杜普兰谈话的漫长和《百科全书》密谋的复杂性，这并不是一个小成就："杜普兰先生对这一版的承包人在让他们的货物通行上表现出的机智并不怎么惊讶……他对这一发现非常高兴，并说，'应该不断努力，这正是我所做的；当他们有一些结余后，就不再感到窘迫了。'感谢上帝，我很注意避免连累卡佩尔，并且在各个方面都遵循你们的指示，像我这样和他长时间相处是很不容易的。"在后一封信中，纳沙泰尔印刷公司告诉法瓦吉，卡佩尔已经拒绝了它的建议，所以可以对杜普兰提他的名字了。这产生了非常好的效果："卡佩尔的行动是令人惊讶的，因为他预订了大量四开本"，法瓦吉报告说。实际上，卡佩尔最后预订了131部四开本，这是一个很大的数目，不过还没有大到足够使他抵抗通过为八开本工作而挣得额外收入的诱惑。他不情愿为纳沙泰尔印刷公司放行通行证，这并没有使法瓦吉感到惊奇，后者提醒纳沙泰尔人，两年前，他们就没有能说服他在工作中作弊。不过他们会从勒沃尔那里得到更可靠的服务，他对四开本的货物利用得极好（法瓦吉的调查证实"当涉及四开本《百科全书》时，人们一次只发送一或二［只板条箱］，这样就免要准单"），现在他已经完善了走私手段，不再需要他们了。①

因此，八开本出版商的走私生意有了一个好的开始，但是四开本的人挡在路上。八开本的板条箱从洛桑和伯尔尼出发，途经纳沙泰尔，沿瓦勒德特拉维尔上行抵达圣叙尔皮斯。下一步，多亏莫洪和菲利班，它们跨越边界到达蓬塔尔利耶，在卡佩尔的帮助下，通过第戎直达巴黎。纳沙泰尔印刷公司相信，它们储藏在

---

① 法瓦吉致纳沙泰尔印刷公司的信，1778年7月15日和21日。

城外的秘密仓库中，然后以小包装走私过海关，到达首都的零售商和预订者手中。① 外省的预订者可能也从里昂接到他们的货，不过八开本出版商还有另外的途径。法瓦吉听说布雷斯地区的布尔格的书商罗贝尔和戈提耶为自己的预订者走私了50部八开本《百科全书》，还听说八开本集团请杜普兰的一位有势力的同事雅克诺承担他们在里昂的"危险行动"，但是遭到后者的拒绝。② 这样，四开本出版商发现了他们的敌人的大量销售体系。他们是否有效地摧毁了它们呢？

当听说四吨八开本第一卷正在迫近巴黎的大门后，庞库克再次向纳沙泰尔印刷公司保证，他已经做好了接待的准备："法官已颁布命令。"③ 他那个时期的信件留存下来的太少，人们无法了解他的保护人是否捕获了这批货，也无从知道第2卷到第36卷是否随之而来。不过，八开本代理人似乎不大可能让做好了发现他们的准备并了解他们行经路线的官员对数量如此庞大的货物一无所知。

八开本遭受损失的一个迹象来自法瓦吉环游法国期间写的日记和信件。他在尼姆接到消息说，图卢兹当局没收了八开本的一批重要货物。在马赛，他与杜普兰的主要助手、在法国南方销售了大量四开本的勒鲁伊相遇，后者证实了有关图卢兹的消息并补充说，对洛桑人和伯尔尼人来说，这是双重灾难，因为它摧毁了顾客对他们运送货物能力的信任："已对第一卷所遭遇的障碍和麻烦感到厌倦的预订者已讨厌它，而选择了正在发行的四开本。在这里（马赛，最终销售了228部四开本）他们确实只销售了四部

---

① 纳沙泰尔印刷公司致法瓦吉的信，1778年7月11日。
② 法瓦吉致纳沙泰尔印刷公司的信，1778年7月15日。
③ 庞库克致纳沙泰尔印刷公司的信，1778年7月21日。

（八开本）。"① 在后来与书商的讨论中，法瓦吉不断听到八开本的预订者"叛逃"的消息：莫比永的奥德泽纳父子预订了六部八开本《百科全书》，一卷也没有收到，打算转向四开本；佩泽纳的菲齐耶因为八开本到货的不确定性，劝说他的顾客转向四开本；卡尔卡松的埃里松也一样。纳沙泰尔印刷公司在巴黎的好几位联系人都传来同样的消息。庞库克介绍了一批货物在卡昂被没收的情况。② 圣迪济耶的尚莫兰写到了发生在色当的另一起没收事件。③ 图卢兹的肖鲁说当地的政府不会发还没收了的八开本，除非四开本售罄。④ 布永印刷公司突然停止了向法国北部的顾客偷运八开本《百科全书》的计划。⑤ 国家组织起对八开本的检查需要一定的时间，所以早期的一些货物到了顾客的手中。1778年10月，杜普兰抱怨说："洛桑的八开本版正在到处大量传播。因此内维尔先生应该将这一八开本的内容介绍发给他的每一位监察员，并禁止它出售……庞库克曾大肆吹嘘他所拥有的保护，可它现在对我们毫无用处，这实在是奇怪。"⑥ 但是一年之后，杜普兰的副手勒鲁伊报告说，有1 400本八

① 法瓦吉致纳沙泰尔印刷公司的信，1778年8月23日。
② 博塞从巴黎致纳沙泰尔印刷公司的信，1780年5月22日，报告了与庞库克一次谈话的内容。
③ 尚莫兰致纳沙泰尔印刷公司的信，1780年11月26日。
④ 肖鲁致纳沙泰尔印刷公司的信，1779年1月15日。
⑤ 让-皮埃尔-路易·特雷古致皮埃尔·卢梭的信，1780年2月23日。特雷古从卢梭手中接过了布永印刷公司的日常管理工作，后者到巴黎过半退休生活。在这封信中，他提醒卢梭他们没有能够给法国的预订者供应八开本《百科全书》，而且他们已经放弃了八开本的销售。在1780年8月18日的信中，他提到一大宗被南锡公会的监察员没收的八开本《百科全书》。两封信都保存在布永的公爵博物馆的图书馆的档案中。布永的费尔南·克莱芒博士使我了解到它们的存在。
⑥ 杜普兰致梅利诺的信，1778年10月14日，转引自庞库克给纳沙泰尔印刷公司的信的副本。

开本《百科全书》被法国当局没收。① 八开本的出版商再也承受不了损失，于 1779 年撤出法国。庞库克在西部赢得了战争的胜利。

但是庞库克的阻断并没有延伸到欧洲的其他地方，洛桑人和伯尔尼人在那些地方还有很多合同。比如，据说伯尔尼印刷公司与德国的每一个重要书商都有生意往来，而普法勒则定期在法兰克福和莱比锡的市场上交易。当四开本打算进入德国的时候，发现所有的地方都被八开本占领了。纳沙泰尔印刷公司让巴塞尔的塞里尼在他的德国大客户和两大市场上分发四开本的说明书，他发现情况令人相当绝望。② 纳沙泰尔人有很多德国联系人，他们从各地来信说八开本已经占领了市场。③ 从欧洲各地传来了同样的报告，而当时四开本集团正全神贯注地在法国市场上收获他们的三大成果。据纳沙泰尔印刷公司估计，截止到 18 世纪 80 年代中期，至少 7/8 的四开本是在法国售出的，这表明它们已经在所有的地方公开流通，没有受到法国当局的任何刁难。④ 所以商战发展到后来就变得毫无意义：四开本集团把八开本逐出法国市场，而八开本的力量则阻止了四开本进入莱茵河和罗讷河对岸的广大地区。

---

① 勒鲁伊在与马莱·迪庞的谈话中提到了这次没收。马莱致纳沙泰尔印刷公司的信，1779 年 10 月 1 日。
② 塞里尼致纳沙泰尔印刷公司的信，1779 年 3 月 27 日。
③ 纳沙泰尔印刷公司致杜普兰的信，1779 年 4 月 7 日。参见纳沙泰尔印刷公司致庞库克的信，1779 年 6 月 24 日："在德国，您曾如此蔑视的八开本版，已对我们造成了最大伤害。"
④ 纳沙泰尔印刷公司致马埃斯特里克的迪富尔和鲁的信，1780 年 8 月 14 日。在日期为 1780 年 11 月 12 日的致圣迪济耶的尚莫兰的信中，纳沙泰尔印刷公司强调说："在有雇主联合会的外省的各个城市，甚至在巴黎，没有任何预防措施，甚至从没有任何障碍。"这个说法得到巴黎雇主联合会检查室保留的没收图书记录的证实。Bibiothèque nationale, ms. Fr. 21933—21934。

第四章 盗版与商战

除了偶尔零星的买卖和边界抄查，双方都守在这条线的后面。《百科全书》巨大的欧洲市场被划分成两个势力范围。

## 为和平而磋商

僵局并没有使任何一家瑞士印刷公司满足，它们过去一直是在分界线两侧同时做生意的。1779年春天，纳沙泰尔印刷公司很后悔地给庞库克和杜普兰写信说，八开本1779年在德国的成功证明它们应当在1778年讲和——而且它开始和八开本邻居进行秘密谈判。起初它们只是讨论销售安排：纳沙泰尔印刷公司应该在它的势力范围内销售八开本，而洛桑和伯尔尼印刷公司则在它们的势力范围内销售四开本，各自以25%的折扣给对方提供自己的《百科全书》。八开本的出版商甚至提议向纳沙泰尔印刷公司提供因庞库克的禁运而没有收到预订的八开本《百科全书》的法国顾客名单。不过这个建议很可能使纳沙泰尔人参与走私八开本《百科全书》的活动，而这一活动将跨越他们自己的反走私防线；经过认真的考虑，他们拒绝了。他们的确在1779年5月和6月与伯尔尼进行了非正式合作，但是这些共同销售的努力没有什么结果。在经由商业信函报出八开本的价格，并四处发放了说明书后，纳沙泰尔印刷公司只卖出了一部。尽管普法勒在环德国商业旅行中建议顾客购买，却连一部都没有卖掉。①

---

① 伯尔尼印刷公司致纳沙泰尔印刷公司的信，1779年3月14日、6月15日和12月13日；纳沙泰尔印刷公司致伯尔尼印刷公司的信，1779年6月12日。

不过，到这个时候，已经没有什么剩余的四开本《百科全书》了。庞库克的联盟已经售出了它的三个版本的几乎全部的《百科全书》。因此，四开本集团可以被看成是《百科全书》战争的胜者，尤其是八开本集团首先提出了讲和的要求。敌对状态的结束，使它们的所得最多，因为贵得多的四开本在它们的势力范围里不再是威胁，而根据它们的法国联系人的报告判断，在法国还存在着对八开本的需求。它们在1779年10月"瑞士邦联"的一次会议上，向纳沙泰尔印刷公司试探了休战的可能性，此后不久，洛桑人提出了条件：由纳沙泰尔印刷公司安排八开本自由进入法国事宜，随后它与洛桑人和伯尔尼人一起参加由三个部分构成的类似于邦联其他产品的新版本的工作。当富饶的法国市场向他们开放后，他们可以卖出2 000部至3 000部八开本《百科全书》，因为他们一度拥有1 200位法国预订者，"一旦这本书在法国自由流通，而且可以很容易地获得的话，那么将看到可以在法国销售出更多数量的书，四开本《百科全书》的收获已完成"①。

尽管很有诱惑力，这个建议可能还是令纳沙泰尔印刷公司的两位盟友感到困惑；所以奥斯特瓦尔德写了一封冷淡的回信。他说，整桩交易搅起了关于1778年6月夭折的谈判的痛苦回忆。那时曾经是达成妥协的机会。他知道八开本出版商现在在追求什么：法国禁运的解除。但那比他们所意识到的要难得多，而且他甚至不会考虑这个建议，除非他对预期能够从这一交易中得到的好处有现实的想法。他需要他们仍然保密的那些信息——成本、订单，诸如此类——然后，他再决定"这件事是否值得我们动用在巴黎

---

① 洛桑印刷公司致纳沙泰尔印刷公司的信，1779年10月9日。

## 第四章 盗版与商战

的朋友和影响"①。

洛桑人回答说,他们不想再提起本该忘记的老麻烦,只是想给纳沙泰尔印刷公司一个机会,用一桩新的投机买卖赚钱,如果他们能够突破防线进入法国,这桩买卖一定会成功的。在没有法国市场的条件下,他们的第一版已经获得了成功。3 200 部《百科全书》,只剩 100 部待售,而且他们已经在印制第 20 卷了。他们从里昂得到消息,四开本出版商也已经售出了几乎全部《百科全书》:"他们的收获已完成:他们似乎倾向于同意我们在他们之后拾麦穗。"已经到了扩张生意、跨越侏罗山的时候了。他们能够重印 3 000 套第 1 卷至第 20 卷,然后继续印制 6 000 套第 21 卷到第 36 卷。产量的增加将使他们从排版和纠正第二版错误的成本中省下 20 000 里弗。他们可以用这笔钱从四开本出版商手中购买进法国的通路。一旦进入法国,他们就将突然赚到一大笔钱,因为他们确信四开本并没有完全满足法国读者对低价《百科全书》的需求:"公众相当欢迎第一版(八开本),法国到处都有人向我们要这部书,这对我们来说是销售第二版的良好保证。我们中的一位可以去做更新老订单和获取新订单的旅行。"他们将至少让纳沙泰尔印刷公司印制其中的 15 卷;而且,为了满足奥斯特瓦尔德对成本和利润信息的要求,他们制作了下面的"生意表"。

| | |
|---|---:|
| 重印 3 000 部,其中 36 卷文字,3 卷图版,印刷、图版等等费用总计约…… | 280 000 里弗 |
| 加上意外开支…… | 20 000 里弗 |
| | 300 000 里弗 |

---

① 纳沙泰尔印刷公司致洛桑印刷公司的信,1779 年 10 月 11 日。

3 000 部的收益，已扣除 25%（给销售商的折扣）和免费的第 13 部（因为买一打赠送一部）将是

450 000 里弗

结果，将获得 150 000 法国里弗的利润。

因此，除去它的那份支付给四开本集团的保护费（约 4 167 里弗）和印制 15 卷《百科全书》所获得的利润以外，纳沙泰尔印刷公司预计可以从它在这桩生意中的 1/3 股份中赚得 50 000 里弗。①

前景诱人。为了使它更具诱惑力，贝朗热在致奥斯特瓦尔德的私人信件中对八开本一方的观点做了补充。他是文人，不是商人，他说，不过他惊异于八开本销售之快，尤其是从文学的角度看它是"很次的"。霍伊巴赫向他担保只剩下不多的几部，而且他们还可以轻易地再卖掉 3 000 部，因为他们已经能确保在巴黎销 500 部，在法国其他的城市销 700 部。不过奥斯特瓦尔德知道，没有庞库克的支持，他不可能做这笔交易，因为庞库克掌握着法国边界的最终控制权。所以他的回信态度暧昧：他得和四开本联盟商议。②

贝朗热回了一封更加坚决的信。八开本出版商到了重要的转折关头。他们要么按以前的样子继续《百科全书》的生意（按当时的形式做，能获得足够多的利润），要么加倍。拖延做决定的时间只能增加他们的开销，而且他们不想现在就为那些一旦把印数

---

① 洛桑印刷公司致纳沙泰尔印刷公司的信，1779 年 10 月 21 日。
② 贝朗热致奥斯特瓦尔德的信，1779 年 10 月 15 日；奥斯特瓦尔德致贝朗热的信，1779 年 10 月 21 日。

从3 000提高到6 000就要重新排版的各卷准备铅字。①但是奥斯特瓦尔德不可能撇开庞库克做什么承诺，后者随后被吸收加入与列日人的谈判，贝朗热的信放在一旁没有回复。洛桑人开始怀疑四开本集团是在拖延时间，同时准备新的行动——也许是他们自己的八开本。洛桑人和伯尔尼人提供的信息毕竟证实了他们的计划的盈利能力，四开本集团只要简单地挪用就可以了。庞库克和合伙人已经用无法穿透的商业藩篱把法国市场团团围住，他们可以在里面收获自己的八开本而不必和别人分享收益。11月11日，洛桑人要求得到一个直截了当的回答。他们不能再等了；四开本集团不得不表态。

一周后，纳沙泰尔人回答说，他们不能答复，因为他们的合伙人还没有做出决定。如果八开本集团一定要一个结果，他们不得不说"不"——并不是他们认为这个提议没有吸引力；他们只是不能约束盟友。四开本联盟一个月内将在里昂会面，纳沙泰尔印刷公司可以在那时想办法从联盟拿到一个决定，"我们的微妙处境使得我们在此之前无法就这一问题做出任何决定"②。这个回答听起来是在有意推脱，更令洛桑人加深了怀疑。四开本集团一定是在筹划对他们确信的属于自己的八开本市场进行一次出乎意料的攻击。更糟的是，他们的同盟者纳沙泰尔印刷公司诱使他们透露了秘密信息，而这在做出进行背后一击的决定时是关键因素。既然四开本出版商知道在法国对另一八开本至少还有1 200位潜在的顾客，而且这种需求在洛桑和里昂还在不断增长，那么他们一定

---

① 贝朗热致奥斯特瓦尔德的信，1779年11月5日。
② 纳沙泰尔印刷公司致洛桑印刷公司的信，1779年11月17日。

会自己来生产,从已经取胜的战争中获取一次新的胜利。

这是贝朗热致奥斯特瓦尔德的痛苦的信中的主旋律,因为两人关系密切,这封信中的痛苦就尤其剧烈。仅仅在三个月之前,奥斯特瓦尔德在一次洛桑之行中突然造访了贝朗热的家,并且和他的夫人与女儿一起度过了几个小时的快乐时光。贝朗热后来的信说很遗憾他当时不在家,并谈到奥斯特瓦尔德走后留下的温暖感觉:"如果我可能嫉妒,那我就是嫉妒您——直至现在我们的孩子们还在谈论您,尽管他们念错了您的名字,而最小的孩子还在为自己在九柱戏中赢了技艺如此好的大人而自豪。"①现在贝朗热用另一种调子写信,事实上是在控诉奥斯特瓦尔德偷去了八开本集团第二版的计划。"正是我们的公司想到了您;正是它向您提出有关这本书的建议;您正是向它了解具体情况以确定这一项目是否可行。它把您作为盟友而加以信任;它将自己的计划、期待的收益、需要的费用等等都详细告诉了您;一旦您知道了这些,您就利用它的信任而布下陷阱。它认为您并没有真诚地、像一位合伙人那样做事。"这一背叛对贝朗热的伤害比其他任何人都要大,不仅因为他与奥斯特瓦尔德间的友情,还因为洛桑印刷公司同意从他们 1/3 的八开本股份中分给他 1/4。他曾寄希望于此。他原来预期这笔生意可以为他带来 9 000 里弗的收入,甚至可以靠它退休了。"我已经远远地看到了这一景象:我将购买一处偏僻的小屋,一个果园,一小片土地,我与我的家庭在那里快乐度日。随后您又进一步激发了这一幸福的梦想。唉!真不该是您使它消逝了!"纳沙泰尔印刷公司的背叛也会损害邦联,甚至会逐渐削弱贝朗热

---

① 贝朗热致奥斯特瓦尔德的信,1779 年 8 月(没有准确日期)。

## 第四章 盗版与商战

在他自己的印刷公司中的地位。因为他总是提倡与纳沙泰尔人发展更密切的关系,而现在纳沙泰尔人把这个计划变得看起来很愚蠢——除非奥斯特瓦尔德改变主意:"请您再考虑、斟酌和判断,我什么也不想再说;我想忘却这一令人不快的生意。"①

奥斯特瓦尔德绝没有想到他会收到这样的指控,因为事实上他没有滥用洛桑人的信任,四开本集团也没有计划生产自己的八开本,尽管贝朗热的误解表明这样的不正当竞争并不是不可能的。在18世纪的商业竞争中,没有什么办法是被禁止的。既然这样,无论如何,奥斯特瓦尔德可以向贝朗热担保纳沙泰尔印刷公司没有背叛瑞士盟友,它还将在与法国盟友会谈时为他们的事情力争。由于这次会谈被称为是对四开本的财务做最后安排的会谈,它将为与八开本出版商的最后安排提供合适的机会。贝朗热在回信中表示收回以前说过的话:他被关于纳沙泰尔印刷公司《百科全书》计划的谣言误导了。在后续的通信中,两位朋友努力掩盖在他们之间出现的裂隙。奥斯特瓦尔德解释了被迫两头周旋的困难。而贝朗热则对"您的令人不快的处境"表示了同情。②

洛桑人随后直接去找杜普兰,后者也准备以24 000里弗的价格向他们出售通向法国市场的入口,因为他已经差不多结清了四开本的账目。但是,没有庞库克的同意,他也不可能做出任何安排,而庞库克1779年底主要关心的是启动《方法百科全书》。由于担心损害他的新《百科全书》的市场,庞库克否决了这个建议,

---

① 贝朗热致奥斯特瓦尔德的信,1779年11月23日。
② 奥斯特瓦尔德致贝朗热的信,1779年11月29日、12月20日和1780年1月3日;贝朗热致奥斯特瓦尔德的信,1779年12月10日、12月31日和1780年1月15日。

增强了防御措施,并告诉纳沙泰尔印刷公司,内维尔已经再次发出了反八开本的警报:"请相信八开本……将不会进入法国。法官已再次向我如此表示。"①

## 奇特的和平

使四开本与八开本集团和解的企图,几乎使瑞士邦联分裂。到 1780 年,如此之多的阴谋诡计中,局势多次危如累卵,使得出版联盟内裂隙丛生。八开本出版商曾试图利用纳沙泰尔印刷公司使他们的征服者分裂,或至少从他们那里得到比较宽松的条款;因为 20 000 里弗对于获得法国市场来说算不得过分的价格,特别是如果和四开本集团付给巴雷和格拉比的 27 000 里弗相比的话。但是,出于随后很快就会变得明显的理由,纳沙泰尔人在那个时候承受不了和庞库克最轻微的争吵。即使他们想这样做,他们也不可能达成单独的和平。他们拥有《百科全书》一半的特权,但是庞库克控制着保护伞。杜普兰也因同样的弱点而处于不利的地位,尽管他遵循的是秘密外交的独立路线。因而,最终,八开本

---

① 庞库克致纳沙泰尔印刷公司的信,1780 年 1 月 6 日。庞库克谈到了内维尔命令图书监察员查封全部的八开本。庞库克还在 1779 年 12 月 2 日致纳沙泰尔印刷公司的信中说,他十分关心杜普兰和洛桑人的谈判:"杜普兰刚刚写信给我表示他即将与洛桑人达成协议,后者将给他 1 000 金路易以进入法国。我已马上通知他什么也别做,因为为了这一笔小数目,将剥夺我们对《方法百科全书》的所有希望,我们为了这本书曾拼命工作,而且它已付印。由于杜普兰先生已与那些洛桑人走得太远,因此他的信似乎甚至预示了一次会面,先生们,我恳请你们,关注一切将发生的事。"

第四章 盗版与商战

出版商屈从于需要,把和平建议提交给威严的出版业巨人。

1780年1月的里昂会议达成了和解,同时还进行了其他各项账目的结算。不幸的是,关于这一事件,只有不完整的记述,所以人们无法追踪结束四开本—八开本之战的最后对抗。不过,主要的结果是清楚的:双方签订了契约,以24 000里弗的价格授予八开本出版商在法国销售他们的《百科全书》的权利。

洛桑人没有直接面对庞库克,而是使12月间与杜普兰达成一致意见的初步协议重新发生效力。杜普兰接受了他们开给他的汇票,在将来的某个时候支付24 000里弗,然后与庞库克商谈最后合同。然而,这是一项艰巨的任务。为了避免庞库克自我吹嘘的保护伞消失或失灵而使自己受损,八开本出版商坚持要他保证让500部八开本进入首都。对庞库克来说,他仍然担心八开本的洪流会毁掉《方法百科全书》的市场,并且他还认为这笔钱不够。但是,当四开本联盟与借贷双方讨价还价的时候,它代表了被非常渴望得到的资产,庞库克偶然间想起了一个把它变成某种能立即得到的好处的办法。他允许杜普兰把票据背书给他,作为和联盟的一般性的财务结算,然后再把它们转给洛桑人,抵掉他已经保证进入法国的500部八开本中150部的相应款项。这一安排看来似乎是双赢的:庞库克得到了有价值的货物而不是纸面上的资产,八开本出版商则用库存作为补偿,而不用损耗资金。①

他们把这笔资金用于原来计划同纳沙泰尔印刷公司一起生产

---

① 这一解决办法的主要条目在奥斯特瓦尔德和博塞在里昂会议的笔记中有描述,也见于他们1780年1月29日给大本营的信。还可参见庞库克1781年3月31日致纳沙泰尔印刷公司的补充评注。

的新版本。在确信庞库克已经同意他们进入法国后,他们立即把产量翻了一番。第21卷到第36卷印制了6 000套,又重新安排前面各卷的印制,大约加印了3 000套。因此得到了文献学上另一则谜语的答案,因为图书馆管理员和图书收藏家就像搜寻缺失的四开本版本一样一直徒劳地搜寻着缺失的八开本版本。① 事实上,找不到的八开本"第二版"不过是第一版的加印。不过的确有两次不同的八开本的征订。洛桑人和伯尔尼人启动了第二次的征订,他们非常希望能够从两年半以来一直得不到的法国市场上最后赚一笔。但是正当这一希望看起来肯定要变为现实的时候,庞库克又彻底毁了它。他削减了自己的八开本的价格,倾销到市场上,然后再公布出版一种终结所有《百科全书》的新《百科全书》——《方法百科全书》——的计划,配制好了他的毁灭之药。

对第二版八开本来说,这次毁灭的范围有多广?这一行为有多卑鄙?庞库克为什么要做这件事?倘若缺少1780年2月四开本联盟走向终点后的文件的话,这是令人兴奋但却无法回答的问题。然而,我们可以通过比较八开本出版商和庞库克在各自广告中提出的条款来接近它们:

洛桑人和伯尔尼人在1780年4月8日的《伯尔尼报》上宣布他们的新版本问世:

> 伯尔尼和洛桑印刷公司印刷的八开本《百科全书》,是依照最成功的日内瓦的佩莱的四开本版逐页印制的,它开始了

---

① 参见 George B. Watts, "The Swiss Editions of the *Encyclopédie*", *Havard Library Bulletin*, IX(1955), pp. 230–232; Lough, *Essays*, pp. 40–41。

## 第四章 盗版与商战

新的预订，价格是文字每卷（共有36卷）5个法国里弗，三卷图版每卷15里弗（共计225里弗），在内容介绍中人们可以详细了解有关事宜。就这第二版而言，人们将把第1—20卷分为5册，第21—36卷分为2册。可在上述公司和主要书店付6法国里弗预订该书，25里弗可获得前5卷，它最迟将在8月出版，之后预订将截止，每卷将卖6法国里弗。

庞库克在一封日期为1781年2月27日的给书商的印制的通知函中说：

《百科全书》，八开本，洛桑版，36卷文字和3卷图版。对于先生您而言，这一版与著名的佩莱版一样完整，价格为168里弗15苏，第13部免费。零售价格为225里弗，因此您的佣金超过四分之一。现在它已出了26卷文字和1卷图版，整部书将于4月完成。为此，我将在1年至15个月内发行它。每卷文字的价格是3里弗15苏，每卷图版为11里弗15苏。我只分两次交货以避免麻烦……从未有一本书有过如此好的预付情况。①

---

① 通知夹在1781年3月31日庞库克致纳沙泰尔印刷公司的信中。庞库克每年给零售商中的大户发这种印好的通知函，为他的货品做广告。这些通知函表明了他是怎样起一个批发商经理的作用，因为它们不同于其他批发商发行的印制好的目录：不是全面的货品清单，而只提供几种大部头的著作，比如布丰的《自然史》和拉阿尔普的《游记概要》。通过研究纳沙泰尔印刷公司庞库克档案中的一系列通知函，传记作者就能够追踪到他的企业和销售策略的演化过程。

庞库克几乎没有夸大：一部《百科全书》售价168里弗15苏、大订单另有的8.33%的折扣、一年的赊欠期所代表的是一份无可比拟的合约，它可以把任何对手置于绝望的境地——洛桑人和伯尔尼人的绝望感一定非常强烈。八开本出版商可能不得不降价（他们的预订通知上很显然是给出了零售价，而庞库克的通知函上的则是批发价），但他们不可能降到庞库克的水平。他得到八开本不用花费额外的钱，而他们则需要在支付了印制成本后再扣除8%的利润，用于购买现在看来已经无用的在法国销售他们货物的权利。即使以当时的标准衡量，庞库克看来也属不择手段了；甚至他的前合伙人纳沙泰尔印刷公司也认为他做得不正当。但是庞库克回答说他无愧于良心："你们抱怨洛桑人的八开本，但是你们已分享了他们为进入法国而付的1 000金路易。因此你们忽视了在与杜普兰一起签订的契约中包含了这样的内容：我将让500部书进入巴黎；既然要履行这一安排，我认为应该接受报酬而为之服务。如果我没有做，其他人会取代我，而我们从中将什么也无法获得。"他仍然把洛桑人和伯尔尼人看作是他的势力范围的闯入者。不错，他向他们开放了势力范围，但他没有道德上的义务忠诚于他们与杜普兰的交易。他履行了契约中他自己的部分，然后再来对付他们——这可能是戏剧性的变化，但不是意想不到的。如果有谁要获取市场的精华，那就应该是他。而他同时也可以摧毁它——看来那是他的主要目的。因为里昂协议要求他允许500部八开本《百科全书》进入巴黎，但并没有保证说它们可以卖得掉。如果他以大幅度降低的价格销售他自己的150部，他就可以阻止它们的销售。用这种方式，他可以把对《方法百科全书》的损害降到最小，这一新《百科全书》到1780年时已成为他最大的买卖：把150部

## 第四章 盗版与商战

八开本倾泻到市场上，要比让它和 500 部八开本一起覆没更好。①

可是，要让 150 部削价的八开本永久地毁灭洛桑人和伯尔尼人预期 3 000 部的需求，看来不太可能。庞库克可能指望着一个短期的胜利，把大量的第二版八开本赶出市场，直到他能够生产出《方法百科全书》的第一卷，它的完美将使公众忘记粗糙、不完美的狄德罗的著作。然而，从长远看来，洛桑人和伯尔尼人可能在法国售出了大量的《百科全书》，因为庞库克的"最后的《百科全书》"因无数的困难和长期的拖延陷入了窘境。因而，狄德罗文字的最后一个传播阶段和庞库克产品的第一个传播阶段是相互重叠和缠绕的。实际上，所有关于《百科全书》的生意都是联系在一起的，因为它们都代表着满足旧制度下的读者对百科全书知识表面上无法满足的欲望的企图。但是在追溯它们的结局以前，还有一件重要的事情，就是仔细看看《百科全书》到达读者手中的过程。

---

① 庞库克致纳沙泰尔印刷公司的信，1781 年 3 月 31 日。

第五章
/
造书

177　关于合同的争论、搜捕盗版以及商战都指向同一桩重要的事实:《百科全书》已经成为畅销书——从来没有人听说过的影响最大的畅销书、出版商的梦想、"出版界未曾有过的最好的(生意)"①。它是不是1789年之前整个出版史上挣钱最多的生意,目前还不能确定,因为我们对其他现代早期图书的销售情况一无所知。不过纳沙泰尔印刷公司的文件几乎把四开本《百科全书》生产和传播的所有情况都公之于众了。这部书的"生平"的每一个方面都值得专立一章,因为每一方面都将把我们引向过去从未勘探过的疆域——在这些疆域内,有着相互关联的出版的历史与经济和技术的历史、劳动和工人阶级的历史、管理和广告的历史、交流和观念传播的历史。通过追寻这部畅销书从生产者到消费者的过程的方方面面,我们可以从十几个不同的角度来研究图书市场。最后,我们就能够勾勒出早先的研究一直捕捉不到的东西,尽管

① 纳沙泰尔印刷公司致庞库克的信,1778年8月20日。

它已经构成了现代历史的很大的一个部分：启蒙运动的传播。

## 生产体系不堪重负

可以从为生产四开本必须付出的巨大努力的角度来评价它成功的程度。在收到了超过 8 000 份订单后，杜普兰面临的问题是如何生产出 30.69 万卷巨大的四开本图书。① 他本身不是熟练的印刷工人，而且无论如何，这项任务都超过了任何一家印刷工场的能力；所以他和散布在法国东部和瑞士西部的 20 多家工场签订了合同。佩莱——前两卷是在他的名下出版的——和这桩生意只有不很重要的联系。四开本的合伙人为了在说明书和扉页上使用他的名字，给了他 3 000 里弗，他们在秘密通信中以贬抑的口吻称他为"出面人"和"代理人"。从版本记录看，佩莱只印制了"他"的《百科全书》中的四卷——纳沙泰尔印刷公司做的也不比他多，也是印制了四卷，而且在自己的"纳沙泰尔"版中它只印制了一卷。②

---

① 这个数字的基础是三个版的合同所规定的总计为 8 525 部的印数。因为损耗，完整的部数一定会少一些。庞库克在巴黎负责三卷图版卷的生产。

② 参见纳沙泰尔印刷公司致拉罗什尔的兰森的信，1778 年 5 月 24 日："仅仅是一位印刷商的佩莱，对于我们来说是个代理人。"纳沙泰尔印刷公司致阿弗朗什的格拉芬利德的信，1780 年 5 月 6 日："佩莱只是我们的代理人，负责为我们印刷几卷……他也受托征集预订，他的全部重要性就在于此。"在扉页上使用佩莱名字的费用，出现在博塞的名为"支出"的笔记中，它是有关生意的各项费用的，见纳沙泰尔印刷公司文件，ms. 1220。佩莱的版权记录出现在纳沙泰尔图书馆保存的第一版四开本的第 2、7、11 和 31 卷的末尾。这部书中，还有版权记录的只有第 3、8 卷（日内瓦的巴松皮埃尔）和第 14 卷（日内瓦印刷公司）。

为了充分利用承包人，杜普兰使印刷工场之间为争利相斗，并把价格压到他们能够承受的底线。他们不仅要为工作任务而竞争，还要为物资和人员的供应——铅字、油墨、纸张和工人——而竞争。随着生意规模的扩大，竞争也越发激烈。最初，生产中心在日内瓦，在佩莱、巴松皮埃尔和博南的工场里。到了1777年3月，日内瓦的30台印刷机在为四开本忙碌，而一年以后，根据日内瓦书商的说法，日内瓦全城都在印制这部书。①

同时，杜普兰把生产中心转移到了里昂。这样，一旦拥有了庞库克特许权的虎皮，他就可以在法国合法地运作了。法国当局允许他——非正式地并且没有确认——在里昂印制四开本，而1778年10月10日的合同，实质上把第三版变成了里昂人的产品，尽管它的扉页上印着"纳沙泰尔"。②1778年7月，当法瓦吉检查杜普兰的运作情况时，他发现四开本已经在整个地区的印刷企业中占据了首要的位置："不论是这里（里昂），还是格勒诺布尔与特雷乌，有大约40台印刷机在为这部书工作……除其他一些用途之外，这里的所有印刷工场只印制四开本的《百科全书》……任何人在任何月份或是任何年份里有一些钱可以投于书中时，都会投于四开本《百科全书》。"③杜普兰本人在1779年1月列出了53

---

① 杜普兰致庞库克的信，1777年3月16日（引自庞库克给纳沙泰尔印刷公司的信副本），以及日内瓦的巴泰勒米·希罗尔致纳沙泰尔印刷公司的信，1778年7月17日。
② 起初，庞库克怀疑杜普兰是否能够说服当局让他在法国印制："他请求在里昂获得许可，但我知道他不可能获得。"（庞库克致纳沙泰尔印刷公司的信，1777年7月4日。）但是，1777年8月5日，庞库克告诉纳沙泰尔印刷公司，"由于不断请求，他已获准在里昂印刷一些卷"。
③ 法瓦吉致纳沙泰尔印刷公司的信，1778年7月21日。

台正在印制第三版的印刷机。<sup>①</sup>考虑到前两版在规模上大致相当于第三版的三倍，1777年至1780年间，可能大约有20家工场的100台印刷机在为四开本工作。与此同时，洛桑和伯尔尼印刷公司正在生产6 000部八开本《百科全书》，而菲利斯在伊韦尔东生产1 500部他自己版本的《百科全书》。以如此大的规模生产狄德罗的著作，使得法国和瑞士的一大片区域内印刷企业的生产能力十分吃紧。

这一紧张状况表明了经济体系的每一个部分和图书交易的关系。然而，今天，作为一个实实在在的物品，图书已经失去了在18世纪所拥有的重要性，我们很难再给予它足够的重视。旧制度下的读者在买书之前要仔仔细细地检查这件物品，用手指摩挲纸页，举起来对着光看，挑剔地检查字母的形状、印痕的清晰程度、页边的宽窄以及总体的设计是否典雅等。如果发现任何瑕疵，他们都会大声地、明确地提出抗议。"先生们，你们曾保证在《百科全书》印刷时用好纸和新铅字，"一位愤愤不平的预订者给纳沙泰尔印刷公司写信说，"这一承诺，请允许我对你们这么说，并没有完全实现，因为纸张总的来看是有缺陷的，而字迹几乎是黯淡的，这将使读者的眼睛很疲劳。这一类的著作，是为了永远流传而制作的，值得投入更多的精力。绝大多数印张是有污迹的或是破损的。先生们，你们明白你们工人的这些疏忽只会损害你们自己的利益，因为这使得公众对开始的新预订感到厌烦。"<sup>②</sup>

---

① 杜普兰致纳沙泰尔印刷公司的信，1779年1月21日："这是我们用于第三版的印刷机清单：贝里福尔6台，拉布（？）4台，沙瓦纳4台，瓦当6台，特雷乌8台，格里4台，德古特3台，佩莱在半月内有6台，居迪3台，居歇9台。"
② 圣迪济耶的尚莫兰致纳沙泰尔印刷公司的信，1780年7月17日。

正如这位读者指出的，四开本出版商在广告中自始至终强调这部书在物质方面的质量。在最主要的说明书中，他们强调，所有各卷都将用漂亮的字体（称为 *philosophie*[ 哲学字 ]，即小 12 点活字）印在最好的纸张上。个体零售商则在他们自己的促销活动中在这一点上添油加醋。因而日内瓦的特隆向《莱顿报》的读者保证说："所有纸张都来自奥维涅，并且只用法国的铅字，它们在每印刷五卷之后就更新。"① 对于一部现代的、用机器生产出来的图书来说，这样的说法显得有点不太合适，不过在手工制书的年代，这可是"极品"。当时印刷用的纸张是在偏远的作坊里经过数月的精心工作一张张造出来的，并且，当时要求拾破烂的大军搜集的造纸原材料——被丢弃的亚麻布，至今还能在《百科全书》的纸张中看到它的纤维。仅仅是 36 卷中的一卷，如果三个版本都印的话，就要用掉上百万张纸。而且要 5 个排字工和 20 个印刷工经过五个月的辛勤劳作才能把这些纸变成印好的一卷书。② 尽管他们只代表了整个印制过程中很小的一部分，纳沙泰尔印刷公司的运作还是说明了大规模生产到来之前大规模地生产一部书的复杂性。

扩充设备是最简单的问题。纳沙泰尔印刷公司为印刷工场买了新房子和六台装备完好的二手印刷机，把印制能力扩充了一倍。印刷机购自里昂的印刷商艾梅·德·拉罗什·瓦尔塔，每台只需

---

① 《莱顿报》，1777 年 10 月 7 日。参见 1777 年 1 月 3 日和 2 月 11 日的通告中的类似说法。

② 从账目上来看，纳沙泰尔印刷公司为第一和第二版的第 24 卷用去了 1 762 令纸，为第三版的第 19 卷用去了 669 令纸。由五位排字工组成的小组，不做其他工作，专为第 24 卷排字，工作时间为 1778 年 6 月 6 日到 11 月 7 日。印刷工的数字是变化的，他们在印制第 24 卷的同时，还印制其他四个"大活儿"和各种"小活儿"，这些"活儿"的排版工作是由这个工场中另六位排字工完成的。

250 里弗，相当于一位普通的熟练印刷工人四个月的薪水。① 买铅字又是一件事。为了保持各卷在观感上的某种统一性，杜普兰指示他的所有印刷商从里昂一位名叫路易·韦尔南奇的铸造商那里购买"哲学字"体的铅字，但韦尔南奇很快就被工作淹没了。1777年4月20日，他和纳沙泰尔印刷公司签订的一纸合同，承诺提供一副重1 800斤（livres）的铅字，6月1日和7月1日各交付一半，如果没有在最后期限前完成，价格要下降20%。6月2日，他要求纳沙泰尔印刷公司再给他两个星期。纳沙泰尔印刷公司勉强同意了，因为它已经计划从该月初起为《百科全书》置办六台印刷机。到了6月18日，铅字还没有交工，纳沙泰尔印刷公司通知韦尔南奇说它急等着这批货。6月26日，它威胁说要动用惩罚条款，因为工人和印刷机都在闲置。第一批货最终在7月8日到了，其余的分别于7月底和8月底到货。即便如此，纳沙泰尔印刷公司还需另订500斤字体相同的活字，这些货直到年底才完工。主字体重1 471斤，用比韦尔南奇承诺的长了一倍的时间才做好，花了1 852里弗（记账）购得。韦尔南奇列举了种种困难为延期寻找合理的借口：工人生了病，并因为"肆意妄为"而惹上了麻烦（里

---

① 关于纳沙泰尔印刷公司购买"布朗的房屋"以扩充工场印制《百科全书》，请参见纳沙泰尔印刷公司致佩塔维尔的信，1776年7月22日；纳沙泰尔印刷公司的贝特朗夫人致博塞的信，1780年5月21日；以及博塞致贝特朗夫人的信，1780年5月29日。关于购买印刷机的事，请参见纳沙泰尔印刷公司致拉罗什·瓦尔塔的信，1776年9月8日、9月24日、10月6日、10月12日和11月24日以及1777年9月17日。法瓦吉在1776年的里昂之行中检查了那些印刷机。他认为它们比新的更有价值，新印刷机每台300里弗，没有铜压印盘，而且城中最好的印刷机制造者塔尔迪每月只能生产一台。法瓦吉致纳沙泰尔印刷公司的信，1776年8月25日。

昂当局以品行不端驱逐了其中的一个人）；因为到了作物收获期，他不再能为途经弗朗什-孔泰地区的供货工作寻找到一位车夫；而他也几乎不能应付所有的订单。实际上，纳沙泰尔印刷公司非常走运，只比原定时间晚了两个月就拿到了铅字。日内瓦的博南不得不在1777年11月中止了工作，因为他需要的铅字没有来——不是来自里昂，因为韦尔南奇不能再向所有的四开本印刷商供货了，而是来自阿维尼翁，那里的另外一家铸造厂也已经不堪重负了。①

巨大的需求对油墨生意也造成巨大压力。油墨生意是由两家巴黎企业朗格洛瓦和普雷沃垄断的。纳沙泰尔人与朗格洛瓦有生意往来，他的价格是每斤22苏，比普雷沃的低两个苏。但是在1777年10月他们就几近枯竭了；当朗格洛瓦经过数次紧急求助，终于得到援救的时候，纳沙泰尔需要两桶250斤的油墨，他也只能提供一桶。他用了三个月的时间才供应上第二桶；到了1778年4月，又出了问题，迫使纳沙泰尔印刷公司暂时中止了印制。5月，纳沙泰尔印刷公司从朗格洛瓦手里榨出两桶油墨，10月，又榨出一桶，最后两桶分别在1779年2月和8月到货。同时，他慢慢提高了价格——从每斤22苏涨到28苏。他把责任归咎于自己的原材料供应商——胡桃收集者、南方的树脂商人、巴黎的松节油和

---

① 可以通过韦尔南奇的档案仔细研究字体的事情，档案中包括了21封信，在纳沙泰尔印刷公司的回信中，1777年6月26日、7月8日和9月4日的几封对研究特别重要。另参见纳沙泰尔印刷公司致杜普兰的信，1777年4月26日；博南致纳沙泰尔印刷公司的信，1777年11月14日。总的来说，纳沙泰尔印刷公司是根据"重量"和"印张"两个标准订购字体的，它付的价格是每14盎司的里昂斤25苏。它给韦尔南奇提供了两个作为样本的字母：m和s，这样他就可以根据纸张的情况铸出大小合适的铅字来了。

原版《百科全书》(造纸场)("PAPETTERIE"]图版IV)中展现的造纸作坊的磨房。水轮(E)转动一根轮轴或者凸轮轴(B)。当它们旋转时，凸轮抬起12根(每四根为一组)槌棒的末端，槌棒头落入三个槽中。槽中盛有沤烂了的布浆。经过槌击和漂洗，布浆就变成了原料。

造纸作坊的"桶房"(vat room)(造纸场["PAPETTERIE"图版V])。抄纸工人(Fig.1)刚把铁丝网状的模具在盛满了热原料的桶中蘸过,正在让水排干,然后再倾斜模具,使得原料的纤维"固定"在一起,形成一张纸。同时,涂纸工人(Fig.2)在毛布上轻轻敲击模具,把新造好的纸从上面分离下来。然后,卷纸工人(Fig.3)把260张纸压成一叠,称为porses,再把它们从毛布上取下,便于干燥和上胶。

亚麻子商人，他甚至归咎于美国的革命者，称他们大大搅乱了贸易，使他不得不在 1782 年再把价格提高两个苏。胡桃收集者和革命者可能和世界经济体系有密切关系，但朗格洛瓦更可能是在利用《百科全书》的繁荣大赚其钱——而且也做得非常好，因为他的一桶油墨的价格顶得上一台装备齐全的印刷机。①

## 获得纸张

在图书生产中，成本最高的部分是纸张。纸张占据了 18 世纪开发商的头脑，对他们的很多算计有决定性的作用。他们讨论印数时，通常以令和刀为单位，而不是以"千"和"半令"（tokens, 250 张）为单位。当为书编制预算时，他们用"印张"（feuille d'édition），即一印张内容的全部印数的成本，包括排版、印制和纸张为基础。这三个部分随着印数而变化：一方面，排版的费用是固定的，印制的费用随印数变化；另一方面，纸张成本的上涨速度比排版和印制成本加在一起还要快。《百科全书》合同为前一种变化留了余地，它设定的统一费用为：第一个千印的排版和印制部分为每印张 30 里弗，此外的每千印为 8 里弗。所以，根据第一份协议（1777 年 1 月 14 日的《第戎协定》），杜普兰应该得到 54 里弗用

---

① 朗格洛瓦的档案中最重要的信件是 1777 年 10 月 27 日、1778 年 1 月 22 日、2 月 5 日和 9 月 17 日致纳沙泰尔印刷公司的信。杜普兰坚持说他的印刷商用的是最好的巴黎油墨："你们使用巴黎油墨？那只有去找普雷沃和朗格洛瓦先生，他们是巴黎的油墨商，除此之外没有别的地方。"杜普兰致纳沙泰尔印刷公司的信，1778 年 2 月 9 日。

于支付第一版每个印张的劳动力成本，印数是 4 000。根据 1777 年 9 月 30 日的合同，他应该得到 71 里弗 4 苏的第一和第二版的劳动力成本费用，两版加在一起的印数是 6 150（即 12 令 6 刀）。印制的成本在总的劳动力成本中的比重从 59% 上升至 69%。不过纸张的成本上涨得更多——从第一份合同的每印张 72 里弗，提高到第二份合同的 110 里弗 14 苏。通过特别条款，合同承认纸张作为一个变量的极端重要性，为杜普兰规定了固定的费用。因此，只要做一些算术运算，就可以在第一版的合同中每印张的费用分配和第一版与第二版组合的合同中的相应内容之间进行比较。

|  | 第一版（印数 4 000） | 第一版和第二版（印数 6 150） |
|---|---|---|
| 排版 | 22 里弗 | 22 里弗 |
| 印制 | 32 里弗 | 49 里弗 4 苏 |
| 纸张 | 72 里弗 | 110 里弗 14 苏 |
|  | 126 里弗 | 181 里弗 18 苏 |

在出版商的计算中，纸张所占的地位从第一份预算中的 57%，上升到第二份预算中的 61%。当然，实际的印制成本与合同规定的标准成本之间有相当大的差距，但差距只不过是夸大了纸张的重要性。例如，纳沙泰尔印刷公司为第 24 卷供应全部纸张，这一卷的印数是 6 150。排版和印制成本总计 4 828 里弗，而纸张成本为 13 897 里弗，或者说是生产成本（除去一般管理成本）的 3/4。而且，四开本联盟按照合同规定偿还给纳沙泰尔印刷公司的纸张费用，比纳沙泰尔印刷公司实际支付的要高；所以，纳沙泰尔印刷公司收回了 15 875 里弗——仅第 24 卷的纸张利润就高达 1 978

里弗。总的来说，高昂的纸价和劳动力的廉价使得18世纪印刷商的预算比例和现代印刷业的正相反，因为，劳动力成本在19世纪骤升，而用木浆大批量生产的纸张的价格却暴跌。随着平版印刷的普及和森林的毁坏，成本再也不可能回到18世纪的模式了。然而，站在20世纪70年代回首过去，绝不能低估两百年前纸张对出版企业的重要性。①

杜普兰得向他的印刷商提供3 600万张纸。现在已经不清楚他是如何完成这一壮举的了，因为我们从纳沙泰尔印刷公司的档案文件的角度只能了解到这桩生意的经营方面的内容。不过，还是能从四开本的合同中感受到不断增加的对纸张的需求压力。1777年1月14日，杜普兰的纸张成本定在每令9里弗，5月15日9里弗5苏，9月30日9里弗10苏，到了1778年10月10日，为10里弗。1777年9月，调查过里昂的情况之后，庞库克报告说，涨价是不可避免的：造纸商正在迫使纸价上涨，而且，他们不可能以任何价格向杜普兰供应纸张以满足他这个冬天的需求了。② 杜普兰最后让纳沙泰尔印刷公司自己去找纸："在纸张问题上别指望我们，这是根本不可能的。"③虽然纳沙泰尔印刷公司强烈抗议，说供应纸张的责任在杜普兰一方，但他的确一无可为了。里昂的纸张市场，以及为它供货的中央高原的作坊，都已经枯竭了。里昂纸张商人的报告证实了杜普兰对这次

---

① 关于纸张的这些叙述的基础是对纳沙泰尔23位造纸商和纸商档案的仔细研究，但它们只是对这一主题的简单勾勒，雅克·里克奈（Jacques Rychner）即将出版的论文对此有完整论述。有关图书生产的各个方面的详尽解释以及分析性的书目，可见 Philip Gaskell, *A New Introduction to Bibliography*（《文献学新论》）（New York and Oxford, 1972）。
② 庞库克致纳沙泰尔印刷公司的信，1777年10月9日。
③ 杜普兰致纳沙泰尔印刷公司的信，1778年1月3日。

危机的描述，纳沙泰尔印刷公司的银行家雅克-弗朗索瓦·达尔纳尔也做了同样的证实。1777年12月他为了找到纸张，在城中进行了仔细的搜寻："我们已拜访了我们所有的纸商……但是没有找到一令具备你们所要求质量的纸。杜普兰先生拿走了一切。"①

最后，纳沙泰尔印刷公司放弃了杜普兰、奥维涅的大造纸作坊和里昂人，设法拼凑自己的供应系统。他们从本地的作坊主手中购买纸张已经有好几年了，但这些作坊几乎没有谁能生产印制《百科全书》需要的又重又白的优质方纸。杜普兰强调每张纸都要符合他交给供应商和纳沙泰尔印刷公司的样品的质量，而且每令的重量至少为20斤（在里昂，每斤为14盎司），这是合同中规定的。他不得不执行严格的标准，因为每卷至少用纸1 000令；纸张来自许多不同的作坊；假如作坊主的货品不能很好地符合标准或者被印刷商把不同的纸张混在一起，书的品相上就会出现黑白相间的斑纹，顾客就会取消订单。作为一门工艺，造纸的精细又有点粗糙的特性使得供应问题变得更加复杂。尽管引入了一些现代机器（圆筒形的碎浆机称为荷兰式打浆机），造纸业还是依赖于农业经济的节奏。秋收以后拾破烂的人就上路了。作坊主在冬天贮存造纸用布并预制好纸浆，在春天和夏天生产出大部分的纸张，那时候的天气对胶料（用于最后一道表面工序，在干燥过程中很容易损坏）来说已经足够暖和了。他们经常一次生产出一大批货，这些货经过空闲季节艰苦的讨价还价已经先卖出去了。签订了一批货

---

① 达尔纳尔致纳沙泰尔印刷公司的信，1777年12月21日。纳沙泰尔印刷公司试图从里昂的13位纸商中的6位手里得到纸张，但没有成功。1777年12月16日，其中的一位叫迪蒙的纸商写了一封回信，很有代表性："现在这些纸非常少了，而且由于杜普兰在各个作坊寻找而涨价了。你们动手太晚了，现在已不是时候了。"

的合同后，他们根据质量要求把出自不同等级造纸用布的纸浆混合起来。所以在印刷商最需要纸张的 1777 年夏末和冬天，他们不可能转去生产《百科全书》用纸。增加产量时，杜普兰没有考虑到这个体系的不可变性，因此纳沙泰尔印刷公司差不多不得不因为纸张供应不足而在 1777—1778 年的这个冬天解雇工人、关闭工场。

纳沙泰尔印刷公司搜罗了法国和瑞士的广大地区，寻找剩余的每一令 20 斤方纸，才挨过了这个冬天。它写了几十封信，甚至给杜普兰已搜寻过的里昂西南地区最南端的作坊主也写了信。它和瑞士与阿尔萨斯遥远角落里的商人讨价还价。它派法瓦吉骑马沿侏罗山外的遥远山谷搜寻纸张。最后，它建立起一个供应商的网络，一直运行到 1779 年 3 月 8 日完成了最后一卷的印制任务。这些纸张——在早先杜普兰的供应之外的 5 828 令纸——来自 13 家作坊主和商人，他们散布在从斯特拉斯堡到昂贝尔长约 450 公里的轴线周围。

多亏了纳沙泰尔印刷公司的账册，我们才能够追溯数量如此巨大的纸张中几乎每一令纸的轨迹：从离开作坊，经过印刷机，一直变成排列在今天图书馆书架上的实实在在的四开本书册。后面的表格说明了它们的演进过程。

起初，纳沙泰尔印刷公司完全依赖杜普兰以及为他工作的里昂商人。法瓦吉的纸张搜寻之行在 1777 年中期开辟了一个新的纸张来源，但是他征募的作坊主，巴斯库尔的古尔达和梅斯利耶尔的莫雷尔，直到第二年春天，还不能生产多少《百科全书》用纸。所以，当杜普兰在 12 月停止供货时，正值纳沙泰尔印刷公司开始印制第 15 卷，纳沙泰尔印刷公司不得不在里昂的市场上搜罗拼凑出这些纸张，以避免在冬天停工。1778 年 3 月，来自莫雷尔的第一批大宗货物到了之后，情况才有所缓和。到了5月份，就有大量的纸张从阿尔萨斯、瑞士和弗朗什-孔泰不断涌来。到了1778年底，纳沙泰尔印刷公司已经为印制最后两卷贮存了足够的纸张。

从如此分散的来源获取纸张，就产生了纸张间"匹配"的问题，配得好，不同的颜色和强度才不会引起顾客视觉上的不快。[①]为了搞清楚匹配是如何进行的，可以对纳沙泰尔印刷公司账目中的条目与四开本书中水印的样式进行比较。根据一本名为"流水账B"的账本中日期为1778年11月6日的条目，纳沙泰尔印刷公司使用了五位供应商的纸张来印制第24卷：

|  |  |
|---|---|
| 舍尔茨（斯特拉斯堡） | 149令10刀 |
| 维马尔（昂贝尔） | 431令1刀零3张 |
| 古尔达（巴斯库尔） | 90令 |
| 莫雷尔（梅斯利耶尔） | 930令9刀 |
| 方丹（弗里堡） | 44令11刀 |
| | 1 645令11刀零3张 |

这一信息说明了印制全部6 150本第24卷所用的纸张在不同的供货商之间的分配比例。如果把它转换成印张，就可以构建一个第24卷的模型书，然后和实际的做比较——在本例中，是纳沙

---

[①] "匹配"这种表达来自18世纪造纸商的行话。例如，在1778年9月7日致纳沙泰尔印刷公司的信中，斯特拉斯堡的纸商让-乔治·舍尔茨承诺来自所有为他工作的作坊的纸张保持同样的白度："尽管差了一点点，但区别是如此小，以至于人们并不能觉察出来，我知道应该能将它们匹配在一起。"

纳沙泰尔的《百科全书》纸张供应（单位：令）

| 日期 | 供应商 | | | | | | | | | | | | |
|---|---|---|---|---|---|---|---|---|---|---|---|---|---|
| | 吉拉尔 商人 里昂 | 塔维尔尼耶 商人 里昂 | 杜普兰 商人 里昂 | 古尔达 作坊主 巴斯库尔 | 英雷尔 作坊主 梅斯利耶尔 | 克洛代 商人 | 若阿南 里昂 | 方丹 作坊主 弗里堡 | 维马尔 作坊主 昂贝尔 | 珀蒂皮埃尔 作坊主 拉莫特维拉方 | 普朗什 商人 斯特拉斯堡 | 舍尔浓 商人 吕莫耶 | 德格朗热 作坊主 吕莫耶 |
| 1777 | | | | | | | | | | | | | |
| 4月 | 160 | | | | | | | | | | | | |
| 5月 | | 10 | | | | | | | | | | | |
| 6月 | | | 48 | | | | | | | | | | |
| 7月 | | | 226 | | | 70 | | | | | | | |
| 8月 | | | | | | 50 | | | | | | | |
| 9月 | | | 100 | | | | | 10 | | | | | |
| 10月 | | | | | | | | | | | | | |
| 11月 | | | 42 | | | 100 | | | 50 | | | | |
| 7月19日至12月13日印第6卷 12月 | | | 214 | | | | | | | | | | |

续表

| | | | | | | | | | |
|---|---|---|---|---|---|---|---|---|---|
| 1778 | 1月 | 54 | | | | | | | |
| | 2月 | 168 | | | | | | | |
| 12月6日至6月13日 印第15卷 | 3月 | 27 | 108 | | | | | | |
| | 4月 | 86 | | 58 | 2 | | | | |
| | 5月 | 100 | 95 | 234 | 213 | | | | |
| | 6月 | | | 270 | 96 | 52 | 40 | | |
| 6月6日至11月7日 印第24卷 | 7月 | | | 270 | 304 | | 120 | | |
| | 8月 | | | 310 | 54 | | | 150 | |
| | 9月 | | 90 | | 132 | | | | 120 |
| | 10月 | | | 102 | 28 | | | | |
| | 11月 | | 70 | | | | | | 120 | 200 |

续表

| | 12月 | 1月 | 2月 | 3月 | 4月 | 5月 | 合计 |
|---|---|---|---|---|---|---|---|
| 11月7日至2月27日印 第35卷 {12月 | 116 | | | | | | 125 |
| 1月 | | 327 | | | | | |
| 2月} | | 20 | 132 | | | | |
| 2月27日至5月8日印 第19卷 {3月 | | | | | | | |
| 4月 | | | 55½ | | | | |
| 5月} | | | | | | | 200 |
| 总计 | 260 | 345 | 780 | 491 | 1304 | 100 | 457 |
| | 58 | 343½ | 613 | 487 | 120 | 470 | |
| 合计 | | | | | | | 5828½ |

按照对角线的方向从左上到右下阅读，可以看到13位供应商——包括造纸商和纸商——向纳沙泰尔印刷公司提供《百科全书》纸张的供货情况。每一个数字代表着一批货。比如，塔维尔尼耶在1778年2月向纳沙泰尔印刷公司供过三批货，一批168令，一批27令，一批86令。这些信息出自纳沙泰尔印刷公司的两个账本：流水账B和C，它们涉及的业务的时间段是1778年1月到1789年12月。已经遗失的流水账A中包括了1777年纸张生意的所有贷方数据，这一年纳沙泰尔印刷公司印刷了它的《百科全书》第一卷。大部分遗失的信息可以从供货商的通信中汇总出来，它们中后一时段的发货通知书和发票与流水账B和C中的各项完全符合。不过有一些纸张交易是口头完成的，而且纳沙泰尔印刷公司文件中的商业通信也有遗失。

泰尔市图书馆中的那一卷。[1] 纳沙泰尔四开本的第 24 卷中包括了三种纸,非常容易辨认:维马尔的 30 印张纸,有比较完整的水印和附加记号;舍尔茨的 12 印张,没有印记但有舍尔茨在信中提到过的"DV"字样作为附加记号;方丹的 4 印张纸,以葡萄为标志,以"MF"(代表莫里斯·方丹)作为附加记号。其余的纸张包括 80 印张无任何水印和附加记号的,以及 7 印张带小"十"字的纸。前者一定来自莫雷尔,他曾经告诉纳沙泰尔印刷公司,他将不在不符合法国当局标准的铅字的模具上保留任何识别符号;[2] 后者一定来自古尔达,根据模型书,他提供了七个印张。因此,实际的书和模型书符合得相当好:

|      | 模型书 | 纳沙泰尔四开本 |
|------|-------|-------------|
| 舍尔茨 | 12.1  | 12          |
| 维马尔 | 35.0  | 30          |
| 古尔达 | 7.3   | 7           |
| 莫雷尔 | 75.6  | 80          |
| 方丹   | 3.6   | 4           |
|      | 133.6 | 133         |

---

[1] 可以通过把每印张所需的纸张数分成各供货商提供的数量来完成这一转换。因为每一印张的内容都要印 6 150 份,完成一印张就需要 12.3 令纸。如果用 12.3 来除,舍尔茨的 149.5 令就是 12.1 印张。一本第 24 卷的模型书中就应该包括了 12.1 个印张的舍尔茨的纸,虽然根据向印刷工发放纸张的方式的不同,一本实际的四开本中的相应数量或多或少。查阅纳沙泰尔四开本这项长时间的困难工作,是在雅克·里克奈的帮助下完成的,他在水印方面的专门知识是成功的关键。

[2] 在 1778 年 5 月 2 日致纳沙泰尔印刷公司的信中,莫雷尔用一个老掉牙的造纸作坊主的笑话通知它:"我为你们制作的纸没有任何标记。它们是名字与事实的混合。"

只能在抽象的层面上看到这种符合，当对一本实际的书进行检查时，它是看不到的——这就是匹配的含义。如图1所示，纳沙泰尔印刷公司毫无规律地把全卷的纸张掺杂在一起，而不是用完了一批再用一批。1778年6月它开始印制第24卷时，纳沙泰尔印刷公司的库存中有来自所有这五家的足够的纸张，很可能还有其他两家（吉拉尔和珀蒂·皮埃尔）的相当数量的纸张。纳沙泰尔印刷公司忽视排在最后的供货者，而把主要精力放在莫雷尔身上，当时他正带着最好的价格来到纳沙泰尔；它还很依赖根据印制和纸张的账目在库房中排名第二的维马尔。这两类纸占第24卷全部用纸的83%。纳沙泰尔印刷公司不是整体地使用它们，而是在印制过程中，把它们分散到全书里，通常是2到12印张换一次，只在接近末尾时才集中用莫雷尔的纸进行了两次产量较大的印制。古尔达的纸只是以单个印张为单位用来补空，不会被读者注意到。舍尔茨的纸排在第一位，很可能因为它是最美观的。当时，纳沙泰尔印刷公司在莫雷尔和古尔达，在莫雷尔和维马尔，又是在莫雷尔和古尔达之间变来变去，最后以方丹结束。这个样式可以更加复杂，纸张也可以混合得更加彻底，但是纳沙泰尔印刷公司可不想做把数百令纸以印张为单位混合起来的繁重工作。它只需要造出一种能够符合留心纸张的顾客要求的混合物就可以了。

完成这项任务需要付出巨大的努力，不是因为"匹配"有多难，而是因为买纸需要大量的时间、精力和机巧。每一笔交易都需要经过精心准备的讨价还价才能达成，而且每个供应商都有自己做生意的方式。像阿诺奈的若阿诺和蒙戈尔菲耶这样的著名商号，几乎不会屈尊销售中等质量的纸张，而且不言二价。弗朗什-孔泰地区的小作坊主，比如维拉方的普朗什和沙尔东的塞特，为

193

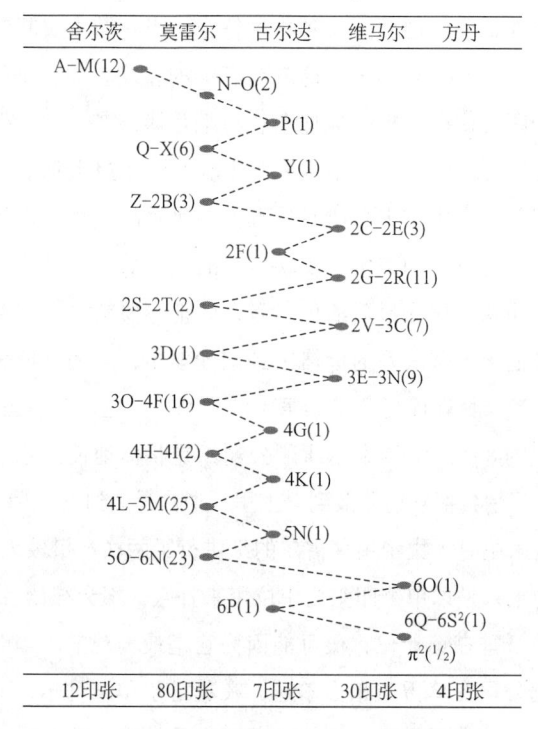

```
           舍尔茨      莫雷尔     古尔达     维马尔     方丹
         A–M(12) ●╌╌╌╌╮
                      ╰●N–O(2)
                     ╭●P(1)
           Q–X(6) ●╌╯
                     ╰●Y(1)
          Z–2B(3) ●╌╯
                      ╭●2C–2E(3)
            2F(1) ●╌╯
                      ╰●2G–2R(11)
          2S–2T(2) ●╌╌╮
                      ╰●2V–3C(7)
            3D(1) ●╌╯
                      ╰●3E–3N(9)
         3O–4F(16) ●╌╯
                     ╭●4G(1)
         4H–4I(2) ●╌╯
                     ╰●4K(1)
         4L–5M(25) ●╌╮
                     ╰●5N(1)
         5O–6N(23) ●╌╯
                      ╭●6O(1)
            6P(1) ●╌╯
                      ╰●6Q–6S²(1)
                       π²(½)
         ─────────────────────────────────────────
          12印张    80印张    7印张   30印张    4印张
```

**图 1　纳沙泰尔四开本第 24 卷用纸分配图**

本图是根据纳沙泰尔市图书馆所藏的四开本书页上的水印绘制的，它说明了纳沙泰尔印刷公司在印制第 24 卷时是如何分配纸张的。各字母对应的是每页底部的折标，括号中的数字对应的是来自某一纸源的印张数。从图中可以看到，印刷商开始时先采用了舍尔茨的 12 个印张的纸张，印到 N 时转用莫雷尔的纸张，印到 P 时转用古尔达的，从 Q 到 X 又转用莫雷尔的，等等。图中所使用的符号符合标准的文献学的用法。因此，2B 表示标记为 Bb 的印张，π 代表的是试印页（preliminary leaves），计算也和印刷商所采用的 23 个字母的字母表（删去了 I 或 J，U 或 V，和 W）相一致。描述这一卷的公式是：carre au raisin 4°: $\pi^2$A–6R⁴6S²; 532 页，pp.[4]12–1060。（关于这一文献学描述体系的详情，请参见 Philip Gaskell, *A New Introduction to Bibliography* [Oxford, 1972]，特别是 pp. 328–332。）6S² 和 $\pi^2$ 是半个印张，它们来自同一印张，分别用于全书正文之前的部分和避免最后的浪费。上述说法得到了纳沙泰尔印刷公司工场中工头工资簿的证实，该工资簿表明 6S 是作为一个完整的印张付钱的，虽然正文之前的部分是单独排版的，但并没有扉页和副标题的单独的排版费。

了卖出好纸还需要经过艰苦的争夺，而且，他们经常自己把货品拖到纳沙泰尔去，结果他们可能亲自（他们中的很多人连写一封最简单的信都感到困难）以货品换一瓶酒，如果能完全控制住孔泰人特有的空谈的话。像里昂的吉拉尔和斯特拉斯堡的舍尔茨这样的商人的商业信函中充满了关于汇票和利润率的复杂说法，而像梅斯利耶尔的莫雷尔和吕瑟耶的德格朗热则极力争取尽快拿到现金。当硬币（specie）不足时，莫雷尔就要求用成桶的酒来付账，他解释说，他需要优质的纳沙泰尔酒，就像是在为病中的孩子求药那样迫切，他的销售谈判中混杂着出自圣保罗的语句，以及背着杜普兰通过在纸张的重量上做手脚与向原料中加生石灰的办法降低价格的建议。①

交易就建立在这样的诡计上面，因为作坊主没有足够的优质造纸布以满足所有顾客的需求，因此就在好纸中加入质量差的纸，或者在没有达到标准的纸张中塞进优质的纸，以满足重量的要求。《百科全书》触发了争夺造纸用布，尤其是产自勃艮第的洗得很干净的亚麻布的战争。因而，让-巴蒂斯特·古尔达，一位来自靠近波郎特吕的巴斯库尔山村的作坊主，要求尽快支付他为《百科全书》提供的纸张的费用，因为他打算施计对付巴塞尔的一个造纸商："我将大约在4月3日或4日前往你们那里以看到我的所有钱，因为我非常需要它，因为我从我们的亲王那里获得了一项敕令，它禁止出售不重要的东西，现在他喝了很多勃艮第葡萄酒。"② 古尔

---

① 莫雷尔致纳沙泰尔印刷公司的信，1777年11月30日，1778年5月2日、5月16日、7月1日。
② 古尔达致纳沙泰尔印刷公司的信，1778年3月2日。

达可能还没有很好地掌握书面的法文，但他知道如何从顾客那里榨钱，知道如何游说他的保护人，知道如何绕开竞争对手做造纸布交易。

对纳沙泰尔印刷公司来说，它尽其所能地动用了所有的办法以图摆布造纸作坊主。对收到的几乎每一令《百科全书》用纸，即使是可以接受的，它都要求降低价格。用挑刺的办法，它经常可以把价格降低几个苏，或在下一批货上得到比较好的待遇，或强迫作坊主接受比较差的汇票，这些汇票通常会被退回，然后花费几个月的时间顺次通过票据收款人、管家、代理人，直到最后，最初的签约人同意一个通常是降低了价格的解决办法，或者从市镇上逃跑，扔下债权人为了一桩破产生意的残余物而争吵。作坊主反击的办法是在顾客间挑拨离间从中渔利。这一策略在1777年非常有效，当年供小于求，价格飞涨。但在1778年，拾破烂的人认为，也该轮到他们在《百科全书》的大蛋糕上切一刀了。德格朗热宣布顶级造纸布的成本在不到一年的时间里暴涨了25%。① 同时，更多的作坊转而生产《百科全书》用纸，更多的印刷商有了自己的库存；这样，压力又回到了造纸商这一方。到了1779年春天，20斤方纸的价格已经比较稳定，供货系统已经适应了《百科全书》。不过，适应过程是漫长而痛苦的，因为这个系统对短期波动的反应并不见长。它移动的步伐是由古老的市场讨价还价方式和更为基本的大自然的季节性所决定的。然而，它运转良好，为印制8 000部36卷的狄德罗的伟大著作提供了原材料。

---

① 德格朗热致纳沙泰尔印刷公司的信，1779年1月9日。

# 第五章 造书

## "原稿"

狄德罗和合作者多年以前就完成了他们那份工作，但那只是一个长长的过程的开始，这个过程随着他们的原稿在全欧洲大规模地复制和发行，于1780年前后达到顶点。那些到达了即使不是下层民众也是普通阅读者手中的文本，和狄德罗他们的有些不同，因为它也经受了生产过程中的紧张压力。在说明书中，杜普兰承诺不仅要重印全本的原作，还要在三个方面有所改善：改正大量排印和事实错误；增添大量新材料；把四卷对开本增补卷打散混编其中。他从来没有打算生产一种第一对开本的精确摹本，而是要生产更好的版本——或者至少是要让公众相信他这样做了。修改、增补和混编需要做大量的编辑工作，所以杜普兰和庞库克的合同中规定要有一个"编辑者"，酬劳为每卷600里弗，后来增加到850里弗，并有额外的3 000里弗用于更进一步的对"第三版"的编辑工作。杜普兰把这项工作交给了里昂的奥拉托利会会员、二流文人让-安托万·德·拉塞尔神甫。拉塞尔因此成了狄德罗的继任和狄德罗的文本与它18世纪大部分读者的中间人。

赋予拉塞尔改变狄德罗著作的资格看来主要是由于他和杜普兰之间的友谊。他从来不担心会篡改狄德罗的文字或者使自己的改变适应狄德罗风格的事情，因为他要担心其他的事情——比如，促进自己的职业生涯，或者引起教会中上司的好感。他把原著中由马莱神甫撰写的"寓言"代之以自己的《诗歌基础》选段；他把自己在里昂科学院的《入院演说》的摘录，加入到第22卷（美文）的"自然"中；在第33卷的"圣约书"中他加入了对他的大主教撰写的《传教士守则》的摘录，充满说教意味，开头的话是："在上帝的构思中，整个旧约只是一幅宏大而优美的画卷，在其中他提前描绘了一切即将发生在救世主身上的事。"

然而，在大多数情况下，这位"圣人"——纳沙泰尔人这样带着讽刺地称呼他——根本就不动原文，并不是因为他尊重原文，而是的确没有时间来做任何变动。他进展神速：删去不再包括在四开本中的八卷图版卷的附注，从增补卷中选一些片段用自己的话添入四开本《百科全书》的主体部分，通读印好的经过混编的文字以及即将寄给印刷商的"原稿"(manuscript copy)。因为有六家印刷商在同时印制《百科全书》的不同卷次，他几乎赶不上他们要求"原稿"的速度。他一小批一小批地向纳沙泰尔印刷公司提供"原稿"，后者则不断催他加快速度，每次寄给它更多"原稿"，这样它就可以保持生产的节奏："稿子和纸张，始终是这老一套。"① 纳沙泰尔人还反对他在书中塞进自己的文字，并对他没有发现原书的一些错误提出批评。"您寄给我们的稿子几天内就将用完，"纳沙泰尔人在 1777 年 7 月给杜普兰写信说，"请给我们寄新的稿子……在寄出之前请让拉塞尔神甫仔细阅读稿子，已经发现一些违背常识的错误，这已招致了对《百科全书》的嘲笑。"②

这些批评刺痛了神甫，他回答说，在每三个月要搞出六卷的情况下，他不可能在清理原书的错误上做太多的工作。他指望印刷商能多做排印和编辑方面的纠错工作，而不是在背后中伤他。

---

① 纳沙泰尔印刷公司致拉塞尔的信，1777 年 10 月 19 日。参见纳沙泰尔印刷公司致杜普兰的信，1777 年 9 月 20 日："还没有稿子，我们是否能在一周内获得，我们请求您能做到，以便我们能总是有一些储备的。"

② 纳沙泰尔印刷公司致杜普兰的信，1777 年 7 月 30 日。

## 第五章 造书

不错，他没有跟上围绕着《百科全书》的争论，所以他无法通过改正被敌手集中火力攻击的地方来消除他们的敌意，不过这部书的规模大到足以能够经得住批评、包容反驳。①

由于弗雷隆的批评是在第六卷的头几页寄出之后才传到我这里的，因此它存在一些该记者已发现的错误。可能最使人不舒服的是条目 Canathous（卡纳图斯），其中神性一词被童贞所取代，这是荒谬的。对于存在似乎相互矛盾的条目，可能你们也会将之看作是粗心。但是我所咨询的文人们都使我确信《百科全书》是不同观点的汇编，并不是一本成体系的著作，应该在其中加入支持和反对的观点……正是各种观点的交锋使得认识清晰了，我们的辞典应该具有汇集各种体系却不采纳它们的学院式的优点。

看来很奇怪，《百科全书》的编辑应该非常熟悉当时对《百科全书》的批评，但是拉塞尔和他的文人同事，也就是他在里昂科学院的同事，却远远地旁观关于《百科全书》的争论，而不是加入到论战最激烈的地方中去。结果，四开本呈现出了某种外省特色。它是里昂人的产品，大部分编辑、印制和管理工作都由杜普兰的熟人担当。狄德罗和庞库克可能知道什么能满足巴黎人的需要，可是拉塞尔和杜普兰却知道外省人需要什么，或者至少知道外省人会

---

① 拉塞尔致纳沙泰尔印刷公司的信，1777 年 8 月 4 日。在 1777 年 12 月 1 日给纳沙泰尔印刷公司的信中，拉塞尔再度抱怨被人在背后指责，并声称以后可以提供更好的原稿，因为他雇了一位助手（有证据表明是抄写员和校订人），保证在交给印刷商之前，全部的文本将被读上三遍。

买什么。

对纳沙泰尔印刷公司来说，它不想让任何一处的市场受到损害。它更多地把拉塞尔当作累赘而不是有益的人，并且如果可能，就自己进行相当广泛的编辑工作。它向庞库克解释说："我们也专注于校对，不只是印刷错误，还有含义上的错误，他在寄给我们的稿子中也有。应该请求我们的编辑者拉塞尔神甫注意这个问题。""到场的作家（贝特朗）和奥斯特瓦尔德先生一起向您建议不要允许拉塞尔神甫将其文风带入到《百科全书》中，而只让他参与增补卷的工作。"① 庞库克进行了干预，但相当温和。"作者比其他人更自负。"他向纳沙泰尔印刷公司解释说。② 已经和卢梭、狄德罗以及许多自命不凡的二流作者有过交易的纳沙泰尔人同意了，并写了一封像是一位出版商写给另一位出版商的信："可能作者们是自负的；真实的或所谓的科学使他们进一步膨胀，百科全书派的神甫并不是唯一不知道接受好建议的人。"③ 但当给拉塞尔写信时，纳沙泰尔人采取了另一种方针。他们放弃了早先希望他尊重文本的完整性的要求，设法充分利用他操纵文本的积极性。他们说，如果他在四开本的互见条目中提携一下他们的《文学与艺术说明》，他们也可以在他们的文学评论刊物《瑞士评论》上替他的书做些宣传。这些客套话恢复了编辑和印刷商之间的和睦关系。从第 15 卷开始，拉塞尔指引着四开本的读者在纳沙泰尔印刷公司的书中寻求关于艺术的进一步的知识，而纳沙泰尔印刷公司则在

---

① 纳沙泰尔印刷公司致庞库克的信，1777 年 7 月 27 日和 1777 年 5 月 1 日。
② 庞库克致纳沙泰尔印刷公司的信，1777 年 11 月 8 日。
③ 纳沙泰尔印刷公司致庞库克的信，1777 年 11 月 16 日。

第五章 造书

它的杂志上把拉塞尔的著作说成是"经典书籍"。①

不幸的是,杜普兰不得不处理仅仅通过篡改文本和满足编辑的自尊心不能解决的编辑问题。正如第三章描述过的,他把预订活动建立在对他的《百科全书》规模的灾难性的错误计算上面:如果要包含全部文本,它将达到36卷而不是和预订者签订的合同所规定的29卷。(预订者按卷付款,而杜普兰已经承诺总的零售价不超过344里弗。)他希望能够绕过这一难点,方法是表面上宣布他将免费赠送三卷,却悄悄地给预订者开另外四卷的账单。他还在第二版的预订中对条款做了细微的改动,并在销售第三版时把它当作是纳沙泰尔印刷公司制作的36卷本的新《百科全书》。即使这样,他还是得加厚每一卷,以限制卷数。为了把书的"肥胖"控制在某一限度以内,他还指示拉塞尔做一些谨慎的删节。通过删去主体部分的某些片段,精简增补卷中的某些文章,拉塞尔把前八卷的篇幅减到了800页以下。但是这一花招没有逃过瑞士竞争对手的利目。1778年4月,在四开本—八开本冲突的高峰期,日内瓦的H.A.戈斯给洛桑印刷公司发去了如下的信件:

> 我们刚刚知道一个对于你们来说非常重要的有关《百科全书》的消息,应该让你们知道。刚从我们这里离开的书商克拉梅尔先生,确定地对我们说他在比较了这里制作的四开本版和他的对开本之后,发现除了通常自然会有的遗漏外,

---

① 纳沙泰尔印刷公司致拉塞尔的信,1777年10月19日;拉塞尔致纳沙泰尔印刷公司的信,1778年1月28日、4月6日、6月10日和10月24日;以及《新瑞士评论》,1778年7月号,第38—42页。根据纳沙泰尔印刷公司的文件看,18世纪捏造书评的情况和巴尔扎克所说的19世纪的样子一样。

200

还有很多其他疏漏,这确实是由于出版商们曾经承诺33卷的四开本版,也表明他们起初曾相信应该做更多卷或是通过删节版本来补救。他们选择了后者。先生们,你们应该重视这个消息,并对它做出自己的判断。我们相信不向你们指明的话后果是非常严重的。①

洛桑人利用这一爆炸性的消息做了些什么,现在已经不太清楚了。他们可能利用它从四开本出版商那里敲诈到了对他们有利的条款,虽然双方肯定都会从压制关于他们共有文本的不足之处的消息中获利。无论如何,传言很快就在出版商的圈子里散播开来,说杜普兰在《百科全书》的篇幅上作假,杜普兰只得命令拉塞尔停手。从第9卷开始,每卷的篇幅达到了1 000页。第11卷里的一则"编辑者按"愤怒地否认曾做过任何删削。它解释说,编辑者只是重新安排了某些内容。例如,PSEUDO-ACACIA(假刺槐)将排在以字母P开始的条目中,而不是排在A中。最后一卷中将有一大部分是增加的内容和对原版错误的纠正;如果任何一位预订者发现某些内容真被砍去了,编辑者将出版一本免费的补遗卷。拉塞尔恢复了被他截去的ABATARDIR至HORN之间的某些内容,把它们作为"增加"的部分笨拙地附在第16卷的后面,而且他对遍布四开本后半部分中的原版文字依然充满信心,但他私下对纳沙泰尔印刷公司说,这整桩生意让他感到厌烦:

① H. A. 戈斯致洛桑印刷公司的信,1778年4月11日,Geneva, Archives d'Etat, Commerce F 62。所谓的33卷,戈斯明显是指原来的29卷和杜普兰打算向预订者收费的4卷,或者他有可能悄悄变成32卷——29卷文字和杜普兰最初宣称的3卷图版。

> 人们强迫我们改坏这部书。从第20卷的条目"词典"以来，我们加入了增补卷中的内容，它说的往往是相同的。但是"烫伤的猫怕冷水"，对于杜普兰及其合伙人来说，至关重要的是不能让人发现有任何删除。由此我们就省了很多麻烦。起初人们只想有32卷100印张的书。因此必须删减。人们为一件根本不可能的事对我横加指责。如今将做39至40卷，由此全部保留就是可能的……我与你们一样都明白这一做法具有怎样的缺陷，但是我们被迫遵循它。①

尽管纳沙泰尔人给神甫的回信中充满同情，但他们在给庞库克的信中却严厉地指责他。他们有理由抱怨，因为他在重新编辑第三版的文本时，没有纠正早先的错误，而是把它们混进了新的版本中。当纳沙泰尔印刷公司收到第三版的第19卷，与前两版的第19卷做了对比后，关于编辑工作中粗制滥造的这最后一段插曲的情节就很清楚了。更糟的是，虽然以"纳沙泰尔"的名义发行全部的36卷，杜普兰却拒绝让纳沙泰尔印刷公司印制超过一卷的"纳沙泰尔"四开本。因而，正如纳沙泰尔印刷公司向庞库克所说明的那样，它被迫承担由杜普兰所中意的印刷商对手以自己的名义草率出版所带来的责任。

---

① 拉塞尔致纳沙泰尔印刷公司的信，1778年8月4日。在1778年6月10日致纳沙泰尔印刷公司的信中，他用类似的话承认了他做过的删节工作。在8月4日的信中，他泄露了编辑操作中的一些细节："我向你们保证自从第九卷以来，每一卷都由不同的四个人预先读过，其中一个人专门负责核实几乎总是有缺陷的引文。尽管有这些预防措施，仍有一些错误被疏忽了。但是这是由于人们被迫仓促工作……几乎每一条艺术和工艺的词条我都查询了贝特朗先生的《(艺术)说明》，但是仍有那些妒忌的批评者指责我们。"

随着我们第19卷第三版的接近完成，我们发现其中错误是如此多和严重，以致我们不可能冷静地领导这一工作。首先这一卷不包含任何对于此前版本中发现的错误的新修正，这使得作为薪水补充给予我们那位神父的1 000埃居完全打了水漂；而更糟糕的是，我们又发现了新错误，对此我们只能借助最初的对开本来修正。这就使得反对《百科全书》的新闻报道得以泛滥。可是这部好书是写着我们公司的名字的。到时人们将会指责我们。我们将对这些错误属于谁而加以辩护。①

关于拉塞尔的工作，不可能获得更准确的信息了——比如，他如何组织抄写员，他如何处理"原稿"等。不过上面的叙述很清楚地表明，无论是他还是出版商，都没有认为《百科全书》是神圣的。相反，他们填进了很多无关的内容，把它挤压得不成样子，把它截开再按照自己的喜好组装起来，丝毫不顾及他们在说明书中所做的承诺和狄德罗的意图。当然，狄德罗自己也因超过了分摊数量的编辑问题而感到痛苦，说《百科全书》是个怪物，需要从头来过。这种对文本的随便的、批评性的态度贯穿了再版《百科全书》的全部项目，从提议出版改编本到《方法百科全书》，概莫能外。出版商还以同样的方式对待其他的图书。他们任意地处理文本，因为他们从来没有意识到应该对书面的言语怀有虔诚的尊重。"科学"编辑的时代还没有破晓。

---

① 纳沙泰尔印刷公司致庞库克的信，1779年3月14日。

第五章 造书

## 招募工人

在准备了原稿、印刷机、铅字、油墨、墨球革、蜡烛、羽毛笔、排字版、长方活字盘、版框和上百种其他物品后,纳沙泰尔印刷公司还需要使事情运转起来的人。① 它预订的工人和预订的设备一样过多,并面临着同样的供需矛盾。不过它还得对付作为人的印刷工所具有的特性。他们没有参加一个企业成为其中一员的概念。他们是根据活计来决定工作地点的,来来去去取决于哪里有工作机会以及个人的喜好。尽管一些人在一个工场中会待好几年,还有少数人会定居下来,建立家庭,但大多数印刷工看来是靠一个又一个的工作来生活的,他们把生命中的大部分时间都花在了路上。印刷工在当时是一种到处奔走的职业。他们去往能找到工作的地方,即使是需要长途步行达数百英里之遥。当工作很多时,他们有时会改变工种以积攒路费,或者如他们所说凭"一时冲动"来决定做什么工作。② 在《百科全书》的繁荣期,他们迈

---

① 下面的叙述只限于描述纳沙泰尔印刷公司制书过程中的主要方面,不能代替将在雅克·里克奈论文中出现的彻底分析。关于另两家在论文的数量上可与纳沙泰尔印刷公司相比的早期现代出版家,请参见 D. F. McKenzie, *The Cambridge University Press, 1696–1712* (《剑桥大学出版社,1696—1712 年》) (Cambridge, Eng., 1966), 2 vols.; 以及 Leon Voet, *The Golden Compasses* (《金色圆规》) (Amsterdam, 1969-1972 ), 2 vols.,这是一部关于 16、17 世纪安特卫普普朗丁印刷工场的书。
② 在伊韦尔东为菲利斯工作的排字工奥弗雷致他的朋友、为纳沙泰尔印刷公司工作的排字工迪克雷的信, 1770 年 12 月 20 日,引自 Jacques Rychner, "A l'ombre des Lumières: coup d'oeil sur la main-d'oeuvre de quelques imprimeries du XVIIIème siècle" ("在启蒙运动的阴影下:关于 18 世纪几家印刷厂的工人"), *Studies on Voltaire and the Eighteenth Century*, CLV (1976), 1949.

着飞快的步伐来来去去，在法国、瑞士和包括德国部分地区在内的区域中活动，并引起如纸张竞争一般的对工人的竞争。

　　瑞士印刷工场的主人无法招来大量的当地劳动力，所以他们就彼此挖墙脚，并设法从更丰富的法国劳动力资源中吸引印刷工人。纳沙泰尔印刷公司使用了各色各样的招募代理人：在巴塞尔是一个逛酒店喝酒的书商，在斯特拉斯堡是一个爱书的地方官员，在第戎是一个来自书商公会的过去的走私者，在巴黎是一个边缘的图书经销商，在里昂是一个运货人和一个铸字工，在日内瓦是一个穷困潦倒的制表匠，以及一个有很具诱惑性的地址——"美少女街寡妇约利家"——的日内瓦印刷工人。这些代理人派遣出印刷工，并在来来往往的信件中和纳沙泰尔印刷公司谈论他们，这些信件大量展现了"资产阶级"——工人这样称呼他们的雇主——对工作和工人的态度。

　　纳沙泰尔印刷公司像订购纸张一样，成批地订购工人。"他们之间的匹配是必要的，也就是说有多少排字工人，就应有多少印刷工人"①，它这样指示里昂的代理人。不过它担心匹配工作会失控。因此在给佩尔格的指示中包括了预防措施，后者正要派一个雇员前往巴黎的印刷工场附近招募工人：

　　　　我们到处寻找工人。如果博尼法斯先生——他将到处搜寻——能够认真地为我们找到、招募和送来三名排字工和三名印刷工，尽可能俊俏的小伙子，我们将对他十分感激，每种工人也可以是四名。他可以承诺给这些工人每人一个金路易

---

① 纳沙泰尔印刷公司致克洛代的信，1777年5月8日。

## 第五章 造书

作为路费。我们通常在他们待够了一个月后才付薪水，但这一点没有必要告诉他们。还应该向他们保证如果他们在这里工作满一年，或更好地直至我们《百科全书》印刷结束——它将持续两到三年——那么我们肯定将给予他们满意的报酬。①

显然，纳沙泰尔印刷公司没有期望工人们会在纳沙泰尔待一年之久，也不会信任他们，不会把哪怕一个金路易交付给他们。它希望用红包把他们留在工场，但是红包是有附加条件的，在这些工人走过500公里的路程到达以前，它不会透露其中的内容。就这样，它用旅费来诱惑他们——钱的数量和他们走到纳沙泰尔的路途中需要花费的数目相当——，但他们必须先工作至少一个月，才能得到这笔钱。有时，纳沙泰尔印刷公司握有由招募者单独送来的工人的财产（衣服）作为抵押品；因为它担心他们在路上另找工作或者在从若干个雇主手中得到旅费后就消失了。②

工人到达后，招募者会提醒纳沙泰尔印刷公司警惕他们的醉酒和怠惰。一个日内瓦的招募者把一份资格认可书交给一位排版工，但警告说应该按照计件工资雇用他："他是认真而能干的，正如人们所言；但是确实他也是懒惰的和酗酒的。"③巴黎的一位招募者以类似的保留态度、用模棱两可的话推荐一位印刷工："就后者而言，人们向我保证他是一位好工人，但我请你事先什么也别付

---

① 纳沙泰尔印刷公司致佩雷戈的信，1777年6月24日。
② 纳沙泰尔印刷公司和它的招募代理人，尤其是巴黎书商皮尔讨论过这些计策。参见皮尔致纳沙泰尔印刷公司的信，1777年6月16日；纳沙泰尔印刷公司致皮尔的信，1777年7月1日。
③ 马西纳致纳沙泰尔印刷公司的信，1777年7月11日。

给他。他父亲曾对我说他有点懒惰。"① 所有关于工人的信都附有对他们基本不信任的说明。在最好的情况下，印刷工人会因为放荡习性无规律的发作而停止工作；最坏的情况是，他会把纸张卖给盗版书出版商或者给警察当密探。② 雇主和代理人在写到工人时，就好像他们是孩子和物品③或者异己的物种。一次，纳沙泰尔印刷公司对杜普兰抱怨说，招募者未加审查就把人送来了："他给我们送来两个如此不好的人，以致我们被迫将他们打发走。"④ 另一次，它请求再给它一卷由它印制，这样就不用关掉工场了——倒不是因为它反对解雇工人，而是不想以后的工作重新组织劳动力队伍。杜普兰回答说："在你的人中选择六位好的印刷工，将其他的人辞退，这不是更简单吗？这将使我们在可能面对的无节制和无规律的竞赛中更有力量。"⑤

就像老板们相互通信谈论工人一样，工人之间也交流关于老

---

① 皮尔致纳沙泰尔印刷公司的信，1777年6月16日。
② 一次，在法国境内做商业旅行时，奥斯特瓦尔德警告纳沙泰尔印刷公司，他们的一个学徒可能是伯尔尼印刷公司的代理人，参见奥斯特瓦尔德致纳沙泰尔印刷公司的信，1780年4月25日。为了讨好博马舍，他告诉博马舍说他在凯尔的印刷机构中的工人很可能接受了贿赂，贿赂来自那些想先得到伏尔泰著作的原稿以便于盗印的出版商，参见奥斯特瓦尔德致博塞的信，1780年5月3日。同时，纳沙泰尔印刷公司也接到了警告，他的工场中有巴黎警察渗入，参见J.-P.布里索致纳沙泰尔印刷公司的信，1781年4月23日、7月26日和1782年1月12日，以及关于这些信件的讨论，见 Robert Darnton, "The Grub Street Style of Revolution: J.-P. Brissot, Police Spy" ("大革命的潦倒文人：警察密探J.P.布里索"), Journal of Morden History, XL (1968), 322–324。
③ 纳沙泰尔印刷公司致皮尔的信，1777年7月1日；纳沙泰尔印刷公司致博塞的信，1779年8月30日。
④ 纳沙泰尔印刷公司致杜普兰的信，1777年7月2日。
⑤ 杜普兰致纳沙泰尔印刷公司的信，1778年12月10日。

第五章　造书

板的推荐信。被保留下来的工人之间的信件，其中有一些文字粗劣、有很多拼写错误，要大声读出来才能懂得信的内容，表明他们所关心的是同样的问题。① 工人想了解哪里有足够的工作机会、报酬好、公司适合自己的心意、工头好对付。当工人们在路上或者因职业关系常常出入的小酒馆里见面时，这些信息也通过口耳相传。巴黎的小酒馆，尤其是于歇特街的花篮酒馆，变成工人们报告工作和薪水信息的重要交流站。它们甚至被当作集体活动中心。从下面这一段来自一位巴黎工头未出版的自传中的叙述里，可以看到这一点：

>　　这些先生选择一个小酒馆作为他们的赌场。在这一赌场中总是有一个小圈子，人们在这里传播印刷界的各种新闻。人们了解报酬情况，采取措施不让它们下跌，谈论老板的巨额利润，评判他们和讲他们坏话，做一些精彩的模仿。人们在那里了解到哪里有空位。人们说有一本书要开始印了，应该需要很多的排字工。
>　　人们向新来者灌输报酬状况，尤其叮嘱他们要忠于团体，维护报酬水平。有些人有书面的报酬单，这是一字不差的抄本。②

---

① 纳沙泰尔印刷公司的档案中包括了六封这样的信件，这是现代早期工人之间通信的仅存的样本。他们将在雅克·里克奈论文中发表。

② Nicolas Contat (dit Le Brun), *Anecdotes typographiques d'un garçon imprimeur*（《一个少年印刷工的印刷逸事》），ed. Giles Barber (forthcoming, Oxford Bibliographical Society, 1979 年), part II, chap. 2。这一段还引用了流传在花篮酒馆里的、向工人提供了每印张排版费等详细信息的书面报告。例如，"首先，四开、八开、十二开本的大号罗马字……3（里弗）10（苏），带注释和旁注的……4（里弗）10（苏）"。

只要有可能，工头总要设法操纵在工人中传来传去的信息。例如，1777年夏天，纳沙泰尔印刷公司让工人给其他工场的朋友写信，鼓动他们到纳沙泰尔来。纳沙泰尔印刷公司一个名叫梅耶的印刷工人说服他在斯特拉斯堡一家印刷工场的兄弟带着五位同事在圣母诞辰纪念日（9月8日，德国传统的变换工作的日子）转到自己的工场来。然而，动身以前，斯特拉斯堡的这些印刷工人从一位路过该地的熟练工那里听到了关于纳沙泰尔印刷公司的坏话，他们因此取消了行程。显然，他们更相信同行工人的口头消息，而不是亲戚的信，因为那很可能是在"资产阶级"的授意下写的，事实也确是如此。①

因此，招募工作受到相互交错的力量和冲突的冲击。一方摇晃着出价作为诱惑，另一方就戏弄这个诱饵。雇主可能扣罚工资、扣压抵押物或者解雇不安分的工人；但他们无法让工人回心转意。工人有时在不同的雇主间挑拨离间从中渔利，牟取旅费和红包，但只要需求一减少他们就会丧失耍花招的余地。双方的策略在某些从里昂和巴黎招募工人的例子中看得很清楚，这两个地方在1777年夏天为纳沙泰尔印刷公司完成了《百科全书》的大部分印制工作。

---

① 纳沙泰尔印刷公司致斯特拉斯堡的图尔干的信，1777年9月4日。在工人中间保持好名声的重要性在纳沙泰尔印刷公司的旅行代理人法瓦吉1777年5月27日的日记中也写得很清楚。法瓦吉当时刚刚拜访了伯尔尼印刷公司，希望秘密招募一些工人，在那里他遇到了伯尔尼人从纳沙泰尔印刷公司那里秘密招募来的工人。"在他们的印刷场中，小普法埃勒陪我，在那里我发现了克里斯和布洛泽，即和他一起离开我们的那些人中的两个。当着我的面还透露（我们的）印刷情况。我让他闭嘴，但是这对于招募那些根本没有来过这里的其他人来说是不利的。"

杜普兰警告过纳沙泰尔印刷公司不要在他的池塘中钓鱼："这里的工人非常少。请你们尽量自己找人。"① 但它和它的运输代理人克洛代和铅字铸造商韦尔南奇秘密安排转运工人的事情。克洛代和几个印刷工谈条件，但发现他们问了很复杂的问题，他的回答无法令他们满意：纳沙泰尔印刷公司喜欢什么样的版式？它既计件付酬又计时付酬吗？它的工场中正在干的活要持续多长时间？最重要的是，它能用工资保证他们的最低限度的收益吗？"确切地说，他们坚决要求这一工资，因为他们不想离开一个他们过得挺好的地方，除非能有待遇更好的地方。"②

纳沙泰尔印刷公司不想陷入如此复杂的约束中，回头来找提供过两个排字工和两个印刷工的韦尔南奇。然而，他们需要旅费，而纳沙泰尔印刷公司拒绝提前支付；所以他们留在了里昂。韦尔南奇在客栈里又偷偷地搜寻了一个月，终于找到了三个工人愿意远行纳沙泰尔而不必预先拿到旅费。但是，他们到达以后，有两个工人被纳沙泰尔印刷公司拒绝了："你给我们送来的人中间有两个已到达我们这里，但是他们有传染病，因此我们不能雇用他们。没有任何人想给他们提供住宿，他们离开了，选择了通往贝桑松的路以去收容所，在那里寻找慰藉。"③ 韦尔南奇承认他已经搜罗一空，不可能再提供更好的工人，除非他先付给他们钱，即使如此，他也面临困难，因为好工人越来越缺了。最后，纳沙泰尔印刷公司同意他先付给招募来的工人18里弗，并答应在他们到达后再支付6里弗。

---

① 杜普兰致纳沙泰尔印刷公司的信，1777年5月28日。
② 克洛代致纳沙泰尔印刷公司的信，1777年6月18日。另参见克洛代1777年6月6日和7月30日的信。
③ 纳沙泰尔印刷公司致韦尔南奇的信，1777年6月26日。

其中的两个人,"一个叫做拉弗朗斯的人及其同伴,这个城市的人对他们都很满意"①,应及时到达,在7月份开始印制《百科全书》,但他们却不急不忙。300公里的路程,他们花了两个半星期的时间,中途还在日内瓦停留,并以纳沙泰尔印刷公司的名义借了12里弗。另两个则根本没有来。其中的一个动身时并没有坚持要他的路费,很可能在路上被竞争对手抢走了。另一个叫让·马隆,揣起12里弗的路费,消失了。纳沙泰尔印刷公司的结论是:"我们担心他用这钱去了其他地方,在那里他可能还会要旅费。"②在印刷工人的行话中,marron 表示禁书,marronner 和 marronage 则意味着和非法交易有染。显然,"Jean Maron"(让·马隆)知晓图书交易阴暗面中的一些骗局。但是,不论他的诨名在语源学上有什么来源,他教会了纳沙泰尔印刷公司重新采用安全的做法:人到付款——而且从此以后,纳沙泰尔印刷公司再也没有从里昂挖过任何工人。

纳沙泰尔印刷公司在巴黎这个更大的劳动力市场上取得了更多的成功,这多亏了书商皮尔,他是纳沙泰尔印刷公司一位工头的朋友,还是巴黎公会的敌人,他被寄予厚望,并且也愿意帮忙。③1777年6月16日,皮尔招募的六名工人动身前往纳沙泰尔,

---

① 韦尔南奇致纳沙泰尔印刷公司的信,1777年6月3日。
② 纳沙泰尔印刷公司致韦尔南奇的信,1777年7月8日。
③ 在1777年9月17日致纳沙泰尔印刷公司的信中,皮尔把自己说成是"书商公会的死敌"。他是一个小的、在某种程度上说是边缘的书商,受够了公会中大商人寡头统治的气。关于他作为招募者的最为重要的信件为:纳沙泰尔印刷公司致皮尔,1777年6月1日;皮尔致纳沙泰尔印刷公司,1777年6月15日、16日和7月1日;纳沙泰尔印刷公司致皮尔,1777年7月1日。

他们带着皮尔写的信，证实雇用的条件是：到达后支付 24 里弗的旅费，如果干到年底，就再给 24 里弗。在另一封直接寄给纳沙泰尔印刷公司的信中，皮尔解释说他没有告诉这几个工人要干一个月的活以后才能得到旅费，因为他担心这一附带条件会使他们留下不走了。他还认为，在他知道他们已经到达的消息以前，最好扣住他们的衣物。1777 年 7 月 1 日，工人们到了纳沙泰尔，他们在两周之内跨越法国，赶了 500 公里的路，平均每天 36 公里。24 里弗的旅费对这样一次夏季远足来说是很不错的报酬，因为这相当于他们在纳沙泰尔印刷公司的工场里辛苦劳作两周所能够挣到的钱。然而，当到达纳沙泰尔后他们才知道，至少要等到一个月以后才能拿到这笔钱。他们毫无办法，只好开始做《百科全书》和纳沙泰尔印刷公司其他活计的印制工作。

从工头斯皮内保留的工资簿中，可以追踪到他们在工场中日复一日地完成一件又一件工作的轨迹。[1] 三位排版工，马尔代特、普瓦雷和谢克斯在奖券、纳沙泰尔印刷公司的书目和其他的小活计上花了两周的时间。随后，在 7 月 14 日至 7 月 19 日的一周里，斯皮内给他们安排了正常的工作。普瓦雷和谢克斯一起做启蒙运动的小册子《全俄罗斯的女皇叶卡捷琳娜二世给其设立的委员会的有关编辑一部新法典的指令》，马尔代特则负责给纳沙泰尔印刷公司的《百科全书》的第一卷排版。这三个人一直把分配给他们的活干到 8 月 23 日，普瓦雷和谢克斯不辞而别。他们一共工作了

---

[1] 工资簿，称为 Banque des ouvriers，见纳沙泰尔印刷公司文件，ms. 1051，它提供了 1770 年至 1782 年间由纳沙泰尔印刷公司印制的每一印张印刷品的排版和印制信息。它们是下面关于工作和工人的讨论的主要信息来源。

八个星期，足以得到旅费并拿回自己的衣物，然后离开——大概是去了另一家通过工人的秘密传言为自己预约好的工场。马尔代特两周后也走了。这次斯皮内不再给他路费。"我根本不会给马尔代特先生旅费，我什么也没付，也不会付。"他在工资簿9月6日一项的下面潦草地写道。这是最后一次提到这三个巴黎人，但不是最后一次听到关于他们的消息。两个月以后，杜普兰报告说，这几个和纳沙泰尔印刷公司争吵过的人在日内瓦的工场里诽谤纳沙泰尔印刷公司，他们那时还在干《百科全书》的活。①

皮尔招募来的其他人散布在各处。一个印刷工在为纳沙泰尔印刷公司工作了八周之后去了菲利斯在伊韦尔东的工场。15周以后，他回来了，但这次只待了三周；所以斯皮内没有给他一分钱的路费。②另一位叫加亚尔的印刷工在工场中从7月5日一直待到12月20日——这是一个相当普遍的也是令人满意的工作期限，这从工资簿上也可以看得出来。不过，1778年7月，一个给纳沙泰尔印刷公司供应墨球革的巴黎商人写道，加亚尔回到了巴黎，并准备再去纳沙泰尔——这已经是第三次了。"他极力赞扬你们，并将所犯的一切错误归咎于自己。"③显然，加亚尔在争吵后辞职了。他以及和他一样的"旅行者"的经历证实了贯穿在纳沙泰尔印刷

---

① 杜普兰致纳沙泰尔印刷公司的信，1777年10月31日。旅费并不总是在工人到达后的一个月支付。纳沙泰尔印刷公司在1777年5月24日写给韦尔南奇的信中说，它的工场要在工人工作三个月后才付给他们旅费。

② 斯皮内在工资簿1777年9月13日项下写了这么一条："我已付给埃尔布先生（可能就是皮尔在7月2日的信中提到过的让的旅伴）旅费42巴茨银币。我没有给让先生这笔钱，后者来自巴黎，已去往伊韦尔东。"

③ 托马致纳沙泰尔印刷公司的信，1778年7月19日。

公司通信中的关于工人的一个主题：旧制度时期印刷行业中的雇佣关系是动荡而短暂的。

很难说这种动荡多久会发生一次，但工资簿表明纳沙泰尔印刷公司劳动力周转的频率非常高。尽管有六位熟练工人羁留了两到三年，保持了工场工作的连续性，但能在纳沙泰尔待上一年的工人是很少的。从谈论工人们"任性""好奇""爱争吵"的信来看，他们经常是主动离开的。① 但是在《百科全书》的繁荣衰退以后，解雇一定远多于辞职。一完成四开本《百科全书》的印制工作，奥斯特瓦尔德和博塞就决定把印刷机从12台减少到两台。当他们外出做商业旅行时负责处理企业信件的贝特朗太太，给他们时写信谈到这一策略中的一个问题：不可能只减少机器而不解雇印刷工人。"不应很快就将那些有妻儿的人赶到大街上。"② 头头们显然没有想到这个反对理由，他们用一通关于获利能力的说教把它扫到一旁，不久纳沙泰尔印刷公司就只用两台印刷机干活了。

无法知道被纳沙泰尔印刷公司赶出来的工人们的遭遇。他们一定发现到处都很难找到工作，因为其他的印刷企业也在缩减生

---

① 尽管关于招募工人的信件指出，工人变换工作是为了得到更好的报酬，但有时也会提到工人们非常古怪的动机。在1777年5月24日致韦尔南奇的信中，纳沙泰尔印刷公司说工人们来工作，可能是为了品尝当地的葡萄酒；于1777年10月14日给皮尔的信中，它说工人们离开巴黎，可能是因为对瑞士"好奇"，想去看一看。排字工奥弗雷在前引的信中说，他和朋友是根据"好奇心"来变换工作的。变化无常并不仅限于印刷工人。1777年8月17日，韦尔南奇给纳沙泰尔印刷公司写信说："你们和我一样明白这受到工人们的任性的影响。我有一位工人病倒了，而另一位，由于品行恶劣，已被迫离开城市。"造纸作坊主们的一些信件中也有类似的内容。

② 贝特朗太太致在巴黎的奥斯特瓦尔德和博塞的信，1780年2月12日。

产规模，而总的来说，18世纪80年代的图书生意一落千丈。① 他们中的有些人及其家庭很可能就消失在大革命前夜在大路上蜂拥而过、充塞于西欧救济院中的穷困"流动人口"之中。漂泊的无业工人经常从纳沙泰尔印刷公司工厂的门前经过，讨一点钱，斯皮内有时会施舍一点，并记在工资簿上："施舍7巴茨给装订工"；"施舍3巴茨2克罗泽"；"施舍给一位德国工人7巴茨"；"施舍给一位可怜的德国印刷工7巴茨"。② 印刷工人很容易陷入贫困的境地，因为他们很少有积蓄。根据皮尔的说法，在巴黎那些可以招募到的工人当中，很少有人有积蓄能够维持步行前往纳沙泰尔的两个星期路程所需的花费。"困难确实是相当大的，因为绝大多数人根本没有钱，甚至那些很规矩的人也是如此。来了有二十多个人，他们都没有一分钱旅费。"③

虽然有工作时候的收入相当不错，但印刷工人对失业、疾病和年老不做任何防范。疾病把韦尔南奇招募来的两个没有达到录用标准的熟练技工变成了乞丐；如果在被纳沙泰尔印刷公司抛弃后跨过侏罗山进入了贝桑松那家传播瘟疫的收容所，他们就会和在瑞士的印刷工场里结识的其他工人一起度过生命中最后的时光——像伯尔尼印刷公司的排字工，当被推荐给纳沙泰尔印刷公

---

① 这种衰退在18世纪80年代纳沙泰尔印刷公司从全法国的书商那里接到的信件和订单里可以看得很清楚。例如，1780年3月31日，鲁昂的皮埃尔·马叙埃尔写道："销售……完全停滞了，新的客户——因为绝大多数（旧客户）已破产——什么也不付。"
② 根据出现的顺序，工资簿依次在下面的各项中提到他们：1778年2月14日、7月25日，1779年1月16日、2月20日。
③ 皮尔致纳沙泰尔印刷公司的信，1777年6月16日。

司时,已经临近他生命之旅的最后行程:"这是一个好工人,在德罗兹时代就曾在纳沙泰尔干了很长时间,但是必须告诉你们的是他的视力与听力开始衰退了,由于衰老,他排字不再能像一个强壮的年轻人那样迅速了。但是因为你们只需要按照他所完成的活付费(也就是计件工资),所以我恳求你们尽可能长时间地仁慈对待这个已陷入悲惨境地的人。"①

## 制订工资标准

尽管很残酷,但劳动力市场在《百科全书》最热的时候还是给工人带来很多好处。工人们试图通过提高工资来影响市场,而他们的尝试又激起雇主的反击,多次的你来我往之后,雇主们已经非常团结了。由于这一系列事件为深入了解前工业时期劳资关系提供了极好的材料,因此值得进行分析和仔细评述。

根据合同为杜普兰印制四开本的约20家瑞士和法国工场中,没有一家知道别人从杜普兰那里得到了什么,也不知道其他工场中工人的工资。这些信息可以影响出价以及对工人的争夺,所以各位雇主把自己的牌藏得好好的——并指示他们的代理人小心提防竞争对手。当法瓦吉为纳沙泰尔印刷公司在别人的工场周围转来转去的时候,有时会被当成探子——而且他确实也是个探子。在格勒诺布尔拜访了屈谢的工场后,他向纳沙泰尔人提供了如下的报告:

---

① 伯尔尼印刷公司的普法勒致纳沙泰尔印刷公司的信,1772年3月3日。

屈谢印刷《百科全书》。这个可怜的人为了做这一工作已花了大量费用。他买了五台新印刷机，而且据他说一副新铅字又花了他480里弗。他已印完第7卷。现在正在印第19卷，而且他那里已有第27卷的稿子。他相信在此之后还将有时间印第4卷，对此我表示怀疑，尽管我并没有对他说。他共有九台印刷机。虽然我无法知道他付给工人们多少钱，但是他对我说他与杜普兰先生定的价格是如此低，以至于如果在三卷结束之后没有第四卷可印，那么他将发现自己除了拥有与自己能力不符的过多的印刷机、一副旧铅字以及曾印过四开本《百科全书》的荣耀之外，没有任何收益。我不知道他的价格是多少。附上他印的样版，它从总体上说并不太差，但是你们将会发现有一边印的比其他地方好。此外，这是在他没有觉察的时候，随机选的一页纸。在他那里我被看管得很严。我认出了几个曾在我们这里工作过的工人，但我无法和他们谈话。在我看来他的纸张相当好而且整齐。但是他不可能赚到任何钱。①

在日内瓦为纳沙泰尔印刷公司工作的路易·马西纳，发来了关于佩莱和巴松皮埃尔工场的类似消息——纳沙泰尔印刷公司曾要求"不要上这些人的当"。② 为了帮助纳沙泰尔印刷公司得到工人，马西纳还混进了日内瓦人的工场：

---

① 法瓦吉致纳沙泰尔印刷公司的信，1778年7月26日。
② 纳沙泰尔印刷公司致马西纳的信，1777年7月7日。纳沙泰尔印刷公司还说："我们必须知道在努费和佩莱那里《百科全书》每印张排版和每千印的费用是多少。请告诉我们。我们还想知道印多少。"

虽然我又复查了几个工人，但是我并不知道是谁对你们公司抱有如此深的成见。你们可能有一些怀有敌意和妒忌的竞争对手；与完全不重视名誉的下等人商谈是很有失风度的，对此我表示赞同。然而本周，一位相当精通这一行业和希腊语的排字工人走了。他慢，但是勤劳，工作很仔细，和那些蹩脚者一点不像，这些人曾向我许诺，然而又反悔了，给出的理由除了工资低外没有别的。佩莱和巴松皮埃尔以各种承诺诱惑了其中的一些工人，使周围的一些印刷工场都空了，然而他们只想付给这些人每印张15弗罗林9苏，其中每弗罗林相当于12克罗泽。因此很大一部分人想离开，因为他们要每印张17弗罗林。本周走的这个人是其中的一个。他叫凯斯勒。两位印刷工人也要走，他们曾答应来跟我说，但是我还没有看到他们。这里人们每千印付4弗罗林……我想借此机会告诉你们佩莱、巴松皮埃尔和努费先生们的不满。①

由于日内瓦人也从纳沙泰尔挖走工人，这种暗中的相互攻击，有演变成公开战争的危险。不过，在事态失控之前，杜普兰在日内瓦的代理人勒鲁伊给纳沙泰尔印刷公司发来了如下指示进行干预：

---

① 马西纳致纳沙泰尔印刷公司的信，1777年7月11日。凯斯勒（Caisle），或者按照在纳沙泰尔印刷公司工资簿上的名字"Quelle"，不久就到了纳沙泰尔——紧接着，一周后，佩莱来信说，他离开的时候还有22弗罗林的账没有付。马西纳得到日内瓦排字工的工资这件事有一点问题，因为他的价格中不包括整版工作的部分。他还提供了日内瓦方面的印数情况，因为纳沙泰尔印刷公司怀疑其中有诈：「佩莱自己印了4 350份，努费和巴松皮埃尔也一样。这是巴松皮埃尔明确对我说的，并得到了与我交谈过的所有工人的肯定。」

你们的工人在日内瓦的印刷工场里散发了多份信件,目的在于劝我们的工人转到你们那边;为了更好地实现这一目的,还给予他们这样的希望,即会付旅费和每千印比这里多六苏。

我们已停下了日内瓦主要印刷工场的所有印刷机,而如果我们所需要的工人数没有减少到12人的话,它们本来从现在起都该运转的。如果你们提高价格,这将导致这一地区工人的极度短缺,在这里很有意思的是最快捷的项目拥有大量的工人;因为正是在最快捷的项目里,最有可能拥有人们所希望的足够多的印刷机。此外,你提高价格有可能使这些工人策划阴谋以达到这一目的。先生们,请你们自己判断这样的阴谋是如何妨碍了工作的快速进行和它的良好组织;因为如果我们不同意他们的要求,你们工厂内就挤满了人,他们更愿意往来于巴塞尔和伊韦尔东之间,而不是回到这里,我们将面临很大的困难以招到我们所需要的人,甚至法国也缺人了。你们的印刷工场应该拒绝一切来自日内瓦的工人,而只招收你们邻近的德国工人。①

失去杜普兰的支持与获得工人的困难相比,前者更为重要,纳沙泰尔印刷公司决定退却。它给佩莱和努费发去了关于工资情况的详细报告,希望他们也采取类似的做法,这样雇主就可以在工人面前表现得很团结。日内瓦人在回信中仔细地谈了他们的工资状况并做了要团结的表示:

---

① 勒鲁伊致纳沙泰尔印刷公司的信,1777年7月22日。

## 第五章 造书

鉴于工人们在威胁我们（佩莱写道），我们在这一工作的价格上保持一致确实是很有必要的。你们的工头已写道你们每千印付 15 巴茨银币，最后还有奖金，先生们，我所付的，与其他印刷工场一样，每长条 15 弗罗林，并做初二校。工头做第三校。工头整版，鉴于排字工人对整版工作索要 4 弗罗林甚至 5 弗罗林，我觉得还是工头更适合做这一工作。至于印刷，每千印我付 4 弗罗林，或者说是 12 巴茨，每印张结束后我给他们 5 克吕什（cruches），因此整个印张是 97 巴茨半，1 弗罗林始终等于 3 巴茨。①

了解图书制作中的一些技术问题，对理解这一局势有重要意义。现代早期的印刷过程分两个部分，排字和印刷。印刷工在工作流程中处于排字工的下游，他们通常只是把排好的印版照样印制出来。在纳沙泰尔，《百科全书》常常和其他的四五本书同时印刷，这些书是纳沙泰尔印刷公司 1777 年至 1780 年间先后在产的。印刷工人的收入并不随着书的种类的变化而不同，不论印什么，他们收入的标准都是每千印 15 巴茨（batz，一种货币单位，比 2 里弗图尔币略多）。② 佩莱的信表明他的标准比纳沙泰尔印刷公司

---

① 佩莱致纳沙泰尔印刷公司的信，1777 年 7 月 23 日。
② 唯一例外的是当印数很多或者很少，准备工作在整个印制过程中占的比例很小或者很大时。所以，当纳沙泰尔印刷公司把《百科全书》的印数从 4 000 提高到 6 000 时，它就把印刷工人的报酬从每印版 60 巴茨提高到 86 巴茨而不是 90 巴茨。类似的情况是，当做小活时，支付给印刷工人的报酬是每 100 份 2 巴茨，比每 1 000 份 15 巴茨的标准要高。因此，工资簿中 1779 年 4 月 24 日项下是这样的：

为政府 { 两个布告共 300……6（巴茨）
军事通知 100………2（巴茨）

216 的低很多：只有每千印 4 日内瓦弗罗林，大约合 12 个纳沙泰尔巴茨。然而，纳沙泰尔印刷公司不可能轻易地降低自己的标准，因为它既不可能向印制《百科全书》的工人支付比印制其他图书的工人低的报酬，也不可能指望所有人都接受调低的报酬标准。但他可以调整排字工的工资，因为排字工的工资标准是以不同的方式制订的——也就是说，可以根据排字的多少和每项工作的难度专门订立标准。

在《百科全书》的排版过程中，有一些方面是可以调整的，因为排字工是以"活字组"或称"长条"的方式工作的。① 在四开本的例子中，一个长条就是一页活字；每四页构成一个印版；一个印张两面印刷就需要两个印版；36 卷文字卷的每一卷中包括了 100 至 120 个印张。根据某些页底部的"折标"字母来识别印张。装订工依据折标的字母顺序来排列印张并进行正确的折叠，经过锁线、裁切、收边等工序，把印好的散页纸变成按页排好的可以阅读的图书。因此，印张是生产中的重要单位。排字工按印张计酬。不过，长条体系中，在一个排字工头的领导下，以小组方式工作的四到五个工人只排出一些长条。虽然排字工头也排字，但主要的时间花在"整版"这样的"熟练工作"中。他在排版台上把这些长条按照正确的顺序排列起来，做最后的修饰，比如加上页眉或者折标，再用铁制版框围住这些长条，插入木制版楔和空铅把它们塞紧，这样，新装好的印版就很结实紧凑，上了油墨后

---

① 当时关于长条体系的描述，请参见《百科全书》中的"PAQUET（长条）"条目：A. -F. Momoro, *Traité élémentaire de l'imprimerie, ou le manuel de l'imprimeur* (Paris, 1793), pp. 247–248; S. Boulard, *Le manuel de l'imprimeur* (Paris, 1791), pp. 96–97。

就可以盖上纸进行"平版",然后放在印刷机的压盘下印刷。

通过这样的分组方式,一组排字工能以很快的速度排出文字。他们的报酬也在每周六晚上的"结算"时按组分发。工头得在工资簿上记下他们排出了多少印张,挣了多少钱。因此,在1777年8月30日项下的"马尔代特《百科全书》,卷 VI T. V. X. Y……236"的意思是马尔代特因在8月25日至30日的一周内,排了从T到Y的共四个印张,得到236巴茨。然后,他根据小组中每个人的工作量再分配这些收入——每长条该得多少以及他自己的整版工作该得多少。

纳沙泰尔印刷公司在《百科全书》的排版中就采用了这种方式,这样,它还得决定每个印张付多少钱以及如何在长条工作和整版工作之间分配计件工资。在以不同的组合方式试验了一个月之后,它把标准定得尽可能地接近佩莱和努费所说的水平。根据佩莱的说法,一个日内瓦的排字工,不会接受低于每印张四弗罗林的整版工作。他认为这个价格太高了,所以他把整版的活交给工头做,工头是年薪制,收入和纳沙泰尔印刷公司付给斯皮内的1 200里弗图尔币大致相当。但是,纳沙泰尔印刷公司还有很多其他的工作要斯皮内做,使得他不能集中精力做《百科全书》的事情。它甚至没有让自己的计时排字工鲁尔替《百科全书》整版。① 相反,它遵循的是努费的办法,后者把下面的报告寄到纳沙泰尔,企图勾结起来冻结工资:

---

① 鲁尔的周薪是105巴茨,或者对于像为《百科全书》纠错这样的特别任务收15里弗图尔币的报酬。例如,工资簿中1777年10月4日项下的记录表明他在那个星期中所做的工作包括了"在百科全书的六长条上做了修改……"。

> 为了满足你们的愿望……希望你们和我们的价格保持一致,我们告诉你们如下情况……
>
> | | |
> |---|---|
> | 对于长条形式的每一印张的排字 | 15 法国法郎 |
> | 整版 | 4 |
> | 印刷 4 350 | 32—6 |
> | 合计 | 51—6 法国法郎 |
>
> 我们付相当于 51 法国法郎的新金路易,由此新埃居相当于法国法郎 12—9。①

努费的信中正提供了纳沙泰尔印刷公司需要的信息,其中还包括了精确的换算率。纳沙泰尔人最后决定付给排字工每印张 59 巴茨:8 个长条 50 巴茨,整版 9 巴茨。② 这一调整使得纳沙泰尔印

---

① 努费致纳沙泰尔印刷公司的信,1777 年 7 月 23 日。尽管努费自己的说法有所不同,但他的印制价格和前引佩莱 7 月 23 日信中的价格一致。4 000 的印数即表示每印张要印 8 000 份,以(佩莱的计件)价格每千印 4 弗罗林算是 32 弗罗林。最后的 6 个苏(半个普通日内瓦弗罗林)对应的是佩莱提到的 6 克吕什,并且包括了剩余的印张。因此努费的 32½ 弗罗林的价格和佩莱的是一样的,因为佩莱的说法证实了他的印制价格达到了 97½ 纳沙泰尔巴茨(32½ 的 3 倍)。

② 纳沙泰尔印刷公司调整工资比例的想法可以从工资簿中 1777 年 7 月 26 日的一条记录得到证实,它写于刚刚收到努费的信之后:

| | |
|---|---|
| 日内瓦的排字 | 49—2 |
| 拼版 | 8—2 |
| 日内瓦价格上增加 | $\dfrac{1—}{59\ 巴茨}$ |

在调整工资比例的过程中,纳沙泰尔印刷公司没有采用佩莱提到的巴茨和日内瓦弗罗林之间 3∶1 的兑换率。它和努费一样,根据标准法国金路易进行计算,即 1 金路易合 24 里弗图尔币、51 日内瓦弗罗林和 168 纳沙泰尔巴茨。(转下页)

刷公司的工资和日内瓦的相去不远，这可以从下表得到验证：

| | 日内瓦工资 以弗罗林计算 | 相当于巴茨 | 纳沙泰尔印刷公司工资 以巴茨计算 |
|---|---|---|---|
| 排版 | | | |
| 8 长条 | 15 | 49½ | 50 |
| 整版 | 4 | 13¼ | 9 |
| 总计 | 19 | 62¾ | 59 |
| 印刷 | 32½ | 107 | 120 |
| 每印张劳动力总成本 | 51½ | 170 | 179 |

最终，每印张的成本在纳沙泰尔比在日内瓦多9巴茨，但差距并不太大——整个第六卷大约差171里弗，和纳沙泰尔印刷公司为了制作该卷付给杜普兰的11 545里弗比起来微不足道。在印刷环节上纳沙泰尔印刷公司比日内瓦人稍稍多付了一点，但在整版上它付的较少。它用这种办法使价格标准尽可能地接近日内瓦人的，没有扰乱它的印刷工人的工资标准，也没有使排字工处于不利地位，只有马尔代特的收入比他在日内瓦做拼版和整版的同行低50%左右。也许正因为这样，他在9月初辞去了在纳沙泰尔

（接上页）参见 Samuel Richard, *Traité général du commerce* (Amsterdam, 1781), I, 105–111, 121–123。因此，1弗罗林值3.294巴茨，每排1印张在日内瓦的工资是15弗罗林，就变成49巴茨2克罗泽，差不多正好是纳沙泰尔印刷公司支付的数量；不过日内瓦人在整版上比纳沙泰尔印刷公司多付了4巴茨1克罗泽。印刷商的算法通常是整版的工资为排版的1/6。参见 Boulard, *Le manuel de l'imprimeur*, p. 61。

印刷公司的工作，那时他还没有得到旅费。不过，到了那个时候，纳沙泰尔印刷公司已经形成了很强的生产力量，即使当时有什么起伏，也足以保持高水平的生产能力。一个叫贝尔托的熟练排字工代替了马尔代特，在随后的两年中，他一直让《百科全书》的生产小组感到很满意。工场主不再从对方的工场中挖人，关于劳动力的抱怨也从他们的通信中消失了。他们在阴谋策划方面胜过了工人。

## 调整工作步伐和管理工人

即使工场主严守工资标准，工人还是能得到相对较好的报酬。因为对现代早期工人的工资和产量情况所知甚少，所以很难进行比较，但瑞士印刷工人无疑属于所谓的"工人贵族"。① 纳沙泰尔

---

① 关于法国旧制度后期的工资情况，参见 C.-E. Labrousse, *Esquisse du mouvement des prix et des revenues en France au XVIIIe siècle* (《18 世纪法国价格与工资运动概要》)(Paris, 1932), 447–456。George Rudé, *The Crowd in the French Revolution* (《法国革命中的群众》)(Oxford, 1959), pp.21–22 and 251 的数字虽然不适用于 1789 年之前，但有参考价值。根据这些和其他一些数据，皮埃尔·莱昂 (Pierre Léon) 把旧制度时期的工人分成三个阶层：贫困阶层，每天收入不到 20 个苏，甚至经常不到 10 个苏；中间阶层，20—30 苏；精英阶层，超过 30 苏。参见莱昂的文章，收入 C.-E. Labrousse and others, *Histoire économique et sociale de la France* (《法国经济与社会史》)(Paris, 1970), II, 670。尽管法国的历史学家对典型的日收入状况做了评估，但没有提供关于长时段收入状况的系统统计数字。所以，旧制度时期工人的历史还远没有得到研究，无法和纳沙泰尔丰富的史料相比。麦肯齐 (McKenzie) 和沃特 (Voet) 在讨论剑桥和安特卫普印刷工人的工资时也使用了"工人贵族"的概念。参见 McKenzie, *The Cambridge University Press*, I, 83; Voet, *The Golden Compasses*, II, 341。

## 第五章 造书

印刷公司的雇员通常每周挣 10—15 里弗（70—105 巴茨），或者每天大约 2 里弗（40 苏），收入多少要取决于他们的产量。他们没有巴黎的同行收入高，在巴黎，普通一个 12 点活字印张的排版收入可以达到 8 里弗，而在纳沙泰尔只有 5 里弗（35 巴茨），巴黎每千印的工资是 2 里弗 10 苏，纳沙泰尔是 2 里弗 3 苏（15 巴茨）。[1] 不过巴黎的生活成本要高得多，而且瑞士的印刷工人收入几乎比所有其他的法国工人都要高。根据拉布鲁斯\*的估计，普通的法国工人在乡下每天大约挣 1 里弗（19—21 苏），在城镇里略多一些（23—24 苏）。有技能的工人，比如木匠和泥瓦匠，大约 30 苏；有更复杂技能的技工，比如钳工，30—50 苏。但这并没有太大的意义，因为很多工人都是按计件工资拿报酬，而他们的产量的差

---

[1] 在 1780 年 4 月 15 日致纳沙泰尔印刷公司的信中，皮尔以八开本、12 点活字、一千印为例，列了一份一印张的典型生产成本表，如下：

| | |
|---|---|
| 排版 | 8 里弗 |
| 印制（以每千印 2 里弗 10 苏计） | 5 |
| 总计 | 13 |
| 管理费用 | 6—10 |
| 利润 | 5—5 |
| 总成本 | 23—15 |

艾克斯的排字工在埃默里克·达维德记 1787 年法国旅行期间的日记中也有几乎相同的计算：Emeric David "Mon voyage de 1787"（"我在 1787 年的旅行"），Bibliothèque de l'Arsénal, ms. 5974, fol. 50。根据 Contat, *Anecdotes typographiques*, ed. Barber, part I, chap. 9，巴黎计时工的收入是每天 50 苏，和纳沙泰尔印刷公司依据计时支付的 17 巴茨 2 克罗泽相当。显然，在瑞士，熟练的排字工能比计件工人挣到更高的工资。

\* C. E. Labrousse, 1895—1988 年，当代法国历史学家。——译者

异我们几乎一无所知。所以，如果把问题从工资标准转移到一个更基本的问题上，就可以从纳沙泰尔印刷公司的工资簿上得到更多东西，那就是：假定有这样的工资等级标准，印刷工人干了多少活？

对1778年6月至11月工资簿的详细研究表明，工人的产量有巨大差距。各周的收入和产量的升降毫无规律，不能用平均数来讨论问题，只能说大部分时间是在70到120巴茨之间波动，最高峰在130巴茨左右，最少的时候则只有45巴茨。工场中产量最稳定的排字工是马莱，他为纳沙泰尔印刷公司当时生产的四本书之一的库克的《南极游记》排版，同时还做一份期刊和各种临时的活。从8月15日到9月26日的连续六个星期里，马莱排出了两个印张，收入70巴茨，虽然他也可以像10月3日的那周一样，排出三个印张，收入105巴茨。一起排纳沙泰尔印刷公司版《圣经》的尼古拉和凯斯勒是另一个极端。他们在10月10日的那周排了一个印张，收入60巴茨；在接下来的一周排了两个半印张，收入150巴茨；在随后的一周内又排了两个印张，收入120巴茨。埃尔布的速度较慢而无规律，他经常是每周只排一个印张的米约的《世界史纲》，带着46巴茨回家；但是他也能够把产量加倍，在7月4日和8月15日的两周里，他各排了两个印张，收入92巴茨。通常排《瑞士评论》的尚皮速度很快。他经常每周给这个杂志排三个印张，挣108巴茨，尽管他的产量在6月27日和8月1日的两周里跌了一半。《百科全书》的排版工作进展得不太均衡。贝尔托通常和一个四人小组一起工作，他们9月和10月间的产量变化如下：

## 第五章 造书

|  | 9月 | | | | 10月 | | | | |
|---|---|---|---|---|---|---|---|---|---|
|  | 5日 | 12日 | 19日 | 26日 | 3日 | 10日 | 17日 | 24日 | 31日 |
| 印张 | 7 | 3½ | 5½ | 10 | 6 | 5½ | 7 | 7½ | 8 |
| 收入<br>（巴茨） | 413 | 206½ | 324½ | 590 | 354 | 324½ | 413 | 442½ | 472 |

印刷工的生产速度更加不规则。在6月的三周内，尚布罗小组的产量骤跌，从18 000份一路跌到12 000份和7 000份，收入也从258巴茨跌到172和101巴茨。10月的三周内，约尼克小组的产量则一路飙升，从12 525份一直升到18 000份和24 000份，收入也从182巴茨上升到258巴茨和344巴茨。在这些变动中找不到任何稳定性。罗阿小组的变化比较和缓；若尔热和利耶小组的变化巨大；福拉兹小组的产量高，变化却毫无规律；本策勒小组的产量低，变化毫无规律。像阿尔贝特小组中这样的熟练工人的周产量在12 000份到19 000份之间起伏。梅耶小组也是熟练工人，通常一周收入超过200巴茨，还曾经挣到过303巴茨（产量为21 000份），但也有跌到165巴茨（产量11 200份）的时候。克伦梅尔潘小组通常收入172巴茨（产量为12 000份），但他们有能力挣到280巴茨（产量为19 500份）。在所有的印刷小组中工作量最大的一周是1778年的2月16日到21日，尚布罗的小组在那周里挣到了379巴茨（大约每人27里弗），产量是26 250份：《百科全书》的四个印版印6 000份，米约的《史纲》的一个印版印2 000份，以及当地的《通告》250份。①

---

① 18世纪早期剑桥的一个印刷小组的最高产量只有20 700份，但大体上剑桥的排字工和印刷工的产量和纳沙泰尔的一样波动很大。参见 McKenzie, *The Cambridge University Press*, I, chap. 4。

这些数据都指向一个结论：工人们自己给自己定速度。不论有多少外在因素——节假日、变化的工作安排、印到一半时临时加进来的活计、各周的预付情况，看来这些变化是由他们自己决定的。假如工人少出了力，那是因为他们想这样做；产量的下降并不是源自工作量的时多时少。排字工在同一个时间段里几乎总是只做一件工作，所以他们能做到每周如其所愿地排出一定数量的印版来。印刷工人则把排字工排好的版印出来，而不论其内容，所以他们很少用完要印制的材料——如果用完了，他们有权得到对被称为"失去的时间"的补偿。在印制《百科全书》的两年中，工资簿上只提到过一笔这样的钱："加亚尔……失去半天……8（巴茨）3克罗泽。"①

　　节假日对产量的变化不起什么影响，因为一个工人的产量下降了，另一个的产量会增加；即使是耶稣受难日、复活节、圣诞节和新年，产量也没有全面下降。尽管纳沙泰尔属于新教的势力范围，很多工人却是天主教徒，他们不享受宗教节日里丰盛的食物。由于有宗教节日，在欧洲的天主教地区，年工作日可能（也可能不）会减少到250天到300天。②不过他们自己给自己放假。

---

① 工资簿，1778年11月29日。数量相当于半天"计时活"的收入。
② 在讨论实际的或者说"有效"的收入时，历史学家总是假设法国的劳动者在大量宗教节日里不工作也没有报酬——根据雅菲（G. M. Jaffe）和乔治·鲁德（George Rudé）的统计，每年有111天的节日，见 Rudé, *The Crowd in the French Revolution*, p. 251。但是，要庆祝这么多的节日，看来不太可能。在 *Art de faire le papier*（《造纸术》）（Paris, 1761）中，拉朗德（J. J. Lefrançois de Lalande）写道："估计一年有300个工作日，因为在这些制造业里只有周日和主要节日停工休息。"纳沙泰尔印刷公司的工资簿上没有每日产量的信息，但纳沙泰尔印刷公司的信函留底簿表明，办事员和主管在12月25日和1月1日并没有（转下页）

尽管工资簿上没有每天的出勤信息，但是却记录了计时工的旷工情况，他们每旷工半天，收入就减少8巴茨3克罗泽。他们的记录特别透露了1778年夏天的情况，当时有几个印刷工人正在做短期的计时工：①

计时工工作天数统计

|  | 6月 | | | | 7月 | | | | 8月 | | | | | 9月 | | |
|---|---|---|---|---|---|---|---|---|---|---|---|---|---|---|---|---|
|  | 6 | 13 | 20 | 27 | 4 | 11 | 18 | 25 | 1 | 8 | 15 | 22 | 29 | 5 | 12 | 19 |
| 克伦梅尔潘 | | | | 4 | | | | | | | | | | | | |
| 帕多 | | 5 | 5 | 6 | 6 | 3 | | | | | | | | | | |
| 奥迪耶 | | | | 4 | 6 | | | | | | | | | | | |
| 梅耶 | | | | | 4 | 5 | 6 | 6 | 4 | 6 | 6 | 6 | 6 | 6 | 6 | 4½ |
| 勒律 | | | | | 4½ | 6 | 6 | 6 | 6 | 6 | 6 | | | | | |
| 奥里 | | | | | | | | | 6 | 6 | | | | | | |

如果每周六个工作日是常态的话，那么这个常态被打破和被

---

（接上页）放松工作。纳沙泰尔印刷公司文件中提到官方节庆的只有几处，在名为《小账簿》(ms. 1048）的账本中，没有给人留下深刻印象。例如，1777年12月27日："给工人们一瓶葡萄酒……6（苏）。"

① 因为计时工资的标准一直不变，所以一个计时工的工作天数可以根据他一周的报酬推算出来。此外，斯皮内会记下计时工没有做满整个星期的情况——例如，在1778年6月13日项下："帕多，5天……87（巴茨）2（克罗泽）。"他还根据计件工资标准记下他们的产量，然后，把它们作为工作量从一周结算的总数中减掉，从而表明工人得到的只是他们的计时工资，没有以计件的方式完成一周的工作。

遵守的时候差不多。计时（conscience）*工人的意思则正如名字所表明的，被认为是工场中最可依靠的工人。计件工人的工作可能无规律得多。的确，整个过程看起来毫无规律，令人怀疑是否存在着每周六个工作日、每年300个工作日的情况，也令人怀疑一天和另一天是否相同。

没有规律的工作进度，加剧了雇员工作定额的不规律性，使纳沙泰尔印刷公司面临大量的劳动力管理问题。由于工人们忽来忽去，又以特殊的节奏工作，斯皮内不可能以平顺的速度生产出《百科全书》和其他图书。但他可以通过某些做法把混乱减到最少。他把称为"大活"（labeurs）和"重活"（ouvrages）的特定工作分配给（计件的）排字工；① 同时，让计时排字工做专门的工作，比如不常见的修正以及诸如彩票和海报这样的小活。计件排字工可以自己确定工作进度。如果他们完成了"大活"而没有辞职，或者纳沙泰尔印刷公司没有安排新的任务，他们就会被解雇。因此，从1778年1月10日开始到8月22日辞职，除了排32周的米约的《世界史纲》之外，埃尔布没有做其他的活。随后，《百科全书》的一个长条排字工泰福接手，用六周的时间完成了米约的著作后，就被解雇了。纳沙泰尔印刷公司另外雇了一个新人取代泰福做《百科全书》的工作，而在几周之内又不打算开始排新书，所以就让这个人走了。泰福和另外一个排字工孔德做了伴，后者一直和他同时在排《艺术与工艺说明》，并且已经排到了最后的两个半印

---

\* 法文 conscience，原意为"良心"。——译者
① 在《百科全书》的"LABEUR（劳作）"条目中谈到了这一工作的"工作导向"特性："在印刷工人中使用的术语；他们以此来称呼由一套数量众多的书籍组成的一部手稿或是印制副本，它能够使他们长时间一直在同一家印刷工场工作。"

张。纳沙泰尔印刷公司当时正在清偿六项长期"大活"中的两项,但没有延续和他们的合同,所以泰福和孔德无法回到排字工的队伍中去,他们就一起离开了。斯皮内可能通过解雇资历较浅的工人给他们留了位置,但是他坚持另一项原则:任务分派的一致性。他几乎从来没有在不同的"大活"之间调动过人。因此假如不能保证一定有工作,至少在一桩"大活"的进行过程中一个工人可以指望一直做这项工作。

尽管一致性可以简化对工作的分配,但也只是减轻了产量的不规律性。相反,排字工产量的差异意味着完成一桩活的印版的时间间隔和另一桩活的不同。此外,每一印版的字符数和印数的多少也不相同,所以不可能要求排字工以始终如一的速度给印刷工提供印版。相反,在印完一块印版后,印刷工人会选用已经准备好的印版,而不论是谁排的。每个印刷工都参加每一本书的印制工作。这样,在印刷环节中,各项任务之间最后的种种组合变化弥补了排字环节中安排任务时的不规律,印刷环节的总产量和排字环节的总产量也得以平衡。工头负责保持工场中两个环节之间的平衡。当时关于印刷的文献中强调得最多的一个主题是:最重要的是,他必须当心不能让排字工的进度落到印刷工的后面,"不使印刷机空闲"。①如果工头让印刷工因为没有印版而无事可做,工人就会要求赔偿浪费掉的时间。但他也可以解雇他们。

---

① 参见《百科全书》中出自勒布雷顿工场中一个工头布鲁雷之手的条目"PROTE(工头)",关于工头作用的更为详细的讨论,请参见 Contat, *Anecdotes typographiques*, ed. Barber, part I, chap. 4 and part II, chap. 10。

启蒙运动的生意

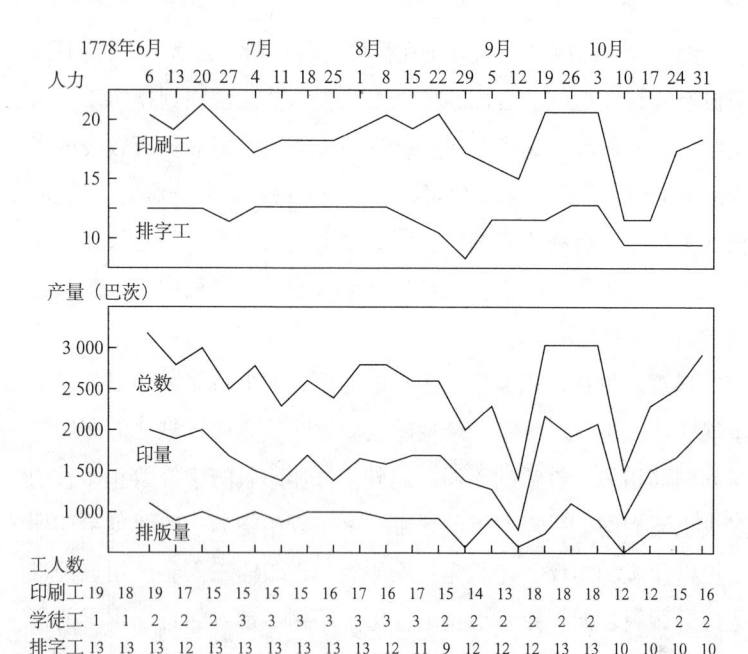

|工人数| | | | | | | | | | | | | | | | | | | |
|---|---|---|---|---|---|---|---|---|---|---|---|---|---|---|---|---|---|---|---|
|印刷工|19|18|19|17|15|15|15|16|17|16|17|15|14|13|18|18|18|12|12|15|16|
|学徒工|1|2|2|2|3|3|3|3|3|2|2|2|2|2|2| | | |2|2| |
|排字工|13|13|13|12|12|13|13|13|12|11|9|12|12|12|13|13|10|10|10|10| |

产量(巴茨)
排版 1 100 931 972 867 1 061 941 981 1 021 970 864 882 851 586 897 577 826 1 107 908 547 764 799 871
印量 2 038 1 883 2 056 1 662 1 544 1 374 1 711 1 387 1 732 1 551 1 675 1 736 1 368 1 330 801 2 217 1 898 2 123 924 1 479 1 699 1 972
总数 3 244 2 820 3 047 2 533 2 775 2 316 2 605 2 416 2 795 2 752 2 564 2 617 1 984 2 252 1 403 3 076 3 027 3 066 1 499 2 275 2 519 2 885
包括其他项

**图2 人力和产量,1778年6月至10月**

雇用和解雇是工场中保持劳动力平衡的最重要的办法。① 例如,1778年10月3日,泰福和孔德离开了纳沙泰尔印刷公司,同时离

---

① 正是为了保持平衡,纳沙泰尔印刷公司才要求它的招募者给它送来人数相匹配的排字工和印刷工。在印数较高的时候,对印刷工的需求超过排字工,所以,印制《百科全书》的时候,纳沙泰尔印刷公司就偏离了两个印刷工配两个排字工的传统公式。1777年7月8日,它指示韦尔南奇,"我们需要两个印刷工配一个排字工"。

开的还有一个名叫马耶尔的排字工，结果是排字工的总数从13人减少到10人。斯皮内手下有18名印刷工，他又解雇了其中的6人。几乎在一夜之间，工人总数减少了三分之一，但保持着平衡。三周以后，纳沙泰尔印刷公司又要开始增加产量，就从外面招一些新工人补充进来。劳动力管理就是一种保持平衡的工作，它的经济成本和人力成本都很高。

可以从图2中看到平衡摇摆的频繁和剧烈程度，除了7月份的三个星期以外，每一周工人的构成情况都和另一周不一样。工人们乱糟糟地来来去去；产量毫无规律地忽涨忽落；整个工场的产量也像个人行为那样剧烈波动。甚至在6月到9月期间，工人的更替最少的时候，每周的总产量曲线也像锯齿一样，波动的幅度有15%甚至更多；9月和10月间，周产量忽而翻番，忽而只有一半。

对雇主而言，这种不规律性预示着不能充分利用资源以及利润上的损失。对工人意味着什么则很难讲，但是做某些投机是有可能的。在对若干个星期的工资簿进行研究后，可以摸到整个工作的节奏以及它被分解成了哪几个部分。例如，印刷小组经常每周挣172巴茨或者258巴茨，因为这两个数字分别表示小组全部投入两块或者三块《百科全书》印版的印制工作。一个小组可以印完两个版（一个完整的印张或12 000份）后就停工到一周结束——或者，如果印版已经准备好了的话，它会去印一个印版的米约的《世界史纲》(2 000份)，也可能是一个印版的《艺术与工艺说明》(1 000份)，把收入再提高30巴茨。这就是12 000、14 000、13 000这样的数字在计算印刷小组产量时经常出现的原因。尽管没有规律可言，但工作中涉及了各种任务的结合，而完成每一项任务都需要一定的努力。在一定的限度之内，工人们可以按照自己的意愿组合任务，承担或多或少的印版和长条。工作的各个部分的成果构成他们的产量，而总的来说，工作仍然是以任务为导向的——也就是说，工人们辛勤劳作是为了排出如此之多个印张或者印制出成千上万张的印刷品，而不是为了挣到标准数量的钱或填满一个标准工作周的那么多个小时。

从心理学上讲，非标准化的工作和后来强加给英国劳动阶层的工作之间有很大不同。① 工厂里工作的进度是由钟表和铃声、大门的开启和关闭、罚款和责打所决定的，最终是由生产过程本身决定的；对后来在装配线上工作的工人来说，他们就被缩减成了一双双"手"，无穷无尽的、毫无差别的工作洪流从他们身边淌过。纳沙泰尔印刷公司的排字工和印刷工则以自己的步调工作。他们可以对自己的工作进行一些控制。在漫长的、无规律的若干星期过去后，他们会展示自己的工作成果，甚至带着满意的心情回顾自己排好的印张和印成的产品。

---

① 这里有一些关于这个主题的历史文献：E. P. Thompson, "Time, Work-Discipline, and Industrial Capitalism"（"时间，工作纪律和工业资本主义"）, *Past and Present*, no. 38 (1967) 56-97; Sidney Pollard, "Factory Discipline in the Industrial Revolution"（"工业革命时期的工厂纪律"）, *Economic History Review*, 2d ser., XVI (1963), 254-271; Neil Mckendrick, "Josiah Wedgwood and Factory Discipline"（"韦奇伍德和工厂纪律"）, *Historical Journal*, IV(1961), 30-55。有关的社会学研究成果，请参见 Sigmund Nosow and William H. Form, eds., *Man, Work, and Society. A Reader in the Sociology of Occupations*（《人、工作与社会：职业社会学读本》）(New York, 1962); Eugene L. Cass and Frederick G. Zimmer, eds., *Man and Work in Society*（《社会中的人与工作》）(New York, 1975)。

# 第五章 造书

## 印制：技术和人的因素

　　为了防止这一解释看起来太有传奇意味，还应该补充说明，对生产进程的某种控制并不意味着工人对它真正的主人有什么特别的影响力。"资产阶级"保持着大部分权力，并通过雇用和解雇等手段无情地使用着这些权力，而工人则用有限的方法随意地做出反应。他们辞职；他们在旅费的事情上说谎；他们支取下周的小小的预付工资然后不辞而别；① 有时他们还为作为竞争对手的出版商或警察做密探。尽管他们会对自己的手艺感到一些骄傲，但如果能使劳作变得轻松一些，他们也会走捷径或者损害质量。在今天的任何一本《百科全书》中都可以看到这种后果——大部分的版面清晰、干净，但也有不少地方页边歪斜，页码错排，合模不正，间隔难看，排印错误，字迹模糊。所有这些都是两个世纪之前无名工匠的行动见证。

　　有时，这种无名状态中也会透出一些信息。例如，在纳沙泰尔市图书馆里，四开本《百科全书》第15卷635页上有一枚清晰的拇指指纹，几乎可以肯定是纳沙泰尔印刷公司的一位印刷工

---

① 例如，印刷工于歇在1778年6月6日得到工资后离开了，这是印制一个《百科全书》印版和两个《圣经》印版的报酬。但他还没有完成印数为3 000的《圣经》最后一个印版的五个批量（合计1 250份）。所以，那项工作只好在下一周由帕多完成，斯皮内在工资簿6月13日项下写道："帕多-萨雷替于歇做，5批量……18（巴茨）3（克罗泽）。"

人留下的。①工资簿上的记录表明，这一页（印张 4L）的印刷工人是某个"巧手"（Bonnemain）——这肯定是个绰号，与马尔代特和马隆这样的名字相比显得有些异乎寻常。多勒一位叫托奈的熟练印刷工人的信透露了"巧手"是如何进入纳沙泰尔印刷公司的工场的。他是个黑头发的诺曼底人，在巴黎印刷工场里的职业变化无常，后来漂泊到里昂，偶遇肯德兰一家——这家的父亲、母亲和儿子都在法国的"印刷之旅"中辗转于各家工场之间。在里昂行骗几次以后，肯德兰一家和"巧手"一起离开了那里，最终在多勒的小印刷工场中露面，托奈在那里为弗朗什-孔泰地区的小贩们印制圣徒传记。托奈有三台印刷机，他安排肯德兰家的父亲和"巧手"做印刷工，肯德兰家的儿子排版。这种安排没有持续多长时间，因为托奈察觉到某种针对自己工场女工的卑鄙阴谋，她喜欢上了年轻的肯德兰。他打算等他们一完成《圣安娜传》的印制工作，就把他们全部解雇。但是他们先动了手。在收到了一周的报酬并预支了下一周的工资后，他们把 1 000 印张的半成品扔在"巧手"的印刷机下，从不同的路逃离了多勒。年轻的肯德兰带着那姑娘一起逃走，他的父母则带着 200 份祈祷用的小册子沿途售卖——大约是这样，托奈说。托奈写信警告纳沙泰尔印刷公司当心这群人，听说他们已经在纳沙泰尔印刷公司的工场里会合了。他还强烈呼吁雇主之间要团结："我体会到一个不能自己做所有一切事情的资产阶级的不幸……在我们这些印刷工场主之间应

---

① 这一枚指纹和其他类似的指纹毫无疑问是印刷工人而不是后来的读者留下的。这些指纹是蘸了油墨后留下的，而且经常深入到装订线里面，也就是说，它们是留在刚印好的散页上的。还有，一些订购者也抱怨过收到的书上有印刷工人的指纹。

## 第五章 造书

该互相通告有关我们工人中的一些无赖的情况。"①

纳沙泰尔印刷公司不可能接受托奈关于这件事的说法，因为托奈自己的性格就有几分阴暗。他不支付买书的账单，而那些书的内容不是伤风败俗就是煽动叛乱，他还以普通宗教图书为幌子贩卖那些书。他的警告没有起什么作用，因为肯德兰家离开纳沙泰尔之后，他的信才到达。工资簿表明那位父亲1777年夏天以"鲁道夫"的名字干了七个星期，这是他原来在里昂用过的化名。那个儿子只工作了三周，而且他离开的时候一定心情不好，因为他名下的最后一次收入是在1777年9月6日，工资簿表明斯皮内扣了他一周的薪水。由于遇到麻烦，他很可能离开原来的地方到瑞士的其他工场寻找新的工作，然后再安排父母前往。托奈工场里的那个姑娘可能沿着从纳沙泰尔到伊韦尔东、洛桑、日内瓦和里昂的经久不衰的线路上做同样的事，至少也做了几次停留。但"巧手"没有这样。他留下来继续做印刷工，从1777年8月一直持续到1779年3月，在所有印制《百科全书》的工人中他是做得时间最长的人之一。显然，他非常喜欢纳沙泰尔，以致和他的旅伴们绝交，而纳沙泰尔印刷公司也很喜欢他，一直雇用他，尽管它已经向托奈保证过会把这样恶劣的团伙从自己的工场中清理出去。②

---

① 托奈致纳沙泰尔印刷公司的信，1777年11月12日。从纳沙泰尔印刷公司文件中托奈的档案来看，他的印制和销售生意都不大。不过在1780年12月23日的《伯尔尼报》上，他说他有三台印刷机和40 000卷的库存，他要把所有这一切作价10 000里弗出售。

② 纳沙泰尔印刷公司致托奈的信，1777年11月16日。斯皮内工资簿上1777年9月6日项下记有"扣除肯德兰先生所有的工资"。

231

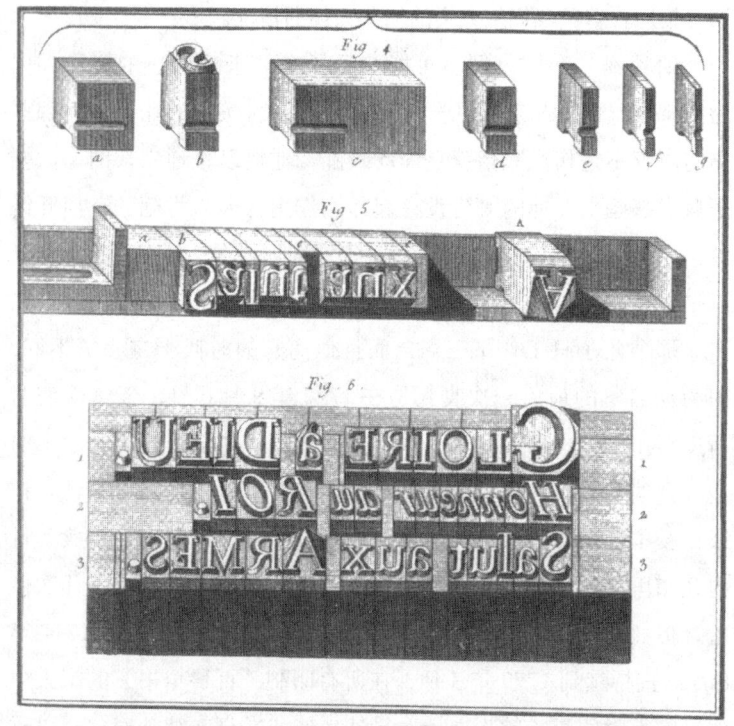

铅字("IMPRIMERIE",图版卷I),包括各种空铅。空铅用来在排字盘(Fig.5)中起调整作用,以使各行的长度相同,如 Fig.6 所示。铅字的字母如镜像般是左右反向的,这样印出来的字才是正向的——本图中的文字的思想内容再正确不过了:"GLOIRE a DIEU.*Honneur au ROI*.Salut aux ARMES."(荣耀归于上帝。致敬国王。致敬纹章。)

研究《百科全书》中的手印背后的生活,就可以多少了解一些如何穿过工人阶级朦胧模糊的历史的方法,不过也可以研究"巧手"的拇指印在印刷上的重要性。拇指印这个例子说明了一个在如今的自动化时代中很难意识到的特点:旧制度的印刷工人把自己的标记留在自己的书上——在"巧手"的例子中,按字面意

印刷工场的排字房（"IMPRIMERIE"，图版卷I）。第一个排字工（fig. 1）将铅字从铅字盒转移到排字盘上，同时盯着压板上的原稿。第二个排字工（fig. 2）将新排好的一行铅字置于铅字手活版盘中，组成一部分纸页。第三个排字工（fig. 3）将两个对开页放在一个装满印版的铁槽中，并用木槌和木块刨平，将完成的式样在印刷机的压盘上就会平滑。新印好的纸页——对开、四开、八开、十二开——被晾在男人头顶上方的绳子上。

232

印刷车间("IMPRIMERIE",图版卷XIV)。第一个印刷工(fig.1)将一个印张放在夹纸框下的印刷机的压纸格上,同伴(fig.2)将墨涂在木框里的印版上。接下来,第一个印刷工将夹纸框折叠在压纸格上,压纸格折叠在印版上。然后如Fig.3所示,他用左手转动把手,将印版卷到压盘下面,拉动印刷机的杆印刷。与此同时,其同伴在他的墨球表面上涂油墨,并检查先前印好的纸页,如Fig.4所示。

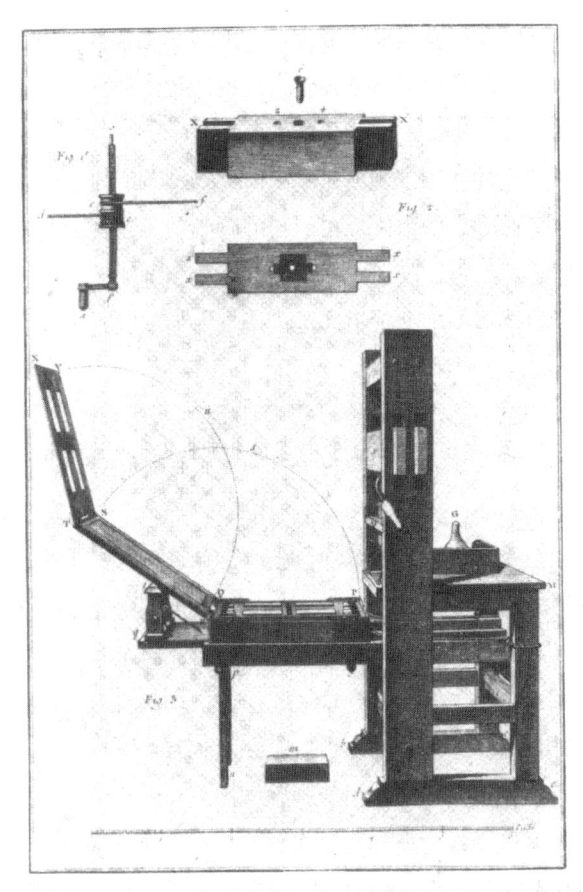

普通印刷("IMPRIMERIE",图版卷XV)。该侧视图显示印刷工如何将夹纸框(XVST)折叠到压纸格(STRQ)上,又如何将压纸格折叠到印刷机水平托架上的木框(RQPO)里的印版上。他通过把手(详见 fig. 1)将木框转到印刷机垂直部分中的压盘(z)下面。然后通过拉动杆,他转动印刷机顶部的像螺母中的螺钉一样工作的主轴(x,详见 fig. 2),将压盘向下压到印版上。他一次只印一半的印版,所以需要使用脚踩(m)滑轮,两次大力转动主轴,印制每印张的一面。

义理解；同时在所有其他的情况下，理解其象征性。因为每个印刷工人在每页纸上都留下某种个人性的印记，而他的技艺的高下能影响到产品是否成功。

"巧手"的指印实际上来自印刷中的一个窍门儿。他们在印版上涂上很多油墨，他和伙伴在印制的时候就不用使劲拉动印刷机上的横木了。但是，多余的油墨就到了他们的手上，在搬运中弄污了印好的散页。这个花招逃过了斯皮内的眼睛，但没有逃过杜普兰这一关，他严厉地批评了纳沙泰尔印刷公司。

> 几天以前我们从日内瓦得知你们的书印得不好。我们将这归咎于工人们的妒忌，这些工人是从你们那里去日内瓦的。但是在收到你们的印张时，我们很惊讶地看到尽管它们是经过挑选的，但是它们是被那些只善于用井水而不善于用杠杆印刷的工人印制的。我们看到软弱无力的手在模子上放了很多油墨以使印刷时较为容易。总之，先生们，我们能对你们说的是如果一切都是这样，那么我们的事业将很艰难。由此可见你们那位对排字有兴趣的工头，从未关心印刷。我们不想向你们隐瞒这使我们很遗憾，如果最后部分不能好一些，那么我们绝对不会给你们另外任何一卷。①

纳沙泰尔印刷公司知道杜普兰会勃然大怒，它回了一封温和的信避开了这一抨击。它说，第六卷的活是值得赞扬的，其他印刷工场的第一卷至第四卷印得很糟糕。

---

① 杜普兰致纳沙泰尔印刷公司的信，1777年10月31日。

第五章　造书

先生，正如我们曾预见的，通过对由你领导印刷的《百科全书》前四卷所做的仔细、详尽的检查，我们发现了如此多的错误，因此我们感到很痛苦，我们始终欣赏你最后一本的风格，并拿前四卷与这样的杰作相比较。很多页太黑，几乎不能读，漏印的空白处很多，墨水污迹，印页正反面字行没有对齐，第一页有不再使用的灰色字母，不同的页眉和刻度尺，第三卷页码错了，两种配页记号，章节起首的大号字母占了好几个字身，算术算得很不好，每一行都有歪歪斜斜的希腊文等。①

同时，虽然它不会向杜普兰承认有任何缺陷，纳沙泰尔印刷公司却向庞库克和达尔纳尔透露说它的印刷工作的确需要改进。它解释说，对杜普兰，最好的进攻就是最好的防御。② 关于印刷质

---

① 纳沙泰尔印刷公司致杜普兰的信，1778年2月7日。纳沙泰尔印刷公司随后又进行了批评："但是尤其使我们震惊的是铅字根本就不是我们约定的用于第六卷印刷的那些铅字。为忠于我们在这一点上的约定，我们宁愿将自己的工作推迟几个月，而不是通过雇用一个完全没有经验的工头来违反约定。先生，这一重要条款值得您给予最大的关注；如果在我们所谓的太黑的印张之外，它还对事业产生了某些损害，那么请您记住我们今天曾向您指出过。

"至于多印的散页，以下是详尽的解释，主要是此前有印得不好而被撕裂的印张，其他的是纸变黄了，没有被相应地掉换。所有这一切是经过认真思索的，但在此期间我们始终没有收到承诺的和必需的原稿，我们只能再次提醒您不让我们的11台印刷机停工是非常符合您的利益的，尽管您不乐意，但它们是与很多其他工场的印刷机一样的好印刷机，此外我们还拥有相当好的纸张……又及，小花饰非常难看，而且印刷得很差。"

② 纳沙泰尔印刷公司致庞库克的信，1778年2月8日；纳沙泰尔印刷公司致达尔纳尔的信，1778年2月8日。

量的激烈争论一直通过通信持续了几个星期。杜普兰写道,纳沙泰尔印刷公司印的那些卷"糟透了",会毁了他的销售工作,他还威胁拒绝接受纳沙泰尔印刷公司印的书。① 纳沙泰尔印刷公司反驳说它的质量比其他的印刷商好,他是在找借口,不想付账。最终,杜普兰付了钱,争吵也过去了。② 不过,这是一段重要的插曲,它表明了出版商对他们所印书的品质的重视程度。

他们关心的是经济方面,而不是审美方面。他们认为做得不好的书卖不出去——而且他们也是对的。不仅顾客抱怨,而且那些潜在的订购者也拒绝购买四开本——仅仅因为它的印制情况不能令他们满意。"巧手"和伙伴们的劳动技巧对印刷品市场有直接的影响,纳沙泰尔印刷公司从来信中也了解到了这一情况,其中

---

① 杜普兰致纳沙泰尔印刷公司的信,1778年2月8日:"先生们,确实,你们对于在自己眼皮底下由你们亲手制作的有着同样多缺点的著作视而不见。你们的第六卷是可怕的,如果我们生产这样的著作,将毁了整个公司。但是我们不想它(即四开本联盟)由于你们的疏忽而遭受损失,而且你们将印刷厂的领导权委托给的那些人只有很少的知识,因此我们告诉你们这是为了你们好,我们不惜任何代价都将这么做。由于你们的铅字已用了十年,它印出的不再足够饱满、足够黑了。你们雇用的工人只是为了多印书页,而为了干得更快和减少印刷的困难,他们将墨水盘装得满满的,以至于字母印出来——怎么样?——就像弄乱的活字版,不匀称,没有线条……我们请求你们推迟你们所做的一切,将稿子退回给我们,我们来继续做。不应该让你们承担你们并不能做的事情,这将使我们不可避免地遭到破产。"
② 关于这一次的争论及其最终解决,参见杜普兰致纳沙泰尔印刷公司的信,1778年2月9日;达尔纳尔致纳沙泰尔印刷公司的信,1778年2月8日;纳沙泰尔印刷公司致达尔纳尔的信,1778年2月8日。"因为事情符合规定,我们将愿意忘记他的暴躁能使人写信给他时往往很少希望未来他不会忘记诚实的人之间应该相互负责任。我们已连续给他写了两封信,让他明白我们和他同样知道如何判断印刷工作的好坏。"

的一封来自圣迪济耶的一位订购者:"我认识几个打算预订《百科全书》的人,在看到你们印刷工的各种疏忽——几乎每一页上都印上了他们的指印——后就放弃了。"①

因此,在手工制书的时代,存在着一种印刷责任感,它在自动排版和印刷新技术来临之后消失了。②对每一位仍然对印刷术感兴趣的人来说,那些使18世纪的生产者和消费者感到愤怒的缺陷,如今成了那些旧书的魅力。一页一行,都自有个性。每个字符,都是像"巧手"这样的人的工作姿态的印记。然而,它会使人误解,把旧制度时期的图书制作描述成性格狂放的活动,因为印刷工人都在一个有技术约束的系统中操作,而当时的印刷技术只不过处于16世纪和19世纪之间的状态。③

就像文艺复兴时期的先驱那样,纳沙泰尔印刷公司的排字工把铅字从活字分格盘中拣入排字盘排成行,再把成行的铅字放入活版盘组成页,再把页放进版框构成印版。他们所做的《百科全书》的活,很可能与16世纪安特卫普的排字工做的活——甚至是15世纪美因茨的工人做的活——只有一处不同:它是根据长条系统进行组织。不过长条式的生产和劳动力的分工密切相关,而和技术没有多少关联。它提高了排版的速度,因为工人们同时工作,各自按计划排不同的段落。

---

① 尚莫兰致纳沙泰尔印刷公司的信,1780年11月26日。
② 例如威尼斯书商加斯帕尔·斯托尔蒂在1780年7月22日致纳沙泰尔印刷公司的信中,有关于好的印刷技术在商业上的重要性的典型评论:"正是印刷工人能对事业的成功给予很大的帮助。"
③ 关于文献学著作的概要,请参看 Gaskell, A New Introduction to Bibliograghy。后面的叙述就是基于它。

由于纳沙泰尔印刷公司的头头们希望生产出尽可能多的《百科全书》来，所以速度对他们来说就非常重要。1779年春天，他们甚至把排字工从其他的工作中拉过来，多组织了几个长条排字工小组，因为当时的印刷工场都在相互竞争以获得杜普兰的最后一批活。例如，在4月24日结束的那周中，纳沙泰尔印刷公司有三个小组和一个单独的排字工阿尔贝特，他当时正在为第三版第19卷排版，他们一共排了14½印张，在手工生产的年代，这么大的产量是非同寻常的（参见图3）。这种系统的另一种形式，称为"排字组"，在19世纪的大印刷工厂中非常流行。在机械化之前排版的速度和效率不可能进一步提高了。机械化在19世纪20年代的形式是活字排版机，在1860年是莱诺整行铸排机（Linotype），如今是电子排版。

在1814年开始采用滚筒印刷机和19世纪30年代采用蒸汽动力之前，印刷技术也没有什么长足的进步。《百科全书》是在古老而普通的印刷机上印出来的，印书的方法和此前两三百年的基本上一样。两人印刷小组用他们前一天浸湿并堆叠好的大堆的湿纸来印刷。在大量的准备性工作——准备油墨、装填油墨球、在印刷机上做排版调整——完成后，小组的工人就开始"拉"和"拍击"。拍击者或者"助手"通过摩擦油墨球使油墨在表面上分布均匀。随后他要给印版上油墨（"拍击"印版），这时印版被固定在一个位于打开的印刷机的水平托架上、被称为"木框"的可以移动的盒子里。同时，拉杆的人或者称"首席"把纸张安放在一个用铰链悬挂在印版上方、用羊皮纸覆盖着的框架即"压纸格"上。随后，他要放下位于纸张上方被称为"夹纸框"的框架，把夹纸框、纸和压纸格叠在一起压在印版上，这样就合上了印刷机。

此后，绞起压盘下的半个印版（压盘是悬挂在印刷机垂直部分一根轴上的平板状部件）。拉动印刷机的拉杆，就可以使轴像套上螺母的螺栓那样旋转，带动压盘压在压纸格的背面，在压纸格和活字之间的纸上留下印痕。在绞起了压盘下的另一半印版后，就可以完成一次印刷了；然后绞出印版；松开压纸格和夹纸框，取出刚印好的纸放到新的堆上。印制半令纸或250张纸"批量"之后，工人们会转换角色。纸的一面印好后，另一面通常是由另一个小组用另一块印版印制。

  印刷是苦活。一只手前后绞动印版，另一只手拉动拉杆，需要力量和耐力——因此，印刷工人的绰号是"熊"，正和手指灵巧的排字工的绰号"猴"相对。① 四开本《百科全书》的印制工作一定尤其使人筋疲力尽，因为持续的时间太长了——如果把第一、二版都算在一起，一共印了6 000部，另加150部用于弥补损耗的加放。面对如此重负，印刷工有时每周只能印出一两个印版的活。不过，他们从不按稳定的模式行事，因为他们的工作进度毫无规律，排字工排好后他们就开印，在印制《百科全书》的同时，他

---

① 根据印刷工人的传说，"熊"这个称呼是最早的《百科全书》编纂者之一里什莱（Richelet）在印制狄德罗的第一版《百科全书》时发明的。当时里什莱正在一台印刷机旁检查一大堆刚刚印好的散页，一位印刷工松开了拉杆，让它弹回原位，结果击倒了他。他爬起来的时候骂了声"熊"。后来印刷工人发明了"猴"作为排字工相应的称呼。参见 Momoro, *Traité élémentaire de l'imprimerie*, pp. 308–309；Honové de Balzac, *Illusions Perdues*(《幻灭》) (Paris, Editions Garnier, 1961), p. 4。里什莱的名字没有出现在狄德罗的任何一份《百科全书》撰稿人的名单上，不过这些名单远谈不上完整。

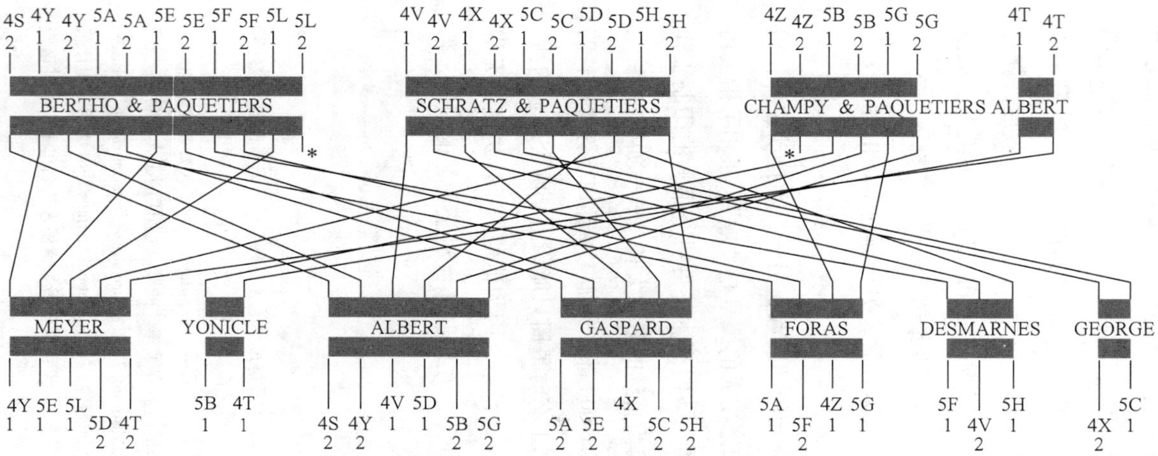

**图 3　1779 年 4 月 19—24 日的工作流图**

本图显示的是 1779 年 4 月 19—24 日这一周内排字工（上）和刷工（下）之间的工作流，当时纳沙泰尔印刷公司快要完成第 19 卷的印制工作了。图中使用的符号和印张上使用的是一致的；2 上面加上 4S 代表着 Ssss 印张的第二块印版（一个四开本印版有四页，印一个印张需要两个印版）。由于印刷进度通常要赶在排版后一点，有一些印张到了 5 月 1 日的那周才印完。其中印张 5L 和 4Z 的第二块印版直到 5 月 8 日那周才印好。而且 5 月 8 日在印制《百科全书》的同时，这些印刷小组还在印制纳沙泰尔印刷公司正在生产的另外六个排字组记录的另三部书。所以，无法知道它们是由哪一个印刷小组印制的，因为当时由下级工头管理工场，他没有排版的另三部书。所以，实际的工作状况要比这里显示的更加复杂。不过，图中的数字也能说明了工作流的复杂程度。它还表明排字工的工作以版面计算为准，从一个八页小组打交道。它还说明，排字工会把印版交给随便一个有空的印刷小组，而不是固定的小组打交道。这样大规模的生产需要精心管理。考虑到生产的复杂程度和高速度，最终的产品会引起订购者的很多批评就不足为怪了。

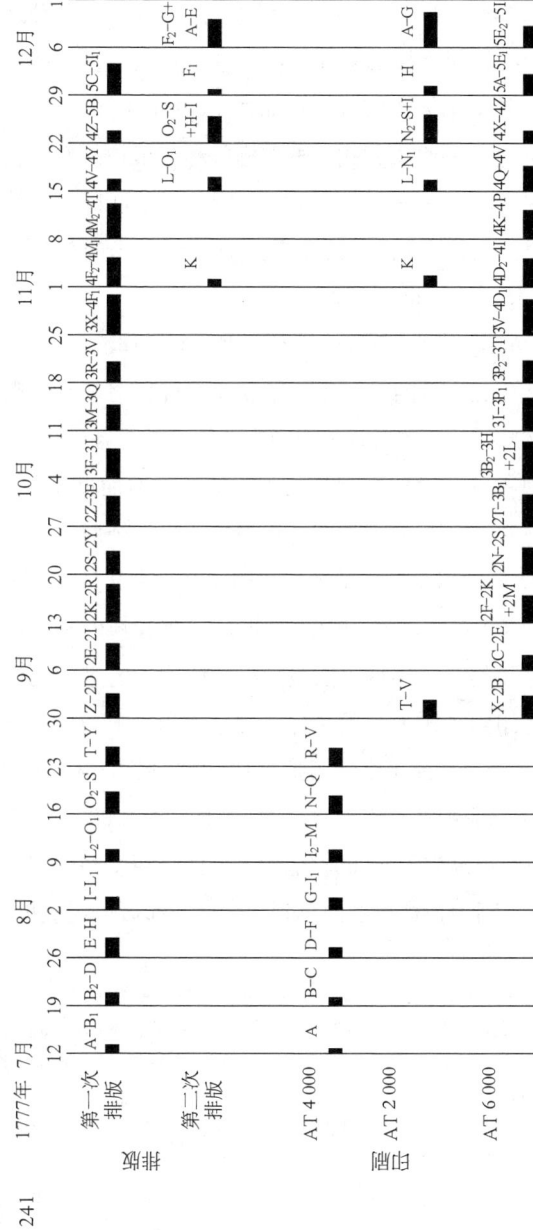

图 4 第 6 卷产量表（1777 年 7 月至 12 月）（根据工头的工资簿）。这些符号对应于印张的签名，如图 3 标题所示。

图中的水平短柱代表每周排版和印刷的印张数。

们还印制了《圣经》和其他几部书。① 因此，工场两个部分之间的工作的交叉状况就变得极端复杂，特别是当好几个长条排字工小组同时排《百科全书》的时候，例如像1779年4月24日的那一周（图3）。通过这种组织方式——在排版环节用长条方式、在印制环节灵活安排任务——，纳沙泰尔印刷公司《百科全书》的产量达到了当时的技术所能达到的极限，而这种技术的最基本的要素可能已经保持了三个世纪之久。

图3显示的是一周之内的《百科全书》的工作流，作为对照，图4显示的是在五个月的时间里一整卷《百科全书》的生产是如何进行的。这是纳沙泰尔印刷公司印制的第一卷《百科全书》，而这卷的印数根据杜普兰印制"第二版"的指示增加过。所以图4还显示了如何在一个版本的生产过程中插入另一个版本。在接到杜普兰8月27日的指令后，纳沙泰尔印刷公司在9月的第一个星期就把印数从4 000提高到6 000。当时，马尔代特的长条排字工小组已经排到了第一个字母表的最后，而印刷工的进度比他们慢几个印张，也印到了印张V的末尾。排字工和以前一样，接着排印张Z到2D。但是印刷工则把印张T和V重印了一遍（在印刷工的23字母的字母表中没有字母U和W），印数是2 000，然后接着印印张X，印数提高到了6 000。他们不可能再用上周的印版来印制印张R和S，因为在杜普兰的信到达之前，印版已经被拆散了。

---

① 1778年4月24日—29日的一周内，三个印刷小组的产量给印刷工序产量的变化情况提供了例证。若尔热和他的助手在那一周中只印了一个印版的《百科全书》(6 000份)；阿尔贝特和助手印了三个印版的《百科全书》(18 000份)，另外还有525份《瑞士杂志》。加斯帕尔和助手完成的工作比较杂，一个印版的《百科全书》(6 000份)、一个印版的库克的《游记》(1 500份)，一个印版的米约的《世界史纲》(2 000份)，以及一个印张当地的"通告"(250份)。

这样，我们就可以注意到一个版本逐渐隐入另一个版本的状况到底发生在什么时候。

从那时起，排版工和印制工作继续按照一贯的毫无规律的速度推进，整个工场的产量为每周4到8个印张，这种状况一直持续到12月13日印完印张SI。不过在最后的六周里，排字工要重排印张A到S，它们原来只印了4 000份。斯皮内从当时已经在贝尔托手下工作的排字工中分出来几位，从事补遗性的排字工作。由于某种原因，他们从中间（印张K）开始工作，结束于印张A到E，在最后一周又回到贝尔托的队伍中。印刷工跟着排字工走，通常落后一到两个印张。所以，《百科全书》的生产并不是按直线方式进行的，它的生产模式和我们今天在图书馆中能够查到的按卷排列的结构不同，并非从A排到Z、并且有属于同一"版次"的一整部书。

以这种吃力的方式，纳沙泰尔印刷公司在两年的时间里，一行行一页页，生产了五卷《百科全书》。与此同时，其他20家工场以同样的方式，有时用同样的人，生产出了四开本三个版次的67卷《百科全书》。无法从工作流图中感觉到这个规模宏大的进程中的活生生的人，甚至《百科全书》本身的图版也不行，在这些图版上，印刷工人看起来像是发条娃娃：毫无表情，千人一面，他们转动曲柄、拉动拉杆，就像居住在纯洁的机械乌托邦中。① 真

---

① 罗兰·巴特用相反的方式对图版做了说明——充满热情的人类活动场景，"某种手工业者的传奇"，人在其中掌控着机器——不过他没有为自己的论点提供证据。Roland Barthes, Robert Mauzi, and Jean-Pierre Seguin, *L'Univers de L'Encyclopédie*《百科全书的世界》) (Paris, 1964), p. 11。当然，狄德罗本人出身于熟练工匠的家庭，而《百科全书》中关于印刷的主要条目"IMPRIMERIE（印刷）"是由勒布雷顿工场中一个工头布鲁雷撰写的。但是其中的文字以及《百科全书》(转下页)

正的印刷工场肮脏、喧闹、毫无秩序——真正的工人也是这个样子。填满了浸过尿的羊毛的油墨球发出强烈的恶臭。工人在肮脏的纸堆里费力地走动，狂饮着葡萄酒，用手盘使劲敲打字盘只是因为对制造噪音感到高兴，一有机会就又吼又吵，用恶作剧折磨学徒。(如果一个印刷工学徒在机器上干一会儿活，有人就会在拉杆上涂上胶水或者油墨，或者偷偷地在上好油墨的印版表面摸一摸，使得印出来的纸上出现光秃秃的斑痕；排字工学徒则经常被支去清除字母 P 的孔眼中的油墨，而实际上那只不过是一个没有孔眼的段落标记或者苍蝇脚。)

很难估计乱到什么程度，因为雇主们很少在通信中讨论这种事。不过在印刷工人手册这样的材料中包括了很多强制性的要求，不允许工人做这做那——首先是不许在工场里吃喝打闹——可以根据这些要求勾勒出工人实际行为的糟糕图景。这一图景符合一些第一手的描述，尤其是本杰明·富兰克林、雷蒂夫·德·拉布勒托内\*和巴尔扎克的《幻灭》中的那些描述。文字描述和从印刷

---

（接上页）中其他关于手工艺的条目并没有谈到手工艺人作为人的那些方面，关于他们的礼仪、幽默和专门的知识也只字未提。我们听到了太多关于《百科全书》恢复了手工艺的地位和尊严的泛泛之论，但没有理由把这一倾向和早期的民粹主义以及革命的平等主义联系起来，就如 C. C. Gillispie, *A Diderot Pictorial Encyclopedia of Trades and Industry: Manufacturing and the Technical Arts in Plates Selected from l'Encyclopédie*（《狄德罗有关贸易和工业的彩色百科全书：选自百科全书的彩图中的制造和工艺》）(New York, 1959), 2 vols. and Gillispie, "The *Encyclopédie* and the Jacobin Philosophy of Science"（"《百科全书》和雅各宾的科学哲学"）, in Marshall Clagett, ed., *Critical Problems in the History of Science* (Madison, 1959), pp. 255–289. 相反，在把手工艺劳动还原到它的技术基础——或者说重新描述手工艺，因为它应该凭着更合理的技术而存在——方面，《百科全书》排除了它的一个重要方面：它的文化。

\* Restif de la Bretonne，1734—1806 年，法国作家。——译者

工人的俚语得来的印象颇为相符，这些俚语可以从18世纪的词汇表中汇编而成并着重于如下一些主题：吵闹（发出叫喊声）、胡闹（模仿）、逛酒店喝酒（混乱）、醉酒（摸胡须）、争吵（抓山羊）、欠债（变成狼）、旷工（穿着披风闲逛）以及失业（带走他的圣让……），等等。*①

然而，不论他们是否难以驾驭，那些生产《百科全书》的工人当然不像图版卷里的机器人。他们很可能是《人间喜剧》中的角色。例如当斯皮内在纳沙泰尔管理工人的时候，他既担心自己的姻亲正在骗取他在列日的一份遗产，又担心在巴黎的妻子背叛他。没有发现工人们玩的花招不足为奇，因为他家里的麻烦都快让他发疯了。"斯皮内今天上午给我写了张便条，上面写了他的总告解，并说自己已神魂颠倒，"贝特朗在给巴黎的奥斯特瓦尔德的信中说，"我担心我们将失去这个可怜的人。"②斯皮内最后完成了《百科全书》的工作，不过得到了一个叫科拉的小工头的协

---

\* 这些都是俚语，皆为字面直译。——译者

① 可以从本章引用的当时材料中搜集到关于18世纪印刷工场的环境的很多信息，尤其是Momoro, *Traité élémentaire de l'imprimerie*和"Anecdotes typographiques"，详细讨论了印刷工人的俚语。还可以参见 *Encyclopédie méthodique, Arts et métiers mécaniques*（《方法、艺术和工艺百科全书》）(Paris, 1784), III, 475–636中的词汇表，以及《幻灭》的第一章。

② 贝特朗致奥斯特瓦尔德的信，1777年2月23日。关于斯皮内加入纳沙泰尔印刷公司后，他留在巴黎的妻子的可疑举动，请参见奥斯特瓦尔德和博塞致纳沙泰尔印刷公司的信，1777年7月28日。不过，三年前，斯皮内夫人心中似乎充满了妻子对丈夫的爱慕，她给纳沙泰尔印刷公司写信说斯皮内没有按时到达巴黎："一个痛苦的家庭妇女请求你们，如果你们知道我丈夫在哪里，请你们告诉我。"这封信没有注明时间，是纳沙泰尔印刷公司于1774年10月收到的。斯皮内的档案展现了他的大量家庭事务以及他的个性，比如严格、正直、慷慨。

助。这个科拉也有自己的麻烦。他把妻子留在日内瓦，带着既可以做排字工也可以做印刷工的儿子在法国和瑞士的印刷工场间跑来跑去。他儿子的衣柜令人印象深刻，里面有23件衬衫、11双丝袜、3整套衣服、4条马裤和16条手绢。他一定是工场里穿着最讲究的人，不过他似乎从来没有什么钱。尽管他每周从纳沙泰尔印刷公司那里挣到18里弗，但他在纳沙泰尔只不过待了三个月；他不得不用金表做抵押向女房东借钱，用于支付前往下一个工作地点、位于巴黎多菲内街的塞洛印刷工场的旅费。他逐渐厌倦了公寓生活，抱怨说："我想找到一个稳定的地方，不用再跑来跑去。"他还深受"强烈的忧愁"之苦——显然是因为和其他工人的关系不好。"我热爱工作，有特别的时间表，注意使每个工人都不浪费时间并把工作做得更好，但这一切并不总是能在我的同事中找到赞成者。"他在向纳沙泰尔印刷公司申请工作的时候解释说。①

工人们没有接受这种优越感，他们用各种各样的无纪律行为回应他：逗笑，戏仿，发怔，等等。工作还可能被其他的情况打断，比如客栈里的一场较量、出殡的队伍、一个四处游荡的乞丐或者有点戏剧性的事件。1781年7月，三年以前帮纳沙泰尔印刷公司印过《百科全书》的印刷工让·托马带着新娘从日内瓦逃来，新娘的监护人正穷追不舍。监护人原来设法阻止过这桩婚事，理由是托马是天主教徒，而女孩是加尔文教徒；他们私奔

---

① 科拉致纳沙泰尔印刷公司的信，1777年8月15日，1779年2月27日和1779年8月25日。这个科拉很可能是 Contat, *Anecdotes typographiques*, ed.Barber, part I, chap.9 中描写的工头科拉："这是一个具有很强个性的古怪工人。"

第五章 造书

以后,他曾要求纳沙泰尔印刷公司把女孩逐出藏身之所,而他则带着逮捕证追捕托马。纳沙泰尔印刷公司的文件没有说明后来的事情,但这件事一定在工场中被议论了好几个星期。①

尽管这些有趣的事情在纳沙泰尔印刷公司的通信中显得很突出,但普通的信件却能透露更多的信息,因为它们有时会提到工人和朋友以及家庭之间的联系,这是构成普通生活的普通材料。例如,1779 年 7 月,纳沙泰尔印刷公司接到打听一个年轻排字工奥尔·尚皮(Orres Champy 或是 Oreste Champy?)的消息的请求。五个月之前,他给住在边境那边的阿尔布瓦的叔叔和法国某个遥远地方的父亲写了信,说他正在咳血。这位叔叔要求他"注意保重身体"直到复活节,到那时他就可以到阿尔布瓦来休息休息,吃点家乡的饭菜。但是奥尔没有回信;所以这位叔叔就给纳沙泰尔印刷公司写了信,此前,他已经接到男孩父亲一封焦虑的信,"其中他告诉我对这位年轻人很担心。先生们,你们是否可以给我一个答复,告诉我你们对这位孩子的情况的看法,他是否病了,他做了什么或是近来怎么样,他的父亲和叔叔非常感谢你们"。②

这些人都有家庭。他们来自某处——带着各自的热情、麻烦、希望和恐惧。尽管他们中的大部分已经消失在历史之中无法还原,但他们在世时却并非只是没有个性的下层工人。他们把自己的文化世界带进了工作之中——除了通过排字盘和印刷机上的拉杆,

---

① 日内瓦的罗卡致纳沙泰尔印刷公司的信,1781 年 7 月 17 日;纳沙泰尔印刷公司 1781 年 7 月 26 日收到的罗卡的另一封信,该信没有标明时间。
② 阿尔布瓦的尚皮致纳沙泰尔印刷公司的信,1779 年 7 月 10 日。尽管纳沙泰尔印刷公司的回信散失了,但这个男孩的病看来不重,因为工资簿显示,他并没有停止工作。

这个世界几乎接触不到《百科全书》——,而且,他们以自己的方式工作,就像狄德罗把自己的灵魂灌注进《百科全书》的文字中去一样,他们也把自己的个性印在了《百科全书》的书页上。

第六章

/

# 传播

　　从印好的散页到成书被摆上订购者的书架之前，要经过一个很长的过程。先要配页、折页、缝线、裁切，最后才能装订成册，但此后还有漫漫长途——从印刷工场到杜普兰在里昂的仓库，从里昂到遍布欧洲的零售商，再从书店到预订者的藏书室，一路要有数度停留：仓库、海关、公会和关税部门。直到一个个预订者向书商付了款，书商向杜普兰付了款，杜普兰根据最终的协议与合伙人分享了利润以后，整个商业过程才算完成。这些印好的书页带着货单、发票、通关申报单、关税表在欧洲的大道上隆隆奔驰，与汇票、抗议信、法庭传票擦肩而过——在欧洲大地上澎湃的这一纸张的浪潮，不时预示着那些设法把它们收纳在商业的河床里并最终传播了启蒙思想的企业家们倾覆的危险。

## 管理问题及辩论

大部分的书都要经过杜普兰在里昂的总部,不久这里就被书的洪流淹没了。1778年12月,在对交货迟缓的纳沙泰尔印刷公司进行了几个月的严厉指责之后,杜普兰突然通知它停止发货。他的仓库已经用光了:"我们绝对不能再容纳或接受任何纸张,除非把我们从家中赶出去,装满我们自己的房间。"①同时,他还担心企业的财务基础会垮掉,因为他已经预先支付给造纸作坊的老板和印刷商大量现金,而预订者和书商在向他付钱的时候却不紧不慢。他一度陷入这种困难的境地,发现有好几个纳沙泰尔印刷公司的账单都无法支付:"我们谨通知你们,这里非常缺乏现金,我们的书商们需要时间,我们不能让它们从石头里蹦出来。我们做这部著作的方式要求有额外的资金,这是我们根本没有考虑到的。"②杜普兰库房和发货中的差错使得局面越发糟糕,因为收到错书的顾客不会付账。而拒付又引发了来来往往的恶意相向的通信——杜普兰写起信来从不温文尔雅——甚至诉讼,更加重了杜普兰的负担。

到了1778年5月,他已经挑不动这副沉重的担子了,他的一个办事员向纳沙泰尔印刷公司抱怨:"我们面临窘境……大量的寄送物使我们疲惫不堪。六个月之前杜普兰先生已不能上街了。"③一周后,他通知纳沙泰尔印刷公司说已经把四开本的所有账目移交

---

① 杜普兰致纳沙泰尔印刷公司的信,1778年12月20日。
② 杜普兰致纳沙泰尔印刷公司的信,1778年6月9日。
③ 杜普兰致纳沙泰尔印刷公司的信,1778年3月17日。

给了一家商号"安托万·梅利诺的遗孀和儿子",后者在他的生意中也持有股份,"我们已摆脱了处理账目清单的工作,尽管我们至少有15个人,但这仍使我们筋疲力尽"①。事实上,杜普兰手下的人一直不多,也不能应付这项工作。当法瓦吉在1778年的商业旅行中抵达马赛的时候,向纳沙泰尔印刷公司报告说:"我遇到的几位书商告诉我已收到一些卷册要调换成其他的,很多页上都有很多毛病。我觉得他(杜普兰)人手太少,因为他的伙计只有勒鲁伊两兄弟,一个是簿记员,另一个年长的勒鲁伊几乎总是在出差。在店里,他有两个配页工,三位妇女核对页码,他的佣人则把它们码放起来等。……"②六周后他到达波尔多时,发现当地的书商抱成了团,都不支付书款,直到杜普兰改正了发货中的错误和混乱为止。③杜普兰对这些抗议的回应是以诉讼相威胁;他不增加人手也不重新组织现有的手下,而是更狠地驱遣他们。在纳沙泰尔印刷公司对他仓库里的工人组配和检查货物的方式表示反对后,他回答说:"我们要告诉你们在发送出去之前应该核对页码,我们

---

① 杜普兰致纳沙泰尔印刷公司的信,1778年3月24日。
② 法瓦吉致纳沙泰尔印刷公司的信,1778年8月15日。
③ 法瓦吉致纳沙泰尔印刷公司的信,1778年10月1日:"这个城市中有一些第三版的书商大声抱怨杜普兰先生想不加区别地将一些卷册寄给他们。在90天的时间里他们将不为这些书付钱,因为一些已收到头两卷但缺少中间部分的预订者,现在不会急着要第12卷或14卷,他们将把它们留在书店而不付钱,也没有义务付钱,这将使书店预付大笔的钱,其中有一半的书店将难以承受。他们已费尽艰辛以让预订者领走这些订购的书,因为根据自己已看到的我相信目前已出版的书中有一半还需要被领走。书店同样已付钱了。他们得出的结论是,在这一交易中杜普兰先生希望走得更快。然而他们发现它已进行得太快,不那么着急也许更好,而且在印刷商的选择上还应更注意,因为公众对于已交货的一部分书很不满意。"

的人已完成了第 21、22、23 卷（即头两版的），刚刚结束第 3、4 卷（第三版的），它们已寄出，将着手第 24、25、26 卷，之后是第 5、6、7、8 卷。你们对我们繁重工作的评价很不正确，你们没有考虑到它们的数量。你们难道忘了必须核对每卷几乎 1 800 令纸的页码吗？① 关于杜普兰的所有信件给人留下的印象是，这是一个把《百科全书》当作千载难逢的良机并深陷其中的人，他把自己逼到极限，就是为了充分利用它的一切价值。

由于缺少文献材料，要想更深入地描述杜普兰作为管理者所发挥的作用就比较困难，只有公共关系方面还可以略述一二。他在这方面的作用不仅与市场营销有关，还与应付毁掉市场的威胁有关：如何说服订购者为 36 卷文字卷付钱，而原来约定的只是 29 卷。前面已经说过，杜普兰试图耍花招绕过这个难题，想暗中删掉一些文字以符合预订时的条款。但是这项工作还没有进行多少，他的整个处境就被在也许是当时阅读面最广的法文刊物、尼古拉-西蒙-亨利·兰盖的《18 世纪政治、世俗和文学年鉴》上曝了光。在题为"一种新的印刷掠夺"的文章中，兰盖警告说，四开本的编辑们不可能把全部文字内容都塞进 29 卷中去。他们要么删去一半内容，要么把篇幅增加一倍，而后一种做法会从预订者的口袋里掏走大量额外的钱。首先，兰盖并不认为狄德罗的百科全书式的拼凑作品——一本草率编成的糟糕的哲学和剽窃的文章的合集——需要一个新的版本来代替。假如公众坚持要买一部《百科全书》，则应该把钱花在《伊韦尔东版百科全书》上，这部价廉物美的书消除了狄德罗和达朗贝尔的坏影响。但是应该不惜任何代

---

① 杜普兰致纳沙泰尔印刷公司的信，1778 年 12 月 20 日。

# 第六章 传播

价——而代价也会是巨大的——避开四开本。因为四开本是一个骗局,而这个骗局可以用一个词来说明:庞库克。"这一手段并不使人惊讶,因为人们知道隐藏在印刷商佩莱后面的正是书商庞库克。在商战或是财务方面,从未有人像书商庞库克那样狡猾。"①

和18世纪的报章杂志上发生的大部分争论一样,这里被呈现出来的只是冰山的一角。兰盖对哲学家的敌意已经有了很长的历史,并早在一年前在《政治与文学杂志》上攻击拉阿尔普和他那一伙人的时候就爆发过了。庞库克当时负责出版这份杂志,兰盖负责编辑——但持续的时间不长,因为一个由哲学家和学院院士组成的密谋小集团说服庞库克解雇了他,而取代他的不是别人正是拉阿尔普。这一事件导致了《18世纪政治、世俗和文学年鉴》的诞生,它由兰盖在伦敦出版,上面充斥着反对庞库克和他的哲学家朋友的声音。这一争吵还有商业方面的原因,因为兰盖的新杂志取得了很大的成功,并打入了1778年被庞库克并入《信使报》的《政治与文学杂志》的市场。此外,兰盖在欧洲大陆的主要发行人是海牙的小皮埃尔·戈斯公司,而这个公司还负责了《伊韦尔东版百科全书》的销售工作。即使是没有暗中怂恿,戈斯也一定对兰盖攻击四开本感到高兴,因为四开本正在破坏他销售最后若干套《伊韦尔东版百科全书》的计划,而早在1769年,庞库克的对开本就抢了他的第一版的生意。②

---

① *Annales politiques, civiles, et littéraires du dix-huitième siècle*(《18世纪政治、世俗和文学年鉴》), no. 15, II (1777), 465。
② 关于这次争论存在大量的材料,请参见纳沙泰尔印刷公司文件中的小皮埃尔·戈斯和皮内·马莱·迪庞的档案,以及巴绍蒙的《秘密回忆》中1777年8月8日、9月6日和9月17日、1778年10月6日的日记。

混合了如此多的"易燃"因素——个人的、思想的、商业的——兰盖的爆发在整个图书交易领域产生了反响。纳沙泰尔印刷公司收到了几封来自预订者的信,他们对于四开本的信心被动摇了。它需要以尽可能好的方式来处理这件事。于是它向拉罗谢尔一位担心要为多出来的那些卷付钱的顾客保证,可以把整件事看成个人之间的宿怨而不加理会:"您相信了兰盖这个疯子的计算?他已由于对可怜的庞库克的无比仇恨而丧失了理智,认为这一事业只属于自己,满脑子都是最荒谬的打算,而对此,内行人是不屑的,也很清楚该对他说什么。"① 当那不勒斯的一位书商为重新考虑15份订单的去留而烦恼时,纳沙泰尔印刷公司就用流行的生意经给他打气:

除了每个人都知道的这位著名人士爱说人坏话的特点外,我们反对他还完全出于这样一个众所周知的事实。这就是我们目前已销出了6 000部,必须开始第三次征订以满足新的需要。在如此多的买主中没有一个能预见到这位现代的严厉而公正的批评家的反对是相当奇怪的。②

---

① 纳沙泰尔印刷公司致拉罗谢尔的兰松的信,1778年5月24日。
② 纳沙泰尔印刷公司致那不勒斯文学与印刷公司的信,1778年1月26日。纳沙泰尔印刷公司还解释说,它将通过加大每卷规模的方式减少卷数。兰盖的揭发对那不勒斯人的影响可以很容易地从他们1778年1月6日给纳沙泰尔印刷公司的信中焦虑的语调中看出来:"兰盖在他的《编年史》第15册中告诫公众不要相信日内瓦编撰的四开本的《百科全书》,他还亲自证实在29卷里面有很多问题,这些话值得相信,特别是因为权威的伊韦尔东版没有使用这些出版物。"

## 第六章 传播

纳沙泰尔印刷公司意识到，这些说法并没有建立起足够的防御体系，所以它试图从源头阻止进一步的攻击。它没有直接针对兰盖采取行动，而是针对他的主要合作者雅克·马莱·迪庞，此人当时负责和纳沙泰尔印刷公司竞争的另一家出版商洛桑印刷公司印制的《18世纪政治、世俗和文学年鉴》的瑞士版的工作。由于他和奥斯特瓦尔德的私交，他更忠诚于纳沙泰尔人而不是洛桑人，他逐渐成功地终止了兰盖对四开本的攻击。[①]

然而，与此同时，兰盖已经极大地破坏了四开本的市场，杜普兰得想一些修复的办法。庞库克建议进行一轮温和的宣传。"我已告诉杜普兰他应该回答，"他告诉纳沙泰尔印刷公司，"他的回答应该是概括的，既不提兰盖，也不提《18世纪政治、世俗和文学年鉴》。"[②] 所以，在第11卷上出现了一则正面介绍四开本情况的"通告"，用以回应兰盖的指控，但没有说出他们或者他们的作者

---

[①] 在1778年3月14日的信中，纳沙泰尔印刷公司向杜普兰保证："兰盖那里没有任何危险，他只是在自己杂志上发表讽刺……我们与之有独特关系的马莱先生最近已去伦敦与兰盖会合，与他合作办杂志；他向我们许诺不反对我们的事业，而且我们倾向于相信如果他知道我们参与其中，那么他根本不可能做这一出格的举动。"仔细阅读《18世纪政治、世俗和文学年鉴》会发现，兰盖的确停止了对四开本的攻击。尽管马莱这一时期的信已经散失了，但是他的档案显示他是奥斯特瓦尔德的密友。1778年1月间，他试图通过谈判平息四开本—八开本之间的争斗。6月，当他从伦敦归来负责《18世纪政治、世俗和文学年鉴》的洛桑版的时候，还设法让兰盖给纳沙泰尔印刷公司版的《艺术与工艺说明》做广告。纳沙泰尔人随后向兰盖本人提出了近乎阿谀奉承的请求，同时向和他们关系最密切的一位主顾说他们期待着和兰盖做某种重要"安排"，并向庞库克保证说他们"相当明确不与这个人形成任何关系"。参见纳沙泰尔印刷公司致兰盖的信，1778年5月30日；纳沙泰尔印刷公司致贝桑松的沙尔梅的信，1778年5月3日；马莱致纳沙泰尔印刷公司的信，1778年6月6日。

[②] 庞库克致纳沙泰尔印刷公司的信，1777年11月27日。

的名字:"我们已与自己的预订者们达成了一项神圣的约定,为他们无偿提供 36 卷里超出原定计划的所有卷册。"换句话说,被兰盖斥为欺诈的地方应该理解为额外的奉送,尤其是每卷将比预订时增加 200 页以上。不过,谁来为第 30 卷到第 36 卷这多出来的七卷付钱呢?这意味着每部《百科全书》70 里弗、三个版本全部加起来将超过 50 万里弗的一大笔钱哪!在一封广告信和第 18 卷的通告中,杜普兰试图通过宣布另一项"神圣的约定"而把这个困窘解释为预订者得到的好处:预订者只需支付 33 卷的钱,其余几卷免费赠送。通过这一慷慨之举,他实际上把零售价格从 344 里弗提高到了 384 里弗。他不能指望没有人注意到价格的上涨,所以他在一份目标明确的"回忆"中转守为攻,攻击四开本的所有对手:"一些怀有恶意的人对这一版的贬低是徒劳的;人们很容易就知道怨恨和妒忌是产生他们可耻行为的动机,这只可能使他们极不公正的计划破产。"①

　　杜普兰说话的调子和策略有了明显的变化:现在他公开点名抨击兰盖,重提与庞库克的争论,从排版上详细驳斥了对方的理由(兰盖把四开本的字体搞错了,低估了各卷的厚度)。第 19 卷的通告在试图用新的策略掩盖暴露出来的软肋的同时,又旧话重提攻击对手。杜普兰以佩莱的名义宣布第三版所有权的转让:"希望与我以前订户的热情相适应,我已与纳沙泰尔印刷公司商谈。通过替代我承担第三版,他们就让我有时间和注意力投身于前两版。"纳沙泰尔印刷公司在日期为 1778 年 7 月 24 日的印制的通知

---

① 两页、无日期的"Mémoire pour les éditeurs de l'*Encyclopédie* de Genève en 32 vol. format in-4."("有关日内瓦 32 卷四开本百科全书出版者的回忆")。

第六章 传播

函中确认，它已经买断了佩莱的权益。随后，在11月10日的通知函和说明书中，杜普兰从里昂发出了类似的声明。所有这些宣传都在强调纳沙泰尔印刷公司的四开本比佩莱的《百科全书》编辑得更好；两个版本都将包括原版的全部文本和大量的新内容（既包括了增补版的全部又增加了更多新内容）；而预订者只需付33卷的钱。这一招有两个目的：使"第三版"和前两版中的排版和编辑错误分离开来从而促进销售；改变了预订的条件使得顾客不能说自己只订了29卷。①

纳沙泰尔印刷公司非常热心地支持杜普兰策划的这个骗局，因为它指望着通过把自己的名字借给第三版使用而再得到三卷的印制工作。然而，正如前面已经提到过的，它只印了一卷；而且尽管广告中声称排印质量会有所提高，但新的四开本的排版错误还是超过了以前两版。随后，当纳沙泰尔印刷公司对第三版里的错讹之处恨得咬牙切齿的时候，杜普兰又宣布要出版第四版。这一版依然用佩莱的名义做掩护，他解释说还要出一版的目的是满足那些没有凑够钱买前三版的人的需要。他（佩莱）收到的订单比他能供应的数量几乎多了400份。但是一版只印制400部不太经济，所以他原来赠送给预订者的三卷，这次不得不向最后一批

---

① 上面引用的"通告"都排在相应各卷的开始，没有标出页码。通知函出自纳沙泰尔印刷公司的文件，ms. 1233，纳沙泰尔印刷公司的第三版说明书出自 Case Wing Z 45.18, Newberry Library, ser. 7, Chicago。杜普兰改变策略的根本原因从以下的信件中看得很清楚：杜普兰致纳沙泰尔印刷公司的信，1778年7月10日；纳沙泰尔印刷公司致杜普兰的信，1778年7月15日；法瓦吉致纳沙泰尔印刷公司，1778年7月21日和23日。法瓦吉的后一封信写在杜普兰的纳沙泰尔版《百科全书》的说明书上，这份说明书是由纳沙泰尔印刷公司翻印并在它自己的通信中分送的。

预订者每卷多收 10 里弗,使得四开本的最后价格从 384 里弗上涨到 414 里弗。①杜普兰把通告的文字寄给纳沙泰尔印刷公司,并要求刊登在荷兰和瑞士的报章杂志上。他解释说,他只是打算把这作为一项"越来越多地吸引预订者"的计策。第三版的销售的确距目标还差 300 部,因而他必须让前两版的预订者相信他们有了一次讨价还价的机会,可以得到免费赠送的三卷《百科全书》而不是被迫购买第四版。②

杜普兰的公告可能还另有目的:使他的合伙人相信他正在尽一切力量推销第三版卖不掉的存货。纳沙泰尔印刷公司这样理解这一公告——这是一次值得称赞的尝试,在让顾客一窝蜂地赶去预订最后那些《百科全书》的同时,还避免了官司。③然而,庞库克反对这样做,这倒不是因为他反对向公众撒谎,而是因为他认为不会奏效:"佩莱的说明是一个江湖骗子的言行,我不相信会有人上当受骗。"④不能指望这一策略会取得成功,不过它以一种适当的方式——最后一轮虚假广告——结束了四开本的销售。

---

① 杜普兰的这一通告发布在 1779 年 4 月 20 日的《莱顿报》上。
② 杜普兰致纳沙泰尔印刷公司的信,1779 年 3 月 31 日。他使通告的时间和预订者支付完销售协议中规定的 29 卷的款项、准备为多出来的几卷掏钱的时间相符合。参见杜普兰致纳沙泰尔印刷公司的信,1779 年 4 月 17 日。
③ 纳沙泰尔印刷公司致庞库克的信,1779 年 4 月 5 日:"在阅读和研究过这一通告后,我们觉得通过使那些感兴趣者担心如果等到人们宣布的《百科全书》第三版出版再买,会更贵来吸引他们预订是一个相当机智的办法。"
④ 庞库克致纳沙泰尔印刷公司的信,1779 年 4 月 25 日。

## 第六章 传播

## 销售

　　这些假动作和关于报章杂志上的通告的争论,提出了两个问题:18世纪的出版商如何销售图书以及他们的销售活动揭示了图书市场的什么规律?不过,必须说明的是:《百科全书》不是一部有代表性的书,它的预订活动也不能代表一般的图书销售工作。到了1777年,《百科全书》已经被视为启蒙运动的化身。它引发了如此之多的争论,后来那些版的出版商根本不用担心它不为人所知。实际上,它的名字被其他的出版商用来当作促进销售的手段,他们利用它的成功,把自己的书也称为"百科全书"。巴黎书商公会登记的特许权应用的情况表明了1770年前后要求出版百科全书类著作的热潮,比如,《经济百科全书》《医学百科全书》《数学百科全书》《家庭、经济、乡村和商业百科全书》《军事百科全书》《文学百科全书》《神与英雄百科全书》《妇女百科全书》等。① 不过四开本出版商并没有简单地顺应这个声名不佳的浪潮让图书销售随波逐流,而是尽一切力量尽可能多地销售四开本《百科全书》。他们的销售活动对理解18世纪的出版业有普遍意义,因为他们在交易中使用的是普遍采用的手段。他们散发说明书和通知函,在报章杂志上发布广告,把推销的话塞进商业信件中,派出旅行销售商到处搜集订单。

---

① 特许权和普通许可证登记簿,Bibliothèque nationale, ms. Fr. 22001, pp. 141, 146, 150, 164, 183, 225, 226。当然,在狄德罗的著作问世前,"百科全书"就出现在书名当中了,但是它在公会登记册上出现的频率表明狄德罗的《百科全书》使这个词流行起来了。

出版商们使用这些手段是理所当然的事,但他们既没有对这些手段加以协调,也没有考虑过它们的效果。显然他们并不认为需要设计出特殊的销售策略,而只是假定如果每一位合伙人都用自己能用的一切宣传手段、以任何适宜的方式连续不断地去打动公众,整个联盟就会从中受益。"应该不断散发通知,别泄气。"①1778年12月,当需求看来正在下降的时候,庞库克这样告诫纳沙泰尔印刷公司。杜普兰同样强调说:"不再有预订者,尽管我们刚刚寄出200封信,但是找不到任何销路,我们必须把书存入货仓。请您再发通知,做新的努力,在你们的报纸上再说一下。"②订单的数量大致反映了需求的状况,并在制订策略时有一定参考作用。尽管通知函上说佩莱已经开始印制第三版,但是直至收到对通知函的足够多的回复后,杜普兰才决定投产第三版。③但是,对四开本的需求量使出版商感到惊讶,而他们对它的限度一直不甚了然。事实上,他们每个人只对别人正在采用的促销手段有最模糊的认识。他们都制作自己的说明书,发布自己的广告。杜普兰在宣布他捏造的第四版的消息之前也没有和合伙人商量。纳沙泰尔印刷公司印制了一份关于第三版的长长的通知函,完全是自作主张,并签上了"佩莱"的名字,却没有通知杜普兰和庞库克,更别提和被他们声称说过某些话的佩莱本人打招呼了。④庞库克也从巴黎发出类似的信函,然后把销售工作委托给巴黎一位名叫拉波特的书商,让他与杜普兰在里昂的主要业务

---

① 庞库克致纳沙泰尔印刷公司的信,1778年12月28日。
② 杜普兰致纳沙泰尔印刷公司的信,1778年12月22日。
③ 杜普兰致纳沙泰尔印刷公司的信,1778年4月21日。
④ 《瑞士杂志》,1778年3月。

第六章 传播

保持一定距离。三位主要的合伙人都向法国各省派出了旅行推销商，但并不协调各自的路线，所以推销员的工作有时会互相影响。在1778年法国南部和中部之旅中，法瓦吉只拿到了几份订单，因为他无意中步了杜普兰的代理商勒鲁伊的后尘，后者刚刚取得了很好的销售业绩。勒鲁伊随后抱怨说法瓦吉告诉预订者他们可以推迟付款时间，从而破坏了他的业绩。而庞库克的人的法国北部之行几乎落得两手空空，因为他陷入了外省和巴黎书商的竞争之中：

> 我的旅行推销员什么也没完成。这几天他将在这里。他已去过诺曼底、布列塔尼，花了我大约600里弗，并给了我总计1500里弗的账单。几乎各个地方的人都把他当作间谍。外省的书商们根本不喜欢巴黎出版商的旅行推销员。里昂人和鲁昂人已注意采取各种预防措施。[1]

当然，几位合伙人的目的并非总是相左。庞库克就很称赞杜普兰的一位早期的旅行推销商，这个人在一次旅行中得到了395份订单；他也赞同杜普兰用狄德罗和达朗贝尔的免费雕版画诱惑一些人下订单的办法："这是一项可以理解的开支，它能产生好的效果。"[2] 杜普兰通过在里昂处理所有的订单，保持着对整桩生意的控制。几位合伙人通过遵守相同的销售条款相互合作，而不是

---

[1] 庞库克致纳沙泰尔印刷公司的信，1777年6月26日。关于法瓦吉遇到的困难，请见法瓦吉致纳沙泰尔印刷公司的信，1778年8月23日以及杜普兰致纳沙泰尔印刷公司的信，1778年11月10日。

[2] 庞库克致纳沙泰尔印刷公司的信，1777年7月8日。

相互竞争。销售收益并不在销售代理人间分配而是集中到杜普兰手里，杜普兰把其中的一部分用作运作费用，其余的根据最终结清的账目，依据每个人的股份，在合伙人中间进行分配。合伙人都要在不同的地区开展销售活动，尽管他们的销售商会发生纠缠。庞库克主攻巴黎，杜普兰主攻外省和欧洲南部，纳沙泰尔印刷公司则主攻欧洲北部。因此，当杜普兰打算发布一则覆盖全欧的公告时，他就把内容寄到纳沙泰尔，并附上请求说，希望纳沙泰尔印刷公司把它发布在他们认为在"北方地区"有效的任何报章杂志上，"北方地区"这个词在此泛指英国和俄国之间的疆域。①

这样的宣传成本非常低——这是18世纪商品销售活动的基本特性的另一个表征。法瓦吉的法国商业旅行累垮了一匹马，但纳沙泰尔印刷公司肯定只是记了96里弗的损失。实际上五个月的旅行用掉了很大一笔钱——1 289里弗和付给法瓦吉的240里弗薪水——，但只有一小部分可以划归《百科全书》的费用；因为法瓦吉同时还收款、建立走私渠道、和新书商拉关系，并且销售纳沙泰尔印刷公司库存的所有其他图书。②

1778年11月，为四开本联盟的第三版印制1 500份四个页码

---

① 例如，1777年5月11日，杜普兰给纳沙泰尔印刷公司写信说："随信附上说明书，请照《伯尔尼报》的印刷数目印，请与办报者商量邮寄费用……同样的说明书……适用于北方地区：德国、英国、荷兰以及其他所有你们想寄的国家。请按照你们需要的数字印。"

② 纳沙泰尔印刷公司文件，流水账B，1778年12月1日条，以及法瓦吉的"旅行记录"，ms. 1059。

第六章 传播

的"内容详介",纳沙泰尔印刷公司只索价18里弗。① 杜普兰在里昂印制了自己的版本,从1778年11月到1780年1月间,这个版本被纳沙泰尔印刷公司不时添印,前后共印了2 060份。它还制作了一页纸的"内容简介",随《伯尔尼报》和300份通知函一起在它的书商网络系统中发行。② 由于杜普兰的其他印刷商也制作说明书,所以看来提供给欧洲每一个书商的说明书不下十几份,数量足以充满图书交易的所有渠道。凭一令纸、一个排字工和一个印刷工小组一天的工作,纳沙泰尔印刷公司可以轻易地用12里弗的成本生产出上千份说明书。

报章杂志上的通告也一样便宜。纳沙泰尔印刷公司在《伯尔尼报》上发布整版公告——36行——只需7里弗12苏。在巴塞尔和沙夫豪森的报刊上,类似的通告每则只需6或7里弗,而在纳沙泰尔印刷公司自己的《瑞士杂志》上几乎八页的推销宣传只需6里弗。由于对18世纪法文报刊缺乏研究,所以很难对这些价格进行评价。不过根据现代的标准,那时报刊的发行量是很小的。1778年,报刊印量的范围一般在《信使报》的7 000份和《瑞士杂志》的250份之间。从纳沙泰尔印刷公司通信中经常引用的情况看,《莱顿报》的影响力可能和北方地区任何其他报刊不相上下。

---

① 流水账B,1778年11月28日条。可以从Case Wing Z 45.18, ser.7, Newberry Liberary中找到这份说明书的原件;另外可以从纳沙泰尔印刷公司文件中法瓦吉的档案里找到他从里昂寄给纳沙泰尔印刷公司的该说明书的杜普兰版的原件,以及他1778年7月23日写的信。
② 关于印数的信息来自纳沙泰尔印刷公司的工资簿,1778年10月31日条,1778年8月1日条,1778年11月28日条,1779年6月5日条,1779年7月10日条以及1780年1月22日条。

1779 年，它的有 25 行小字的半页通告仅索价 26 里弗。1777 年和 1778 年，纳沙泰尔印刷公司在《莱顿报》上以差不多每行 1 里弗的价格为四开本又做了三则广告。①但在读者面较宽的伦敦的《晨报》(Morning-Herald) 上发布两则半页的通告（其中只有两行和四开本有关，其余的都是有关《艺术与工艺说明》的内容），则要花费几乎两倍的钱（38 先令）。那些在四开本上投资的书商也制作自己的广告。例如，日内瓦的特隆在 1777 年到 1779 年间就在《莱顿报》和《伯尔尼报》上分别发布了五则和四则通告。因此，很难确定四开本广告的成本，但不会太多。就纳沙泰尔印刷公司而言，在五家报刊上发布了 10 则通告，花费 120 里弗——不到一部《百科全书》的 1/3。如果从美国广告业的典型手法来看，这个数量微不足道，但是根据 18 世纪的标准来衡量，它们产生了很强的宣传效果。

20 世纪的广告概念和旧制度时期的实际情况并不相符，如果怀着找到广告预算单或者销售研究报告的期望来梳理四开本出版商的文件，那就会犯"关公战秦琼式"的错误。出版商可以负担更多的报刊广告，但他们绝不会想到他们可以让"媒体"充满了"商业活动"。他们满足于少量的通告——也就是说，在五六份报刊上发布单期的通告，介绍以多少价格和何种方式得到他们的

---

① 纳沙泰尔印刷公司在 1778 年 6 月 26 日给杜普兰的信中提到了这些费用。半页的通告刊登在 1779 年 4 月 20 日的《莱顿报》上。《瑞士杂志》的印数是从纳沙泰尔印刷公司的工资簿中推算出来的。关于到了 1789 年可能已经翻了一番的《信使报》当时的订数，参见庞库克致纳沙泰尔印刷公司的信，1778 年 7 月 21 日，信中说已经达到 6 500 份，而据 1778 年 10 月 6 日的《秘密回忆》估计达到了 7 000 份。

## 第六章 传播

产品。①

然而，他们并不是随意地撰写通告的内容的。杜普兰亲自撰写说明文字，并在发往纳沙泰尔时附上了严格的命令，要求印制时不得更改内容："附上通告一份，请你们将它不做改动地发表在伯尔尼的报纸或是其他报纸上，如果你们还知道其他的话。"②这则通告在宣称要出版捏造出来的第四版的时候做了解释来掩盖真相，说佩莱已经收到的订单比他能够供应的量要超出 400 部，而事实上，躲在四开本背后的真正的主办人杜普兰刚刚通知同样躲在背

---

① 可以从两批材料中推算出纳沙泰尔印刷公司的广告成本，见"流水账 B"的 1778 年 2 月 8 日、5 月 3 日、6 月 13 日和 11 月 28 日诸条，以及 ms. 1220 中纳沙泰尔印刷公司的"往来账户"中关于为杜普兰所做的所有关于《百科全书》的工作的内容。"流水账 B"中的 1778 年 2 月 8 日条提供了一个关于不同的成本和账务的实例：

 以下是四开本《百科全书》刊登在公开的报纸上的有关第三次预订的内容介绍和通告：
 （工人的）工资，通告和内容介绍的排字和印刷·················4—10
 1778 年《瑞士杂志》，刊登通告································6—
 收益与损失：邮寄报纸····················································3—
 在荷兰、巴塞尔、沙夫豪森和伯尔尼寄送通告···········4—10
 给瑞士三位办报者的费用··············································21
               28—10······28—10
                  39 里弗

一位在伦敦的瑞士商人让-巴蒂斯特·达尔纳尔 1782 年 4 月 19 日通知纳沙泰尔印刷公司说，他在两期《晨报》上发布了它的通告，"它是最畅销的报纸，它们花了我 38 先令"。他还提到了通告的内容。其他通告的内容已经在对 1777 年至 1780 年间的《莱顿报》《伯尔尼报》和《瑞士杂志》的研究中搞清楚了。

② 杜普兰致纳沙泰尔印刷公司的信，1779 年 3 月 31 日。

后的合伙人说,"第三版"(实际上是第二版)的销售数离预订数尚差 300 部——那个(关于第四版的)消息是假的。在编织了如此复杂的谎言后,杜普兰不能让任何一个词出差错。他做了一个表面上看起来很平实的广告:

> 让-莱昂纳尔·佩莱——日内瓦的印刷商和四开本《百科全书》的出版者——宣布编纂者的著作已全部完成,他的版本将一共包括 36 卷文字和 3 卷图版。他庄严承诺首先开始征订第 11、13 和 17 卷。相应地,预订者先生们将免费获得三卷文字卷。①

直到正文部分,杜普兰才展开了他的要点——宣告出版新版《百科全书》,以此作为反衬,使旧版的条款看起来更好一些。这种曲曲折折的表达方式与 18 世纪报章杂志随意的书信体风格颇为相宜。佩莱直接对"预订者先生们"说话,用的却是第三人称的形式,就好像他只是在透露信息。因为报刊上的文章被设想成了公开信,他的声音听起来似乎就是一个记者。他们用很随意的方式发布新闻,既没有标题,也没有专门的版式,很像普通的通讯记者和办报人之间的通信。尽管被称为通告和通知的广告通常是登在报刊末尾的,但很难把它们和新闻区分开来。关于它们的一切都表现出随意性并且内有玄机,这倒与彻头彻尾的谎言正相符。

出版商销售广告中的倾向性表明了他们所期待的《百科全书》

---

① 《莱顿报》,1779 年 4 月 20 日。

## 第六章 传播

引起读者兴趣的方式。他们把它说成是一部极好的参考书或者启蒙运动的宣言书。每一种说法都说明了在他们对公众的理解中意识形态的重要性。事实上，他们用以融合不同主题的方式在今天更为重要。可以从他们主要的说明书的开首语中领悟到这一方式，这些话被印在大部分的通知和通告上，其中也包括四开本第一卷开头的"新出版者的序"：

> 构思《百科全书》计划的两位作者使之成为有鉴赏力者、哲学家和学者的图书馆。这部书使我们几乎不用再读其他任何书。它的出版者——在照亮人类精神的同时——常常为它所包含的知识的极度广博而惊讶，更多的则是惊讶于它的思想的新颖、深刻和系统。没有人比他们更好地了解指出各种结果的根源、将真理与错误相分离、预防词语的滥用这一错误的主要原因的艺术，以及避免汇集、结合、美化观念的记忆、理性和想象的影响的艺术。这种真正哲学的方法正加速理性的发展；近些年来人们大踏步地行进于他们所开辟的、不断将荆棘转变为鲜花的道路之上。

一部摆在书架上的四开本《百科全书》可以从三个方面说明主人的卓越之处：他是一个有品位的人，一个学识渊博的人，还是一个哲学家。这些角色可以互为补充，而不是互不相容；而最重要的是，它们很容易扮演。狄德罗和达朗贝尔已经展现了穿过知识枯燥乏味的广大疆域的一条令人愉快的道路，人们要做的只是跟随着他们，时不时停下脚步欣赏路旁的花草，并对成为知识先锋的一员感到心满意足。人们甚至不用太多涉猎其他书籍，因为

《百科全书》本身就是一座图书馆。编撰者并没有开列出宣布废除的书籍的书目，不过只要查阅了它的《绪论》，就可以毫不费力地区分出传统学问的厚重的大部头著作和精简的现代著作。现代学问就意味着启蒙；通过援引理性以及哲学的进步，并通过赋予知识三重资质：记忆、理性和想象（正如达朗贝尔在《绪论》中所做的），说明书把这一点表述得十分清楚。不管怎样，它悄悄地、不事声张地阐述了这些观点，既没有对培根和洛克表现出任何民族情绪，也没有要踏烂迷信的滔滔雄辩。

它没有强调《百科全书》对公认价值观的挑战，而是强调读者可以轻松地同时做到既有学问又能随时代进步。狄德罗和达朗贝尔已经把这些特性搞得似乎相互不可分离——这纯粹是变戏法，就像把荆棘变成鲜花，出版商把这种戏法用在了他们的宣传当中。他们想的是卖出《百科全书》，不想让它看起来高不可攀，而书的作者已经提供了主要的卖点：它既是知识的概要又是启蒙的工具。要是问它究竟用其中的哪一方面打动18世纪的读者，就有点不得要领，因为它打算从两个方面打动读者，写的人和卖的人都是如此。这样，广告以通俗的、简单化的方式发挥了这部书的要旨；他们并没有歪曲它。在这一过程中，他们见证了一种文化风格的传播。出版商设想的是，很多人会为了显得像有知识的时髦人物而购买《百科全书》。不仅说明书中暗示谁拥有了《百科全书》就可以自称是哲学家，奥斯特瓦尔德在给庞库克的信中还明确了充分利用智识上的自命不凡心理（intellectual snobbism）的策略："应该如此开始，即把我们这里的所有这些人区分和排列成两类：一类是文人或是渴望借助这部集子学习的人；另一类只是受虚荣心

第六章　传播

引导，以拥有如此著名的著作而感到光荣。"①

当时，智识上的自命不凡心理似乎还是新的现象，可能是因为知识分子刚刚开始在普通公众中获得说话的机会。无论如何，当《百科全书》还处在不合法状态时，能让自命不凡和它站在一起看来还很重要。尽管刊登着《百科全书》广告的外国报刊，如《莱顿报》，在法国广泛发行，但《百科全书》不能在法国出版的报刊上做广告。杜普兰不得不以瑞士扉页为掩护在暗地里工作，甚至连说明书都要像是从瑞士来的。"必须奔走、请求和活动才能使这一说明书作为来自纳沙泰尔的印刷品而获得适度流通。"②庞库克告诉纳沙泰尔印刷公司。纳沙泰尔印刷公司接到了几封不敢销售四开本的书商的信，尽管它回信安慰他们，但信中还是透露了其合法性的界限："尽管有法官对这本书的保护，但我们确信结果将是该书被中止，不过销售者完全不必担心，尤其是在首都，只要在市场上谨慎一些就可以。"③在没有认可其意识形态之前，当局不会公开宣布放弃对《百科全书》的压制。所以，出版商得到了两重好处：在利用未被公开承认的官方的保护的同时，可以利用非法出版物的吸引力牟利。但是在销售中最重要的是《百科全书》在18世纪晚期被表述和理解的方式。它最初通过引起争论给人留下强烈印象；后来在轰动性成功的浪潮中它在全欧洲得到传播；而它的敌人发起的新攻击则不断激起流言蜚语。直到大革命，它

---

① 奥斯特瓦尔德致庞库克的信，1779年5月9日。
② 庞库克致纳沙泰尔印刷公司的信，1778年12月22日。当然，准许他们进行宣传的有限的容忍度意味着出版商不得不克制说明书和广告中的意识形态因素，但他们也没有把这方面的内容完全删掉。
③ 纳沙泰尔印刷公司致皮尔的信，1777年5月1日。

一直被官方排斥，没有变成一部中性的参考书。它的不合法状态对生意来说一直非常有好处，纳沙泰尔印刷公司简直要祈祷发布更多的打击它的法令。①

## 书商

当《百科全书》以相对便宜的形式出现在市场上的时候，广告和争论表明了同时代人是如何看待它的。不过，销售活动本身还包含着很多内容，而不仅仅是生产宣传品。它出现在两个阶段：出版商根据订单把书卖给书商，书商再把它们卖给一个个顾客。分两步走的销售过程需要两个不同的信息交流系统。出版商和书商把一般的信息传播给公众，而他们之间则通过自己的网络交换商业信息，关于交易的小道消息经由信件、私人访问和旅行推销商的渠道进行交流。

在这个过程中，中间人处于非常重要的地位。出版商并不维持在全国范围内进行运作的销售组织，他们只有"柜台"，一种只有一位簿记员和一到两位店员的微型办事处。但做过多年生意之后，他们在零售业中建立起了广泛的联系。因此他们的主要销售活动的对象是掌控着地方一级销售的零售商。和其他的书一样，大多数的四开本《百科全书》通告以"可以在每个城市的主要书店预订"②收

---

① 纳沙泰尔印刷公司致博塞的信，1779年8月28日。进一步的讨论请参见第九章。
② 此例中的程式来自1778年2月6日《莱顿报》上的一则通告。有时，广告会说公众可以向佩莱或者纳沙泰尔印刷公司订购，但他们通常还是直接向零售商预订。

尾。为了说服书商像《百科全书》的推销员那样积极地行事，出版商分给了他们很大一部分利益。经销商买进四开本的价格是294里弗，卖出的价格是384里弗，而且每卖出12部，就可以免费得到一部。如果卖出13部，他们就能挣到1 464里弗，相当于一个熟练印刷工两年的收入，还相当于投资3 528里弗，利润回报为41%。商业折扣的重要性在他们的信中展现得很清楚。例如，图卢兹的加斯东告诉纳沙泰尔印刷公司，他为销售这些订单付出了很大的努力，因为"如果佣金是令人满意的，那么根本不用担心在努力争取预订者的斗争中的花费"①。四开本一八开本之争在很大程度上是争夺书商，而庞库克预计自己会取得胜利，因为他与他们分享利润。"先生，您明白书商们的丰厚利润将阻碍他们支持这一生意（八开本），"他向奥斯特瓦尔德解释说，"只有他们能使这一类书获得成功。仅此理由就足以使您不用担心这一竞争。"②

纳沙泰尔印刷公司也把四开本的胜利归因于书商的支持，又把书商的支持归因于他们从生意中赚到的钱。③在商业信函中，纳沙泰尔印刷公司一直推动他们更加努力地销售。它一次次地重复同样的话：用每卷7里弗10苏的价格购买四开本，再以每卷10里弗的价格售出，他们可以赚一大笔钱。"我们总的准则是让所有与我们一起工作的书商赢得丰厚的利润。"④它向阿瓦隆的阿贝尔解释说，并且提示他第戎附近的同行在短短几个月中已经卖出去100部了。同时，它怂恿第戎人仿效卖得更多的贝桑松书商，

---

① 加斯东致纳沙泰尔印刷公司的信，1778年4月6日。
② 庞库克致纳沙泰尔印刷公司的信，1777年11月19日。
③ 纳沙泰尔印刷公司致罗马的瓦伦蒂主教的信，1779年7月12日。
④ 纳沙泰尔印刷公司致阿贝尔的信，1777年5月1日。

还刺激一位贝桑松书商，因为他落后了："没有任何人问您要四开本《百科全书》？我们相信您是法国唯一一位遇到这种情况的书商，其他地方甚至出现了投机现象。他们的利润是有保障的。"[1]正是通过一周数十封这样的信件，出版商操纵着他们大部分的销售工作。

书商做了更多的宣传工作。他们在当地报刊上发布广告，分发出版商提供的说明书，当顾客进书店闲逛的时候赞扬四开本《百科全书》。多勒的托奈喜欢海报："你们在里面添加一张大号字的通告以在我的店铺前张贴的办法不坏，就像你们所有客户都应做的一样。"[2]莫城的夏尔则依靠《德拉布里通告》和大量使用说明书，"通过在我们周围细心地传播它们，我就能使你们获得24位预订者，而不是12位"[3]。还有一些书商甚至自己印制说明书。那不勒斯文学和印刷协会在意大利散发了一种措辞文雅的两页长的说明书，同时征订四开本和八开本。[4] 四开本的广告因此在全欧洲迅速传播开来，而且，大部分的销售工作是由各地各展其能的书商完成的。不过，在他们眼里，四开本到底是什么样子？他们是如何理解自己在传播过程中所扮演的角色的呢？

可以从两条途径追溯这些问题，一是书商的信件，二是法瓦

---

[1] 纳沙泰尔印刷公司致沙尔梅的信，1777年6月19日。
[2] 托奈致纳沙泰尔印刷公司的信，1769年11月8日。在此信中，托奈指的是另一部书，但他的话也适用于《百科全书》。虽然在关于四开本的通信中没有提及，但书商还使用了散发扉页样张的销售技巧。
[3] 夏尔致纳沙泰尔印刷公司的信，1777年12月8日。正如他所指出的，书商都尽力要得到免费的第13部，所以关于第13部的规定刺激了他们的销售。
[4] 那不勒斯文学和印刷协会致纳沙泰尔印刷公司的信，1778年2月17日。信中附有一份《说明书》以及关于它的长长的讨论。

## 第六章 传播

吉在1778年的销售旅行中写下的关于零售情况的报告。那些信读起来有点令人失望，因为他们没有详细讲述关于《百科全书》的想法以及同顾客的关系。他们保持着少言寡语公事公办的调子，固守有关自己和供货商的主题：货运安排、支付问题以及商品的质量。不过这些重点也说明了《百科全书》在他们眼里到底是什么样子的。从根本上他们把《百科全书》看成是在大家不停地下沉的商海中使他们浮在水上的机会。这种关于这部书的顽强的、纯粹商业的看法在小书商中尤其盛行，从南锡附近选出的几个例子中可以清楚地看到这一点。

圣迪济耶是洛林地区西部一个拥有5 600人的城镇，镇上的富尼耶觉得自己很幸运：他有一小笔储备金。妻子要他投资土地，但他觉得投资《百科全书》可能更好——假如他能得到特别条款的话。他告诉纳沙泰尔印刷公司，如果在免费获得第13部的同时，能够给他每部《百科全书》94里弗的折扣，他可以付现金。这个提议很有诱惑力，因为苦于没有硬币，交易中很少有用现金付账的时候，而且富尼耶还认为他能够卖掉两打《百科全书》。然而，纳沙泰尔印刷公司不能接受这一条件，因为一旦一个合伙人偏离了确定好的批发价格，所有的合伙人都会被要求更低折扣的请求淹没。所以，最后，富尼耶的妻子如愿以偿，而他也只按照标准价格售出了三部《百科全书》。①

与此同时，在附近一座有3 000人的城镇茹安维尔，当地一位叫戴高乐的书商则在信中不停地哀叹运输成本的高昂。"你觉得我

---

① 富尼耶致纳沙泰尔印刷公司的信，1777年10月5日，1780年5月30日，1780年6月20日。

怎么可能预订一部《百科全书》呢？"他问道，"邮费和税收夺走了我的利润。"尽管他最后卖出了一部，但他认为茹安维尔对书来说不是个好市场。当地人更愿意花钱买挂毯，他解释说："我不幸处于一个没有多少好学者的城市中。"①

　　稍向北一些，在凡尔登，一座有 10 300 人的小城市，一位名叫蒙东的书商十分卖力，打算卖掉一打四开本《百科全书》之后得到那免费的第 13 部。他报告说，说明书在他的顾客，尤其是驻扎在当地的那两个团的军官中产生了一种很有希望的反应。在四个月内，他预售了八部《百科全书》；而在第三版的公告发布以后，又预售了四部。不过麻烦随之而来。杜普兰的货中第一卷的数量不够，所以他不得不先给一部分顾客供货。"我已陷入困境之中，"他对纳沙泰尔印刷公司说，"我更喜欢什么样的预订者？所有上流人士。"随后，杜普兰丢失了蒙东对第三版的订单。当最后发现了这一情况后，他给蒙东发去了两倍于所要求的书。而蒙东在检查货物时发现，所有的东西都毫无价值，因为至少有 200 页因潮湿和野蛮装卸而损毁了。由于杜普兰没有替换损毁的页码，并且很少屈尊回信，蒙东试图要纳沙泰尔印刷公司进行干预。他抱怨说，在《百科全书》成为一桩大生意以后，杜普兰已经不再关心小书商，而且也对四开本失去了控制。而最糟糕的是，杜普兰拒绝给他那免费的第 13 部，理由是他售出的 12 部中有 4 部是第三版的，它们是另一桩独立的生意。"你们应该可以想象得到在这样一个小城市里，要毫不费心地在当地获得众多预订者是困难的。我应向你们承认这寄希望于拥有第 13 部。"所有这些麻烦

---

① 戴高乐致纳沙泰尔印刷公司的信，1777 年 5 月 3 日和 8 月 13 日。

事在蒙东的顾客中造成了问题,他们拒绝付款,直到拿到完整和正确的书。最后,图书生意的暴跌和大量的军队开拨去参加美国的战争,使得蒙东濒临破产边缘。"我并不认为向你承认我财产不多是一种屈辱。作为一家之长,我必须留心自己的合同,并遵守它们……这里的商业完全衰落了。没有了军队就无法结清欠账,自从消耗了我们所有资源的那场悲惨的战争以来,我们已被掏空了……我处于无力支付的状态:六个孩子,生意的冷清使我面临很多的困难。"①

这就是小镇书商的磨难。大经销商不会为付款的事苦恼,但他们也仅把《百科全书》看作赚钱的机会。鲁昂的马叙艾尔把对四开本的需求估价为"有利可图"。②南锡的马蒂厄说他期待自己能够售出很多《百科全书》。他做到了,此外没有谈到更多的细节。③波尔多的贝热雷、普瓦提埃的谢弗里耶、奥尔良的勒杜尔米、蒙彼利埃的里戈以及尼姆的布谢都以类似的方式谈论四开本。他们一直把它当作畅销书,但从不分析它成功的原因。相反,他们都想设法获取优惠待遇——秘密折扣或者分配货物时的优先权——并且在信中倾泻对杜普兰的抱怨。例如,里戈试图使纳沙泰尔印刷公司和杜普兰相斗,以获得一部额外的免费《百科全书》作为对他征集到超过100部的订单的奖励。纳沙泰尔印刷公司把他的要求撇在一旁,并对他的成功对他意味着什么做了评论:"我们也应该为您所做的有关已取得的利润的计算而向您表示祝贺。"

---

① 蒙东致纳沙泰尔印刷公司的信,1778年3月20日,1778年9月26日,1780年4月9日。
② 马叙艾尔致纳沙泰尔印刷公司的信,1779年4月11日。
③ 马蒂厄致纳沙泰尔印刷公司的信,1779年3月30日。

他回信对前两"版"进行猛烈抨击:

> 人们发现纸张发灰而且不均匀,铅字磨损了,校对很差,因为书中充满了印刷错误。最后,第一卷的绪论是以一种糟糕的方式完成的,即磨损的铅字印在很差的纸张上等。如果你们继续如此,那么将肯定引起讨论,并导致与预订者的诉讼,他们不断地抱怨,最终将爆发。①

最后,书商的信说明了传播商业小道消息的功能。零售商面临陷入敌对的出版商公会的交叉火力网和在虚假广告的大风雪中迷路的危险,他们需要知道出版商之间到底发生了什么事情。像布卢瓦的莱尔这样无名、边缘的销售商想对事情有清晰的了解是极端困难的。1773年12月,莱尔获知由于狄德罗的放弃,增补卷的工作遇到了麻烦(这是一个错误的消息,狄德罗也和这件事没有关系);所以他决定订购菲利斯的《伊韦尔东版百科全书》。1777年3月,他知道了四开本的存在,可是他(错误地)认为四开本是在布永出版,而且是仿造菲利斯版的赝品。直到读了《18世纪政治、世俗和文学年鉴》上兰盖对四开本的攻击文章,他才不再支持四开本,文章使他相信,佩莱和庞库克打算欺骗预订者,而他仍然应该保持对菲利斯的信心。不过当他听到打算在列日出版《方法百科全书》的一种版本时,他的信心动摇了。法瓦吉1778年销售旅行途经布卢瓦时最终澄清了局势的真相;不过

---

① 纳沙泰尔印刷公司致里戈的信,1777年11月23日;里戈致纳沙泰尔印刷公司的信,1778年3月9日。

## 第六章 传播

在揭示四开本的真相时，他掩盖了《方法百科全书》的事情，因为他不想让新的《百科全书》毁了旧版的市场。因此他使莱尔相信，即使庞库克已经接手并准备在巴黎进行运作，《方法百科全书》项目也只是个白日梦。①

居于传播小道消息网络结点上的重要书商在了解信息方面就要成功得多。让·莫西是马赛的一位有势力而且谨慎精明的书商，在纳沙泰尔印刷公司接受《里昂协定》的六周之后，他知晓了纳沙泰尔和里昂间的所有关系，但在征订四开本的问题上，他犹豫不决，因为他想确定在相互竞争的版本中，当局到底会支持哪一个。"关于你们的四开本新版《百科全书》，我能告诉你们的就是，"1777年5月，他致信纳沙泰尔印刷公司，"我们已接到政府的命令禁止我们介入这部书的销售或是预订。此外，人们又说政府即使想支持，也将是四开本。需要有耐心等待事态的变化。"一个月之后，莫西了解到当局已经放弃了对杜普兰四开本的支持；三个月之后，他洞悉了支持杜普兰的目的："我感觉到这一项目是由一个法国人策划的，在这一行动之后他想放弃交易。"②

最重要的是，书商们都依赖自己的信息网络，以免在新的版本对市场造成威胁时还困在旧版本里。图卢兹的森一听说四开本，就取消了第二对开本订单；而图勒的卡雷兹一听说《方法百科全

---

① 可以从莱尔给纳沙泰尔印刷公司的以下信件中推想他得到错误信息的后果：1773年12月14日，1774年9月21日，1777年3月23日，1777年5月15日，1778年2月18日和1778年11月11日。
② 莫西致纳沙泰尔印刷公司的信，1777年5月16日和8月4日。莫西所说的"订单"可能和《伊韦尔东版百科全书》有关，当时法国严厉地查禁此书，而它也以四开本的形式出版。

书》就取消了四开本的订单。① 书商们还交流其他信息，比如竞争对手的偿付能力和政府政策的取向。例如，肖鲁告诉纳沙泰尔印刷公司，图卢兹当局不打算发还没收的八开本："八开本《百科全书》还没有出版，而且人们确信它将不会出版。我认为人们将在这部四开本已完成之后才获得这部书的默许。"② 这是一条重要消息，意味着实际上四开本已经赢得了商战；因为这条消息传播得越广，就越能驱使八开本的预订者转向四开本，而纳沙泰尔印刷公司则故意让它通过消息网不断传播。

通过商业通信来看书商，他们只是商人，这丝毫不令人惊奇，但他们也是在供需双方交汇点上活动的文化中间人。出版商的代理人到达一座城镇的时候，经常谈论大众对图书的喜好，而他们的谈论常常会影响出版商决定到底应该再版哪些著作以及应该加强哪种类型。法瓦吉在1778年的环法旅行中从一个书店走到另一个书店，不管走到哪里，都要探听出版物的需求情况。他的日记和书信实际上是《百科全书》的市场调查，人们可以跟随他走遍法国版图。

例如，在里昂，书商们只谈论四开本的成功，而且他们都很注意言谈的分寸。一次，在佩里斯兄弟的公司里讨论过后，法瓦吉向纳沙泰尔印刷公司报告说："我不能知道他们有关四开本《百

---

① 卡雷兹致纳沙泰尔印刷公司的信，1781年12月17日，以及森致纳沙泰尔印刷公司的信，1777年3月5日："关于《百科全书》，那位人士——为了他我们想让它（一部对开本版）来——根据这些流传的消息，即日内瓦的四开本《百科全书》将出版以及巴黎的书商庞库克已与策划该版本的人达成协议，告诉我们他将自愿选择四开本，这使得我们请你们不要再寄了。"

② 肖鲁致纳沙泰尔印刷公司的信，1778年12月22日。

## 第六章 传播

科全书》的想法。这些先生们太谨慎。但是他们一致表示在整个里昂只有一些无关紧要的书和四开本《百科全书》在印刷。"在维埃纳，寡妇维代雷则是充满热情的："她已销售了48部四开本《百科全书》，维埃纳的情况和里昂一样：人们只买这部书了。"同样，在格勒诺布尔，寡妇吉罗说她已经征订到26部，而且如果能说服菲利斯撤回一些尚未凑齐的《伊韦尔东版百科全书》，她还可以再征订到两打。在收到前14卷后，她的顾客已经取消了订单，现在他们想放弃菲利斯的《百科全书》转向纳沙泰尔印刷公司的。在进一步向南方推销时，法瓦吉进入一片毫无生气的疆域。

在瓦朗斯，奥雷尔销售得最多，但是他有家庭负担，并且什么钱也没挣到……维维耶根本没有书店。就像在蒙特利马尔一样，一位我既不知道名字也不知道住所的维瓦莱的流动商贩一年中三到四次带着书卖。奥朗日只有一位名叫图伊的人，职业是理发匠，但是他只卖日用品。在书商们的年历中有记录的卡拉梅尔是一位优秀的商人，他以前曾卖书，但现在已不再卖了。

卡庞特拉一个书商也没有，但是像这个地区的其他小城市一样，它从阿维尼翁教皇领地里的盗版书出版商那里进货。阿维尼翁人把法瓦吉看成敌人和奸细，而且由于失业的丝绸工人上路抢劫，前往土伦之路变得很危险。法瓦吉安全到达了目的地，但他在土伦只找到三个书商，他们告诉法瓦吉，生意一落千丈，现在只能卖航海方面的书。然而，马赛、尼姆和蒙彼利埃的生意却很兴隆。卡尔卡松的埃里松为了得到四开本而取消了八开本的订单。

佩泽纳的菲齐耶和莫比永的奥德泽纳父子也准备放弃八开本转向四开本，主要原因是八开本出版商在西南部的走私活动崩溃了。在图卢兹，四开本席卷了市场，虽然法瓦吉认为这座城市是"过分虔诚的中心"，而城里的书商则是一伙流氓无赖，试图通过在警察面前相互告发而消灭对方。一个叫加斯东的装订商以免费装订做奖励，征订到 80 至 85 部四开本，但书商公会强迫他全部放弃，理由是非公会成员不得销售图书。在波尔多，尽管由于经销商们参加美国战争，致使当地图书生意下滑，但四开本还是卖得不错。在向北经过拉罗谢尔（在此地没有做到什么生意）和普瓦提埃（"对于整个商业来说相当可怜的城市"）后，法瓦吉经卢瓦尔河谷（生意也令人失望）回到了出发地。他的日记中有很多像"索穆尔，无"和"希农，依然最少"这样的条目。勒杜尔米三兄弟凭借在图尔、布卢瓦和奥尔良的据点控制着河谷地区的生意；但是，法瓦吉没有了解到他们的生意，而且他也不打算了解大部分小书商的生意，根据从当地商人嘴里得到的信息，这些人做禁书的投机生意而且不付账。在视察了四开本两个最大的市场第戎和贝桑松以后，法瓦吉最后回到了纳沙泰尔，整个行程历时五个月，沿途做了数百小时的有关生意的谈话。①

虽然这些谈话的内容不得而知，但从法瓦吉的信中可以捕捉到各地的地方特色。他发现里昂的大销售商难以相处而且待人冷淡："他们从来没有时间听你的。似乎他们有统治权。"图卢兹的书商做生意带有更多随意的南方风格：

---

① 引自法瓦吉致纳沙泰尔印刷公司的信，1778 年 7 月 21 日、7 月 26 日、8 月 2 日、9 月 13 日和 10 月 28 日。

## 第六章 传播

当你提出报价后,他们回答说将研究商品目录等等,请你重新提出,因此你重提三到四次,结果老板不在。即使你找到他,他也没有时间考虑你的建议。由此必须重新开始。为什么?绝大多数时间里是徒劳。所有人都是这种口气。一个外人必须不断地从城市的这一头走到另一头,而且还是要在上午,因为午饭之后,在这些先生家中就找不到什么人了。

当最后抓住了顾客时,法瓦吉不仅能做成一些生意,还会从他们那里得到有价值的信息。例如,他发现到处都有对卢梭著作的强烈需求:"每个人都问我要卢梭的回忆录(即《忏悔录》)。人们坚信它们存在,不在巴黎,但可能在荷兰。这是一本可卖3 000册的书,如果已出版的话……各地的人们都急于了解有关这位作者的消息。可能,这是确定的,他的著作的新增补版会畅销。"① 这种热情是纯商业的。个人的品位和标准对书商评价图书似乎没有什么影响。正如凡尔赛的安德烈所说:"我并不忽视那些我从不懂得的书的销量,这只是因为必须和民众一起生活,因为对于一个书商来说最好的书是卖出去的书。"② 法瓦吉只遇到过一位书商谈到了生意的意识形态方面的问题:"戈迪永非常可贵,但他是一个怪人……当我与他谈到《圣经》和《百科全书》时,他回答我说自己是一个很虔诚的天主教徒,不能传播亵渎宗教的书,所有《百科全书》都给他很好的价格,但是他仍不销售它们。"③ 在其他任何

---

① 法瓦吉致纳沙泰尔印刷公司的信,1778年7月23日,9月13日和8月15日。
② 安德烈致纳沙泰尔印刷公司的信,1784年8月22日。
③ 法瓦吉致纳沙泰尔印刷公司的信,1778年8月15日。戈迪永认为法瓦吉的《圣经》是渎圣的,因为是新教版。

地方，法瓦吉都发现书商对《百科全书》生意的兴隆感到由衷的高兴。需求随地域不同而发生变化：在遥远的内陆地区——南部山区、贝里、普瓦图和旺代的部分地区——需求最少，而顺罗讷河河谷地区向下，再溯加龙河而上的巨大的半圆地带的需求是最旺盛的。法瓦吉探得的结果大体上证实了出版商得到的其他信息：《百科全书》已经取得了商业成功。

## 价格和消费者

因为消费者乐于购买《百科全书》，所以书商们很喜欢它。不过，这些消费者是谁？在法瓦吉访问过的交易场所之外，《百科全书》在多大程度上打入了社会？这些问题，和文学社会学中的许多问题一样，很难索解。但即使不能深入读者的心灵，也可以估量出《百科全书》读者的边界。这首先需要推算这种消费模式的经济边界；然后应该有可能给出四开本地理的和社会的分布状况。

在一版一版的发展过程中，《百科全书》的开本逐渐缩小，价格逐步降低。当开本从对开缩小到四开再缩小到八开时，预订价格也从 980 里弗降到 384 里弗和 225 里弗。同时，印数却在增加——从两种对开本的 4 225 部和 2 200 部，到四开本和八开本分别超过了 8 000 部和 6 000 部。[①] 在满足了"重质量的市场"的要求后，出版商通过大量生产设法扩大了读者面。在通信中，他们

---

① 关于信息的来源，请参见第一章。

第六章　传播

制订了明确的策略："对开本给大贵族和图书馆,而四开本则针对财产并不很多的文人和爱好者。"① 在广告中,他们也强调这一点。在说明书里,他们解释说,全部工作都是在"省钱原则"的指导下进行的。他们要让曾经被豪华的对开本吓跑的普通读者也买得起《百科全书》。②

删减奢侈的部分是符合价格和中产阶级钱包的要求的,这种方针通过删减掉大部分的图版得以实现——说明书解释说,图版看起来漂亮却没有什么用,因为它们永远不可能复杂到足以提高工匠的技能,并且它们太过于简单以致毫无必要。谁需要像铁锤和风箱这样的日常用品的雕版图呢？同对开本做外形上的比较,四开本突出的地方在于它的简洁和节制、薄而易损的纸张、适度的页边空白和普通的字体。杜普兰没有到若阿诺和蒙戈尔菲耶最好的作坊而是到遍布法国和瑞士的二流供应商那里订购纸张。他没有从欧洲第一流的铸造商、巴黎的小富尼耶手里订购铅字,而是转向了提供合格却毫无特色的铅字的外省人路易·韦尔南奇。甚至连印制和前几版比起来都显得草率马虎。仔细检查任何一部四开本,都会发现大量的工人的指纹、油墨太多的页码、折错的印张、正反两面的文字行不能对齐以及排字方面的错误。四开本是仓促完成的,造价很低；八开本甚至更糟。假如和姐妹版本排在一起,它看起来像前夫所生的孩子,衣衫褴褛,污痕斑斑,蓬头垢面。出版商不仅在削减成本时砍掉了虚饰的部分,而且还把

---

① 纳沙泰尔印刷公司致莫斯科的鲁迪格的信,1777 年 5 月 31 日。
② 这些在所有的说明书和通告中出现的措辞,引自第一份"内容详介"——由纳沙泰尔印刷公司刊登于 1777 年 5 月的《瑞士杂志》,第 76、78 页。

《百科全书》制作得适合外省最普通图书馆的需要。《百科全书》从一个极端走到了另一个极端。它在印刷上的变化说明，在经过了把目标读者设定为封建贵族和藏书家的起初阶段之后，它已经深入到最广大的阅读群体中。①

然而，《百科全书》的"民主化"也是有限的，因为即使是最便宜的《百科全书》对一般人来说还是太贵了。把它的价格折算一下，与他们日常生活中最基本的食品——面包相比，就可以知道超出了多少。一部第一对开本值 2 450 个面包，一部四开本值 960 个，一部八开本值 563 个，这里计算的标准是，《百科全书》的价格以预订价为准，而革命前巴黎一只四磅重的面包的"正常"价格是八个苏。一个不熟练的工人带着妻子和三个孩子过活，每周至少要买 12 个面包，而如果他找到工作的话，每天应该挣到大约一里弗。即使在繁荣时期，即使妻儿都有工作，也有一半的家庭收入要花在面包上。一部"便宜"的八开本的价格就几乎相当于一年的食品预算，一部四开本相当于一年半的，一部对开本则相当于四年的。即使一个体力劳动者能够读得懂，他购买一部《百科全书》的可能性也像是要他买下一座宫殿。有技术的工匠——钳工、木匠和排字工——每周最多可以挣到 15 里弗。从结婚证书上的签名和死后藏书清单来看，他们不仅经常设法读书而且还要买书。但他们不可能购买任何一种《百科全书》，因为一部第一对开本相当于 65 周的劳作，四开本相当于 26 周，八开本相当于 17 周。狄德罗著作的价格仍然超过了包括它的印制者在内的

---

① 这些评论基于对瑞士、法国、荷兰、英国和美国图书馆中的若干部《百科全书》的认真研究。

"工人贵族"的购买力。①

不过,那些撰写此书的人,如扉页上所写的"文人们",他们可能买了便宜的版本。狄德罗在为《百科全书》劳作的三十年间的平均报酬是每年 2 600 里弗。②一部四开本将花掉他七个半星期的薪水,八开本是四个半星期——考虑到他还有其他收入,这个数字并不大。由于有资助人和年金,很多不那么重要的作家比狄德罗的收入高很多。B. J. 索兰,文坛上层的典型人物,现在已经理所当然地被忘记了,每年靠年金和额外报酬可以收入 8 600 里弗。③他一定给自己买了四开本,这相当于他2⅓周的收入。八开本则是给像迪雷·德莫桑这样的平庸文人的,他是一个靠捡伏尔泰餐桌上的面包屑为生的文学冒险家,也写信称自己是洛桑与伯尔尼的"虔诚的预订者之一":"穷文人的数量远远多于富有读者的数量。我特别高兴这部书(以前太贵了)没有超出我这样的半痴迷者的

---

① 以上关于工匠"日常开支"和面包价格的信息来自拉布鲁斯、皮埃尔·莱昂、阿尔伯特·索布尔、乔治·鲁德等人的著作。特别是 Labrousse, *Esquisse du mouvement des prix et des revenues en France au XVIIIe siècle* (Paris, 1932), pp. 447-463, 582-606,以及史蒂文·L. 卡普兰(Steven L Kaplain)即将出版的关于面包和面包师的论文,他慷慨地让我先看了。读写能力的问题,要比面包问题更棘手,请参见 Michel Fleury and Pierre Valmary, "Les progrès de l'instruction élémentaire de Louis XIV à Napoléon III d'après l'enquête de Louis Maggiolo (1877-1879)"("依据路易·马乔洛的调查[1877—1879 年]的路易十四至拿破仑三世的基础教育的发展"),*Population*, XII(Jan. -March 1957), 71-92;François Furet and W.Sachs, "La croissance de l'alphabétisation en France XVIIIe-XIXe siècles"("18—19 世纪法国识字率的提高"),*Annales. E. S. C.*, XXIX (May-June 1974), 714-737。

② Jacques Proust, *Diderot et l'Encyclopédie* (Paris, 1967), pp. 59, 81-116.

③ Robert Darnton, "The High Enlightenment and the Low-Life of Literature in Prerevolutionary France", *Past and Present*, no. 51 (1971) 87.

能力。我希望科学、艺术和有益真理的大门随时向所有能阅读的人敞开。"①

要在外省中等阶层各种各样的收入中确定一个数字（来代表他们的收入状况）是不可能的，不过下面的计算将使我们了解到，对于恰好处于有权有势者和一般老百姓之间的人来说，购买一部《百科全书》到底意味着什么。② 尽管1768年以后神甫每年的薪俸只有可怜的500里弗，但他们的年收入却经常可以达到1 000—2 000里弗。购买一部对开本《百科全书》将消耗一位富裕的神甫25周的收入，一部四开本为10周。法官的收入在外省资产阶级中是最高的，通常是每年2 000—3 000里弗：一部对开本值17周的收入，四开本值7周。要过贵族式的生活，一位资产阶级的年金至少要达到3 000—4 000里弗：一部对开本的价格相当于他13周的收入，一部四开本相当于5周。在每一种情况下，对开本和四开本价格之间的差异，与奢侈铺张和可以控制的豪华之间的差异是相应的。杜普兰确定了合适的价格，使《百科全书》可以超出它一度深陷其中的有钱的先锋人士的小圈子，达到职业人士和小城镇贵族的消费水平。

这一计算的精确程度可以从对订单的反应中看得很清楚。正

---

① 迪雷·德莫桑致奥斯特瓦尔德的信，1778年4月17日。
② 此处的计算基于以下各书材料，它们是：Marcel Marion, *Dictionnaire des institutions de la France aux XVIIe et XVIIIe siècles*（《17—18世纪法国制度辞典》）(Paris, 1923), p. 446; Henri Sée, *La France économique et sociale au XVIIIe siècle*（《18世纪法国的经济与社会》）(Paris, 1933), pp. 64–66, 162; Philip Dawson, *Provincial Magistrates and Revolutionary Politics in France, 1789–1795*（《1789—1795年法国外省法官和革命政策》）(Cambridge, Mass., 1972), chap. 3。

# 第六章 传播

如前面已经解释过的，订单大量涌来使得杜普兰应接不暇，庞库克几乎不能相信这一情况："这是一个难以置信的成功。"① 纳沙泰尔印刷公司宣布，四开本是出版史上最棒的产品。② 来自书商的报告确认了这一看法。在鲁昂，马叙艾尔发现四开本"四处传播"；在蒙彼利埃，里戈认为它"广泛流传"；迪富尔从马埃斯特里克报告说"没有一本书曾如此广泛传播"；莱斯普朗迪描述说，在图卢兹它是一部"大街上比比皆是"的著作；而达尔纳尔在里昂的反应是"我们城市到处都有此书"。③ 八开本卖得更好，至少在货物被没收的事件打击了预订者的信心之前是这样的。布卢瓦的莱尔报告说，洛桑和伯尔尼的一位旅行推销商在对几个省的快速访问中就得到了3 000份订单，而且，八开本的价格使得它成为四开本最危险的对手。④ 图卢兹的加斯东也写道，假如不是出版商的诡计破坏了他的努力，他可以卖出两倍于四开本的八开本：

> 在三个星期的时间里，我销售了182部（四开本）。洛桑印刷的八开本格式的同一《百科全书》，我这里共预订了104

---

① 庞库克致纳沙泰尔印刷公司的信，1777年11月8日。
② 纳沙泰尔印刷公司致庞库克的信，1778年8月20日。
③ 马叙艾尔致纳沙泰尔印刷公司的信，1780年3月31日；里戈致纳沙泰尔印刷公司的信，1779年11月22日；迪富尔致纳沙泰尔印刷公司的信，1780年8月2日；莱斯普朗迪致纳沙泰尔印刷公司的信，1778年1月2日；达尔纳尔致纳沙泰尔印刷公司的信，1779年11月12日。
④ 莱尔致纳沙泰尔印刷公司的信，1778年11月11日："维泰尔先生——福希先生的女婿，他们的合伙人——告诉我他在经过的不多几个法国外省就卖出了3 000多部，这还不算他希望在巴黎销售的，9月14日他离开这里去巴黎了。"

部；如果没有宣布有另外两种八开本和一种对开本的话——一种是图卢兹的书商们在尼姆的高德先生那里印刷的，另外两种是以阿姆斯特丹的名义在列日印刷的——毫无疑问我可以销售至少 400 部洛桑版《百科全书》。①

这些报告使四开本的出版商相信，把八开本看成是荒谬的"袖珍本《百科全书》"而不加理会是犯了个错误。他们承认，原来没有预见到公众会为了低定价而容忍小字体。"如果我们相信某些朋友，那么这一项目尽管荒谬，但确实会成功，因为廉价对于绝大多数人即使是傻子也是有诱惑力的。"早在四开本—八开本战争的时候，纳沙泰尔印刷公司就这样警告过庞库克。庞库克回信说八开本的确会取得成功："由于低价和公众对于这部书的持久兴趣。"②因此，在《百科全书》进入普通读者圈的过程中，定价是至关重要的。杜普兰已经察觉到在公众中的某个地方潜藏着对《百科全书》相当大的需求。他试图敲开这一需求的大门，办法是他的四开本价格只有对开本的 39%。令他自己都感到惊奇的是，他发现了一座金矿，矿藏的深厚甚至超过了他的想象，因为八开本的出版商用四开本 59% 的价格出售八开本，以此去赚比他多的钱。可是，这样的公众到底在哪里？又是如何构成的呢？

---

① 加斯东致纳沙泰尔印刷公司的信，1778 年 4 月 6 日。尽管这些宣布的版本一个也没有变成现实，但说明了对便宜的《百科全书》的需求程度以及想以此自肥的书商间的争夺。
② 纳沙泰尔印刷公司致庞库克的信，1777 年 12 月 18 日；庞库克致纳沙泰尔印刷公司的信，1777 年 12 月 22 日。

# 第六章 传播

## 销售模式

"公众"一词是法国人用以表示他们已经把未经勘察的领地置于理性话语统治之下的那些术语中的一个。事实上，人们对关于大众文化水平和市场状况的研究中尚未出现的现代早期的图书读者的范围、构成和趣味知之甚少。杜普兰在散发说明书和派出旅行推销商的时候完全是误打误撞；不过，每当他接触到对《百科全书》的需求信息时，就记录下来。他的预订名单中包括了几乎全部的四开本（8010部），即1789年之前法国保有的《百科全书》的60%。所以，如果把这份名单转换到地图上（参见附录B和图5），就可以对18世纪法国《百科全书》的市场分布状况有一个清晰的了解。

不过，出于四个原因，这份图并不十分精确。其一，它没有公平对待巴黎市场。庞库克和杜普兰以为可以在首都卖出大量的四开本而没有成功时，他们就互相指责：杜普兰指责庞库克推销不力，庞库克则说杜普兰疏于管理使得不买印刷质量欠佳图书的巴黎人跑掉了。尽管两人的说法都有合理的部分，但是当庞库克说到"巴黎到处都是以前的版本"时，可能指出了主要原因。[①] 起

---

[①] 庞库克致纳沙泰尔印刷公司的信，1779年4月25日。杜普兰在1779年1月21日给纳沙泰尔印刷公司的信中抱怨他的合伙人的销售工作："如果你们和庞库克先生像我们一样全力行动，那么你们不难发现这部书还是最好的，可以销售一空……但是庞库克先生并不行动。"庞库克在1778年12月22日致杜普兰的信中（收于Bibliothèque publique et universitaire de Genèra, ms. Suppl. 148）抱怨说："您的版本已被如此贬低，以至于我很怀疑自己能否销售400部。似乎（转下页）

启蒙运动的生意

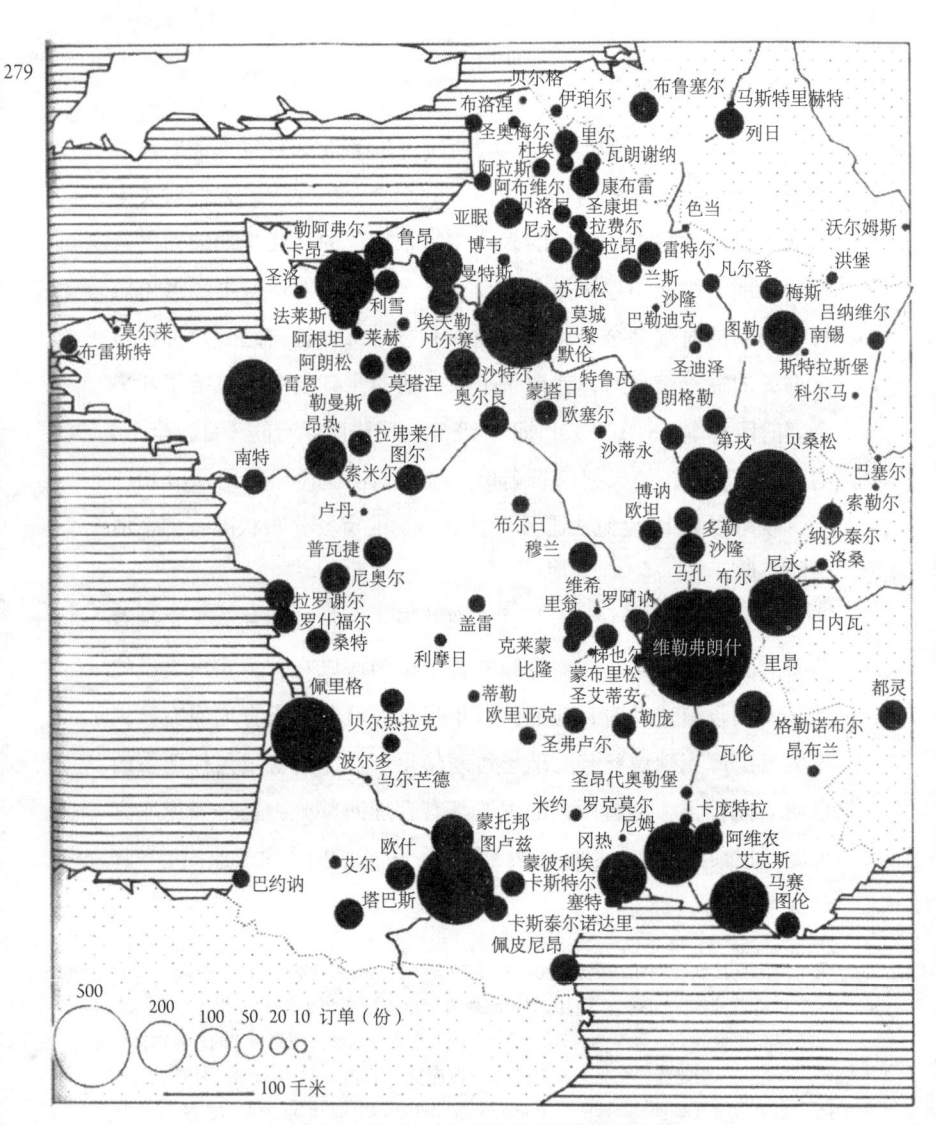

图 5 四开本在法国及其边境地区的传播

## 第六章 传播

初的两个对开本的对象是宫廷和首都的奢侈品市场，反之，四开本适合外省有节制的购买力；因此，四开本在凡尔赛遭到失败，这座有 30 000 人的大城市只有五份订单，相反，它在里昂获得了成功，这个人口只有巴黎 1/5 的城市，订单数量却比巴黎多了一倍。

里昂壮观的销售情况也许要归因于可能影响销售分布图的第二个因素：作为《百科全书》销售者的图书经销商的效率的不平衡。杜普兰和代理商在自己的势力范围里尽力做好零售工作，另两位经销商贝桑松的莱帕涅和图卢兹的加斯东也是如此，他们所在城市的订单数量都出奇地多。

第三个因素是书商本身分布的密度不同。例如，1764 年的萨尔蒂内调查和 1780 年的《出版年鉴》表明，和弗朗什-孔泰相比，佛兰德斯和阿图瓦省的书商数量多得多。北方人可能通过几座城市中任何一座里的书商预订——包括跨越边界的重要的图书交易中心；但是，除了贝桑松和多勒，一个孔泰人不可能在别处下订单。实际上，几乎没有多少法国人从境外预订四开本。列日的普隆德报告说销售情况很一般，而纳沙泰尔印刷公司在法国东部也没有卖出去多少四开本。法国经销商把销售限制在当地和地区市场，也没有把《百科全书》交给零售商，因为四开本的合伙人把批发业务攥在自己手里。

但是由零售商负责的远离大都市和文化中心的地区在销售数

---

（接上页）这是普遍的呼声……我原以为能在这里销售几百部，但是这一版本并未获得好评，这里的人们希望做大的修订。"参见庞库克 1778 年 12 月 24 日和 1779 年 3 月 18 日致纳沙泰尔印刷公司信中的类似评价。

量上也不相同，而这些不同提示我们注意第四个因素：销售分布图没有充分表明乡村的预订情况，因为杜普兰的名单中只列入了书商的名字，没有包括他们的代理人，而书商几乎总是住在城市里面的。因此，图中的圆圈代表的是某地区的销售情况，而不是某个地点的情况。贝桑松（338 份订单）并没有如数字所显示的那样真的使里尔（28 份订单）显得很弱，因为大约 1/3 的贝桑松预订者来自偏远的城镇和村庄。即使如此，两座城市间的差异看起来还是很大，特别当考虑到他们的人口时——贝桑松有 28 700 人，而里尔有 61 400 人。为什么某些地方的销售状况比其他地方好得多呢？

对销售模式的任何解释中都包含着一些不太可靠的步骤：如果统计基础太过薄弱，论点就站不住脚，或者可能在追求似是而非的相关性的时候跑偏。不过，对旧制度的研究已经达到了很高的水平，人们可以利用文化地理学来提出某种尝试性的解释。[1] 总

---

[1] 有关 18 世纪法国文化的定量和地理研究源自达尼埃尔·莫尔内（Daniel Mornet）、F. 德·丹维尔（F. de Dainville）和前文第 327 页注释 1 所引的马乔洛（Maggiolo）有关读写能力的调查。它的最新变化包括以下研究：关于图书贸易（尤其参见 François Furet and others, *Livre et société dans la France du XVIIIe siècle* [《18 世纪法国的书籍与社会》][Paris and The Hague, 1965-1970], 2 vols)、教育（参见 Roger Chartier, Dominique Julia, and Marie-Madeleine Compère, *L'éducation en France du XVIe au XVIIIe siècle* [《16—18 世纪的法国教育》][Paris, 1976]）和外省知识精英（参见达尼埃尔·罗什（Daniel Roche）的最终结成一部权威论集的一系列文章，*Le siècle des lumières en province. Académies et académiciens provinciaux, 1680–1789*[《外省的启蒙运动时代：外省的科学院与院士（1680—1789 年）》][Paris and The Hague, 1978]）。以下解释使用了所有这些研究成果。对于人口统计，1806 年的人口普查，尽管时间有些晚，但依然是关于 1780 年左右人口数量的最可靠的全面数据。参见 René Le Mée, "Population agglomérée, population éparse au début du XIXe siècle"（"19 世纪初的密集人口和分散人口"）, *Annales de démographie historique* (1971), pp. 455-510。

的说来，四开本已经遍布法国的每一个角落，包括像巴斯克地区和中央高原这样的偏远地区。尽管城市之间有重大差别，但它的传播情况和全国范围内的人口密度情况对应得很好。销售工作主要集中在大的外省省会城市，并进一步分散在次级传播地带的小城市周围，但这并不说明有一条读写能力上的"马乔洛线"把半文盲的南—西南地区和先进的北—东北地区一分为二。相反，这张图显示了一条从里昂经由南方转向尼姆、蒙彼利埃、图卢兹和波尔多的弯曲的新月状地带，这正是法瓦吉所发现的最为富饶的市场。实际上，不应该指望在最低限度的文化水平——只能签署结婚证书，马乔洛在调查中以此作为衡量标准——，和使用《百科全书》所必需的高超的阅读水平之间有更多的相关性。所以，在马乔洛认为文化水平最高的法国东北部地区，《百科全书》只取得了一般性的成功的事实，也许并不那么重要。但是，近来关于18世纪教育状况的研究支持了马乔洛的发现（当然会有一些调整）；这些研究表明，四开本销售量最少的地区，小学和中学也很缺乏，即由卢瓦尔河和加龙河所形成的圆形区域，利摩日位于这个区域的中心，而这一文化沙漠还穿越布列塔尼地区和朗德省。①

要把销售量和城市联系起来，是一件很困难的事情，旧制度的城市间有很多互不相同的特性，而且，把四开本的成功归功于人口中的某一个因素而不是其他的因素，也未免有些武断。例如，波尔多是高等法院所在地，也是总督辖区所在地，还是大主教教

---

① 参见 Chartier, Julia, and Compère, *L'éducation en France*, chap. 2 and 3, 尤其是第 79 页由基督教修会（Frères des Ecoles Chrétiennes）所控制的学校分布图，它和四开本《百科全书》的传播图吻合得很好。

区、科学院和港口所在地。由于它的人口和四开本的销售量都排在第四位,所以它的销售率并不使人感到惊讶;但无论给波尔多贴上法律、行政、宗教、文化和商业中心等哪一种标签,都不能很好地解释这一状况,因为它集数种角色于一身。然而,在一些较小的城市中,某种特性会起主导作用。在很多时候,即使扣除了前面提到过的会对事实造成歪曲的因素,人口规模和四开本的销售量也并不一致。如果差异都指向同一个方向,就有可能形成关于《百科全书》市场性质的某种假说。在附录 C 中,根据订购数量和人口规模给 37 个最大的城市排了顺序,法院、行政机构和学术机构的信息也编入了表中。销售量和人口数量不成比例的,都挑出来列在下表中,从表中可以看到成对城市的对比情况:

|  | 人口 | 订购数 | 法院 | 学术机构 | 财政区首府 |
| --- | --- | --- | --- | --- | --- |
| 波尔多 | 92 966 | 356 | × | × | × |
| 南特 | 77 226 | 38 |  |  | × |
| 里尔 | 61 647 | 28 |  |  |  |
| 图卢兹 | 51 689 | 451 | × | × |  |
| 亚眠 | 39 853 | 59 |  |  | × |
| 南锡 | 30 532 | 121 | × |  | × |
| 克莱蒙-费朗 | 30 982 | 13 |  |  |  |
| 雷恩 | 29 225 | 218 | × |  | × |
| 贝桑松 | 28 721 | 338 | × | × | × |
| 土伦 | 28 170 | 22 |  |  |  |
| 布雷斯特 | 22 130 | 20 |  |  |  |

## 第六章 传播

| | | | | | |
|---|---|---|---|---|---|
| 格勒诺布尔 | 22 129 | 80 | × | × | × |
| 第戎 | 22 026 | 152 | × | × | × |
| 利摩日 | 21 757 | 3 | | | × |

尽管选取对比的城市时比较武断，但是上面这张表格还是说明了两种一般性的倾向：和人口相比，销售量比较大的城市主要是行政和文化中心，而销售量比较小的主要是商业和工业中心。

如果用这个公式仔细看看订购单，很明显，四开本在那些有高等法院和学术机构的城市里卖得最好。只有梅斯和普罗旺斯地区的艾克斯与此相反，它们是高等法院所在地，订单却格外少；不过，这种不正常的状态可以用它们图书交易中的不寻常之处来解释。由马蒂厄和巴班领导的势力强大的南锡书商公会几乎消灭了梅斯的经销商；而由颇具进取心的书商莫西领导的马赛人则主宰了艾克斯的图书生意。① 如蒙彼利埃所反映的，在总督辖区或者其他重要行政团体中，如朗格多克的地产主中，四开本的销路也不错；但是反例也很多，比如里尔和利摩日，这使人们不能过分重视上述倾向。而且从一定程度上讲，四开本在新教城市里的销量很大，比如尼姆、蒙彼利埃、蒙托邦和拉罗谢尔。比如蒙托邦，根据销量排在第 15 位，而人口排在第 25 位，新教和百科全书思想之间的关联看来特别强：那里售出了 105 部四开本，其中有 78

---

① 四开本在科尔马和斯特拉斯堡的销量也很少，前者有一个高等法院，后者则是阿尔萨斯地区图书交易的核心城市。不过尽管当地精英非常法国化，但阿尔萨斯的图书交易主要还是面向德国而非法国。而在法国中部遭到严禁的《伊韦尔东版百科全书》，在阿尔萨斯也可能卖得比四开本多。

部是通过书商克洛兹勒预订的,此人投合胡格诺教徒的需要,经常订购新教版的《圣经》和《赞美诗》以及伏尔泰和卢梭的著作。尼姆订购的 212 部四开本,除了三部,都被布谢和戈德包办,他们也大量经营新教和启蒙读物;所以,他们的订购者中很可能有很多胡格诺教徒。① 一位胡格诺教徒,色当的商人贝谢·德巴朗,以订货的方式表明了他的宗教信仰和他对《百科全书》的兴趣之间的密切关系:"我请你们……运给我……这一你们曾跟我说过的用小牛皮精装的百科全书;并请附加一些最好的布道书以便我们在家中的周日祈祷时诵读。"② 当然,《百科全书》对胡格诺教徒有特殊的吸引力,并不意味着对天主教徒没有吸引力。相反,在一些宗教气氛很浓的天主教城市里,特别是昂热、沙特尔和欧什,四开本的销路也特别好,这些城市往往都拥有教会机构的大笔捐赠。昂热是一个行政中心,但教会却拥有很强的影响力,③ 它的人口只有顺卢瓦尔河下行不远的大商业中心南特的 1/3。可是,昂热

---

① 从布谢、戈德和克洛兹勒给纳沙泰尔印刷公司的数十封信中,可以清楚地了解到他们的订单中特有的新教读物和启蒙读物混在一起的情形。例如,1776 年 9 月 5 日,布谢订购了 26 册新教《圣经》和 13 本《基督教解密》。1779 年 3 月 30 日,他抱怨地方公会检查太严,"不让任何可能被依法扣押的书进入我们的店。由于这一《圣经》不能为宗教狂(它构成了这一新的宗教裁判所)所容忍,如果我没有谨慎地避免这样做,那么人们会进行口头上的谴责,并永远禁止我如此做。"尼姆的 41 195 人口,使它在法国最大的城市中排名第 11 位,而它的四开本订购量则排在第 9 位——和奥尔良相比,这是很好的成绩,后者的人口略多一些,而订购量却只有前者的一半。

② 贝谢·德巴朗致纳沙泰尔印刷公司的信,1777 年 3 月 9 日。

③ 关于教会在昂热生活中的显著优势,参见 John Mc-Manners, *French Ecclesiastical Society under the Ancien Régime. A Study of Angers in Eighteenth Century*(《旧制度下的法国教会:有关 18 世纪昂热的研究》)(Manchester, Eng., 1960)。

人购买的四开本的数量差不多是南特人的3倍。

订购活动在南特的失败——南特的人口排在第6位,而四开本的销售量排在第38位——似乎比较特别,但四开本在其他港口城市的业绩同样糟糕。在勒阿弗尔、布雷斯特、塞特港和土伦,四开本均遭败绩,而在洛里昂、圣马洛、瑟堡、迪耶普、加来和敦刻尔克,则全军覆没。它在马赛、波尔多和鲁昂的销售情况相当好,但如果考虑到它们的人口,就不能说好了。马赛的人口排在第3位,订购量排在第6位,远远落后于两个小得多的城市:图卢兹和贝桑松。波尔多和鲁昂是高等法院和学术机构所在地,它们的思想生活的状况是由守旧的贵族阶级决定的,通常把商人排除在外。制造业的城市给四开本的待遇更糟。除了康布雷,四开本在北部所有大纺织中心都销得很差。

|  | 人口 | 订购数 |
| --- | --- | --- |
| 里尔 | 61 467 | 28 |
| 亚眠 | 39 853 | 59 |
| 兰斯 | 31 779 | 24 |
| 圣奥梅尔 | 20 362 | 5 |
| 瓦朗谢纳 | 19 016 | 13 |
| 阿布维尔 | 17 660 | 26 |
| 康布雷 | 15 608 | 57 |
| 博韦 | 13 183 | 8 |
| 色当 | 10 838 | 2 |
| 圣康坦 | 10 535 | 16 |

1780 年的法国还没有什么重工业,所以在未来的工业城市中没能卖出几部《百科全书》也并不令人惊讶:克莱蒙-费朗和圣艾蒂安,13 部;鲁贝、图尔昆和牟罗兹则连一部都没有卖出去。某些销量大的城市里也有一点制造业——格勒诺布尔有冶金业,图尔、尼姆和蒙彼利埃有纺织业。但制造业和商业中心四开本的销售量与人口相比高到不成比例的唯一的例子就是里昂。然而,里昂是个特殊的例子,这不仅是因为它是四开本公司总部所在地,还因为杜普兰篡改了自己本乡本土的订购数。

因此,提出一种总体上的假说是件很有诱惑力的事情:《百科全书》对商人和制造业者并没有什么特殊的吸引力,倒是对贵族、神职人员以及有时被看成是旧制度的资产阶级,即显贵、领年金的人、官员和与现代工业资本家有别的职业人士等不同的人群更有吸引力。① 因此,贝桑松和里尔可能真正代表了出版物市场的不同极端:一个是老式的城市,被国家和教会机构包上了硬壳;另一个则做好了向 19 世纪跃进的准备,丝毫不受传统的窒碍。②《百科全书》在前一种城市里的销量比在后一种城市里的要高得多,除非把它看成是旧制度的代表性著作而不是关于新时代的预言,否则这就是一件很奇怪的事。推测式的读图以及销量与城市之间关系的不确定性,并没有为得出合理可靠的结论提供什么论据。只能用它们来提出假设——对《百科全书》感兴趣的主要是传统

---

① 参见 Pierre Goubert, *L'Ancien Régime* (《旧制度》) (Paris, 1969), I, chap. 10。
② 近来关于城市历史的著作,特别是 Claud Fohlen, *Histoire de Besançon* (《贝桑松史》) (Paris, 1965) 和 Louis Trenard, *Histoire d'une métropole. Lille. Roubaix. Tourcoing* (《一个大城市的历史:里尔、鲁贝、图尔昆》) (Toulouse, 1977) 清楚地表明,可以把这两个城市看成是两个极端的缩影。

的精英阶层，而不是商业和工业资产阶级。有两种现存的证据可以检验这一点：弗朗什-孔泰的订购记录，凭此可以对四开本的社会分布做详细的研究；书商的通信，从中可以对四开本的读者略知一二。

## 订购者，一个个案研究

在并入法国后的一个世纪里，贝桑松得到了一整套的机构，使它看起来像是旧制度外省省会的完美样本——它有一个军事总督、一所高等法院、一所地方财政局、一家科学院、一所大学以及许多司法和财政机关。事实上，它得到的太多了，以致看起来全是上层建筑。除了一家雇用了 28 个技工的纺织厂以外，它没有任何重要的工业，商业在很大程度上是为了满足军人、法官、律师和皇家官员的需要，这些人在路易十四登基后大量涌入，使人口翻了一番，并且改变了城市的面貌。路易十五和路易十六式的房子，顺着四条主要大街建了起来，这四条大街平行着穿过城市的中心，南面是气势宏伟的新古典主义风格的总督府，北面是新建的宽大的圣保罗兵营。大型宗教建筑激增，以致城墙范围以内的约四分之一的土地都归属了教会，即属于大主教和主教堂，七个捐助充裕的堂区（圣皮埃尔的教堂有 41 位牧师和 68 个小教堂），以及十几所男女修道院。穿过贝桑松的街道时，一定会遇到穿着长袍或者佩着剑的人。大约每 40 人中就有 1 位神职人员，每 7 人就有 1 人在军队服役。（到 1789 年，人口已经达到 32 000 人，其中 800 人是神职人员，4 500 人是军人。）当地的年鉴给人留下的印象是，除了僧侣、牧师、兵士、地方官员、律师、公职人员以外，这个地方没有别的什么人了。它列出了高等法院的 73 位推事和 18 位其他官员、157 位律师和代理人、司法执行官法庭的 37 位成员、17 位收税官、包括 10 位国库主计官在内的 22 位财政局成员、总督区的 16 位高级官员、19 位市政顾问和参事、15 位包税税所官员，以及河泊森林、国王地产与树林、税务所、火药生产局、造币厂、商事法庭等一系列复杂机构中的官员等。正是这些人坐在贝桑松的科学院里，光顾当地的剧院，参加三个共济会分会，把他们的儿子送进繁荣的前耶稣会学校以及当地的大学里去。

但是，读书的是些什么人呢？到了 1780 年，绝大多数的贝桑松人——95% 的男性和 60% 的女性——有阅读能力；当地有四位书商以及一家公共图书馆和一间文学图书室。尽管我们现在对当时工匠、店主和其他构成人口大多数的小人物的文化生活一无所知，但他们很可能仍然是天主教徒；因为当地的历史学家强调，直到 18 世纪末，反宗教改革运动在全省和省会一直是一股很强的力量，丝毫没有受到詹森主义和启蒙运动的影响。简而言之，大革命前的贝桑松似乎是一个封闭保守的小世界——波旁王朝的官僚制度在遥远、落后的省份的前哨阵地——，是最后一个能为《百科全书》找到很大市场的地方。①

《百科全书》的市场对贝桑松最主要的图书经销商沙尔梅和莱帕涅来说没有什么前途——至少一开始是如此。"虽然这本书已在

---

① 以上论述的基础是 *Almanach historique de Besançon et de la Franche-Comté pour l'année 1784*（《1784 年贝桑松和弗朗什-孔泰历史年鉴》）（Besançon, 1784）以及 Fohlen, *Histoire de Besançon*。福朗（Fohlen）称贝桑松是"这样一个城市……哲学思想较少渗入那里，对传统的留恋依然相当牢固"。

第六章 传播

相当一些地区取得了很大成功，但是我并不觉得它在这里也会取得成功。"沙尔梅说。他甚至没有试着去征集订单，莱帕涅也怀疑自己不会卖出超过两打的《百科全书》。① 然而，在对顾客们试探了几个星期之后，莱帕涅开始认识到自己低估了需求。他要求纳沙泰尔印刷公司在 1777 年 6 月初尽可能多地给他赶送说明书，在此后的六个月中，他的信成了遍及贝桑松及其腹地的《百科全书》热的温度计。到 6 月 10 日，他已经售出了两打预订的《百科全书》，并认为还能够再卖出四部。因为纸质太差，他甚至都没有敢用纳沙泰尔印刷公司的说明书，即便如此，到了 6 月 20 日，他已经售出 48 部；6 月 30 日售出 72 部。他解释说，对他的销售来说，印在好纸上的有吸引力的说明书是绝对必要的；所以，他自己印制说明书，希望能够有更多的人来预订。② 到了 8 月 22 日，他已经卖掉 154 部；一周后，他预计可以超过 200 部，而到了 9 月底，已经达到了 260 部，并且还在继续增加。11 月 19 日，在卖出 338 部之后，他说他不再为其他书做征订工作，直到"《百科全书》之火熄灭"。

他在这个数字上徘徊了一年——不是因为需求已经被满足了，他说，而是因为拉塞尔偷偷摸摸的删节："确实，如果足够聪明而不对第一版做任何删除的话，我将可以销售 600 部，而我现在只

---

① 沙尔梅致纳沙泰尔印刷公司的信，1777 年 5 月 12 日；莱帕涅致纳沙泰尔印刷公司的信，1777 年 5 月 13 日："即使我竭尽全力，27 部对于贝桑松来说也是足够了。"
② 说明书的纸质是图书纸质的样本，莱帕涅强调说，他的顾客在购买的时候非常注重纸张的质量。莱帕涅致纳沙泰尔印刷公司的信，1777 年 6 月 30 日和 8 月 28 日。

销售了 300 部, 为此不断受到责备。这是事实。"① 显然, 很多顾客和重视纸张质量一样非常重视内容, 对四开本的攻击把他们吓跑了。最终, 莱帕涅和一位多勒的书商沙博兹联合, 又得到了 52 份订单, 使总数达到了 390 部, 挖尽了市场的全部潜力。莱帕涅在 1779 年 12 月说:"已在我这个小省中塞满了 390 部你们的四开本《百科全书》……不再可能增加了。你们应该相当满意了。"②

同时, 他征集到了 100 份由日内瓦印刷公司出版的卢梭著作的订单; 尽管他抱怨说图书生意已经跌入严重的衰退, 但他还是希望能再多卖出 100 部。③ 他的竞争对手沙尔梅把《百科全书》的市场留给了他, 但在总督布尔茹瓦·德博伊内的保护下, 大量经营霍尔巴赫、爱尔维修和拉默特里*的著作, 这位总督同意焚毁没收来的盗版书作为"出于明显的敬意"的报答——尤其是对他留给自己图书馆的那些精装版本。④ 启蒙运动没有被排除在这个被传统束缚的城市的外面, 相反, 它不断地涌入这个城市, 甚至还渗透进了它最为有力和最有威望的部分。

莱帕涅 1777 年公布的订购名单可以说明渗透的程度, 当时的订购数是 253 份。由于杜普兰的记录表明莱帕涅最后达到的 390 份——包括沙博兹的 52 份——是在弗朗什-孔泰地区销售的所有

---

① 莱帕涅致纳沙泰尔印刷公司的信, 1779 年 2 月 28 日。
② 莱帕涅致纳沙泰尔印刷公司的信, 1779 年 12 月 14 日。
③ 莱帕涅致纳沙泰尔印刷公司的信, 1780 年 8 月 30 日: "请你们不要认为我在这里已销售了大量书籍。我向你们发誓除了《通史》《教会史》、法国教会史、旺斯版《圣经》、《百科全书》和卢梭的著作, 其他的书两年来都使我处于空闲之中。"
\* La Mettrie, 1709—1751 年, 法国医生和唯物主义哲学家。——译者
④ 沙尔梅致纳沙泰尔印刷公司的信, 1775 年 10 月 18 日。

数量，莱帕涅的名单因此包括了他所在省的65%的四开本。由于标出了几乎所有的订购者的身份和职业，这份名单有了特殊的价值。① 在莱帕涅列出的253人中，137人来自贝桑松，其他的来自一些小城镇，主要有多勒、蓬塔利耶、波利尼、沃苏勒、阿尔布瓦、隆-勒-索比耶、格雷和欧克索讷。图6和图7显示了根据他们的财产和职业所确定的社会地位。

贝桑松大约一半的四开本顾客和2/5的弗朗什-孔泰地区的顾客属于特权阶层。图中所显示的他们所占的比例可能略略超过了实际的数量，因为一些军官和法院推事可能被错误地归入贵族的行列。不过，错划的人数很少，不会影响大的比例，如果考虑到特权阶层在总人口中只占少数，他们的重要性甚至应该更高一些。② 形成鲜明对照的是，占贝桑松人口大约3/4的工匠、小商人、做散工的人和雇员根本没有出现在四开本订购者的名单里；占该

---

① 这份名单被印刷并装订在四开本的第一卷中，见 Bibliothèque nationale, Z.2658。约翰·洛重印的这份名单见 *Essays on the Encyclopedie of Diderot and d'Alembert* (London, 1968), pp. 466-473。

② 从军队订购者的高级军衔和贵族头衔判断，他们当中没有平民，而一些高等法院的法官，倒可能不属于世袭的贵族家庭。参见 Jean Egret, "La révolution aristocratique en Franche-Comté et son échec (1788-1789) ("弗朗什-孔泰地区的贵族革命及其失败［1788—1789年］"), *Revue d'histoire moderne et contemporaine*, I (1954), 245-271。在《贝桑松史》中，克洛德·福朗（Claude Fohlen）认为，"穿袍贵族在社会上占'首要地位'，而佩剑贵族在数量上很少，资产阶级几乎不存在"；但他没有引证任何材料。根据贝桑松年鉴和其他材料，达尼埃尔·罗什对当地的成年人口做了估计：神职人员，9.9%；贵族，2.4%；自由职业者、非贵族官员和行政官员，4.5%；中产阶级的食利者，3.7%；商人和制造业者，2.9%；工匠、劳工和雇员，76.1%，见 *Les lumières en province*, "Troisième partie: Annexes et illustrations."。

省其他地区人口大多数的农民和小商人也不在其中。小人物买不起这部书。如果他们对它感兴趣，会到文学图书室去翻阅或者到莱帕涅组织的俱乐部里去阅读；他们中的一些人可能是图6和图7中"不确定"类中的一部分。但是《百科全书》主要对传统的精英有吸引力，即那些和贝桑松神职、军队、司法机构有关的男人。顺便说一下，订购者基本是男性；在莱帕涅253人的名单中，只有3位女性。

作为要塞城市，贝桑松可能有很多读者来自军队上层，但不要指望在还保留在目录上的《百科全书》订购者中发现很多的牧师。不过，其中不仅有七位大主教府议事司铎，还有九位来自边远城镇和村庄的助理牧师。也许他（她）们都是很成熟的人，能够为了欣赏《百科全书》上丰富的知识而忽略其中的反教权思想，或许他（她）们也可能把其中的尖锐的评论用来对付自己的上司，因为在大革命前夜，意识形态的骚动已经遍及低层的神职人员，而《百科全书》也并没有从弗朗什-孔泰地区的高级教士中吸引到一个订购者。虽然如此，由于反宗教改革运动以不同寻常的力量横扫该省，所以19%的非贝桑松订购者是牧师使人感到惊异。我们很想知道，当勃艮第慈善堂神甫布朗绍和朱克斯的神甫波尔谢罗翻动四开本的书页时，他们的脑袋里在想什么。

法院和教会一样大声谴责《百科全书》，但是贝桑松的订购者中有22人来自高等法院，其中包括13位推事和3位庭长。《百科全书》对法律界人士有着巨大的吸引力，不仅在贝桑松，有14%的当地律师购买，而且在小城镇，律师成了订购者中最大的群体。贝桑松的18位医生中有4人订购，随后是各个行业的职业人士——军事工程师、建筑师、一位公证人、一位药剂师以及贝桑

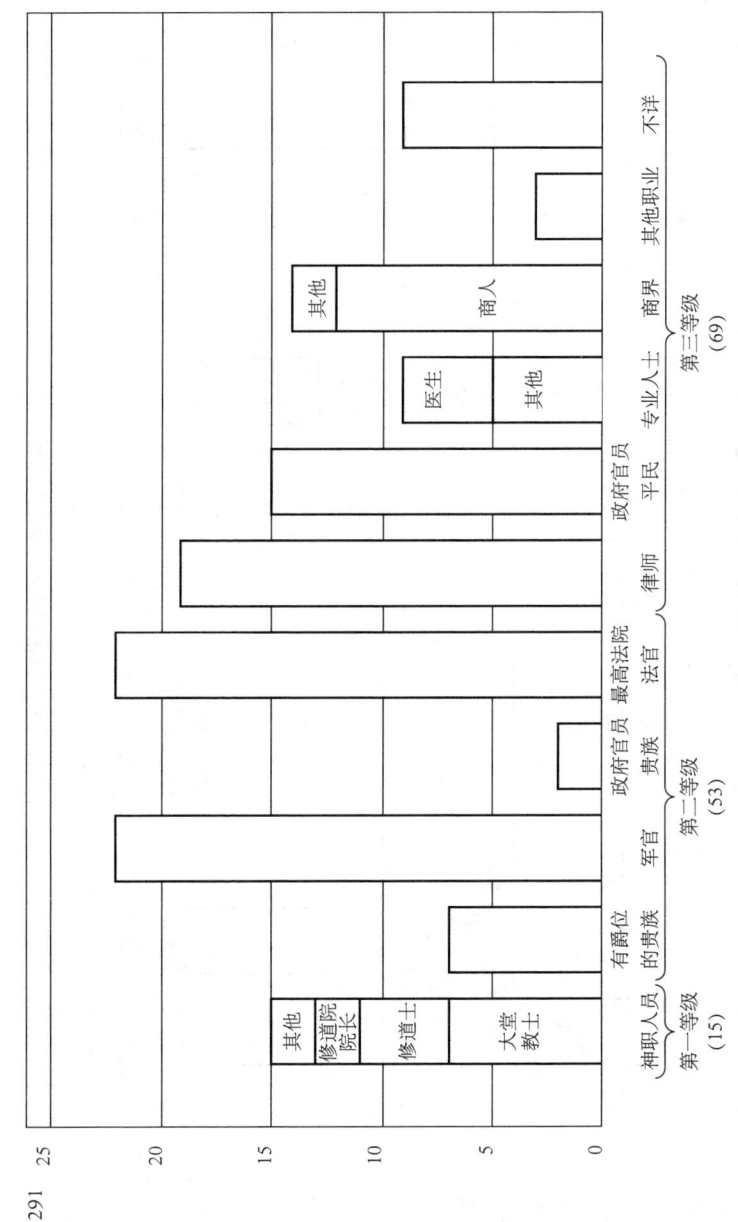

图 6 贝桑松的四开本订购者的身份

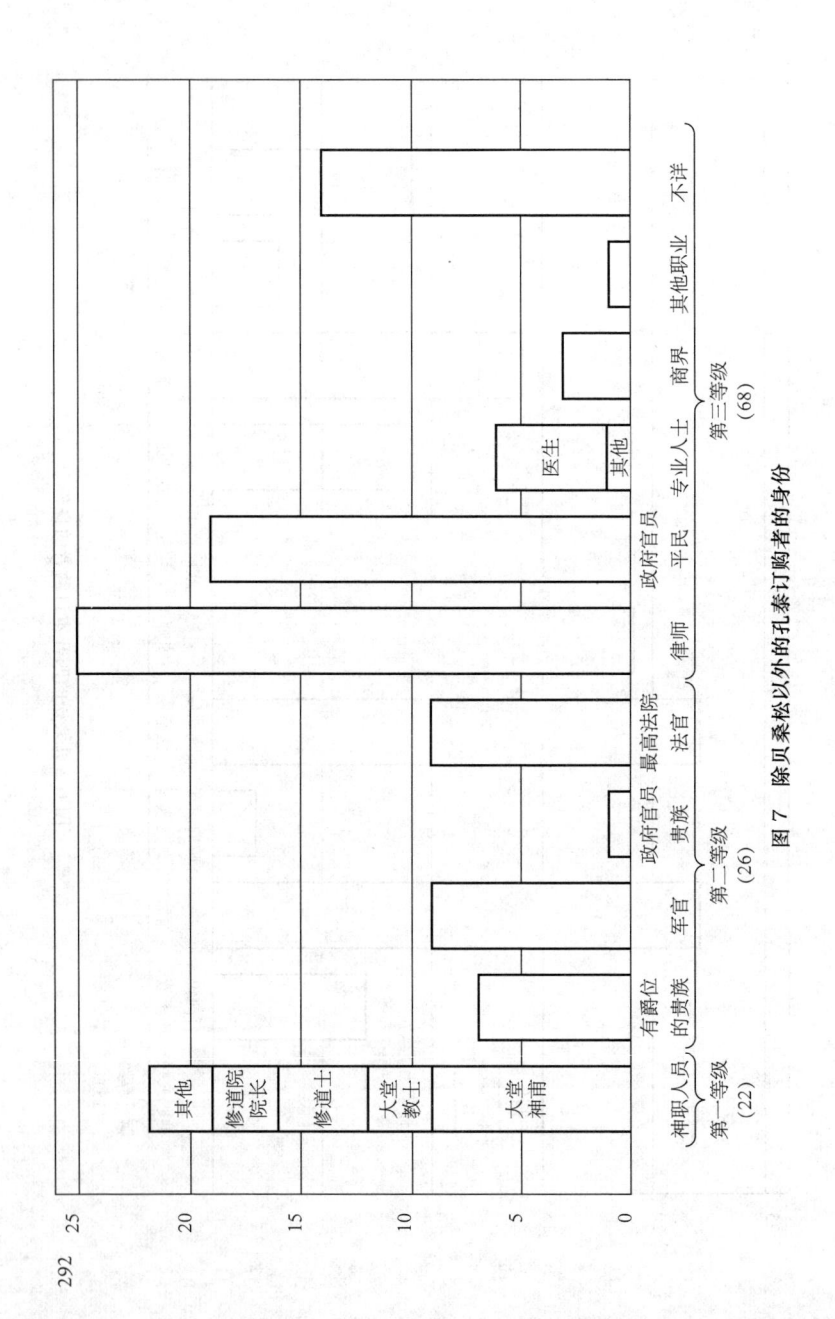

图 7 除贝桑松以外的孔泰订购者的身份

松重要团体的负责人。王室的官员们几乎和牧师、律师一样踊跃地订购《百科全书》，所以，四开本到了该省权力层中某些重要人物的手里，如果没有包括总督本人的话，至少也包括了2位刑事长官、12位总督代理人中的3位以及4位总督秘书中的2位。在贝桑松以外的商人中间，它的销路并不好（在116位订购者中只有3位），但在贝桑松的订购者当中则有12位商人、一位包税税所总监和城里唯一的制造商，一个叫德特雷的人，他经营着一家小纺织厂。

这些商人中的两位，德特雷和沙泽朗，在1793年的市政府中任职，而另一位叫朗布尔的订购者，一个城门检查员，则在贝桑松领导了相当温和的雅各宾运动。在该省上下层神职人员之间造成分裂的大革命中，两位身为大主教府所在城市的教士的订购者也扮演了领导角色。米约神甫被选为三级会议的代表，但随后辞职，帮助成立了1790年的市政府。塞甘神甫成了立宪派主教、国民公会代表以及省督政府主席。14位来自弗朗什-孔泰地区第三等级的三级会议代表中有三位是《百科全书》的订购者（比多，波利尼司法执行官法庭的刑事长官，以及布朗和格勒诺，贝桑松的律师）；而三级会议的构成也表明了法律行业在孔泰地区革命中的重要性，因为它包括了六位司法执行官法庭的地方法官、七位律师和一位公证人。当然，其他的订购者，特别是那些来自贝桑松的反动法院的订购者，很可能成为反革命和流亡贵族。如果因为订购名单里有几个后来的革命者的名字，就得出订购者总体倾向革命的结论，是很荒谬的——正如它会误导人们过分强调贝桑松的订购者主要来自显要人物的事实。他们还能从哪里来呢？不过，在这样一个边远的外省有如此高比例的统治精英想要购买《百科全书》，并且是如此地急切，倒是很有意义的。"百科全书之火"，莱帕涅这样为它命名，在外省社会的传统领导者中间发出了最明亮的光芒。

## 在法国的传播

弗朗什-孔泰地区的例子能证实《百科全书》对商业资产阶级毫无吸引力的假设吗？并不能完全证实，因为即使贝桑松几乎全部的四开本都被旧制度的特权阶层和资产阶级买去，但还是有一小部分进入了这个城市的小商人阶层。自然，不可能用如此少量的统计数字支持一个普遍的解释，也不能把贝桑松当作法国的典型。特殊神宠论（particularism）在旧制度中大行其道，以致没有两个外省有同样的文化，而"法国"本身表达的也是一种地理概念，经常是指巴黎盆地或者法兰西岛。不过，《百科全书》的市场超越了地区界限，而从营销者的通信中也可以看到它的某种普遍的性质。尽管书商很少谈论顾客，涉足这桩图书生意的商人还是会在信中谈一些对阅读人群的观察意见。奇怪的是，最差的顾客来自他们的同类，即来自其他商人，下面的例子表明了这一点。

巴尔，一位南特的商人："批发商根本不考虑文学。"

戈斯兰，里尔的商人："先生，我根本不怀疑在法国的其他地方您能找到足够的东西以弥补我们城市对于文学兴趣的缺乏。我们仅仅刚开始走出几个世纪中束缚欧洲的这种麻木。

## 第六章 传播

我们的气候或更确切地说我们的土壤缺乏用功者;五十年前整个里尔找不到一个像样的图书馆。"

贝谢·德·巴朗,色当的商人:"我们城市根本找不出文学爱好者。书商们在这里什么也卖不出去……只想着卖呢绒和积聚财富,这是我们公民的耻辱。先生,你无法相信人们甚至蔑视有才能者,并在儿童的教育中忽视了文学。赏心悦目的艺术在他们看来是没有用的东西。"

沃兰,巴勒迪克的"王后的前官员":"我不认为你们能在这里卖出这些书(四开本《百科全书》),它们已被向这里的所有人推荐,但是直到现在没有任何人来买。他们更热中于商业而不是阅读,教育完全被忽视了……在这里你们的书将找不到买主。那些贵族们并不富有,而批发商们更愿意教他们的孩子 5 加 4 等于 9,再减去 2 剩 7,而不愿意教他们学习如何有教养。"①

---

① 巴尔致纳沙泰尔印刷公司的信,1781 年 9 月 15 日;戈斯兰致纳沙泰尔印刷公司的信,1775 年 7 月 7 日;贝谢·德巴朗致纳沙泰尔印刷公司的信,1777 年 3 月 9 日;沃兰致纳沙泰尔印刷公司的信,1780 年 7 月 23 日。巴尔在 1781 年 9 月 15 日的信中强调了他的商人同行对阅读缺乏兴趣后,又补充道:"然而我有一些朋友他们并不蔑视文学。"他最后卖掉了 16 部《百科全书》。他的顾客中可能有一些是商人,因为他在 1781 年 8 月 7 日的信中说:"我已供给了所有朋友。"然而,南特的书商瓦莱的长子在 1779 年 8 月 19 日致纳沙泰尔印刷公司的信中抱怨说,他卖《百科全书》时遇到了很大的困难;而南特的商人佩鲁提耶则在 1785 年 2 月 2 日的信中警告纳沙泰尔印刷公司,不要指望从卡里比昂的商人那里得到任何图书订单,"这里的人过于关心挣钱,而不想获取思想"。

这些评价可能只是社会偏见，但却是由商人对商人做出的。这些信的作者似乎没有打算让同是商人的纳沙泰尔印刷公司的头头留下深刻印象，在纳沙泰尔印刷公司大量的通信中也没有其他的信件谈到其他社会群体对图书缺乏需求这种奇怪的事情。而且，对商人在文化上的落后表示痛惜的信全部来自那些四开本的销售量低到和人口数量不成比例的城镇。纳沙泰尔印刷公司从来没有听到过关于里昂和马赛商人购书习惯的坏话。事实上，马赛的书商卡尔德赛克提到过他的前13位四开本订购者的构成情况，其中9位是商人。

纳沙泰尔印刷公司的通信中提到具体的订购者的其他信件，都和显贵及贵族有关，① 但太过稀少和分散，除了其中的两封之外，其余的没有多少价值。这两封信表明了《百科全书》是如何由于有地位的人的居间操作而通过特殊中介传播的。第一个这样的中

---

① 例如，纳沙泰尔印刷公司收到了如下的销售报告：1777年7月9日，来自圣康坦的阿尔莱，报告向德拉杜尔·迪潘·尚布里伯爵出售一部；1781年11月27日，来自巴勒迪克的沃兰，报告在巴尔（Bar）河卖给一位"贵族"一部，卖给约巴尔的骑士（南锡的改革派首领）一部；1777年8月12日，来自巴勒迪克的罗贝尔，在巴尔河卖给隆久的骑士，法国骑兵中尉一部，在巴尔河卖给马耳他骑士德布雷男爵一部，在凡尔登卖给玛德莱娜教堂的议事司铎德·特鲁维耶一部；1781年2月7日，与卢内维耶的谈话，卖给不知姓名的律师一部；1778年3月20日，来自凡尔登的蒙东，卖给八个人，"都是上流阶层"，包括一位"布雷斯团的军官"。1778年10月1日，法瓦吉报告在图卢兹附近的马尔芒德卖给军官巴亚斯·德·朗布莱德一部；在"流水账B"中1780年6月9日项下，纳沙泰尔印刷公司提到卖给来自南锡的律师勒格罗一部。杜普兰则在他的订购者名单上标出了六位订购者的情况："谢里耶的神甫""杜泽尔，圣路易的骑士""里昂克瓦鲁斯的修道院长基杰""巴黎的奥塞伯爵""凡尔赛的讷伊伯爵""维希的神甫吉罗"。

间人是圣迪济耶名叫尚莫兰·德·瓦朗内的炮兵军官。由他经手卖给了其他军官四部四开本,他还毛遂自荐当纳沙泰尔印刷公司的图书在军队圈子里的发行商,他说,这个圈子对卢梭的书很感兴趣。尽管他的建议没有结果,但表明军官中对启蒙读物的强烈需求,贝桑松、梅斯、凡尔登和蒙彼利埃等驻军城镇的图书经销商的通信中也提到过这一情况。纳沙泰尔印刷公司另一位非正式的《百科全书》销售商是奥斯特瓦尔德的朋友、巴黎高等法院的推事,名叫布瓦吉博尔,他自己买了一部四开本,并且向法院的同事兜售了三部。和尚莫兰不同,他没有想要获得代理权,而是"通过我所知道的你们对于普及科学和传播正在零售的图书的强烈愿望"来安排销售。布瓦吉博尔以杜尔哥和马勒泽布的敬慕者以及瑞士的敬慕者的口气写信,说他希望到这些地方旅行以欣赏"自由的美妙景象及其在所有人中唤起的崇高的自豪感,它使所有人都相互平等"。他在《百科全书》的传播中扮演的角色表达了一种意识形态上的信奉,这种信奉可能主要是修辞性的,但似乎在年轻的高等法院法官中蔓延,这些人与1787年和1788年的政府的对立在促进大革命的来临上起了至关重要的作用。[1]

如果说《百科全书》确实对法国社会上层的某些人有吸引力的话,那么它向下到底能渗透到什么地步则不可能准确地定位。在纳沙泰尔印刷公司的通信中只有一封提到了价格是《百科全书》传播的障碍。卡昂的一位教师是新教徒,他通过一桩小小的秘密

---

[1] 布瓦吉博尔致纳沙泰尔印刷公司的信,1781年7月11日,1781年4月4日。关于高等法院在大革命前扮演的角色,请参见 Jean Egret, *La pré-révolution française* (1787–1788)(《大革命前的法国(1787—1788年)》)(Paris, 1962)。

生意使自己的肉体和灵魂合而为一，尽管他把自己说成只是"一位支配大量寄宿的年轻清教徒、想将他们变成有用和正直公民的普通公民"①，——他告诉纳沙泰尔印刷公司自己太穷了，买不起四开本《百科全书》。很多有阅读能力的法国人一定也因为同样的原因被排除在订购者的名单之外，但其中的数千人属于文学图书室，他们每月只需要花一个半里弗，就可以随便看书。书商经常捐助几种报刊，建立这样的阅读俱乐部，利用存货开图书馆，把书店后面的房子当作阅览室。尽管很难知道它们是如何运转的，以及成员是些什么人，但文学图书室很可能是18世纪晚期观念传播的重要中心。1777年，梅斯的小书商尼古拉·热尔拉什几乎一半的收入来自文学图书室。它有379名成员，它的书架上就有四开本《百科全书》，还有很多非法读物。②巴勒迪克的肖班告诉纳沙泰尔印刷公司，他特地为他的文学图书室订购了一部四开本。它从他的书店里获得卢梭的著作《自然体系》《教父马蒂厄》《路易十五的私生活》以及其他禁书，肖班也从纳沙泰尔印刷公司手里买这些禁书，他解释说因为"这些种类的书籍是我销售最多的"③。尼姆的布谢、布卢瓦的莱尔和贝桑松的沙尔梅也给他们的文学图书室订了同样的书；其他几位做四开本订购工作的书商可能也是这样做的；他们的顾客当中很可能也包括了很多没有多少钱的读者。正如梅西耶在《巴黎印象》中所说的："你们根本没有图书馆？

---

① 肖德皮耶德·德·布瓦维尔（Chaudepied de Boiviers）致纳沙泰尔印刷公司的信，1777年6月21日。
② 热尔拉什在给纳沙泰尔印刷公司的几封信里都提到了他的文学图书室，特别是纳沙泰尔印刷公司1777年5月收到一封未注日期的信。
③ 肖班致纳沙泰尔印刷公司的信，1780年4月25日和7月28日。

## 第六章　传播

只要四个苏，你们就可以沉浸于文学图书室中，在那里，你们在整个下午可以阅读从篇幅巨大的《百科全书》到散页文件的各类书籍。"①

那么，关于四开本在法国的读者，现在可以得到什么结论呢？在穿袍贵族和配剑贵族——尤其是在那些高等法院法官和军官中间，四开本的预订情况相当好。在职业人群中甚至卖得更好，首先是律师，还有行政官员和牧师。但是，在以商业和制造业为生的人中间，它的销路不好，假如里昂和马赛的情况不是这样的话，至少北部、东北部和港口城市是这样的。在贝桑松的例子中，商人是订购者中重要的少数群体，这提醒我们注意不要把商业和对阅读不感兴趣等同起来。不过，对纳沙泰尔印刷公司的一些客户来说，这种等同还是正确的，而其他的一些代理人在确定订购者身份的时候，只提那些显贵。因此，尽管证据没有多少说服力，但是《百科全书》对旧制度的资产阶级的吸引力很可能比对商业和工业资产阶级的吸引力大得多。当涉及《百科全书》在普通民众当中传播的时候，证据就比较少了。小商人和工匠可能从文学图书室或者通过借阅接触到这部书，而且，他们当中的某些人在八开本最后打进法国市场后，可能已经买得起了，但没有任何材料提到过。尽管不能排除《百科全书》到达了中产阶级很多低层读者手中的可能性，但它主要吸引的还是传统精英——那些支配着外省省会和小城镇行政和文化生活的男人。

---

① L. -S. Mercier, *Tableau de Paris*（《巴黎印象》）, 12 vols. (Amsterdam, 1783–1789), IV, 3。大量的文学图书室值得做深入研究。关于这一问题，还可参见 Daniel Mornet, *Les origins intellectuelles de la Révolution française* (1715–1787)（《法国大革命的思想起源（1715—1787年）》）, 5th ed. (Paris, 1954), pp. 310–312。

## 在法国以外的传播

四开本《百科全书》在法国代表了外省的启蒙运动，在其他国家也代表了启蒙的广泛传播。它的销售图看起来就像是英国贵族子女遍游欧洲的教育旅行路线：伦敦、阿姆斯特丹、布鲁塞尔、巴黎、里斯本、马德里、那不勒斯、威尼斯——并且走得更远，到达了慕尼黑、布拉格、佩斯、华沙、莫斯科、圣彼得堡、哥本哈根和汉堡。它到达了欧洲大多数伟大的首都，但就像它到达法国外省省会时的情形一样，并没有充满这些地方的市场。四开本的传播太过薄弱，没有能够深入到法国以外的公众之中。不过，它在法国之外的传播情况还是值得研究的，因为它能表明《百科全书》的时尚传播了多远，接触了哪些人。

出版商在法国售出了 7 257 部四开本，在欧洲的其他地方售出了 691 部——也就是说，1789 年之前，他们供应了法国全部《百科全书》中的大半，但在欧洲其他地方，则不到 10%。欧洲大陆的市场主要由起初的两个对开本和八开本占据。卢卡和里窝那版加在一起才印了 4 500 部，主要是在意大利销售。尽管《伊韦尔东版百科全书》是一部非常不同的书，但却在低地国家占领了大部分市场。由于在法国以外的市场上其他版的《百科全书》占了大多数，四开本的销售记录就不能作为衡量《百科全书》在欧洲大陆范围传播情况的尺度。然而，当结合欧洲书商的档案材料进行研究时，它就提供了四开本发行情况的完整图景。这一图景覆盖了欧洲图书交易的几乎每一个角落。请看图 8。

正如可以预料到的，四开本的密度在欧洲东部是最低的，而

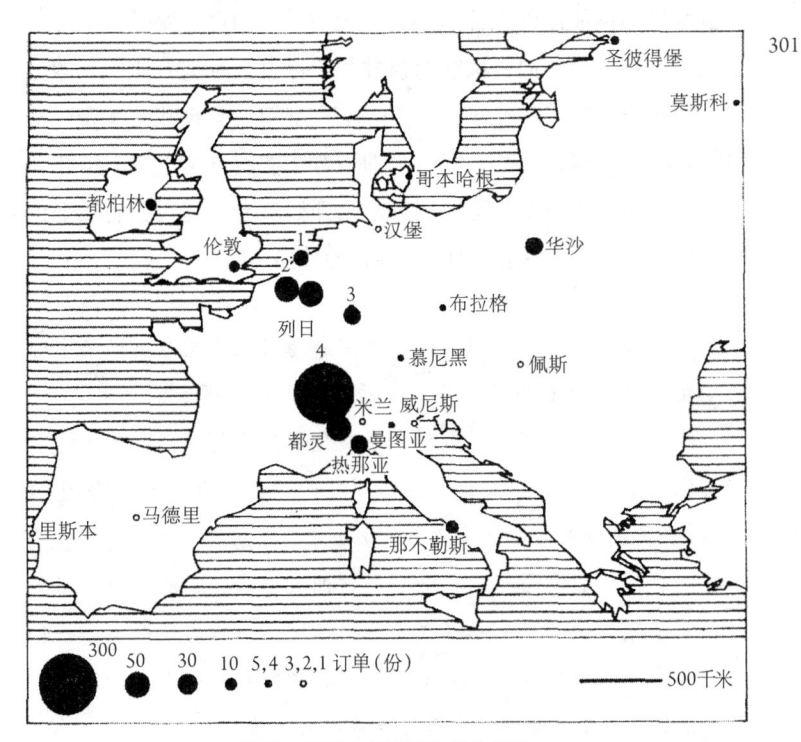

**图 8　四开本在法国之外的传播**

本图是根据杜普兰的订购名录和纳沙泰尔印刷公司的销售记录绘制的。其中有一部分是 1780 年 2 月四开本联盟解散后销售的,当时维持批发价格不变的协议已经失效。纳沙泰尔印刷公司和庞库克因此把存货削价销售给其他的书商,再由他们扮演批发商的角色。因此,本图并不说明四开本在法国之外的最终去向,而且它特别夸大了四个主要作为货物集散地的城市的重要性,它们是:纳沙泰尔、日内瓦、布鲁塞尔和列日。不过,在大多数情况下,它对四开本在欧洲大陆的传播情况的描述是基本准确的。

图中的数字表示该区域的订购者太多,无法一一按城市标出,其中:

1. 荷兰:阿姆斯特丹、海牙、哈勒姆、莱顿、乌得勒支、马斯特里赫特。
2. 奥属尼德兰:布鲁塞尔、伊珀尔。
3. 莱茵兰地区:法兰克福、洪堡、曼海姆、沃尔姆斯。
4. 瑞士:巴塞尔、日内瓦、洛桑、纳沙泰尔、尼永、索勒尔州。

来自东部书商的信件在传达了地理上的遥远信息的同时，也带来了某种文化感。例如，佩斯的魏甘德和克普夫写道，他们不能订购很多的四开本《百科全书》。他们已经预订了几部八开本和一部《伊韦尔东版百科全书》，但他们的顾客中能阅读拉丁文和匈牙利文以外文字的人不多。这个国家刚刚开始从土耳其人长达几个世纪的压迫中复苏，启蒙运动正在缓慢地传播。

> 我们的确立几乎只以各类书籍为基础，在各个世纪中都由于残酷和血腥的战争而被侵占的民族和国家的普遍特点，不就是差不多都处于这样一个文化的最后阶段，即产生能确保出版商收回印刷费用的作家……你们给我们详尽描述的《百科全书》与伯尔尼公司提供给我们几卷的《百科全书》不一样，我们还不能提供这一书籍的代理事宜。然而，我们希望短期内能够做到，在我们这里还鲜为人知的这部书，将在个人中得到传播，尤其是在我们庄严的君主已在我们幸福的王国中恢复了思想自由与写作自由的时候。

最后，他们只订了一部四开本，而他们还为此感到懊悔。这部书在莱希河和多瑙河沿途的货栈和驳船上待了四个月，最后终于到了他们手里，可是又过了两年才卖出去。而当他们把它交给顾客——"我们国家的一位大领主"——以后，他发现少了六页。尽管纳沙泰尔印刷公司最后做了调换，但他们还是担心这件不合格的货物使他们失去了一个最重要的顾客。①

---

① 引自魏甘德和克普夫致纳沙泰尔印刷公司的信，1781 年 9 月 17 日，1784 年 3 月 6 日。

## 第六章 传播

莫斯科的克里斯蒂安·鲁迪格也碰到了同样的问题，1777年3月13日，他向纳沙泰尔印刷公司订购了五部对开本《百科全书》。纳沙泰尔印刷公司同年5月31日发出的货物，由于早来的冬天的阻碍，直到1778年8月才到达。这些书中也尽是多印的散页，不得不从巴黎再发货替换，而这些用来替换的货物，直到1779年较晚的时候才收到。不过巴黎的供应商（可能是庞库克）又发错了货。到纳沙泰尔印刷公司理清这团乱麻的时候，已经是1781年了，鲁迪格已经失去了两位顾客。纳沙泰尔印刷公司试图用四开本的生意来抚慰他，但他只订了四部。他的顾客喜欢"下流人物的最新消息，尤其是以自由、放纵的文风写成的"[①]，而不是严肃的著作。为了把这些货在冬天用雪橇从陆地上运到他手里，他甚至专程前往莱比锡。正常情况下，他订的货物走海路，途经法兰克福、吕贝克和圣彼得堡。如果运气好，他的信可以在一个月内到达纳沙泰尔，对方发给他的货则在四个月以后收到。他在阿姆斯特丹用汇票付货款，但是因为俄国货币贬值，他的生意颇受影响：1卢布的价值从40荷兰弗罗林降到36弗罗林，而图尔币的里弗则在1780年代从22戈比上涨到30戈比。尽管有这么多的困难，他还是进口了大量的法文图书。显然，狄德罗和《哲学家特雷莎》帮助他的顾客打发了莫斯科的漫漫冬日。

圣彼得堡的黄昏一定也很漫长，而其中的大部分光阴是在阅读中被消磨掉的，因为这个城市里最重要的书商J.-J.魏特布雷希特向纳沙泰尔印刷公司解释说："在冬天我们几乎什么都卖不出，所

---

[①] 鲁迪格致纳沙泰尔印刷公司的信，1787年7月12日。

以我们只为夏天的销售做准备。"① 魏特布雷希特给宫廷供货,虽然它不过只买了五部四开本,但似乎殷切地向往流行的法文图书。圣彼得堡的另一位书商夏尔·纪尧姆(或者卡尔·威廉)·穆勒的主业是俄文图书,但他从纳沙泰尔印刷公司那里订购了大量的启蒙运动的著作,其中包括三部四开本《百科全书》和一些大部头的伏尔泰和卢梭的著作。穆勒称要做"这个国家的所有读者"的生意。② 虽然现在不可能知道他们是什么人,但很可能有西化的朝臣和外国人。他们在11月份冰雪包围圣彼得堡以前就要得到想读的书。为了通过文字接触到哲人的世界,他们情愿付高价,因为经过漫长的旅途,书价大大地上涨了。实际上,一封从纳沙泰尔到圣彼得堡的普通信件的邮费(4里弗10苏)是在纳沙泰尔印刷公司本部购买一本普通图书的价格(大约2里弗)的两倍。

纳沙泰尔印刷公司发现和华沙做生意也是同样困难,它虽然在空间上近一些,但从时间上说却一点也不近:一宗普通的货物经过斯特拉斯堡、乌尔姆、克雷姆斯、克拉科夫,陆路运抵华沙要用三个月。波兰和俄国一样,法文图书的读者主要是贵族。在华沙,只有三个书商经营法文图书;其中的两个,米歇尔·格罗尔和约瑟夫·莱克斯,让他们的定货的到达时间和波兰议会开会的时间保持一致,莱克斯解释说:"它将吸引波兰贵族。"作为一个1771年到华沙来碰运气的斯特拉斯堡人,莱克斯已经学会从法国

---

① 魏特布雷希特致纳沙泰尔印刷公司的信,1778年11月16日。
② 穆勒致纳沙泰尔印刷公司的信,1778年8月17日。虽然上述关于穆勒图书订购单的说法听起来不太明确,但这些说法和有关图书需求的类似说法的基础,是对数量巨大的档案材料的仔细阅读,来自纳沙泰尔印刷公司账簿的统计数字也可以支持这些说法。

## 第六章 传播

文化在东欧的传播过程中挣钱。通过把书卖给贵族，他已经变得"在这个城市出名和非常受重视"，而他的姐姐则把服装卖给这些贵族的夫人。由于有一个在国王的经济补贴下建立起来的文学图书室，他期待在这样的环境中找到几位四开本的读者：

> 下个月1号我将开一间文学图书室，这个城市的绝大多数贵族已预约。我将通过他们的来访而为你们的《百科全书》——它的《说明书》承诺会有很大的优惠——找到一些预订者。但是为了取得更大的成功，当书出版时，你们应该乐于寄给我至少三部。我将留一部给自己的文学图书室，并将轻易地销售出另外两部。我一定会销售出很多部，因为当一位贵族有某种新书时，其他人马上也想有。但是因为它有些昂贵，先生们，我将只在接到委托代理时才向你们要书；我可以告诉你们一旦我销售出一部，就能销售出很多。

使用这一策略，莱克斯卖出了13部四开本——看来全部卖给了法国化的贵族。其中的一部卖给了俄国大使，他对包装有特殊要求：把自己的纹章压印在上面。格罗尔则卖出了18部，尽管开始时有点悲观："在这个国家，篇幅巨大的著作根本卖不出去。"因此，两位书商的四开本生意都做得非常好，虽然他们都承认自己的顾客更喜欢轻松的读物："有趣和有意思的东西，尤其是对于贵妇人来说，至多四或六部，鲜有深刻和严肃的著作。"①

---

① 引自以下各信：莱克斯致纳沙泰尔印刷公司，1780年5月13日，1779年3月31日，1778年1月19日；格罗尔致纳沙泰尔印刷公司，1781年6月16日；莱克斯致纳沙泰尔印刷公司，1779年3月31日。

布拉格的沃尔夫冈·格尔列也告诉纳沙泰尔印刷公司,他的顾客对太深或者太长的东西不感兴趣:"懂法语的大贵族根本不关心这种类型的书。"他订购了五部四开本,外加至少两部八开本和一打第二对开本。但是这些《百科全书》只占他为哈布斯堡王朝所有法文读者提供的图书的很小一部分。和更东边的书商不同,他看来非常了解西欧的图书交易。他经常出入莱比锡的图书交易会,培养了几个瑞士供应商,很在行地为合同条款讨价还价。但是他订的货从纳沙泰尔出发,一路经过巴塞尔、沙夫豪森、乌尔姆和纽伦堡,需要两个月的时间才能到达。巴伐利亚争夺战\*使他的生意在1779年停顿了一阵,并且让他丢掉了两位身为军官的四开本的订购者。他在订购者和检查官方面也遇到了麻烦,前者不愿意为多出来的四卷付钱,后者在办理四开本通关手续时慢条斯理。他仿佛处在国际交易的中间地带,一面是低地国家和瑞士的供应商,另一面是在像莫斯科和华沙这样前哨城市里的顾客,他则在中间照顾两边。①

其他德国书商也在同一区域做生意,而且也大量做《百科全书》的生意,但不是四开本。四开本—八开本之战在国际市场上形成了两个截然分明的势力范围。庞库克的合伙企业主要做法国

---

\* 1778—1779年,普鲁士和奥地利之间的战争。——译者
① 格尔列致纳沙泰尔印刷公司的信,1778年3月7日。格尔列在1780年8月26日的信中讲到了多出来的几卷带来的麻烦:"我与那些预订你们《百科全书》的人的争吵以及他们对于必须支付比佩莱版多出的四卷的费用而感到的不满是如此严重,以至于他们想退还给我整部书或是迫使我自己承担这四卷的费用。"他还在1779年7月28日和11月20日信中抱怨图书检查,但到了1781年4月21日,由于约瑟夫二世的改革,他又认为自己的生意会大大发展。

## 第六章 传播

的生意，而伯尔尼和洛桑的印刷公司则主要在德意志地区（他们用这个词指莱茵河以东以北直到斯拉夫国家的所有地方）活动。伯尔尼人在这个地区经营大部分图书生意已有很多年。他们的头头普法勒在德国所有的大城市都有关系户，包括美因河畔法兰克福、莱比锡（他定期参加那里的图书交易会）和海德堡（他的兄弟在那里经营一家书店）。确实，纳沙泰尔人认为八开本的出版商牢牢控制着德国市场，以致他们实际上已经放弃了这个市场。① 但是当法国市场开始枯竭时，他们就试图通过启用瑞士代理商——例如巴塞尔的塞里尼和珀蒂皮埃尔以及温特图尔的施泰纳——而跨过莱茵河。这些经销商在销售旅行（通常要经过法兰克福和莱比锡）中沿途推销四开本，但他们只是分发说明书并且把并不能分清各种版本的顾客们搞糊涂了。塞里尼本人就把真的和假的四开本混起来，和他所中意的八开本一起提供给代理商。八开本总是获得胜利。事实上，塞里尼从不认为四开本在德国会有很多机会。1779年他给纳沙泰尔印刷公司写信说他会在莱比锡和法兰克福散布这些话："但是我对能否销售出四开本《百科全书》表示怀疑。八开本版已在德国的各个角落都发了通告。"②

---

① 纳沙泰尔印刷公司致杜普兰的信，1779年4月7日；纳沙泰尔印刷公司致庞库克的信，1779年6月24日。
② 塞里尼致纳沙泰尔印刷公司的信，1779年3月27日。另参见塞里尼1777年11月22日和29日致纳沙泰尔印刷公司的信中令人气馁的话："这一项目（四开本）原本是优秀的，但是由于两个不同版本而把它搞糟了。瑞士的出版商进行了一次真正的掠夺。"关于纳沙泰尔印刷公司和其他代理商的生意，可参见以下各信：纳沙泰尔印刷公司致格尔列，1779年12月13日；纳沙泰尔印刷公司致珀蒂皮埃尔，1779年3月13日；纳沙泰尔印刷公司致施泰纳，1779年4月24日。

306 　　当纳沙泰尔印刷公司试图直接进攻德国市场的时候，遭到了彻底失败。1779年夏天，博塞的足迹遍及巴塞尔、斯特拉斯堡、拉施塔特、曼海姆、法兰克福、达姆施塔特、美因茨、卡尔斯鲁厄、哈瑙、克莱夫、科布伦茨、科隆、波恩和杜塞尔多夫，沿途到处散发说明书、到处宣传。尽管有几位经销商答应向他们的代理人极力推荐四开本，但谁都没有发过订单，这显然是因为八开本和《伊韦尔东版百科全书》已经满足了需求。例如，美因茨，一座活跃而繁荣的城镇，承纳了20部八开本，四开本却一部也没有。① 纳沙泰尔印刷公司还试图通过通信拉拢德国书商，得到的回答也使人气馁。奥格斯堡的约瑟夫·沃尔夫说他手里还有两部《伊韦尔东版百科全书》没有卖出去，"在整个世界已有几千部之后"，他不想再把钱浪费到任何其他的版本上。② 尽管在当地的媒体上做了宣传，但法兰克福和科隆的书商只为四开本找到了两位读者。最大的成功是在曼海姆，方丹在那里卖掉了27部四开本——尽管他的一位同行报告说对法文图书的需求下降了，他在莱比锡的图书交易会上一本法文图书也没有卖出去，他还警告纳沙泰尔印刷公司："人们艰难地相信自从没有了宫廷以后，法语阅读已让位给德语。"③

---

① 博塞致纳沙泰尔印刷公司的信，1779年7月24日。尽管已经有对美因茨社会和文化历史的彻底研究，但关于它的公民在18世纪的阅读习惯却仍然一无所知。参见 F. G. Dreyfus, *Sociétés et mentalitiés à mayence dans la seconde moitié du XVIIIe siècle* (《18世纪下半期美因茨的社会与心态》) (Paris, 1968), pp. 495-497。

② 沃尔夫致纳沙泰尔印刷公司的信，1779年9月27日。和沃尔夫一样，德国书商写的法文和德文比起来，清楚易读却不合语法。

③ 曼海姆宫廷与科学院新书店致纳沙泰尔印刷公司的信，1787年7月4日。参见美因河畔法兰克福的戴内特（Deinet）致纳沙泰尔印刷公司的信，（转下页）

## 第六章 传播

黑森洪贝格的布律艾尔不同意这种观点。他说，德国公众想要读法文书，但德国的书商不想提供：

> 德国出版商只能以妒忌的眼光看着有教养的人更喜欢法语读物而不是德语读物。由此他们把法语书籍看作是外国商业的一部分，它打击了德语出版物的销售。这种想法是如此真实，以至于当他们看到一本书的较为有力的通告时，就赶快将书翻译为德语，以此来减少原版的销售量。①

布律艾尔甚至说德国经销商不会宣传推销四开本，因为他们想出德文译本。在美因河畔的法兰克福的确在进行翻译，但正如博塞在1779年的旅行中获悉的，这一工作不久就难以为继了：

> 我已见过……瓦伦特拉普和韦内先生，他们正在德国从事《百科全书》事业，我已见到纸张非常薄的第一卷以及有待继续的一堆手稿，据说后者是由三十多位学者完成的。我相信这将比法文版《百科全书》更好。德国人更加深刻。但是它将用希腊字母，不会对我们的书造成伤害。好几位书商

---

（接上页）1779年6月30日；法兰克福的霍尔韦格和劳厄（Hollweg & Laue）致纳沙泰尔印刷公司的信，1780年9月23日；科隆印刷公司致纳沙泰尔印刷公司的信，1782年8月22日。

① 布律艾尔致纳沙泰尔印刷公司的信，1779年8月12日。尽管他自己做小图书生意但不是书商，而只是一个受黑森洪贝格伯爵庇护的文人。

已明确向我表示它不会继续下去。①

尽管布律艾尔关于书商的话听起来太过有阴谋气息而不能轻易相信，但的确说出了《百科全书》在德国的潜在市场的特性。他的"有教养的人"指的是德国较为次要的王公和他们的宫廷成员。他自己分别卖给黑森洪贝格伯爵和绍姆堡（Anhall Schaumburg）王子一部四开本，并且在"北方宫廷中"叫卖其他图书。②

洪贝格的 J. -G. 维尔绍为德国北部和斯堪的那维亚国家中类似的顾客服务。他谈到自己的顾客时只提那些"国君"和"瑞典贵族"。他甚至为质量等级较低的纸张给这些人留下的印象警告纳沙泰尔印刷公司："我希望你们给自己的版本用最好的纸……这在部分程度上是为了将它销售出去；因为我只供应北方的君主和老主顾中的大贵族……先生们，你们很清楚那些令人不快的版本是不适合我的。你们不能用佩里高尔纸印刷吗？"尽管这些话可能是为了要赊账得到货物而故意说给供货商听以使他们留下深刻印象的，但在谈及书的内容和外观正相对立时，维尔绍没有过高估计他的顾客的爱好。他说，他们喜欢浅显的读物，尤其是色情文学——假如有插图的话，最受欢迎。关于政治、自然史和几种其他科学题材的书卖得最好，关于神学和法律的书则销路不佳。因

---

① 博塞致纳沙泰尔印刷公司的信，1779 年 7 月 24 日。纳沙泰尔印刷公司在 1779 年 8 月 19 日致布律艾尔的信中说，它认为德文版在经济上行不通，因为德国的纸张和翻译的价格都很昂贵。

② 布律艾尔致纳沙泰尔印刷公司的信，1781 年 2 月 12 日。布律艾尔还至少订购了一打八开本《百科全书》，在 1780 年 10 月 19 日的信中，他说自己为黑森卡塞尔伯爵、比克堡伯爵和菲利普斯塔尔王子的图书馆购书。

## 第六章 传播

此,他对自己势力范围里的《百科全书》有一点小小的希望:"在北方国家篇幅巨大的书籍是最难销售的,先生们,我们不能负责四开本的《百科全书》……我们已有两部《伊韦尔东版百科全书》了,它们对我们来说是沉重的负担。"最后,他只卖出两部——其中一部卖给了"非常富有的大贵族"——他把自己的不成功归罪于美国战争和自己读者的轻薄无聊:"我们已尽一切可能让你们的《百科全书》为人所知;但是只要人的思想都集中于战争和政治事件,就根本不可能卖出很多;总的来看,这么长的书目前并不受人欢迎。"①

尽管售出了几部八开本和一打《伊韦尔东版百科全书》,哥本哈根的克劳德·菲利贝尔还是说《百科全书》同样不适合他的顾客。他重印的纳沙泰尔印刷公司的说明书,只给他带来两桩生意:"直至现在我所有的只是希望,因为很少有人愿意预订,很少甚至根本没有预付款的,哪怕是一个苏。游戏和娱乐是第一位的。"②纳沙泰尔印刷公司还通过约翰·海因里希·施莱格尔在哥本哈根卖出一部四开本,此人曾出面求情,试图说服丹麦国王和王后接受四开本的题献,但没有成功,他还帮助里窝那版的出版商订出了30部。然而,在经过一番打探以后,施莱格尔说他做不了什么了:

---

① 引自维尔绍致纳沙泰尔印刷公司的信:1779年1月9日,1780年11月25日,1778年12月19日,1779年9月4日,1780年8月2日和1780年5月26日。
② 菲利贝尔致纳沙泰尔印刷公司的信,1777年6月24日。两年以后,在1779年6月29日的信中,菲利贝尔报告说:"对于你们版本的《百科全书》我没有任何预订者,这并不是我的错。已做了足够的宣传,但是这里一切都进行得缓慢,而且人们在决定购买之前希望看到书。向预订者推荐也是没用的。我曾预计会有一些预订者,但是八开本又来碍事了。"

丹麦的《百科全书》市场已经枯竭了。①

伦敦《百科全书》需求报告看来和欧洲北部其他地区的很相像。在巡视了书店并在《晨报》上刊登了广告之后，让-巴蒂斯特·达尔纳尔警告纳沙泰尔印刷公司，不要期望在英国卖出多少："此外，先生们，我向你们重申对于文学的热情每天都在减退，英国人的精神堕落了，我们的贵族更愿意买20张维斯特里斯*、诺维尔**和阿勒格朗特的歌剧票，而不愿在书上花20畿尼***。"②但是尽管有来自里窝那版经销商的竞争，在伦敦的瑞士牧师D.H.杜兰德还是卖出了13部四开本。③更多的四开本很可能是通过庞库克进入英国的，他和伦敦书商的关系要比纳沙泰尔印刷公司好得多。所以英国市场很可能不像达尔纳尔信中说的那么糟。虽然有战争（1779年6月和1780年12月西班牙和荷兰先后同法国结成与英国敌对的同盟），但把书运过英吉利海峡也不是什么不可克服的困难。纳沙泰尔印刷公司通过奥斯坦德的弗雷德里克·龙贝格公司把《百科全书》运到伦敦，运输货物的船都有双重通行证。④纳沙泰尔印刷公司还从奥斯坦德向爱尔兰发运了一打四开本，货物平安抵达——尽管龙贝格在寻找安全的中立船只时遇到了麻烦，

---

① 施莱格尔致纳沙泰尔印刷公司的信，1777年5月30日和7月12日。
* Vestris, 1729—1808年，出生于佛罗伦萨的意大利舞蹈演员。——译者
** Norerre, 1727—1810年，法国芭蕾大师。——译者
*** 英国旧金币，1畿尼值21先令。——译者
② 达尔纳尔致纳沙泰尔印刷公司的信，1782年2月5日。
③ 在1777年12月4日的信中，杜兰德说虽然售价达30畿尼，但由于有整套的图版，所以里窝那版的《百科全书》更受欢迎。
④ 博塞自阿姆斯特丹致纳沙泰尔印刷公司的信，1779年9月3日："他们（龙贝格兄弟）已获得了两个国家的许可证，没有任何危险。"博塞指的大概是哈布斯堡和英国当局。

前后用了八个月的时间才到达。他们带着卢梭、伏尔泰的著作和《路易十五的私生活》走进都柏林卢克·怀特的书店。当纳沙泰尔印刷公司拿出雷纳尔的《哲学史》的时候，怀特拒绝了，他说更喜欢一种爱尔兰版的。法国的启蒙运动无疑已经传到了不列颠群岛。

然而，大多数的启蒙读物不是来自法国，而是来自荷兰，荷兰哲学著作的印量和重印量甚至比瑞士还要高。正是因为这个原因，荷兰的市场没有吸纳多少四开本。博塞在1779年的旅行中试图撬开这个市场，但荷兰人把他当作竞争者和敌人，无论如何，他们已经买了太多的其他版的《百科全书》，对他的已经没有任何兴趣了。卢梭著作在阿姆斯特丹的出版商马克·米歇尔·雷伊愿意和他一起吃饭，但不和他做生意。雷伊指责纳沙泰尔印刷公司盗印他出版的卢梭著作（它当时正在秘密准备出版一个新的版本），他说他还有25部第二对开本《百科全书》没有卖出去，其中有一半差不多是十年前订购的。阿姆斯特丹的另一位大经销商哈勒维尔德宣称他已经卖出50部其他版的《百科全书》，其中主要是《伊韦尔东版百科全书》，不可能卖出更多了。海牙的小皮埃尔·戈斯，就是买断了菲利斯版的《百科全书》的那个人，在低地国家中极有进攻性地经销这些书，那些小书商因为害怕和他作对而不再购买与之竞争的版本——他们这样告诉博塞。在这样一个充满敌意的地方，他不知道应该相信什么，就继续向前走，到了奥属尼德兰地区，那里只在有很高文化水平和富有竞争精神的荷兰人中间卖出了少许的四开本。① 在莱茵河以南，他发现了另一个世界。

---

① 在1779年8月30日和9月7日的信中，博塞报告了他和荷兰书商打交道的事。

曾在16世纪晚期控制过欧洲北部出版业的安特卫普的最好的书商，是一个"只卖日课经的莫顿夫人"。① 尽管卢万有3 000名大学生，但几乎没有图书生意。在重要的盗版业中心列日和马埃斯特里克，图书生意颇为繁荣，但它们也不可能再吸纳更多的四开本了，因为列日的普隆德——四开本生意中纳沙泰尔印刷公司的合伙人，已经满足了整个地区的需求。

纳沙泰尔印刷公司收到的它在低地国家的代理人的信进一步证实了博塞的报告。戈斯通知纳沙泰尔印刷公司说他将保卫《伊韦尔东版百科全书》，直到卖出最后一部，② 不过那个时刻看来还很遥远，因为有几位书商报告说《伊韦尔东版百科全书》的过剩已经摧毁了其他版《百科全书》的市场，而它的售价又只是订购价的三分之二甚至一半。海牙的默里兄弟根本就不想听到关于四开本的消息，因为他们"对伊韦尔东版、对开本甚至八开本感到为难"。③ 阿姆斯特丹的尚古永报告说，为四开本在当地报刊上做的广告没有产生什么反应，而且"最终公众对所有这些骗局感到厌倦"。④ 莱顿的卢萨克说，如果纳沙泰尔印刷公司想继续在《莱顿报》上做广告，他就继续做，但他怀疑，"鉴于公众已为其他各

---

① 博塞致纳沙泰尔印刷公司的信，1779年9月13日。
② 虽然菲利斯版的《百科全书》在荷兰市场上失败了，但小皮埃尔·戈斯还是在1777年9月5日勇敢地给纳沙泰尔印刷公司写信："至于你们的四开本《简本百科全书》（对拉塞尔删节的讽刺），你们不要忘了我对四开本《伊韦尔东版百科全书》感兴趣，而且由于它始终很受欢迎，我相信它比任何其他版本更好，在这里剩余的不多几部（我亲爱的父亲是唯一的拥有者）被销售出去之前，我不可能再获得更多的了。"
③ 默里兄弟致纳沙泰尔印刷公司的信，1780年12月8日。
④ 尚古永致纳沙泰尔印刷公司的信，1781年12月24日。

## 第六章 传播

种版本所包围,而且现在这部书是半价出售"①,这样做徒劳无益。鹿特丹的奥贝坦说四开本在他的城市里卖不出去:"我发现爱好者已有巴黎版或是伊韦尔东版,而且在一个商业城市中对于这些书没有普遍兴趣,因此销量很有限。"②奥贝坦的话呼应了法国商人对阅读不感兴趣的报告。不过荷兰市场的主要问题是过量供应,而不是需求不足。"外省已有如此多的《百科全书》,以至于书商和个人都不想听到提及它们","每有书籍销售时,价格都下跌了。伯尔尼印刷公司又给我寄来了他们第二版的说明书。我在推广方面没有取得任何成功。"奥贝坦写道。③在《百科全书》传播的过程中,荷兰成了一种"被烧过"(burned-over)的区域,和匈牙利、波兰、俄国截然不同。

低地国家还被当作存放销往葡萄牙和西班牙的《百科全书》的仓库,尽管纳沙泰尔印刷公司同时还使用别的线路——主要是越过阿尔卑斯山去往都灵和热那亚的陆路以及从里昂到马赛的水路。里斯本的贝特朗寡妇和儿子发现经过热那亚运一只板条箱需要 11 个月,经过阿姆斯特丹的需要 6 个月,而经过奥斯坦德的则

---

① 埃利亚斯·卢萨克和范达默致纳沙泰尔印刷公司的信,1780 年 6 月 2 日。
② 奥贝坦致纳沙泰尔印刷公司的信,1779 年 11 月 12 日。
③ 奥贝坦致纳沙泰尔印刷公司的信,1780 年 9 月 22 日。然而,几年之前,低地国家看起来还像是《百科全书》的大市场。阿姆斯特丹曾经卖出超过 60 部第一版《百科全书》的夏特兰父子在 1769 年 6 月 29 日通知巴黎的德尚,荷兰市场对另一版《百科全书》来说时机已经成熟了:Archives de Paris 5 AZ 2009。在关于《方法百科全书》的第一封通知函(1778 年 1 月)中,列日的德弗利亚称,在根特这样的城市里需求还很旺盛,而书商吉姆莱已经在那里卖出 250 部以上的旧版《百科全书》了。Amsterdam, Bibliotheek van de vereeniging ter bevordering van de belangen des boekhandels, Dossier Marc Michel Rey。

根本到不了。巴伦西亚的雅克·马莱建议纳沙泰尔印刷公司用小船把书运离马赛,这些船可以沿岸航行,并且一旦英国的快速帆船出现时,能够很快地驶入港口。他不信任来自热那亚的中立船只,"因为英国人不尊重任何国籍旗而抢走一切东西"①。杜普兰和纳沙泰尔印刷公司为货物保了险,但成本和延迟使他们的生意大受损失,直到美国战争结束,情况才有所改观。马德里的安东尼奥·德·桑卡报告说,经由阿姆斯特丹和加的斯的一船书,用了半年时间才到达目的地,运输成本已经超过了这批书的批发价格。其他货物花的时间和金钱更多:结果无法预料,直到1783年和平到来之前,长途交易仍然是不可靠的。

甚至在通往西班牙和葡萄牙的交通恢复正常以后,出版商还是要面对一个更大的问题:宗教裁判所。贝特朗和里斯本的另一位外国书商让–巴蒂斯特·雷桑偷运了几部四开本和八开本到他们的书店,同时运来的还有在法国仍是禁书的启蒙哲学家的书。不过,虽然他们认为葡萄牙对外文书的需求正在增长,但他们的非法生意做得不多,至少和纳沙泰尔印刷公司做得不多。②西班牙的书商谈到宗教裁判所的时候总是感到恐惧和战栗,即使是在他们设法与它进行成功的谈判的时候也是如此。马德里的桑卡告诉纳沙泰尔印刷公司,收到四开本的说明书以后,他忍不住要下一份小订单,但"在这个国度里,谈论与我们的宗教裁判所相对立的

---

① 马莱致纳沙泰尔印刷公司的信,1777年10月4日。
② 1780年2月8日,雷桑用笨拙的法文给纳沙泰尔印刷公司写了封很典型的外国书商式的信:"自从科英布拉大学改革以及科学与艺术学院在这个城市创立以来,葡萄牙人对好书——不论是拉丁文、法文还是其他文字——的兴趣开始有所增加,正是因此我们开始着手在欧洲各个主要城市建立联系以更好地与之相适应。"

《百科全书》是一件非常敏感的事,我必须有法庭的许可才能预订三部"。但当纳沙泰尔印刷公司试图利用这一小小的开端给他提供自己存货中其他图书的时候,桑卡回答说除了一打罗伯逊的《美国史》(由于美国战争,这本书在各处都是畅销书)之外,他什么书都不要了。其他书不"适合一个与我们一样敏感的国家"。"在这个国家里,对那些与宗教裁判所相对立的外国书籍必须非常小心。"最后,他甚至没能够使罗伯逊通过当局的审查:"最终向所有海港颁布了一项命令,不许这些书进入。可见我们处于一个多么敏感的国度中啊!"① 桑卡和来自整个西欧的供应商都有往来,自己也有 15 台印刷机,他可能是西班牙最重要的图书经销商。像加的斯的保罗与贝特朗·卡里斯和巴伦西亚的马莱这样的小出版商一点风险也不敢冒。马莱想他也许能让宗教裁判所允许他进几部四开本,但是一直没有付诸行动。② 而卡里斯则认为西班牙市场毫无希望:"至于那些符合这个国家口味的书籍,应当是非常纯洁以至于没有任何可疑的内容,或是没有任何会被教廷圣职部禁止的哲学思想。这个国家的出版物已减少到只有这些了。"③

尽管有天主教的影响,但意大利的《百科全书》交易更像荷

---

① 桑卡致纳沙泰尔印刷公司的信,1778 年 2 月 26 日、4 月 2 日,1779 年 1 月 14 日、7 月 12 日。
② 马莱致纳沙泰尔印刷公司的信,1777 年 10 月 4 日:"由于宗教裁判所禁止其中涉及宗教的所有条目,我请求你们明白在这一情况下,我们不能在没有许可的条件下卖这些书。"这一许可一直没有得到。
③ 卡里斯致纳沙泰尔印刷公司的信,1774 年 1 月 14 日。几年以后,已经从阿维尼翁退休的卡里斯试图运一些伏尔泰的著作和一部《伊韦尔东版百科全书》到加的斯的书店里去,但没有成功。这些书又运回去了。在 1780 年 8 月 18 日的信中,他告诉纳沙泰尔印刷公司:"由于又蠢又坏的宗教裁判所的暴跳如雷的判决,未能成功。"

兰而不是西班牙。在纳沙泰尔印刷公司收到的数百封信中，只有一封来自意大利的信让它知道《百科全书》遇到了来自当局的麻烦，在那个时候，对《百科全书》的阻挠来自最后成为法国领土的地区，也就是萨瓦。①纳沙泰尔印刷公司甚至和罗马的一位开明的红衣主教通信讨论四开本的事。②当然，罗马也在1759年毫不含糊地谴责《百科全书》，不过，到了1777年，它也谴责已经成为《百科全书》最大敌人的耶稣会士，而且它没有对两个意大利版的《百科全书》采取任何有效的行动。当里窝那版的出版商派出旅行推销商周游意大利时，他们选了一个牧师，而且每卖出一部，就给他10%的佣金。③而当意大利的书商讨论到他们对内容的疑虑时，从来不提它对主的不敬，只是说它对意大利的地理和自然历史的说法不准确。在四开本和八开本的意大利文说明书中，那不勒斯文学与印刷协会邀请所有的人把纠错的结果告诉它，它再把它们交给出版商，这样他们这里就可以得到比较不错的新版合同。那不勒斯人还告诉纳沙泰尔印刷公司，他们有两个人正在对某些重要的条目（比如NAPLES［那不勒斯］和VESUVE［维苏威］）下功夫，以免他们的读者敌视它。④这些编辑行动都没有实施，但说明了18世纪的出版商中普遍存在的对《百科全书》的态

---

① 尚贝里的吕兰（J. Lullin）致纳沙泰尔印刷公司的信，1777年5月8日："至于新《百科全书》……我们的检查官不想让我引进它们；他们在各方面都对我加以阻挠。"
② 纳沙泰尔印刷公司致红衣主教瓦伦蒂的信，1779年7月12日。
③ 里窝那的让蒂和奥尔（Gentil et Orr）致纳沙泰尔印刷公司的信，1775年3月6日。
④ 那不勒斯文学与印刷协会致纳沙泰尔印刷公司的信，1778年2月17日，随信有一份说明书。

## 第六章 传播

度：狄德罗开了个好头，但他的著作必须经过全面修订，才能实现全部的市场价值。①

从这一前提出发，卢卡版和里窝那版的出版商毫不犹豫地修改狄德罗版的文字以适应自己的需要。卢卡人最感重要的是让教皇满意，因此，他们介绍自己的作品时，既把它当作狄德罗版的再版本，又当作是对狄德罗版的驳斥：他们把法国异端思想和连续不断的评注混在一起——这些评注是由博学的牧师乔瓦尼-多梅尼克·曼西以注释的形式写成的。然而，随着它的进展，注释越来越少，因为教皇克莱芒十三世没有把对卢卡版《百科全书》的威胁付诸实施，还因为克莱门特十四世越来越专注于解散耶稣会，而不是反对他们的眼中钉的战役。到了1771年，出版商已经印好了17卷对开本的文字卷，而且全部或者大部分看来已经卖出了，主要是在意大利。②里窝那版后出，处在一种更有利的环境中，因

---

① 那不勒斯文学与印刷协会致纳沙泰尔印刷公司的信，1778年2月17日："在法国的《百科全书》里面有很多无用的、模糊的以及理解错误的东西都需要修订和删除。"那不勒斯人还向四开本的出版商推荐里窝那版中所做的订正："里窝那版中也有很多东西需要得到修订，另外，在那不勒斯，卡塞塔写了一篇精彩的文章。"洛桑人为了拉拢那不勒斯人就答应把他们所有的修订之处都并入八开本。但是最后，八开本中关于意大利的条目都只是四开本内容的翻版。

② Salvatore Bongi, "L'Encyclopèdia in Lucca（"卢卡的《百科全书》"）", Archivio storico italiano, 3d ser., XVIII (1873), 64-90。这篇文章提供了关于卢卡版《百科全书》主要出版商奥塔维亚诺·迪奥达蒂（Ottaviano Diodati）以及他与卢卡上议院之间、与教皇之间关系的很有价值的材料，但没有提到卢卡版的传播情况。在"L'Encyclopédie et son rayonnement en Italie"（"《百科全书》及其在意大利的传播"），Cahiers de l'Association internationale des études françaises, no. 5 (July, 1953), 16中，佛朗哥·文图里（Franco Venturi）断言这一版很快售罄，而且主要进了意大利的图书馆。不过，约翰·洛称由于生产中的困难和销售的缓慢，这桩（转下页）

为卢卡是一个又小又弱的共和国,而里窝那则是强大的托斯卡纳大公国的主要港口,而且利奥波德大公是欧洲大陆为数不多的名副其实的开明独裁者之一,他接受了该书的题献,为生意提供保护。1769年11月,出版商声称有600位订购者,当时他们正打算开始用新的卡斯隆(Caslon)字印刷,印刷机有六台,每个月能够印制90个印张。他们说,到1775年9月,已经售出了全部1500部。① 但是,在1777年7月,朱塞佩·奥贝尔,这位米兰哲学家的出版商、里窝那版《百科全书》背后的主要人物,拒绝销售四开本,理由是他还要卖掉自己60部尚未售出的《百科全书》。② 四开本的出版商指望就在意大利以比里窝那版低的价格抛售四开

---

(接上页)生意并不兴旺。参见 John Lough, *Essays on the "Encyclopédie" of Diderot and d'Alembert* (London, New York, and Torondo, 1968), pp. 22–23。事实上,关于意大利版现在所知甚少。从里窝那版主要出版商朱塞佩·奥贝尔的通信中可以搜集到一些关于它的信息,这些信已经由安德里安娜·莱(Adriana Lay)以 *Un editore illumista: Giuseppe Aubert nel carteggio con Beccaria e Verri* (Turin, 1973) 为名出版了。奥贝尔的信是埃托雷·利维-马尔瓦诺(Ettore Levi-Malvano)的文章 "Les éditions toscanes de l'*Encyclopédie* ("《百科全书》的托斯卡纳版")", *Revue de littérature comparée*, III, (April-June 1923) 的主要材料来源。利维-马尔瓦诺认为两个意大利版在商业上都是成功的,他还提出了一些有关里窝那版预定情况的材料。到1770年12月,订购数达到了600部,其中至少8部来自罗马,20部来自帕尔马,佛罗伦萨和米兰则更多,还有法国的20部。他还提到四个把《百科全书》翻译成意大利文的计划,还说明了托斯卡那大公是如何支持里窝那的出版商的。

① 里窝那的马克·科尔泰利尼(Marc Coltellini)致纳沙泰尔印刷公司的信,1769年11月18日。

② 奥贝尔致纳沙泰尔印刷公司的信,1777年7月21日。前文提到的"1 500部"和关于铅字与印刷机的细节来自1775年3月6日发给纳沙泰尔印刷公司的通知函,发函人是里窝那的让蒂和奥尔。这封信是要求印制佣金的,但正如它提到的,出版商欢迎他们购买整座工场,这说明他们的生意并不兴旺。

本，<sup>①</sup>但他们遭到了八开本的抛售。所以，里窝那版的出版商尽管在供货方面领先，但可能还是在自己家门口的市场上碰到了一些麻烦。

实际上，就像是由几个不同的国家组成的一样，意大利似乎有几个不同的市场，因为来自意大利书商的报告彼此差距很大。在发出了50份说明书后，热那亚的伊夫·格拉维耶就期待着四开本订单的大丰收了；虽然逐渐和杜普兰吵翻并和八开本的出版商结盟，但他的确订购了32部四开本《百科全书》。②四开本在皮德蒙特的销路非常好。都灵的雷桑兄弟（里斯本的让-巴蒂斯特·雷桑的堂兄弟）卖出了39部，而且当1782年他们转向八开本时，市场的需求还没有枯竭。③都灵其他的书商又另外预订了14部，虽然他们也更中意八开本，因为它的价格低，可以吸引更多的顾客。④朱塞佩·龙迪在贝加莫（Bergamo）一部四开本也卖不出去，洛伦佐·马尼尼在克雷莫纳也只卖出去四部，但伦巴第则是《百科全书》的福地。可是，却不是对四开本来说的；阿米·博内在米兰发遍了四开本的说明书，没有什么收获，而朱塞佩·加莱亚兹告诉纳沙泰尔人，他们进入米兰市场太晚了：他已经预订了39部

---

① 纳沙泰尔印刷公司致贝加莫的文森佐（Vincenzo）的信，1779年9月30日。
② 格拉维耶致纳沙泰尔印刷公司的信，1777年6月6日，1777年8月2日，1779年3月6日和1780年7月15日。格拉维耶是一位重要的批发商兼零售商，他不停地收集《百科全书》订单，直到1785年。他卖给科西嘉岛上的一位顾客一部，并把另一部悄悄运进西班牙。
③ 雷桑兄弟致纳沙泰尔印刷公司的信，1777年1月9日。
④ 吉罗和吉奥瓦（Giraud et Giovine）致纳沙泰尔印刷公司的信，1778年1月31日。

八开本，而且这个地区充斥了《百科全书》。①托斯卡纳看起来更多。尽管出版商有很多的激励办法，佛罗伦萨的约瑟夫·布沙尔还是一部四开本没有卖出去。"该国已充斥卢卡和里窝那重印的《百科全书》；人们已满足于此。"他告诉纳沙泰尔印刷公司。②可能是出于相同的原因，曾经打算自己重印《百科全书》的威尼斯书商们也没有好好对待四开本。不过，威尼斯书商加斯帕尔·斯托尔蒂给纳沙泰尔印刷公司去信，坦率评价了当地的市场状况，他解释说："这一地区阅读法语书的人相当少，而且他们不愿或是不能为之破费。"③纳沙泰尔印刷公司在罗马的门路不广，其他四开本出版商也一样，因为在那里他们一部《百科全书》也没有卖出去。④根据那不勒斯文学和印刷协会的说法，那不勒斯有希望成

---

① 加莱亚兹（Galeazzi）致纳沙泰尔印刷公司的信，1779年9月25日："我绝对没有必要自己带上一本四开本的《百科全书》，因为这本书我们里到处都有，除此之外，许多人手头上都有价钱便宜的洛桑版《百科全书》。"参见加莱阿齐致纳沙泰尔印刷公司的信，1779年4月17日。

② 布沙尔致纳沙泰尔印刷公司的信，1781年6月26日。四年以前，在1777年5月27日的信中，他以同样的方式评估了这个市场："由于《百科全书》所出现的问题，里昂的杜普兰先生在两个多月前也来协助我。鉴于已充斥意大利的卢卡版和里窝那的重印，这里的人们只得不惜任何代价。"在1778年3月3日、1778年12月15日和1779年3月2日的信中，他做出了同样的评价。佛罗伦萨的朱塞佩·帕加尼（Giuseppe Pagani）和儿子对说明书做出了热情的响应，但他们也没有卖出过四开本。

③ 斯托尔蒂致纳沙泰尔印刷公司的信，1780年8月19日。

④ 罗马书商弗朗切斯科·波加利（Francesco Poggiali）告诉纳沙泰尔印刷公司的信，他正在努力销售四开本，可是顾客因为听到谣言而改变了主意，谣言说锡耶纳正在生产翻译好的意大利文版。波加利致纳沙泰尔印刷公司的信，1779年12月29日："我得告诉您在锡耶纳城，有《百科全书》的意大利文翻译本，这对我们的《百科全书》是一个障碍。"事实上，意大利文版和德文版一样，从来没有做过。

为四开本的一个大市场。但是，在预订了 16 部四开本之后，他们和杜普兰发生了争执，转向了八开本出版商，从那里买了 50 部八开本，还囤积了一批伏尔泰和卢梭的书。① 显然，在詹诺内、维柯和菲兰杰里的故土，开明读者的资源和北部一样丰富，贝卡里亚和韦里兄弟在后者的生意曾经很兴旺。总的说来，尽管各地的文化和政治状况发展不均衡，但意大利看来还是启蒙著作的大市场——并不是受僧侣支配的一潭死水，而是一个多元的、有教养的国度，开始从关于 18 世纪的学问中获取应得的东西。②

尽管不可能估算到达其他大洲的数量，但是对《百科全书》的需求毫无疑问超出了欧洲的范围。日内瓦的经销商艾蒂安·佩斯特尔告诉纳沙泰尔印刷公司，他为非洲的顾客买了两部四开本，而圣叙尔皮斯的默隆则为好望角订购了一部。③ 纳沙泰尔印刷公司甚至向本杰明·弗兰克林咨询过在美国建立储运仓库的事。和这一计划一样最终没有付诸实施的是托马斯·杰斐逊在美国销售《方法百科全书》的提议。④ 不过杰斐逊为促进《百科全书》在新

---

① 和很多其他的例子一样，杜普兰把那不勒斯人的订单弄错了，没有回他们的信，最后，当他们对所受对待提出抗议时，又回以威胁和辱骂。"杜普兰的行径，真是让我们厌烦之至。"那不勒斯文学和印刷协会在 1778 年 10 月 12 日的信中对纳沙泰尔印刷公司抱怨。

② 关于 18 世纪意大利知识分子生活的全面论述，请参见 Franco Venturi, *Illuministi italiani* (Milan, 1958— )。

③ 佩斯特尔致纳沙泰尔印刷公司的信，1777 年 12 月 20 日；默龙致纳沙泰尔印刷公司的信，1783 年 1 月 2 日。

④ 奥斯特瓦尔德和博塞在 1780 年 4 月 14 日从巴黎写给纳沙泰尔印刷公司的信中间接提到了和弗兰克林的谈判。后来，在 1783 年，他们向弗兰克林咨询过在美国建立他们的图书销售市场的事宜，但是这些讨论最后没有什么结果。参见梅雷勒（Merellet）致纳沙泰尔印刷公司的信，1783 年 5 月 25 日和 5 月 31 日，以及梅雷勒发出的一封短信，信上的日期是 "25"——显然是 1783 年 2 月 25 日。

共和国内的传播做了很多工作。在美国革命的某个关键时刻,在
《弗吉尼亚报》上读到一则广告后,他用 15 068 磅烟草的价钱买了
一部卢卡版《百科全书》。他打算让它"为共和国服务",并签署
了特别命令提供保护,使它免遭康华里所率英军的毒手。<sup>①</sup>同时,
他还在设法为自己找一部。"我极其渴望得到一部大百科全书,但
是我很害怕从商业渠道获得这部书,因为原价既高,又加之有在
充分保险的名义下数额巨大的预付款"<sup>②</sup>。显然他没有购买,直到在
法国接任富兰克林的美国公使一职。他在法国的住处变成了运往
美国的法文版图书的中心,他 1784 年到 1789 年间的通信使我们
可以瞥见当时法国图书交易的面貌。例如,1786 年,他告诉麦迪
逊《百科全书》市场的状况:"自从我发出了以前购书的目录后,
没有给你买什么书……我可以帮你买到最初的巴黎版对开本《百
科全书》,620 里弗,35 卷;另外一套 39 卷四开本是 380(里弗),
一套 39 卷 8 开本是 280(里弗)。新的一种(《方法百科全书》)的
优点在于条目数量更多;但是这还不够。有一部以前的版本可以
与现在的版本互补。"<sup>③</sup> 麦迪逊选择订购《方法百科全书》。杰斐逊

---

① 杰斐逊致约翰·菲茨杰拉德(John Fitzgerald)的信,1781 年 2 月 27 日;杰斐逊
致詹姆斯·亨特(James Hunter)的信,1781 年 5 月 28 日;阿马布尔(Amable)
和亚历山大·洛里(Alexander Lory)致杰斐逊的信,1780 年 12 月 16 日,引自
*The Papers of Thomas Jefferson*(《托马斯·杰斐逊书信文件集》), ed. Julian P. Boyd,
Princeton (1950— ), V, 15, 311–312; VI, 25; IV, 211。
② 杰斐逊致查尔斯-弗朗索瓦·当莫尔斯(Charles-Francois d'Anmours)的信,1780
年 11 月 30 日,ibid., IV, 168。
③ 杰斐逊致麦迪逊的信,1786 年 2 月 8 日,ibid., IX, 265。麦迪逊于 1786 年 5 月 12
日回了信:"虽然依照你所提到的原因来说,买一部旧版本的《百科全书》是值
得的,但是我不希望为自己所不需要的东西浪费金钱,我愿意有一部新版本。"

## 第六章 传播

也是如此，但他还另购了一部八开本，当他的好奇心驱使他在艺术和科学上进行新的探索时，他就把两个版本都研究了一番。①

## 阅读

书商的通信表明《百科全书》遍及欧洲大陆，甚至还漂洋过海。在某些地方，某些版本销路好一些，但它到处有售：在俄国冰原、在土耳其边境、在西方所有的大城市。然而，不幸的是，这些通信没有揭示这部书生命周期最后阶段的状况。《百科全书》的销售和阅读之间，存在着一条出版史无法架桥跨越的缝隙，因为，根本不可能知道读者的脑袋里在想什么。尽管大部分《百科全书》可能有很多读者——文学图书室的会员、出版商的朋友甚至家里的仆人，但有一些可能根本没有被阅读过。图书的借阅在18世纪看来远比今天普遍，而且阅读可能也是一种不同的经验——更少匆忙、更多沉思，在有钱即有闲并且没有其他媒体和书竞争的年代，阅读是一种非常吸引人的活动。当然，可以只考

---

① 杰斐逊以528里弗的价格买下三部八开本，这是很低的价格。显然，其中的两部是替朋友买的。杰斐逊致威廉·肖特（William Short）的信，1790年4月27日以及杰斐逊致玛莎·杰斐逊·伦道夫（Martha Jefferson Randolph）的信，1791年1月20日，ibid., XVI, 388; XVIII, 579。关于杰斐逊进行对比阅读的例子，参见杰斐逊致大卫·里滕豪斯（David Rittenhouse）的信，1790年6月30日，ibid., XVI, 587。关于杰斐逊的图书馆，参见 E. Millicent Sowerby, *Catalogue of the Library of Thomas Jefferson*（《托马斯·杰斐逊图书馆目录》）(Washington, 1952–1959), 5 vols., 书中说明杰斐逊拥有埃弗林·钱伯斯的《百科全书》、对开版的狄德罗《百科全书》和一部刚刚完成的《方法百科全书》。

虑旧制度中阅读的特性。尽管心理学家、效率专家和阅读领域的教授们试图破解它、加快阅读速度、在课程中阐述其理论，但阅读内部的运行方式依然很神秘。①虽然如此，关于如何阅读，还是有一些来自18世纪的证词。例如，一位在巴黎的德国访客说："在巴黎，所有人都阅读……短途旅行时在车上，剧院里在幕间休息时，在咖啡馆、在浴室里人们都阅读。在零售商店里，妇女、儿童、工人都学习阅读；星期天，聚集在家门口的人们在阅读，仆役在他们车后阅读，马车夫在座位上阅读，士兵在岗位上阅读，官员们在他们的办公室里阅读。"②

当然，这并不是说读《百科全书》的人必然是无所不读。它的规模和按字母顺序排列的编排方式，排除了从头读到尾的可能，读者大概是为了不同的目的、以不同的方式来查阅它的——为了获取某个特定主题的信息、为了消遣、为了系统的研究、为了获得发现那些原该被检查官揪出来的大胆的题外话时的刺激。从思想史的角度看，应该再度提出如下的问题：《百科全书》的读者是

---

① 关于阅读的心理学和社会学著作，请参见 Douglas Waples, *What Reading Does to People*（《阅读对人有何意义》）(Chicago, 1940)。近来的很多著作，包括传播理论的研究，在这个题目上没有多大进展。但是文学领域的学者提出了一些有启发性的假设。参见 Stanley Fish, *Self-Consuming Artifacts*（《自我消费的人造物》）(Berkeley, 1972); Walter Ong, "The Writer's Audience Is Always a Fiction"（"作家的读者永远是虚构的"）, *PMLA*, XC (1975), 9–21；以及 Ronald C.Rosbottom, "A Matter of Competence: The Relationship Between Reading and Novel-Making in Eighteenth-Century France"（"技能问题：18世纪法国阅读与小说创作的关系"）, *Studies in Eighteenth-Century Culture*, VI (1977), 245–263。

② Heinrich Friedrich von Storch，引于 Jean Paul Belin, *Le mouvement Philosophique de 1748 à 1789*（《1748—1789年的哲学运动》）(Paris, 1913), p. 370。这些在历史学家手里传来传去的评论，不应从字面上来理解。

## 第六章 传播

把它当成参考书，还是想从中得到哲学思想？

必须承认，在开始时读者根本不可能是到里面去找哲学思想的。萨米埃尔·吉拉尔代，瑞士小城勒洛克勒的书商，对他的顾客对四开本的兴趣从来没有什么好的评价：

> 我预计日内瓦的《百科全书》将是一本使人厌倦的书，这是由于现在距它向我承诺的出版时间已过去了将近五个月，这都已使得买主们感到不安了，但还没有见到一张纸。当将拥有因其内容比伊韦尔东的好书更为独到而涨价的一堆杂乱无章的书籍时，他能不感到不安吗？我们这些山里人梦想获得安宁，当它出现时会将它放置在休息时用的桌子上。①

庞库克认为"《百科全书》将始终是所有图书馆和图书室的首选书籍"②，但这部书更是用来展示的，而不是用来阅读的。事实上，庞库克听说里昂的一些订购者是文盲。③然而，如果他们仅仅把四开本用于给来客留下深刻印象，那么他们的行为更多地说明了它的重要性而不是毫无用处，因为书架上的一部《百科全书》可以传达出主人的身份，就像伪造的纹章或者表示贵族出身的介词\*。可能到了1780年，身份的传达方式转向了启蒙运动，一种新的、摆知识绅士架子的现象出现了。

---

① 吉拉尔代致纳沙泰尔印刷公司的信，1778年1月27日。
② 庞库克致纳沙泰尔印刷公司的信，1776年8月4日。
③ 庞库克自里昂致纳沙泰尔印刷公司的信，1777年10月9日："公众的热情是前所未有的。那些不会阅读的人也预订。"
\* 如放在姓氏前的de。——译者

不论如何，得到很好展示的《百科全书》一定在表明了主人博学的同时，也宣布主人有着进步的观念，因为在18世纪，没有人能够忽视这部书众所周知的意识形态性质。当时所有提及它的文字——从《绪论》到对它的攻击以及支持它的宣传——都强调它和启蒙运动的同一性。就目前所掌握的读者反应的证据来说，他们在文字中获取知识的同时，也从中寻找哲学。在第13卷开篇的"序"中，四开本的出版商引用了一位法国医生的来信，他反对对条目"ACEMELLA（醋栗）"的删节："我在其中没有发现任何有关植物（它是辞典最后一段的结尾）的所有权的思索。而这些思索是哲学的和有意思的。"编纂者回答说"具有哲学思想性的评论"将出现在随后的条目"PLANTES（植物）"中。无疑，他们无法承受遗漏哲学思想的后果。劳登的一位书商也写信说他的顾客抱怨说："各种神学文章过分采用索邦神学院的风格进行阐述，可能是为了更好地促进它在法国的传播，但是这种对思想自由的束缚不能使所有读者满意。"①

从流亡伦敦的法国人的一项计划中也可以很清楚地看到《百科全书》中的哲学思想对18世纪读者的吸引力，这些流亡者宣称要把菲利斯从狄德罗版的文本中删去的全部哲学片断编起来，作为《伊韦尔东版百科全书》的补遗卷出版。他们说，通过这样的方式，菲利斯版的订购者就可以补上《百科全书》中最有价值的部分，而不必从其他瑞士出版商那里重买新的整部的《百科全书》。实际上，这似乎应该是海牙的小皮埃尔·戈斯为挽救他那些卖不掉的《伊韦尔东版百科全书》而耍的手腕；和很多的出版计

---

① 劳登的马勒布（Malherbe）致纳沙泰尔印刷公司的信，1778年9月14日。

## 第六章 传播

划一样,它一直没有付诸实施。不过,这说明了为什么狄德罗版的《百科全书》出了一版又一版,而菲利斯版的《百科全书》却处境困难:"编辑者无法遵循读者的各种思维方式。"[1]这则公告解释说——也就是说,读者想要哲学思想,而菲利斯只给他们知识。

很难相信 18 世纪的读者不从《百科全书》中寻找知识,但如果假定他们像现代读者使用现代百科全书一样使用《百科全书》,未免就要犯"关公战秦琼式"的错误。狄德罗和达朗贝尔打算同时进行传授知识和启蒙的工作。他们的基本策略是表明只有哲学性的知识才是合理的;表面上看起来他们只是提供知识,但他们在向迷信开战。区分《百科全书》的知识性方面和哲学性方面就是把作者认为不可分割的东西分割开来,也曲解了这部书对读者的意义。尽管不可能钻进读者的脑子里去,但是却可能走进他们的图书馆,偶尔还能瞥见他们俯首于《百科全书》的书页间。这里有一幅司汤达自传中的场景:

> 我的父亲和祖父有狄德罗和达朗贝尔的对开本《百科全书》,这是一部值 700—800 法郎的书。必须受到非常大的影响才会促使一个外省人在书籍上投入如此多的钱,由此,今天我可以得出结论,在我出生之前,我父亲和祖父已确定无疑地是哲学家了。

---

[1] 引自 1779 年 8 月 10 日《莱顿报》上的一则公告,题为"伦敦印刷公司"("Société typographique de Londres")。戈斯和这群人的关系从《莱顿报》上后续的公告(1779 年 8 月 24 日和 1780 年 5 月 16 日)中看得很清楚。博塞在低地国家旅行中得知"伦敦印刷公司"只是戈斯的一个幌子。博塞自布鲁塞尔致纳沙泰尔印刷公司的信,1779 年 9 月 13 日。

每当我翻阅《百科全书》时，父亲就会很生气。由于我父亲的厌恶和他在不断来访的教士中所激起的明显的仇恨，我绝对信任这部书。身材很高——5 法尺 10 法寸*——的本堂神甫和议事司铎雷伊，通过读错狄德罗和达朗贝尔的名字而做出一副古怪的样子。这一怪相使我非常快乐。①

这就是 19 世纪格勒诺布尔一个富裕的资产阶级家庭中一位年轻的《百科全书》读者的感受。不同背景中的读者可能会有不同的感受，永远不可能捕捉到这些感受并把它们分类了。但不论他们的感受如何，他们一定知道，手里捧着的是他们那个时代最有吸引力的一部书，这部书允诺重新安排认知宇宙的秩序，因而引起当地牧师的咬牙切齿——除非这些牧师自己就是《百科全书》的订购者。②

---

\* 12 法寸等于 1 法尺，1 法尺等于 32.5 厘米。——译者
① Stendhal, *Vie de Henry Brulard*（《亨利·布吕拉尔的一生》），ed. Henri Martineau (Paris, 1949), I, 379. 感谢约瑟夫·吉斯先生（Mr. Joseph Gies）提供这条材料。
② 很多外省的牧师和弗朗什-孔泰地区的人一样购买《百科全书》。根据路易斯·马德林（Louis Madelin）的研究，一份佩里戈尔（Perigord）地区订购者的名单中，包括了 24 位本堂神甫。Madelin, *La Révolution*（《法国革命》）(Paris, 1913), p. 18. 在关于私人图书馆的研究中，达尼埃尔·莫内特在 42 位《百科全书》拥有者中标出了 6 位的身份是神职人员。Mornet, "Les enseignements des blblothèques privées（1750-1780）"（"私人图书馆所提供的教育［1750—1780 年］"）, *Revue d'histoire littéraire de la France*, XVII (1910), 465, 469。纳沙泰尔印刷公司的通信中偶尔会不经意地提及牧师，就像马莫里埃（Antoine Barthes de Marmorieres）于 1784 年 10 月 12 日发出的信那样："一位仁慈的牧师请我向你们要求获得你们的日内瓦《百科全书》的尽可能多的折扣。"

第七章

## 清算

1780年1月，四开本的出版商聚首里昂，对他们的生意做最后的安排。正如他们从一开始就通过阴谋活动来做生意，他们也让它以戏剧性结局收场。这值得仔细研究，不仅是因为它揭示了现代早期的资本主义精神，还因为它是巴尔扎克《人间喜剧》之前的一段历史——或者如狄德罗所说的，资产阶级悲剧。

四开本生意的最后一幕始于1778年10月。当时，庞库克和合伙人已经击退竞争对手——那些来自日内瓦、阿维尼翁、图卢兹、里昂、洛桑、伯尔尼和列日的或真或假的《百科全书》。而他们自己的《百科全书》已经一版一版地发展起来，变得在每个阶段都更加有利可图也更难管理。1778年夏天，它差点失去了控制。不过，1778年10月10日，关于合同的争论最终得以解决，使得四开本的出版商似乎有可能把"出版业中最好的（项目）"[①]带向一个令人愉快的结局：里昂人已经被买通，八开本正在从法国撤退，

---

[①] 纳沙泰尔印刷公司致庞库克的信，1778年8月20日。

列日人已经讲和,而杜普兰也接受了庞库克关于四开本第三版的条款。显然,除了最后那些卷的生产和发行、收齐最后的货款和分钱以外,没有什么事情要做了。《第戎协定》为这件事情的结束规定好了程序。它甚至要求合伙人每六个月见一次面以保证账目有序,不过他们实际上只见过两次——第一次在1779年2月,当时杜普兰提出了关于《百科全书》生意状况的临时报告;还有一次是在1780年2月,合伙人一起结清了账目。不过,四开本并没有以事先规定好的方式结束,它结束的时间并没有恰好落在两次会议之间的12个月里面。出版商一签订了第三版的合同,立刻重新进行大量的谋划。1779年2月,他们没有能解决彼此间的冲突。而他们最后的清账则导致了冲突的大爆发。

## 1778年,隐藏的分裂

1778年6月,关于如何销售《百科全书》,经常有灵光闪现的杜普兰建议,他和庞库克各自独立地销售500部第三版。这项提议对简化他在里昂的工作有好处,因为它允许他一次卖出全部数百部四开本,而不必再和几十个经销商和个人预订者打交道。而它对庞库克也有吸引力,因为杜普兰答应给他保留富庶的巴黎市场。庞库克不仅将独占首都的批发生意,而且还将毫无困难地把这500部脱手,因为他可以把其中的208部分给纳沙泰尔印刷公司,用以抵偿他所占的5/12的股份,再给普隆德和勒尼奥各41部分别抵偿1/12的股份。当时的销售相当红火。看来似乎不存在合伙人变成竞争对手的可能性,因此,庞库克在7月接受了杜普

## 第七章 清算

兰的建议。①

11月初，杜普兰给专工出版生意的巴黎银行家巴蒂尤发出了如下的信：

> 我亲爱的朋友，我将给您提供一项很好的生意，只是不要让其他任何人了解情况，甚至对我们共同的朋友庞库克也是如此。请找一两个公众信任的旅行推销商，让他们负责接受我已寄给您说明书的佩莱《百科全书》的预订。请与他们分享利润。您会发现只要销售出13部《百科全书》，就能挣得1400多里弗。请您或更确切地说请您的手下宣布前四卷将在日内瓦出售。请一定不要提我……我负责让它进入巴黎。请烧掉我的信。

巴蒂尤没有把信烧掉，而是转给了庞库克，庞库克抄了一份寄往纳沙泰尔，并把自己的解释变成了尖刻的评论：这封信表明了"杜普兰的丑陋灵魂"。这封信还证明为获取《百科全书》市场的斗争，在引发四开本的合伙人同竞争对手之间公开的战争的同时，也在他们内部引发了一场秘密战争。庞库克向纳沙泰尔印刷公司强调保密是第一道防线。杜普兰一定还不知道他们已经知道了。当他侵入他们的领地时，他们一定会发起针锋相对的销售活动，而且他们一定会保存所有能指控他的证据，以便有朝一日用来对他发起有效的攻击。当时，公开的分裂会使整桩生意垮台。但是

---

① 纳沙泰尔印刷公司致庞库克的信，1778年6月7日；庞库克致纳沙泰尔印刷公司的信，1778年7月21日。

杜普兰为什么要暗箭伤人？巴蒂尤为什么又要向庞库克透露呢？[1]

巴蒂尤的做法很容易解释：庞库克刚刚把他从破产中拯救出来。"他不会沉默，"[2]庞库克告诉纳沙泰尔印刷公司，"他受过我的恩惠。"杜普兰的动机看来是相反的：复仇，其中还混合着以牺牲合伙人为代价使自己致富的愿望。他对在第三版合同的讨价还价中的失败心怀怨恨，认为自己有资格获得更大份额的利润。他不是独力发起整个的工作吗？他难道没有征集订单、组织印制、发送货物、催顾客付账、把自己搞到筋疲力尽的程度，而此时庞库克正在巴黎构想一个个的计划，纳沙泰尔印刷公司则抱怨印制工作被砍掉？他单枪匹马策划了那个世纪最伟大的出版生意。他的合伙人只会碍手碍脚，而合同却送给他们一半的利润。他得想办法提高他应得的份额的价值，即使某些手段有点可疑。当然，杜

---

[1] 庞库克在1778年11月6日的信中把（巴蒂尤信的）副本交给了纳沙泰尔印刷公司，并附有如下的说明："先生们，你们可以从附上的信中想像杜普兰的丑陋灵魂。已约定我们负责这500部，不用再和巴黎协商。你们看看他所说的话……你们应该四处写信以在外省销售该书。我们没有时间可以耽误了……请一定不要将这封信告诉杜普兰。目前的争执只会损害我们。"

[2] 庞库克致纳沙泰尔印刷公司的信，1778年12月22日。庞库克表示拯救行动是件大事："你们可能难以相信巴蒂尤的生意使我多么苦恼。"他最早提到这件事是在1778年11月6日的信中："虽然巴蒂尤刚刚经历了前所未有的失败，但是他将获得成功。我们已开始做第五到六卷，而且我们保证它们会成功。这是一位勇敢的人，我们应该与他保持关系。"在18世纪，书商经常陷入破产的境地——其中有一些是欺诈——，所以当他们认为破产逼近时会告诉生意伙伴。因此，1778年11月22日，在和巴蒂尤密谋反对庞库克仅几周之后，杜普兰就警告纳沙泰尔印刷公司小心这两个人："出于对你们的喜爱，我们要秘密告诉你们巴黎的银行家米隆·德拉福斯先生失踪了，巴蒂尤在他那里有一大笔钱。我们很担心它对我们朋友庞库克的影响，而且因为我知道你们和巴蒂尤有生意往来，所以我就这事和你们说两句。"

## 第七章 清算

普兰从来不把这些决定写下来。不过他的行动说明了一切，而他在盛怒之下写的信有时也表露了他的态度，特别是在为第六卷的印制工作和纳沙泰尔印刷公司争吵的时候：

> 先生们，由于印制了如此糟糕的一卷书，你们已使我们处于马上破产的境地。我们能不抱怨吗？如果说我们的言语过于严厉了，这是因为我们确实负担过重，压力过大的心理需要有所宣泄。我们不分昼夜地工作以使该项目获得成功，但先生们，似乎你们在尽己所能地破坏它。①

因此，合伙人在临近第一次股东会议时就像是在准备一场内战。从11月开始，庞库克和纳沙泰尔人的通信中在谈及杜普兰时就充满阴谋气息，而他们写给杜普兰的信却依然保持和蔼的语气和公事公办的样子。"我们应对杜普兰采取预防措施让他不会猜想到人们在怀疑他。"纳沙泰尔印刷公司在给庞库克的信中写道。"应该掩盖我们的怀疑。"庞库克回答说。② 一种新的说法也出现在杜普兰当时的信中。他并没对四开本无穷无尽的销售能力表示惊奇，而是突然向合伙人发出警告说，对四开本的需求已经不复存在了。1778年11月10日他通知纳沙泰尔印刷公司，源源而至的订单流已经干涸。每一位合作伙伴都应该尽最大的努力散播通知函、出版通知并在商业信件中推销这部书。杜普兰自己只发出了200份通知函；要不是它们带来了新订单，这些合伙人的四开本就会在

---

① 杜普兰致纳沙泰尔印刷公司的信，1778年2月9日。
② 纳沙泰尔印刷公司致庞库克的信，1778年12月15日；庞库克致纳沙泰尔印刷公司的信，1779年1月3日。

库房中一年年地烂掉。杜普兰的信还强调了让订购者付款时遇到的困难,当时为了支付印制和纸张的费用,他已经花光了自己的钱。12月1日,他通知纳沙泰尔印刷公司,他的欠款已达15万里弗。距离向合伙人提交财务报告的会议越近,生意听起来就越差。

庞库克对杜普兰的悲叹无动于衷。他知道应该考虑到图书交易中大量的"正当的不义之财",他确信杜普兰还不至于完全行骗:"虽然他极力增加开支,但他并不会侵吞款项。"① 然而,纳沙泰尔印刷公司怀疑杜普兰秘密加印了第三版以图再秘密地卖出去。② 在里昂替庞库克进行监视的勒尼奥报告说,第三版的印数比合同规定的多。庞库克随即开始警觉:"我们在和一位非常精明和贪婪的人打交道,他始终欺骗我们。"庞库克自己在巴黎的四开本销售工作出师不利,他更害怕杜普兰的秘密销售活动又分去一杯羹。所以他要求杜普兰减少500部第三版的生意,至少取消平分1 000部的协议。"应该强迫他这样做。"他焦急地给纳沙泰尔印刷公司写信。但杜普兰的立场非常坚定。他坚持,即使市场已经饱和,也要维持协议和印数。③

---

① 庞库克致纳沙泰尔印刷公司的信,1778年12月22日。
② 纳沙泰尔印刷公司致庞库克的信,1778年12月15日。当时,杜普兰刚刚要求庞库克提供额外的图版卷,并且拒绝了纳沙泰尔印刷公司承印第三版的要求——这两个迹象向纳沙泰尔人表明,印数比宣布的要多。
③ 庞库克致纳沙泰尔印刷公司的信,1779年1月3日。他在这封信里提到了勒尼奥的报告,后来证明该报告不准确。庞库克在1778年12月22日和26日的信中向杜普兰提出了要求,Bibliothèque publlque et universitaire de Genève, ms. suppl. 148。杜普兰在1779年1月21日的信中向纳沙泰尔印刷公司解释了他拒绝要求的原因。他说第三版的印制工作很超前——已经印到第16卷;如果减少印数,损失很大。

## 第七章 清算

起初,庞库克试图扣留图版以自我保护。① 不过,纳沙泰尔印刷公司表示反对说,如果杜普兰真打算欺骗他们,这一招也阻止不了他;这只能让他察觉到他们怀疑他。事实上,此举令他狂怒。他谴责庞库克没有提供图版使很多订购者拒绝付款;他还告诉纳沙泰尔印刷公司他再也不和庞库克做生意了。② 所以,杜普兰的合伙人除了在试图防止杜普兰看穿他们的伪装的同时始终盯住他在里昂的账目之外,一无可为。

"我认为让他在里昂什么都不知道是很重要的,"庞库克劝告纳沙泰尔人,"应该查阅账目,冷静地检查,然后提出我们的意见。我希望你们中最冷静的人来里昂,或者你们俩都来。"他建议他们都住进王宫旅馆——"索恩河畔的一个非常好的旅馆,在那里会感到非常舒适"——,这样他们可以秘密地协调他们的策略。纳沙泰尔人应该带上所有的合同和信件,以防万一陷入与杜普兰的争论时需要能够支持他们观点的证据。③ 尽管对整桩生意的不快情绪与日俱增,瑞士出版商还是答应听庞库克的号令。他们已经开始卷入与杜普兰关于印制问题的新争论,他们发牢骚说庞库克深陷巴黎的生意,以致忽略了四开本的销售和他们的反杜普兰防线。他们甚至不喜欢他选的旅馆:王宫旅馆离杜普兰的工场太远。但他们同

---

① 庞库克致纳沙泰尔印刷公司的信,1778 年 12 月 22 日:"在销售上别人不能强迫我们。图版我们可以确保。"
② 杜普兰致纳沙泰尔印刷公司的信,1778 年 12 月 20 日:"最后,我们要向你们承认这将是我们和他做的最后一次生意。"从庞库克 1778 年 12 月 22 日给杜普兰的信来看,杜普兰一定给庞库克发过一些生气的信。庞库克的信中说:"我们应该相互商量,取得一致,而不要互相损害。"Bibliothèque publique et universitaire de Genève, ms. suppl. 148。
③ 庞库克致纳沙泰尔印刷公司的信,1778 年 12 月 22 日。

意在1月25日派贝特朗到那里去。庞库克意识到在对手的面前要离自己的盟友近一些,提出把会面地点改为英格兰旅馆:"如果你们在我之前到达里昂,先生们,请你们一定不要破坏我们的一致立场。我们是一起的,请相信有人正试图以一切方式欺骗我们。"①

1月初,纳沙泰尔印刷公司要求把会期推迟几个星期,因为贝特朗得了重病。他的病情恶化了,所以,2月初,奥斯特瓦尔德和博塞代替他去了里昂。他们离开后不久,他写了一封信来打消他们的顾虑:他现在头疼得不太厉害,可以写东西了。但他们回去后不久,2月24日早晨,他死在了病榻之上,时年40岁,留下三个子女,遗孀伊丽莎白是奥斯特瓦尔德的小女儿。为了使纳沙泰尔印刷公司获得成功,他一直辛勤工作。他学识丰富、观念先进。假如他完成了纳沙泰尔印刷公司的《艺术与工艺说明》增订版的工作和其他一些计划,他或许可以赢得二流哲学家的地位。可是,他在奥斯特瓦尔德的家庭和纳沙泰尔印刷公司中留下了遗憾,在他的遗孀接管了一部分商业通信联系后,这一遗憾才被弥补了一部分。在日常马拉松式的信件写作中,奥斯特瓦尔德在一段罕见的、非商业性的谈论中对庞库克谈到了他的死:"我们刚刚失去了教师贝特朗,他是我们的女婿与合伙人,昨天上午因为黑水热而去世了,各种医疗手段都未能救活他。您不难想象我们现在的悲痛。敬请体谅我们的心情,并继续您与我们的友谊。"②庞库克回答

---

① 庞库克致纳沙泰尔印刷公司的信,1778(1779之误)年1月7日回复纳沙泰尔印刷公司1778年12月29日的来信。
② 奥斯特瓦尔德致庞库克的信,1779年2月25日。奥斯特瓦尔德接着说道:"无论发生在我们身上的这类事件是多么不幸,我们都将依照直至现在一直遵循的计划继续我们的生意。"

第七章 清算

说:"如此年轻就去世是令人十分痛苦的。我明白这一损失将使您陷入困境和痛苦之中。"①这是一个很短暂的时刻,商人之间仅仅作为人而相互交谈。随后他们立刻恢复了商业交谈,因为作为一桩生意,《百科全书》发展得太快了,容不得他们稍加停顿去凝思人类状况之恒常。当贝特朗在纳沙泰尔走向死亡的时候,他们却必须清查里昂的生意。

## 初步清账

然而,杜普兰试图说服合伙人,说他们不必开这样的会。12月底,他建议庞库克取消会议,因为没有红利可分。他把前两版的收入用在了第三版的准备工作中了。一旦第三版发行,就会有足够的利润用于分配。而且直到这个时候,庞库克还无须为生意的财务管理担心,杜普兰已经把这件事交给了在里昂的合伙人,"安托万·梅利诺的寡妇及其儿子,是有着上百万罗马埃居的封建贵族,而且对于您来说我还是他们的担保人,我以出售自己资产后获得的三处价值不菲的不动产作为担保。因此请不用担心"。庞库克拒绝了这个请求,但不是因为怀疑杜普兰解决问题的可能性。"对于资金我根本不担心,"他向纳沙泰尔印刷公司解释说,"但是我认为无论杜普兰说什么,我们前往里昂了解账目情况是必须的和必不可少的。不要相信任何美丽的承诺。"纳沙泰尔印刷公司完全同意:最关键的是让杜普兰公开他的账目并且"账目……(要)

---

① 庞库克致奥斯特瓦尔德的信,1779年3月7日。

完全齐备……以接受检查与核对"。①

很难准确地说到底需要进行哪些检查和确认工作。庞库克说整个过程应该持续五到六天，明确希望杜普兰拿出所有收入和支出的详细账目，同时还要有书信和底账材料做支持，以备有人提出疑问。事情的关键，如纳沙泰尔印刷公司所说，是"清楚地看到"并通过一项确认杜普兰账目有效的契约。这份正式的协议将和其他的合同一起放入《百科全书》的档案里面去，由每一位合伙人保存。在最后的清账中，它将被当作一件武器，因为它要求杜普兰在记录生意往来时要有确定的方式——收到订单的数量、印制的卷数、在某个确定的日期支出和收入的钱数——这些他以后无法更改。简而言之，这将帮助庞库克和纳沙泰尔印刷公司免遭欺骗。

倘若会议之前咒骂和密谋在合伙人之间颇为流行的话，那么会议结束时签订的契约看起来就颇为奇怪了：它提出在合伙关系中，是融洽而不是别的什么占支配地位（参见附录A.XV）。所有的合伙人都同意前两版订单的需求已得到满足的说法。因此，杜普兰得说明6 150部四开本的收入和由同庞库克的协议规定好的生产成本之间的差额的情况。契约随后写上了杜普兰所称的把利润都已经用于第三版的开支的话。它确认第三版要印制2 375部（4令15刀，而不是1778年10月10日的合同规定的4令16刀），除了庞库克和杜普兰已经同意平分的1 000部以外，其余的都将被

---

① 庞库克致纳沙泰尔印刷公司的信，1779年1月11日，其中附了杜普兰的信的副本，日期是1778年12月31日；纳沙泰尔印刷公司致庞库克的信，1779年1月17日。

## 第七章 清算

"所有合伙人"出售。这份文件没有透露什么内情。会上到底发生了什么事呢?

检查杜普兰的账目,为讨价还价、互相让步提供了一个机会。每一位合伙人都有自己的小九九和需要优先考虑的事情。杜普兰认为迅速结清四开本的账比任何事情都重要。这个目标本身并不会招致反对,但却会导致接受分担1 000部的任务并引起和纳沙泰尔印刷公司之间的一些令人痛苦的摩擦。由于尽可能快地把所有的收入都投入了第三版的生产,杜普兰付不起纳沙泰尔印刷公司的账单。他还拒绝分给它一部分印制工作,因为他的第二个目标是从印制承包商那里赚钱。纳沙泰尔印刷公司想要他付账,还想从第三版中得到一卷的印制任务,并且获得大量的印制工作,这种工作自从它和庞库克结成最初的合伙关系以后就一直没有轮到过它。

庞库克的兴趣已经从四开本转移到《方法百科全书》上去了,这使他的合伙人很沮丧。他到里昂的时候,为这一新的百科全书拟了一份合同,这是他和列日的一些投机商草拟的,现在想要得到四开本的合伙人认可。在和列日人的谈判中,庞库克已经同意以20.5万里弗的价格把图版和法国市场的"入场券"卖给他们。但后来又决定取消这桩买卖,以便自己控制《方法百科全书》,把他四开本的合伙人当成新生意的合伙人。然而,四开本的合伙人不愿意牺牲20.5万里弗的股份,也不愿意在解决旧生意的纠纷之前被卷进新生意里面。他们对庞库克在第三版销售活动中的疏忽心怀怨恨。当纳沙泰尔印刷公司反对他监督杜普兰时的松懈态度时,杜普兰对他在生产图版卷时的缓慢进展倒是不甚在意。简而言之,看来这个合伙关系的内部在很多方面都存在分歧,其中有一些方面超越了杜普兰和庞库克集团两方对立的基本格局。但是所有的分歧都没有公开显露出来,合伙人通过相互间的让步弥补了生意中破损的部分。①

庞库克需要在很多地方做出让步,而瑞士人则有很多地方可抱怨。庞库克感觉到了修补与纳沙泰尔印刷公司的联盟关系的需要,在2月13日同奥斯特瓦尔德和博塞签订了单独的协议。纳沙泰尔印刷公司承认它有义务接受208部四开本,这缘自它在庞库克500部四开本中的5/12的股份,它还再次证实应支付92 000里弗,这缘自它在庞库克的图版和特许权中所占的份额。庞库克"希望强迫印刷公司的先生们"送给他将和杜普兰一起生产的四开本版的《索引表》5/24的股份。他和杜普兰在1777年9月29日的合同中秘密安排了这个计划。庞库克在致纳沙泰尔人的信中提到过的唯一的《索引表》是对开本的,他曾在1777年6月试图把它卖给他们,但没有成功。当时,他解释说,他花30 000里弗购买了穆雄的原稿;他要以60 000里弗的价格卖出去;而且他愿意担保它的利润会达到12.8万里弗。从那以后,局势发生了变化。庞库克决然地转而效忠纳沙泰尔印刷公司,他不想让纳沙泰尔人在一桩他背着他们策划的生意中感受到伤害。但是生意本身看起来依然有诱惑力。这部《索引表》给狄德罗篇幅巨大的文字做了很有用的概要和索引。而且它是四开本,看来一定会卖得不错,因为它可以跟在四开本的《百科全书》后面做推广,而四开本《百

---

① 关于《方法百科全书》的谈判将在第八章中仔细讨论。尽管四开本联盟没有保留里昂会议的记录,但可以从散布于纳沙泰尔印刷公司文件中的提到它的材料中拼凑出来。

## 第七章 清算

科全书》要比对开本成功得多。庞库克确信大多数四开本《百科全书》的订购者，甚至没有《百科全书》的人都会买这部书。这桩生意中 5/24 的股份因此就很有价值了。他还进一步讨好纳沙泰尔人，承诺向杜普兰斡旋，这样他们就可以印制四开本的《索引表》，这是一项六卷四开本的印制工作。①

杜普兰打算按照以前管理四开本《百科全书》的方式来管理四开本《索引表》，他鼓励纳沙泰尔人对印制工作的期待。离会议开始很近的时候，他兑付了几张汇票来安抚他们。他还从第三版中拿出一卷来交给他们印制。最后的这一让步不仅让他们的印刷机保持了运转，而且平息了他们对印数的怀疑；因为他们会从自己的工作中知道，第三卷的确只印制 2 375 部，和杜普兰声明并在会议上通过的契约中的数字是一致的。杜普兰和纳沙泰尔人甚至提出了新的合作计划，准备盗印卢梭著作的日内瓦版。即使纳沙泰尔人没有解除对"我们的里昂人"的全部怀疑，他们也一定带着对他好得多的感觉回家了。

有几件事情扰乱了庞库克和杜普兰的关系：图版的印制，1 000 部《百科全书》的分担情况，以及减少第三版印数的建议。庞库克在所有的问题上都退让了。他甚至走得更远：他同意杜普兰在图版上有 12/24 的永久股份，并且同意用《百科全书》的特许权来代替在四开本生意中分配的临时股份。这一赠予可能和送给纳沙泰尔印刷公司的《索引表》的股份一样有价值，因为它给

334

---

① 庞库克最初在 1777 年 6 月 16 日的信中向纳沙泰尔印刷公司提出建议。他最后自己出版了两卷对开本的《索引表》，由斯图普在 1779 年印制。参见庞库克 1779 年 7 月 31 日的通知函以及 1778 年 7 月 21 日致纳沙泰尔印刷公司的信。

了杜普兰要求得到庞库克所有附属生意权益的权利，其中包括《方法百科全书》。庞库克为什么会如此乐于助人呢？纳沙泰尔印刷公司已经使他相信给杜普兰提供图版是必要的，而杜普兰也表明减少第三版的印数是不合理的，因为他差不多已经印了一半了。要废除那个1 000部的协议也许已经太晚了，因为其余每一位合伙人都已经私下里卖了半年的时间了。但是，庞库克曾经对杜普兰的管理工作提出过强烈的批评，实在很难理解他为什么要如此犒劳杜普兰——除非是为《方法百科全书》考虑。比其他任何事情都要紧的是，庞库克想让他的合伙人都接受他和列日人的新合同。他送给杜普兰图版的永久股份和特许权，不仅将赢得杜普兰对新生意的支持，而且还让他和新生意有了利害关系。

此外，庞库克和纳沙泰尔印刷公司曾经在背地里表达过对杜普兰的诚信的严重怀疑。后者为自己做的辩护竟然有效到把他们都说服了吗？没有关于会议桌上是如何发生转折的记录，但那些和杜普兰谈判过的人——像法瓦吉和达尔纳尔这样的精明人——都认为他非常善于说服人。他可能确实使合伙人相信自己是被需求的严重下滑吓坏了。他们从自己的销售中知道订单流事实上已经停顿了。所以，他们很可能对他关于第三版前景的令人沮丧的报告毫不怀疑。由于他平息了他们关于印数的怀疑并且把自己的工作限制在从6 150部前两版《百科全书》中创造利润的范围中，看来他没有侵吞合伙人收益的余地。最后，他们发现了可以保护自己的秘密武器。当杜普兰没有注意的时候，他们以某种方式得到了他的订单登记册并在背地里复制了一份。这份7 373位预订者的名单本身没有什么可怀疑的，但它可以保护合伙人免遭欺骗，以防第三版生意结束后他们再度聚首分配利润并清算整桩生意时，

第七章　清算

杜普兰在要提交的账目中伪造订单报告。①

因此，1779 年的里昂会议并不像合伙人在散会前通过的契约所表现的那样坦率、温和。每一个来到里昂的人都怀着自己的怨恨和愿望，每一次会都充满了对立和怀疑。然而，并没有爆发冲突，紧张情绪在变来变去的计划和互相让步的过程中消散了。但是，合伙人在 1779 年 2 月并没有采取任何措施来清除使庞库克和杜普兰互相疏远的不信任感，它一直压抑在心中，直到 1780 年 2 月最后算总账的时候。

## 杜普兰和纳沙泰尔印刷公司的争执

合伙人刚刚从里昂会议归来，气氛再度阴云密布。他们之间的商业通信表明四开本的生意比以前更难做了，开朗、快慰的情绪，随着市场的缩减而离去。固然，他们卖出的《百科全书》的数量是史无前例的。但是，1779 年 2 月以后，他们的资产负债表开始不像原来想象的那么令人激动了。小小的借贷也变得很重要。纳沙泰尔印刷公司和杜普兰在接下来的 12 个月的时间里讨价还价、争论不休。尽管读他们的争吵令人不快，但是从中却可以看到在

---

① 奥斯特瓦尔德和博塞在 1780 年 2 月 13 日致贝特朗夫人的信中间接提到了秘密复制订购者名单的事，它说："登记簿……我们悄悄地记录，而且一年前他并没有觉察到。"这份名单和其他与 1779 年和 1780 年里昂会议相关的材料一起，保存在纳沙泰尔印刷公司的文件中。其中的一份文件（普隆德撰写的开始于 1780 年 2 月的回忆录，参见附录 A. XIX）表明，在 1779 年 2 月的会议上，杜普兰描绘的第三版的图景一片漆黑。

这桩生意的最后阶段里印刷商和出版商、合伙人和管理人之间的很多关系。

有些时候他们为琐事争论。比如，杜普兰拒绝向纳沙泰尔印刷公司支付90里弗15苏的印刷费，因为他得在里昂重印第35卷的扉页。纳沙泰尔印刷公司把这页印成了"第三版，日内瓦"，和杜普兰的想法正相反，它希望把第三版冒充成一种新的、出自纳沙泰尔的产品。纳沙泰尔人称他们只是忠实于他送来的原稿。所以，每当一方给对方送去结算表的时候，就会有一场关于那笔钱的新的争论。不过，杜普兰和纳沙泰尔印刷公司通常是为大得多的数目发生争论。在为自己的纸张支出给杜普兰开账单时，纳沙泰尔印刷公司在其中加入了加放或者说每令纸额外增加那部分费用。在现代早期，出版商把加放用于印样和代替有缺陷或在印制中损坏的书页。没有它，他们不可能从一令纸中生产出500个合格的印张。因此纳沙泰尔印刷公司认为自己有资格要求杜普兰付加放的费用，但杜普兰拒绝支付每令500印张的标准之外的任何费用：在账面上，111令纸的加放费用达到了1066里弗。[①]

关于31部搞错了的《百科全书》，他们之间发生了更重要也更剧烈的争论。1778年3月14日，纳沙泰尔印刷公司订购了52

---

[①] 由于这件事在印刷史和分析文献学（analytical bibliography）上有一定的价值，看来值得引用"针对杜普兰先生的诉状"中的如下段落，这是纳沙泰尔印刷公司提交给1780年2月解决争议的仲裁人的："每个人都知道印刷工场工作时，总是会有几张纸或是有缺陷，或是被工人弄脏、弄坏和撕破，更别说那些用于试验的纸张。正是因此，提供纸张的人总是另外增加一定数量的纸张，这一增加的部分叫做加放。由此本公司完全放心地采取了所有印刷工场都普遍接受的方法，并恳求仲裁员们就该市的这一出版事件宣布他们将对上诉做出判决。为加放增加的纸张数量上有不同。有时每令纸25张，最少的两令纸才25张。"

## 第七章 清算

部第三版，这些书应该记在它的批发账上，纳沙泰尔印刷公司打算在自己的顾客——那些通过纳沙泰尔印刷公司预订而不是直接向杜普兰预订的一个个的顾客——中发行这些《百科全书》。纳沙泰尔印刷公司一直没有收到关于这个订单的任何消息，直到10月13日，杜普兰写信说他将发出20套第一卷和第二卷。纳沙泰尔印刷公司回答说，非常高兴能收到这20套，但还需要32套，以满足52部的订单。杜普兰的运货人实际上在10月1日已经发出了52套第一卷和第二卷，但杜普兰没有通知纳沙泰尔印刷公司它们已经上路了。后续的20套书是打算给前两版的订购者的，由于在协调货物运输时遇到困难，他们只能得到第三版的书。杜普兰已经要求纳沙泰尔印刷公司把这20套记在它的账上，因为它们和纳沙泰尔印刷公司在北欧的老顾客有关，而这些顾客在他自己的贸易范围之外。所以，他看到纳沙泰尔印刷公司要求再追加32套的时候，认为这是一份新的订单，而纳沙泰尔印刷公司则把那20套理解为旧订单的一部分。因此，杜普兰又给纳沙泰尔人发去了32套第一和第二卷，这样总数就达到了104套，而不是52套。纳沙泰尔人一接到最后这批货的通知，就意识到发生了什么事情，并向杜普兰解释了这一双重误解。然而，杜普兰则给这件事添上了第三重混乱，他把纳沙泰尔印刷公司的解释看作是对方企图逃避支付104套图书的费用。需求的下降使得问题越发复杂，因为没有谁愿意被剩余的《百科全书》所困。纳沙泰尔印刷公司同意接受多出来的前20套，因为它们是自己的代理人订购的；它又找到一位订购者买了另32套中的1套。不过，它拒绝接受其余的31套，它们的批发价格达到了8 526里弗。杜普兰不让步。每当新的一卷印好后，他就向纳沙泰尔送31本没有人订的书，纳沙泰尔印刷公司随后再把它们送回来。双方都在账上给对方记上这些书的批发价和运费。每运一次，就激起一阵相互指责的通信。纳沙泰尔印刷公司提议进行仲裁，但杜普兰拒绝这样做。事实上，他相当执拗，以致看起来有点不守信义，因为通过仔细阅读他们的通信可以发现，他最应当受到谴责的是听任误解迅速发展成为不和，影响了他和纳沙泰尔人之间的关系，这种状况一直持续到这桩生意的最后，最终还是按照纳沙泰尔印刷公司的意愿通过仲裁解决了。①

　　杜普兰和纳沙泰尔印刷公司还在1778年账目的两件小事上争论不休。纳沙泰尔印刷公司印制了前两版的第15卷，并在6月20日通过蓬塔尔利耶的皮翁用64个板条箱运往里昂。但杜普兰直到7月1日也没有收到，此时他打算把第15、16和17卷，连同一卷图版卷发给订购者。随着7月1日最后期限以后的日子一天天过去，杜普兰对纳沙泰尔印刷公司的那一卷越来越着急。这一卷的拖延对整个生意都产生了影响：它阻碍了他自己货物的发出；发货的滞后导致书款交付的推迟，因为订购者是根据书到达的时间付款的；书款交付的推迟又将大大减少生产后续各卷所需的进款。到了7月24日，杜普兰已经给皮翁发了三封信，但没有收到任何回音或者任何关于这批发自纳沙泰尔的货物到底出了什么问题的说明。不能再等了，他派人沿着蓬塔尔利耶和里昂之间的路寻找

---

① 这件事在数十封信和备忘录中讨论了近两年。可以说明最初的误解的关键信件是：纳沙泰尔印刷公司致杜普兰的信，1778年3月16日；杜普兰致纳沙泰尔印刷公司的信，1778年10月13日；纳沙泰尔印刷公司致杜普兰的信，1778年10月17日；杜普兰致纳沙泰尔印刷公司的信，1778年10月20日；杜普兰致纳沙泰尔印刷公司的信，1779年2月18日。

这批货物，最后在博福尔偶遇：皮翁只是不紧不慢地转送了这批货，但没有按照惯例用发货通知书通知杜普兰。他的车夫也没有遮盖好箱子。所以，当这批货在月底抵达时，其中的10个印张已经被雨水淋坏了。盛怒之下，杜普兰在里昂重印了被毁坏的部分，并要求纳沙泰尔印刷公司支付275里弗的成本和办事人员124里弗的路费。他甚至还要求赔偿一个月的财产收益损失——按20万里弗、月息0.5%计算，即1 000里弗。令他极度愤怒的还有，纳沙泰尔人使他的库房中堆满了《百科全书》，假如当地教会转而和他作对的话，可以随时把这些书没收："我们在这里由于这些书而不堪重负，总是担心有人向教士告密，如处沸油之中。先生们，我们的困难是由你们造成的。"①

纳沙泰尔人回答说，这是皮翁的错，不是他们的错。尽管他们没有义务遵守任何最后期限，但他们还是准时发货了。根据商业上的法律，货运代理人和车夫对途中的延误负责。而且，有现成的处理损毁货物的程序。杜普兰应该在货物到达后尽快拟一份通知书，这样他就可以让车夫负责。把责任强加给纳沙泰尔印刷公司是很荒谬的，因为货物一旦离开纳沙泰尔，纳沙泰尔印刷公司就不再负责了。到了1779年2月里昂会议的时候，杜普兰的怒火平息下来，默默地向纳沙泰尔印刷公司让了步，接受了它1月6日提出的财务报告，其中没有包括他要求的任何赔偿。但在他当年稍后一段时间交给纳沙泰尔印刷公司的账单中又出现了赔偿的内容。纳沙泰尔印刷公司拒绝接受，而这些内容又给两家以后的商业通信中大量令人不快的说法提供了材料，这种状况一直持续

---

① 杜普兰致纳沙泰尔印刷公司的信，1778年7月28日。

到清算四开本生意的时候,仲裁人支持了纳沙泰尔印刷公司。①

奥斯特瓦尔德和博塞从1779年2月的里昂会议返回的时候,行李中放着第三版第19卷前半部分的原稿。开始印制后,他们发现其中的错误和前两版的一样。可是,杜普兰打算在纳沙泰尔印刷公司的名义下把它作为"在制作、校对等方面超过其他版本"的版本出售,②而且,第三版的合同还拨给拉塞尔神甫3000里弗用于改善早先的版本。纳沙泰尔印刷公司的结论是"我们的好神甫"拿了钱却什么也没有做。纳沙泰尔印刷公司对把自己的名字借给一部这样的《百科全书》感到难过——"充满各种明显的错误,人们有充足的理由指责它,而且一个有理性的人只要仔细地读过就不会让它通过"。它抱怨杜普兰不关心这部书的质量:他从合伙人手里骗取给"他的教士好友"的薪水,但却不监督他——这个管理不善的疏忽可能毁了纳沙泰尔印刷公司的名声,同时也毁了四开本的销售。③

但是,正如在前一章已经说明过的,纳沙泰尔印刷公司对杜普兰的管理有更严重的抱怨。它为"一位愚蠢的工头所做的错误

---

① 关于这件事情彼此交换的大量信件和账单中最重要的是:纳沙泰尔印刷公司致杜普兰,1778年7月15日;杜普兰致纳沙泰尔印刷公司,1778年7月24日;杜普兰致纳沙泰尔印刷公司,1778年7月28日;纳沙泰尔印刷公司致杜普兰,1778年7月28日;杜普兰致纳沙泰尔印刷公司,1778年8月7日;纳沙泰尔印刷公司致杜普兰,1778年8月26日;杜普兰致纳沙泰尔印刷公司,1778年9月2日。
② 杜普兰致纳沙泰尔印刷公司的信,1778年7月10日。
③ 纳沙泰尔印刷公司致普隆德的信,1779年5月1日。关于拉塞尔的编辑工作,请参见第五章。

## 第七章 清算

计算"而谴责他①，这一计算使得四开本的出版商要答应负责向公众提供原来的 17 卷对开本的全部文字和 29 卷本四开本中的 4 卷增补卷。从印刷上说，这是不可能的，兰盖已经以他惯有的热情在可能是欧洲读者面最广的杂志上把这一点曝了光。杜普兰不得不把卷数扩展到 36 卷，并免费奉送 3 卷。但是，他如何迫使订购者为多出来的 4 卷付钱呢？由于他们进入了"超出 29 卷以外的卷册危机"②，四开本的合伙人开始发抖；他们知道自己将面临有争议的账单、被取消的订单以及诉讼——这都是因为杜普兰。事实上，杜普兰只是设法把文字塞进 36 卷中去，办法是让每一卷"篇幅巨大"——120—130 个印张（大约 1 000 页），而不是他的合伙人认为比较适合四开本的 80—90 个印张（大约 700 页）。③ 由于订购者按卷付钱，印刷商则按印张收钱，这个办法压缩了合伙人的利润空间。不过，它倒使杜普兰的利润增加了，因为他每印一个印张就从四开本联盟那里得到固定数目的钱——而除了由纳沙泰尔印刷公司印制的那些卷以外，他以比所得到的低得多的价格找工场印制。他把这个例外当作理由，希望纳沙泰尔印刷公司同意推迟兑付他们的印制账单。纳沙泰尔印刷公司回信尖刻，提到了他得到的回扣，以此为理由希望他准时付清。④ 随后，关于他在费

---

① 纳沙泰尔印刷公司致普隆德的信，1779 年 5 月 1 日。关于拉塞尔的编辑工作，请参见第五章。
② 杜普兰致纳沙泰尔印刷公司的信，1779 年 4 月 17 日。
③ 纳沙泰尔印刷公司致普隆德的信，1779 年 5 月 1 日。
④ 杜普兰致纳沙泰尔印刷公司的信，1778 年 12 月 1 日，以及纳沙泰尔印刷公司致杜普兰的信，1778 年 12 月 5 日："此外我们根本不打算投资；至于你们向我们指出的我们能从印刷中获得的利润，先生们，你们已获得了比我们所知更多的财富，因为你们以比规定低的价格让人印刷。"

用上做手脚的行为,纳沙泰尔印刷公司又有了对他更不利的发现。1779年7月,纳沙泰尔印刷公司从佩莱的工场里雇请了助理工头来帮助它做好印制工作,当时它已经得到了第三版第19卷的印制任务。这位名叫科拉的新雇员曾经帮助佩莱监督前两版同一卷次的印制。因此,他能够解释为什么和第三版相比,前两版多了这么多印张——准确说来,是12印张或者96页——虽然文字是一样多的。佩莱让排字工增大单词之间的距离,拉长段落,直到换新页,这样尽可能地用掉更多的纸张。这一招多花掉联盟744里弗,纳沙泰尔印刷公司怀疑佩莱和杜普兰分享了这笔钱。①

  合伙人没有对杜普兰提过其中的任何一件事,把它们作为最大的秘密保守着,目的是在最终清账时以能证明他有"罪"的证据挫败他。但是他们不可能容忍所有令他们不满的事。新的事情不断冒出来,尤其是订购者,抱怨杜普兰货物和账单混乱不堪。例如,1779年4月中旬,杜普兰和纳沙泰尔印刷公司交换了财务报表。报表记录了对方在最近的几个月里累计的借贷情况。双方的账相差甚远。在一封长达七页的列举理由进行争辩的信中,纳沙泰尔印刷公司对杜普兰账目中的12项内容提出质疑。给布瓦萨克侯爵的第三版的前四卷,应该发给苏黎世的海德格,不应记在纳沙泰尔印刷公司的账上;第一版中的第七和第八卷各31本,杜普兰是经由日内瓦送到纳沙泰尔的,而没有按照它的要求选择比较便宜的经由蓬塔尔利耶的路线:差价是5里弗10苏;有一笔尼姆的布谢的预付金归错了地方,他是向杜普兰而不是纳沙泰尔印刷公司预订的:应该删除这288里弗;有一批纳沙泰尔印刷公司

---

① 纳沙泰尔印刷公司致庞库克的信,1779年2月25日,1779年3月23日。

## 第七章 清算

的订购者需要的第三版第五、六、七、八卷的到货日期大大晚于杜普兰账单上说的日期；1 440里弗应该从这次的账目延期到下一期；有一笔多付的款——纳沙泰尔印刷公司已经和皮翁结清了，但皮翁的车夫在里昂又收了一份，杜普兰把这笔账也算到了纳沙泰尔印刷公司头上：应该勾销360里弗。诸如此类，还有一些——简直乱作一团，如果单独看起来，问题并不严重，但如果集中在一起，就意味着9 151里弗的差额和在几个月中积累起来的不满。

杜普兰一步不让。在某些事情上他是对的。布谢的288里弗的预付金实际上已经划给纳沙泰尔印刷公司了，是纳沙泰尔印刷公司自己弄错了，杜普兰一拿出有说服力的证据，纳沙泰尔印刷公司就承认了错误。但是，大部分争论的来源是杜普兰在里昂的混乱工作。合伙人收到订购者很多抱怨，称订购的《百科全书》没有按时到货，或者书中有错漏而杜普兰拒绝更换，或者某一卷很多而别的卷很少。在急急忙忙收账时，有时杜普兰给书商开出了汇票而书商却还没有收到书。当他们抱怨时，杜普兰就威胁要告他们。他们就用反诉回敬他，或者向他的合伙人抱怨，后来这些合伙人也卷进了杜普兰和订购者的几十起争吵当中。每一次争吵都使联盟受到伤害，要么使收益受损，要么侵蚀了合伙人之间的信任。"怨言不断增加，"庞库克向纳沙泰尔印刷公司悲叹，"我非常担心这一切将以诉讼告终。"①

纳沙泰尔印刷公司发现和杜普兰打交道特别困难，因为它在和他打交道时有三重身份：合伙人、《百科全书》的批发商和印刷商。它无法把这几个角色截然分开。杜普兰从纳沙泰尔印刷公司

---

① 庞库克致纳沙泰尔印刷公司的信，1779年6月1日。

的订购者手里得到本该属于它的钱，再把这笔钱从它的印制费用账单中减掉。然后，他拒付这些账单，理由是他和纳沙泰尔印刷公司关于订单和货物的多宗争论还没有最后结果。他拒绝兑付纳沙泰尔印刷公司开给他的汇票，迫使纳沙泰尔印刷公司不得不以很高的利息紧急贷款来还自己的债。他确实付了一些汇票，但从来没有足额付清过，因为他总是在某些项目上发现问题。1779年1月，他付给了纳沙泰尔印刷公司印制前三卷的费用中的大部分，但到了4月，他拒绝为后面的两卷付账并重新开始争论在1月的账目中已经解决的问题。他一直没有结清4月的账——直到四开本生意的清算完成后，收到仲裁结果的逼迫，才不得不清账。纳沙泰尔印刷公司抱怨说："我们认为总体上您对事情的要求过于苛刻。依照您的要求，我们所有的工作将毫无收益……我们恳求您像对待您最差的印刷工人一样对待我们。"[1]在纳沙泰尔印刷公司和杜普兰之间的关系的最后一年中，除了拒付汇票、为账目争论和越来越确信杜普兰已经从管理不善走向侵吞钱款外，再也没有别的什么了。

## 行销策略

杜普兰和纳沙泰尔印刷公司的争论是这桩生意的性质发生变化的征兆。这些合伙人彼此总是互不信任，不过当要草拟最终的资产负债表时，他们就以很高的热情凑在一起做各种谋划，以图

---

[1] 纳沙泰尔印刷公司致庞库克的信，1779年4月24日。

# 第七章 清算

在一个市场处于萎缩状态的最后阶段中取得最大的利益。市场需求一落千丈的状况在1778年11月时已经很清楚了,当时纳沙泰尔印刷公司对"法国的所有资源已耗尽"表示了担心。[①] 法瓦吉在1778年后期法国南部和中部的旅行中,只卖出了三份订单;到1779年4月,庞库克在巴黎也只卖出了12份。不过,巴黎的情况有点不同,因为其他版本已经充斥市场,而且庞库克也忽视了销售活动。正如杜普兰和纳沙泰尔印刷公司所抱怨的,他把心从四开本转到了《方法百科全书》上。尽管他遵守承诺推迟了《方法百科全书》说明书的发行,但他透出消息说自己的超级《百科全书》正在制作过程中;纳沙泰尔印刷公司随即抗议说消息的泄露"相当于内容介绍"[②]。庞库克的过失很可能损害了四开本的销路,但是与合伙人中间的另一种不遵守约定的行为相比,它的危害性要小得多,这另一种行为就是:秘密削价。

庞库克和纳沙泰尔印刷公司在1779年2月13日的合同中承担了义务,要维持四开本的订购价格。但是,分摊的1 000部四开本和市场需求的减少,不可避免地在合伙人之间引起了竞争而不是合作。所以,1779年2月的会议以后,有谣言说普隆德已经对庞库克的500部四开本中他的那部分提出了特别条款。杜普兰警告说,任何对说明书中规定的条款的背离,都将毁灭这一版其他书的销售工作。两个月后,杜普兰听说勒尼奥以免除运费和提供

---

[①] 纳沙泰尔印刷公司致杜普兰的信,1778年11月22日。1778年11月29日,纳沙泰尔印刷公司警告庞库克:"外省已塞满了,这是我们从我们的一位推销员那里了解到的,他刚刚结束了在法国南部省份的旅行回来,在那里他只销售出两部。"

[②] 纳沙泰尔印刷公司致杜普兰的信,1779年4月10日。

一年的赊账期限——这是一个相当于降价的诱惑，并且会破坏杜普兰从订购者手里收取现金的努力——的条件出售他那部分的四开本《百科全书》。这种不正常的推销术可能对勒尼奥和庞库克的关系的恶化有一定影响，因为1777年和1778年，勒尼奥是庞库克在里昂的秘密代理人（他的主要活动很显然是监视杜普兰），而到了1779年，他们之间的关系被一场几乎闹上法庭的争吵毁掉了。庞库克本人最后也背离了规定好了的预订条款，尽管实际上他没有降低四开本的售价。随后，在1779年，纳沙泰尔印刷公司开始用各种销售手段诱惑顾客：六个月的赊欠期；每购买24部赠送3部而不是每12部送1部；免费装订（纳沙泰尔印刷公司曾将折页和装订工作定价为批发价的4%）；免费运送到里昂那么远的地方。年底，据传闻，普隆德已经把一部分四开本换成了他认为更好销的书，还有一些四开本在里昂以240里弗的价格卖掉了——比原来的批发价低了54里弗。尽管说市场状况已经落到最低点有点夸大其词，但是，1779年，需求下滑的程度进一步增加了合伙人之间逐渐累积起来的压力。而随着压力的增加，杜普兰试图通过一些惯用的策略把第三版的库底甩出去。①

---

① 在下列信中，就价格问题进行了争论：杜普兰致纳沙泰尔印刷公司，1779年2月18日；杜普兰致纳沙泰尔印刷公司，1779年4月17日；纳沙泰尔印刷公司致庞库克，1779年5月2日。勒尼奥的角色依旧不太明确，但1779年6月6日纳沙泰尔印刷公司给他的信表明，他和庞库克正打算上法庭解决他们之间的争论。纳沙泰尔印刷公司关于装订的说法出现在1779年8月7日致博塞、1779年8月15日致诺埃尔·吉勒（Noel Gilles）的信中。庞库克在1779年7月31日的通知函中提出可以赊账，作为对四开本价格略微提高的回报。1779年9月16日纳沙泰尔印刷公司致博塞的信和1779年11月12日达尔纳致纳沙泰尔印刷公司的信中都谈到里昂大幅度降价的事情。然而，到了这个时候，（转下页）

## 第七章 清算

首先，他提出，用他在四开本《索引表》和《方法百科全书》中的股份交换纳沙泰尔印刷公司已经得到的、在庞库克的 500 部中所占的 208 部。市场上的困难局面使得纳沙泰尔印刷公司倾向于接受这一提议。但是，基于对杜普兰的贪婪本性的看法，庞库克私下里建议拒绝它："杜普兰先生是一位贪婪的人，他迷恋金钱。"他还说 208 部四开本在《索引表》(据庞库克的估计将带来 4 000 里弗的销售收入) 和《方法百科全书》更远的前景中值超过一半的股份。不过，庞库克还关心防止杜普兰摆脱他们的生意的事："不管你们如何商谈，杜普兰应该依然有兴趣获得一部分，尤其要迫使他亲自行动以销售该书。杜普兰渴望退出，而他的活动对于我们来说是必要的。对于给你们提供了一个会损害其利益的建议这一点，杜普兰将永远不会宽恕我。"这一系列的推理使纳沙泰尔人信服了。他们回答庞库克说，杜普兰已经提出这一建议的事实就是拒绝它的充分理由。而且，杜普兰在市场需求似乎处在最低点的情况下，希望得到更多的四开本，看起来的确有点奇怪。①

然而，杜普兰没有放弃。事实上，他试图强迫纳沙泰尔印刷公司接受他的建议。他把纳沙泰尔印刷公司的 208 部的前八卷送到了巴黎而不是纳沙泰尔——这一步不仅阻止了纳沙泰尔印刷公司出售它们的企图，而且还给它们加上 1 466 里弗的沉重的运输成本从而降低了它们的价值。纳沙泰尔人本打算在北欧出售 208 部

---

（接上页）四开本中只有几卷还在继续出售，看来不太可能以如此低的价格推销，特别是在里昂以外的地区。正如前章提到的，杰斐逊发现 1786 年四开本在巴黎的售价是 380 里弗——也就是说，和它最初的订购价格一样。

① 庞库克致纳沙泰尔印刷公司的信，1779 年 3 月 7 日；纳沙泰尔印刷公司致庞库克的信，1779 年 3 月 14 日。

中的大部分。由于面临着里昂—巴黎—纳沙泰尔旅程中的不必要的开支和随后的28卷也将重蹈覆辙的威胁，他们可能会希望用比较容易的办法摆脱出来，把书卖给杜普兰。杜普兰没有公开进行这一威胁。他把巴黎的货当作报复的手段。他向庞库克解释说，纳沙泰尔印刷公司已经提出买它的书可以有六个月的赊欠期，而且背离订购条款将毁了他的销售工作。此外，他还和庞库克签订了向巴黎市场提供500部四开本的合同。不顾庞库克后来和自己的合伙人的各项协议，巴黎，他们一定要去。①

纳沙泰尔人回答说，杜普兰的协议"在各个方面都是有缺陷的"。他们不仅已经承担了保持价格的义务（直到1779年8月，他们都没有削价），而且平分1000部四开本的协议也没有要求庞库克接受他在巴黎的股份。任何一条这样的规定，都是可笑的，而且庞库克和纳沙泰尔印刷公司都会拒绝。纳沙泰尔人只能把杜普兰的行为解释成试图迫使他们按照他想出来的能给他带来最大利益的结束生意的秘密策略行事，而不管合伙人会付出什么代价。因此，他们决心抵抗，并且把他们的怀疑深藏不露。"您已很明智地向我们建议对他隐瞒到底，不表现出我们的不满。确实，事情变得越来越困难了。"他们告诉庞库克。他们坚持自己的决定，拒绝了杜普兰提出的208部四开本的要求，而且1 466里弗这一不必要的运输费用也成了一长串他们所说的"对杜普兰的不满"当中新增加的一项。②

---

① 杜普兰致庞库克的信，1779年3月12日，见庞库克1779年3月12日致纳沙泰尔印刷公司的信中的副本。
② 纳沙泰尔印刷公司致庞库克的信，1779年3月23日和3月14日。参见纳沙泰尔印刷公司致杜普兰的信，1779年4月24日。

## 第七章 清算

同时，杜普兰试图说服庞库克就像对第一版那1 000部那样和他分割第三版剩余的部分。他说，大约还有450—500部待售。他将把这些书分配给合伙人，并且运到他们希望的地方，这样每个人都可以根据自己的意愿来处置自己的书。关于这一建议还有一件事应该说明：它将防止合伙人之间的关系恶化，办法是废除所有禁止削价的协议，让他们自由地按照自己能够得到的最佳条款出售最后的那些四开本。庞库克很想接受这一提议，尽管他对纳沙泰尔印刷公司说自己对杜普兰的"贪得无厌"不抱什么幻想。确实，杜普兰把208部书送到了巴黎，目的是不让纳沙泰尔印刷公司进入外省市场，出于同样的原因，他早已拒绝过在里昂给勒尼奥供货。但是，杜普兰还有更多的办法可以破坏他们的销售；因为他在里昂控制着整个机构，合伙人远在150里格*之外，鞭长莫及。尽管庞库克会试图通过扣住最后的图版卷来保护他们的利益免遭侵吞，直至清账完成，那时要从印制的佣金中补偿他们的损失也为时已晚；但是，他们可以通过分配最后的那些书并各自出售来防止进一步的欺诈行为。他们可以用这种办法给有关最后的交易和收账活动的争论画上句号，并且把联盟拢在一起，直到最后结账——假如他们能够继续隐藏对杜普兰的不信任的话。"看在我们的友谊上，永远不要连累我，"庞库克说，"尽管我们可能有各种抱怨，但是我们仍要团结一致完成所有账目工作。"①

纳沙泰尔印刷公司确信杜普兰的建议中有两个问题：它认为

---

\* league，1里格=3英里。——译者
① 庞库克致纳沙泰尔印刷公司的信，1779年3月18日，其中包括了一份杜普兰在1779年3月12日致庞库克的信中提出的建议。

杜普兰夸大了待售的数字，纳沙泰尔印刷公司估计应该是 400 部而不是 450—500 部；它还认为在销售这些书的时候，杜普兰享有不公平的优势，因为他可以拦截已经进入联盟中心办事处的最后订单，而他们则要在需求已经降到最低点的开放的市场上推销自己的那部分。① 几天以后，杜普兰在一封通知函中向合伙人正式提出建议："第三版仍有 480 部，而且我们不安地看到再也卖不出去了。我们相信为了所有当事人的利益，应该将它们平分，因为每个人有自己的途径，可以很快售完。"② 纳沙泰尔印刷公司巧妙地拒绝了这一建议，它说杜普兰的销售工作做得非常好，已经为联盟卖掉了七八千部《百科全书》，他肯定能够再卖掉只有 480 部的"尾巴"。庞库克随后也持相同意见。他不相信杜普兰关于订单数量的说法，而是信赖纳沙泰尔人。所以他也拒绝杜普兰的建议，并拒绝向里昂发第三卷图版卷的货。③

庞库克的拖延战术激怒了杜普兰，他要求纳沙泰尔印刷公司进行干预，给图版卷放行。纳沙泰尔人同意了，但同时坚持要求杜普兰交出他们在里昂的 208 部《百科全书》的剩余部分，达尔纳尔已经租用了存放这些书的库房。他们成交了。杜普兰在里昂把书交给了达尔纳尔，而不是在巴黎交给庞库克，纳沙泰尔印刷

---

① 纳沙泰尔印刷公司致庞库克的信，1779 年 3 月 23 日。纳沙泰尔印刷公司还支持庞库克扣住"作为使其可怕的东西"的图版第三卷的决定，并且让他放心，它会保守秘密："我们同意您保持谨慎直至结束的主张，而且我们永远不会连累您。"
② "致所有当事人的信"，1779 年 4 月 1 日。
③ 纳沙泰尔印刷公司致杜普兰的信，1779 年 4 月 7 日；庞库克致纳沙泰尔印刷公司的信，1779 年 4 月 25 日。

第七章　清算

公司则说服庞库克发出最后的图版卷，说如果再拖延就会使杜普兰对他们产生怀疑。因而，1779 年春天，合伙人们再次从对峙中后退。但是他们的立场变得更强硬，猜疑也加深了。杜普兰把更多的第三版抓到自己手中的计谋，只是强化了庞库克和纳沙泰尔印刷公司之间的合作，而荒谬的是——或许看起来是——需求在持续减少，这增加了合伙人寻找销售最后那些《百科全书》的办法的压力。随后，当压力大到难以承受的时候，杜普兰提出了另一个建议。①

## 佩兰事件

1779 年 7 月，杜普兰去了巴黎，他告诉庞库克第三版的前景看起来比 2 月份时更加黯淡。订单流已经完全枯竭了。合伙人在年底清算四开本生意时手里还将有 400 部剩余的《百科全书》似乎已成定局。他们将分掉这些过剩的书分头出售。不过，到那个时候，他们将会发现除非当废纸，否则不管以什么条件卖，都卖不出去了，因为市场已经过分饱和了，并且它还将被 1780 年出版的《方法百科全书》无可挽回地毁灭掉。幸运的是，杜普兰找到一个患《百科全书》热的承包人。杜普兰用这些最后的四开本的

---

① 关于合伙人关系中的这个冷却期，请见杜普兰致纳沙泰尔印刷公司的信，1779 年 4 月 17 日；纳沙泰尔印刷公司致杜普兰的信，1779 年 4 月 24 日；纳沙泰尔印刷公司致庞库克的信，1779 年 5 月 2 日；庞库克致纳沙泰尔印刷公司的信，1779 年 6 月 1 日。在最后的这封信中，庞库克同意发出图版卷，理由是要使他们对杜普兰的怀疑保持在秘密状态并避免和杜普兰公开决裂。

生意前景燃起了这个他没有提到名字的人的想象。所以，合伙人可以把自己不再想要的四开本一股脑儿地交给他。当然，这位承包人提出了特别要求——每部153里弗，相当于批发价的53%——，但以任何价格把最后的《百科全书》脱手对他们来说都是很幸运的事。这位承包人将要得到一个很大的数目——剩余的书加起来多达422部。①

庞库克觉得这个提议非常有吸引力。一年前他和杜普兰平分了1 000部之后，当时手中还留有200部左右，再想卖出两打都不可能了。他希望尽快结束四开本生意，把全部的注意力都放到《方法百科全书》上去。他渴望得到那张没有瑕疵的汇票——这是杜普兰的那位承包人答应提供的，并且在短短的六个月以后就要到期了。这位承包人似乎欣喜到忘却了图书交易的风险，因为他只是要求《方法百科全书》的说明书推迟到1780年8月再发行，但所有了解内情的人都已经知道这部大书很快就将突然在市场上现身。杜普兰用他的胡萝卜加大棒的说服术大力推进这一提议的实现。他说他的人也将买进庞库克和他平分的1 000部四开本中庞库克的那一份；假如庞库克拒绝，杜普兰就把自己那一份以半价卖给这位承包人，他就可以以比其他合伙人低的价格倾销。庞库克知道杜普兰的狡猾，但他希望后者能把这些欺骗手段用在外人身上，这样，合伙人就不会成为受害者。杜普兰去把别人吊在他的鱼钩上。最好能在上钩的人跑掉以前就抓住他。他们不会再有

---

① 关于这笔交易的条款，请参见1779年8月3日和13日的合同（附录A. XVII）；关于有关的谈判，请见庞库克致纳沙泰尔印刷公司的信，1779年8月3日；杜普兰致纳沙泰尔印刷公司的信，1779年8月3日。

## 第七章 清算

这样的机会了。①

这就是庞库克 1779 年 8 月 3 日向纳沙泰尔人提出的忠告。在秘密附言中，他还建议纳沙泰尔印刷公司在接受杜普兰的提议时附加一项条件：它应该坚决要求得到四开本的《索引表》的印制任务，并且四卷中的每一卷都要求另付 1 000 里弗用于编辑工作。杜普兰同日也发了信，强调了同样的主题，当然带着他自己的新花样。如果纳沙泰尔人想拒绝他的建议，他们应该如实地告诉他；但应该通知庞库克说他们已经接受了。他们可以背着庞库克以自定的价格出售剩余的四开本，杜普兰随后会在其中给他们 5/24 的股份。但他力劝他们接受建议，这样双方都可以尽快结清四开本的账，转做《方法百科全书》和《索引表》的生意。

纳沙泰尔印刷公司选择了庞库克的建议对杜普兰采取行动而不是像杜普兰建议的那样误导庞库克。他们对建议表示赞同，附加条件是杜普兰让他们印制《索引表》。杜普兰同意了，并指出做出现在出售剩余的四开本的决定看来比以往任何时候都要明智，因为需求已经完全消失了。② 两份合同完成了这次买卖（参见附录A-XVII）。第一份，1779 年 8 月 3 日，仅涉及庞库克和杜普兰。庞库克答应接受杜普兰将和那位承包人——提到这人时，他们只是称为"他"——达成的交易，杜普兰将负责把由"他"为购买全部剩余的四开本而提供的汇票兑现给庞库克和其他合伙人，每部 156 里弗。签署日期是 8 月 13 日的第二份合同透露了那位"他"是"佩兰先生，里昂的代理商"。杜普兰确认已经收到佩兰为购买

---

① 庞库克致纳沙泰尔印刷公司的信，1779 年 8 月 3 日和 13 日。
② 杜普兰致纳沙泰尔印刷公司的信，1779 年 9 月 2 日。

422 部四开本而开具的 65 832 里弗的票据，以及佩兰将为购买庞库克在巴黎的 160 部四开本而支付另外的 24 060 里弗。①

和庞库克所希望的相反，与佩兰的交易非但没有把合伙人从自相残杀的争斗中解救出来，反而把他们带到了内战的边缘。它令纳沙泰尔印刷公司和杜普兰陷入了关于《索引表》的印制工作的争论，它最终使庞库克和纳沙泰尔印刷公司确信杜普兰欺骗了他们。印制工作对纳沙泰尔人来说很要紧，因为他们需要在 5 月份结束了《百科全书》最后一卷的印制工作后，仍然使他们的工场保持运转。到了 8 月份，他们已经不得不解雇了一半工人，但是他们保留了"一组好工人"，寄希望于找到一件大活来解救"我们闲置的印刷机"。②他们从 2 月份起就期待的这个解救者就是《索引表》。他们为此做了精心准备，在和庞库克的一系列通信中讨论了字体、成本、印刷量、说明书和其他细节问题。而庞库克也让他们相信杜普兰会把这项工作交给他们。然而，杜普兰却打算像印制文字卷那样印制《索引表》，也就是说，他想和里昂为他做低价活的企业签约，以中间人的身份牟利。因此，他很勉强地接受了纳沙泰尔印刷公司同意与佩兰交易的协议的附加条件，而协议一到手，他就开始从他在印制工作上的承诺后撤。他告诉纳沙泰尔印刷公司，它的价格应该和他里昂的印刷商中最便宜的一样。他很坦率地解释了原因，说自己有资格从印制费用中切下来一部

---

① 杜普兰保留了 8 月 13 日合同的原始版本，并把副本送交给了合伙人。由于合同中没有规定提供免费的第 13 部书，可以解释为是因为以正常批发价格 60% 的价格向佩兰提供了四开本。

② 纳沙泰尔印刷公司致博塞的信，1779 年 8 月 30 日；纳沙泰尔印刷公司致洛桑印刷协会的信，1779 年 6 月 1 日。

分，作为对自己这个成功的企业家的奖赏。他说，他已经为《索引表》征订到了 1 500 份订单，而且他预计一旦发行说明书，他还会得到更多。纳沙泰尔人立刻抗议说这违反了佩兰协议。但是杜普兰不肯改变主意。他说，如果他们拒绝他的条件，他们可以退出与佩兰的交易，拿他们在佩兰的 422 部四开本中的 5/24 的股份。佩兰会很高兴地把书退还给他们，因为他开始意识到这些书根本卖不动。正如杜普兰深知的，出于同样的原因，存货中增加更多的四开本会使纳沙泰尔印刷公司无法承受。而偌大的工厂没有大量印刷任务做支撑的状态同样不能持续下去了。所以，他们让步并接受了他的条件。然而，他们一直没有得到这桩活计，因为他不断地推迟印制工作；而且当他们抱怨的时候，他就不再回信了。因而，《索引表》又为在里昂的清算提供了新的争论内容。[①]

纳沙泰尔印刷公司与杜普兰在《索引表》的事情上扭打的时候，庞库克则在试图对付难以制伏的佩兰。事实证明佩兰的确不好对付，因为，据杜普兰说，他要求庞库克支付他的 160 部四开本从巴黎到里昂的运费。庞库克拒绝了，理由是 8 月 13 日的合同

---

① 关于为四开本《索引表》所做准备工作的故事，对印刷史来说，尤其具有重要意义，但如果要在这里讲这个故事，就要绕太大的弯子。许多与此有关的信件中最重要的是以下这些，都出自 1779 年：纳沙泰尔印刷公司致庞库克，2 月 25 日；庞库克致纳沙泰尔印刷公司，3 月 7 日；纳沙泰尔印刷公司致庞库克，3 月 14 日；庞库克致纳沙泰尔印刷公司，3 月 18 日；纳沙泰尔印刷公司致庞库克，3 月 23 日；纳沙泰尔印刷公司致庞库克，5 月 9 日；庞库克致纳沙泰尔印刷公司，6 月 1 日；庞库克致纳沙泰尔印刷公司，8 月 3 日；纳沙泰尔印刷公司致博塞，8 月 7 日；杜普兰致纳沙泰尔印刷公司，9 月 2 日；杜普兰致纳沙泰尔印刷公司，9 月 9 日；纳沙泰尔印刷公司致庞库克，9 月 19 日；杜普兰致纳沙泰尔印刷公司，9 月 20 日；纳沙泰尔印刷公司致庞库克，9 月 30 日；纳沙泰尔印刷公司致庞库克，10 月 15 日；杜普兰致纳沙泰尔印刷公司，11 月 9 日。

353 只要求他将由佩兰支配的四开本保留在巴黎。但是据杜普兰说，如果庞库克不承担肯定是很昂贵的运费的话，佩兰就不做这单买卖了。事实上，杜普兰警告说佩兰正在寻找取消这笔生意的借口。但是，庞库克坚持自己的意见，甚至在佩兰威胁要把他告上法庭时也不退让——据杜普兰说。

"据杜普兰说"似乎是佩兰表达自己意见的唯一形式。庞库克一直没有和杜普兰的这位承包人直接打过交道，而且甚至都不知道他的名字，直到杜普兰在一封信里说他是"一位名叫佩兰的先生，斯特拉斯堡的代理商，他在里昂有一家店铺，我相信在巴黎也有一家，最后我可以向你们担保他是极其富有的"[①]。这种暧昧的状态对庞库克来说听起来显得很可疑，他开始怀疑来自里昂的一切信息。"我将不胜感激，"他在给纳沙泰尔印刷公司的信中写道，

> 让达尔纳尔先生秘密通知你们这一佩兰先生是否并不存在，是否这甚至只是一个冒名顶替者。这是杜普兰的一种诈骗，我们不应容忍，因为我们之所以同意出售这些书，就是由于他曾向我们保证不再出售它们了，而且他还威胁我们如果我们不同意这一出售方案，他就将以这一价格出售他所拥有的那些书。请从达尔纳尔先生那里获取最秘密的信息。我们不应该受贪得无厌的杜普兰的骗。

---

① 庞库克致纳沙泰尔印刷公司的信，1779年9月10日，引自一封近期刚刚收到的杜普兰的信。

## 第七章　清算

在附言中，庞库克提醒纳沙泰尔印刷公司注意他们隐藏所有值得怀疑的策略："如果达尔纳尔先生的消息与我的怀疑是一致的，那么应该恪守这些秘密，让杜普兰先生进一步行动。"①

产业间谍活动不是20世纪的发明，对《百科全书》的投机生意来说，也不是新货色。四开本的合伙人从一开始就互相刺探。在与庞库克第一次谈判的过程中，纳沙泰尔印刷公司就对他进行了秘密调查，他的邻人是提供情报的人，佩雷戈是密探。1781年，纳沙泰尔印刷公司委托一个名叫冈代·德·拉舍纳尔的地下书商进行了另一项调查。庞库克从勒尼奥那里得到关于杜普兰活动的秘密报告，而路易·马西纳则一直让纳沙泰尔印刷公司通报日内瓦印刷工场内部的活动。在18世纪的图书交易中，间谍活动似乎无处不在。"密探"这个词经常出现在书商的通信中，就像出现在他们最流行图书的书名中一样：土耳其密探、英国密探、遭到抢劫的密探。这个词的含义中包括了很多活动，其中有一些是很清白的。像很多旅行推销商一样，法瓦吉在访问工人、偷看销售记录和窃取刚印好的书页时，也是在刺探。稍为严重的是贿赂工人要他们提供盗版书的书页。纳沙泰尔印刷公司警告博马舍说，凯尔的印刷工人肯定会向想在市场上打败他的盗版者提供伏尔泰著作的书页。它还让自己的顾客注意提防地下图书交易中的双重密

---

① 庞库克致纳沙泰尔印刷公司的信，1779年9月10日。着重的部分是庞库克所为。出于某种原因，也许是因为他心烦意乱，庞库克在一天之内给纳沙泰尔印刷公司写了两封信表示他的怀疑。第二封信说："我曾问杜普兰《百科全书》买主的名字。他说是位叫佩兰的人。我很担心这是他对我们耍的一个花招，并没有一个叫佩兰的买主。无论他可能是什么，都应该一直保持尽可能的谨慎。这位佩兰的住处、身份应该让人知道。但愿我的这些怀疑并不正确。"

探——比如像巴黎的德索吉、凡尔赛的普安索、特鲁瓦的马莱等人,他们订购了非法图书,然后再向警察告发提供这些书的人。根据雅克-皮埃尔·布里索的报告,法国警方甚至在纳沙泰尔印刷公司自己的工场中也有密探,而此人自己可能就是警方的探子。间谍活动是如此普遍,以致对纳沙泰尔印刷公司来说,在杜普兰的工场里安插一个人是一件很自然的事。事实上,在庞库克请它调查佩兰之前,它已经从达尔纳尔那里收到了两年的关于他的工场的秘密报告了,这样,它就要求达尔纳尔承担这一调查工作。①

纳沙泰尔印刷公司和庞库克一样怀疑佩兰:"我们越是检查销售情况……就越是发现其中存在不清楚的地方,甚至矛盾之处以及可疑行为。"②接到纳沙泰尔印刷公司的指令后,达尔纳尔回答说他接受这项任务,虽然做起来并不容易:

> 先生们,你们给了我一项相当难以完成的委托。在不受连累的情况下如何才能询问、打探,尤其是已被人知道我和你们有关系?先生们,由此你们觉得我们甚至对这些可能给予我们某些解释的人也很怀疑。然而,我们已找到一位和佩兰先生有密切联系的朋友,请他提供帮助试探上述那位先生。他将尽可能地机智以争取了解那位先生的秘密,如果他都不

---

① 关于纳沙泰尔印刷公司对博马舍的警告,请见奥斯特瓦尔德致博塞的信,1780年5月3日;关于它和布里索的关系,请参见 Robert Darnton, "The Grub Street Style of Revolution: J.-P. Brissot, Police Spy", *Journal of Morden History*, XL (1968), 301–327。

② 纳沙泰尔印刷公司致庞库克的信,1779年9月19日,见 Bibliothèque publique et universitaire de Genève, ms. suppl. 148。

## 第七章 清算

能成功，那么就不会有人能够成功了。但是上述的佩兰是杜某某的发货人，因此应该注意谨慎行事。很令人担心的是他并没有轻易地就决定泄露……一旦我们的密探有了一些发现，我们会赶快通知你们的。①

达尔纳尔还说，佩兰开了一家运输企业"卡梅尼亚克与佩兰"，据信规模很大，而且的确在斯特拉斯堡有分号。他认为一个运货人要投资出版生意的说法是最靠不住的，所以他同意杜普兰是把他的运输代理人当做稻草人的猜想。但如果想要获得不利于杜普兰的证据，还得极端谨慎，因为杜普兰知道达尔纳尔和纳沙泰尔印刷公司关系密切，而杜普兰和佩兰的联系可能也非常密切。达尔纳尔因此保持一种秘密状态。他告诫自己的密探小心行事，等待偶遇佩兰的机会，因为专门拜访可能引起怀疑。② 直到 10 月 10 日，他们都没有接触，这是现存的纳沙泰尔印刷公司文件中达尔纳尔的信里提到"P xxx"的最后日期。在那一时刻，达尔纳尔的人从文件中消失了。四个月后，当奥斯特瓦尔德和博塞到里昂做最后的清算时，他一定向他们提供了一些重要材料。在和杜普兰的最后遭遇战中，达尔纳尔始终站在他们一边。不过没有关于他的活动的记载。所以，只能说四开本历史的最后阶段中有这两个合伙人针对这桩生意的管理者的刺探活动。③

达尔纳尔在里昂进行调查的时候，庞库克和纳沙泰尔印刷公

---

① 达尔纳尔致纳沙泰尔印刷公司的信，1779 年 9 月 24 日。
② 达尔纳尔致纳沙泰尔印刷公司的信，1779 年 9 月 28 日。
③ 达尔纳尔同岳父博塞保持的私人通信中很可能包括了他的调查报告，但这些信没有保存下来。

司自身也在继续积累控告杜普兰的证据。纳沙泰尔印刷公司从法国的书商那里了解到在佩兰交易之前，杜普兰就宣称第三版实际上已经售罄——这可能是一种坦率的说法，但令纳沙泰尔印刷公司对佩兰的 422 部四开本的来历感到惊讶。[1] 庞库克发现有一种广告传单一直在法国的书商中散播，它提供以佩莱的名义打折的四开本。他认为这是杜普兰的秘密销售活动，类似于 1778 年 11 月巴蒂尤的秘密计划："我相信佩莱只是杜普兰的顶替者，而这位佩兰也只是一位傀儡或者说像佩莱一样是位顶替者。什么也别说，让他做。如果这一销售不是真的，那么我们应该引起重视。"[2] 他们想知道，假如需求已经枯竭并且供货工作转交给了佩兰，杜普兰为什么还要继续努力得到和销售四开本。杜普兰偷偷摸摸的销售行为对庞库克来说尤其不可忍受，因为他 10 月份收到了一份《索引表》的说明书，这是杜普兰没有和合伙人商议，自己撰写和印制的。它通过毁坏庞库克刚刚印好的对开本《索引表》的声誉来推销四开本《索引表》——这是对庞库克附带的投资活动的毫无必要的打击，庞库克因此勃然大怒。[3]

正当合伙人再也难以忍受对杜普兰的怀疑和愤怒的时候，杜普兰用一份十分可疑的对当时销售状态的"概述"向他们建议卖给佩兰更多的四开本：

---

[1] 纳沙泰尔印刷公司致庞库克的信，1779 年 9 月 19 日，Bibliothèque puldique et universitaire de Genève, ms. suppl. 148。
[2] 庞库克致纳沙泰尔印刷公司的信，1779 年 10 月 2 日。
[3] 庞库克致纳沙泰尔印刷公司的信，1779 年 10 月 11 日；纳沙泰尔印刷公司致庞库克的信，1779 年 10 月 15 日。

## 第七章　清算

| | | |
|---|---|---|
| 6 589 | 在各处销售 | |
| 500 | 交给庞库克先生 | |
| 500 | 给我（杜普兰） | |
| 422 | 依据最新协定以 156 里弗卖出（给佩兰） | |

8 011[①]

"8 011"对四开本联盟来说成为了一个重要的数字。这是杜普兰可用于销售的《百科全书》的数量——这是由印刷商送来的散页装订成的完整的整部《百科全书》的数目，也是杜普兰销售并同意负责任的数字。合同规定的三个版本的印数是 8 550 部，而后来的文件表明实际印制的数目是 8 525 部。在实际生产的数字和杜普兰所说的销售数字之间为什么会存在差距呢？杜普兰避开了对生产数字的讨论，不过他表示，他的印刷商给他提供的用于装订成册的材料远远多于 8 011 部的，因为他强调了他积存下来的"残页"的数量。这些残页指的是那些在印刷、转运和储存过程中损坏的纸页。一个残页就能毁掉一卷书，而一卷被毁又会毁掉一整部。杜普兰的库房里有二十多家工场印制的三个版本的 36 卷《百科全书》的散页，他让工人把其中的残页挑出来。如此大量的《百科全书》书页的卸货、检查、配装、储存和出货是一件复杂的工作。杜普兰的雇员们的工作混乱而匆忙，损坏了更多部书。最后，他说，残页堆满了两座库房。但是，可以通过印制为数不多的缺少的书页，从残页堆中抢救出来 100—130 部，也可能更多部。因

---

① 杜普兰致纳沙泰尔印刷公司的信，1779 年 10 月 11 日。

此，杜普兰建议合伙人授权他装订出一个"废料"版，以每部156里弗的价格出售。他说佩兰也许会对它们感兴趣。①

为什么合伙人在市场需求似乎已经探底的时候，还要花更多的钱生产更多的《百科全书》，杜普兰没有解释。他也没有说明佩兰为什么在刚刚发现以前购买的书根本没有市场之后，愿意再买100部四开本。最奇怪的是，杜普兰声称8 011部中只有6 589部已经卖给了订购者；因为纳沙泰尔人1779年2月从他那里复制来的秘密订购名单记录的销售数是7 373部。甚至8 011部这个数字似乎也有疑问，因为杜普兰曾坚决要求庞库克印制8 600套图版卷，这比8 011要高得多。"我已收到有关杜普兰先生寄来的整批书的统计，"收到"概述"后，庞库克给纳沙泰尔印刷公司写信说，"图版卷是销售状况的晴雨表。已经印了8 600套图版卷。经过严格统计：我们在里昂印了8 309部，加上出自残页的130部或150部，就非常接近准确数字了，但是我们与杜普兰先生的统计有很大差距。所有这一切只有在现场才能得到证实。"似乎只有一种解释能够说清楚所有这些令人困扰之谜以及自相矛盾之处：在取得

---

① 杜普兰致纳沙泰尔印刷公司的信，1779年10月11日："我很担心人们在我的仓库和寄送中造成的极大混乱——这是由于必须雇用各种类型的人的活动所具有的仓促性而必然引起的——，会使我丧失很多书，并使我无法进行新的工作。由于36卷即将结束，我将让人整理残页，你们将感到惊讶的是我有两个仓库满满的。因此问题在于公司是否想听从我的意见，即重印使这些书完整的印张；而且我相信以很少的开支我们就可以完成100部，可能130部，甚至可能更多……至于我，先生们，我的意见是马上着手残页的工作，重印那些将产生完整书籍的印张，并以156里弗的价格出售那些书作为交易的纯利，如果已买了其他书的佩兰先生想买的话。""残页"这个词用来泛指损坏的纸页和被损坏的整部书中剩下来的纸页。大量的损坏造成了大量的剩余纸页，因此有可能制造出一个"废料"版。

## 第七章 清算

了信任之后，杜普兰把这桩生意变成了一场骗局。①

1779年秋天，庞库克和纳沙泰尔印刷公司差不多都接受了这个观点。但是他们继续和杜普兰打交道，似乎对他毫不怀疑。他们拒绝了"废料"版的建议，但是在和他的通信中保持了一种礼貌的、公事公办的语气，而在彼此的通信中则发泄怒气。那是一个很难扮演的角色，尤其对纳沙泰尔人而言，他们对庞库克抱怨说："我们注意到，总的来说我们始终处于防御地位，只是忙于躲避他对我们发起的攻击。这一立场确实是最有利的。我们手上不是没有任何可以用来对他发动进攻的东西吗？"②到了6月，他们反击的欲望简直已经不可遏制，当时他们刚刚经历了和杜普兰最后一个回合的财务争论。印制完最后一卷后，他们向杜普兰通报说他的债务已经达到35 000里弗。杜普兰回信说，他欠6 000里弗，但拒绝兑付纳沙泰尔印刷公司汇票上的29 000里弗。纳沙泰尔印刷公司试图通过达尔纳尔兑付它的汇票，并郑重声明："在我们看来不可能有比他们的行为更残酷的了。"③但是达尔纳尔回答说杜普兰声称："最后，先生们，他没有任何东西要向你们解释的，他回

---

① 庞库克致纳沙泰尔印刷公司的信，1779年10月25日。在1779年10月31日致纳沙泰尔印刷公司的信中，庞库克再次强调了这一点："《百科全书》的图版部分印了8 600套。因此文字部分也应该是8 600部。"如前所述，纳沙泰尔印刷公司早已认为杜普兰可能在各版的印数上做了手脚，但是他愿意让他们印制第三版中的某一卷又平息了他们的怀疑。然而，他可能已经额外加印了那一卷，或者可能已经在印制前两卷时特别多印了这一卷。

② 纳沙泰尔印刷公司致庞库克的信，1779年5月9日。

③ 纳沙泰尔印刷公司致达尔纳尔的信，1779年6月23日。"他们"指"杜普兰及其公司"，公司通常在他们的通信中使用复数形式。

复你们的信纯粹是出于礼貌。"① 不久，除了拒绝兑付大部分汇票之外，杜普兰也不再回复纳沙泰尔印刷公司的大部分信件。除了等待着在最后清算时报复以外，纳沙泰尔印刷公司一筹莫展；当向庞库克悄悄地发火的时候，庞库克的看法和他们是一样的。

> 庞库克：我相信这位佩兰只是一位臆造的人或至少是一位顶替者。杜是贪婪的，而且对人根本不关心。让他卖这些书，然后我们问他要账目，卖给佩兰这件事应该不存在……做的时候要让杜普兰不起疑心。

> 纳沙泰尔印刷公司：所有这一切都进一步证实了您有关我们的合伙人与最后卖出的那些书的真正获得者有关系的猜测，我们有理由期望我们的里昂朋友再发现一些与这相关的东西。无论情况如何，在交出账目时我们就能知道真相……不到决定性时刻，我们是不会说的，令人高兴的是这一时刻不远了。

> 庞库克：我始终认为这个佩兰是傀儡。杜普兰在耍我们。我决不上他的当。

因此，对话继续进行着，同时怀疑上加怀疑、诡计中混诡计、大密谋内套小密谋，直至所有的一切同时达到顶点：1780年2月里昂的清算。②

---

① 达尔纳尔致纳沙泰尔印刷公司的信，1779年6月27日。
② 庞库克致纳沙泰尔印刷公司的信，1779年9月27日；纳沙泰尔印刷公司致庞库克的信，1779年10月3日；庞库克致纳沙泰尔印刷公司的信，1779年10月15日。

第七章 清算

## 对一个骗局的解剖

杜普兰和合伙人就账目问题争论了16天——直到2月12日，他们才达成了一个总体的结算结果。纳沙泰尔印刷公司和杜普兰继续为一些账目的细节进行的争论，通过2月21日的仲裁才最后获得解决。错综复杂的、激烈的争吵辩论持续了近一个月；推想一下当时的情景，它剩下的和奥斯特瓦尔德与博塞收拾起来带回家的，只是毫无价值的废物。风狂雨骤时，博塞在一封信中抱怨不得不从"杜普兰的废纸"中重建账目。① 历史学家肯定要为博塞自己的"废纸"劳神：争论时的笔记、商议策略的会议上潦草地记下的数字、关键时刻匆忙完成的备忘录。在缺乏连贯有序的文件而又对搞清历史怀有兴趣的情况下，最好的出发点似乎是对杜普兰的合伙人发现的所有骗局做一个概要的叙述，尽管这些发现是从漫长而混乱的斗争的不同阶段中得到的。②

杜普兰的合伙人带到里昂的最能说明杜普兰有问题的证据，就是他们一年前偷偷地从他的账簿上复制下来的订购者名录。他们留下这件武器备用并迫使杜普兰拿出自己的名录，是为了验证他关于财务状况的说明是否正确。然后，他们撤回自己的旅店，比较两份名录，从中发现了一个巨大的骗局。多亏博塞在他那份秘密名录边上记下的笔记，我们才能够像杜普兰的合伙人当年弄

---

① 博塞致贝特朗夫人的信，1780年2月13日。
② 大部分的笔记和记录可以从纳沙泰尔印刷公司文件中名为"纳沙泰尔印刷公司诉杜普兰案"（Procés STN contre Duplain）和"百科全书档案"（Dossier Encyclopédique）的档案中找到。

清楚其中的秘密一样,一个订单一个订单地追溯骗局。每当在第一个名录(1779年的秘密名录)上发现了没有出现在第二个名录(1780年伪造的假名录)上的内容时,博塞就在左侧的空白处约略地写下减少的订单数。因此,"4……波尔多的贝尔热莱,预订58部",意味着到1779年2月贝尔热莱已经订购了58部,而杜普兰在1780年只给他算了54部。在右侧空白处,博塞简单地记下了杜普兰报告的、1779年当他们搜集秘密名录时逃过了他们注意的订单数。因此,"南特的寡妇布伦,预订4部……1"表示杜普兰卖给寡妇布伦5部,而合伙人在他的账簿上只发现了4部。博塞把右侧空白上的数字加在一起,总数是137。然后,他把这个数字和秘密名录上的总数加在一起:137+7873=8010——只比杜普兰的最后报告所说的8 011的总数少一部。尽管一直没找到这最后一部失踪的四开本,但博塞已经能够说明杜普兰名录上其他所有《百科全书》的来龙去脉。通过累加左侧空白上的数字,他可以精确地说出杜普兰隐匿的数字:978。图9以图形的形式展现了两份名录的差异。

秘密名录中包括了庞库克和杜普兰平分1 000部四开本后得到的500部,但没有提到杜普兰的那500部和佩兰的422部。因此,当杜普兰1779年2月向合伙人哀叹订购数暴跌时,他知道除了他抛给庞库克的500部以外,三个版本的四开本《百科全书》都已经卖光了。他隐瞒了销售情况,目的是收到全部的款项,但是却不为他以联盟的名义售出的500部付一分钱,并且通过佩兰这个假冒的中间人只支付那422部的一半价格。到了1779年,订单流确实不再汹涌了,但是涓涓细流仍足以让杜普兰用更加大胆的行动编织一场骗局。他假冒佩兰,提出以一半的价格回购庞库克手

# 第七章 清算

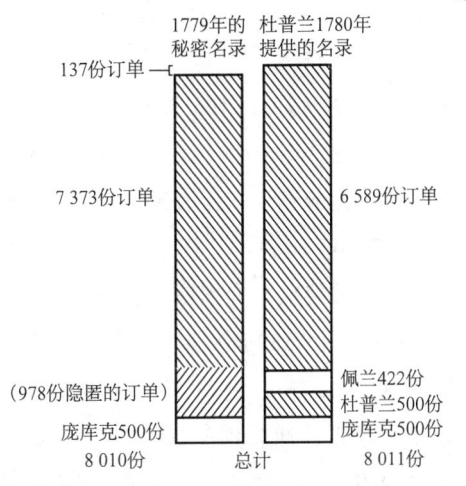

```
                1779年的    杜普兰1780年
                秘密名录    提供的名录
   137份订单 ──┐


   7 373份订单              6 589份订单




                            佩兰422份
  (978份隐匿的订单)            杜普兰500份
   庞库克500份                庞库克500份
   8 010份        总计        8 011份
```

**图9  订单骗局**

博塞手写的名录是保存下来的唯一的订购者名录,保留在纳沙泰尔印刷公司文件中名为"杜普兰诉纳沙泰尔印刷公司案"的档案里;唯一能够证明对秘密名录做了复制的是日期为1780年2月13日,奥斯特瓦尔德和博塞从里昂发给纳沙泰尔印刷公司的信:"有关预订的记录簿……我们悄悄地记录的,一年前就没有让他(杜普兰)觉察到。"(这封关键的信的内容请参见附录A.XIX.)博塞的纸边空白处的记录和他写的题为"最新记录簿中根本没有的第一份记录簿中的预订情况"的备忘完全一致。两份原稿提供的材料都与"普隆德的首份账单"(参见附录A.XIX)中描述的骗局相符。可以凭借这三份材料恢复杜普兰1780年的名录。

唯一不确定的是出现在第二份名录而不是第一份名录上的137部《百科全书》的销售日期。看起来它们似乎是在1779年2月以后的12个月中售出的。如果是那样的话,1779年2月的名录中就只包括了98%的总销售数,而不是全部的8 011部。但是普隆德的回忆录和博塞的一些笔记表明,这137部的销售在秘密名录被复制以前就完成了。此外,137部中有16部是前两个版本的,在那个时候肯定已经售出了。所以杜普兰在整个生意的最后12个月里抱怨订单的大幅减少是正确的:所有的订单要求都已经得到了满足。正是销售的成功使得杜普兰有可能通过假称第三版失败了来欺骗他的合伙人。

秘密名录的抄本上所涉及的数量问题因为"免费的第13部"的条款而变得复杂了。其中贝尔热莱一项实际上写的是"4……波尔多的贝尔热莱,预订54部,共58部",意为贝尔热莱已经订出了54部(超过4打),因此获得了4部免费的《百科全书》。杜普兰的名录上贝尔热莱的那项一定是"波尔多的贝尔热莱,预订50部,共54部"。杜普兰常常从像贝尔热莱这样的大订单中抹去一些数量。但是,他更经常做的,是抹去整个订单,最胆大妄为的是图卢兹的加斯东的例子,此人的订购情况是"130……预订120部,共130部",但是1780年名录上一部都没有出现。

对两份名录的比较引出了一个决定性的问题:在仅仅从合伙人那里得到922部折扣的和免费的《百科全书》的情况下,杜普兰为什么要向他们隐瞒978部?答案可能是,如果他已经从庞库克那里得到了额外的166部,他的所得将超过他为多出来的56部所付的代价。他还可以从隐匿下来的"免费的第13部"中得到弥补。而且,他印制的数量很可能超过他声称的8 011部,或者至少打算生产"废料"版。

中尚未售出的《百科全书》(共166部)。庞库克同意后,杜普兰又试图从残页中抢救出200部为"佩兰"获得更多的低折扣的四开本。合伙人拒绝了他的建议,因为最后他们意识到佩兰只是个稻草人。杜普兰1779年10月的"概述"——后来被证明为完全是他关于订购情况的最终报告的预演——表明,三个版本一共印制了8 011部,其中只有6 589部直接卖给了订购者,其余的1 422部分别到了庞库克(500部)、杜普兰(500部)和佩兰(422部)手里。根据秘密名录上订购总数仅有7 373部的情况,合伙人可以估量出这个骗局的规模。到了这个时候,杜普兰通过与佩兰的诡计再榨出一些钱的打算就显得很滑稽了。他威胁说,如果庞库克不支付把166部书从巴黎运回里昂的费用,佩兰就要提起诉讼。庞库克为在法庭上遇到一个"傀儡"做好了充分的准备;但是他假装希望避免当面冲突,同意取消那166部书的交易,并继续隐瞒他对佩兰身份的了解,目的是在1780年2月的会议上给杜普兰以突然袭击。①

---

① 1779年11月14日,庞库克写信给纳沙泰尔印刷公司:"他(杜普兰)刚刚以书信形式通知我希望免于诉讼,他已促使佩兰交还给我那160部《百科全书》,这些书他在巴黎每ρ都要价156里弗,免邮费。我已接受了这一归还,而且这越发使我确信所有这一切只不过是个花招,佩兰只不过是个顶替者。我确信没有也不可能有任何手续。"九天以后,杜普兰警告庞库克:"我的好朋友,您自以为对佩兰先生的指责是正确的,这一点您错了。"11月27日,庞库克郑重地回信——信中没有说明他对佩兰的了解——说他信守自己关于运输成本的说法但同意收回有争议的书。同一天,他给纳沙泰尔印刷公司寄去了两封信的副本,后者已经经历了杜普兰够多的威逼和欺骗,因此能够明白这一局面所具有的讽刺意味。回想起来,庞库克首先接受了佩兰交易显得有些奇怪。但是,事态在1779年夏天看起来更加混乱,与此同时,庞库克认为杜普兰印制了大约8 400部完整的四开本,而不是8 011部,所以,在市场已经超饱和的条件下,佩兰交易能够使他们摆脱最后的那些四开本《百科全书》,很可能显得是可信的。

## 第七章 清算

但是，突然袭击不会成功，除非反杜普兰的力量能够证明他们手里的秘密名录是真实有效的。达尔纳尔的探子可能已经汇报了佩兰的情况，达尔纳尔也很可能就调查的结果向奥斯特瓦尔德和博塞做了口头报告，但是没有相关记载。然而，一旦杜普兰承认了他自己的订购者名录，他的合伙人就有办法证明他的欺骗。他们给一些图书经销商写信——根据对两份名录的对比，这些人的订单已经被篡改过了。信中只是问每位经销商到底买了多少部《百科全书》，回信证实了博塞的计算结果。这样，庞库克集团掌握了无可辩驳的证据，证明杜普兰在订单的数量上做了手脚，价值高达 287 532 里弗。①

庞库克和他的合伙人一得到杜普兰 1780 年的名录，就有机会仔细分析其中他们最感兴趣的一项："奥当布隆·德萨拉兹和若西内，预订 494 部，共 535 部。"这意味着里昂的奥当布隆和若西内公司以正常的批发价格（294 里弗）订购了 494 部四开本，加上"免费的第 13 部"，总数为 535 部。这家企业出现在 1779 年秘密名录上时，记为"预订 535 部，共 535 部"，也就是说，它订购了全部 535 部，而没有得到"免费的第 13 部"。秘密名录没有提到

---

① 关于写信的事，参见奥斯特瓦尔德和博塞 1780 年 3 月 10 日从巴黎发给纳沙泰尔印刷公司的信："应该让里昂写几封信，通过预订者的信来使我们消除记录簿中的错误。"作为他们收到的回信的例子，请参见拉罗谢尔的朗松（Ranson）致纳沙泰尔印刷公司的信，1780 年 2 月 19 日。可以用不同的办法估算骗局给庞库克集团带来的损失。287 532 的总数表示了 987 部的总的批发价格，没有扣除"免费的第 13 部"，即使杜普兰很可能出售了其中的一部分。庞库克集团在生意中的一半股份，使他们有权利对这个数字的一半提出要求，在减去了"佩兰"的 65 832 里弗后，还有 77 934 里弗。但是庞库克和支持者们在要求补偿的时候实际上提出了另一种算法，详见下文。

订购价格，但由于是在当地销售，所以有足够的理由怀疑它们是以零售价销售而不是以书店价格批发。奥当布隆和若西内公司和佩兰一样，是商人但不是书商。和佩兰一样，他们显然把交易变成了装饰性的门面以隐瞒杜普兰以牺牲联盟利益为代价偷偷进行的销售。庞库克一方因此对奥当布隆和若西内公司进行调查。他们发现这家公司根本没有得到任何订单，只是杜普兰在当地的销售代理人，佣金标准是每卷15苏或者批发价格的7.5%，而不是像真的零售商那样得到25%的利润。因此，杜普兰就像曾经试图在巴黎的销售中以巴蒂尤为中介进行欺骗一样，在里昂的销售中做了手脚。① 他以每部384里弗的价格售出了535部四开本（总计205 440里弗），而不是以每部294里弗售出494部（总计145 236里弗），因此骗取了联盟60 204里弗。

由于杜普兰两度使用"稻草人"隐瞒他的秘密销售活动，因而他售出的四开本数量很可能多于他在账目中提到的8 011部。他的合伙人甚至不知道他一共印制了多少部，虽然总数可能是8 525部。如果是那样的话，杜普兰手里就有514部有缺陷的《百科全书》——这个数字似乎有点大（总数的6%）。杜普兰偷偷地卖掉了其中的一部分吗？他从中抢救出200部并以一半的价格卖给佩兰的建议听起来很可疑，特别是这200部在他为30 000里弗做的账中再次出现了。按照批发价，这些书将售得54 390里弗（减

---

① 纳沙泰尔印刷公司的文件中没有包括关于这次调查的全部报告，但是在针对杜普兰的案子中，纳沙泰尔印刷公司向仲裁人提交的证言中做了强烈的指控——"我们知道（它），并正在加以证实"。"最新观察"（Dernières observations）和"针对杜普兰先生的诉状"（Mémoive contre M. Duplain），见"纳沙泰尔印刷公司诉杜普兰案"档案。

## 第七章 清算

去"免费的第 13 部")。所以，杜普兰可能又从合伙人手里骗去 54 390 里弗。他们相信他这样做了。在对他的骗局进行计算时，他们包括了"确实被售出的该版的剩余部分"。但是，没有 1780 年以来真正的订购名录，他们无法证实自己的看法；而且他们不得不减少对于应当受到谴责的过失的指控，他们在名为"针对杜普兰先生的抱怨"的备忘录中对此做了解释。十有八九在抢救"残页"方面欺骗了合伙人以后，杜普兰把其余的大山般的废纸堆以 20 000 里弗的价格卖给了约西奈。而且，令纳沙泰尔印刷公司感到受挫的是，他还把四开本《索引表》的生意以 50 000 里弗的价格卖给了他的合伙人勒鲁伊。所有的这些花招和巧妙运作都隐藏在杜普兰关于联盟收入（总数达到 185.1588 万里弗）的说法后面。①

杜普兰关于费用的说法同样值得怀疑。合同授予他以印制工作中间人的角色挣一些钱的权利，因为他们为每一个印张设定了

---

① 上文提到，合伙人在最后的清算会议之前数度怀疑杜普兰多印了四开本《百科全书》。1779 年 2 月 10 日初步的结算说根据前两份合同的规定，前两版共印制了 6 150 部。但是它说，尽管第三份合同确定的印数是 2 400 部，但第三版共印制了 2 375 部。关于第三版的数量，合伙人之间随后几个月的商业通信中包含了一些相互矛盾的说法。例如，1779 年 2 月 18 日，杜普兰指示纳沙泰尔印刷公司第三版第 19 卷的印量为 4 令 17 刀（2 425 部）"以弥补前两版的不足"。而在 1779 年 3 月 23 日致庞库克的信中，纳沙泰尔印刷公司计算的"印刷总数"为 2 360 部。庞库克关于图版卷（他称之为"生意的晴雨表"）的最后计算表明，印数为 8 600 套，不过其中包括了比印制文字卷多得多的损坏的纸页。考虑到所有的因素，对四开本总产量比较精确的估计可能应该是 8 525 部。其中最关键的是被损坏的四开本一共有多少部。博塞在写给合伙人的备忘录"该生意我们必须付出的花费表"中断言，杜普兰已经售出了价值 54 390 里弗的"有缺陷"的四开本《百科全书》。

固定的价格,而没有考虑实际成本。不过,他似乎超越了正常的获利边界。他告诉法瓦吉自己从前两版每一卷的印制中赚了 1 500 里弗;他可能赚了更多,因为纳沙泰尔印刷公司根据合同规定的价格印制前两版中的四卷,平均利润是 5 612 里弗。他的利润在第三版的印制过程中甚至更大。所以,他从印制中获得的回扣总数大约为 75 000 里弗。①

合伙人没有任何办法能让杜普兰吐出这些钱,但他们有证据证明杜普兰故意增加印张的数量以便以损害他们的利益为代价通过回扣增加自己的利润。正如上面说过的,纳沙泰尔印刷公司从在佩莱的工场里印制《百科全书》的助理工头那里了解到,佩莱在字间隔和段落安排上使用了欺骗性技术——看起来微不足道的小机巧,但却使得第 19 卷毫无必要地膨胀出 96 页,价值 744 里弗。由于佩莱和杜普兰关系密切,他们在这个骗局中很有可能合作,杜普兰也很有可能对其他的印刷商做了同样的安排。在"针对杜普兰的抱怨"中,纳沙泰尔印刷公司谴责了这一"应受惩罚的勾结"。它认为杜普兰应该为这些卷如此臃肿——每卷多达 136 印张,而不是对四开本来说最大限度的 110—115 印张;原计划每卷只有 90 印张——负责,说他"像印刷工一样做事情,而根本不

---

① 无需在这一估计之后进行长长的计算,我们应该考虑两点。由于纳沙泰尔印刷公司承担了部分印制工作,所以杜普兰的利润来源是前两版的 32 卷(印数为 6 150)和第三版的 35 卷(印数为 2 375)的实际印制成本和合同规定价格之间的差额。杜普兰还要让为他工作的印刷商得到一部分利润,但是他强迫这些印刷商接受非常苛刻的条件,尤其是在第三版的印制工作当中。法瓦吉在 1778 年 7 月 15 日致纳沙泰尔印刷公司的信中有这样的评论:"他告诉我,对他而言,在这里印刷比在我们那里印多挣大约 1 500 里弗。"

## 第七章 清算

像一个印刷场主"。

在拉长了各卷的篇幅之后，杜普兰又继续向费用账目中塞东西。1月28日，他提交了一份奇怪的文件："各卷成本总账"，因为他在计算费用的时候不是以"版"为单位，而是以"卷"为单位。因此他要求联盟为全部三个版本的第一卷支付37 214里弗的印制费用，为第二卷支付33 590里弗，等等，总数为136.1385万里弗。他从每个印张取得固定的费用，但每卷的印张数各不相同。所以，把各版混在一起计算，就可以在每一卷中神不知鬼不觉地塞进一些虚构的印张而不会引起怀疑。然而，他不知道，合伙人寻找这些印张的时间已经长达一年多。他们带着他的"总账"回到自己的旅舍，拿出第一、第二和第三"版"的书，开始数印张。可以想象，他们被成堆的四开本包围着，用手指一个印张一个印张地数过72卷，依次向博塞报着数，博塞在一张纸上记下数字，在另一张纸上匆忙地计算着，并把计算结果用一个简单的算术表达式记录下来：

    1 361 385　　　　　［杜普兰报的成本，单位为里弗］
    1 234 296　　　　　实际开支
       127 089　　　　　多记的[①]

除了印制费用，杜普兰还开列了很多要求支付的项目：在

---

[①] 博塞手写的笔记以活页的形式存放在纳沙泰尔印刷公司的备忘录"有关第13条款的最新意见和每部2里弗10苏"中，见"纳沙泰尔印刷公司诉杜普兰案"档案。

扉页上使用佩兰的名字，3 000 里弗；付给巴雷和格拉比的赎金，27 000 里弗；拉塞尔准备前两版原稿的费用，33 150 里弗；以及第三版的 3 000 里弗。纳沙泰尔印刷公司认为最后的一项尤其要反对，因为他们发现拉塞尔没有为第三版的原稿做任何工作。但和杜普兰的预算拨款比较起来，3 000 里弗不过是个零头，而正是预算拨款在关于第三版的合同谈判中导致了这 3 000 里弗小零头的费用。庞库克已经同意把杜普兰的固定费用提高到 16 000 里弗。但是，杜普兰在合同中写进了确认他"极其巨大的开支"的要求和一条对他进行补偿的"保险"条款。联盟同意支付他把第三版从里昂运到日内瓦的费用，即使他打算把这些书留在里昂。这笔费用被解释为对由于里昂当局可能对他的工场进行的任何查抄所造成的损失承担补偿责任。然而，真正的危险并不是当局要查抄图书，而是杜普兰要提高自己的酬金。虽然合伙人可以用每公担的成本乘以图书的重量轻易地算出运输价格，但合同中并没有给保险"装置"设定固定的价格。"没有拿起笔来估算我们将支出的大量花费"，1780 年 2 月 10 日，纳沙泰尔人给他们的本部写信说。杜普兰要求因虚构的运输成本获得 104 万里弗，他们想不出如何避开这么高的费用。他们还反对他要求"骇人的祭品，如给他 65 000 里弗作为零星开支"。他们哀叹他无耻地巧饰自己的开支，利用每一次机会从他们身上揩油。①

---

① 杜普兰在 1 月 28 日提交的"首笔账目"中报告了他的开支；他们还可以从博塞那时的笔记中了解开支情况，尽管这些笔记和一些其他的材料之间有一点差异。在"针对杜普兰先生的抱怨"中，纳沙泰尔印刷公司对为拉塞尔给第三卷所做的工作而付给他 3 000 里弗表示强烈不满。不清楚杜普兰为什么要因前两卷分配给拉塞尔 33 150 里弗，而不是合同规定的 30 600 里弗。

## 第七章 清算

最后，合伙人要求因杜普兰对他们的生意全面的管理不善而得到赔偿。每个人都一直受到顾客的抱怨，不是书到得晚了，就是缺卷，或者有坏页，或者是过度包装运费太贵。在匆忙发行《百科全书》并收回书款的过程中，杜普兰在储存和发货上都出现了混乱。他拒绝调换损坏的印张，甚至不回复要求调换的来信。他给订购者开汇票的速度超过了他们能够偿付的速度。而当订购者要求推迟付款的时候，他就威胁说要告他们。同时，他令联盟遭受来自订购者的诉讼——由于杜普兰在把对开本和增补卷收缩成四开本时，错误地计算了卷数，这些原来按照合同应该支付29卷费用的读者发现自己要付33卷的钱。每当他把事情搞糟了，他就会办有利于正在寻找拒绝支付书款借口的图书经销商的事；因为他的一些订购者和他一样不择手段，而其他的则因破产而没有能力支付。所以，当杜普兰向合伙人提交财务报告时，他在账单上加上了令人震惊的"杜普兰先生确认无偿债能力或是爱诉讼的债务人的记录"：从他们的利润中又克扣了12.86万里弗。①

每个来到里昂的合伙人都带着各自的针对杜普兰的"抱怨"。庞库克要为杜普兰假扮佩兰签订合同购买166部四开本的事讨个说法。纳沙泰尔印刷公司带来了大量有关没有支付的印制费账单的卷宗，要在总清算过程中得到裁定。普隆德心怀怨恨来到里昂，因为他认为杜普兰扣留了半年前就应该分配的利润。② 使合伙人焦

---

① 在"针对杜普兰先生的抱怨"中，纳沙泰尔印刷公司总结了对杜普兰的管理工作的抱怨。
② 普隆德致纳沙泰尔印刷公司的信，1779年8月16日："我如期地支付了自己的股金，而且相信能够销售7 500部，因此在使这一事业如此引人注目的利润中应该有一份股息。"

虑的，是杜普兰控制着利润。他已经支付了所有的开支，拿到了所有的收入，控制着如此庞大和复杂的财务的每一个枝杈，这给他的侵占天才提供了充分施展的舞台。很难估计他骗走了多少钱。合伙人能够证实的是他至少抢走了他们17.1684万里弗。但和他的努力相比，这个数字并不"公道"，他可能一共得到了两倍于此的钱。①尽管如此，17.1684万里弗在18世纪还是很大的一笔钱。纳沙泰尔印刷公司的印刷工的周工资大约是12里弗——这个工资相当高，事实上几乎和巴黎的熟练工人一样高。杜普兰侵吞的数量相当于六七个印刷工终身的收入。这个数字肯定要高得多，因为杜普兰通过搞乱账目掩盖了行迹。他总的策略是缩小收入项增大支出项，所以他的资产负债表就会显示：在清算中，合伙人只有最少的利润可分。当合伙人抵达里昂的时候，他们知道应该针锋相对，说明实际的收入是多少，实际的支出是多么少，以及杜普兰把多少钱据为己有了。

---

① 想要估计杜普兰侵吞钱款的数量，一定要考虑到他所欺骗的是一个他在其中占有一半股份，庞库克占有另一半股份的联盟。所以，合伙人实际付出的代价是他骗得的数量的一半。因此，合伙人可以要求退还下面数字的一半：

| | |
|---|---|
| 77 934 里弗 | 隐瞒的978部的订单金额 |
| 30 102 里弗 | 奥当布隆和约西奈 |
| 63 648 里弗 | 虚构的印张 |
| 171 684 里弗 | |

他们已经确证了这些骗局，并掌握了杜普兰拼凑费用的有力的间接证据，他从中又骗去大约15.7万里弗。

## 第七章 清算

## 里昂，最后的对抗

杜普兰侵吞钱财的整个范围，对合伙人来说，是在漫长而艰难的争论过程中才变得清晰起来的。但他们在到达里昂以前并没有揭露他的主要骗局，他们期待着能发现更多的欺骗。在收集他进行欺骗的线索已经超过一年时间的情况下，他们希望能够从他的账目中找到足够的确凿证据，以在最后的清算中制伏他。

他们按常规做了准备：马车、旅店和战略部署。很喜欢别具风格的旅行的庞库克拒绝了纳沙泰尔印刷公司预订上次会议期间使用的英国饭店的建议。他更喜欢王宫饭店，从这家旅店的房间里可以俯瞰索恩河。他们最后达成妥协，由达尔纳尔根据庞库克的说明："我希望这套房间是明亮的，而且朝向街道。在英国饭店我们相当憋闷。"在"花园饭店"预订了有三个房间的套房。普隆德将和庞库克分享这套套房，并和他一起从巴黎来里昂。奥斯特瓦尔德和博塞计划在同一天从纳沙泰尔到达里昂。为了和盟友协调他们的策略，他们在同一家旅店里订了两个房间。为了手边有"证明文件"，他们都带来了合同和信件。1月26日或27日，他们设好了指挥部，反杜普兰的力量已经做好了28日的战斗准备。①

---

① 关于准备工作，请参见庞库克致纳沙泰尔印刷公司的信，1779年11月22日和1780年1月6日，以及达尔纳尔致纳沙泰尔印刷公司的信，1780年1月11日。纳沙泰尔印刷公司原希望会议在1779年7月或者8月举行，并且在5月1日的信中力劝普隆德参加，信中强调了被杜普兰欺骗的危险性和对普隆德的重要性："以您的支持增强我们。请相信我们这件事情是值得一做的。"普隆德（转下页）

与此同时，杜普兰在准备他的账。纳沙泰尔印刷公司试图催他快一点，但没有成功。"你们可以想象这不是一件三分钟就能干完的活。"他向庞库克抗议说。① 纳沙泰尔人原打算在11月开会，因为他们急于从杜普兰手中得到订单收入，而且他们想尽快拿到股份收益用以偿还12月到期的大笔债务。但是杜普兰不肯合作。他拒绝偿付纳沙泰尔印刷公司最后开具的一系列汇票，并强迫它拿出30 000里弗以结清和达尔纳尔的账目。他坚持说2月份以前无法整理好账目，也无法收回最后一批《百科全书》的货款。"我相信已完成了一件不可能完成的事，即在18—21个月里销售、印刷8 000部《百科全书》和汇报账目情况，"② 他告诉庞库克，"你的那些瑞士人是贪婪的。我希望他们能满足，但我对此很是怀疑。我确信还有40万里弗是毫无根据的。"在1780年1月16日写给纳沙泰尔印刷公司的最后一封信中，他再次强调了在如此短促的时间里清算一桩规模如此之大的生意的困难，而且他警告说，在里昂将进行一些艰苦的讨价还价：

　　　　我十分忙碌。你们可以在这个月底来。我希望到时能够给庞库克先生一个大致准确的账目。还有相当大数额的拖欠款，对于你们将带给庞库克先生的账目，你们可以放心。在

---

（接上页）收到关于会议最后日期的信的时候，正在巴黎办事。1779年12月11日他从巴黎给纳沙泰尔印刷公司回信说："我认为我们之间相互帮助是十分必要的。"

① 杜普兰致庞库克的信，1779年11月23日，见庞库克1779年11月27日致纳沙泰尔印刷公司的信中的副本。

② 杜普兰致庞库克的信，1779年12月27日，见庞库克1780年1月2日致纳沙泰尔印刷公司信的副本。

## 第七章 清算

三年里销售、印刷 8 000 部《百科全书》，并且正在汇报账目，这必须非常能干。先生们，我向你们重申我曾写信告诉过庞库克先生的话，这就是我的账目将是与协定完全相符的，我不会向他要协定给予我之外的一分钱，但我也不会放弃任何自己的权利。

如杜普兰信中所说，正式地说来，清算账目只和《第戎协定》的两位签署者有关。但每位签署者都把自己这一半的股份按份让与了自己的合伙人：杜普兰给了梅利诺·德·吉维尔迪、阿马布勒·勒鲁伊和托马·勒鲁伊，可能还有其他一些里昂人；庞库克给了纳沙泰尔印刷公司、普隆德和勒尼奥。清账因此就被认为是全体股东的会议。但实际上是两个阵营的对抗。①

战斗开始于 1780 年 1 月 28 日。"我们在账目问题上已与杜普兰先生发生了激烈争吵，"奥斯特瓦尔德和博塞第二天告诉本部，"犹如英国的斗鸡，庞库克和杜普兰相互猛烈攻击。"② 不幸的是，他们并没有给贝特朗夫人发去详尽的描述，后者当时在纳沙

---

① 股东名单在时时变化，不可能完全了解。雷伊于 1777 年底离开了联盟，而叙阿尔显然把他的 1/24 的股份还给了庞库克。在 1779 年 12 月 2 日致纳沙泰尔印刷公司的信中，杜普兰列出了"普隆德、勒尼奥、格拉比和布吉，我相信都是他（庞库克）的合伙人"，布吉的名字没有出现在任何其他的文件中。很难弄清楚格拉比怎么会在向巴雷威胁说要盗印四开本后又购买了四开本的股份。而同杜普兰和庞库克都发生过争论的勒尼奥似乎没有参加这次会议。无论如何，庞库克的主要合伙人是纳沙泰尔印刷公司，它在四开本中实际拥有的股份比庞库克更多。在 1780 年 2 月 13 日写给本部的信中，奥斯特瓦尔德和博塞把反杜普兰集团描述成"我们四人……作为助手支持达尔纳尔"，即庞库克、普隆德和两个纳沙泰尔人。

② 奥斯特瓦尔德和博塞致贝特朗夫人的信，1780 年 1 月 29 日。

泰尔照看工场并且带着"对你们所处危机的担心"[①]进行工作。不过，他们的记录和备忘录清楚地表明了他们的总体策略。他们打算隐藏起自己的怀疑，直到杜普兰已经专心致志地以财务管理人的身份编造他的意在欺骗的报告。他们从杜普兰10月份的"概述"、秘密订购者名录，也许还从探子的报告中得知，杜普兰对他们进行了大规模的欺骗。但他还没有迈出最后的、最致命的一步：提交他的账目。一旦他做好了资产负债表，合伙人就可以要他为每一次欺骗负法律责任。他们可以自己计算出借贷数字和他们所要求分享的利润。如果杜普兰坚持自己的说法，他们就可以迫使他用支出和订单方面的证据来证明。他们还可以从花园饭店已经准备好的武器库里拿出反面证据进行反击。如果能使他低头，他们就能让他接受他们关于清算的条款。他们是商人，不是执法者。他们想挽回自己的利益，而不是把杜普兰投进监狱。但是，为了成功，他们不得不机敏地扮演自己的角色，在最有效的时刻亮出指控对手的材料，并且引诱杜普兰进一步自我指控，这样最后他就面临一个选择：支付赔偿金还是进监狱。

1780年1月28日，在《百科全书》的历史上是一个重要的日子。杜普兰提交了资产负债表，总的数字如下：

| 收入 | 1 851 588 | 里弗 |
|---|---|---|
| 支出 | 1 718 260 | 里弗 |
| 利润 | 133 328 | 里弗 |

---

[①] 贝特朗夫人致奥斯特瓦尔德和博塞的信，1780年2月5日。

# 第七章 清算

这不是庞库克曾经料想的有高达 10 倍利润的辉煌结局。杜普兰还炮制了一份假破产的债务人名单，使结果看起来更加糟糕。最后，他还试图通过他的"每卷成本总账"表明印制成本是如何高。

正如前文说明过的，博塞计算了印制费用，清点了各卷的印张数，发现杜普兰把价值 12.7089 万里弗的虚构的印张塞进了印制费用当中。这个发现使反对杜普兰的人处在一个绝佳的反击位置上。它表明杜普兰仅仅通过在借项上做文章，就估低了几乎 100%的利润。揭露佩兰的真实身份也给了合伙人一个充分利用杜普兰在贷方所做的手脚的机会。对资产负债表的两个方面同时进行突然袭击，就有可能制伏他。但是他们得做好准备。所以从 1 月 29 日到 30 日或者 31 日，他们撤回花园饭店，讨论策略。

首先，庞库克的合伙人必须就利润达成一个和杜普兰不同的共同说法：为了重新获得被杜普兰偷去的全部利润，他们可以向他提出多少要求？庞库克和博塞起草了一份在因杜普兰的欺诈而重新核算后必须阅读的关于账目的草案。作为计算的基础，他们根据合同、每卷实际的印张数（平均 124 印张）和杜普兰刚刚承认的《百科全书》的总数量（8 011 部）计算成本。博塞，更多的是个财务专家而不是文人，制订了更完整的版本（参见附录 A.XIX）。他只给"保险"或者说虚构的运费算了 20 000 里弗。他要求从佩兰骗局中减掉 48 828 里弗。他提出的总利润比杜普兰高 35 万里弗：

| 收入 | 1 946 300 | 里弗 |
| 支出 | 1 516 082 | 里弗 |
| 利润 | 430 218 | 里弗 |

博塞随后又增加了四开本《索引表》的销售额50 000里弗以及他确信杜普兰已经以批发价售出的额外的200部的54 390里弗。他还特别提到，如果合伙人能证明杜普兰以联盟的名义出售了他的500部四开本，还可以要求再增加67 620里弗。

然而，为了证实最后的这笔钱，他们得从杜普兰那里得到订购者名录。杜普兰当然不会把这样一件武器交到他们手中，但他们可以提出有权得到订购情况的详细清单以在他提供的账目和他们自己的账目之间做出判断。如果他拒绝，他们将坚持他从利润中拿出50万里弗，而不是他已经拿出来的13.3328万里弗。如果他接受，那么他们就将获得正在实施之中的针对杜普兰的"讼案"的关键证据，他们也将能够把他的名录和他们自己的进行比较。因此，在表明对佩兰身份的了解的同时保好他们秘密名录的密，以及在杜普兰让步之前牢牢坚持50万里弗的要求，就是十分重要的了。"我们认为这是我们能让他做出妥协的基本主张，我们的意见根本不是放弃，如果不将我们要求的总清单给我们，我们的立场就不会缓和。"① 博塞说。

不幸的是，没有这次庞库克撕下佩兰面具的会议的任何记述。在关于此次会议的一系列文件中，下一件是写于2月6日的

---

① 参见"该生意我们必须付出的花费表"，博塞作为"实际应有的生意纯收益"的续篇而撰写的关于策略的备忘录。庞库克向奥斯特瓦尔德和博塞提交了类似的备忘录，他们称之为"庞库克先生生产于里昂的《百科全书》的概述"（1779年1月30日，见纳沙泰尔印刷公司文件中的"《百科全书》档案"）。它不如博塞的那么清晰，但有两个方面很有意思：它给出了一个甚至比博塞的（131.4493万里弗）更低的开支数字，它估计三个版本的总数为8 450部。博塞计算出"佩兰骗局"中通过抽掉佩兰支付的款项以及从422部的批发价格中减掉免费的第13部的有关款项，所涉及的数目达到了48 828里弗。

## 第七章 清算

一封信，奥斯特瓦尔德和博塞在信中告诉贝特朗夫人他们刚刚经历了一周激烈的争论："人们在前一天完成的事可能在第二天就被破坏……我们日以继夜地忙碌着，当人们要与这类人打交道时必须这样。但是如果这使神满意，而且是我们必须做的，我们就将做完它，这可能确实是骗人的杜普兰所没想到的。"同一天，杜普兰最终落入了为他精心准备的陷阱，拿出了他的订购者名录。根据名录附随的"预订登记清单"，除了和庞库克平分的1 000部和他卖给佩兰的422部，杜普兰只说明了6 589部的情况。在减去作为礼品赠送的和"免费的第13部"后，他声称其中只有6 074部给联盟带来了收益。这笔收益加上佩兰付的账，他提出了"1 851 588"这个数字，这是他原来作为四开本生意的总收入提出过的。但是现在，经过了九天的争论，合伙人能够证明这个数字是错误的。

他们回到花园饭店，把杜普兰提交的名录和他们保留的秘密名录做比较，发现978部《百科全书》失踪了。随后，他们开始写信以获得进一步的证据。根据现有证据，他们安排达尔纳尔和他的眼线追踪比较两份名录时发现的欧当布隆和约西奈公司。他们安排普隆德准备一份备忘录，假如杜普兰不按照他们的要求清算账目的话，可以威胁要公布它。

一旦庞库克的合伙人做好了最后的准备，杜普兰的失败就不可避免了。他们显然是在2月11日用能够找到的所有证据打击了杜普兰。杜普兰还要坚持。12日上午，博塞和一位警官、一位财产查封官和一位代理人查抄了他的工场，没收了他的图书。此时，杜普兰承认了佩兰骗局的48 000里弗，但他不想再承认什么了。合伙人就威胁说要在法庭上揭露他，要出版普隆德的《回忆》(这

376

是对他的欺诈、故意犯罪和"贪得无厌"的决定性的指控,参见附录 A. XIX),以此毁了他的名声。他们甚至通过他的家庭和朋友施加压力。最后,12 日下午,杜普兰有条件地投降了。他同意如果他们不公布他的欺骗行为,就支付给合伙人 20 万里弗。①

## 结局

2 月 13 日,奥斯特瓦尔德和博塞给贝特朗夫人寄去了愉快的消息:"夫人,我们赶快写信告诉您我们与杜普兰的斗争结束了,令人高兴的是它并未以鲜血四溅而告终。"他们认为自己很幸运地从杜普兰手里得到了 20 万里弗,因为他直到最后还在坚持要降到 12.8 万里弗,理由很正当:他们都应该承担他试图收最后一批账和纠缠于与订购者的官司的重大损失。事实上,20 万里弗可能是一个公正的结果。如果杜普兰接受他们最初的而不是后来经过夸张的数字的话,这几乎就是合伙人应该得到的那么多;而且这和他们设定的 40 万里弗的最后"版本"是一致的。② 当然,为了从这个狡猾的人(他们这样称呼他)手里挤出这么多钱来,他们不得不采取一些极端措施。他们用了勒索的办法——或者是在普隆德的《回忆》中,或者口头威胁要让他"在此地和巴黎声

---

① 关于最后的这些计策,可参见奥斯特瓦尔德和博塞致贝特朗夫人的信,1780 年 2 月 13 日。

② "针对杜普兰先生的抱怨":"通过已完成的详表,他指出杜普兰先生获得了最大份额的利润,即从中得到了超过 40 万里弗的利润。"庞库克合伙人 50% 的股份使他们拥有了获得其中一半利益的权利。

## 第七章 清算

名扫地"①。在一些次要的事情上,比如在与八开本《百科全书》、四开本《索引表》以及改编本的出版商结算时,他们也让了一些步。所有这些事情都在庞库克和杜普兰 2 月 12 日签署的合同中得到了解决,这份合同清算了三年前通过《第戎协定》结成的合伙关系。

这份合同给了四开本生意一个很恰当的结束,因为它是一个合法的谎言。在扯开了杜普兰侵占合伙人收益的表象之后,庞库克又把它重新恢复起来。他为账目的"完全真实"而祝贺杜普兰,他还挑出佩兰交易进行赞扬。庞库克不仅证实了交易的真实性,还把杜普兰愿意赔偿合伙人解释成"他慷慨行为的结果"(参见附录 A.XIX)。这个很可能会在庞库克那方面引起一些笑声的方案,真切地意味着杜普兰已经收买了勒索者。

合同说杜普兰已经以期票的方式支付给庞库克 17.6 万里弗,这笔钱将分三期付清,截止日期是 1782 年 8 月。余下的 24 000 里弗则来自八开本出版商。前文已经说过,他们一直在里昂活动,以结束他们与四开本联盟的战争。他们已经给了杜普兰 24 000 里弗的期票,条件是他得让庞库克向他们敞开法国市场的大门。庞库克同意了,接受了期票,和他们以物易物,并且以折扣价售出八开本,从而毁灭了他已经放弃的市场。

《方法百科全书》同样出现在合同中,因为庞库克承认杜普兰保有已经转让给他的 12/48 的股份。由于杜普兰后来以 12 000 里弗的价格把这些股份卖给了他的"稻草人"约西奈,《方法百科全书》就和八开本一样帮着缓解了他在四开本的清算中所遭受

---

① 奥斯特瓦尔德和博塞致贝特朗夫人的信,1780 年 2 月 13 日。

378 的打击。杜普兰还从关于《索引表》四开本版的安排中得到了安慰。他已经以 50 000 里弗把这桩附带的生意卖给了巴雷——莫名其妙地平息了与巴雷关于盗版的争论。根据 2 月 12 日的合同，庞库克放弃了在《索引表》中的股份，因而剥夺了纳沙泰尔印刷公司的股份以及承担印制工作的希望。根据博塞的记录，杜普兰还以 20 000 里弗的价格向约西奈出售了两仓库的"残页"，但它们最后还是归在清算的最后阶段接管了生意的勒鲁伊所有了。最后，杜普兰还从出售发行 8 011 部订购的《百科全书》之后剩余的 200 部甚至更多的四开本中得到了好处。他自己对这些书的估价是 30 000 里弗。而根据他的记录，他可能藏匿了多得多的财产并据为己有。所以，尽管庞库克一方获胜了，但杜普兰自四开本生意后已经俨然是一位富人了。①

然而，直到与纳沙泰尔印刷公司结清账目以前，他都不能认为大笔财产已经安全地到手了。奥斯特瓦尔德和博塞已经带着如

---

① 这些事情在最后的合同以及附加的文件（参见附录 A. XVIII）中可以看得很清楚。但是，残页问题在勒鲁伊、纳沙泰尔印刷公司、庞库克、杜普兰、达尔纳尔和勒沃尔之间造成了复杂难解的争论。只要看到以前的合伙人以诉讼和仲裁的方式又继续为此争执了两年，就足以说明这一点了。很多订购者调换书中损坏和丢失的页码的要求没有得到满足，结果，其中的一部分人拒绝付最后一部分钱。勒鲁伊发现自己的残页存货不足以满足他们的要求。而庞库克认为"杜普兰通过篡改合同（1780 年 2 月 12 日的最后合同）条款来欺骗我们。勒鲁伊只保证提供各商店所生产的"。庞库克致纳沙泰尔印刷公司的信，1782 年 1 月 22 日。但是最后，他建议放弃："他（杜普兰）确实已将残页交给他的店铺，而人们将在那里为我们寻找他根据合同条款必须提供的。对于其他的他并没有责任。刚刚在里昂达成的妥协中并没有规定当残页不足时，他有义务提供。没有涉及重印……这些有缺陷的书并不是完全没有价值的。"庞库克致纳沙泰尔印刷公司的信，1782 年 10 月 7 日。

## 第七章 清算

此多的错综复杂的"抱怨"到了里昂，他们相信诉讼是不可避免的了。但是，他们如何能够因他买卖早已被巴黎高等法院、法国的神职人员、国王和教皇宣判过的书而提起诉讼呢？如果想这样做，一是要让法国当局容忍《百科全书》的发行，二是要让他们在法庭上把它的存在视为合法。幸运的是，第三版的合同对这个问题有先见之明，它要求合伙人把所有的争论都提交给仲裁机构解决。杜普兰在2月14日签署的一项声明中重申了这一条。四天之后，双方都接受了处理问题的程序。每方提名两位仲裁人；如果四人委员会不能达成一致，它将选择一位第三仲裁人做出最后裁决。每方提出自己的"纳沙泰尔印刷公司-杜普兰账目表"，以证明文件和对对方账目的反驳作为内容。仲裁人将接受对反驳的反驳，并做出裁定。和官方司法体系相比，这一过程既廉价且高效，这揭示了半合法的和秘密的图书交易的一个重要特性：这个系统不能在盗贼间的信用原则的基础上运行。图书经销商如此穷凶极恶地互相欺骗，以致不得不建立自己的辅助法律制度以对他们自己加以抑制；否则的话，他们就无法做生意。这一制度上的反应满足了法律范围之外的社会需求。①

相互矛盾的主张没有清楚地表明1780年2月杜普兰到底欠纳沙泰尔印刷公司多少钱。杜普兰没有为印制和纸张费用争辩，它

---

① 关于杜普兰和纳沙泰尔印刷公司之间的这一解决方案的叙述，基于名为"纳沙泰尔印刷公司诉杜普兰案"的档案，档案中包括了关于仲裁的合同（日期是1780年2月14日和18日）、纳沙泰尔印刷公司提交给仲裁人的六份备忘录和账目说明以及1780年2月21日的裁决书。通过仲裁判决解决的商业案件不像被提交到大法官裁判所和高等法院的案件要耗费大量的金钱并忍受漫长的拖延，但书商经常更喜欢更有效的辅助法律制度。

们都是由合同确定好的并构成了纳沙泰尔印刷公司汇票的主体部分。所以这些费用被置之一旁,分歧集中到两年来积累起来的争论上。那一段过程导致了许多争论,因为根据纳沙泰尔印刷公司的账目,杜普兰欠它 23 531 里弗 18 苏,而根据杜普兰的,则只欠 17 619 里弗 18 苏,利率是 3%。通过在账目中,特别是在有争议的 31 部约 8 526 里弗的债务上耍花招,杜普兰得到了这一结果。但他的说法抵不过纳沙泰尔印刷公司从他们的商业通信中提取出来的证据,仲裁人也以要求杜普兰收回所有运往纳沙泰尔的额外的《百科全书》并支付运费开始了裁决工作。

除了这一争论和已经不再讨论的其他事情,双方的账目还有大约 8 000 里弗的差距。在最后的两年中引起争论的每一件事情上——从纳沙泰尔印刷公司对被侵吞的加放提出的要求(1 066 里弗)到杜普兰主张支付给他的办事人员的旅行费用(124 里弗)——他们都意见相左。纳沙泰尔印刷公司还提出两项新的赔偿要求。第一,它要求杜普兰支付达尔纳尔的全部开支:经济人佣金、拒绝证书(*protêts*)和因杜普兰拒付汇票而导致的紧急贷款所产生的利息,共 424 里弗;第二,围绕着欧当布隆和约西奈骗局,它提出了一个聪明但有一点滑稽的观点。杜普兰确实收取了经销商 535 部四开本 25% 的佣金,这 535 部被以批发价记入了欧当布隆和约西奈的借方项目中。因此,纳沙泰尔人主张自己有权利得到已经取得的订单的 25% 的回扣,尽管他们已经以联盟的名义而不是批发商名义收过这份钱了。要求以杜普兰赔款和 2 月 12 日总清算的方式来解决这件事,看来是比较合理的,但是奥斯特瓦尔德和博塞希望尽可能地从杜普兰身上榨出更多的钱来。所以,

## 第七章 清算

以他的招供为理由，他们在他的借方账目中又插入了4 740里弗的账。于是，他们在一个令人印象深刻的场合概要地提出了所有的观点：在左边，六项巨大的"约瑟夫·杜普兰先生的账目中有关我们零售额的错误"；在右边，四项同样巨大的"疏漏了我们的贷款"，与此相伴随的是七页长的"针对杜普兰先生的回忆"和其他一些支持性的文件。在抑制了这么多个月的愤怒后，纳沙泰尔人最后得到了一个机会来发泄所有怨愤，为每一次伤害求得公正的结果以及揭露他们的这位合伙人是个狡猾的人。

杜普兰为自己做了怎样的辩护现在很难说了，因为他的辩驳已经不存在了。但是由于已经被迫承认自己对整个生意管理不善，他处在不利的位置。他确实试图发起反击，说自己的错误行为并不比纳沙泰尔人所做的更坏：他们暗地里鼓励他们的书商朋友拒绝付款，破坏他收取订购者书款的努力，而且他们还试图偷偷地盗版以毁了他在《索引表》上的投机生意。博塞在2月14日的证言中否认了这些指控。尽管第二条是如此接近事实，但杜普兰显然没有能够使对手为难。

四位仲裁人都是著名的律师和商人，他们在2月21日宣布了一份没有任何异议的15页长的"仲裁判决"。由于是在解决关于钱的争论，而不是决定罪与非罪，他们没有对杜普兰的道德进行宣判；但他们满足了纳沙泰尔印刷公司几乎所有的要求，这表达了他们对杜普兰的看法。他们要求杜普兰支付56 600里弗，只比奥斯特瓦尔德和博塞要求的最高数额少了2 400里弗。纳沙泰尔人给家乡发出了胜利的消息，称他们得到的比期望的还要多。最后，他们这样为四开本的清账工作做结："我们应该为获得如此成功而感谢上帝。"①

## 尾声

　　自从 1769 年开始做生意时起,纳沙泰尔印刷公司就希望通过《百科全书》致富。当 1776 年机会来临的时候,它向庞库克最初的生意——对开本再版计划——投下了大量的资金,把发财的希望放在自己在合伙出版关系中的一半股份和大得惊人的印制工作上。但是,庞库克一直耍花招,把一些计划打散又把另一些拼凑起来,纳沙泰尔人眼看着自己的股份缩水:从再版本中的 1/2,到改编本的 5/12 和四开本的 5/24——更不要说《方法百科全书》的 5/48 了。更令他们痛苦的是,印制任务不停地从纳沙泰尔人的手指缝中溜走。为了在 1776 年立即开始印制再版对开本的工作,他们把工场扩大了一倍。但是,当庞库克组织改编本的时候,他们不得不推迟原来的计划,而当他联合杜普兰开始四开本的生意时,

---

① 奥斯特瓦尔德和博塞致贝特朗夫人的信,1780 年 2 月 28 日以及 2 月 22 日。在"裁决书"中,仲裁人说自己是"克里斯托弗·德·拉罗什特,律师,前助理法官;约瑟夫-马里·鲁塞,前助理法官;克洛德·奥迪尔·约瑟夫·巴乌,高等法院的律师,参政员,里昂的公证人;让-巴蒂斯特·布伦,里昂的批发商"。他们概述了每一场争论中每一方的观点,但并没有逐项裁决。56 600 里弗的总数中显然包括了杜普兰没有支付的印制费用的余额。为最后的支付所做的准备工作由于纳沙泰尔印刷公司在接受杜普兰的票据方面的不一致和对现金的需求而变得很复杂。经过一系列复杂的连署和股份交易活动,纳沙泰尔印刷公司把杜普兰很晚才到期的票据转成了容易变卖的资产,价值 50 657 里弗。详情请参见流水账 C,1780 年 2 月 29 日。

## 第七章 清算

他们又不得不把改编本的工作搁置起来。在杜普兰规模庞大的工作中,他只允许他们印制其中的五卷,但他们安慰自己,希望以后能得到改编本的印制任务。1778 年 6 月,庞库克和一些为《方法百科全书》开发了第一个计划的里昂人签订的协议最终打破了他们的幻想。他向他们敲诈了 10.5 万里弗作为放弃改编本和开放法国市场的报答。但是半年之后,在同那些里昂人签订第二份协议时,他的策略完全倒过来了。这次他放弃了钱并接管了《方法百科全书》——一个巧妙的骗局,但它却让纳沙泰尔印刷公司丢掉了印制工作而没有得到任何赔偿。庞库克后来试图用其他的计划来抚慰纳沙泰尔人:一是《百科全书》图版卷的增补版计划,一是关于卢梭著作的生意,一是四开本的《索引表》的印制工作。但每一个计划都像水汽一样地蒸发了,最后面的一个甚至在里昂最后会议上合伙人揭露杜普兰的欺诈时,转到了他的手上。因此,最后,纳沙泰尔人得出结论说他们成了《百科全书》这一商业冒险活动中的陪衬。作为小城镇中的瑞士人,他们被法国最精明的商人瞒骗和智取;他们还得到了教训:"法国的书商们无法无天,甚至不知道区分何为诚实与不诚实。"①

实际上,纳沙泰尔印刷公司在它的《百科全书》生意中并没有一败涂地。在杜普兰 20 万里弗的结算方案中,它的 5/12 的股份共计得到 83 666 里弗。这个数字加上销售 1770 年曾被没收的庞库克的 6 000 部对开本所收回的,差不多可以够纳沙泰尔印刷公司根据合同约定向庞库克支付他的股权、特许权和图版的 92 000 里

---

① 奥斯特瓦尔德和博塞致纳沙泰尔印刷公司的信,1780 年 2 月 15 日。和里昂人的交易将在第八章中讨论。

383 弗。收回了原始投资后,纳沙泰尔印刷公司还处置了两项利润来源:《方法百科全书》中 5/48 的股份和从庞库克的 500 部四开本中分得的 208 部。根据纳沙泰尔人最乐观的计算,他们在《方法百科全书》中的利益将来可能会达到 30 208 里弗。但在 1781 年资金短缺的时候,他们把它以 8 000 里弗的价格卖给了普隆德。尽管需求下降,但 208 部四开本仍是更大的一笔钱。纳沙泰尔印刷公司估计它每部值 250 里弗,总价达到 52 000 里弗,最后纳沙泰尔印刷公司真的把这些书卖出去了。因此它 92 000 里弗投资的总利润达到了 60 000 里弗——四年的回报率为 65%,或者说是纳沙泰尔印刷公司投资于公债的可能收入的两倍。尽管由于杜普兰的欺诈,最终的利润很难估计,但纳沙泰尔印刷公司在为他进行的印制工作中也做得很漂亮。然而当他们列出所有的收支账目后,纳沙泰尔人对自己在《百科全书》上的经历还是感到强烈的失望。他们把钱投进了那个世纪最成功的出版冒险事业中,但他们的合伙人掠走了大部分利润,只给他们留下原来预计所能够挣到的一半。①

　　奥斯特瓦尔德和博塞因此在 1780 年 2 月离开了里昂的清算会议,他们对利润和复仇的欲望都没有得到满足。下一站是巴黎,在那里,他们实施了一些在与庞库克打交道时没有得到的计划。首先,他们把精力集中在盗印四开本《索引表》的计划上,他们计算过,由于四开本《百科全书》的成功所带来的需求,这一计

---

① 关于这一计算,请参见奥斯特瓦尔德和博塞致纳沙泰尔印刷公司的信,1780 年 2 月 13 日。

## 第七章 清算

划可以挣到50 000里弗。①合伙人已经把《索引表》的权利让给了杜普兰,后者又把它卖给了里昂的盗版者阿马布勒·勒鲁伊和"巴雷这个狡猾的人"②。通过比勒鲁伊和巴雷低的价格销售自己的盗版本,纳沙泰尔人希望"最后向所有这些不诚实的人回以他们曾对我们采用的各种花招"③。但是他们得守住这个秘密,因为这不仅违反了和杜普兰的协议,而且与他们向杜普兰所做的正式声明相抵触,那一声明否认存在任何与《索引表》竞争的版本。④奥斯特瓦尔德和博塞因此指示本部发密信通知四开本订购名录上的一些书商,通知他们不要订购勒鲁伊—巴雷的《索引表》,因为一种更便宜的版本正在印制当中。纳沙泰尔的本部遵嘱给纳沙泰尔印刷公司最信任的顾客发了信,其中包括贝桑松的莱帕涅,他已经为四开本征集到了338份订单。对纳沙泰尔印刷公司来说不幸的是,莱帕涅欠了杜普兰很多钱,为了获得仁慈的对待,他向杜普兰泄露了这个秘密。杜普兰随即给庞库克写了一封感情很强烈的信,后者在巴黎与奥斯特瓦尔德和博塞就此事发生了激烈的争吵。纳沙泰尔人试图掩盖自己的盗版计划,他们声称在与杜普兰达成协议之前已经提出了这一建议。但是这个一目了然的谎言抵不过庞库克的理由,即纳沙泰尔印刷公司的背信弃义将为杜普兰拒绝

---

① 奥斯特瓦尔德和博塞致纳沙泰尔印刷公司的信,1780年2月28日。
② 奥斯特瓦尔德和博塞致纳沙泰尔印刷公司的信,1780年2月15日。
③ 贝特朗夫人致奥斯特瓦尔德和博塞的信,1780年2月27日。1779年11月,纳沙泰尔人已经考虑要盗印巴雷的一种图书,或者至少以威胁要这样做而勒索他,并且庞库克也鼓励他们这样做,以"迫使这位贪婪者将他从我们这里抢夺去的钱还给我们。这是一个极其背信弃义的人"。庞库克致纳沙泰尔印刷公司的信,1779年11月6日。
④ 声明的文本见纳沙泰尔印刷公司致奥斯特瓦尔德和博塞的信,1780年2月14日。

支付最终解决方案规定的20万里弗提供借口。所以，尽管他们已经做了准备工作（他们甚至已经为这部书订购了新的铅字），纳沙泰尔人还是不得不终止了计划并再次接受耻辱的失败。①

《索引表》的彻底失败标志着纳沙泰尔印刷公司和庞库克关系的转折点；不久之后，每一位前盟友都视对方为仇雠。盗印《索引表》的计划失败之后，纳沙泰尔人和伯尔尼及洛桑的印刷公司制订了新的计划，打算假冒庞库克出版的普雷沃的《旅行通史》23卷删节本。②同时，通过猛降伯尔尼和洛桑人给他的八开本的价格，庞库克破坏了自己与他们的协议，从而毁掉了他们为之付出过高昂代价的市场。他还拒绝向纳沙泰尔印刷公司提供《方法百科全书》印制任务的股份，因此拿走了作为对取消最初的再版计划的补偿而垂在他们眼前当诱饵的最后的印制工作。在这个时候，纳沙泰尔印刷公司开始试图抛掉在《方法百科全书》中的股份，"以避免以后与一个不值得我们信任的人发生纠纷"③。在把5/48的股份卖给普隆德后，它割断了与庞库克最后的联系，后者现在已经被认为是"没有什么利用价值了"，而且，它把注意力集中在为

---

① 奥斯特瓦尔德和博塞致纳沙泰尔印刷公司的信，1780年3月15日。1780年3月31日，奥斯特瓦尔德和博塞通知本部，杜普兰刚刚到达巴黎，并且"对我们充满抱怨，他可能是有道理的"。一年之后，巴雷和勒鲁伊就他们在《索引表》上共同的生意发生了激烈的争吵，并闹上法庭。巴雷赢得了官司，随即试图通过与纳沙泰尔印刷公司的秘密协议破坏勒鲁伊的销售活动，他把后者描绘成"杜普兰先生的继承者和学生"。但是，纳沙泰尔人在与三位里昂人打交道时被骗得很惨。参见巴雷致纳沙泰尔印刷公司的信，1781年6月17日。
② 纳沙泰尔印刷公司致奥斯特瓦尔德和博塞的信，无日期，可能是1780年4月；奥斯特瓦尔德和博塞致纳沙泰尔印刷公司的信，1780年4月14日。
③ 纳沙泰尔印刷公司致博塞的信，1780年5月16日。参见奥斯特瓦尔德致博塞的信，1780年5月14日。

## 第七章 清算

自己扮演了受蒙蔽角色的为期五年的合伙关系寻求一个"采取报复的好时机"①上。

这一探究直接指向了庞库克最喜爱的计划:《方法百科全书》。和狄德罗的相比,这一 18 世纪最后也是最大的《百科全书》有两个潜在的优势:它可以纠正令狄德罗感到失望的错误和疏忽,它可以是有系统的——也就是说,不再采用按字母排序的武断的方法,而是可以对人类的知识提出系统的概括,根据学科和主题组织内容。在庞库克看来,这个计划是如此之好,他期望着自己的新"百科全书"把旧的都逐出市场,因为数以千计的读者将丢弃他们手中陈旧的版本——不论是对开本、四开本还是八开本,转求最新的版本,它将到处都被看成是唯一真正的"百科全书"②。这是一项宏大的计划,但瑞士人很快就发现了其中的瑕疵。盗版者可以轻易地从新的内容中抽取出原始的材料,按照字母顺序重新排列,用全部三种开本,出版所有老版本的增补卷。通过购买少量的增补卷,遍布欧洲的数千《百科全书》的拥有者就可以不再从庞库克这里购买昂贵的新版本。通过简单的仿冒,盗版者就可以摘到庞库克的胜利果实。

令人难以理解的是,瑞士人和莫列雷神甫讨论了这项秘密计划,而莫列雷神甫是庞库克圈子里的密友,原来曾打算参与 1776 年叙阿尔的改编本计划。奥斯特瓦尔德在巴黎寻找手稿原稿的时候已经和莫列雷很熟悉了,关于这次盗印庞库克图书的事,他

---

① 博塞致纳沙泰尔印刷公司的信,1780 年 6 月 2 日;奥斯特瓦尔德致博塞的信,1780 年 6 月 8 日。
② 庞库克致纳沙泰尔印刷公司的信,1779 年 6 月 1 日。

向莫列雷神甫问计:纳沙泰尔印刷公司是应该盗印《方法百科全书》中的一部分呢,还是一次性地印制一部按字母排序的增补卷来全面盗印?莫列雷回答说,庞库克对前一种办法会有防范,他会同时出版所有内容,这样整部的"百科全书"就同时完成了,盗版者不可能再一部部地去盗印。至于第二种办法,莫列雷不得不承认一旦《方法百科全书》完成了,它是有效的,但他认为这超越了常规商战的边界:"你们对庞库克的生意造成了如此大的损害,有可能会导致他破产,如果它由于你们项目的实施而失败的话……对他造成如此大的伤害是有些不人道的。"① 纳沙泰尔印刷公司还向它在巴黎的一位代理人、名叫莫诺里的贫困的书商征询意见,他认为这一计划不仅应受指责而且简直是太可怕了;像图书生意中的其他小人物一样,他一想到庞库克的权势就浑身发抖:"至于你们建议的《百科全书》的增补卷……请相信他将动用所掌握的一切力量来阻碍它的发行;而且我相信他加以反对的一些理由,是你们能够想象得到的。"②

在摸清了巴黎的形势之后,纳沙泰尔印刷公司准备和两位盟友合作发起攻击,这两家就是伯尔尼和洛桑的印刷公司,它们甚至对庞库克怀有更大的怨恨。1783年12月,三家盟友在伊韦尔东会面,商议策略并拟写增补卷的说明书。到了1784年1月,它们已经印好了说明书并在《伯尔尼报》上发出公告开始征订。

---

① 莫列雷致纳沙泰尔印刷公司的信,1783年5月31日。莫列雷还反对说,纳沙泰尔印刷公司的攻击行动会伤害庞库克的作者,特别是他的密友、正在考虑和纳沙泰尔印刷公司一起做出版生意的马蒙泰尔。
② 莫诺里致纳沙泰尔印刷公司的信,1783年12月25日。

## 第七章 清算

伯尔尼和纳沙泰尔的印刷公司以及 J. P. 霍伊巴赫与洛桑公司，将一同工作以完成按字母排序的《百科全书》，使购买者花很少的费用，并为他们提供很适合《百科全书》的增补卷，它按内容排序，在巴黎印刷。人们可以在这三家公司中的任何一家获得由他们负责预订的这一增补卷的说明书，内有该计划的详细内容和人们可以获得的三种形式——对开本、四开本和八开本——的情况。该书将只依据预订的数字印刷。①

随后，三家盟友给庞库克发去了第一封勒索信。首先提醒他，他在四开本—八开本之战中有过卑鄙的行为，但是它们并不怀恨在心，还假作克制地说，生意就是生意："继续一个对您有益的项目，您就损害了这些公司（洛桑和伯尔尼）；继续一个对它们可能有益的项目，就可能会损害您。这就是现实，对某人有益的不可能不对其他人造成某些伤害。"接下来它们说明了自己的"计划"将如何对他满怀希望的《方法百科全书》构成釜底抽薪式的打击——它们所说的不是像他曾经摧毁过它们的市场那样来摧毁他的市场；它们只是想让《方法百科全书》的顾客比较少而已。它们会把有钱人留给他。如果他觉得它们拿走了需求中最大的那一份，它们会很高兴和他谈判达成一份协议。或许双方还可以联合起来：他负责法国市场而它们负责欧洲的其他地方。或者，如果他喜欢运作整个计划，也可以说服它们放弃自己的计划——如果

---

① 《伯尔尼报》，1783 年 12 月 24 日。此时，霍伊巴赫已经把洛桑印刷公司重组为"让-皮埃尔·霍伊巴赫公司"。他继续雇用贝朗热并保持和其他两家瑞士企业的亲密关系。

价钱合适的话。信中充满了讽刺和伪善，它一定给了伯尔尼、洛桑和纳沙泰尔人某些满足，他们在法—瑞边界两侧发生的绝大多数卑鄙勾当中一直是受害的一方。①

在回信中，庞库克试图拖延时间。他说在完成《方法百科全书》之前，不会考虑这个建议。②1784年3月，霍伊巴赫接到了《方法百科全书》的第一卷，并说他们将好好地做增补卷，看来增补卷的前景相当好。"你们有关于增补卷的好消息吗？"他问纳沙泰尔印刷公司，③"我们从好多地方收到了非常令人满意的消息，我们希望在夏天能够实现这一联合。"三个月以后，这一计划看起来比任何时候都要好：订单显然一直很多，因为霍伊巴赫不停在商业通信中报告"很鼓舞人心的信件"，而且科学院的皮埃尔-约瑟夫·布科兹也已经同意准备和自然历史有关的所有材料。④但从此时起，纳沙泰尔印刷公司的文件不再提及和增补卷有关的事。和很多出版商的计划一样，这个计划一直没有实现——并不是因为瑞士人的盗版热情降低了，而是因为庞库克没有生产出足够的新

---

① 1784年1月10日，霍伊巴赫给纳沙泰尔印刷公司寄去了这份由贝朗热执笔的短笺的副本，上面没有表明日期。霍伊巴赫解释说贝朗热在得到伯尔尼方面同意后把这份东西在"上星期三"寄给了庞库克，但没有时间交给纳沙泰尔印刷公司。三家盟友在一个月以前都在原则上明确同意了信的内容。纳沙泰尔印刷公司想通过再盗印庞库克的另一本书来加强这一计策的力量，但另两方反对说，攻击性太强可能使庞库克不愿意坐下来谈判。伯尔尼印刷协会和霍伊巴赫致纳沙泰尔印刷公司的信，1784年1月17日。
② 霍伊巴赫在1784年2月10日的信中将庞库克的回答告诉了纳沙泰尔印刷公司。这是纳沙泰尔的文件中和庞库克有关的最后一份材料，从此以后，他就切断了和纳沙泰尔印刷公司的联系。
③ 霍伊巴赫致纳沙泰尔印刷公司的信，1784年3月1日。
④ 霍伊巴赫致庞库克的信，1784年6月7日。

## 第七章 清算

《百科全书》供他们盗掠。

因此,最后,尽管宣称要以瑞士式的直爽做生意,纳沙泰尔印刷公司还是和它的合伙人一样残酷无情。它甚至背叛了自己的合伙人。它和伯尔尼与洛桑人密谋仿冒普隆德版的雷纳尔的《两印度中欧洲人的机构与商业的哲学与政治史》( *Histoire philosophique et politique des établissements et du commerce des Européens dans les deux Indes* ),但又违反与这两位瑞士同盟者的承诺,和日内瓦印刷公司秘密制订生产卢梭著作的计划。① 纳沙泰尔人已经学会了根据残酷的游戏规则行事,这个规则就是:欺骗或者被欺骗;当他们着手《百科全书》的生意时,已经丢掉了曾经有过的所有幻想。"不要许些空愿,只相信所看到的,只依靠已获得的东西。"在与杜普兰的最后交锋后,奥斯特瓦尔德和博塞得出了这样的结论。②

杜普兰自己玩的是最卑鄙的游戏。18世纪的书商认为盗版和秘密的共谋是必要的邪恶,但他们在欺骗和诈骗之间划出了界限。所以甚至根据图书交易中宽松的、不成文的规范,他都要承担《百科全书》生意中的恶棍的骂名。对庞库克来说,他是"一个卑鄙的人";对纳沙泰尔印刷公司,他完全是"狡猾的人"③。其他书

---

① 纳沙泰尔印刷公司致奥斯特瓦尔德和博塞的信,1780年2月14日;奥斯特瓦尔德和博塞致纳沙泰尔印刷公司的信,1780年2月8日。
② 奥斯特瓦尔德和博塞致纳沙泰尔印刷公司的信,1780年2月20日。
③ 庞库克致纳沙泰尔印刷公司的信,1780年11月10日;奥斯特瓦尔德和博塞致纳沙泰尔印刷公司的信,1780年2月20日。另参见1778年11月6日庞库克致纳沙泰尔印刷公司的关于杜普兰的信。关于杜普兰的"卑鄙灵魂"和类似的评价,参见普隆德1781年3月22日致纳沙泰尔印刷公司的信。

商提到他的时候，描绘的也是十足的贪婪者的形象。雅克·勒沃尔称杜普兰从他那里诈骗了4 000里弗，并对杜普兰自己的堂兄弟、巴黎的皮埃尔·约瑟夫·杜普兰做了同样的事。皮埃尔·约瑟夫，一位图书经销商和文稿代理商，关于他的这位里昂的堂兄弟没说过什么好话。勒沃尔向纳沙泰尔印刷公司自我介绍说自己是一个走私犯，但自己做生意的方式和杜普兰毫无共同之处。他解释说，自己从孩提时代就深知杜普兰其人，对他毫不信任。① 杜普兰寡廉鲜耻地承认了自己的坏名声，但把它归咎于自己敌人的诡计，说他们强加给他"盗版者、贪婪者、骗子这些绰号，人们在侮辱性的讽刺小册子中肆意滥用"②。图书业界的看法似乎完全一致：他代表了书业中最坏的盗版行为。

除了对利润的贪得无厌之外，这个人难道就没有别的什么了吗？对经济史和人类灵魂的历史而言，这都是一个很有魅力的问题。但它很难回答，因为我们得到的杜普兰当时的面貌，可能只是一幅漫画，而他的个性也没有在通信中清楚地显现出来。他的信简慢无理。它们以贸然和专横的方式直奔主题，就像一位将军在战场上发布命令。要在多条战线上协调如此多的攻击，使得他很容易采取被围困时严阵以待的调子。例如，1778年秋天，当时他正在和庞库克讨价还价，谈判第三版的合同，同时还要发行前

---

① 勒沃尔致纳沙泰尔印刷公司的信，1780年6月24日和5月8日；杜普兰致纳沙泰尔印刷公司的信，1782年5月29日。另请注意勒沃尔1780年8月13日信中的一句评论："杜普兰先生已让人将戈蒂埃先生（布雷斯地区的布尔格的书商）投入监狱。我们不了解情况。"

② *Mémoire à consulter et consultation pour le sieur Joseph Duplain, libraire à Lyon*（《有关与里昂书商约瑟夫·杜普兰先生的商谈的回忆》）(Lyons, 1777), p. 5.

## 第七章 清算

面的各卷，催收旧版本的书款，谋划佩兰骗局。杜普兰给纳沙泰尔印刷公司写了如下的话："我们已因那些没有收回的款项、冬季纸张的预付金和正在销售前两卷的第三版而不堪重负，我们不可能再满足你们的要求。""我们希望你们在收到信后寄给我们第24卷。我们给第21、22、23卷配页并核对页码。我们将在寄来的这卷中加入所有多印的散页。我们期望庞库克先生已签署新合同以寄给你们新的一卷，而他说他正等待你们的批准。这不关我们的事。我们所能对庞库克先生说的，就是我们的费用非常大……我们收到一些拒绝证书。图卢兹有10 000里弗拖欠款，但是我们仍要把事情做完。"① 每天，杜普兰匆匆忙忙地发出十几条这样的指令，操控着大量的造纸商、印刷商和金融专家。他的商业活动遍及法国、瑞士西部和低地国家的部分区域，生意的巨大规模非同一般。杜普兰打算从那个时代最大的出版冒险中尽可能多地赚取利润。

对这一目标一心一意的追求展现了杜普兰的性格。他是一个赌徒。他认识到四开本《百科全书》是千载难逢的良机，就押上全部身家赌其成功。为了集中全部财力投入这次大赌博，他卖掉了自己的店铺、很多书的股份、房产和家具，搬进一个带家具的出租房内。而他一旦致力于这一最重要的生意，就变得冷酷无情，甚至疏远了那些他诈骗不成的书商。但他不在乎：他冒一切险；他无法回头；最后，他赚了大钱。甚至在和合伙人结清了那20万里弗之后，他还是个非常富有的人。他取得的利润已不可能算清，

---

① 杜普兰致纳沙泰尔印刷公司的信，1778年9月15日和10月9日。

但仅从印制中得到的佣金已经足以使他退休了。①

杜普兰所想要的不仅是退休,还要过贵族式的生活;钱到手之后,他就开始用。首先,他娶了里昂的一个美人做妻子,于1777年3月结婚,当时,他的第一版《百科全书》已经被超额订购,而他与庞库克的合伙关系也消除了图书被没收的危险。② 随后,他们到巴黎游览,根据庞库克的说法,他和他的新娘过着令人生厌的奢侈生活。他们乘坐带仆从的豪华马车,新的奢侈之风甚至感染了他们的旧仆人。③ 然后,杜普兰把里昂的财产(卖掉了生意以后,他

---

① 根据法瓦吉 1778 年 7 月 15 日写给纳沙泰尔印刷公司的信中所提供的材料看,杜普兰大约从印制中赚到了 10 万里弗。而根据 F.-Y. 贝纳尔(F.-Y. Besnard)的说法,"当人们积聚了 3 000—4 000 里弗利息时,往往就退出生意",即大约 80 000 里弗的资金。*Souvenirs d'un nonagénaire*(《一位 90 岁老者的回忆》),转引自 Henri Sée, *La France économique et sociale au XVIIIe siècle* (Paris,1933), p. 162。根据里昂的标准,杜普兰从他父亲手中接受的批发和零售业务的遗产的规模是相当大的。他把这些卖给了勒鲁伊,价格没有透露。尽管杜普兰职业生涯最后阶段的面貌有些模糊,但从勒鲁伊、勒沃尔、庞库克和博塞与奥斯特瓦尔德的信中大致可以拼凑出一幅图画来。

② 1777 年 3 月 10 日,庞库克在给杜普兰的商业信件中加了一些祝贺的话:"我亲爱的朋友,您要结婚了;为此向您表示祝贺。您的未婚妻是年轻、漂亮和讨人喜欢的;我再向您重复一遍。当人们知道如何把握的时候,婚姻是真正幸福的。收到此信后,请代向您的未婚妻转达我对她的敬意。请谈一下我们的生意。" Bibliothèque publique et universitaire de Genève, ms. suppl. 148。

③ 1779 年 7 月 10 日,庞库克告诉纳沙泰尔印刷公司,杜普兰和妻子正在巴黎旅游:"所有人都对杜普兰先生不满;他的奢华引起了人们的反感。"*Lettre d'un libraire de Lyon à un libraire de Paris*(《一位里昂书商给巴黎书商的信》)(March 1, 1779)的匿名作者记道(p. 9):"虽然人们谈到了巴黎书商的富有,但是他们中能有两个人拥有杜普兰那样的侍从吗?"在谈论杜普兰的侍从之一、一位弗朗什-孔泰人时,勒沃尔评论道:"侍从们感到了主人的恬不知耻所产生的影响。"勒沃尔致纳沙泰尔印刷公司的信,1780 年 11 月 25 日。

还在里昂保留了三处房产）变成乡下的财产，打算过乡村绅士的生活。① 最后，他花了 11.5 万里弗买了一个贵族头衔："国王的膳食总管。"他在凡尔赛为国王效力，在信后签名时写"圣阿尔比内的杜普兰"，他的余生很可能是在夜宵和城堡中度过的。②

有一件事损害了杜普兰的胜利的完整性。1780 年 9 月 19 日，勒沃尔告诉纳沙泰尔印刷公司："杜普兰夫人三周前刚刚去世。你们可以想见国王的膳食总管是多么悲伤。似乎这是上帝对他的贪婪和对金子的渴望的一种惩罚。"然而，三年以后，他娶了另一个女人。"杜普兰先生刚刚娶了一位 17 岁的女孩，"③梅西耶从里昂向纳沙泰尔印刷公司报告，"由于他非常富有，因此这次婚姻引起巨大反响。"

这个故事另有寓意吗？对社会史家而言，它看起来像是巴尔

---

① 在 1780 年 11 月 18 日致纳沙泰尔印刷公司的信中，勒沃尔把杜普兰描述成"正期待前往外省，打算在那里定居"。而前述《一位里昂书商给巴黎书商的信》也顺便做了评论："几年前才刚刚有 40 000 里弗的杜普兰先生，现在已富有到打算置地了。"

② 关于杜普兰被封为贵族的情况，请参见庞库克致纳沙泰尔印刷公司的信，1779 年 7 月 10 日和 6 月 1 日："他刚刚以 11.5 万里弗的价格从国王那里买了一个膳食总管的差事。虽然他在这里待了八到十天，但是我只见到他几个小时。他的所有时间都用于接待客人了……我们根本没有熟悉他的漂亮妻子的机会。"实际上，杜普兰在早先用 80 000 里弗购买国王秘书的职位时可能已经获得了贵族身份。这在把他描述成暴发户的《一位里昂书商给巴黎书商的信》中至少是一项争论的内容："目前在巴黎，为了购买一个国王或是王后的膳食总管的差事，需要 10 万里弗以上的现金；为了具有这一职位所必需的贵族身份，他以 80 000 里弗买了一个国王秘书的职位。"在 1779 年 7 月 24 日致庞库克的信中，纳沙泰尔印刷公司也指出杜普兰买了两个职位："这是一个危险人物，他不诚实……或者说……由于必须为购买官爵和膳食总管的差事付款而变得拮据。"

③ 梅西耶致纳沙泰尔印刷公司的信，1783 年 9 月 5 日。

扎克的戏剧：一个资产阶级企业家爬上了财富的顶峰，随后以贵族式的放纵，大把挥霍自己的财富。在某种程度上，这是法国资产阶级的故事——获得了有限的扩张就投资于身份而不是生产。最有讽刺意味的是，杜普兰借以跨进几年后就要垮台的旧等级制度的台阶，是狄德罗的《百科全书》。

庞库克的一生也带有一种巴尔扎克式小说的味道。事实上，在道里阿\*身上就混合了很多庞库克的成分。在巴尔扎克的《幻灭》中，他是一个出版大亨和非官方的文学大臣："我做文学著作的投机生意：我像庞库克和博杜安兄弟所做的一样，出版40卷的书，印10万部。我所具有的能力和获得的赞赏促使自己从事一项10万埃居的生意，而不是一卷2000法郎的书。"① 然而和杜普兰不一样，为了脱离这桩生意，庞库克没有在图书上投资。他追逐更大更好的投机生意的脚步从来都没有停止过。他是财富的追求者，但追求的动力是对追求本身的爱。多亏了他的通信，我们才能够

---

\* Dauriat，出版商，巴尔扎克小说《幻灭》中的人物。——译者

① *Illusions perdues* (Paris, 1961), p. 304. 参见 p. 309："道里阿是个每年能卖十五六万法郎书的怪人，做派像个文学大臣……他的贪欲，和巴尔贝一样大，在各个方面都显无疑。道里阿有气派，很大方，但也很虚荣；至于他的思想，则完全来自道听途说；他的店铺是一个很值得经常光顾的地方。"尽管这是关于复辟王朝时代的一位出版商的描述，但用在庞库克和他的店铺上面非常合适，对此 D.-J. 加拉（D.-J. Garat）有过描述，见 *Mémoires historiques sur la vie de M.Suard, sur ses écrits, et sur le XVIIIe siècle* (Paris, 1820). 文中提到的庞库克可能是夏尔·路易，这位《百科全书》出版商的儿子，但是，老庞库克的形象可能已经深深印在了巴尔扎克的脑海中，他是巴尔扎克在1836年撰写《幻灭》之前经常交往的出版界和文学界的传奇人物。该小说中的作家和出版商与他们18世纪的前辈非常相像。

## 第七章 清算

追溯他听凭着自己的热情的指引,在公共马车中奋笔疾书,和杜普兰在里昂结成合伙关系,在阿姆斯特丹买下雷伊的所有权,在日内瓦支持克拉梅尔,在列日与普隆德和解的过程。在那些结束一桩投机生意以便在更大的规模上建立新的生意的狂热时刻,庞库克都处在最佳状态——例如,他突然抛弃了纳沙泰尔的再版计划转而创建豪华的改编本,以及他突然舍弃了和列日人开战的计划转而接管他们的计划,把它变成自己的《方法百科全书》的一部分。他的巅峰时期在1778年,当时他几乎垄断了布丰、伏尔泰和卢梭著作的市场,同时还控制着《百科全书》的独占权。庞库克赞同这些书中的观念。他和哲学家结下了密切的关系,自己也写一些哲学著作。① 但最终,他似乎被类似于19世纪强盗资本家的精神所启发。他做投机生意,因为对他而言,投机生意在本质上已经变成了目的和生活方式。当然,他也要挣钱,而且竭力讨价还价,正如博马舍在他们关于伏尔泰手稿的谈判中所发现的: 394 "有关庞库克的账目,我无法告诉您任何值得高兴的事;他对待我的态度是冷酷的、不诚实的。庞库克先生是比利时人,甚至十倍于比利时人。"② 但庞库克丝毫没有杜普兰性格中的诡诈。普隆德和

---

① 庞库克翻译典籍、撰写关于化学和生物学的文章以及普通散文——后者刊登在《方法百科全书》上。关于他的著述清单以及他与哲学家的联系,请参见他的 *Lettre de M. Panckoucke à Messieurs le président et électeurs de 1791*(Paris, Sept. 9, 1791)。加拉稍带夸张地说,庞库克和哲学家保持了最好的关系,他自己也变成了哲学家。Garat, *Mémoires*, I, 270–273.

② 博马舍致雅克-约瑟夫-马里·德克鲁瓦(Jacques-Joseph-Marie Decroix)(一位参加了谈判的,来自里尔的金融专家)的信,1780年8月16日,Bodleian Library, Cambridge, ms. Fr. d. 31。另外请注意奥斯特瓦尔德在1780年6月4日致博塞的信中所说的狄德罗的看法:"总之,在我们明白之后,我希望我们(**转下页**)

庞库克的私交很好。他对庞库克的描绘是"太忙和太心不在焉"①，而杜普兰则称他为"梦想家"——这是一个贬义词，但对他做启蒙运动最伟大的经理人的雄心却给予了公正的评价。

由于这种梦想气质，庞库克也受了幻灭之苦。他的最宏大的梦想产生出了《方法百科全书》。这一超级"百科全书"计划成为他生活中、最大的投机生意中和他计划借以圆满完成自己事业的"好生意"中占支配地位的志趣。它也成为百科全书知识的最后阶段的例证以及从启蒙走向革命的转折点。因此，把它从庞库克其他生意的历史中清理出来，可以使我们了解很多东西。

---

（接上页）不与这个人（庞库克）有任何联系。阿尔雷（奥斯特瓦尔德的女婿）可能已和您说过这些，而且会和对我说的一样，通过提供有关证据而告诉您狄德罗已确信这是一个没有诚意的人。"加布里埃尔·克拉梅尔痛苦地抱怨庞库克对日内瓦对开本的管理，并称他"这个卑鄙和不公正的人"。克拉梅尔致路易斯·内克尔·德·热马格尼（Lois Necker de Gemagny）的信，1777年5月25日，收入 Theodore Besterman ed., *Voltaire's Correspondence* (Geneva, 1965), XCVI, 189。

① 普隆德致纳沙泰尔印刷公司的信，1779年8月16日。

第八章

# 最终的《百科全书》

在和盗版作斗争、统领四开本联盟和统治他的出版帝国的同时,庞库克着手实施了一项使他所有的《百科全书》生意都相形见绌的计划。他决定创造一种终极《百科全书》——这部《百科全书》要使狄德罗的《百科全书》变得微不足道,要包括全部的人类知识,要让自己富而又富。庞库克计划用自己的大笔财富做赌注,把它培植成出版史上最大的生意。这部《百科全书》,即终极《方法百科全书》如今待在图书馆的角落里,无人阅读,早被遗忘。它甚至引不起无题可做的研究生的欲望。然而,它还是值得被从遗忘中唤醒,因为它代表了百科全书知识的最终状态。它是旧制度下为竞争《百科全书》市场所投下的最大赌注。为了完成它,庞库克动员了那个时代最杰出的天才。为了使它免于崩溃,庞库克在整个法国革命期间一直和最后的《百科全书》编纂者一起工作。

## 《方法百科全书》的由来

可以把狄德罗本人看成该计划之父,至少是祖父,因为狄德罗1768年的回忆录促成了庞库克的《百科全书》生意,使他顺着从狄德罗版的修订计划到日内瓦对开本,到提议中的纳沙泰尔出版计划,到叙阿尔的改编本和杜普兰的四开本的路一直走下来。因此,对庞库克来说,在从一项长期的计划发展到出版一部由叙阿尔、孔多塞和达朗贝尔领衔的整个第二代哲学家群体撰写的狄德罗版《百科全书》的修订和增补版的过程中,四开本只是一段插曲。他一直调整自己的生意奔向这一计划,而且向叙阿尔支付报酬让他为这一计划工作,直到1778年夏天。

叙阿尔后来声称他已经为此辛勤工作了很长时间。1777年在毗邻住处的地方他花300里弗的年价租了一套"很小的公寓",用作"办公室",他还在里面建立了一个小图书馆,藏书包括三部对开本《百科全书》、两部增补卷、一部《伊韦尔东版百科全书》、一部《艺术与工艺说明》、一套罗兹耶神甫的《自然日记》和一部"英国百科全书"——大概是《钱伯斯百科全书》。他显然是用剪刀和糨糊对付对开本《百科全书》,剪掉错误,接上从其他参考著作上抽出来的增加的部分。他还并入了原来为《法语辞典》准备的材料以及从他那一班作者手中得到的文章。为了帮助"组装"和混合大量的材料,他以800里弗的年薪雇用了一名抄写员,以1200里弗的年薪雇用了一名"精明的伙计"。这桩生意一定也使哲学家们在出入于沙龙、咖啡馆和科学院的同时,还频繁往来于叙阿尔的公寓;因为叙阿尔在文坛交游广泛,达朗贝尔和孔多塞

## 第八章 最终的《百科全书》

也答应帮助他招募撰稿人。叙阿尔后来告诉纳沙泰尔印刷公司，他已经写出了几箱子的笔记和草稿，并收到了庞库克6 300里弗的报酬。"在18个月多的时间里，我只忙于而且只能忙于这一编纂工作，它的实施只是在各种拖拉和不确定之后才被暂停的。"①

1778年6月，庞库克突然中断了叙阿尔的工作。这项工作已经有了强劲的前进势头，但即将面临和一部进展更快的《百科全书》的冲突，这部《百科全书》1月份出乎意料地出现在列日，当时列日一个名叫德韦里亚（Deveria）的书商以阿姆斯特丹的地址发布了说明书并开始征订《方法百科全书》。德韦里亚不仅企图像叙阿尔那样修正和扩充狄德罗的文本，还打算重新组织"内容顺序"。他不再根据字母顺序排列内容，而是要根据主题分组，并且出版一系列关于法律、医药、自然史等主题的小百科全书。由于有了这种"有系统"的组织方式，他的读者将不再需要为了获得关于某个主题的系统观点而在数十卷沉重的大部头卷册中仔细搜寻，把相互参照的内容拼凑在一起了。

德韦里亚的办法和狄德罗的相比，在哲学和实践上都有优势。狄德罗把知识的世界切割成彼此分离的片断，并根据武断的字母顺序——一种"只可能使半瓶醋的学者或是无知者满意"的排列

---

① 叙阿尔致纳沙泰尔印刷公司的信，1779年1月11日。叙阿尔这样描述他的工作："在一年多的时间里我忙于将原版的《百科全书》与增补卷、《伊韦尔东版百科全书》和其他辞典相对照；我已让人做出几部书的一览表；我已收集了大量注释，在编辑时它们将用于修正或是增补新《百科全书》的不同文章。我有几个纸板盒装满了工作成果；但是这些工作成果不可能一致，也不可能以固定的形式体现。"庞库克在1779年1月17日致纳沙泰尔印刷公司的信中提到了叙阿尔用的参考著作。

方法——把它们排列起来。德韦里亚将把不同部分的知识之间潜在的合理联系展现出来。他将在狄德罗失败的地方取得成功，因为他将实现达朗贝尔《绪论》中的真精神。

没有这种只可能使哲学天才感兴趣的可贵分类秩序，这一在辞典中分块的汇编只是一部有如一堆孤立并且编了号的石头而不是一座宫殿的百科全书：正是只有在一座建筑的不同部分的安排上人们才能认识到建筑师的才华，就像人们是在绪论而不是《百科全书》的字母顺序安排上认识了掌握各种知识的伟人——他思索各种知识的范畴和关系。

因而，德韦里亚没有抛弃初版《百科全书》中的哲学倾向；他对它做了发挥。他也没有说自己关于知识的"有系统的"观点有什么独创性，而是把它归功于启蒙运动的先驱。"对于内容顺序，书商们并不把这一思想的荣誉归于自己；他们把它归于培根、公众舆论和一些想向他们解释这一点的学者的意见。"①

与此同时，德韦里亚试图通过提供更优惠的条件赢得征订工作。准时签约的人将成为某种形式的股东，并将根据销售的成功程度在价格上获得折扣。他估计，订购者得准备付756里弗，但假如卖出20 000部——这看起来很有可能，他们就能够指望收回

---

① Prospectus d'une édition complète de l'Encyclopédie, rangée par ordre des matières et dans laquelle on a fondu tous les Suppléments et corrigé les fautes des édition précéclentes《按内容顺序排列、包含所有增补卷并且修订了以前版本的错误的全本百科全书说明书》(Amsterdan, 1778)，马克·米歇尔·雷伊档案，Bibliotheek van de vereeniging ter bevordering van de belangen des boekhandels, Amesterdam, pp. 1–3.

## 第八章 最终的《百科全书》

420里弗。德韦里亚计划生产两种完全版：一种是36卷的对开本，其中12卷是图版卷；另一种是144卷的八开本，也有12卷图版卷。在预付了21里弗订金之后，订购者每六周可以收到一卷，并将在五年之内得到整部《百科全书》。他们得在收到各卷时分期支付书款；他们得到的《百科全书》是便宜的，因为订购结束后，每部将以1 000里弗的价格出售。德韦里亚还强调了他所用的铅字和纸张的质量。为了在销售中得到书商的帮助，他给欧洲的大书商发去了通知函，向他们承诺每部降低108里弗并且每售出12部就赠送1部。①

德韦里亚在说明书的最后对竞争对手、庞库克的四开本进行了正面攻击。它说，四开本的出版商不仅想使"有缺陷的识字读本"永存不灭，而且正如兰盖揭露的，他们打算欺骗公众。要么他们截掉狄德罗一大半的文字来保持32卷的规模，要么就拉长到99卷，从无助的读者那里敲诈走1 000多里弗。而在德韦里亚这边，他保证自己的顾客不会受到任何类似的欺诈，他严肃地承诺保持36卷的规模，假如超过此限，其余的各卷将免费赠送。他知道四开本出版商会设法诋毁他的计划，但他对它的优势很有自信，并且做好了战斗的准备。"然而日内瓦、纳沙泰尔和其他按照字母顺序印刷此书的城市的书商们有可能贬低或是让人贬低这一版本：公众将对此做出判断。"②

庞库克不能忽视这样的攻击，但他没有回击的手段。尽管

---

① 尽管说明书是匿名的，但和它一起发出的日期为1778年1月的通知函却是由德韦里亚签署的，他把自己说成是"列日王宫后的拉维街的书店与公司"。通知函保留在马克·米歇尔·雷伊的档案中，ibid.

② *Prospectus*, p. 4.

他可能能够让新版本安然度过兰盖的指控，但他却不能轻易地说《方法百科全书》的坏话。因为德韦里亚的计划采用的修订概念比叙阿尔的改编本更进一步。它有更精明的销售条款，而且很明显，它将先进入市场。因此，庞库克感到了严重的威胁，他又像以前面临杜普兰威胁的时候那样：先反击，再谈判。

反击是通过"回忆录"的形式进行的，这份由四开本出版商传播的"回忆录"的目的就是通过诽谤毁掉对方。"回忆录"把德韦里亚说成是冒名顶替者、吹牛者和由新近发迹的出身低微的小店员摇身变成的"文学骗子"，打算用假征订欺骗公众，一旦预付金到手很可能就溜之大吉。"回忆录"揭露说，仅仅两年前，他还是巴黎的寡妇巴比第的小店员，既无资源又无声誉来展开如此巨大的项目。如果他在列日能赢得任何信任的话，他不会伪称从阿姆斯特丹发行说明书。"人们不可能不带怜悯地看着充斥于说明书中的这种江湖骗子口吻。"四开本出版商轻蔑地评论道。他们对德韦里亚打算把订购者变成股东特别不屑。那是一个花招，是打算从容易上当的人手里骗到钱；因为德韦里亚永远也不会卖出足够多的《百科全书》来支付折扣款。市场没有这么大的容量。在谈论 20 000 部的时候，他估计过高了，就和把价格定为 756 里弗时估计过低了一样。如果他曾经做过《百科全书》的话，他就应该知道成本至少要达到 1 200 里弗；他的计划是不可能完成的，因为它无法实施。

然而，最后这一点，对庞库克和合伙人来说有点棘手。他们本身不想反对修订版，因为他们正在悄悄地准备出版一种修订版（他们得保住改编本的秘密直到四开本售罄），而且他们也找不到好的论据来反对根据主题而不是字母顺序组织内容。因此他们只

## 第八章 最终的《百科全书》

强调了德韦里亚个人的欺诈和无能。他们宣称，如果他的计划要完全实现，必须得到原来那些哲学家的应允和欧洲最杰出的专家的合作——简而言之，需要庞库克已经为他的改编本所建立起来的那种联合体。"回忆录"打算把公众从德韦里亚那里吓跑，为庞库克修订的《百科全书》保留市场。诽谤的凶猛证明了来自列日的威胁的严重程度。[1]

但是，诽谤并不能形成有效的防御，尤其是当和一个完整的联盟对抗的时候；而德韦里亚的靠山是三位列日的投机商：勒费弗尔、德福尔热和德方丹。他们联合在一起的财富和影响力一定给人留下了深刻的印象，所以，在身为四开本联盟小合伙人和列日大书商的朋友普隆德的建议下，庞库克开始和他们谈判。1778年6月22日，谈判达成了协议。庞库克放弃摧毁列日人《百科全书》的打算，反而施以援手——代价是10.5万里弗。在付出这笔钱之后，列日人将可以使用庞库克的图版，并且可以把他们的《百科全书》打入法国市场而不会遭到庞库克及其保护人的反对。庞库克和德韦里亚各自的合伙人都接受了协议，从而避免了一场商战。[2]

---

[1] *Mémoire pour les éditeurs de l'Encyclopédie de Genève en 32 vol. format in-4°portant réfutation d'un Prospectus de l'Encyclopé die en 36 vol. in-folio & 144 vol. in-8°, projetté par un libraire de Liège, sous le nom d'Amsterdam*（《有关四开本32卷日内瓦百科全书的编者的回忆，同时包含对以阿姆斯特丹名义由列日的一位书商策划的36对开本和144卷八开本的百科全书说明书的驳斥》），纳沙泰尔印刷公司文件，ms. 1233。

[2] 在日内瓦、巴黎、里昂、阿姆斯特丹和列日都没有找到这份协议。不过它的主要条款，像它的后续协议（1779年1月2日的合同）一样，可以从庞库克的信件和纳沙泰尔印刷公司的其他文件中推断出来。梅利诺·德·吉维尔迪替杜普兰签了名，而纳沙泰尔印刷公司则在1778年7月18日给庞库克的一份声明中正式接受了协议。

然而，要纳沙泰尔人接受还是花了一番说服的功夫。1778年7月7日，庞库克给他们送去了协议的副本和一份关于新生意的充满热情的报告。他说，列日人已经收到900份订单，并准备印制2000部。他们收回了旧说明书并印了新的，做好了把他们的《百科全书》投放市场的一切准备。谈判中最大的问题是让他们推迟出版日期，因为他们的《百科全书》会影响刚刚出了第三版四开本的销售。幸运的是，庞库克成功地说服了他们把说明书压到年底再发；因此，他说：“这一项目从未损害里昂的生意……这就是我考虑商谈的原因。"① 纳沙泰尔人回信说，他们知道了协议是如何保护四开本的，但是改编本呢？庞库克似乎是放弃了他们已经孕育了两年的很有前途的生意，而钟情于一桩困难而危险的生意。尽管起初他们反对过叙阿尔的计划，但现在纳沙泰尔人对它的感情却超过了庞库克。不过，他们关心的是自己的印刷生意，而不是叙阿尔。为了印制《百科全书》，他们已经把工场的规模扩大了一倍；而杜普兰只让他们印其中的区区几卷，和他们为了每一个可能的机会而争吵，并且拒绝支付他们的账单。他们指望改编本能够弥补他们在四开本上的失望。庞库克曾答应过让他们印制叙阿尔版的全部文本。事实上，1777年1月3日的合同要求庞库克用四开本和对开本使他们的印刷机保持工作状态。他和列日人的协议却什么都没有给他们。因此，当庞库克拿着列日人的协议等着他们同意的时候，他们坚持要"大生意"——他们这样称呼

---

① 庞库克致纳沙泰尔印刷公司的信，1778年7月7日。

## 第八章 最终的《百科全书》

改编本。①

在回答纳沙泰尔印刷公司的反对意见时，庞库克断言改编本已经没有未来了。"我与列日人一起完成了形势所要求的所有一切。如果我继续拖延，那么巴黎和外省就会充斥他们的新说明书。他们的版本是一个经过系统修订的版本，因此我们未来已不再可能出一个改编本。"庞库克还说，杜普兰的代理人普隆德和吉维尔迪支持他的决定。而且，只有支付了 10.5 万里弗之后，列日人才能使用图版——这是庞库克在所有谈判中有决定性的资产。等着收钱比为了叙阿尔的生意而发动商战要好，那桩生意和列日人的比起来"不太可靠"，列日人现在对成功很自信，已经决定把印数增加到 3 000 部。如果他们失败了，庞库克和纳沙泰尔印刷公司可以恢复改编本的生意。如果他们成功了，四开本联盟将多收入 10 万里弗，同时将耗尽杜普兰的《百科全书》的所有利润，他的《百科全书》的利润已经如此丰厚以致所有其他的《百科全书》生意都黯然失色："里昂的生意有巨大的利润，抵消了我们的所有开支。

---

① 早在 1778 年 2 月 22 日，纳沙泰尔人就表达过自己的立场，当时他们给庞库克写信，讨论列日人已经做了一桩《百科全书》的生意后又放弃了的传言。"我们很高兴地知道列日人的项目已被放弃了。至少这个阻碍被克服了。至于我们的改编本，先生，我们总体上和您一样，从来就不认为现在要出版大生意的说明书，因为这意味着白白放弃我们刚刚向预订者提供的四开本第三次预订的利润。但是我们估计，如同我们在上封信中已说过的，从现在起我们就必须采取一些措施，并准备到今年底宣布我们改编本的出版消息。"后来，纳沙泰尔人在 1778 年 7 月 14 日给庞库克的信中对列日人的解决方案表示了反对意见："我们艰难地看到由于计划相当难，而且您认为成功的可能性不确定，我们已经放弃了出改编本的想法，而这一想法对于我们来说始终是一个很好的主意，即使里昂版已出来之后也是如此。难道没有什么办法可以像杜普兰那样将一个时间段里的印书特许权的分享资格出售吗？"

仅这一点我们就应该考虑。"所以，纳沙泰尔人不应为叙阿尔版的终结感到遗憾："可能由于与列日人的生意，我们失去了与所有其他人达成协议的权利，如果他们的版本真的成功了，他们将付给我们前2 000部的款项。但是老实说，在这一修订本和我们里昂的8 000部之后，谁还能永不考虑任何《百科全书》呢？"

为了帮助纳沙泰尔人克服在印制生意上的失望，庞库克好言相劝："如果它显露出一些好的投资迹象，我自然会告诉你们。我们是永远联系在一起的，对此我深信不疑，而且任何时候我都听从你们的吩咐。"为了给他的话添加实质性的内容，他在他们面前吊了两桩生意来引诱他们。他把第一桩说成是"涉及我们里昂百科全书的收尾项目"的计划，一旦想法成熟就会公布出来。另一桩是卢梭著作的一个版本。卢梭刚刚去世，他的纳沙泰尔保护人杜佩鲁是遗嘱执行人。透露出来的消息说，卢梭的文件中有一些有价值的手稿，包括一些回忆录（《忏悔录》），西欧所有的出版商都在争抢。当然，庞库克有内部消息，他正在策划另一桩金额巨大的生意，他在一封信的激动人心的附言中提到了它："杜佩鲁先生应该有让·雅克·卢梭的手稿，至少有一部分。你们应该与那位寡妇商谈；对于她所拥有的一切，我都将分享一半。但是我不想露面。你们中的一位可以为此来这里一趟。你们可以开价至30 000里弗，1/3现金，另外2/3根据合同分两次付清。我将给你们带来一笔大生意，而你们将来帮助这位不幸的妇女。尤其应该有这些回忆录。请关心此事。请和杜佩鲁先生谈此事，别耽搁。"①

---

① 庞库克致纳沙泰尔印刷公司的信，1778年7月21日。

## 第八章 最终的《百科全书》

## 启蒙运动出版的巅峰时刻

这封信使纳沙泰尔人平静下来。他们宣布自己愿意接受列日协议，愿意"放弃整个百科全书的想法"，愿意接受庞库克当时的提议。他们热切地想要听到更多关于四开本的后续生意的消息，他们匆匆忙忙地接受了他关于卢梭的建议。[①] 就像费内是伏尔泰的领地一样，纳沙泰尔附近是卢梭的势力范围。这两位哲学家在瑞士的出版机构附近度过的时间如此之长，给一个旧产业带来了新的生命，也没有什么能比他们的去世给图书交易带来更大的刺激了；因为他们都留下了引人注目的手稿，而这些手稿最终都可以使出版商有可能出版他们著作的全集。而且，他们体现了启蒙运动的两个不同的方面，又在1778年中不到两个月的时间里相继离开这个世界。所以，他们的去世在做启蒙运动投机生意的出版商中间激起了大量的密谋活动。领导密谋的庞库克8月份到了瑞士，希望申明自己对两人手稿所拥有的权利。

庞库克的瑞士之行和他在随后八个月中的商业运作，后来被证明是他人生和作为出版事业领军人物的转折点。他似乎一时就要垄断了启蒙运动的图书生产。他途经费内时占有了伏尔泰的文件；他还经过纳沙泰尔，和纳沙泰尔印刷公司谋划取得卢梭的手稿；在蒙巴尔，他和布丰讨论了出版其著作的事；而回到巴黎之后，通过接管列日计划，他加强了对《百科全书》的垄断。这些生意需要的资本投入之大，连他这样的"出版业的阿特拉斯"也

---

[①] 纳沙泰尔印刷公司致庞库克的信，1778年7月28日。

无力全部承担。因此，庞库克不得不在其中挑选一些生意。他首先决定抛光存货以扩大资本。随后，他做了一些令人眼花缭乱的买进卖出。到了1779年3月，他已经准备中止与布丰的合作的著作、退出对卢梭手稿的投标、卖掉了他收集的伏尔泰的文件，并买断了大部分赌徒的《百科全书》。尽管他在这个至关重要的时期里进行运作的全部故事，应该属于他个人的传记而不是《百科全书》的传记，但为了了解从四开本到《方法百科全书》的转变，为了追踪庞库克放弃了一桩又一桩生意，最后把大部分钱都投在那个世纪最后也是最大的《百科全书》上的过程，了解这个故事还是很重要的。

我们可以想象庞库克在纳沙泰尔的谈话是如何使那些突然之间改变了出版世界景象的新生意高涨的，但关于他所谈到过的话题的唯一证据是纳沙泰尔人在他离开后不久写给他的短信。短信还附有一份合同，是他和纳沙泰尔印刷公司为了出版"一套图版卷"而签署的。这是一桩庞库克在早先的信中提到过的四开本的收尾项目。考虑到四开本的8 000位订购者中有很大一部分人希望得到整套的图版而不是仅仅三卷（对开本中有11卷），庞库克和纳沙泰尔印刷公司同意生产增补卷。他们只需把原来的铜版修刻一下或者重新镌版，再印出订购者需要的量——便宜、无风险而且利润丰厚。当然，这要等四开本完成后才可行。到那个时候，《第戎协定》就到期了，杜普兰在图版卷中的股份权利也就没有了。所以，庞库克和纳沙泰尔印刷公司对杜普兰隐瞒了这个协议，希望不再分给他利润。纳沙泰尔人不知道，一年以前庞库克已经和杜普兰就四开本的《索引表》达成了秘密交易。四开本《百科全书》是一件如此庞大、复杂的事务，它给巴黎—纳沙泰尔—里昂

# 第八章 最终的《百科全书》

三角中的一些从属性的生意创造了机会。但是，到了1778年8月，庞库克和纳沙泰尔印刷公司因为对杜普兰的共同的不信任和出版卢梭与伏尔泰著作的共同愿望而团结起来了：因此，纳沙泰尔印刷公司8月25日短信的语调就变得很亲热了。在提到庞库克早先计划在纳沙泰尔建立一处居所时，纳沙泰尔印刷公司对他没有能够在"您的第二故乡"度过整个夏天表示了遗憾。纳沙泰尔人告诉庞库克，他们正在发送一封用于就四开本第三版合同与杜普兰斗争的"可以公开的信"，而且他们听起来似乎满心希望"您能告诉我们一些有关V先生\*的著作的确切的东西，同时我们始终在留心让-雅克的著作"①。

在费内，庞库克从伏尔泰的侄女和继承人德尼夫人那里得到了伏尔泰大量的手稿。在取得这一战利品的竞赛中，他早就处于有利的地位，因为他以前访问过费内，说服了伏尔泰为他著作规模庞大的修订版准备好文件。②卢梭的手稿则是另一回事。自从

---

\* 指伏尔泰。——译者

① 纳沙泰尔印刷公司致庞库克的信，1778年8月25日。图版的生意一直没有做成，庞库克的信中也不再提这件事，因为它被他和列日人1779年1月2日的协议取代了，也被杜普兰得到原始图版的一份全股（a full share）的事取代了。

② 尽管关于伏尔泰的历史还有很多可说的，但这个故事的主要轮廓从乔治·B. 沃茨（George B. Watts）的三篇文章中可以大致勾勒出来："Panckoucke, Beaumarchais, and Voltaire's First Complete Editions"（"庞库克、博马舍和伏尔泰《全集》的初版"），*Tennessee Studies in Literature*, IV (1959), 91–97; "Catherine II, Charles-Joseph Panckoucke, and the Kehl Edition of Voltaire's Oeuvres"（"叶卡捷琳娜二世、夏尔-约瑟夫·庞库克和凯尔版的伏尔泰文集"），*Modern Language Quarterly*, XVII (1956), 59–62; "Voltaire, Christin, and Panckoucke"（"伏尔泰、克里斯廷和庞库克"），*The French Review*, XXXII (1958), 138–143. 另请参见 Brian N. Morton, "Beaumarchais et le prospectus de l'edition de Kehl"（"博马舍和凯尔版的（转下页）

手稿中包括了肯定是畅销品的《忏悔录》的谣言传开后，所有的出版商都行动起来追寻这些手稿。到了1778年8月，招揽了保尔·莫尔多和加布里埃尔·克拉梅的、新成立的日内瓦印刷公司似乎走在了前面，它击退了里昂的勒尼奥、布鲁塞尔的布贝、洛桑印刷公司和其他强大的竞争对手。纳沙泰尔人的主要希望来自他们和杜佩鲁的关系，他在8月底怀着赞同听取了他们的主张，并透露说他正期待着秋天的某个时候，卢梭的另一位保护人德·吉拉尔丹的来访。暂时看来，他们好像能在自己的后院里摘得这一珍宝。他们准备为此支付10 000里弗并和庞库克一起设计出一桩联合的"伏尔泰—卢梭生意"："我们十分专注于让-雅克的著作……如果我们成功地结束了这一项目，先生，我们将很高兴向您提出一个会进一步密切我们之间关系的协议。为此，我们向您建议作为一份参与到您的伏尔泰项目中。与您合作从事这一项目对我们来说比听从别人给我们的建议仿造它要更适宜。"①

然而，到了9月，吉拉尔丹推迟了纳沙泰尔之行，而纳沙泰尔印刷公司在争取一个更重要的人的时候又畏缩不前，这个人就是卢梭的遗孀泰雷兹·勒瓦瑟（Thérèse Levasseur），她对手稿的处置有最终决定权，她多年居住在纳沙泰尔，但对当地人没有建立起丝毫的喜爱之情。尽管如此，纳沙泰尔印刷公司还是想通过吉拉尔丹与她谈判，并把出价提高到24 000里弗，附带每年1 200

---

（接上页）说明书"），*Studies on Voltaire and the Eighteenth Century*, LXXXI (1971), 133-149；Giles Barber, "The Financial History of the Kehl Voltaire"（"凯尔版伏尔泰文集的财政史"），*The Age of the Enlightenment: Studies Presented to Theodore Besterman* (London, 1967), pp. 152-170。

① 纳沙泰尔印刷公司致庞库克的信，1778年11月1日。

## 第八章 最终的《百科全书》

里弗的终身年金，希望能以此来说服她。同时，他们试图让庞库克站在自己一边："伏尔泰这个项目是笔大生意，您是唯一直接从事它的；但是这并不是说您单独做它；我们认为您将会乐于获得一些帮助，我们愿意为您效劳。向公众提供本世纪最伟大的两位人物的著作将永远是您的荣耀，因为卢梭的著作同样也将是一个大项目。我们希望不久以后能够告诉您一些消息。现存的回忆录部分是相当可观的。可能有很多新的非常有意思的篇章。人们估计有八卷四开本。您的伏尔泰著作可能会被伪造，而我们的卢梭著作也可能会被盗版。如果我们联合在一起，伪造就会变得更困难。"①

这一前景对庞库克来说听起来应该很有吸引力，他可以在自己主攻伏尔泰手稿的同时，鼓励纳沙泰尔印刷公司追逐卢梭手稿的努力。但他却持独立方针，并增加了独立性，他通过廉价出售股份扩大资本。他还打算在某个时候放弃图书批发生意，把力量集中在新闻业和少数精选的图书出版生意上。1778年的特殊形势使这一方针的转变提前发生了，后来他用证券交易所的语言对此做了描述。"我觉得你们印的书太多了，"② 在大拍卖一年之后，他写信给纳沙泰尔印刷公司，"若是我处在你们的位置，我不会要库存。流通的10万里弗比书店库存的10万埃居更值钱。1778年3月时我就有这一爱好。当时我的图书资金达到140万里弗。我觉

---

① 纳沙泰尔印刷公司致庞库克的信，1778年11月13日。另参见纳沙泰尔印刷公司致庞库克的信，1778年9月15日和11月1日，以及纳沙泰尔印刷公司致佩尔格的信，1778年8月8日。

② 庞库克致纳沙泰尔印刷公司的信，1779年11月22日。庞库克新近得到了《信使报》也使他下了决心："这一行动促使我实现早已有的出售《自然史》之外的所有资产的计划。"庞库克致纳沙泰尔印刷公司的信，1778年7月7日。

得已深受其害。你们也明白这一资金并不带来收益。我不想有10万法郎的书籍，我希望自己的腰包更鼓。"

听起来庞库克更像是一个财务专家而不是出版商，因为到了1778年，他已经成了出版业财务方面的专家，而且同时出售如此多的手稿使得他在这一年间忙于从一桩生意冲向另一桩生意。11月和12月，脚步变得疯狂了，在追逐伏尔泰和卢梭著作、指挥两桩《百科全书》的生意和新闻王国的同时，他还试图清算一笔价值140万里弗的库存。他这个时期书信的特点是气喘吁吁。不讲究字迹清晰，句子简短，措辞匆忙。例如，1778年11月6日，他写信给纳沙泰尔印刷公司："我们不再有时间可以浪费了。列日人的生意始终悬而未决……所有这一切要求奔波、工作、账簿……此时我十分忙。我在忙于出售。我将只保留报纸、布丰和伏尔泰的著作以及我在《百科全书》的股份。我已卖出六个大项目。我在公会的出售将在两星期后举行……如果没有回忆录，卢梭就没有什么可做的。我能单独从事伏尔泰项目。这是一笔如此大的生意，以至于为了能够全力从事这一项目，我已决定出售几乎所有资产。我并不很担心伪造品。你们知道我为何提供20卷新的以及作者已留给我的他亲手修订的31卷吗？"①

庞库克并没有卖掉图书的全部股份，卖掉的那部分也只换回了35万里弗五年期的票据。1779年初，他仍然需要资金。所以他请人来为他的布丰和伏尔泰的作品投标。布丰的作品显然又在他手里留了一年，并且也只卖掉了一半，但是伏尔泰的著作立刻带

---

① 庞库克关于回忆录的评论是为了回答纳沙泰尔印刷公司向他通报的一则谣言，谣言说《忏悔录》的手稿已经被烧掉了。

## 第八章 最终的《百科全书》

来了新一轮的交易。①

庞库克已经知道他的每一个四开本的重要合伙人都在筹划盗印他的伏尔泰著作，所以他秘密地分别出价卖给他们每一个人。纳沙泰尔人曾经坦率地告诉他，他们正在考虑加入某些盗版者的行列，但他们更愿意和他一起做伏尔泰和卢梭的生意。庞库克猜到了洛桑和伯尔尼出版公司躲在后面，所以，他提议由瑞士人的联盟来买断。"对于伏尔泰著作的项目我还没有下决心。这是一个蕴藏很丰富的金矿，但开采也很困难。我更倾向于卖掉我拥有的手稿。你们应该从事这一项目，与伯尔尼和洛桑合作，你们将获得几百万的收益。整个欧洲都在期待一个新版本。我将告诉你们不被伪造的方法。手稿花了我 10 万里弗。我希望价格双倍于此，另加 500 部书。你们并没有认识到我所获得的东西的价值。我已汇集了所有文稿，其中通信集就花了我 2 000 埃居。最后，我将负责提供 20 卷新的内容。"② 同时，他试探了杜普兰，在做了一些初步的讨价还价之后，他向里昂出了几乎同样的价。"对于出售价格我已告诉您我的最终意见。少于 30 万里弗我是根本不会提供手稿的。它花了我 10 万里弗的现金……由于你们不习惯为稿子付钱，

---

① 庞库克致纳沙泰尔印刷公司的信，1778 年 12 月 22 日："我销售中面临的困境使我还需要很多时间。我还有五到六个项目要出售，我还在努力。我希望到 1 月底将只保留报纸和布丰的书。我还在寻找对后者感兴趣的人。"不清楚布丰的书是什么时候、如何被卖掉，但在他 1781 年 2 月 28 日的通知函中提醒顾客，"布丰的书只有一半属于我了"。关于 35 万里弗的材料，见庞库克致杜普兰的信，1778 年 12 月 26 日，Bibliothèque publique et universitaire de Genéve, ms. suppl. 148. 尽管不可能知道庞库克当时的财务状况，但一则正在流行的谣言说他"面临破产"。*Mémoires secrets*, entry for May 20, 1779。

② 庞库克致纳沙泰尔印刷公司的信，1778 年 11 月 6 日。

所以这个价格对于你们来说是过分了；但是我不是以 31.2 万里弗的价格购买了制作《百科全书》的权利，并在巴黎就售出了 4 000 部吗？而且我不是以几乎相同的价格将这一权利转卖了吗？第三是列日人，他们不是还没有回报我们吗？伏尔泰项目比《百科全书》更有前景。我知道整个欧洲都在期待新版本。"①

这种两面派的举动没有什么结果，因为他在 1779 年 3 月把伏尔泰手稿以 30 万里弗的价格卖给了第三方，一个在生意和诡计方面至少不相上下的人：博马舍。这一交易打开了通向著名的凯尔版伏尔泰著作的道路，也为一轮豪赌准备了一个结局，这轮豪赌说明了启蒙运动的投机生意中有多少危险，以及根据投机商的计算，哲学家著作的市场有多大。②

与此同时，卢梭著作的情况怎么样呢？庞库克把谈判交给了已经与吉拉尔丹和日内瓦人纠缠在一起的纳沙泰尔人。1779 年 1

---

① 庞库克致杜普兰的信，1778 年 12 月 26 日。Bibliothèque publique et universitaire de Genève, ms. suppl. 148. 尽管庞库克向杜普兰开价 30 万里弗，向纳沙泰尔印刷公司开价 20 万里弗，价格大体上还是相同的，因为他还要求纳沙泰尔印刷公司免费给他 500 部书。他给杜普兰的信中还就伏尔泰著作中的一半股份提出了替代性的建议，对偿还票据做了复杂的规定。他没有低估他的"珍宝"的价值："您提到印数是 4 000 部。我的朋友，您不够真诚。您将会印 12 000、15 000 或是 20 000 部，对此您根本不用怀疑。我确信当说明书出现和一切就绪时，您就会信服。我已写了手稿的历史。虽然在以前的信中您向我保证我们每个人将有 40 万—50 万里弗的利润，但是我确信可以期望两倍或是三倍以上的利润，这根本不是幻想。由于这一项目是出版业剩下的唯一大生意，而且我把它看作是一种获取与我采取的断然措施相符的财富的方法，因此我决心只有在获取了非常大的收益后才放弃。"

② 庞库克对他与博马舍的交易的看法，请参见 Lettre de M. Panckoucke à Messieurs le président et é lecteurs de 1791 (Paris, Sept. 9, 1791), pp. 17–18。

月，他们在对泰雷兹·勒瓦瑟的投标中失利，也没有能够打开进入赢得了投标的日内瓦联盟的路。随后，他们策划和正要为了独占法国市场去游说疏通的杜普兰一起盗印日内瓦版。但是这项计划也失败了，纳沙泰尔印刷公司回过头来进行了一系列类似的密谋活动，先是和勒尼奥，然后是霍伊巴赫，然后是布贝。最后，他们不得不接受失败，得到了庞库克的一顿申斥："先生们，是你们使我失去这一重大和绝佳的项目。我已投入了40 000里弗。日内瓦的合伙人今天和我一起吃晚饭。我知道是谁将手稿卖给了他们。那并不是讨价还价的场合。我十分遗憾让这一机会溜走了。该合伙人在巡回销售中卖出了10 000多部。"①

但是，庞库克应该责备的是他自己。他早应该盯住卢梭著作的事。相反，他让它溜掉了；他放弃了伏尔泰；他丢下了一半布丰——所有这一切都是为了要专心做《方法百科全书》，它成了他事业中最重要的生意。

## 列日解决方案

在庞库克的现实考虑中，和哲学家的其他著作相比，他更偏

---

① 庞库克致纳沙泰尔印刷公司的信，1779年6月1日。在6月6日的回信中，纳沙泰尔印刷公司试图为自己辩护："我们依据你们给我们的建议来和杜佩鲁先生商谈，他是受德·吉拉尔丹先生支配的，而后者又听命于日内瓦的德·莫尔多先生，拥有一部分手稿的德·莫尔多先生想在该项目中参股，并亲自监督它的执行。"参见纳沙泰尔印刷公司致吉拉尔丹的信，1779年1月24日；纳沙泰尔印刷公司致杜普兰的信，1779年2月20日。

爱《百科全书》，这也许是他提起来就伤心的话题。那是他第一个大计划，他也打算把它作为最后一桩生意。1779年7月，他告诉纳沙泰尔印刷公司："《方法百科全书》的整个计划已确定。我已经签订了三项协定，已指定审查者。我打算以这一好项目作为自己职业的终结。"① 但是，他是如何变得在说到《方法百科全书》的时候就好像它是属于他的？他是如何在1778年底那些诱惑他的选择中挑中了《方法百科全书》的呢？

不论是否是由情绪决定的，列日的一个关键时期促成了庞库克的选择。德韦里亚和合伙人互相攻击，把自己搅在官司里面，看来在1779年新说明书发行的最后期限之前他们的《百科全书》不可能摆脱诉讼了。1778年11月初，庞库克就像宣布好消息一样宣布了他们的坏运气："他们的分裂使得他们的项目延迟，我将得益。"② 杜普兰已经报告过，第三版订单增长得非常缓慢；所以，《方法百科全书》的每一次拖延都是对四开本的帮助；而且当然，如果列日人彻底失败了，庞库克和纳沙泰尔人就可以印制和销售自己的版本而不用和别人分享利润了。但是，庞库克越考虑列日人的计划，就越觉得它好，到了12月底，他决定干脆接管这个计划而不是破坏它。

尽管接管一定意味着占据了庞库克的信中所提到的大部分的"奔波、工作、账簿"，但他几乎根本没有提及这件大事。"我忘了最重要的新闻，"③ 他在一封给纳沙泰尔人的急信的结尾补充说，几

---

① 庞库克致纳沙泰尔印刷公司的信，1779年7月10日。
② 庞库克致纳沙泰尔印刷公司的信，1778年11月6日。
③ 庞库克致纳沙泰尔印刷公司的信，1778年12月22日。他和列日人直到1779年1月2日才为此签订合同。

## 第八章 最终的《百科全书》

乎把它当作了事后的想法,"最终在两天前我与列日人达成协议。我负责该项目。在这个漫长的行动中我所获得的一切就是使该项目延迟了六个月,因为尽管他们未能在该项目的规划上获得成功,但仍对我们造成了可怕的伤害。"同一天,庞库克给里昂发了一份更简短的通知;此后不久,他力劝杜普兰,即使一些卷已经印好了,也要把四开本第三版的印数减少 500 部,因为四开本联盟现在控制着《方法百科全书》。①

这个被杜普兰拒绝了的请求,表明了庞库克的战略中一个不寻常的转变。起初,出于保护四开本的需要,他提倡过与列日人合作;现在,由于与列日人的合作,他想减少四开本的印数。他在后续的信件中提到列日解决方案时,总是很简短并且互相矛盾:有时他说这是一种防御策略,有时又说它本身就是件好事。很难知道他在搞什么。但是通过仔细筛读接下来几年的商业通信,有可能回过头来追踪到《方法百科全书》生意中的主线。

庞库克在 1779 年 2 月的四开本联盟会议上解释了他在《方法百科全书》问题上的方针。合伙人一定认为他的解释能够令人满意,因为他们同意接受 1779 年 1 月 2 日与列日人签订的、取代了 1778 年 6 月 22 日合同的新合同。然而,两年半之后,整个事情对纳沙泰尔印刷公司来说变得有点不可思议了。当时,四开本已经清算完毕,留下了猜疑和怨恨,而纳沙泰尔人正在和他们四开本

---

① 庞库克致杜普兰的信,1778 年 12 月 22 日和 26 日,Bibliothèque publique et universitaire de Genève, ms. suppl. 148。在 12 月 26 日的信中,庞库克称:"为了我们的共同利益,这一生意必须使得第三版的印数减少。"1778 年 12 月 24 日,他致信纳沙泰尔印刷公司:"与列日人达成的协议使得我们必须改变计划。"

时期的前合伙人谈判《方法百科全书》中由第二份列日合同分配给他们的股份的事。这两份协议在他们的文件中都找不到了,但从导致普隆德减价销售的信件中,有可能了解到庞库克是如何逐渐终止了列日人的计划并完成了自己的《方法百科全书》的一些情况。

为了给自己的股份定一个价钱,纳沙泰尔人需要知道它到底意味着什么。因此,他们把1779年1月2日的合同寄给巴黎的代理人冈代·德·拉舍纳尔,并要求他调查庞库克的实施过程。"上述那位先生(庞库克),负责管理我们在图版所有权中的股份,并以我们的名义与一个为了它所涉及的项目而结成的所谓公司商谈,今天发现这个公司在为他个人牟利,并且他已成功地使这个所谓公司消失了(我不知是怎么回事),正如您所感觉的,这个公司并不完全合法。"① 简而言之,纳沙泰尔人感到其中有诈:"这一花招如此像一个骗局,我们不能不心生不安……此外我们也认清了这个人。"② 研究了合同之后,冈代有同感:"这个公司,协定就是和它签的,我觉得它在整个生意中面目相当模糊。对我来说再清楚不过的就是庞库克先生是整个这一花招的唯一主使……公司、协定是用以掩人耳目的,也可能我搞错了。这是一个有人想用以掩盖非法目的的遮盖物,他们想以此来使活动的曲折进程躲过那些敏锐的目光,并为了随后将第一个协定部分或是完全不能执行的责任推到一个虚构的或仅是顶替者的公司头上。"③ 这是在18世纪图书经销商中流行的阴谋论观点的一个好例子。但是,庞库克真

---

① 纳沙泰尔印刷公司致冈代·德·拉舍纳尔的信,1781年4月3日。
② 纳沙泰尔印刷公司致冈代·德·拉舍纳尔的信,1781年4月1日。
③ 冈代·德·拉舍纳尔致纳沙泰尔印刷公司的信,1781年4月9日。

## 第八章 最终的《百科全书》

的给合伙人挖了个陷阱吗？

这件事的面貌晦暗不清，而证据太少又不能据以断定庞库克的"罪与非罪"，不过，考虑一下普隆德的判断看来是很重要的，此人是书界老手，深知庞库克，而且为了调查《方法百科全书》，1781年春天他还亲赴巴黎。他没有向已经表示了怀疑的纳沙泰尔印刷公司提供一份详尽的报告，但他断言这桩生意是合法的、健康的；他重申了以前为购买纳沙泰尔印刷公司在其中的股份所出的价。普隆德的判断令纳沙泰尔人感到满意。他们放弃了冈代的调查；对生意的价值树立了信心后，他们又把股份在手里多留了一段时间，最后全部卖给了普隆德。①

从1781年的商业流言中，人们可以推论说，庞库克在1778—1779年间欺骗了他的合伙人，或者，他斩断了他们一桩利润丰厚的生意。但是，尽管事情的面貌基本上是模糊的，但我们仍然可以从谣言中筛选出若干关于1778年6月22日和1779年1月2日合同的确切信息。通过第一份合同，庞库克把图版和特许权的使用权卖给了列日人；通过第二份合同，他接管了他们的《方法百科全书》。第一份相当于租约；第二份则是要对德韦里亚的工作进行重组，并重新筹集资金。至于庞库克的合伙人的利益，第一份合同代表了10.5万里弗的资产，并通过两种方式保护了四开本：推迟《方法百科全书》的出版以及规定付钱之前不能使用图版。第二份合同取消了10.5万里弗的债务，把图版和特许权交给了新联盟，而这个新联盟是庞库克为了生产自己的《方法百科全书》

---

① 纳沙泰尔印刷公司致普隆德的信，1781年4月3日；普隆德致纳沙泰尔印刷公司的信，1781年4月14日。

414 组织起来的——它把叙阿尔组织起来的哲学家和德韦里亚关于根据主题组织"分《百科全书》"的观念结合起来了。作为对牺牲了他们 10.5 万里弗的收益和分享了他们图版和特许权的权利的补偿，庞库克的四开本的合伙人得到了在他的新联盟中的股份。

纳沙泰尔人后来正是对列日解决方案中的这一部分感到可疑。第二个合同的第六款也引起了他们的怀疑，这一款规定新联盟的股东要等到新《百科全书》售罄之后才支取自己的利润——它似乎是一个把他们的资产无限期地交给庞库克控制的条款，并且和第一份合同中原来被庞库克挑出来夸耀的保护图版的条款背道而驰。他们特别对联盟本身感到怀疑，因为德韦里亚突然从联盟中消失了，庞库克取代了他的位置；庞库克完全控制了联盟，他既获得了列日人的部分股份，又以这样的方式制订合同，把自己放在管理者的位置上。由于控制着缔约双方，他似乎是在卖一些东西给自己；而且，他也一定安排了具体的交易，这样就不致损害他自己的利益。"您不觉得很奇怪吗？"1781 年纳沙泰尔印刷公司问普隆德，"通过与一家陌生的公司达成协定来安排您和我们的利益的庞库克先生，已经找到办法将那家公司的所有成员排除出去，并通过为他们着想而在某种程度上成为我们唯一的对立方。我们今天是来和谁讨论这些相同的生意？"①

---

① 纳沙泰尔印刷公司致普隆德的信，1781 年 4 月 3 日。在 1781 年 4 月 1 日致冈代·德·拉舍纳尔的信中，纳沙泰尔印刷公司更加直率，信中说明庞库克先把图版出售给"他和某些我们不认识的人"，然后用欺骗手段让他们推迟付款，最后"所有这一切使得庞库克先生——附带的，就像我们过些天将解释的，他在这一生意中是自问自答者——，在排除了他所谓的合伙人之后，开始实施他的构想，并与许多学者商谈以使他们成为他的撰稿者"。

## 第八章 最终的《百科全书》

普隆德没有否认列日解决方案使庞库克受益，但他确信它对四开本的合伙人也有好处。虽然他没有解释自己的理由，但很可能如下所述。1778年底，列日人已经陷入混乱之中：他们不仅拿不出用于购买图版使用权的10.5万里弗，而且似乎也没有能力生产他们的《百科全书》。但是，那是一个好计划。它已经吸引了900位订购者和一些富有的投资人。1779年1月到2月间，四开本的合伙人有了一个接管这一计划并把它和叙阿尔的活动合并起来的机会，这将能够调动一些新资金。他们已经从图版中得益甚多。不用勾销那10.5万里弗，他们可以把一桩很赚钱的生意嫁接到另一桩上面，并且从规模更大的《百科全书》中挣更多的钱。

我们可以想象庞库克如何在里昂当着他的合伙人的面详细地阐述这些观点，但对两个合同的最终解释仍然是一个谜，对随之而来的合并也是一样。很可能是列日人和四开本的人各握有新联盟一半的股份。如果是这样的话，四开本中的一股，在《方法百科全书》中就是半股；纳沙泰尔印刷公司拥有庞库克在图版和特许权上的最初投资的5/12（原来占1/2，但它把1/12让给了叙阿尔）、四开本的5/24，这样它在《方法百科全书》中就占5/48。18世纪的出版商总把生意分成很多部分，这些部分都可以用来交易、赌博或者兑现。1779年1月2日的合同签订以后，新《方法百科全书》的出版商又开始了新一轮的投机。当年的某个时候，普隆德购进了德韦里亚那1/5的股份，后来又从三个列日人中的某个人手里获得了1/10的股份。除了这3/10，由于在四开本中的股份，他还另外拥有3/48。1781年6月，他用8 000里弗购得了纳沙泰尔印刷公司的那5/48股份，尽管他说"我颤抖地为这一目前为止对我来说一直是亏损、忧伤和不安的源泉的项目提供新的费用"①。

这种花言巧语不过是游戏的一部分。三个月以前，普隆德曾经出价5 000里弗，也是"颤抖地"②。纳沙泰尔印刷公司最初对自己的股份的估价是21 875里弗，而且易货交易已经持续了将近一年的时间了，其间夹杂着纳沙泰尔印刷公司的哀叹——不得不给如此有价值的资产定这么低的价格，和普隆德的烦恼——这些项目的风险以及他过去在这上面的悲惨经历。③实际上，对这桩生意的大约1/10的股份来说，8 000里弗可能是一个比较公平的价格，但是普隆德有理由在付钱的时候感到担心，因为它使他握有的股份总数几乎占到了整个生意的一半。很难说另一半会出现什么情况。杜普兰把自己的12/48的股份以12 000里弗的价格卖给了里昂的约西奈，后者后来又以同样的价格卖给了第三个人，这个人很可能是庞库克。从纳沙泰尔印刷公司的信中间接提到的

---

① 普隆德致纳沙泰尔印刷公司的信，1781年6月26日和5月1日："正如我在里昂给你们的4/20一样，我已从德韦里亚先生（我们曾将自己的权利转让给他）那里获得了他出让的4/20。这一项目的另一股东又出让给我另外两个1/20，这样除了和你们一样在图版份额中还拥有的3/48以外，现在我在《方法百科全书》中的股份达到了6/20。"《方法百科全书》的作者和出版商之间的一套合同（见Kenneth Spencer Research Library, University of Kansas, ms. 99）表明德韦里亚和庞库克及普隆德联署了这些合同，直到1782年7月，此后他的名字从文件中消失了。所以在把自己的1/5的股份卖给普隆德之后，他大概还和这一生意保持了一段时间的联系。

② 普隆德致纳沙泰尔印刷公司的信，1781年3月22日。谈判实际上是从1780年8月开始的。

③ 普隆德致纳沙泰尔印刷公司的信，1781年1月17日；纳沙泰尔印刷公司致普隆德的信，1781年5月31日："先生们，你们不难理解（我们）只能很不情愿地体会放弃那些应该会给我们带来前所未有的款项的权利的痛苦，以及以极低的价格卖掉这个我们曾付出极其昂贵代价的东西。"

# 第八章 最终的《百科全书》

情况看，庞库克可能还从其他的里昂人手里购买了股份。由于他所拥有的四开本的股份，在这桩生意中他已经至少拥有了 3/48 的利益，而且他说这桩生意是"我控制的"，好像他已经控制了它的利益。①

## 庞库克的终极《百科全书》的构想

庞库克对某些东西比对支配权更感兴趣。在对利润的欲望之外，《方法百科全书》占有了他的想象空间并且唤起了他对大生意——他这样称呼它们——的热情。固然，起初他只对德韦里亚的计划表示轻蔑，他说，这项计划甚至不会产生出真正的《百科全书》："在出版物方面，这一《百科全书》并不是唯一的。"②甚至在接管了列日人的计划后，他还对自己的卷入做了消极的描述，把它当作保护四开本的一个策略。③但是，当他越来越专心地从事这一计划时，他的态度发生了变化："人们正致力于列日《百

---

① 庞库克致杜普兰的信，1778 年 12 月 26 日，Bibliothèque publique et universitaire de Genève, ms. suppl. 148。上面提到过，雷伊又卖出了他在四开本中的 1/24 的股份；勒尼奥的情况可能一样，因为他的名字在 1777 年关于四开本的通信中消失了。假如——这看起来很有可能——庞库克购买了他们的股份，他在这桩生意中的份额就将达到 5/24。
② 庞库克致纳沙泰尔印刷公司的信，1778 年 7 月 7 日。
③ 庞库克致纳沙泰尔印刷公司的信，1779 年 1 月 3 日："列日协定于昨天签署，尽管一切都已于十多天前谈妥。我让人加入了说明书只能在 6 月与最初几卷一起出版的规定。我们已摆脱了这一事务。"

科全书》,而我相信它将成功。"① 尽管在里昂的 2 月会议之后,他听起来还是小心翼翼的,但乐观情绪很快就冒上来了。② 到了 4 月,他似乎已经完全投入了新《百科全书》的编排工作——并且他明确地把它称作是"他的":"我是这一大项目的唯一领导……我估算……不断从事这一大项目所必需的各种活动。今天我已和两位希望这一项目成功的学者商谈。各种工作和困难使我疲于奔命。时间很不够用。"③ 他把叙阿尔和德韦里亚的计划并入了一个使两者都相形见绌的新计划中,从而给这一著作打上自己个性的烙印。"我已改变了这一生意,希望人们对此会满意,"他在 6 月间写道,"这将是真正的《百科全书》。很多文人欣赏我的计划,它与列日人的完全不同。"④ 它一度似乎只是一个地位低微的店员的轻率计划,现在注定要成为唯一配得上其名字的真正的《百科全书》——"一部极好的书,真正的《百科全书》"⑤——这部书将使狄德罗和达朗贝尔的著作相形之下显得渺小。

庞库克把初版《百科全书》的不足当作推销《方法百科全书》活动中的重要话题。他的说明书开篇就是从伏尔泰的《有关百科全书的问题》中引用的话,伏尔泰指责了狄德罗的著作,勉强称赞它"成功,尽管有不足"(斜体是庞库加的)。"伏尔泰先生热烈期望第一版的错误已被修订的新版《百科全书》改正,"说明书

---

① 庞库克致纳沙泰尔印刷公司的信,1779 年 1 月 17 日。
② 庞库克致纳沙泰尔印刷公司的信,1779 年 3 月 7 日:"由于列日版的利润尚未获得,我不希望你们现在认为它有很大的价值。"
③ 庞库克致纳沙泰尔印刷公司的信,1779 年 4 月 25 日。
④ 庞库克致纳沙泰尔印刷公司的信,1779 年 6 月 1 日。
⑤ 庞库克致纳沙泰尔印刷公司的信,1779 年 6 月 15 日。

# 第八章 最终的《百科全书》

解释说,"正是为了这一新版本他写了《有关百科全书的问题》。"①如果伏尔泰的说服力还不够强——可是谁不会对一位声望如日中天的伟大人物的断言印象深刻呢？——那些对预订新《百科全书》犹豫不决的人可以考虑一下狄德罗本人的意见。他对于自己《百科全书》中的错误的回忆,可以当作庞库克的《百科全书》的宣传材料来读。在 1768 年把这份回忆用于宣传他的修订版计划后,庞库克在 1781 年的销售活动中再次把它当作一个重要手段。《方法百科全书》的说明书详细地引用了狄德罗的批评意见,并且逐点说明了庞库克的《百科全书》会如何处理这些问题。在其他的宣传材料中,庞库克走得更远。《方法百科全书》各部辞典的说明书强调,庞库克的作者们论述的每一个主题,在狄德罗的著作中是如何不完备。甚至连负责《哲学辞典》的狄德罗的信徒雅克-安德烈·奈吉翁也透露消息说大师已经不满意他本人哲学方面的文章,准备在以后的版本中加以改进。② 庞库克写道,狄德罗 17 卷文本中的后 10 卷完全是剪刀加糨糊式的,是由德·若古爵士和从权威参考书中剽窃材料的一帮抄写员匆忙拼凑起来的。③

---

① 庞库克在 1781 年 12 月 8 日的法国《信使报》上发表了略有删节的《方法百科全书》的"详细内容介绍"。他还用小册子的形式发行《说明书》,并且把它印在《方法百科全书》的《美术辞典》(Beaux-Arts) 第一卷的前面。

② "他对于没有在这一部分中给予人类思想演进史以与其重要性相符的关注感到遗憾;他提出在第二版中弥补这一点。他的计划是庞大和周密的。"见 "Tableau et apperçu du nombre de volumes de discours & de planches que doit doit avoir l'Encyclopédie par ordre de matières"("依照内容排序的《百科全书》的众多文字卷与图版卷的表格与概述"), Mathématiques (《数学辞典》), III, 16 of the Encyclopédie méthodique。

③ 见《方法百科全书》中的"《方法百科全书》的承包人庞库克先生的说明", Mathématique, III, iv: "拥有一个相当大图书馆的德·若古爵士,在自己身边聚集了 12 位抄写者和秘书,让他们抄写他所指定的书中的各种不同文章。最后 10 卷,除了工艺、哲学和数学方面的文章外,其余的几乎都是以这种方式编写而成的。"

419　　庞库克没有贬损初版《百科全书》中的所有内容。[①] 相反，他声称自己比狄德罗更尊重它，因为他想要说服公众:《方法百科全书》在把它的前任糟糕的地方删除的同时，也会把所有好的因素收纳进来。但是他反对初版的编排概念，而不仅仅是内容的不足。庞库克认为，达朗贝尔的《绪论》已经正确地确立了始于弗朗西斯·培根的通向知识和自然的新途径的观念；但是内容却与此相矛盾，因为内容的编排遵循了字母顺序，而没有系统化地——根据人们积累知识和建构科学的方式——组织材料。狄德罗和达朗贝尔采用了字母顺序，认为这样比较方便，一开始这样做还是有些道理的，但是他们没有认识到他们所从事的事业的巨大规模，以为只会有10卷。但是，没有一位读者能在狄德罗最后编成的17卷《百科全书》中漫游的时候，就某一科学领域得出连贯的、有条理的印象来。

　　庞库克将补救这些不足，他将把他的《百科全书》编成26种"分《百科全书》"，每一种涉及知识（范围从数学物理到商业和艺术与工艺）的一个分支。这是从德韦里亚那里借鉴来的——虽然他没有承认。不过，他在一个很重要的方面对列日人的计划进行了修改。德韦里亚打算重新编排出版《百科全书》中的条目，把它们变成独立的论文，庞库克则在每一卷分《百科全书》——他称为"辞典"——中保留了字母顺序。这样，它们看起来就不会像现成论文的苍白的仿制品，而且还将保留作为参考书的有效性。此外，它们还可以当作论文读，因为每一位作者在辞典前面都会

---

[①] 参见庞库克在说明书中狄德罗的批评意见之后的一个段落中对初版《百科全书》有点伪善的赞扬。*Mercure*, Des. 8, 1781, p. 53。

## 第八章 最终的《百科全书》

写一份"分析表"(table d'analyse),说明他那门科学的主要概念以及如果一位读者希望找到对这门科学的系统论述,应该按照什么顺序来阅读。例如,一位想初步了解物理学的读者,就应该看蒙热的辞典,按照他所指定的顺序,从"运动"开始,然后是"速度""功率""力"等。另一位读者可能想知道什么是空气。对很多受过教育的法国人来说,拉瓦锡的实验已经把这个问题变得引人入胜,他们已经认识到古老的四元素理论崩溃了,但却不能理解化学中颠覆了旧世界观的革命。这些感到迷惑的读者应该去读《化学辞典》还是《物理辞典》或者《医学辞典》?庞库克解释说,他应该直接去读《方法百科全书》的第 27 部分"总词汇表",它不仅是整部书的索引,还是辞典的辞典——是法语中每一种观念、每一个词汇的最重要的库房,其中的每一种观念、每一个词汇都是根据它在知识结构中的位置被定义、被归类的。"总词汇表"表明"空气"在《辞典 VI》(化学)中是"一种可以分解的物质",在《辞典 II》(物理)中则是"一种活跃的成分"。

庞库克显然不担心同一事物在不同的辞典中会被以相互矛盾的方式进行论述,或者科学家和哲学家之间相互矛盾的看法不能被精心的分类和编排所遮盖。字词与事物之间的关联对庞库克来说显然是不言而喻的;他也不为这桩生意的认识论基础感到烦恼。① 他的方法是分类和进行有系统的组织:如果他能做到每一个词在每一部辞典中都能得其所属,而每一部辞典也能在整部《百

---

① 在说明了每一部辞典都用一篇"分析表"加以介绍的计划之后,说明书做出了这样的结论:"由此,读者可以说一眼就看到了每门科学的概况、人们使用的所有词语的关系,或更确切地说其包含的所有观念。"*Beaux-Arts*, I, vii.

科全书》中各安其位，他就能够生产出"一座包含人类所有知识的完整图书馆"①。这一雄心点燃了庞库克的想象。他为创建"人类在任何时代都从未建立过的颂扬文学、科学和艺术的最美的纪念碑"②的念头而自豪。这一荣耀是属于他自己的，因为是他计划并组织编纂而不仅仅是出版了这部超级《百科全书》。他甚至打算自己动手写一些包括百科全书知识的历史在内的文章来说明《百科全书》版本的演进过程。③根据庞库克刊登在他的宣传材料上的一封订购者来信的说法，这部书将使他"名垂千古"④。不论庞库克是否在他隐秘的内心里如此高扬着希望，他的通信表明，他越来越认同这桩冒险生意，因为它的规模越来越大，最后使他以前的全部生意都黯然失色了。到1780年时他已如此着迷于这一事业，以致很可能相信了包括说明书中全部用夸张言辞招揽生意的话。说明书承诺这是"人们所能期待的最丰富、最广泛、最有意思、最准确、最全面和最连贯的文集"⑤。

庞库克以一种既是管理的又是哲学的精神从事这一活动，这对一个启蒙运动的企业家来说是很适宜的。他根据知识领域的构

---

① *Mercure*, Dec. 8, 1781, p. 150。

② *Beaux-Arts*, I, v。

③ Ibid., p. xlviii。庞库克计划中的历史可能来源于达朗贝尔准备1776年在叙阿尔的改编本中刊登的文章。庞库克的确把自己说成是《方法百科全书》的策划人而不仅仅是出版商。作为一个例子，可以参见他1787年10月的通知（转载于 *Beaux-Arts*, I, lxxxi）："我们并不是仅仅代理书店的职责，我们已经完成了目前《百科全书》的计划和各个部分的分配，其中包括已出版的详细内容介绍的第一、第二和最后部分。"

④ *Mathématiques*, III, xviii-xix。

⑤ *Beaux-Arts*, I, iv。

## 第八章 最终的《百科全书》

成情况做出划分——起初是20个知识分支，在发行说明书的时候增加到26个，逐渐又超过了50个——每一个分支都对应一部辞典。然后，他雇了七个人，剪开两部初版《百科全书》和增补卷，把文章分别归入26个大类中。这项工作不仅历时漫长而且十分费力（持续了大约一年），并且还需要编辑方面杰出的判断力：因为庞库克的分类和狄德罗文本中的分类并不一致。剪切者和做目录的人得了解各个知识领域的范围，得决定如何处理那些在分类上有争议的文章。事实上，如果没有一个博学的人做指导，他们就寸步难行。这个人很可能是叙阿尔。尽管庞库克没有在描述了编纂《方法百科全书》的方法的说明书中提到叙阿尔的名字，但在计划和纳沙泰尔印刷公司合作于1776年出版改编本的时候，他就聘请了叙阿尔来做这种剪切和分类的组织工作。正如上文说到过的，在四开本迫使他放弃之前，叙阿尔的《百科全书》已经进行到了很高的阶段。当庞库克的兴趣从四开本转到《方法百科全书》上来以后，叙阿尔很可能又继续做原来的工作了，或者，把自己的资料全部转给了庞库克。

接着，庞库克开始组建一支《百科全书》编纂者的队伍。他遍访巴黎的学术团体和沙龙，和能找到的《百科全书》所涉及的每一主题上最好的人选签订合同。这场招募活动一定需要不断的跑腿和艰苦的讨价还价，因为庞库克要和作者或者一部辞典的作者分别订立合同；但是说明书说他以培根哲学式的井然秩序向前推进。它说，在组织好专家之后，他让他们就各自学科的边界达成了一致意见——在各领域相互重叠（比如数学、物理和化学之间）或者一个学科本身还没有发展成为独立的学科（比如经济学，当初还包括在政治经济学里面）的时候，这可不是一件容易的事情。庞库克随后把从初版《百科全书》中剪下来的东西交给作者们，这就免得他们每个人都要费力气读完那21卷初版《百科全书》的内容。在对剪下来的内容进行仔细研究之后，作者们就可以对各自学科以前的覆盖范围进行评估，决定哪些空白需要通过进一步的研究加以填充，哪些主要概念需要彻底修正。他们要拟出关键词，每个词都应该写一篇文章，以和次要的术语区分开来，后者可以用字典式的定义进行处理。然后，他们要根据重要性来排列这些关键词，形成"分析表"，以指导那些把辞典当作论文集来研读的读者。他们要写一篇绪论，解释自己科目的历史以及有关这个科目的文献中的主要观点。这样，他们就可以撰写内文了。庞库克的剪切员和文件编档员将会编出一份"有关相同的词和模棱两可的词的表格"[①]供作者参考，以免相互重复或者彼此矛盾。因此，最后，所有的部分将合成一个和谐的整体，形成全部知识的完整链条。在庞库克的整个计划中，对命名和分类有着林奈式（Linnaean）的专注，并且贯穿着孔多塞式的信念：知识是随时代发展的，知识的各部分之间是有序的、条理分明的，知识可以被化约成一篇完整的综合性论文——篇幅相当于狄德罗最初的纲要的两倍。

## 作为编辑者的庞库克

虽然《方法百科全书》在庞库克的概念中是和谐的，但最后

---

① *Beaux-Arts*, p. vi。

# 第八章 最终的《百科全书》

却变成了怪物。它比例失调，因为作为总编辑的庞库克没有控制好。他的这个角色并不十分清晰，但从庞库克的一位作者奥古斯特-德尼·富杰胡·德·邦达罗瓦以及富杰胡《植物学辞典》的合作者的档案中可以看到一点端倪。

虽然富杰胡·德·邦达罗瓦现在已经被遗忘了，但他一度和他的名字一样令人难忘。他是一个有足够财富无须为生活担忧的人。他把自己献给了植物学，并且追随着他的叔父、杰出的植物学家亨利-路易·杜阿梅尔·杜蒙索进了科学院。他为科学院的《艺术与工艺手册》撰写有关手艺的文章，撰写范围也广及生理学和考古学等领域。但他是作为树木专家而广为人知的。正由于他有这方面的专门知识，庞库克挑选他为《方法百科全书》撰稿。在富杰胡为《植物学辞典》制订了计划后，庞库克又去求助于伟大的博物学家让-巴蒂斯特-皮埃尔·安托万·德·拉马克。但当拉马克的工作规模越来越庞大，也越来越复杂后，庞库克决定为对栽培植物有特殊兴趣的读者编写一部独立的辞典。因此他委托来自科学院和王家植物园的谷物专家亚历山大-亨利·泰西耶神甫和园艺专家安德烈·图万编写一部《农业辞典》。然而，农业领域太大，难以驾驭，所以庞库克求助于富杰胡做森林学和树木方面的编纂工作。[①]

---

[①] 这些叙述来源于庞库克关于《方法百科全书》工作的"表格与概述"（"Tableau et aperçu"），*Mathématiques*, III, 7–8，它使得植物学在《方法百科全书》中的迅速发展比在现实世界中看起来更加合理。关于富杰胡的背景材料，请参见 *Biographie universelle*（《传记总览》），ed. J. F. and L. G. Michaud (Paris, 1811–1852) 上的有关文章，下面大部分讨论的基础是富杰胡-庞库克档案（见 Case Wing Z 311. p. 188, Newberry Library）。相关材料见收藏于巴黎、阿姆斯特丹、牛津以及劳伦斯和堪萨斯的档案——由此可见关于《方法百科全书》的材料散布之广。

1781年2月16日签订的合同，为这一计划定下了条款。富杰胡承诺为"包含树木、乔林、秧苗、种植和森林治理的整个农业部分"提供文章，如果他认为合适，就从狄德罗的《百科全书》中拷贝材料或加以修改后使用。相对应地，对庞库克的付款也有明确的规定："而我，夏尔·庞库克，我承诺为上述四开本辞典按每印张24里弗的价格给德·富杰胡先生支付报酬，该书使用西塞罗铅字，与人们印刷布里松先生《自然辞典》的一样，不管这些文章是全新的，还是全部或是部分从《百科全书》辞典中抄录的。上述款项一半是依据印刷的印张而支付现金，另一半在书完成后以我的4个月、8个月和12个月的期票支付。我还将给予富杰胡先生一部完整的新《方法百科全书》。"从现存的关于《方法百科全书》的另外12份合同看，这些都是标准条款。庞库克总是论件付酬——每可以排成一个12点活字的四开本印张的原稿，包括校对费在内，付24里弗。他还曾经规定过最后期限，但不久他就发现，把它们写进合同容易，迫使作者们遵守则难得多。①

和庞库克签订合同之后，富杰胡开始收到指令和通知函，它们使作者们能够了解这桩生意所处的状态。第一封通知函是1782年11月收到的，庞库克当时刚刚印完第一部分。这封通知函表明庞库克的热情正在高涨。"先生们，我正如你们所希望的那样有力

---

① 富杰胡的合同现存 Schenking Diederichs, fol.362, Universiteits-Bibliotheek of Amsterdam。其中有一个最后期限条款，根据庞库克写在页边空白处的按语看，它后来又被取消了。在 Kenneth Spencer Research Library, University of Kansas, ms 99 中，共有13份这样的合同。有几次，庞库克偏离了标准条款。涉及多位编纂者的辞典的价格是每印张30—48里弗。在1780年6月23日和包税所所长迪吉翁签订的《有关财政的辞典》的合同中，他明确说明这一领域应该"以哲学的方法"加以考察。

## 第八章　最终的《百科全书》

地推进着这一项目。而且如果大家愿意帮助我，那么我就可以说它将在三年内而不是五年内完成。明年将储备 18 000 令纸。我已与 18 位印刷商谈过，他们每一位都必须有一副新铅字，而这些铅字已经部分交货。现在已有 10 个不同的卷付印，其中包括一卷图版。"① 在后续的信函中，庞库克并没有把自己限制在出版管理方的角色上。1783 年 7 月，他寄给富杰胡一些关于森林学的"公正评论"。一年以后，他提供了一本"小册子"用于"树木部分"。② 他还从一些有势力的朋友那里获得信息："德·马勒泽布先生让人送来了特尔戈维的梨树嫁接木。对于果酒来说最好的梨树品种是：圣日耳曼附近的 carisi 和 gromenil。"③

在把材料转交给富杰胡的同时，庞库克安排了一个叫特莱·达科斯塔的人撰写一些条目。富杰胡需要增援，他已经远远落在进度的后面，而且不论什么时候向他要稿子，他的回答都是抱怨家庭责任给他带来的压力以及和其他的作者，特别是拉马克之间在协调上存在问题。④ 然而，同时，特莱自己也遇到了困难。他把一些工作托付给一个更不著名的助手，但是这一办法没有能够加快稿件完成的速度。"先生，您给我的时间太短，我不能答应您年底完成工作，"特莱向庞库克声明，"我至少需要两年的时间

---

① 手稿中的通知函，"à MM. les auteurs de l'*Encyclopédie méthodique*"（"致《方法百科全书》的作者们"），Nov. 18, 1782, Case Wing Z 311. p. 188, Newberry Library。
② 庞库克致富杰胡的信，1783 年 7 月 26 日，Case Wing Z 311. p. 188, Newberry Library。
③ 庞库克致富杰胡的信，1784 年 6 月 27 日，Case Wing Z 311. p. 188, Newberry Library。
④ 富杰胡致庞库克的信，1783 年 1 月 30 日，Schenking Diederichs, fol.363, Universiteits-Bibliotheek of Amsterdam。

以收集所有必需的材料并加以编撰。"① 庞库克因此放弃了那些助手并且催促富杰胡加紧自己的工作:"所有这一切都依赖您和您叔叔(杜阿梅尔·杜蒙索)的稿子。拖延会对我造成极大损害。公众已在抱怨总是提供给他们相同的东西,而我只能通过向他们表明我们正在全力工作而获取他们的信任。"② 这位编辑需要新的文字,而且要得很急。但他不能声色俱厉地威逼一个著名的、50 岁的院士。尽管他小心翼翼地提到了报酬,③ 但他恐怕也没有指望钱对富杰胡这样的富人能有什么刺激作用。庞库克不得不从他的植物学家手里骗出稿子,不得不用工作的名义轻轻地逼他,不得不以恭敬的语气不断请求会面:"庞库克向富杰胡先生表示诚挚敬意……他请求能获得一刻钟与他商谈。"④

经过四年的耐心劝诱,庞库克仍然没有得到《树木和森林辞典》,所以,他发了一封相当恭敬的最后通牒:

> 您并没有像您对我承诺的那样写信给我,对我来说这封信是您将在我与公众约定的时间(即 1788 年)完成这部树木辞典的新保证。如果您已改变主意,那对我、公众和这部书来说都是不幸的。但请立刻通知我,我将寻找能替代您的人,而且这一部分将与泰西耶神甫的部分合在一起,因为我只允

---

① 庞库克致富杰胡的信,1783 年 7 月 1 日, Case Wing Z 311. p. 188, Newberry Library。
② 庞库克致富杰胡的信,1783 年 7 月 1 日, Case Wing Z 311. p. 188, Newberry Library。参见庞库克 1783 年 7 月 10 日致富杰胡的信。
③ 庞库克致富杰胡的信,1783 年 7 月 3 日:"如果他愿意,我也依据他的有关树木的稿子每月付款。" Case Wing Z 311. p. 188, Newberry Library。
④ 庞库克致富杰胡的信,1783 年 7 月 3 日, Case Wing Z 311. p. 188, Newberry Library。

## 第八章 最终的《百科全书》

许这部辞典是您的著作时才能单独成书,因为先生,只有您才能以自己在这一领域的学识使其完美。①

两年以后,局势已经很清楚了,这一策略失败了,庞库克为富杰胡另找了一个合作者。他和日内瓦的植物学家让-塞内比耶签下合同,请他按照字典的关键词顺序撰写植物生理学的一系列条目:空气、树木、芽、叶子、花、果实、果皮、光、根、汁和草木。虽然是硕学鸿儒,塞内比耶却还是一个谦逊的牧师和图书馆员。他比庞库克年轻六岁,而富杰胡则比庞库克大四岁,还是科学院院士。因此,庞库克对他采用了更多命令的口气,并且在指示中做了详细指导:

> 我忙于印刷。人们抱怨那些辞典还没有开始……我可以说通过吸收其他人参加我的工作,一些部分就得到了更好的处理。书店并不满意。先生,因此我请求您,公正地而且不使书受到损害,让我们尽力满足于此,而我认为这就是实现它的方法。
>
> 在一部辞典中,一个词有可能要参考很多其他的词,并且通过集合形成使读者满意的推理。我们开始的时候,在选择这个或那个词上是完全自由的,而我更倾向大量的相互参照,这将使得人们可以完善工作。
>
> 先生,我认为植物物理学还很不清楚,往往过于自信地做出决定和支持这种或是那种看法。正如您曾说的,应该限

---

① 庞库克致富杰胡的信,1786 年 2 月 12 日,Case Wing Z 311. p. 188, Newberry Library。

于各种观点中的相同之处……如果您知道某些产生疑惑的事实,我认为不应该忽略它们,但是不要支持这些观点中的任何观点以免读者认为人们已将它看作是确定无疑的……

至于空气一词,我相信,最好是把它看作植物所必需的;在讲述完人们有关它被吸入植物中的方式的不同观点之后,如果您有对这部分的怀疑的话,请表明。它似乎确实是通过多种方式被吸入植物中的,并在其中分解;正是为了使这一观点和他自己的观点为人所理解,必须向读者指出人们在空气分解中的发现,但不用加入那些属于物理和化学辞典的细节部分。因此很有必要依据您的观察,确立怎样只是溶解于水中的不挥发空气进入植物,阳光使其转化,并使之以洁净空气的形式散发出来……

先生,我并不认为在我们讨论的这部分中应该涉及新的燃素说。这一问题迄今仍然过于复杂,而且我觉得人们还是在就词语进行争吵,就像您说的,应该限于提供对植物的各种行为的解释,通过运用两种阐述方式,而这种谨慎自然导致词语萎缩。①

这封信表明至少在某些情况下,庞库克相当于《方法百科全书》的狄德罗和勒布雷顿。他不仅安排任务并指示作者如何处理一个主题,而且还跳进他那个时代科学讨论中最有争议性的领域。他实际上在告诉塞内比耶什么应该怀疑、什么应该遵从。庞库克的这位植物学家刚刚完成一系列实验,说明光线如何影响植物的

---

① 庞库克致塞内比耶的信,1788 年 11 月 10 日,Case Wing Z 311.p. 188, Newberry Library。

## 第八章 最终的《百科全书》

营养供给,这使他得以进入马塞罗·马尔皮基\*、夏尔·博内\*\*、约瑟夫·普里斯特里\*\*\*和扬·英恩豪斯\*\*\*\*等发展了植物生理学的化学理论的科学家行列。虽然如此,庞库克还是毫不犹豫地给塞内比耶讲了一大通"火"和"空气"。事实上,他是在告诫塞内比耶不要宣告燃素的死刑,即使《方法百科全书》的其他撰稿人已经把这个概念埋葬了。当然,指望像庞库克这样的商人彻底了解氧循环这个当时正由富克鲁瓦\*\*\*\*\*和吉东·德·莫尔沃\*\*\*\*\*\*与拉瓦锡一起逐步加以阐述的概念实在有点勉为其难。庞库克在理论上退回到安全的培根式的立场,并试图在他的书中为相互竞争的科学体系留下空间。值得注意的是,他就像曾经在实验室里看到过似的谈论不挥发空气(air fixe)和洁净空气(air pur),而不是使用那个时代的语汇;他要告诉一个一流的植物学家如何写植物学的条目,而不是分配任务。作为编辑,庞库克不赞成放任。

然而他的干预并没有提高作者的产量。1788年11月,庞库克又给他们发了一封通知函:

> 先生们,
> 　　我已饱受《百科全书》预订者的埋怨;事情已到了这一地步,我不应再向你们隐瞒所发生的事。

---

\* Marcello Malpighi, 1628—1694年,意大利生理学家,发现毛细管循环。——译者
\*\* Charles Bonnet, 1720—1793年,瑞士哲学家和博物学家。——译者
\*\*\* Joseph Priestley, 1733—1804年,英国化学家,发现氧。——译者
\*\*\*\* Jan Ingenhousz, 1730—1799年,荷兰物理学家。——译者
\*\*\*\*\* Fourcroy, 1755—1809年,法国化学家。——译者
\*\*\*\*\*\* Guyton de Morveau, 1737—1816年,法国化学家。——译者

还未出版的几部分在出版上的拖拉、其他一些人只印了几卷的缓慢、整部书最终完成时间的不确定,都使得我深陷广受指责的境地……

先生们,《百科全书》的命运完全取决于你们。我有一些行动,我希望完成它们,我将为之献出生命和财富;但是没有你们我什么也做不了,先生们。问题不在于空洞的诺言,而是像我请求的那样请你们积极而严肃地行动。

庞库克指出,尽管合同中规定了最后期限,但一些作者在六年的时间里什么也没有写出来。在这么长的时间里,富杰胡一直在承诺又在搪塞,庞库克在一则针对个人的附言中提醒他曾经说过"以最郑重的形式在今年付印。今年必须有半卷;拉马克先生的进度已远远超过这一要求了"。[①]

这是富杰胡档案中的最后一封信。关于树木和森林的辞典1788年没有出版,1789年也没有,18世纪剩余的那些年中都没有出版。直到1821年,它才问世,作者也不是富杰胡,而是植物学家和吉伦特派成员路易-奥古斯丁-纪尧姆·博斯克。博斯克认为应该向经过四十年的革命和战争而幸存下来的订购者有所解释,他在前言中说,庞库克并没有打算出一部单独的关于树的辞典:他聘请富杰胡撰写一部农业方面辞典,但富杰胡的进度远远落在计划的后面,庞库克如果不砍掉关于树木的文章并把它们放在后续的辞典中,《方法百科全书》的农业部分就无法出版。

和庞库克原来的精心设计截然不同,《方法百科全书》毫无

---

① 通知函,1788年11月,Case Wing Z 311. p. 188, Newberry Library。

计划地被分割成多部辞典。这部书的规模和形式都使人感到不方便，因为计划不得不给以富杰胡为典型的人类弱点让路。"富杰胡·德·邦达罗瓦先生已上了年纪，变得衰老了，而且他的性格就是把打算在前一天做的事推到第二天，"博斯克解释道，"因此，当我的合作者泰西耶和图万提供的最初几页准备付印时，他还一行都没有写。"在第一个截止日期没有完成任务之后，富杰胡又对第二个日期做出了承诺。但是"尽管有这一承诺，富杰胡·德·邦达罗瓦先生书的第一部分到1787年还没有出版，因为他的身体与心理状况日益恶化。在庞库克先生的再三要求下，他只能提供两至三页，其中一半还不是他的；最终，他于1789年去世了。那时大革命已爆发；出版业也烟消云散了"①。

## 《方法百科全书》的作者

不论是富杰胡还是其他的任何人，都不能作为庞库克的百科全书编纂者的代表。他们中有各种各样的人——医生、律师、教授、官员和文人——但他们有一点是共同的：杰出。尽管他们身上的光彩已经逐渐黯淡，但在18世纪80年代他们是最优秀的知识分子。在那个时候，知识分子的声望往往是以他们在对法国文化生活影响最大的巴黎学术团体中的成员身份来衡量的。《方法百

---

① 《树木种植与森林治理辞典》(Dictionnaire de la culture des arbres et de l'aménagement des forêts) 中的广告。另参见庞库克致塞内比耶的信，1789年10月22日，Archives de Paris, 8 AZ 278。

科全书》1789年的73位主要的撰稿人中，15位属于科学院，7位属于法兰西学院，7位各属于巴黎某一个其他的学院，18位属于王家医学会，8位属于王家农学会。在庞库克的撰稿人当中，学院院士的比例是狄德罗的撰稿人的两倍。① 庞库克的撰稿人在外省和外国拥有的很多学术头衔并没有被列在《方法百科全书》中他们的名下。例如，《物理辞典》的两位作者在扉页上出现时的身份仅是科学院院士。但其中的一人，约瑟夫-杰罗姆·勒弗朗索瓦·德·拉朗德是柏林、伦敦、圣彼得堡、波洛尼亚、斯德哥尔摩、哥廷根、罗马、佛罗伦萨、科尔托纳、曼图亚和哈勒姆的学术机构的成员；另一位，夏尔·博叙神甫，拥有圣彼得堡、波洛尼亚、乌得勒支和都灵等地的学术机构的头衔。庞库克把作者中学院院士多的优势变成了该书的一个卖点。"首都的100位作者现在很忙，其中绝大多数或是来自法兰西学院，或是科学院，或是铭文学院。"他在1789年的推销材料中略带夸张地夸耀道。② 他不甘于让普通人名垂千古，而是和学院中的领军人物签约：孔多

---

① 根据John Lough, *The Contributors to the "Encyclopedie"* (London, 1973) 中的统计，狄德罗的141位作者当中有14人属于科学院，12人属于法兰西学院，5人属于巴黎其他的学院。考虑到有人同时属于不同的学院，属于学院的作者的总数和庞库克的相当，而后者的总作者数只是前者的一半。

② Panckoucke, *Abrégé des représentations et du mémoire sur l'Encyclopédie qui doit paraître le 14 ou le 21 mars 1789*）(《有关应于(1789年)3月14或21日出版的百科全书的简略描述与回忆》), Case Wing Z 311. p. 188, Newberry Library. 本段和后面段落中的材料来自《方法百科全书》本身、18世纪80年代的《王室年鉴》以及一些传记和传记辞典。在传记辞典中，Michaud, *Biographi universelle*（《传记总览》）尽管不甚可靠，但至今没有新作能够取代它，而Charles C. Gillispie ed., *The Dictionary of Scientific Biography*（《科学传记辞典》）(New York, 1970-1976) 第14卷对了解更多的著名人物来说，在同类著作中是最好的。

## 第八章 最终的《百科全书》

塞,科学院常务秘书;马蒙泰尔,法兰西学院常务秘书;费利克斯·维克·达齐尔,王家医学会常务秘书;皮埃尔-马里-奥古斯特·布鲁索内,王家农学会常务秘书;安托万·路易,王家外科学会常务秘书。

学院是百科全书编纂者主要的组织基础,同时也为他们在旧制度复杂的上层建筑中创造了特殊的小环境。《生物学辞典》的四位作者——路易-让-马里·多邦通、让-巴蒂斯特-皮埃尔-安托万·德·拉马克、安托万-弗朗索瓦·德·富克鲁瓦、安德烈·图万——在科学院和王室植物园中都有职位。除了拉马克,其他人都是王家农业学会的会员。与此同时,多邦通还在王家学院教书,而富克鲁瓦则是王家图书审查员。18世纪的科学生涯正是通过这样的角色交织而完成的,科学家也是以这种方式得到资助的。科学院领年金者中最高等级的年金是2 000里弗,他们则以为国家服务作为回报。例如,通过授予特权和羞辱江湖郎中,他们成为合法与非法科学活动分界线的守卫者。①

对一些百科全书编纂者来说,政府的资助和雇佣是以教职的形式提供的——不是传统的大学教职,而是面向国家需要的工业学校中的教职。博叙神甫和加斯帕尔·蒙热在梅济耶尔的工程学校教授几何学,让-皮埃尔-弗朗索瓦·杜阿梅尔在矿务学校教授冶金学,埃德姆·芒泰尔和路易-费利克斯·吉内芒·德·凯拉利奥在军事学校教授地理学和军事战术,奥诺雷-塞巴斯蒂安·维

---

① 参见 Roger Hahn, *The Anatomy of a Scientific Institution: The Paris Academy of Sciences, 1666-1903*(《科学制度的分析:1666—1903年的巴黎科学院》)(Berkeley, 1971), esp. chap. 3。

亚尔·杜克莱尔布瓦和布隆多在航海学校教授工程学、造船术和数学。这些人在课堂上讨论的内容和他们在《方法百科全书》中论述的内容是一样的：他们的著述直接来自他们的职业活动。这是学术工作中的新趋势，以前这些工作都是由业余爱好者来承担的，这一趋势在《方法百科全书》的辞典中留下了印记。它们是由技术官员完成的。让-马里·罗兰·德·拉普拉蒂耶尔，一位营造监督，篇幅巨大的《艺术与工艺》的大部分是由他完成的。尼古拉·德马雷，也是一位营造监督，完成了《自然地理学》。德·叙尔吉，前高级财政官员，撰写了《财政》。而加斯帕尔-克莱尔-弗朗索瓦-马里·德·普罗尼，一位桥梁公路工程局督察，撰写了《桥梁与公路》。《商业辞典》是个例外，它是由一位著名的重农主义者、对这个领域只有理论知识的尼古拉·波多完成的。他一定从庞库克那里学了不少东西。

庞库克组织了著名医生撰写《医学辞典》、组织了著名律师撰写《法律辞典》。他强调《医学辞典》出自"20位医生，他们几乎都是王家医学会的"[①]。主要作者维克·达齐尔已经把王家医学会变成了公共卫生中心，并且在杜尔哥的帮助下，把医学和为国家服务结合在一起。作为阿图瓦伯爵的医生，后来又是王后——玛丽-安托瓦内特*据说称他为"我的哲学家"——的医生，他有几分变

---

① Panckoucke, "Sur le retard que l'*Encyclopédie* a éprouvé de la part de plusieurs auteurs"（"有关因几位作者而引起的《百科全书》的延误"），见 Dictionary of *Histoire*, I, 8。实际上，庞库克在1789年只列出了《医学辞典》(*Dictionnaire de niédecine*)的18位作者的名字，其中只有11人是王家医学会的会员。

\* 国王路易十六的妻子。——译者

成了朝臣和领土扩张论者。①他的主要合作者——德奥尔内、夏尔-路易-弗朗索瓦·安德里、尼古拉·尚邦·德·蒙托、让·科隆比耶、弗朗索瓦·杜布莱、迪厄多内·让鲁瓦和让·韦迪耶——对贵族的小病也都很熟悉。安德里回忆为出身名门的病人治疗时说:"我使医学贵族化了。"②庞库克的律师们也有非同一般的业务。他们中的大多数人——比如像皮埃尔-保罗-尼古拉·昂里翁·德·庞塞、雅克-樊尚·德拉克鲁瓦和安托万-勒内·康斯坦斯·贝尔托利奥——是巴黎法律界响当当的人物,虽然至少有两位——让-菲利普·加朗·德·库隆和雅克·波歇——看来比较穷,渴望得到任命。也许前者把比较费力的工作交给后者做。一位高等法院的律师勒拉斯勒在安托万·布谢·达尔吉——沙特莱法院的一位著名法官——的帮助下给写好的内容排序,后者曾给狄德罗的《百科全书》贡献过 4 500 多个条目。

　　为《方法百科全书》撰稿的这些学者来自首都的沙龙和学院。他们都往来于法兰西学院,并且经常在去往霍尔巴赫男爵每周四晚会的圣罗克大街上、在马尔谢夫人举办晚宴的花神厅中,或者在《信使报》和《法兰西报》的办公室里以及凡尔赛的接待室里相遇。他们控制着文坛。但到了旧制度的最后几年,随着启蒙运动大人物的衰老和离世,他们的世界也在逐渐缩小。法兰西学院的马蒙泰尔和尼古拉·博泽为《方法百科全书》编纂了唯一一部专门的《文学辞典》。叙阿尔和他的同事,既是新闻记者又是院士的弗

---

① 参见 P. Huard, M. J. Imbault-Huard, *The Dictionary of Scientific Biography* (XIV, 14-17) 中关于他的条目。
② *Biographie universelle*, I, 687. 想了解每位撰稿人的详细情况,请参见《医学辞典》第一卷前面的身份说明。

朗索瓦·阿尔诺神甫原来计划编纂一部《艺术辞典》，但是阿尔诺中途退出了，叙阿尔也转去编《音乐辞典》，后来《音乐辞典》又让给了一位沙龙中的伙伴皮埃尔-路易·冉格内。《艺术辞典》转交给狄德罗的一位老合作者、院士克洛德-亨利·瓦特莱，1786年瓦特莱去世之后，又交给了狄德罗的一位资助人、铭文与美文学院的皮埃尔-夏尔·莱韦斯克。自命为考古和建筑权威的安托万-克里索斯特姆·卡特勒梅尔·德·坎西负责《建筑辞典》。加布里埃尔-亨利·加亚尔，法兰西学院院士和铭文与美文学院院士，撰写《历史辞典》。皮埃尔-路易·拉克雷泰勒，律师、《信使报》的文人，负责编纂形而上学、逻辑、伦理和教育等辞典。这些后期的贤哲看来是庞库克和他的姻亲叙阿尔圈子里的人。让-弗朗索瓦·拉阿尔普，曾经是这个圈子里的人后来又离开了，他尖刻地评论道，"派别思想"已经控制了庞库克对百科全书编纂者的选择："负责这一项目的书商庞库克选择了他的姻亲叙阿尔先生为他指派这些人；当一位书商负责时，所有的项目都是如此进行的。"① 事实上，叙阿尔在1776年为庞库克的改编本召集的撰稿人，可能就是庞库克《方法百科全书》编撰者队伍的核心。至少，他们属于同一群人。②

---

① La Harpe, *Correpondance litteraire* (《文学通信集》) (Paris, 1801), III, 302. 他和叙阿尔在关于格鲁克和普契尼音乐的争论中发生争吵，反对把"一些很重要的部分交给很平庸的人"，尤其是孔多塞、奈吉翁和波多神甫。
② 人员情况请参见莫列雷、马蒙泰尔和加拉的回忆录。在叙阿尔的改编本合同中提到的11位作者，有6位出现在庞库克《方法百科全书》最早的说明书当中，他们是：叙阿尔、阿尔诺、马蒙泰尔、路易、孔多塞和达朗贝尔。庞库克解释说："达朗贝尔的健康状况和其他事务使他无法参加我们的工作；但是至少他答应把他很久以前完成的对他所写的数学部分条目的各种增补（目的就是给未来的《百科全书》版本）给我们；因此，他还是和我们宣布的一样参加（转下页）

## 第八章 最终的《百科全书》

虽然这群人的地位很高，但还是容得下一些地位较低、很可能给《方法百科全书》撰写了大量条目的作者。在庞库克处理富杰胡·德·邦达罗瓦建议的时候，出现了一定数量的分合同。而当那些光芒四射的杰出人物不能撰稿时，庞库克就把活计分配给那些不那么光芒四射的人。① 尼古拉-艾蒂安·弗拉梅里，一位经常给庞库克做零活的雇佣文人，在叙阿尔退出《音乐辞典》编写后，就和冉格内一起承担了编纂工作。当庞库克需要关于手工艺或者商业的条目用于《艺术和工艺辞典》时，他就让雅克·拉孔布撰写。在加入庞库克的作者队伍之前，拉孔布已经具有了从事法律工作的资格，还是巴黎书商公会的领导者之一。尽管他保留了书商公会领导者的身份，但看起来好像是庞库克图书生意的随从。他编纂了《方法百科全书》中不太重要的辞典：狩猎和钓鱼、耕作艺术、科学娱乐、百科知识、数学游戏。这些都是剪刀加糨糊式的工作，庞库克把这些工作派给拉孔布，为的是通过制造更多的辞典从订购者身上榨出更多的钱。他还计划把它们当作独立的著作出售，希望以此为通俗文学开拓市场。大革命爆发不久，庞库克安排另一位百科全书编纂者雅克·波歇编一部《国民议会辞典》。庞库克认为市场可以接受五卷本；但是，变成了记者和革命官僚的失业律师波歇却只编出了一卷——它实际上是第二卷，而且连以字母 a 开头的条目都没有完成——最后庞库克放弃了该计划。

---

（接上页）了辞典的编辑。"见 Beaux-Arts, I, viii. 达朗贝尔死于 1783 年，还没有来得及为《方法百科全书》撰稿。叙阿尔团队中的第七个成员是安托万-莱奥纳尔·托马，在外省养了四五年病以后，死于 1785 年。其余的四个人：拉阿尔普、莫列雷、圣朗贝尔和珀蒂，没有加入庞库克《方法百科全书》的计划。

分量比较轻的增补辞典和《方法百科全书》普遍的厚重的学术氛围不太协调，而且，把这些辞典拼到一起的人也和其他百科全书编纂者有一个重要的不同之处：他们为谋生而写作。庞库克的绝大多数作者不是。他们从各自的学院领取年金，因他们的职业而获得薪水，自令人尊敬的职位获得津贴，从报刊得到补贴。[①]有几位百科全书编纂者有自己独立的收入，得自旧制度下传统的财富来源：土地、年金和官职。他们中唯一操控大笔资金的人是艺术批评家瓦特莱，他是国家巴洛克式的税收制度中的高级征税官。瓦特莱甚至可能比庞库克本人还富有，尽管在死的时候留下了百万里弗的亏空。[②]编纂了《化学辞典》的路易-贝尔纳·吉东·德·莫尔沃在到巴黎以前一定在里昂高等法院代理检察长的职位上有可观的收入。和他生活水平相当的布谢·达尔吉是沙特莱的法官；和其他官员一样，他们两人一定也从自己的不动产中取得定期收益。富杰胡·德·邦达罗瓦和卡特勒梅尔·德·坎西是仅有的过老式学者生活的编纂者，他们依靠私人财产得到追求学问的空闲。庞库克的其他编纂者则通过学术的或者艺术的工作而得到报酬——这是清闲而高收入的工作，因为法国当时还没有进入拥有大量的阅读人口和以大学为依托的研究的时代。

绝大部分的收入来自国王。事实上，百科全书编纂者中绝大

---

[①] 最后一项收入比我们一般认为的要重要得多。授予报刊特许权的当局把年金和税收绑在一起，再把年金奖励给杰出的学者。庞库克说他的报刊给超过100位领年金者发津贴。"Mémoire pour M. Panckoucke reliatif aux journaux dont il est propriétaire"（"有关庞库克先生拥有的报纸的回忆"），见 Dictionary of Histoire, I, 29。

[②] John F. Bosher, French Finances 1770–1795: From Business to Bureaucracy (Cambridge, Eng., 1970), p. 106。

第八章 最终的《百科全书》

多数人的经济和职业背景是与国家相关的。他们中的大多数都拥有某种王家职位,有几个还直接为王室效劳——尼古拉-西尔维斯特·贝尔吉耶是国王的听罪司祭,弗朗索瓦·罗贝尔是国王的地理学家,马蒙泰尔是国王的史官,维克·达齐尔是王后的首席医生,德奥尔内是阿图瓦伯爵夫人的首席医生,德莫尼耶是国王的大弟(未来的路易十八,当时是普罗旺斯伯爵)的日常秘书,博泽是阿图瓦伯爵(未来的查理十世)殿下的秘书兼译员,芒泰尔是阿图瓦伯爵殿下的史官,加亚尔是奥尔良公爵殿下的日常秘书。庞库克的 73 位撰稿人中有 12 位是王家审查官。这样的人把权力和庇护看作基本的生活常识。事实上,加拉后来把叙阿尔描述成"政府与文学之间的中间人和使节"①。当局不打算同化和收买人才,而是要奖励他们;在吸收政府人员为自己的出版生意工作时,庞库克只招募那些得到最多承认的人。他的作者中至少有一半人在政府里取得基本收入,而且几乎所有的人都接受了官方的荣誉和谢礼。他们远不是作为疏离当局的知识分子而受苦受难,他们为政府效力并且因得到政府的大量好处而感到荣耀。

## 两代百科全书编纂者

通过什么把庞库克的百科全书编纂者与狄德罗的区别开来呢?这个问题促使我们比较这两个知识分子群体:那些在 18 世纪中叶

---

① Dominique-Joseph Garat, *Mémoires historiques sur la vie de M.Suard, sur ses éecrits, et sur le XVIIIe siècle* (Paris, 1820), II, xxii;另参见 II, 90。

启蒙运动突然出现在公众面前时阐述启蒙思想的人和他们那些在启蒙运动变成革命时的旧制度末期的后继者。然而,进行这样的比较是非常困难的。像各种形式的"人物传记"一样,这样的比较更可能产生误导,[1] 所以在进行分析以前有必要先加以说明。18世纪80年代和18世纪50年代的百科全书编纂者一样,形形色色,不足以代表一整代知识分子。两种《百科全书》中包含了如此之多的不同观念、价值、理论、意识形态、主张以及思想情感的表达,无法简化成简单的原则。用作者的社会背景来解释《百科全书》的内容是一种极为简化的做法。但是,狄德罗的《百科全书》在他那个时代是得到公认的,而且一直都在被人作为对启蒙运动的最高表达而加以研究。《方法百科全书》是扩充狄德罗《百科全书》的一次自觉尝试,却几乎完全没有得到研究。[2] 正如在说明书和《绪论》中说明的,两部《百科全书》都建立在这样的观念之上:世界不是一团混乱,而是由各种可以被感知、可以被化约成基本原理、可以被人类的智力条理分明地系统处理的各种力量构成的。这种理性的秩序在一部书中就可以得到再现——那就是达朗贝尔的《绪论》中大胆的预言,也是和它相伴生的知识之树的大胆的预言,甚至也是这部著作的副题"科学、艺术和工艺的理性辞典"所代表的大胆的预言。《方法百科全书》的方法同样源自对理性的

---

[1] 参见 Lawrence Stone, "Prosopography"("人物传记"), *Daedalus* (winter, 1971), pp. 46–79.

[2] 唯一重要的研究是 George B. Watts, "The *Encyclopédie méthodique*"(《方法百科全书》),*Publications of the Modern Language Association of America*, LXXIII (1958), 348–366。尽管它的基础只是为数不多的原始印刷资料,但却显示了沃茨对18世纪出版业极佳的理解。

## 第八章 最终的《百科全书》

信仰，两部《百科全书》的作者们共有这一信仰，然而他们在其他事情上的见解可能相去甚远。假若要比较这两部由两个不同作者群在同一种观念激励下完成的巨著，那么就不是在比较苹果和橙子，而是在比较等量齐观的理性成果。而研究制造者，也不是要用社会学来抹杀思想，而是要理解形成《百科全书》的世界。

多亏几位学者，尤其是雅克·普鲁斯特（Jacques Proust）、约翰·洛（John Lough）、弗兰克·卡夫凯（Frank Kafker）和理查德·施瓦布（Richard Schwab）等人的努力，狄德罗的160位合作者的身份已经确定了。利用类似的资料，我们只能拼凑出庞库克在1789年列为"本《百科全书》的作者"的73人中差不多10位的情况。庞库克提供了这10个人的姓名和职位（其中6位是医生），但他又补充说另外有25人撰写了大量的条目，但却更愿意匿名；这样，当大革命爆发的时候，庞库克的百科全书编纂者的总数几乎达到了100人。如果把所有条目后面的人名汇集起来，总数还会增加；这不仅是因为主要的撰稿人把任务分派给助手，而且由于大革命中的离散，其中的一部分人被新人取代了，这些新人一直——除非他们又被更新的人取代——工作到1832年。不过，如果列出全部的条目和作者，那只会搞乱18世纪80年代庞库克的作者的状况。1789年之前，庞库克已经组织好了作者队伍、建立了整部书的结构并且完成了他的"纪念碑"（他自己这样称呼它）的部分工作。他那时列出的73位撰稿人完成了这部书的基础性工作，并且可以代表第二代百科全书编纂者，这与狄德罗那一代的160个人形成了对照。两者的差异包括数据的代表性、统计基数、分类的正确性以及把人数一直变动不居的举止古怪的贤哲们简化成图表之后在准确程度上给人留下错误印象的危险等方面的问题。不过，如果保持谨慎，暂且把怀疑放在一边，还是可以避开这些问题，得出一些合理的结论的。①

对两个作者群年龄分布情况的比较清楚地显示：庞库克的百科全书编纂者是新的一代。不仅庞库克出版他的第一卷《百科全书》是在狄德罗的三十一年之后，而且他的作者都相当年轻。当第一卷在1782年出版的时候，已知年龄的63位作者中几乎有一半是20多岁或者30多岁；只有16个人超过了50岁。他们的平均年龄是41岁，刚到出名的年龄，而大革命爆发时，他们正好处于事业的巅峰。庞库克在1782年底年满46岁，自己就属于百科全书编纂者中革命的一代，这同狄德罗和达朗贝尔形成了鲜明的对照：他们两人分别死于1784年和1783年，年龄是70岁和65岁。第一批百科全书编纂者属于路易十五时期的法国。假如他们都能活到1782年，平均年龄将达到66岁。②

庞库克做了他所能做的一切来向他们说明自己的《百科全书》是他们的续篇，但他的作者中只有八个人曾经为狄德罗的《百科全书》撰过稿，五人为增补卷撰过稿。大多数第二代的编纂者可能都是通过年轻时的阅读逐渐了解初版《百科全书》的，此时它已经很有名甚至成了某种经典。当庞库克把从狄德罗的《百科全

---

① 庞库克的73位作者的身份说明，见 Dictionary of Mathématiques, III, xxviii。进一步的资料，可参见附录D。
② 狄德罗的撰稿人的平均年龄是根据 Lough, The Contributors to the "Encyclopédie" 中对118人的统计推算出来的。当然，这些平均年龄只是大致给出了两个群体之间的年龄差距。"代"的概念也不明确，尽管它在法国的文学历史中早就是一个有确切含义的概念了。参见 Clifton Cherpack, "The Literary Periodization of Eighteenth-Century France"（"18世纪法国的文学期刊"）, Publications of the Modern Language Association of America, LXXXIV (1969), 321–328。

## 第八章 最终的《百科全书》

书》中剪下来的内容交给他们的时候，他们的反应就好像是接到了过去年代的碎片。例如，维克·达齐尔，《百科全书》刚出版时只有三岁，狄德罗出版最后一卷文字卷的时候也只有 17 岁，他发现老《百科全书》中关于解剖方面的说法难以理解："在将它们汇集——对我而言是一项艰巨工作——之后，我发现这个集子没有任何用处。"只有把不同的部分按照新的方式组合起来，用新的见解来看，才能搞清楚意思。他后来编纂了《比较解剖学辞典》，而不是对人的器官做出过时的描述。此外，狄德罗所有关于医学的条目都给他过时的感觉："把我们的工作……与我们前辈的工作相比较的人将会发现后者的工作对我们帮助很少，这部书可以被看作是全新的。疾病分类学、卫生学、兽医学、法医学、医疗法律学和医学传记在以前的《百科全书》中是根本没有或很不完整的。"其他几位年轻的百科全书编纂者对他们前辈的著作也有类似的反应——不仅是在物理、化学这样的领域里，在科学以外的领域也是一样。加亚尔，1751 年时 25 岁，抱怨说，初版《百科全书》中几乎没有提到历史；罗贝尔，1751 年时 14 岁，发现它对地理学的描述令人震惊："对开本《百科全书》中的地理学部分从各个方面看都是有缺陷的：通篇都是各种错误、偏见和不准确。"甚至在大革命改变了他们的世界之前，最后的百科全书编纂者就感到他们属于一个新的知识时代。①

《百科全书》的读者遍及法国全境，而编纂者则主要来自北

---

① 关于这些反应，参见被庞库克收入"表格与概述"中的作者的信件和其他材料。当然，我们应该考虑到庞库克想让他的《百科全书》看起来比狄德罗的有很大提高的事实。维克·达齐尔的话在 pp. 2-3。罗贝尔的话在 p. 12。

部和东部。《方法百科全书》的68位撰稿人中只有9个人可以确认是出生在雷恩到里昂一线以南。大部分撰稿人的出生地都分布在一个拱形区域里：从庇卡底开始，经过香槟地区、洛林、勃艮第到里昂。18人生在巴黎，只有1人生在蒙彼利埃，没有一个人出生在南方地区的大城市里：马赛、波尔多和土伦。南方的城市，特别是下朗格多克地区，曾为初版《百科全书》贡献了比较多的作者。大医学中心蒙彼利埃给狄德罗提供了4位作者（而且，至少11位撰稿人在那里做过研究）；洛林提供了7位，比提供给庞库克的略少。对两部《百科全书》来说都是撰稿人的不毛之地的，是由布雷斯特、巴约讷和里昂构成的三角地带。在两群人当中，都是卢瓦尔河以北地区的占优势。只有首部《百科全书》有相当数量的外籍撰稿人：16位，其中7位来自日内瓦。除了他的日内瓦植物学家以外，庞库克可能还雇用了其他外籍撰稿人，但没有把他们列在1789年的名册上，可能是因为要强调这桩生意的民族特性。①

---

① 当然，不可能从这63个人的出生地就构建出文化地理学，但这一"标本"可以支持其他地图式研究（cartographical studies）的有效性。例如，参见 Roger Chartier, Marie-Ma-deleine Compère, and Dominique Julia, *L'Education en France du XVIe au XVIIIe siècle* (Paris, 1976), esp. chap. 3。然而，它和第六章所描述的《百科全书》的消费情况并不一致。关于南方百科全书编纂者的情况，请参见 Jacques Proust, *L'Encyclopédisme dans le Bas-Languedoc au XVIIIe siècle*（《18世纪下朗格多克地区的百科全书派思想》）(Montpellier, 1968)。尽管庞库克的文字中没有出现类似民族主义的内容，但他的确在1789年强调了《方法百科全书》在这方面的重要性："这是一座民族纪念碑，对于外国而言是一个典范。"见对第31部分的意见，1789年4月，载 *Manufactures*, III, xiv。另参见 "Représentations du sieur Panckoucke, entrepreneur de l'Encycliédie méthodique, à Messieurs les souscripteurs de cet ouvrage"。"《方法百科全书》的承包人庞库克先生对这部书的预订者的说明"，*Mathématiques*, III, xiii。

图10 两代百科全书编纂者的地理分布

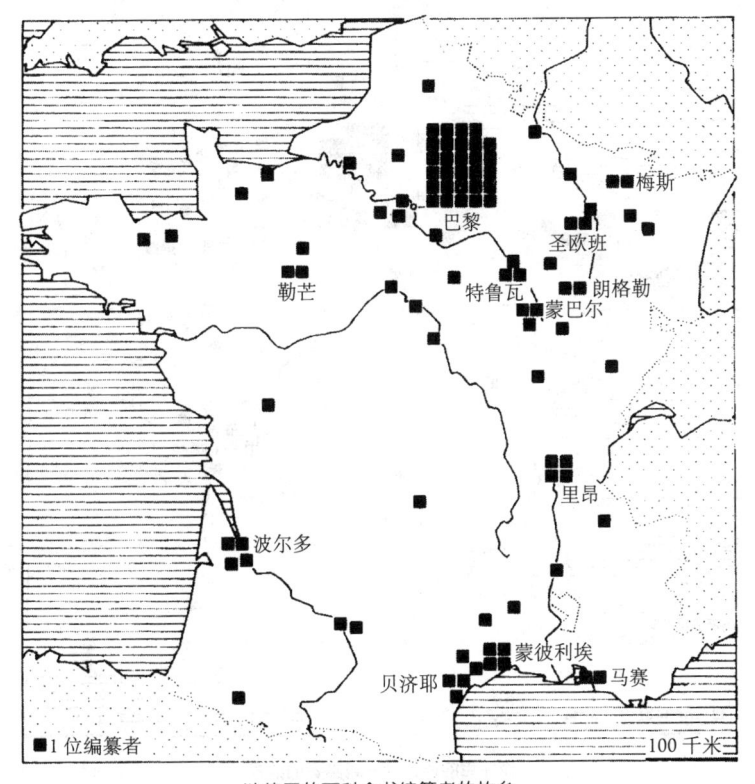

地图标注：梅斯、巴黎、圣欧班、勒芒、特鲁瓦、朗格勒、蒙巴尔、波尔多、里昂、贝济耶、蒙彼利埃、马赛

■ 1位编纂者　　　　　　　　　100千米

狄德罗的百科全书编纂者的故乡

启蒙运动的生意

443

雷恩　沙特尔　巴黎　凡尔登 梅斯

第戎

里昂

■ 1 位编纂者　　　　　　　100 千米

庞库克的百科全书编纂者的故乡

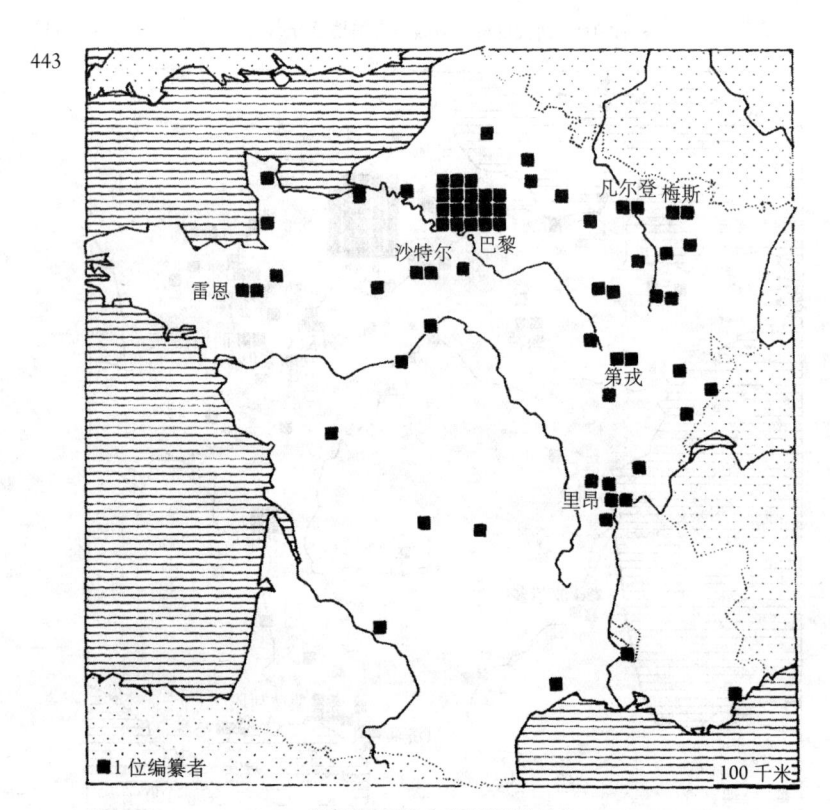

## 第八章 最终的《百科全书》

把百科全书编纂者根据社会地位加以排列，比给他们从地理上定位更加困难。根据旧制度下不断变动和重叠的社会分类状况对作者进行归类，任何一位作者都可能属于几个不同的集团：等级、身份、阶级、职业和财富。不过，雅克·普鲁斯特和达尼埃尔·罗什（Daniel Roche）所使用的社会职业分类法，对18世纪知识分子生活的复杂性还是做出了恰当的评判；当把这一方法运用到庞库克的73位作者身上的时候，就有可能对两个百科全书编纂者群体做出一些比较。[1]

即使前两个等级的作者在法国社会中所占的比例很小，他们对这两部《百科全书》也都有重要贡献：前两个等级的人只占总人口的2%，但占了第一批百科全书编纂者的29%，占了第二批的20%。考虑到他们只是一个普遍没有文化的国度中有文化的精英的上层，他们的作用看来不那么重要，但却值得承认，因为很多学者把《百科全书》看作资产阶级的产物。[2]

然而，其中的教士或者贵族都不能代表《方法百科全书》编纂者。除了贝尔吉耶是牧师之外，其余的都是修道院院长。他们

---

[1] 关于这一分类方法，参见 Jacques Proust, *Diderot et l'Encyclopédie* (Paris, 1967), chap. 1; Daniel Roche, "Milieux académiques provinciaux et société des lumières"（"外省学术环境与启蒙运动时代的社会"）and "Encyclopédistes et académiciens"（"百科全书派学者与科学院院士"）, in François Furet ed., *Livre et société* (Paris, 1965–1970), I, 93-184; II, 73-92。

[2] 请特别参考 Albert Soboul, *Textes choisis de l'Encyclopédie*（《百科全书选》）(Paris, 1952) 和让·吕克（Jean Luc）、I. K. 吕波尔（I. K. Luppol）及 V. P. 伏尔金（V. P. Volguine）的正统的马克思主义解释，普鲁斯特在关于这一问题的最重要的著作《狄德罗〈百科全书〉》(*Diderot et l'Encyclopédie*, 11-13) 中对后者进行了批评性的讨论。普鲁斯特本人对《百科全书》及其编纂者的解释也是马克思主义的，尽管他承认要彻底理解18世纪的资产阶级这一变化的、难以掌握的现象是困难的。

445

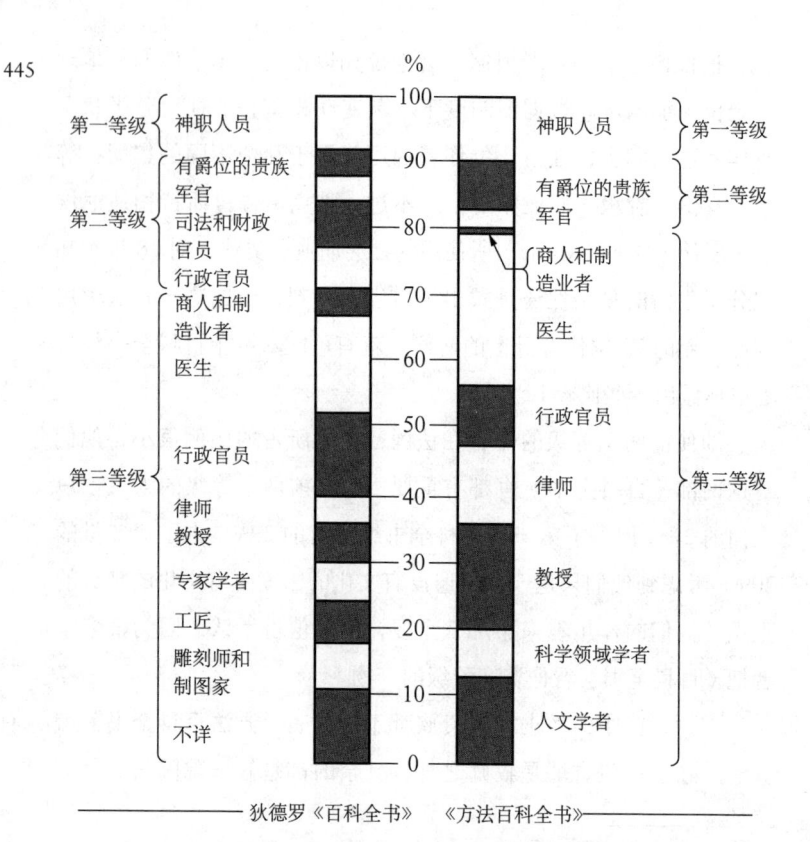

图 11  两代百科全书编纂者社会地位对照图

立誓修行,却过着世俗的生活——博叙是教授,贝尔托利奥是律师,波多是新闻记者,等等。贵族中没有大贵族。皮埃尔-路易·冉格内是一个穷困潦倒的文人,孔多塞、富克鲁瓦和拉马克是勤勉的科学家,塞萨克伯爵让-热拉尔·德·拉库埃和弗朗索瓦-勒内-让·德·波默洛尔是军官。所有的贵族编纂者都是杰出的专家而不是显贵。很显然,1789 年的时候,他们中没有一个人

## 第八章 最终的《百科全书》

拥有领地,也没有一个人从和封建的政治经济制度有关的任何事情中取得收入。从狄德罗的《百科全书》到庞库克的《百科全书》,贵族编纂者的比例下降了一半。这是"资产阶级化"的征兆吗?从这么少的数字得出如此大的结论,有点太过随意了,不过,两部《百科全书》都没有给这些特权阶层专门腾出什么位置。特权阶层和其他百科全书编纂者都依照同样的条件参加合著工作。

资产阶级的撰稿人和资本主义制度的关系与他们的贵族同事和封建制度的关系一样远。他们中没有一个人和制造业或者工业有什么关系,只有一个人和商业有一点关系:书商拉孔布,他可能更是一名受雇用的穷文人,而不是什么商人。第二代百科全书编纂者中没有体力劳动者。第一代中至少有 6% 的工匠,而没有确认身份的 11% 中很多很可能也来自工场。然而,他们不是现代意义上的工人,而是能工巧匠——他们制造钟表、笛子、丝绸和珠宝。狄德罗对这些前工业世界的重要性给予了恰当的评价;庞库克没有否认它的重要性,尽管他也没有把工匠列在他的百科全书编纂者的名单中。他把狄德罗的条目和来自范围更加广泛的《艺术与工艺手册》中的内容,合并到由罗兰编纂的庞大的八卷本的《艺术与工艺辞典》里。未来的吉伦特派\*和他的同事对狄德罗的著作都不满意。"您知道在我已处理过和即将处理的初版《百科全书》的各个部分中有多少缺陷,"他给庞库克写信说。"学者们忽略了艺术,艺术家们忽略了文学;这些人不能提供他们所知道的,而那些人则不知道提供他们所忽视的;结果在原则和事实上造成所有人都难以理解的混乱文字。"他声称自己在和工人打交道方

---

\* 指罗兰。——译者

面胜过了包括狄德罗在内的所有前辈："我住在工场里；我成了工人。"① 因此，如果从图11——特别是庞库克没有把工匠和雕工列入撰稿人名单——得出结论说《方法百科全书》比狄德罗的《百科全书》涉及的工人少，就大错特错了。实际上，庞库克确实承认书背后的有技艺的工人和艺术家一样重要，但不论是他还是狄德罗都认为还没有重要到要列出姓名的地步。②

两组百科全书编纂者之间最大的差异在于专业人群——医生、律师、教授和"学者"（savants）——的种类。从比例上看，庞库克所雇用的律师几乎是狄德罗的三倍，医生是一倍半。医生数量的增长（其中包括一位外科医生路易）可能比条形图上所显示的更多，因为有18位医生在编纂同一部《医学辞典》。不过，《医学辞典》最后达到了13卷，是除了《植物学辞典》（也是13卷）以外卷数最多的。所以，医生编纂了《方法百科全书》中的很大一部分内容。在18世纪50年代和18世纪80年代之间，教授的数量也增多了。如前文所述，他们的职业是技术教育，在某些方面，他们很像对两部《百科全书》都贡献甚多的技术官员。这两类人

---

① "Tableau et aperçu", pp. 48-49。

② 1791年的某个时候，庞库克的确给"福西耶和德塞福先生，非常能干的绘图工"唱了赞歌，并称赞他的雕工头"贝纳尔先生，雕版负责人，他担负了《百科全书》最重要的工作，以高涨的热情和不知疲倦的坚韧进行工作，独自负责整个雕版工作，在他手下有60位雕版工人，他们在这一由于包含大量细节而变得非常漫长和艰难的工作中互相帮助。"见Panckoucke, "Sur le Tableau encyclopédique méthodique des trios règnes de la nature"（"自然三领域的百科全书和方法图表"），in Dictionary of Histoire, V, 14。当然，如果《方法百科全书》作者的条形图上为那63个人留下位置的话，情况就完全不同了。狄德罗的雕工在合作者中所占的比例比第一张条形图中标出的7%更多，也是很有可能的。

## 第八章 最终的《百科全书》

逐渐变成了"学者"——这个词用来指那些现在被称为学者和科学家的人。庞库克的撰稿人中，学者占了20%，而狄德罗的只占6%。这两群人还有两个方面不一样：狄德罗的学者所写的内容和他们的谋生之道没有什么关系，比如瓦特莱的例子；有一些人撰写彼此毫无关联的几个领域的内容，比如若古爵士和狄德罗本人。这些票友和通人在《方法百科全书》中几乎完全消失了，变成了这样的情形：植物学家撰写植物学的内容并且自己也以植物学谋生，文人就撰写文学方面的内容并靠文学过活。在庞库克的百科全书编纂者中，医生、律师、教授和专家占了70%。他们彼此交错、混合在一起，并且属于同一世界——在这个世界中，知识被分成不同的领域，而每个领域都有几位居于支配地位的杰出专家。一个圈地运动正在侵入法国文化，它是由《方法百科全书》的编纂者领导的——也就是说，是由专业人士领导的，他们在《方法百科全书》中占有的优势显示了在18世纪后五十年中专业化的脚步迈进了多远。①

## 从伏尔泰主义到专业主义

庞库克得到了专家却失去了哲人。《方法百科全书》失去的是狄德罗、达朗贝尔、孟德斯鸠、伏尔泰、卢梭、杜尔哥、魁奈

---

① 这里所用的"专业主义"的概念是指人们赖以谋生的研究领域的专业化，不是在社会学家所采用的更为严格的意义上使用这个词。参见 Talcott Parsons, "Professions"（"职业"）, in David L.Sills, eds., *International Encyclopedia of the Social Sciences* (New York, 1968), XII, 536–547。

和霍尔巴赫——这些第一版《百科全书》的伟大人物，或者已经离世，或者太过年迈，已经不能再为另一部大部头的著作撰稿了。庞库克最重要的撰稿人——蒙热、拉朗德、富克鲁瓦、吉东·德·莫尔沃和拉马克——更近于现代意义上的科学家而不是伏尔泰那样的哲人。这两者的区分看来可能比较武断，因为很多作者逐渐从哲人转变为科学家，特别有名的就是伏尔泰本人，而"科学"在整个18世纪80年代都保留着一般的"认识"的含义。①此外，奈吉翁和孔多塞，可以被看作是开创了第一版《百科全书》的狄德罗和达朗贝尔的后继知识分子。不过，庞库克的《百科全书》展现了新一代知识分子时代的来临，并且在风格上也和哲人的《百科全书》有重要差别。

庞库克作为作者和组织者亲自确立了《方法百科全书》的风格。他自己撰写的《方法百科全书》中的条目涉及一些严肃的主题——"论美、公正和自由""论神的存在""论快乐与痛苦"——，但它们在思想上却很含糊。庞库克轻松自如地谈论上帝的存在，没有表露出任何的冒险意识，也没有冒险说出一个会冒犯正统天主教的词。有时他听来是个自然神论者："整个自然已对神作了证明"；有时又是虔信派："在真正的基督徒面前，所有人的观念都只能是有缺陷的和贫乏的，因为他的思想只是为了上帝的权力：这种尤其发生在地位很高的人中的与世隔绝、抛弃自我的最崇高的

---

① 关于"科学"的第一个概念，请参见大革命前权威的 *Dictionnaire de l'Académie française*（《法兰西学院辞典》）(Paris, 1778), II, 484: "人们已有的对某一事物的认识。'对此我有一些知识。这超越了我的知识。'"

行为正是出于美德。"①他的宗教概念是包含着来自詹森派教徒的父母和哲学家朋友——主要是布丰——的各种因素的混合物。②他这一代的很多人都努力要从相互矛盾对立的思想资源中形成对世界清晰、有条理的看法，而庞库克显然获得了一种没有任何内在紧张的行之有效的哲学。他没有深入晦暗不明的领域或者全力对付逻辑问题，而是以一种文学的方式来处理他的主题。他说，美是一个固定的标准，代表着人类审美发展的最高点。它的表达是各种各样的，但只是过去不同程度的文明的一个结果，伯里克利时代的希腊和路易十四的法国是其中的高峰。人类未来能获得的美的程度，是和教养成比例的。庞库克对美的性质的发现，将解决困扰了哲学家几个世纪之久的其他所有问题。"这些有关美的思想是真实的。"他断言，"关于这一词语的长久争论结束了，通过承认这些相同的原则，所有那些多少个世纪以来一直困扰哲学家的有关公正、不公正、美德、诚实、实用、礼仪的问题在我看来已经解决。"③

　　自由这一主题激励着庞库克反思对激情的控制，而不是反思社会或者政治问题。他注意到，绝大多数人都是无理性的，尤其是下层阶级。体力劳动者很像野蛮人，不比动物好多少，原因是

---

① "Discours sur l'existence de Dieu"（"论神的存在"）, *Logique, métaphysique et morale*, I, 358; "Discours sur le plaisir et la douleur"（"论快乐和痛苦"）, ibid., II, 50。

② 关于布丰，请参见 "Discours sur l'existence de Dieu", *Logique, métaphysique et morale*, I, 358；关于庞库克的詹森派教徒的背景，参见他的 *Lettre de M.Panckoucke à Messiereurs le président et électeurs de 1791*, p. 25。

③ "Discours sur le beau, le juste, et la liberté"（"论美、公正和自由"）, *Logique et métaphysique*, I, 238。

缺少教育、生存环境恶劣。庞库克从威廉·罗伯逊的《美洲史》中而不是卢梭的著作中获取话题。他解释说，有些未开化的人太过愚钝，不得不损伤他们的身体、拔下他们的指甲，才能让他们感受到有教养的欧洲人在受到最轻微的抓搔时感到的痛苦。愉悦和痛苦是随着敏感和文明程度同步增长的；自由是和优雅一同增长的，因为自由是兽性的对立面。在赞美高贵的野性、攻击艺术和科学的过程中，卢梭开了倒车。"当人的智力获得更大开发……更多运用他的理性和知识时，他就变得更为自由：因此人们可以说我们所说的这种自由程度越高，人们生活的社会就越完善，艺术和科学在其中就越繁荣。"有一种庞库克没有明言的对于《方法百科全书》的解释：通过帮助艺术和科学走向完美，他的《百科全书》将提升全人类的理想。当然，买这部书的人被认为是能更好地欣赏这一思想的人，而不是那些从破布中搜寻造纸材料，把这些材料变成大量的纸张，再在纸张上进行印刷并且拖着这些印好的纸张跑遍从巴黎到莫斯科的高山、峡谷、河流和平原的人。不过，庞库克可没有假称要在他所设想的新生活中给辛勤劳作、汗流浃背的人留下一席之地。他的启蒙运动是给精英们的——那些有能力去欣赏美、行善和享受幸福的人；因为，如他所言，"出身、地位、财富、才能、智力、天性和美德是幸福的主要源泉"。[①]

庞库克在三个条目中所提倡的有教养的启蒙运动并没有形成

---

① "Discours sur le beau, le juste, et la liberté", *Logique et métaphysique*, I, p. 239; "Discours sur le plaisir et la douleur", ibid., p. 45. 关于庞库克对野蛮人和"我们海关的搬运夫"（nos forts de la douane, nos portefaix）的比较，请参见 ibid., pp. 40–41。

可供其他 10 万个条目追随的任何路线。《方法百科全书》卷帙浩繁，不可能被包容在任何意识形态之中；而且在庞库克影响所及的范围内，他更多地是组织者而不是作者。每一位作者各自写自己的那部分（有些时候，就像在塞内比耶这个例子中那样，他们会受到来自编辑的很多干预），由庞库克分配任务并且把已经完成了的多部辞典组织成一部《百科全书》。《方法百科全书》的各个部分作为一个整体反映了庞库克对他那个时代的知识状况的认识。他的总体计划一直在变化，但根据他在 1791 年进行了详细说明的最后也是最长的一个版本，《方法百科全书》的结构如下（各部辞典根据篇幅排序）：

| | | | |
|---|---|---|---|
| 自然史 | 9 卷 | 语法、文学 | 3 卷 |
| 医学 | 8 卷 | 财政 | 3 卷 |
| 法学 | 8 卷 | 商业 | 3 卷 |
| 艺术和工艺 | 8 卷 | 航海 | 3 卷 |
| 植物学 | 5 卷 | 制造 | 3 卷 |
| 古代文化、神话 | 5 卷 | 物理 | 2 卷 |
| 历史 | 5 卷 | 解剖学 | 2 卷 |
| 形而上学、逻辑、伦理和教育 | 4 卷 | 外科学 | 2 卷 |
| 政治经济和外交 | 4 卷 | 树木和森林 | 2 卷 |
| 军事艺术 | 4 卷 | 警察、市政 | 2 卷 |
| 建筑 | 4 卷 | 美术 | 2 卷 |
| 国民议会 | 4 卷 | 音乐 | 2 卷 |

| | | | |
|---|---|---|---|
| 数学 | 3卷 | 矿物 | 1卷 |
| 化学、冶金、药剂学 | 3卷 | 自然地理 | 1卷 |
| 农业 | 3卷 | 火炮 | 1卷 |
| 地理和古代历史 | 3卷 | 桥梁和公路 | 1卷 |
| 近代地理 | 3卷 | 犬猎、狩猎、钓鱼 | 1卷 |
| 神学 | 3卷 | 百科知识 | 1卷 |
| 哲学 | 3卷 | 数学和物理游戏 | 1卷 |
| | | 专门艺术 | 1/2卷 |

当然，篇幅并不是衡量内在重要性的尺度，特别是有一些辞典最后超过了庞库克所规定的卷数。但是庞库克精心设计了他的《百科全书》，并且投入大笔资金实施了他的设计。所以《方法百科全书》的总体计划反映了庞库克认为什么是最值得强调的——可能甚至反映出庞库克认为应该把重点放在那些符合有教养群体的兴趣的问题上。

庞库克显然希望他的顾客对生命科学有强烈兴趣。和其他主题相比，他在自然史和植物学上使用了过多的资源，他的两个最好的作者（多邦通和拉马克）负责编纂这两部分。接下来的是医学、"艺术和工艺"及其分支"制造"。相反，当时正在大发展中的化学只得到了三卷的篇幅，物理只有两卷。因而，《方法百科全书》证实了达尼埃尔·莫尔内的观点：18世纪的读者对似乎能带他们走近自然的科学有着强烈的兴趣——不是抽象、数学意义上的自然，而是旅行考察、岩石采集和自然史陈列室意义上的自

## 第八章 最终的《百科全书》

然。① 庞库克的《百科全书》还表明 18 世纪时人们关心用科学知识改善农业、手工业、航海和运输的问题。但文科或是人文学科受到和实用科学同样的重视。尽管庞库克只给文学和语法分配了三卷，但他给了历史、哲学、美术以及古希腊、古罗马的语言文学大量的篇幅。总的说来，科学在《方法百科全书》中的比重超过其他主题，占了约 50%，人文学科占 25%，今天称为社会科学的占 13%，其余的分给不同种类的主题，比如专门艺术（决斗、舞蹈、骑术和游泳）。

另一方面，数字并不能传达出内容。人们想要充分了解那 125½ 卷的主旨的唯一途径是对它们进行阅读和分析，这个任务超过了本书的限度。但是，正如人们可以通过研究一所大学的教员和课程理解它的精神生活（intellectual life）一样，人们也可以通过研究作者和主题分布逐渐了解《方法百科全书》所传达的文化。浏览《方法百科全书》就像是在一所大学里闲逛：首先经过小巧但是优雅的数学楼；艺术和音乐列于左首，历史和文学排在右首；自然科学占据着体育馆和游泳池旁边的巨大的四方院落；再远处，法学院和医学院隐约可见。人们跨进了一个现代世界，在这里不同的学科属于不同的院系，持有证书的专家统治着界限分明的领域。一些研究领域的现代形态在 1791 年时还没有呈现出来。例如，化学还没有摆脱冶金术和药剂学；经济学还没有成形，分属于三本不同辞典：政治经济和外交、财政、商业。但是，从整体上看，

---

① Daniel Mornet, *Les sciences de la nature en France au XVIIIe siècle*（《18 世纪法国自然科学》）(Paris, 1911). 另参见 Jacques Roger, *Les sciences de la vie dans la pensée française du XVIIIe siècle*（《18 世纪法国思想中的生命科学》）(Paris, 1963).

452 庞库克的《方法百科全书》说明了现代自主学科概念的出现。它以中性的方式包容了诸多学科：它包括一切，并使它们各得其位。从这个角度看，它与今天的百科全书——当然也与 19 世纪的一些著作，如《现代百科全书》(*Encyclopédie moderne* [Didot frères, Paris, 1846-1848]) 和《19 世纪大辞典》(*Grand dictionnaire universel du XIXe siècle* [Larousse, 1866-1876])——而不是狄德罗和达朗贝尔的《百科全书》，有更多的共同点。早期的著作所涉及的内容也包罗万象，但它不是把知识切成很多片段，而是把所有的知性活动都看成是一个以知识树为象征的有机整体的组成部分。

狄德罗和达朗贝尔给这棵树的主干贴的标签是："哲学"。它出自"理性"，离它最远的被称为"天启神学"的小分支紧邻着"善恶精神的知识：占卜和巫术"。哲学和神学在庞库克的概念世界里各自占据了三卷，庞库克分别安排了专家负责：哲学交给狄德罗的无神论的门徒奈吉翁，神学交给国王的忏悔神甫贝尔吉耶。他们两人没有进行争论，而是各自集中精力清理初版《百科全书》中的混乱以使自己的工作有序地进行。尽管奈吉翁对狄德罗表示敬重，但他还是指责初版《百科全书》中的哲学条目太过业余。他自己的辞典对哲学的重要学派有全面的考察。这是一部严谨的甚至有点学究气的参考书，通过王家的审查毫无困难。[1] 贝尔吉耶已经有了哲学家们的主要反对者的名声；在编纂自己的辞典的过程中，他决心要消除使得狄德罗的著作成为启蒙运动有效工具的

---

[1] 参见奈吉翁的说明书，*Beaux-Arts*, I, xxxv；他 1788 年 2 月 16 日致庞库克的信，*Mathématiques*, III, 15-23；以及《哲学辞典》，它的 1789 年以后出版的两卷更冒险一些。

## 第八章 最终的《百科全书》

异端邪说："其他几篇（文章）显示了异教徒的反对意见，但取消了天主教神学家的回应……由这些缺陷中产生了一个最大的不足，这就是《百科全书》的理论充满了矛盾。"和所有第二代百科全书编纂者一样，他对前辈缺乏职业水准表示不满。"神学家们，尤其是马莱先生写的文章总的来说是相当好的；而由缺乏教育或是不信基督教的文人写的那些文章，则不过是对清教或是索齐尼教义的辩论家卑躬屈膝的模仿而已。"① 狄德罗喜欢各种矛盾，很欣赏不同学科的互相碰撞。他没有把哲学看作是一门自主的学科，而是把自己所研究的一切都塞在里面。这是一种使思想活跃的精神，它贯穿了《百科全书》的始终。他通过智慧、不敬和激情来表达这种精神，把它插入字里行间、藏在意想不到的角落里、塞进那些很有创新精神的互见条目中，诸如"吃人肉者……参见圣体，领圣体，祭台等"。狄德罗的尖刻消失在庞库克为后来的百科全书编纂者安排的科学的广阔领域中。

在强化知识分类和科学专业化趋势的同时，庞库克并没有重新走向启蒙运动。哲人们参与的思想运动中包含着通过科学研究和"粉碎迷信与不宽容"的决心来破解自然的秘密的责任。《方法百科全书》扩展了启蒙运动的前一个方面，排除了后一方面。这样，它就可以完全被政权接受，因为当局从来不反对狄德罗纵览所有的艺术科学，只反对狄德罗把它当作异端哲学思想的伪装。庞库克剥下了这一层伪装，以不会冒犯任何权贵的方式重新整理了各门科学。一旦被隔离在各自独立的辞典中，像哲学这样的学科就可以被限制在官方允许的限度之内。每一卷都被审查过；事

---

① *Beaux-Arts*, I, xxxiv.

实上，73 位作者中有 12 位本人就是审查官。这部书不仅看起来"有国王的同意和特许权"，而且庞库克通过特别的让步得到了长达四十年的超长特许权。他说"如果当局在我们对它提出不同要求时不愿支持我们的话"①，他不可能完成如此多的工作。他还把一部辞典题献给路易十六的几乎每一位大臣。《方法百科全书》没有对既有秩序造成任何威胁，它的出版得到了王家的准许，在本质上可以看作是官方出版物。

## 启动 18 世纪规模最大的图书

官方对这桩生意的支持当然符合作为商人的庞库克的利益，随着时间的推移，他对《方法百科全书》越来越有兴趣。他不停地修补、重新调整排列、扩展它的领域。1779 年最初的计划和我们刚刚描述过的 1789—1791 年的庞大计划比起来显得很渺小。可以通过庞库克和纳沙泰尔印刷公司的通信追踪这项计划在十年间的演化过程。尽管他信中的材料不足以重构这部书全部的生意史，但它们展示了庞库克是如何启动这桩生意以及它是如何随着他不停地扩充计划并且不断推迟这些计划实现的时间而成长起来的。

庞库克最初计划在 1779 年 4 月出版《方法百科全书》的前五卷，可是到了 4 月，他决定把这五卷和说明书的发行推迟到 12 月。到了 6 月中旬，他只得到了不多的原稿，他又修改了自己的决定，

---

① *Mathématique*, III, vii.

## 第八章 最终的《百科全书》

把出版时间再推迟一年。① 到了7月中旬,他已经和三位作者签订了合同,组织好了审查官,完成了他后来打算以之构成整部《百科全书》的全部20种辞典的计划。② 8月的时候,他认为可以在1780年7月以前出版第一批辞典。到了10月,他又签订了两种辞典的合同,并且被《方法百科全书》深深地吸引住了,纳沙泰尔印刷公司抱怨说,他甚至因此而忽视了四开本的生意。③ 利益的冲突随着1780年2月对四开本的清算不复存在了,但是在接下来的几个月中又产生了新的问题和新的拖延。"这一项目充满各种各样的困难,"庞库克在9月写道,"我打算1781年出版它的说明书,但是在两年内将什么都不会出现。我不想拿自己的财产去冒险。预订情况将促使我做出决定。"④ 到了1780年底,他已经签好了全部20种辞典的合同,但是他不再谈论能使他走上职业生涯巅峰的"好项目"。他被希望和失望撕扯着:"我已签订了20份合同。这是一个巨大的项目,它几次使我情绪高涨,而在其他时候又使我感到害怕。"⑤

庞库克的乐观情绪开始走下坡路了,因为在对同时进行的20种辞典进行协调和资金支持方面困难重重。尽管他在给纳沙泰尔公司的信中很少提到自己的工作,但他也没有掩饰事情已经走向一个不好的开端的事实:"这是一个难以理解和执行的项目。我已出版的两卷物理部分并不是太成功,不能与这一计划相适应。作

---

① 庞库克致纳沙泰尔印刷公司的信,1779年6月15日。
② 庞库克致纳沙泰尔印刷公司的信,1779年7月10日。
③ 庞库克致纳沙泰尔印刷公司的信,1779年10月15日。
④ 庞库克致纳沙泰尔印刷公司的信,1780年9月28日。
⑤ 庞库克致纳沙泰尔印刷公司的信,1780年11月10日。

者（即布里松先生）并不很明白自己应该做什么。"① 布里松的辞典的失败威胁到整个生意，因为它应该是第一个完成的。庞库克本来指望在它成功之后启动征订活动，并且要依靠征订得来的资金支持后19种辞典的生产。因此，他从《百科全书》中抽掉了布里松的辞典，把它作为独立的图书销售，同时委托蒙热编纂一部新的《物理辞典》，并再一次推迟征订开始的时间。②

投资于《方法百科全书》的其他出版商因额外的开支和拖延而指责庞库克，但庞库克的合伙人似乎比他的作者要好对付，后者甚至连普通的说明书的措辞都不同意。直到1781年4月，它还没有出版，此时，普隆德向纳沙泰尔印刷公司报告了巴黎的情况："20位不同的作者对他们的行动几乎从未达成过一致，每天都发现要做某些改变。我与庞库克先生不得不承认，你们自己也将同意，世界上最难的事情是使20位始终坚持自己观点、很少准备为书商的利益而放弃它的文人达成一致。布里松先生不再负责物理。必须雇用另一位作者来负责这一主要部分。你们明白这些变化必然会导致计划改变，这对于除了庞库克先生以外的所有人来说都将是件无休止的事，而庞库克先生确实并不想这样。他的勇气需要得到支持，而这正是我为了我们共同利益而试图做的。"③1781年5月，庞库克与印刷商、纸商达成谅解，但还没有最后决定版式

---

① 庞库克致纳沙泰尔印刷公司的信，1781年3月31日。
② 纳沙泰尔印刷公司的文件中有一份庞库克写的通知函，日期是1781年2月28日，他在通知函中向欧洲的书商提供布里松的《物理通用理论辞典》(Dictionnaire général, universel & raisonné de physique)，但没有提到它曾经和《方法百科全书》有什么关系。
③ 普隆德致纳沙泰尔印刷公司的信，1781年4月14日。

## 第八章 最终的《百科全书》

和印数。他决定在采取生产过程中最后的、不可逆的步骤前,先发行说明书,评估一下公众的反应。当时他心情黯淡地谈到《方法百科全书》,把它当作送他进坟墓的书:"百科全书毒害了我的生命,将我引向坟墓。我可能从中获利,但是付出的关心、忧虑、不安和工作是巨大的。"①

说明书最终于 1781 年 12 月发行。说明书说明了自从 1779 年庞库克从列日人手里接管了这桩生意以来,它的规模和价格增长的情况。庞库克现在宣布,除了总词汇表和七卷图版以外,共有 26 种辞典,而不是 20 种。该书将有两种开本:一种是四开本,每页三栏,共 42 卷文字;另一种是八开本,两栏,84 卷。两种开本所带的七卷图版卷都是四开本。价格为 672 里弗。征订将于 1782 年 7 月 1 日结束。在那以后,价格将变成 798 里弗。庞库克还严肃地承诺,不论他或者他的生意出现什么情况,将保持零售价格不变,以保护订购者的投资。他们将得到一份协议,他强调:文字内容将是原来的《百科全书》的一倍半,而价格只有后者的一半。他们将在各卷出版后分期付款,四开本的文字卷每卷 12 里弗,

---

① 庞库克致纳沙泰尔印刷公司的信,1781 年 5 月 8 日。这时,庞库克已经要求合伙人提供新的资金。在 1781 年 5 月 1 日从巴黎写给纳沙泰尔印刷公司的信中,普隆德试图把乌云压城的局势解释清楚:"庞库克先生将整个生意的管理留给自己,已在这里与印刷商和纸商达成协定,并将每年提供整个项目的账单。我的股金将是每月 5 000 里弗,从 10 月或 11 月开始,将一直持续到预订额能够满足开支时止。因此项目的成功或多或少取决于应预付的资金,而它现在还不能确定。尚未确定印刷数和开本的大小。通过《说明书》加以试探的公众的兴趣将决定这两者。先生们,你们明白(而且你们自己应与里昂约定)在不试图了解使它成功的方法的情况下,是不可能进行一项如此重要的生意的。正是因此,《物理辞典》项目做出了必须做的牺牲。这就是我所知道的一切。"

图版卷每卷 24 里弗。通过这种办法,订购者能够把总费用分摊成相对很小的分期款项,通常是每次 24 里弗,五年付清,这样经济上的压力就被缓解了——这也减缓了庞库克的资金压力,尽管他没有提到这一层,因为他需要连续的资金流来支付印制费用。他承诺在 1787 年 7 月 1 日前完成全部工作——也就是说,由法国最杰出的专家撰写(大部分是从头写起),由巴黎最好的印刷商以最精美的字体在最优质的纸张上印制,在短短五年的时间里,完成卷帙浩繁的 42 卷四开本和 84 卷八开本。

庞库克没有说他将付给作者们多少钱,不过,如果他的 26 份合同与早先和富杰胡及其他人所签的合同一样的话,他就要为购买全部的原稿准备至少 20 万里弗。① 这个数目和计划中的总生产成本相比,还是很小的。当然,在不知道到底能预订出多少部之前,庞库克是无法准确地估计印制费用的。不过,他可以做一个粗略的推测。假设生产 4 000 部四开本的《方法百科全书》,并且按照和杜普兰的合同中规定的标准向印刷商和纸商付款的话,单是四开本的生产成本就将达到 56.28 万里弗。事实上,巴黎的印制费用比外省或者瑞士高得多——庞库克后来宣称,高 30%—40%。② 需要重新排版的八开本《方法百科全书》可能使庞库克的总费用达到了 200 万里弗的水平。这是他本人在说明书中做的估计:"这

---

① 后来,在 "Représentations de sieur Panckoucke, entrepreneur de l'*Encyclopédie méthodique*, à Messieurs les souscripteurs de cet ouvrage (1789)"("1789 年《方法百科全书》的承包人庞库克先生对这部书的预订者的说明"),*Mathématique* III, viii,庞库克写道:"仅这部书的原稿就花了我们 60 多万里弗,而在我们最初的计算中,我们根本不相信它会使我们花费 20 万。"

② Ibid., p. xiii.

是一项将近 200 万的开支。"这是一个令人惊愕的数字,甚至对那些最近刚刚结清杜普兰的《百科全书》账目的人来说也是如此,后者的生产成本达到了 150 万里弗。这个规模的生意在 18 世纪并不是经常出现的。所以,在说明书中,庞库克似乎像在扎入冰冷而不知深浅的水中之前那样深深地吸了一口气:"按内容排序的完整版的《百科全书》,根据我们做出版中的大项目的某些习惯而言,初看起来对我们来说是如此可怕,只是在反复思考和全面考虑了它的可行性后,我们才投身其中,决定着手工作。"①

458

《方法百科全书》的生意和其他《百科全书》相互纠缠,不可能把它的历史从其他《百科全书》的历史中独立出来进行研究。它既是四开本的前任又是它的后继者,因为它由狄德罗 1768 年的回忆录和叙阿尔 1776 年的改编本而来,但它在庞库克接手德韦里亚 1778 年的计划之前一直没有成形。在拼接各种《百科全书》生意的同时,庞库克还把其他的大生意编织到他宏大的出版战略之中。因为在 1778 年和 1779 年的几个月中,他几乎垄断了《百科全书》和伏尔泰、卢梭以及布丰的著作。尽管不可能把每一桩生意追踪到底,但意识到它们的"汇聚"却是一件很重要的事情;因为它们代表了旧制度下启蒙运动最终的成熟。知识的生产在 1750 年前后经历了一个很重要的时期,当时有很多伟大的著作爆发般地付印。但是,被看作是一个传播过程的启蒙运动在 18 世纪 70 年代经历了一个同样重要的时期,投机者争先恐后地为某种"大众"读者生产各种版本的哲人著作——当然不是没有受过教育

---

① Mercure, Dec. 8, 1781, p. 248.

的大众,而是遍布西欧各地的普通读者。尽管这个时期一直没有受到重视,但是启蒙运动出版业的第二次收获是值得仔细研究的,因为它代表着大革命前哲学著作传播的高峰。在这一传播过程中,《百科全书》扮演了重要的角色:不论是在18世纪50年代还是18世纪70年代,不论是以对开本还是四开本的形式,也不论是作为异端邪说的文集还是作为科学的纲要。科学在启蒙运动最终的《百科全书》中占据了支配地位。不过直到1789年,已经出版的卷数还不足计划的一半,而在那个时刻,庞库克最后这桩生意的命运已经和处在一场改变了文化、社会和政治体制的革命之中的法国的命运密切相关了。

第九章

# 百科全书主义、资本主义和革命

18世纪《百科全书》历史的最后阶段看来似乎一直和各种"主义"纠缠不清:百科全书主义、资本主义、雅各宾主义以及相关的种种潮流,比如专业主义和国家干涉主义。通过追踪《方法百科全书》在那个世纪最后的急风暴雨般的年代里的历史,我们有可能了解这些抽象的现象是如何在具体的环境中存在的,以及这部书的历史是如何与更大的历史情境契合的。

## 庞库克的蠢行

到了1781年12月,庞库克已经发行了《方法百科全书》的第一份说明书,征订活动也开始了,这时候他才意识到自己站在价值200万里弗的巨大灾难的边缘。虽然如此,他还是决定要抓紧进行这一计划。说明书使他承担了一个义务:在1787年7月1

日之前，要生产出新内容的 42 卷每页 3 栏的四开本和 84 卷八开本的《方法百科全书》。说明书给公众七个月的时间，以 672 里弗的预订价格购买这部书——它声称订购者只要想一想他们的钱能够买到什么，就可以知道这是一桩激动人心的交易：有史以来最伟大的《百科全书》、人类所知晓的一切事情的概要、曾经有过的最有用的著作以及一部自身就是一座图书馆的书。

庞库克的这些宣传对任何一个了解他以前的《百科全书》生意内幕的人来说，听起来都很可疑。甚至可以把他的说明书看成是对四开本行销过程中所使用的诡计和进行的欺骗的含蓄招供，因为庞库克一直坚决主张有一些事情在《方法百科全书》的销售中是绝不会做的。在征订结束后他不会削价。他不会以任何借口延长预订期。他不会单独出版其中任何一本辞典，也不会出版任何使现有计划贬值的后续版本。他不会背离印制中的高标准，也不会使用标准低于随说明书一起发行的样张质量的纸张。他不会允许生产计划的松懈：辞典将分 23 批定期出版，第一批 1782 年 7 月出版，最后一批一定在五年之后出齐。而且他也不打算多出几卷以便从订购者身上榨取更多的油水，他们只需为每一卷已经收到的文字卷支付 11 里弗。庞库克认为解除公众对最后这一诡计的恐惧是很重要的：他特别承诺全套书的规模不超过 42 卷四开本和 84 卷八开本，如果超出这个界限，多出了 3 卷文字卷或者 1 卷图版卷，就免费赠送；它引起的抱怨已经比对杜普兰用以骗取四开本订购者钱财的各种办法的更多了。对新订购者的每一项承诺都相当于对老订购者的打击，而庞库克实际上将在掌控《方法百科全书》的过程中打破几乎所有的承诺——不是因为他蓄意欺骗顾

## 第九章　百科全书主义、资本主义和革命

客，而是因为他已无法控制这桩生意。①

到了1782年3月，情况已经很清楚了，这桩生意开了个灾难性的坏头：只收到很少量的订单——八开本的没有超过30部——，可是庞库克还指望能有5 000部呢，他需要至少4 000部才能收回成本。"当时我们对自己参与其中感到非常遗憾，"他后来解释说，"我们对它完全失望了。可是我们已购买了大量纸张，与作者们的所有协定都已履行，我们所有财产都受到了影响。"② 他面临着很糟糕的选择：或者以能够把公众争取过来的方式重组他的生意，或者放弃，损失掉数百万里弗和自尊。尽管前期准备投入巨大，而且第一批辞典将在7月问世，但如果庞库克宣布自己失败了，他可能还可以挽救自己大量的财产。但他是一个赌徒。他决定继续赌下去。

3月16日，《信使报》宣布庞库克已经放弃了八开本，并将出版四开本，版式从3栏改为两栏，这和他原来的计划是一样的。

---

① 公众害怕受到和庞库克与杜普兰在销售四开本《百科全书》时所用的同样手段的愚弄，庞库克根据公众的恐惧调整了自己的销售活动，这在对说明书的仔细阅读中可以看得很明显。请特别参看1781年12月8日的《信使报》第151页上的那一段，它的开头是这样的："尽管我们始终以最为严格的守时态度履行我们与公众达成的协定，然而由于今天他们前所未有地对整个预订怀有戒心，因此我们相信在这一重要项目中必须为他们提供能够建立相互信任的各种担保，这些担保或是针对与说明书相一致的图书的完成，或是针对各卷交货的时间，或是它们的数量，或最后是为了最终确定价格。"

② Panckoucke, "Nouveax éclaicissements"（"新说明"）, *Mathématique*, III, xx. 庞库克说得很清楚，他并不仅仅是在八开本上遭到了失败，因为他强调说直到1782年3月，他还只有"这两种开本的数量很少的预订者"。他后来说，两种开本的订单加在一起也只有400—500部。*Manufacturs, arts, et métiers, seconde partie*, III, vliv. 另外可参见 *Beaux-Arsts*, I, lx: "我们注意到这些开本公众都不想要……1782年3月时我们对自己参与了这一大项目感到失望，并且认为它根本不可能实现。"

两栏的版式看起来要舒服得多，但这需要缩小页面的尺寸、增加卷数。庞库克这时承诺文字卷变成53卷的"利摩日的方形薄纸"*而不是42卷的"大葡萄纸"*。字体还将保持由巴黎的富尼耶专门为这部书铸的小罗马（petit romain）体，价格也不变。不过想预订这部排印精美的《百科全书》的人要抓紧，因为庞库克现在认为不得不在4月30日结束预订。他将在5月1日开始第二期的预订工作，不过价格是751里弗。即使是新的价格也是很合算的，他向公众保证。如果不抓住这个大好机会，到1783年4月第二期预订活动无可挽回地结束以后，就要按照888里弗的零售价来购买这部书了。当然，如果已经订购的人不想接受庞库克的新条款的话，可以拿回预付金（36里弗）。但是他的新条款看起来比以前的更有吸引力，因为原来的零售价是798里弗。他想利用公众买便宜货的本能催促他们匆忙地决定预订。如果有传言说这桩生意正处在崩溃的边缘，这一招就不会奏效。所以庞库克把最初的预订说成是非常成功的：他解释说，重新组织他的生意是为了满足读者改善版式的要求。他已经赶上了印制的速度；两卷在印，如果铅字的供给跟得上的话，应该已经有12卷在印了。第一图版卷已经完成，谁如果怀疑他按照承诺执行计划的能力，可以到托公馆他的店中查看样本。①

这个后来被庞库克说成是铤而走险的"吸引回公众的最后努力"②的计谋显然产生了奇效。后来他声称这一招给他带来5000部

---

\* 纸上有葡萄水印。——译者

① *Mercure*, March 16, 1782.

② Panckoucke, "Eclaircissements relatits, à un premiertitre d'une souscription à 672 [ livres ]"（"有关第一次672 [里弗] 征订的说明"），*Mathématique*, III, lx。

第九章　百科全书主义、资本主义和革命

的订单，而且根据他1788年发布的一则声明，4 042位订购者在1782年5月1日之前以672里弗的价格签订了合同。① 那天，庞库克发行了第二份说明书，除了关于新的版式和价格的条款和一些关于新四开本大小的不太显眼的说明外，内容和第一份一样。庞库克说文字卷可能比预期的要超出三到四卷，没有提一旦超出原定的卷数就免费赠送的话。在这种情况下，预订者应该按照预订时规定的比例，以每卷11里弗的价格购买多出来的这几卷；而如果还得出版更多卷的话，每卷则只付6里弗。② 751里弗的那期征订收效甚微：在他1786年5月31日结束征订的时候，只有808位顾客签了订单，而结束的时间已经比原来所说的推迟了三年。③ 不过，在初版《百科全书》已经售出25 000部的情况下，仍然能够卖掉5 000部，是非常出色的成绩；而读者的分期付款似乎确实保证了他连续不断的生产所需的资金，也保证最后他挣到可观的利润——如果不出什么问题的话。

1782年到1786年间，一切进展顺利。庞库克找到了一套办法，可以充分利用公众对修订版《百科全书》的要求。尽管早先

---

① "1788年11月庞库克先生写给《百科全书》作者们的信"，Mathématique, III, xiv。这个数字中包括了未确定的原来预订德韦里亚的《百科全书》的读者。庞库克让他们做出选择：接受他的条款或者从德韦里亚那里收回预付金，而德韦里亚在这桩生意中的角色只在最初的说明书中得到过最低限度的承认。参见 Mercure, Dec. 8, 1781, p. 152。关于庞库克5 000部的说法，请参见 Manufactures, III, xliv。事实上，总数大概是4 850部。

② 庞库克重印了第二份说明书的内容，见 Beaux-Arts, I, li-lviii。

③ 庞库克没有说过第二期征订得到的订单数，但在他1788年的"写给……作者们的信"中，他说第一期的订单数是4 042。在"有关这部书目前的收益"（Manufactures, III, xvi）中，他说它们"构成了总数的5/6还多"。

的版本传播甚广,但这一要求肯定是存在的,因为纳沙泰尔印刷公司从法国书商那里收到了一些信,他们认为《方法百科全书》最好,而且比以前各版的《百科全书》更好销。1780年3月,在第一个关于"依内容排序的百科全书"的传言不胫而走后不久,鲁昂的马库埃尔报告说,"对四开本版有很多不满,而新版本将是最受欢迎的"。一年后,图勒的卡雷兹得出了同样的看法;蒙托邦的加谢后悔订购了四开本,他说:"鉴于人们向我们建议出一种新版本,它将在巴黎完成,就我粗浅的认识而言,它采用的方法将使这部书成为最有用和最完善的。"通过这些信,庞库克对应该销售什么样的《百科全书》有了认识:公众需要一部经过修订和重新编辑的《百科全书》,而不是纯狄德罗式的。早在1778年,布卢瓦的莱尔已经告诉纳沙泰尔印刷公司,表示对具有创新性的列日版的《方法百科全书》的夭折感到遗憾——当时庞库克正秘密地把它据为己有——,因为"它会是令人赞叹的,如果它是按照他们寄给我的计划完成的话:有3000多张图版的36卷对开本或是144卷八开本:抛弃字母顺序而按照内容排序,这是真正、有用和使人感兴趣的百科全书。它不可能过早交货"。所以尽管极尽铺张,但庞库克的计划确实符合了18世纪的法国读者对百科全书主义的持续不断的需求。①

在牢牢控制了法国市场之后,庞库克又把手伸向了欧洲的其他地区。1783年,西班牙宫廷的书商雅克·特万来到巴黎,商谈

---

① 马库埃尔致纳沙泰尔印刷公司的信,1780年3月31日;卡雷兹致纳沙泰尔印刷公司的信,1781年12月17日;加谢致纳沙泰尔印刷公司的信,1782年1月3日;莱尔致纳沙泰尔印刷公司的信,1778年11月11日。

## 第九章 百科全书主义、资本主义和革命

购买300部《百科全书》和由庞库克提供带图版卷的西班牙版的事宜。返回马德里之后,在当局和宗教裁判所大法官的帮助下,他和另一位著名的书商安东尼诺·德·桑查发行了译成西班牙文的说明书,据说订单的要求也得到了满足。庞库克最后在西班牙售出了330部法文版《百科全书》,西班牙人还翻译出版了11卷的西班牙文版——这表明查理三世的西班牙和查理二世的有多么大的不同,可能也表明了庞库克给狄德罗的原著兑了多少水。然而,1788年夏天,西班牙宗教裁判所查抄了庞库克在西班牙的代理人仓库中所有的《百科全书》,代理人逃到了法国,宣布自己是宗教狂热的受害者。尽管庞库克相信他有一个由卡斯蒂利亚议会任命的审查官班子作为后盾,但他一直没有重新得到那330部《百科全书》;而且西班牙当局还终止了西班牙文版的出版。

意大利文版的翻译工作在佛罗伦萨进行,据说得到了开明的托斯卡纳大公利奥波德60 000达克特(ducat)的补贴。庞库克想通过耍手腕从俄国的叶卡捷琳娜二世手里为自己谋求到补贴,而且他自夸说土耳其人也对他的书评价甚高,打算翻译出版。尽管这些计划都没有下文,但它们表明了这桩生意是多么成功。由于托马斯·杰斐逊的帮助,它甚至打进了美国市场——他修改了书中关于美国的条目,并且发展了好几位预订者,其中包括富兰克林、麦迪逊和门罗。

《方法百科全书》的成功还表现在仿冒的数量上。庞库克不无骄傲地提到,截止到1789年,有五个地方有盗版:帕多瓦、威尼斯、米兰、尼斯和列日。他应该加上瑞士版,如上所述,后者是运作盗版的典型。列日人的计划也为对《百科全书》生意的争夺提供了很好的例证。一个由匿名的"批发商兼承包人"支持的"列

466

日印刷公司"在一份发给欧洲主要书商的通知函中提出以677里弗的价格提供一种仿冒的《方法百科全书》——比庞库克第二期的预订价格便宜74里弗。他们承诺说,"我们推荐的版本是依据巴黎版认真制作的,不同之处就是低廉的价格和优越的质量"。他们还计划出版200部超大开本的豪华版。他们试图通过争取中间人来挤进庞库克的市场。他们向书商提供每部150里弗的折扣和"免费的第13部",对书商来说,如果能够以零售价售出13部,就可以得到2 477里弗的可观利润。尽管这些条件看起来很诱人,但这些计划都失败了。帕多瓦人通过对庞库克的书进行扩充和意大利化,维持到1799年,列日人则在1792年完成了八卷本的《宗教辞典》。但没有出版商能够仿造整套的辞典,这不是因为全面盗版热情的减退,而是因为《方法百科全书》的规模越来越大,甚至大到了有可能超出庞库克本人能力的程度。①

---

① 关于法国以外的各种《百科全书》计划,请参见:蒂里奥致纳沙泰尔印刷公司的信,1783年4月8日;*Mercure*, March 28, 1789;"Représentations du sieur Panckoucke, entrepreneur de l'*Encyclopédie méthotique*, à Messieurs les souseripteurs de cet ouvrage"(《方法百科全书》的承包人庞库克先生对这部书的预订者的说明),*Mathématique*, III, xiii;"Lettre de M. Panckoucke à Messieurs les souscripteurs de l'*Encyclopédie*"(庞库克先生写给《百科全书》预订者的信),*Histoire*, V, 1;庞库克关于第13、48期分期付款的"告读者书",*Manufactures*, III, xi, xlii; *Correspondance littéraire, philosophique et critique par Grimm, Diderot, Raynal, Meister, etc.*(《格林、狄德罗、雷纳尔、梅斯泰尔等人的文学、哲学和评论通信》)(ed. Maurice Tourneux, Paris, 1880), XIII, 135; *Mémoires secrets*, entries for Aug. 25,1758, and Jan. 12, 1787。因为来自一份通函,该函附有列日的J. J. 蒂托(J. J. Tutot)和C. J. 勒诺兹(C. J. Renoz)于1783年12月16日给纳沙泰尔印刷公司的信。蒂托和勒诺兹是列日出版公司的负责人,这家公司似乎是专为仿冒《方法百科全书》而成立的。至于杰斐逊与《方法百科全书》中J. N. 德默尼尔(J. N. Demeunier)有关美国的条目的关系,可参见 *The Papers of Thomas Jefferson*(《托马斯·杰斐逊论文集》)(转下页)

## 第九章　百科全书主义、资本主义和革命

《方法百科全书》因太过庞大而被拖累。在每一期结束的时候，它似乎都在变大，离完成越来越远，越来越难以控制，越来越不适宜销售。很难说清楚这一弊端是如何形成的，因为1781年以后的手稿史料越来越少，这使得我们很难重建《方法百科全书》出版史的内在过程。不过庞库克发行了大量的说明书、备忘录、告读者书、通知函、小册子和传单以及其他广告材料，我们可以据此追踪它演变的主线。

撰稿人是最难控制的因素。他们的文字通常太过冗长，而且交稿很晚，经常是根本不交稿。布里松拙劣的《物理辞典》毁掉了庞库克1781年出版《方法百科全书》的计划；所以，说明书把1782年7月或者8月"以后"作为第一批辞典的出版时间，并且承诺到该年年底，至少问世六卷。

然而，8月10日，庞库克通过《信使报》通知订户，已经改为《法学辞典》的第一卷10月之前不能出版了，因为撰稿人雷米神甫死了，扔下一堆杂乱无章的手稿。雷米的主要合作者已经在前一年死去，而他们的死并不是折腾《方法百科全书》的唯一的事：库尔·德·热伯兰死于1784年，还没有来得及为《古代文化辞典》写一个字，据庞库克说，他的死使这一卷的出版推迟了三年；

---

（接上页）(ed. Sulion P. Bord, Prinston, 1950), X, 3-11. 杰斐逊建议庞库克在费城建立一家事务所以征集订单。杰斐逊致大卫·S. 弗兰克（David S. Franks）的信，1783年3月或4月，ibid., VI, 258. 但正如他在1786年1月26日给弗朗西斯·霍普金斯（Francis Hopkinson）的信中所说（ibid., IX, 224），他发现很难从庞库克那里得到良好的服务，即使是在巴黎也一样："为了你的《方法百科全书》中还没有交付的那三卷，我已经给庞库克去了好几封信。今天收到的最新回答是，他将在明天上午把你和富兰克林博士的书寄给我。"

格诺·德·蒙贝亚尔死于1785年,留下的关于昆虫的辞典还是一团糟;瓦特莱死于1787年,迫使庞库克通过法院追讨《美术辞典》的手稿,并赶到继承人的家中把它救下来,最后推迟了一年出版。①

还有一些撰稿人直接退出了,比如富杰胡·德·邦达罗瓦。波多神甫退出《商业辞典》后,由律师纪尧姆·格里韦尔接手;迪吉翁的《金融辞典》由退休的财政高级官员鲁斯洛·德·叙尔吉接手;②维克·达齐尔继续负责《医学辞典》,但他把内容转签给太多的同事撰写,以致失去了对辞典的控制。他的大多数合作者都没有准时交稿,那些在最后期限前完成任务的人受到了没有完成的人的牵连;因为在付印所需的全部原稿没有齐全之前,庞库克是不会付钱的。这种情况引起了一些人的不满,比如富克鲁瓦,

---

① 庞库克最初把"告读者书"当作海报和通告在《信使报》上发表,但是后来他又在《方法百科全书》的某些卷中重印。有一些海报还可以看到,见 Case Wing Z 45.18, ser. 7, Newberry Library. 对三种版本的文字进行比较后发现,内容没有什么改变,所以为方便起见,引用时就以《方法百科全书》版的为准。例如,以上的信息就来自于在《美术辞典》(I, lxxv and lxxxi)中重印的告读者书有关第18、22分册的部分,以及庞库克在《数学辞典》第3卷之首刊印的"表格和概述"。关于庞库克为获得瓦特莱的手稿所遇到的困难,请参见他1787年3月15日给瓦特莱继承人安吉维勒(d'Angiviller)伯爵的信,见 ms. Fr. C. 31, Bodleian Library, Oxford:"我刚刚往你的地址寄去一部卢克莱修著作的译本,四开本两卷,以及孟斯的著作,也是四开本两卷,这些都是我为三年来一直在印刷中的瓦特莱先生的书而收集的。在这版上我已预付了40 000多里弗。伯爵先生,请您下令以使这些手稿能及时交给迪索尔先生。"
② 参见格里韦尔(Grivel)、迪吉翁(Digeon)和鲁斯洛(Rousselot)的合同,Kenneth Spencer Research Library, University of Kansas, ms.99。

## 第九章 百科全书主义、资本主义和革命

他抱怨说自己劳而无功,① 最后庞库克不得不指责维克疏忽大意:

> 当您指望您的合作者时,您根本不会有任何进展。四年中您没有完成一卷。我已将您起初答应的通知函的草稿交给您,而您却没有再送回给我。我将既不考虑古兰先生,也不考虑卡耶先生以及其他任何人,而只考虑您,先生。我很高兴与您通信。先生,当我从未能使《地理辞典》的作者们(仅有两人)达成一致时,您怎么能希望您所有的合作者能按时交手稿呢?如果您指望您的合作者守时,那他们会使您的生活痛苦;您则会使公众、预订者遭受折磨;而您将会妨碍我完成那些协定。应该用您的知识或已有的书籍完成您的书,

---

① 在1791年5月接手《化学辞典》之前,富克鲁瓦为《医学辞典》撰稿。当时他依靠庞库克支付的报酬维生,如果没有收到报酬就会提出抗议:"您明白自1787年以来我一直不间断地从事《百科全书》的工作。我发现目前已有了超过一卷的内容,但是我还没有收到400里弗,因为事实上我完成的第10卷并没有付印。我相信依据我们1789年的协议,将进展得比现在更快,我并不抱怨。您已见证了我在维护《百科全书》利益和努力激励我同事的热情。尽管我取得了部分成功,因为人们目前在印三个半卷,但是这与我自己所做的相比是如此慢,以至于我时间和工作上的投入使我负担沉重,而如果没有部分补偿,我将难以有同样的积极性继续下去……我的生意状况要求当我的工作结束时获得一部分报酬。因此我请您让我知道我从现在起的一年或是18个月内是否能每月问您要150里弗。我至少已完成了价值4 000里弗的稿子给了富尔和维克先生。我始终在接着做,我现在已到了字母D,而人们才慢慢地印字母A,它还没有完成……应该保证我每年可以获得一定数额的钱,从而使我能以相同的热情致力于这一工作。"庞库克在信纸的上端潦草地写着:"我请维克·达齐尔先生读这封信,并重申希望给我时间以解决我们的问题。"富克鲁瓦致庞库克的信,1790年10月31日,见Bibliothèque historique de la ville de Paris, ms. 815。

同时有两到三位聪明的秘书听您吩咐。①

撰稿人的死亡和不遵守最后期限，迫使庞库克一次次地调整生产进度，使得全书杀青的日子似乎越来越遥远。他没有能够遵守在1782年年底之前出版六卷辞典的诺言。事实上，直到那一年的11月份，他还没有出版第一批辞典；而当它们问世的时候，很多订购者都感到失望，因为其中只有《法学辞典》的第一卷、《艺术和工艺辞典》第一卷的一半和《自然史辞典》第一卷的一半。半卷的辞典几乎无法阅读，更无法装订；但在每一批中都有半卷的辞典出现。1783年1月，庞库克发行了第二批，其中包括《文学辞典》第一卷的前半卷和《地理学辞典》第一卷的前半卷。1783年4月，发行了第三批，包括图版卷第一卷、《商业辞典》第一卷和《艺术和工艺辞典》第一卷的后半卷。1783年8月发行的第四批包括《地理学辞典》第一卷的后半卷、《法学辞典》第二卷的后半卷、《文学辞典》第一卷的后半卷和《艺术和工艺辞典》第二卷的前半卷。他把这种方式一直延续到最后。这对他很合适，因为他可以催促撰稿人至少提供部分原稿并且可以同时出版不同的部分，因此可以同时推进所有的辞典，而不是让它们排成一列，一本本地出版。出版各不相同的半卷辞典不仅可以更快地从订购者手中挤出资金（庞库克按照一整卷的价格出售两个半卷），更重要的是，阻止了盗版；因为仿冒和销售出版时间相隔颇远的半卷辞典是很困难的。唯一反对庞库克策略的声音来自订购者，因为他们不得不分门别类地保存一堆又一堆的散页，等待着某一天能

---

① 庞库克致维克·达齐尔的信，无日期，见 Archives de Paris, 8AZ 278。

## 第九章 百科全书主义、资本主义和革命

够把它们凑起来、装订好、插在书架上,成为一部连续的辞典。①

当庞库克日益陷入大量辞典中的时候,这一天似乎越来越遥远。尽管他每两三个月就推出几本半卷的辞典,但到了1786年5月,他已经明显落后于日程,当时他只出版了31卷文字卷。在1787年7月的最后期限之前完成其余的22卷看来是不可能了。②更加不幸的是,从他已经完成的部分来看,前面要走的路更长:他不可能把《百科全书》所有的内容都塞进53卷文字卷中。他的图版卷的篇幅甚至也超出了计划。他已经出版了承诺的七卷中的五卷,但还没有结束《艺术和工艺辞典》以开始其他的学科,特别是美术和自然史这两个需要大量图版的学科。到底出了什么问题呢?庞库克1786年5月向订购者解释说,错在狄德罗。在巡览了以前版本的学科以后,新的百科全书编纂者们发现的不足之处比预期的多得多。他们被迫扩大自己的工作范围以弥补原来版本的缺陷。"正是由于狄德罗先生也认识到并承认的第一版《百科全书》的重大缺陷,使得有必要对各卷进行增补。"庞库克说。他已经在最早的广告宣传中多次提出过这一看法,不过现在他要重新强调一下以便把他的《百科全书》说成是对读者的恩惠而不是额外的负担。它的篇幅不是狄德罗的两倍而是三倍,他不无夸耀地

471

---

① 前26批交付的书籍的出版日期和内容可以通过庞库克的告读者书和通告来确定,他把所有这些材料以"前26部分出版的日期"为名在《美术辞典》(I, lxii–xcvii)中重新印了一遍。订购者的反对态度可以从庞库克在告读者书中回应他们的抱怨的努力中很清楚地看出来,尤其是关于第四批的告读者书,Ibid, lxiv。

② 在1782年5月1日的说明书中,庞库克承诺"从今年7月1日算起,在五年内"完成生产。然而后来的条款说订购者可以在1787年12月"以后"得到整部书。*Beaux-Arts*, I, lviii。

写道；它增加的条目将不是 30 000 个，而是 100 000 个；它将包括 30 部权威性的辞典，而不是 26 部……因此它将多出 20 卷，而不是原来预计的 3 卷或者 4 卷。如果考虑到订购者将得到一部 18 世纪最伟大的书，一部价值超过 20 000 卷藏书的图书馆的书，那么每卷多六里弗就没什么要紧了。①

庞库克的花言巧语随着价格的上涨而增加；但它并没有说服所有的订购者，因为下一批的告读者书换用了被围攻者的调子。它们越来越详细地叙述订购者的批评和抱怨，把庞库克说成是在责任的重负下徘徊的受难者："公众以对我们的信任投入到这一大项目之中，而我们相信二十五年的工作经历使这一信任是值得的。只要他们继续信任我们，就会促进我们的热情和勇气；我们需要它以承受这一巨大项目的重负。"② 到了 1786 年 12 月，"出版业的阿特拉斯"显然又陷入了危机。在随后的六个月中，他没有出版一卷辞典。当 1787 年 5 月恢复出版时，只出到文字卷的第 38 卷。虽然已经远远落后于进度，但他还是决心慢慢赶上来——而事实上是把辞典从 30 部增加到了 36 部。纹章学从历史学中分出来成为一部独立的辞典，炮术从战争学中独立出来，音乐和建筑从美术中独立出来。新的主题，比如"树木和森林"和"专门艺术"（骑术、决斗、舞蹈、游泳）也需要各自的辞典。老辞典也在不断膨胀："金融"从 1 卷增加到 3 卷，"文学"从 2 卷到 3 卷，"植物学"从 2 卷到 5 卷，"法学"从 3 卷到 8 卷，"艺术和工艺"从 4 卷到 10 卷。庞库克的撰稿人队伍也在扩大：一部《医学

---

① 1786 年 5 月的告读者书，Beaux-Arts, I, lxxvi。
② 1787 年 5 月的告读者书，Beaux-Arts, I, lxxix。

## 第九章　百科全书主义、资本主义和革命

辞典》就有18位撰稿人，而基本的撰稿人一共只有73人。他说，他尽可能地催促他们，用关于"预订者的担心和惊慌"的短笺刺激他们。① 关系一定很紧张，因为撰稿人的速度不能满足雇主的要求。"我们的《百科全书》进展不顺利，"庞库克早在1783年就向一位朋友透露过，"作者们根本不工作，这使我很忧伤。"② 在公开场合，庞库克把所有的延误都归罪于原来版本的不足，"其中的一切都是乱七八糟的"。"人们会相信在确定的时间里能够像做块布一样完成一部好书吗？"他在1787年5月的告读者书中问订购者。他没有告诉他们，他在1782年通过一系列的合同给他的撰稿人们制订了一套制度，规定了要写的卷数和写作的时间。订购者只能根据说明书了解到庞库克已经在1785年7月前安排好了所有要编入《方法百科全书》的辞典，这样就可以在1787年7月之前完成印制工作。③

1787年10月，庞库克试图再次挽救这桩生意。他意识到，即使能够说服订购者忍下对拖期的怒火，要让他们为多出来的书付钱也是困难重重。当时他已经出版了73卷文字卷中的42卷，订购者也每人支付了644里弗。付过下一期款之后，就将达到合同所规定的672里弗了。如何才能阻止他们停止付款并按照他以前承诺的那样要求免费获得多出来的各卷呢？他没有正面接触这个

---

① 1787年5月的告读者书，*Beaux-Arts*, I, lxxix。
② 庞库克致拉塞佩德伯爵的信，1783年8月24日，转引自 Roger Hahn, "Sur les débuts de la carrière scientifique de Lacepède"（"论拉塞佩德的科学生涯的开始"），*Revue d'histoire des sciences*, XXVII (1974), 352。
③ 庞库克在1782年5月的说明书中介绍了最初的合同条款，他还在《美术辞典》(I, lviii) 中重印了这份说明书。

问题，而是绕了一个弯，想出了一个他称为"搭配"的办法。他特别提出：向订购者提供两种新的出版物，一部《百科全书》地图集和一套自然史的图版集。他强调说，尽管增补的内容是可选的，但如果没有它们，《百科全书》就不完备；假如订购者继续付款的话，他们可以以特别价格得到它们，款项和例行的分期付款一并交付。大多数的订购者接受了；如庞库克后来所说的，这个巧计"挽救"了《方法百科全书》——它防止了资金流的中断。①

事实上，增补的部分只把庞库克和订购者算总账的时间推迟了不到一年。1788年11月事情又到了危机关头。庞库克当时正在准备第30批辞典，其中包括了第53卷文本卷——根据说明书的说法，这是最后一卷了。然而，离《百科全书》真正结束还远得很，他知道自己刚刚走到全程的一半。他此时估计将超出计划46到48卷，而不是20卷，这就将使文字卷的总数达到100卷左右。在给撰稿人的一封通知函中，他说自己处于"遭到严厉批评的地位"，订购者的抱怨几乎把他淹没了。一些人甚至威胁说如果不归还他们的钱就要起诉。西班牙方面已经取消了330份订单。另外的500人停止支付分期款项——这一来自订购者的打击，彻底切

---

① "Réponse de M. Panckoucke à M. le comte d'Hulst"（"庞库克先生给于尔斯伯爵的回信"），*Mathématiques*, III, xix。庞库克1787年10月在《美术辞典》( I, lxxxviiixcii ) 的告读者书中所作的说明有点令人费解。本来，他提供的是672里弗的赊购信用，这笔钱应该在交付剩下的文本卷之后付清。可是他却让事情看起来像是要用额外的地图和图版来弥补672里弗的订购者和751里弗的订购者之间79里弗的差距。实际上，如他自己承认的，他只是要设法平息他们的怨气，"以使日常的付款继续下去"，*Beaux-Arts*, p. xci。他还在告读者书中声称，图版卷的第五、六卷中包括的插图比他原来承诺的多了169张，因此他有权利要求订购者支付这笔费用。

## 第九章 百科全书主义、资本主义和革命

断了他的收入来源。他只好使用自己的资金,而不再依靠分期付款得到的钱来维持生产。他的赤字达到了 15 万里弗,并且每年还要亏空 6 万里弗。费用在上升,亏损在增长。"在负担任何书商都未曾考虑过的最大和最困难的工作之后,我无法预料的许多事件使我相信它留给我的只能是对拥有这一项目感到失望。"

尽管如此,他还要为拯救《百科全书》做最后一搏。他要求每一位撰稿人加快速度。不能在三到四年内完成工作的必须辞职并且找到接替者。那些能够跟着他重整旗鼓的人,要准备一份说明,说清楚自己著作的范围和完成的日期。庞库克将把这些说明集中起来,凑成一张表,一部辞典一部辞典地检查到底还剩些什么事情要做,这样他就可以赢得那些怀疑他是否能够完成这部书的订购者的信任。他将把这张表和一份特别呼吁一起发给订购者,请求他们同意再等三四年,并允许增加 46—48 卷。他准备为这部最伟大的《百科全书》牺牲"自己的生命和财富";他依然相信,在撰稿人的支持下,局势可以挽回。①

庞库克在 1789 年 3 月公布了他的呼吁书。他提醒订购者,他们不得不面对他们的《百科全书》的生死问题。被官司威胁、被抱怨淹没、被资金困窘,在这种情况下,他将不得不放弃这桩生意,除非订购者接受激进的办法来挽救它。首先,他要求他们支付 36 里弗"预订外的补缴款项",他要用这笔钱支付最后一批辞典的费用。随后,他提出重开征订,把没有按时支付费用的 500

---

① "1788 年 11 月庞库克先生的信",*Mathématiques*, III, xiii–xv。在这封信中,庞库克把在西班牙的损失定为 300 部。但是在 1791 年"庞库克先生给预订者的信"中,*Histoire*, V, 1,他写道:"宗教裁判所已占领了我的店铺。我损失了 330 份订单。"

位订购者不再要的辞典提供给新的订购者,那 500 人将被他从名单中勾掉,除非他们在两个月之内补上应交的钱款。最后,他将把辞典当作独立的出版物来发行,经济上由更多的订单来支撑。这样,就可以吸引那些有专门兴趣而又不想购买整套《百科全书》的读者,并可以从积压的存货中供货。①

不幸的是,以上的每一步都违反了说明书中的条款,使庞库克易受订购者的起诉。为了阻止来自这方面的攻击,他再次求助于在凡尔赛的保护人。掌玺大臣一位下属的未署名的备忘录建议司法系统的头头为庞库克提供法律保护:"由于他的勇气和完成这部重要图书的方式,庞库克先生值得政府加以保护,我将向殿下建议允许继续征订和授权庞库克先生向预订者要求补缴款项。"紧接着在 2 月份,一份国务会议决定认可了庞库克的所有策略。3 月,庞库克公开了书报总监的一封信,宣称庞库克所做的一切在执法的官员看来没有什么是不合法的。这是使用官方保护和特许权的经典案例,就发生在三级会议召开的两个月之前。②

除了要说服订购者容忍最新的"搭配"之外,庞库克还得在 1789 年的春天赢得他们对一个更加令人不快的计划的支持:他要求他们接受他的决定,把全书扩展到 51 部辞典、共 124 卷,而不是 36 部辞典、100 卷,并且把完成日期延迟到 1791 年。他没有掩

---

① 1789 年 3 月 28 日的告读者书,*Manufacture*, III, x-xi; Panckoucke, *Abrégé des représentations et du mémoire sur l'Encyclopédie* (Paris, 1789), Case Wing Z 45.18, ser. 7, Newberry Library; Mercure, March 7 and 30, 1789。

② 备忘录见于 Archives Nationales, V¹549, fol.334;国务会议决定见 fol.357。这盒档案中有数份关于《方法百科全书》的报告可以表明庞库克在 1789 年初对保护人的动员是多么有效。

## 第九章　百科全书主义、资本主义和革命

盖原来承诺把全书压缩到 53 卷、在 1788 年完成的事实。但他强调说，任何人如果看了随呼吁书一起发行的那张表，就会了解他的作者们如果不写得比 1782 年能够预见到的多得多的话，就不可能恰当地处理好自己的学科。那张表用长达 50 页的对《方法百科全书》所涉及领域的调查证实了这个观点。每一位百科全书编纂者都解释了他为什么需要更长的篇幅和更多的时间——这样做也对了解他的工作方式提供了一些有启发性的信息。

吉东·德·莫尔沃描述了当化学学科正在经历一场革命的时候撰写有关条目所遭遇的困难："我不知道这些每年完成一卷的人是怎么做的；就我而言，我不离开家，别的事都不干，全力从事这一工作，甚至于忽略了我的家庭事务，然而我还是一无进展。当我写一个条目的时候，我发现自己已积累了三四倍于其长度的笔记、材料和草稿，我要花费几个星期或几个月以使它达到我所希望的程度。"① 蒙热也有类似的说法，他说不得不推迟《物理辞典》的编纂工作，直到他能够搞清楚刚刚从过时的"空气、火、水"的观念中浮现出来，还处于模糊状态的"有弹性的流体"的本质。② 维克·达齐尔发现医学科学的进展步履蹒跚，他被迫拼凑出自己的比较解剖学，这比他原来估计的要长得多。拉马克用同样的话为《植物学辞典》的膨胀辩护。他强调说，包括林奈在内，没有一个人曾经对整个植物世界进行过如此系统的论述。能够在 1791 年底之前完成并把卷数控制在五卷之内，而不是早先设想的两卷

---

① "Tableau et aperçu", *Mathématiques*, III, 5. 庞库克还说，根据最初的计划，《化学辞典》将增至三到四卷，而不是两卷："几年来化学已经完全改变了，不可能给公众提供一部仅仅针对二十多年前印刷的著作的简单改写本了。"

② *Mathématiques*, p. 2.

(它最后达到了13卷),就是一个伟大的功绩。"如果我们严格执行自己的计划,"庞库克总结说,"那么人们将在其中发现自从写作艺术发明以来人类所构思、想象和创造的一切东西。其中有关人类知识的任意一个词语和主题都已有了令人满意的详细介绍。"①

庞库克很可能相信这种宣传,但它有一个目的:要说服订购者购买卷数几乎三倍于他们签订合同时准备购买数字的《方法百科全书》。他们中的很多人都有庞库克签字的收条,承认他们为"总价672里弗的整部书"付了36里弗的预付金。②他们依据庞库克承诺了免费供应额外各卷的第一份说明书,要求得到那些书——"为了使预订者相信人们绝不想利用这种不确定性而随意增加卷数,就像有时会发生的那样"③。设立那项条款一定是打算让《方法百科全书》摆脱四开本的坏名声,因为没有一件事能够比杜普兰把四开本从29卷拉长到36卷却让订购者承担额外的费用更使他们愤怒的了。事实上,庞库克试图通过和四开本对照来推销《方法百科全书》,他谴责四开本以次充好,似乎自己与此毫无关系。④但是在《方法百科全书》计划启动后不久,在摆布订购者和改变自己的责任方面,他表现得一点不比杜普兰有更多的顾虑。1782年5月,为了试图不再承担控制新《百科全书》的规模的义务,他在第二份说明书中加了一项条款,说尽管计划中的《方法

---

① 1787年10月的告读者书,*Beaux-Arts*, I, xci; "Représentations du sieur Panckoucke, entrepreneur de l'*Encyclopédie méthodique*, à Messieurs les souscripteurs de cet ouvrage", *Mathématiques*, III, xiii.
② 参见1781年12月18日《信使报》(p. 153)上的收条样本。
③ *Mercure*, Dec.18, 1781, p. 155.
④ *Abrégé des représentations*, 19.

## 第九章 百科全书主义、资本主义和革命

百科全书》是 53 卷,但实际却有可能达到 57 卷——而且"如果不考虑任何等待而只为使书籍完善,那么我们必须有更多的文字卷,预订者们只需为这最后几卷支付 6 里弗而不是 11 里弗"[①]。他还从下一批的收条中删掉了让步性的措辞:"整部价格"。他认为,因为已经让第一批订购者就撤销订单还是接受第二份说明书的条款进行过选择,所以自己可以免于被起诉。

不过,很多订购者还是觉得被欺骗了。他们收到了 53 卷辞典并付了款;每一批额外的辞典出版时,他们就用"100 封抱怨信"质问庞库克或者拒绝承认这是他们需要的书。[②] 里昂的书商梅伊激起了他们对庞库克的愤慨,他在一本小册子中指控庞库克骗取利润。梅伊说,每一卷的成本只有 4 里弗,所以庞库克每多出版一卷,就多挣 7 里弗。为了免遭庞库克的欺诈,订购者应该坚持免费获得其余的各卷——而且即使如此,庞库克也将获得 33% 的利润。庞库克答复说,每卷的成本是 6 里弗,如果考虑到不可预见的因素——比如西班牙取消了订单,成本就达到了 7 里弗。大部分的订单是通过书商销售的,他们每卷获得 2 里弗的佣金,这样,在订购者为每卷支付的 11 里弗中,庞库克自己就只剩下 2 里弗了。他将以每卷 6 里弗的价格销售额外的各卷,所以他才是扩充《百科全书》这件事的最大输家。[③]

然而,其他的订购者认为他正在用其他的办法抢掠他们。一

---

[①] 1782 年 5 月 1 日的说明书,*Beaux-Arts*, I, lviii。庞库克还在这一卷上刊布了原来的说明书,但删掉了关于额外各卷的重要条款。

[②] Panckoucke, "Représentations"("说明"), *Mathématiques*, III, xi.

[③] Panckoucke, "sur les prétendus bénéflces actuels de cet ouvrage"("有关这部书的收益"), *Mathématiques*, III, xv–xvii.

些人提出，书的内容远少于说明书所承诺的"大约 100 印张"。95 印张（760 页）每卷的四开本和 100 印张（800 页）每卷的四开本的差别似乎微不足道，而且假如庞库克每次只出版半卷的话，也很难被察觉到；但是如果考虑到庞库克的计划是每部 124 卷，共发行 5 000 部，那么能够节约的成本就是一个很大的数字。经过了若干曲折的推理，他承认平均每卷的篇幅是 95 印张左右。按照这个数字，他至少可以从订购者支付的费用中省下 10.044 万里弗。①所以，他很可能悄悄地缩减每卷的篇幅而使自己尽量免于亏损。如果他预期计划发行的 66 卷额外的辞典每卷都会遭受损失的话，很难相信他会扩大《方法百科全书》的规模。但是，没有他的账本和商业通信，人们就只能猜测他的策略，也有理由相信他所宣称的自己处境不妙。"这部书有很多敌人，我们不能忽视他们。"庞库克在给订购者的"呼吁书"中写道。他略带威胁地谈到敌意的小册子、流言和"诽谤性短文"。他坦言，最让他感到焦虑的就是官司。卢诺·德·布瓦斯杰尔曼诉第一版《百科全书》出版商的官司一直萦绕于怀："就我们的观点而言，这一诉讼是极其不公正的，我们两位同行的命运——由于对他们所经历的困难感到悲伤和失望而死去——使我们如此震惊，以至于即使人们宣称让我们重新开始他们的工作，我们也把《百科全书》看作是已被毁坏

---

① 按照 5 000 部的印数，如果每卷减少 5 印张，庞库克可以省下 6 200 令纸，价值 62 000 里弗。而且由于他的劳动力价格至少是每印张 62 里弗，所以又可以在印制过程中节省 38 440 里弗。这一估算是基于四开本《百科全书》的生产成本，因此可能比较保守。在 1790 年 3 月 6 日的《信使报》上，庞库克说他的前 1 000 部的印制成本达到了 40 里弗 5 苏，比四开本的成本（30 里弗）高得多——如果在巴黎印的话。

## 第九章 百科全书主义、资本主义和革命

和破灭的。"①

本来，庞库克正在恳求订购者接受《方法百科全书》在规模上的翻番、在时间上的拖延，继续付钱，不要在他启动新的订购活动之际要求法庭冻结他的财产："如果人们想让这部书迅速完成的话，就应该给予我们充分自由。我们刚刚有了足够的力量以使这一大项目的所有工作、所有关系继续下去；以克服阻碍；以激励和催促文人、印刷工、雕版工；以最终满足预订者。"②庞库克说自己都要被官司折磨死了，可能是要博得同情、渲染自己的处境，不过他的处境看起来的确很危险，他的确需要避免在法庭上受到攻击。

1789年初，南锡一个叫皮尚库尔的商人把卖给他《方法百科全书》订单的书商邦杜告上了法庭，要求按时、以说明书上的价格得到整部《百科全书》，或者拿回自己的钱。邦杜称由庞库克没有兑现自己的承诺所造成的一切损失都应由庞库克负责，要求南锡的初等法院传唤庞库克作为共同被告。但是庞库克拒绝到庭，因为另外几个城市中也在准备类似的诉讼，他不可能同时在不同的地方为自己辩护。相反，他最后一次求助于政府中的保护人。他请求国务会议保护他的《百科全书》——一部对王国来说价值无法估量的书，"它有国王的许可"——，他获得了一份国务会议决定，禁止外省法院审理和《方法百科全书》有关的案件，而

---

① "sur les prétendus bénéflces actuels de cet ouvrage", *Mathématiques*, III, xvi。庞库克在"说明"（《数学辞典》，xii）中也详细地谈到了同样的话题："我们同样不能承受未来有一场诉讼的看法。我们不能生活在对于有朝一日那些最初的承包人所未曾预料到的攻击——它使布里亚松父子死于悲伤和痛苦之中，并缩短了勒布雷顿先生的时日——重新出现的担心之中，这是必须的。"

② *Mathématiques*, p. x.

不论案件是与他直接有关还是只与当地的书商有关。所有的诉讼都直接进入巴黎的沙特莱法院，在那里，庞库克可以断然地为自己免除责任，而那些在别处寻求公正的人在这里所得到的常常是"请求无效"和1 000里弗的罚金。①

这一法令显然结束了庞库克的法律困境，但是他不可能让国王颁布法令要求所有的订购者都继续预订并完成他们的分期付款。到了1789年3月，4 850位订购者中的500人停止了分期付款。然而，庞库克为支付生产成本就需要大约4 000份订单的收入，他在呼吁书中警告说，如果订购者不遵守诺言的话，他们人数的减少会扼杀《方法百科全书》。②

但是，那些原来签订了购买42卷四开本《方法百科全书》的订购者，很担心它会增加到200卷，而且在他们的有生之年一直无法完成。随着艺术和科学本身的不断生长，《方法百科全书》像一颗怪异的种子般地生长着，爬过了一座一座的棚架，并且伸出无限延伸的卷须。每一位订购者正在被拖入至少1 422里弗的花费之中。③如果庞库克只拥有4 000份订单，他可以得到的资金是568.8万里弗。所以，当他说自己的《百科全书》是"出版业曾有过的所有项目中规模最大的"时并没有夸大其词。④就像狄德罗

---

① 1789年9月23日的国务会议决定，见 Archives Nationales, V⁶ 1145。另参见匿名的备忘录，据推测可能是非常喜欢庞库克的掌玺大臣的下属所写，日期是1789年9月9日，见 V¹ 553。

② Panckoucke, *Représentations*, V, 3.

③ Panckoucke, *Abrégé des représentations*（《说明概要》）, p. 14.

④ Panckoucke, "Lettre de M. Panckoucke à Messieurs les souscipteurs"（"庞库克先生给预订者的信"）, *Histoire*, p. i。当然，我们应该考虑到庞库克的夸大的风格。17世纪和18世纪还有一些卷帙浩繁的图书，特别是64卷的 *Grosses vollständiges Universal-Lexicon aller Wissenschaften und Künste*（《科学和艺术综合通用辞典》）（转下页）

的17卷本的著作使它的前身、两卷本的《钱伯斯百科词典》相形见绌一样，《方法百科全书》使得狄德罗的《百科全书》相形之下显得规模比较小了。庞库克自夸说他的"大厦……与以前的（《百科全书》）不一样，就像卢浮宫与茅屋或罗马的圣彼得大教堂与小教堂的不同一样"①。但是比它的规模更令人吃惊的是它所承受的危险。明智的人早就应该通过调整生意的规模来减少损失。谨慎的人早就应该放弃了。当法国正爆发革命的关头，庞库克把它的规模扩大了一倍多，并且赢得了这场赌博，这场一生中最大的赌博。

## 从百科全书主义到雅各宾主义

在回顾历史的时候，庞库克认识到自己选择的时机糟得不能再糟了："于是我们涉及一个应永远纪念的事件……大革命，它于瞬间爆发，已震动了整个国家和财产状况，破坏了最美好的希望，从各个方面对我造成了损害。"②实际上，大革命并没有公开地攻击庞库克，但它以三种方式损害了他的《百科全书》：赶走了许多订购者，驱散了好几位撰稿人，并且毁掉了大部分的印刷机。但是，

---

（接上页）(Halle and Leipzig, 1732-1750)，不过大概没有哪一种的印数达到了5 000部。同样，大印量在绝大部分时候出现在相对短小的著作的印制中，例如，《绅士杂志》(Gentleman's Magazine)，伦敦的查尔斯·阿克斯就印制了10 000份。参见 D. F. McKenzie, J. C. Ross, *A Ledger of Charles Ackers, Printer of the London Magazine*（《伦敦杂志的印刷者查尔斯·阿克斯的分类账》）(London, 1968), pp. 12–18。

① *Mercure*, Dec. 15, 1792.

② "Lettre de M. Panckoucke à Messieurs les souscripteurs", *Histoire*, v. 2.

大革命没有毁灭这部《百科全书》。《方法百科全书》及其编纂者和出版商如何平安地度过大革命的故事间接地表明了从百科全书主义到雅各宾主义的转变中的复杂性。

三级会议的召开激起了庞库克热烈的响应。作为选举大会中巴黎第三等级的代表，他帮助起草了巴黎陈情书，并且强烈坚持"革命党人"的基本立场：第三等级应该坚持按照代表人数投票，而不是按照等级投票，为此甚至不惜独立出去。① 庞库克远远没有预见到新的政体会有损于他的《百科全书》，1789 年 4 月 27 日，他宣布已经采取措施扩大和加快生产。因为对 20 位造纸商、40 位雕刻师和巴黎 36 台新的合法印刷机中的 25 台做了重新安排，他不久就能够达到每月出版二到四卷的速度。由于一家工厂印制一卷四开本《百科全书》一般需要大约一年的时间，庞库克无疑是打算以非同寻常的速度和令人惊愕的规模生产《百科全书》。就在三级会议召开的一周前和巴士底狱陷落的两个半月之前，在把法国出版史上最大的冒险生意的规模扩大一倍的巨大努力中，他还在尝试着占用首都的大部分（合法的）印刷能力。②

---

① Panckoucke, *Observations sur l'article important de la votation par ordre ou par téte*（《有关按照等级还是按照代表人数投票的重要条款的意见》），庞库克在《信使报》（1789 年 11 月 21 日，pp. 81–82）上也有引用。

② 1789 年 4 月 27 日的告读者书，*Manufactures*, III, xv-xvi。现在已经不可能知道 1789 年的巴黎有多少印刷机，以及其中有多少是在印制《方法百科全书》，但是假如大革命没有爆发，庞库克的印制任务一定占绝大多数。《方法百科全书》的排版工作花了很长时间，因为四开本太厚了（760 页），且用小字（小号罗马铅字）排成双栏。由于它的印数达到了 5 000 部，而一般图书的印数不过 1 000—1 500 部，所以每一卷的印制时间很可能至少是一般图书的三倍——而庞库克正在计划差不多同时生产 124 卷。关于他所说的印制一卷要花费一年的时间，参见 *Beaux-Arts*, I, lxvi。

## 第九章 百科全书主义、资本主义和革命

当巴士底狱被攻陷时,巴黎生产和监管印刷品的古老体系也随之倾覆了。在巴黎,取代 36 家特许印刷工场的是遍地开花的印刷机;不再出版精美的图书,而是转而印制政治小册子和报纸。在 1789 年的后六个月里,有 250 种报纸付印,不再顾及旧审查官、旧书业公会以及像庞库克的《信使报》和《法兰西报》等报刊的旧特许权。① 要编写和印制如此大量的报纸,不仅需要摧毁原来对新闻业的限制,而且需要改变出版业的工作条件。到了 8 月份,庞库克意识到在印刷工场中发生的革命有损于他的《百科全书》,因为印刷工人把他的稿件搁置起来去满足印制关于国民制宪议会的新闻的要求。② 到了 11 月,听起来他好像是在为生命而战:

我可能是,今天我必须这么说,受革命影响最强烈的公民;因为没过几个月我的开支就超过收入达 25 000 里弗以上;但是我相信应该加倍努力、增加信贷与联合,从而支撑这一关联着 600 多人命运的巨大机器,确信有鉴于这一庞大帝国的众多人口,事情不恢复正常进程是不可能的。③

1790 年初,庞库克痛惜普遍存在的"工人们的逃跑"现象,他们离开了原来的雇主去生产新的报刊,在遍布巴黎的新企业中为了得到更高的薪水而日夜工作。那些旧的工场既不印制报

---

① 参见 Eugène Hatin, *Histoire politique et littéraire de la presse en France* (Paris, 1859), chap. 2–8; Claude Bellanger, Jacques Godechot, Pierre Guiral and Fernand Terrou, *Histoire générale de la presse française* (Paris, 1969), I, 405–486。
② 1789 年 8 月 31 日的告读者书,*Manufactures*, III, xviii。
③ *Mercure*, Oct. 24, 1789.

刊，也不歇业。庞库克原来的一个主要生产商，过去常常每周印制10—12个印张的大开本双栏《方法百科全书》，也已经停止生产。庞库克尽管像一个爱国者一样接受了损失，但他发现很难阻止自己资源的不断损耗："没有任何人比我们更多地承受了革命所带来的损失；但是为了祖国应该承受损失。"①2月底，他放弃了出版各种辞典的单行本的计划。他没有征集到所希望的20 000份订单，只得到了162份——还不够支付说明书的出版成本。不但没有吸引到新的订购者，《百科全书》总的说来还在损失老的订购者：这是经济困难和移民造成的结果。庞库克敏感地注意到有一些订购者现在不在王国中，他延长了原来给自己的顾客规定的为新增各卷付款的最后期限，没有取消订单——在随后的几年中他一再延长这个期限，一直到它失去意义。庞库克承认，这些变化真的意味着在旧制度下繁荣一时的那种出版方式在大革命中已经不能独立生存发展了。"可以这么说，出版业已被毁灭，首都的主要商店被迫停止付款，"他在1791年写道，"大量作者转而担任公职；所有印刷厂很快只忙于印小册子，尤其是各种各样的报纸，其数量仅在首都就已超过100种。我发现《百科全书》的时代已被抛弃。"②

---

① 1790年2月8日的告读者书，*Manufactures*, III, xxii. 在这个时期的一些私人信件中，庞库克听起来可不那么爱国，但在经济上的烦恼却一点也没有减少。1789年10月22日，他给塞内比耶写信说："我们在这里始终处于惊恐之中。好的方面还不确定，而不好的方面则是可怕的。肆意报复。法庭则无动于衷。十个月来我已花费了10万埃居以支撑《百科全书》。如果我不幸停止付款，那么该书将被毁掉，而我也将丧失收回开支的希望。" Archives de Paris, 8AZ 278.

② "Lette de M. Panckoucke à Messieurs les souscripteurs", *Histoire*, V, 2–3. 另参见 *Mercure*, Feb. 27, 1790.

## 第九章 百科全书主义、资本主义和革命

庞库克得以幸存是因为在1789年之前已经从图书出版业转移到报刊出版业——《方法百科全书》是一个著名的例外，还因为他在7月14日之后一路追随革命新闻业的洪流。1789年11月，他创办了《导报》(Moniteur universel)，它后来成为大革命中最重要的议会新闻刊物。1790年6月，他创立《新闻报》(Le Gazzetin)，这是一份影响稍小的更为激进的报纸，当作他的半官方的《法兰西报》的对立面。不过，《方法百科全书》还是他最大的生意——他把它称作"我投入了全部财富的大项目"①——，1790年他还不得不找一些办法来拯救它。和在以前的危急关头一样，他努力寻求一种"搭配"(combinaison)。他发现对艺术家和雕版家的需求不像对印刷工的需求那么旺盛，所以他增加了图版卷的出版以弥补文字卷出版的不足。凭此，他继续按期出版并收回资金；最重要的是，他防止了订单的大量流失，因为他确信如果生产中断，订单就会陆陆续续地撤销。②同时他还试图通过出版带有欺骗性的辞典争取订购者：百科知识、关于诡计和谜的杂集、关于国民制宪议会的著作，以及一部新的地图集，它可以展示国民制宪议会是如何重绘法国地图的。最后，他试图和印刷商讲和。

荒谬的是，庞库克发现虽然巴黎已经拥有200家印刷工场，但想要印制《百科全书》，却比只有36家时更加困难。如果印刷工头没有把原稿退回或者搁置起来，他们会要求每印一个印张增加5—6里弗的报酬，也就是说，每卷增加500—600里弗。他们

---

① 1789年4月27日的告读者书，*Manufactures*, III, xiv。
② "Mèmoire en faveur de M. Panckoucke"（"有关庞库克先生的回忆"），*Mercure*, Dec. 4, 1790; "Lettre de M. Panckoucke"（"庞库克先生的信"），*Histoire*, v, 2–3。

解释说得付给工人更高的工资。工资的事情需要谨慎处理，因为它一度在1785年底和1786年导致了《方法百科全书》生产的中止，当时在印制《财政辞典》的P.-G.西蒙工场中关于报酬的争论发展成排字工和工头之间的全面斗争，前者在巴黎的所有工场都拒绝为庞库克排版，后者则把"阴谋集团"的首领皮埃尔·卡杜列入黑名单并封杀他。① 当时，雇主们成功地压低了工资。但是在1789年，政治性报刊的激增导致了劳动力的缺乏，因此不可能抗得住印刷工的要求，尤其是在30家左右需要夜间生产晨报的工场里。尽管庞库克早先把工人和原始人以及原始人和野兽相提并论，但他对他们的要求还是表示同情："必须承认，大革命之前工人们的报酬是很差的：他们有理由利用形势改善自己的境遇。"② 他支持增加工人工资，但不同意按照比例增大工头的利润和管理费用（印刷用料费上的利润）。1790年初，经过了艰苦的讨价还价之后，他们要求庞库克做出最后的决定。他明确地说，每个印张最高不能超过80里弗；不过这似乎并不太高，因为庞库克在1790年停止了与大革命前为他工作的24家不同的印刷商中的大部分的生意往来。他们的名字在最后一批《方法百科全书》的告读者书上被外省的印刷商所取代：第戎的弗朗坦、里昂的勒尼奥和奥尔良的库雷，后者是庞库克的亲戚。尽管庞库克保持了与部分前印刷商的关系——他的老合伙人斯图普、寡妇埃里尚的工场和显然是庞库克追随者的拉波特——但是他放弃了让大部分的巴黎印刷商为他

---

① Paul Chauvet, *Les ouvriers du livre en France des origines à la révolution de 1789*（《从起源到1789年革命的法国图书出版业工人》）(Paris, 1959), pp. 193–201.

② "Lettre de M. Panckouck", *Histoire*, v. 3.

## 第九章 百科全书主义、资本主义和革命

的《方法百科全书》工作的计划。①

他改为自己印制。尽管他还在不断和外省的印刷商签订印制合同，但他设立了一家自己的工场，既印制报刊也印制《方法百科全书》。这家新企业的细节现在还不太清楚，但到了1790年年底，它已经大批量地出产图书了。1790年6月，庞库克宣布他已经采取措施防止《方法百科全书》在印制方面继续拖期，同时《信使报》也宣布了"国家印刷公司"的创立，它将解决困扰《方法百科全书》很久的问题："在各地出现的印刷工场中，它们以有品位为耻，根本不能方便地找到一本价格合理或是平常的好书；它已被抛弃或延期了，一切费时长久或是不属于某一党派以及与形势无关的书籍都被拒绝了。"②庞库克显然是国家印刷公司的后台，这个公司代表了一种恢复旧制度下的印制常规的企图。如果革命的印刷商只出产短命的政治读物，庞库克就将完全按照旧有的方式自己生产图书。很难说庞库克是如何筹措资金、配备人手、进行管理的，但他把它建成了欧洲最大的印刷企业。到了1794年，它雇用的劳动力人数多到了需要两个领班来管理。它拥有27台印刷机、一个包括了《方法百科全书》所用的重达7 002磅的小号罗

---

① Panckoucke, "Sur l'état actuel de l'imprimerie: Lettre de M. Panckoucke à MM. les libraries et imprimeurs de la capitale"（"关于当前的印刷状况：庞库克先生给首都书商和印刷商的信"），*Mercure*, March 6, 1790. 庞库克提到《方法百科全书》的排版费是每印张17里弗，印刷费是每一千印6里弗。他还要支付劳动力成本的1/2用于印刷用料的利润，劳动力成本的1/4用于工头的利润。假设当时《方法百科全书》的印数已经减少到4 000部，那么它的印制成本（不包括纸张）将达到每印张71里弗15苏，或者每卷7 175里弗。

② *Mercure*, Jan. 12, 1790. 另参见庞库克1790年6月14日的告读者书，*Manufactures*, III, xxiii。

马铅字的巨大字库和价值 58 515 里弗的生产资料。庞库克原来给它随便起了个夸张的名字叫国家印刷公司,不过从 1791 年 3 月以后,他已经以"庞库克公司"的名义出版《方法百科全书》了。①

在为印制而斗争的同时,庞库克在获得原稿方面面临着更大的困难,因为从这家企业成立开始,大革命就加剧了他原有的困难。1787 年,他曾经签订了一系列新合同把最后期限延长了三到四年,因为在 1785 年 7 月的原最后期限前没有完成任务的撰稿人们已经越落越远了。1788 年年底时,他谈好了一些附加协议,要求作者们及时写好文章以便他在 1791 年完成印制工作。后来证明这样的协议超出了《医学辞典》20 位作者的能力范围,他们在 1789 年 4 月签订的另一份合同中把最后期限拖到了 1791 年年底。②但是,直到 1790 年中,他们一页都没有写。其他的作者则拖拉得更厉害:庞库克在 1790 年 8 月发给雇员和订购者的通知函上说,有一些人九年来只字未动。到了这个时候,庞库克发现大革命是他的生产计划的最大威胁;而且他明白,如果不能维持生产,就将失去订购者。"今天的公众已不是旧制度下的公众。"他警告作者。如果不能按期准时出版,好战的新公众将大呼受了诈骗,将

---

① 参见 Robert Darnton, "L'imprimerie de Panchoucke en l'an II"("共和二年庞库克的印刷厂"),载即将出版的 *Revue française d'histoire de livre*《法国书史杂志》和庞库克 1791 年 3 月 21 日的告读者书,*Manufatures*, III, xxiii。庞库克早在 1780 年就以自己的名义出版过几本书,在 1790 年他把自己工场扩展到了相当大的规模。

② 1787 年 5 月的告读者书,*Beaux-Arts*, I, lxxviii; "Lellre de M. Panckoucke, en date de novembre 1788, éerite aux auteurs de l'*Encyclopédie*"("1788 年 11 月庞库克先生写给《百科全书》作者们的信"),*Mathématiques*, III, xv; Panckoucke, "sur le retard que l'Encyclopédie a eprouvé de la part de plusieurs auteurs"("由于几位作者而造成的《百科全书》的延误"), *Histoire*, V, 8。

## 第九章　百科全书主义、资本主义和革命

要求退款,将把他们全部拖上法庭。自然,很多撰稿人会以合法的借口为自己开脱。他们放下他的书是为了助自己的祖国一臂之力。但是现在,革命的紧要关头已经过去了,庞库克说,而《方法百科全书》的情况却更加危急。百科全书撰稿人应该撇开成为新闻记者和民选官员的诱惑。他们应该将政治留给普通的积极公民;因为既然1789年的胜利已经在新的君主立宪政体下得到了巩固,那么每一个受过教育的法国人都可以处理国家事务。但是还有谁能帮助他,把他的这项宏伟事业变成艺术与科学的光荣呢?百科全书撰稿人应该先做重要的事情。如果他们不能理解他对优先性的认识而坚持自己的看法却不能区分真正重要的事情和时代的过眼烟云的话,最好还是注意一下自己签过的合同;庞库克可以强迫他们尊重更高的责任。他甚至可以公布他们违背了承诺以毁掉他们的名声。然而,他不愿意采取极端措施,而且如果他们再做一次努力,就可以在1792年底前完成这项那个世纪最伟大的工作。①

庞库克又以这种方式恳求、哄骗、威胁了一年。他和图万、泰西耶、雷尼耶和帕芒提耶签订了新合同,他们承诺1792年12月完成《农业辞典》;也和吉东·德·莫尔沃和富克罗瓦签订了新合同,他们答应1793年12月完成《化学辞典》;还和20位撰稿人签订了新合同,他们接受了1794年1月1日这个新的最后期限。到1791年年中,庞库克谈判和重新谈判的合同已经达到了171个,他希望能在1794年完成自己的工作。但是,他对大革命的结束似乎不那么乐观了,国王出逃瓦伦的事件后,局势恶化。他原来把

---

① 庞库克在他的回忆文章"Sur le retard que l'*Encyclopédie* a éprouvé"("《百科全书》的延误")中摘录了1790年8月5日的通知函的部分内容,*Histoire*, V;引自 p.9。

大革命看作是短期的危机,并且希望用增加图版卷出版的权宜之计来避免《方法百科全书》的损失。他还设法要在1789年1月和1791年7月间出版26卷文字卷;不过这些卷在攻占巴士底狱前已经准备付印了,而他已经22个月没有收到新的原稿了。他的作者要么在革命政治中被清除,要么因为取消了年金和闲职被迫为谋生而写作。庞库克得出了结论:《百科全书》如果想要幸免于难,就必须有一个新的基础;因为大革命已经改变了旧文坛,颠覆了所有的关系,包括他对订购者的义务和撰稿人对他的责任。"正如我们曾说过的,大革命已改变了原有的一切条款、文件和协定,它们正处于被修改的状态中。"庞库克在1791年7月通知他的订购者,"这是一个如此意外的事件,以至于在这一时代之前曾真诚地做生意的人不能坚持那些协定,因为公共安全已改变了它们。因此我们应该注意22个月中的那些非同寻常的事件,就文字工作而言它们是毫无益处或几乎毫无益处的。"①

庞库克在一封致订购者的公开信中做了这些评论,因为同印刷商和作者的支持相比,他更需要得到他们的支持。他解释说自己在1789年4月到1791年7月间出版的每一批书上都赔了钱——一共13批,赤字高达20万里弗。似乎已经无法逃脱收入和费用之间日益扩大的鸿沟,因为他还在损失订购者。有些是因为大革命的直接伤亡,但是大部分可能认为庞库克不可能继续出版这部书了,或者认为《方法百科全书》在艰苦的岁月里是一件无用的

---

① *Histoire*, p. 8. 另参见 "Lettre de M. Panckoucke", *Histoire*, V, 3-4:"这场革命所触及的所有文件、合同与项目,它们不是都处于被取消或至少是被修改的状态中吗?"

## 第九章 百科全书主义、资本主义和革命

奢侈品。不论是什么原因,1789年后订购者的"逃离"速度增加得很快。在大革命的前两年中,庞库克损失了1 000份订单,使损失的总数达到了1 700份,或者说是最初顾客的35%。① 他恳求留下来的订购者在他最需要的时候支持他。他向他们保证,长期来看,《方法百科全书》的确非常便宜。但是目前,它受到两个方面的压力:生产和消费。除了"亏损、牺牲、不幸",大革命没有给他带来什么,现在他把自己的处境说得像狄德罗版《百科全书》的出版商,尽管和他在大革命中遭受的灾难比起来,后者在旧制度下的麻烦经历看起来要轻微得多了:"从最初几卷开始,这一《百科全书》就经历了多次延期,其中的十年里那些书商的财产处于危险之中,并且有两位书商更是由于它所引发的诉讼而悲伤地死去;我可以说,对于那些出版人和承包人来说,这一《百科全书》所面临的困难要远远少于新版所面临的困难。"不过,如果订购者保持忠诚,他将修订合同,重新调整出版计划并逐渐"结束这一几年来一直折磨我的巨大项目,我每天都对承揽了这一项目而感到失望"。②

尽管不可能看透庞库克花言巧语背后的真实情况,但他应该还没有山穷水尽,或者说已经到了放弃《方法百科全书》的地步。也许,他的坚持不懈不是因为钱而是为了个人目的,因为他在投

---

① "lellre de M. Panckoucke", Histoire, V, 2。庞库克描述损失的方式暗示他的订购者中包括了大量的贵族。在他的信的第4页中有解释说,"大革命不幸影响到《百科全书》了,它使我失去了近千名预订者,他们丧失了地位或是财产,或已流亡国外,已不可能再取回他们的书了"。在"庞库克先生给……男爵先生的回信"(Histoire, III, xvii)中,他谈到了订购者是"占有重要地位的高贵者"。

② 引自"lellre de M. Panckoucke", Histoire, V, 3, 7, 5。

490 入金钱的同时也投入了希望和雄心,他想把它做成有史以来最伟大的图书。不论如何,1791年中期,他在通知函和公告中的调子降低了。革命前轻松的夸张、1789年的赌徒精神和1790年谨慎的乐观主义都不见了。在瓦伦危机的困扰下,庞库克对自己最大的生意会走向何方、对法国将走向何方毫无把握。它们的命运彼此相连,在随后的两年中,它们也将遭遇更多的麻烦。

1792年2月,庞库克发布了致订购者的第二份通告,当时在瓦伦事件之后勉强维系的君主立宪政体已经土崩瓦解,法国站在了灾难性的战争的边缘。久拖不决的政治危机已经在总体上对经济造成了损害,并且特别对图书业造成了损害,因为出版业对大革命的后果特别敏感。不仅新的纸币贬值,而且造纸作坊和印刷工场里工人的工资都要用小面值的指券支付,因为它贬值的速度比大面值的慢。贬值速度的差异对出版商的打击最大,因为造纸作坊主坚持要出版商用5里弗的指券付款,这样他们在给自己的工人发工资时就不会在兑换率上受损失。拾破布废纸的人把价格提高了两倍(从每千磅90里弗涨到240里弗),造纸商又把它转嫁给印刷商,而且还要再增加费用,因为革命报刊的增长创造出了对纸张的巨大需求,大到那些控制了从破布废纸变成印刷好的印张这一过程的开端的人可以敲诈处于这一生产体系下游的人。熟练的印刷工不断施加压力,要求增加工资。装订工的薪酬几乎翻了一番。而庞库克是所有这些成本增长环节末端的承受者。"虽然大革命已改变了一切事物的面貌、使所有食物的价格上涨了1/3、指券贬值了50%、在汇兑中产生了25%—50%的差额,但是我可能并不是如此多变化的唯一受害者。"他告诉订购者。尽管订

## 第九章　百科全书主义、资本主义和革命

单上对价格有过规定，但他还是决定把自己的收费标准从每卷6里弗增加到9里弗。特别的环境需要特别的牺牲，没有什么地方因革命遭受的损失比出版业更严重了。①

　　在这个时候，庞库克可能求助于借贷——至少他说当时控制着《方法百科全书》财务的巴黎银行家加斯蒂纳已经提出要给他提供10万里弗的贷款，他还说这桩生意的赤字已经达到了71.754 7万里弗。随着一批批图书的出版，他还在不断亏损，因为他损失的订单已经达到了2 000份。他甚至没有解决作者的问题，他们根本无法切断和大革命的牵连，尽管他们再次承诺在1794年前完成原稿的编纂工作，否则就要遭受"一切法律和赔款处罚，除非他们能以生病、失踪、公共或是个人事务、新政府中的职位、公职作为借口"。到了这个时候，把整个生意的不同部分团结在一起的压力就显现出来了。庞库克悲叹自己已经牺牲了所有其他的生意，投入自己的全部财产，为的是让《方法百科全书》免遭"法兰西帝国从未经历过的极其动荡不安的局势"之厄。

　　但是，他不能摆脱破产的恐惧。他因为严重的忧郁病倒了。他病了两周，医生的诊断是严重的脾病。"这一痛苦疾病的名字是头晕；我不幸几乎每年都犯这个病；英国人称它为忧郁；它源于两个原因，或是思想过于紧张和思维迟钝，或是缺乏身体锻炼……悲伤折磨着我……我生活的时时刻刻都是痛苦的；我的思绪所及都是那些最阴暗的事物。"庞库克一定试着要唤起订购者的同情，尽管他从来没有用如此个人化的理由向他们发出请求。或

---

① 1792年2月13日的告读者书，其中包括庞库克的一封通知函"致预订者们"，日期为1792年2月11日，*Manufactures*, III, xli.

者他一定深受自己愚蠢想法的折磨,这种想法在某种程度上和20世纪30年代促使金融家们跳下摩天大楼时的绝望非常相似。①

不管怎样,当法国走向战争,无套裤汉推翻了立宪政体的时候,庞库克在养他的脾,并且慢慢陷入了沉默。他在1792年5月和7月印出了两批书,但一直到12月才发布关于自己状况的声明。到那个时候,他才刚刚出版了89卷半的文字卷,而损失已经上升到90万里弗,不过他还在希望能在1794年完成整部书,尽管他把这个最后期限和一连串的"如果"连在一起——如果能够应付上涨的成本(邮资和纸张的价格都涨了一倍),如果能够克服严重的纸张短缺,如果"目前形势"没有恶化。他没有提到自己的健康状况,但是强调了自己的损失。"他(庞库克)是革命的最大受害者之一,革命已夺走他超过100万的财产,而这是他近四十年艰苦工作的成果。"他这么做在某种程度上是在表明自己有功于革命,好像他的损失就是革命的收获,他出于爱国而倾尽了全部的家当。"他是革命中最有用的人之一,每天为600多人提供工作,其中有100位文人,60位雕版工,200位印刷工和造纸坊的大批工人。由于一家巴黎主要银行(加斯蒂纳?)停止付款而使他刚刚经历了新的不幸,仅此就足以消除所有针对他的敌视。"② 三个星期以后,庞库克重新开始征订。既然法国已经转向共和主义,就不存在什么掌玺大臣可以解除他这样做的责任。他甚至承认这样做是不合法的,但他争辩说自己没有什么选择。他不能在自己的钱渐渐枯竭的时候听任那些没有人要的书高高地堆在仓库里。所以

---

① *Manufactures*,引自 pp. xlii, xlvi。
② *Mercure*, Jan. 6, 1793.

第九章　百科全书主义、资本主义和革命

他计划终止 200 份已经被放弃的订单，以 1 474 里弗的新订购价重新销售。①

这一策略是否使庞库克阻止了近 3 000 份订单的"渗漏"似乎很可疑，但是也很难说，因为庞库克在 1793 年的通告中不再提供关于生意状况的信息。在这一年中，他只出版了三小批书，当时的法国正值恐怖时代。其中的第三批是在 9 月 9 日出版的，正值极端革命的埃贝尔派运动的高潮，他把文字卷的价格提高到了每卷 13 里弗，超过了 1789 年价格的两倍——"鉴于所有商业和艺术物品价格的翻倍"。②他还从所有的宣传材料，甚至从可以看作是政治气候气压计的扉页上删去了自己的名字。

在 18 世纪 80 年代，书的扉页上装点着给大臣们的题献和皇家的出版许可，"有国王的同意和特许权"。它们包含着两个地址，"巴黎，庞库克，书商，托公馆，普瓦特万街；列日，普隆德，国家印刷商"。到了 1791 年，普隆德的名字消失了，据推测是因为他把股份回售给了庞库克。1791 年以后，社会向恐怖时代的转变在对《哲学辞典》第二、三卷的比较中看得很清楚。第二卷，"由奈吉翁先生完成"，包括了以下的地址：

　　　　巴黎，/ 庞库克，印刷-出版商，托公馆，普瓦特万街。1792 年。

---

① *Mercure*, Jan. 6, 1793.
② 1793 年 9 月 9 日的告读者书，见 Case Wing Z 45. 18, ser.7, no. 16, Newberry Library。告读者书说："1789 年时纸价只是 10 里弗 10 苏和 11 里弗，而现在已是 20、21、22 里弗，我们面临即将到来的涨价威胁。印数也增加了 1/3。"

第三卷,"由公民奈吉翁完成",是这样的:

> 巴黎,/H. 阿加斯,印刷-出版商,普瓦特万街。法兰西共和国二年/统一而不可分割的。

庞库克已经放弃了《百科全书》,把它交给了自己的女婿。①

1794年1月26日的一份合同表明,庞库克签字移交给阿加斯的不仅是《方法百科全书》——包括它的图版、手稿和订购记录——,还有他的全部报纸、图书销售业务和印刷生意。此前六天在他的印刷工厂(普瓦特万街13号)中所做的财产清单说明了他到底放弃了多少东西:各种字体的铅字、27台配备完好的印刷机和价值60 015里弗的各种器具。更重要的是,庞库克放弃了制造那个世纪最伟大图书的雄心。那个世纪已经按照自己的轨迹向前运动了;百科全书主义也已经被雅各宾主义扫到了一边;他已经做出了最后的决定,从为各种事情的奔忙中抽身而退,确实地照顾好自己的脾。②

印在《方法百科全书》上的关于出版者的资料在这个时候面世了。但是庞库克的名字不再出现在扉页上。在恐怖时期、热月党人时期和督政府时期,阿加斯都设法多出版几卷《百科全书》,同时让《导报》的调子接近居支配地位的政治派别的路线。热月

---

① 在1821年出版的《农业辞典》(VII, p. vi)中,在整个大革命期间一直和庞库克一家保持联系的路易-奥古斯丁-纪尧姆·博斯克解释说,在"起初被迫放慢,随后是中止《方法百科全书》的印刷"以后,庞库克就把生意交给了阿加斯。

② Darnton. "L'imprimerie de Panchoucke en l'an II".

## 第九章 百科全书主义、资本主义和革命

以后,庞库克再次走上公共舞台,谴责罗伯斯庇尔并参与了创建一种强有力的货币以刺激商业复苏的运动。尽管在恐怖时期他被迫出售全套的金餐具以获得指券,但还是保存了大量的财富。根据1794年他和阿加斯的清算情况,庞库克的资产超过负债82.2万里弗,在1795年的一本小册子中,他说自己还拥有不动产——大部分来自对国有化的教会财产的投资——价值近30万里弗。当时,他像一个率直的热月党人那样写道:"罗伯斯庇尔的统治是恐怖的,而反革命的统治则比他恐怖一千倍。"[①]1797年,他宣布支持督政府,随后开始设法获得波拿巴的支持。首先,他发表了一封公开信赞扬意大利战役,然后提议在兵工厂和植物园之间建一座收费桥,并且用年轻的英雄和意大利其他征服者的雕像装饰起来。虽然除了受到马里-约瑟夫·谢尼埃的强烈讽刺之外这一计划没有什么下文,但它表明庞库克已经缓过气来并且重操旧业,编制各种计划,逢迎当权者。

他还创办了一份新刊物《君主密室的钥匙》(Clef du cabinet des souverains),并准备以一版马蒙泰尔的著作重返图书出版领域。但

---

[①] Panckoucke, *Mémoire sur les assignats et sur la manière de les considérer dans l'état de baisse actuelle*(《有关指券和目前下跌状况下考虑它的方式的回忆》)(Paris, An III, "3ème édition corrigée"), p. 17. 他说他自己以30 000里弗硬币的价格卖掉了布洛涅附近的一幢乡间住宅,而且在布洛涅还另有一幢,"我拒绝了对它20万里弗指券的出价,因为家具和图书不包括在内,我对它的估价是10万里弗现金";他还曾用19.1万里弗买下了巴黎的普雷蒙特雷修道院,此时还欠10万里弗没有支付。Ibid., pp. 18, 22, 37. 尽管他失去了大部分财产看来是不可能的事情,但他的女儿后来宣称他已经被大革命彻底毁掉了,而他夸耀自己财富的话应该是用来恢复自己的信用的。另参见 Panckoucke, *Sixième mémoire sur l'assignat*(《有关指券的第六次回忆》)(Paris, 4 frimaire An IV)。

是，除了还在阿加斯手里的《方法百科全书》之外，他显然没有其他的事情可做。很明显，过去的"出版界的阿特拉斯"并不足以使他重新承担最沉重的担子。他死于1798年12月19日，时年62岁。在旧制度下他惯于见风使舵，1789年他是一个爱国党人，君主立宪时他是斐扬派，恐怖时期他是雅各宾派，热月里他是热月党人，拿破仑崛起后他又是一个波拿巴主义者。尽管他没有完成为之倾尽了最后二十年生命的伟大出版事业，但也没有让它拖入破产的境地。不过，他的女儿说，它已经毁掉了他的生命和财富。她后来把它描述成"18世纪最庞大的项目……超过个人能力的项目，它使出版者的财产、健康和生命都为之耗尽"[1]。

阿加斯不时地出版《方法百科全书》的后续各卷，到了1816年，他在扉页上的名字被"孀居的阿加斯夫人"取代。阿加斯的遗孀最终在1832年终止了这部书的灾难性的生长。半个世纪以前，她的父亲宣布要在五年之内完成它，一共是42卷文字卷。到他失去对它的控制之前，它已经不断膨胀为53卷、73卷、100卷，直至128卷。最后，它的文字卷达到了166卷半。实际上，很难对一部包括了图版卷和增补部分在内的完整的《方法百科全书》的

---

[1] Veuve Agasse, *Encyclopédie méthodique ou Bibliothèque universelle de toutes les connaissances humaines*（《方法百科全书，或是人类一切知识的总图书馆》）的小册子，19世纪20年代某个时期发表，见 Case Wing Z 45.18, ser. 7, no.1, Newberry Library。关于庞库克的波拿巴主义者之桥，参见 *Oeuvres de M. J. Chénier*（《M. J. 谢尼埃著作集》）(Paris, 1825), IV, 461-470；关于出版马蒙泰尔著作的计划，请参见 S. Lenel, *Un homme de letters au XVIIIe siècle. Marmontel*（《18世纪的一位文人．马蒙泰尔》）(Paris, 1902), p. 544。由 J. -F., L. G. Michaud ed., *Biographie universelle*. Paris, 1811-1862, XXXII, 63-64 中一篇内容广博的文章支持了他女儿的说法，文章提到他只剩下"很少财产"。

## 第九章 百科全书主义、资本主义和革命

卷数做出精确的计算。图书目录显示,在大英博物馆,它是 192卷;在国会图书馆,199 卷;在耶鲁大学的拜内克图书馆,200 卷。目录学上的统计数字也变化不定,结果取决于什么书可以被看成是其中的一卷、计算中包括了什么部分以及是用哪一部来计算的。尽管庞库克和阿加斯的遗孀发行了有详尽解释的用法说明,告诉订购者如何把没有规律地出版的半卷书配齐并装订成一部完整的《百科全书》,但这部书却没有一种标准的版本。不过,有一位目录学家的计算还是可靠的,他认为它的组成情况是"102 分册共计 337 编,由四开本的 166 卷半文字和包含 6 439 幅图版的 51 编组成"①。

## 文化革命中的一位启蒙出版商

这就是法国最有势力的出版商和他最伟大的出版物在大革命中的命运。它背后隐含着什么意义吗?人们可以说,它只不过用实例说明了在社会剧变时期商业投机活动所面临的困境。生产中断,需求下降,起支撑作用的信用机制垮台。大革命对出版业的影响特别巨大,因为它破除了对印刷业的旧的人为抑制,建立起了对政治报刊的新需求。庞库克代表了利用出版物牟利的新旧

---

① Johann Georg Theodor Grasse, *Trésor de livres rares et précieux*(《稀有珍贵书籍宝库》)(Dresden, 1859—1869), I, 474。关于 19 世纪 20 年代这部著作详细的、权威性的计算,请参见 Veuve Agasse, *Encyclopédie méthodique ou Bibliothèque universelle de toutes les connaissances humaines*,当时她认为除了六卷文字卷和一些图版卷外,这部书已经完备了。

两种方式之间的转化，因为他的《百科全书》属于革命前的出版界，而他的报刊则和革命的出版界步调一致。他的《方法百科全书》如果没有《导报》的暗中经济援助是不可能幸存下来的。尽管它们在同一家工场印制，但它们代表了两种截然不同的做生意的方式。

　　这一解释似乎很有根据，但是不能局限在经济问题上，因为它通往更为广阔的文化史领域。除了其他性质的革命以外，法国大革命还是一场文化的革命。庞库克在旧制度文化体系的核心建立了自己的出版王国。不论他如何计谋百出、如何重新合纵连横，他和大革命注定要发生冲突。在旧制度下，文化以及社会的基本原则是特权——也就是说，"私法"，或者参与某些活动的排他性权利。特权远不是仅限于地位高贵的人拥有，它贯穿于法国社会的每一个部分，包括那些以出版物为主要收入来源的领域。巴黎36家有特许权的印刷商维持着对首都出版行业的垄断，他们和最有实力的出版商联合在一起，后者则通过一个排外的公会垄断着图书贸易。图书本身就包含着特许权或者再版的排他性权利，巴黎人用这种管理方式来排斥外省同业公会的成员。新闻业也是特许权的势力范围，由巴黎的贵族阶级支配，因为巴黎的报刊出版商对每一种特定的主题都拥有一种由皇家特许的排他权利——比如外交事务和官方政治观点方面的庞库克的《法兰西报》和轻松读物方面的庞库克的《信使报》。除非所有者得到了政府的允许，经过了审查，并向拥有他所侵入领域特许权的报刊支付了补偿金，否则任何报刊都不能在法国出版或者从国外运进法国销售。政府把刊物当成一种特别的特许经营行业，就像某些税种的专收，并且对报刊收入征收年金。庞库克每年为他的刊物交纳的一百多种年金的总额超过了10万里弗。它们有赖于这个国家中最著名的专家，即为《方法百科全书》撰文和控制各个学院的那一批人。而学院本身也是排他性的——实际上是知识公会，授予成员地位、收入，在法兰西学院里，甚至是"不朽者"的声名。这个体系运作起来很像一套连锁的企业，其中最关键的一点就是"保护"或者兜售权力；因为特许权来自国王并通过显贵——大臣或重要官员，比如书报总监和警察总监——来分配。①

庞库克曾经是这个体系中最有实力、最有成就的大师，他的《百科全书》生意的基础是特许权和官方保护。他还喜欢开明的改革，甚至以损害公会的利益为代价，不过不是损害自己的利益，他对1777年图书交易法令的支持就是例证。他出版的书传播了启蒙思想——当然，不是激进的卢梭主义，而是由《方法百科全书》代表的先进的科学和文学潮流。把他描画成一个反对社会进步的保守分子是不准确的，认为进步因素不可能从旧的、封闭的共同文化中萌芽也犯了时代错误。不过，那种文化和大革命水火不容，并且在《方法百科全书》上留下了痕迹——例如它的特许权，对革命的读者来说，它就是"中世纪"的：

---

① 关于庞库克的年金，参见他的论文，"Sur le *Mercure de France* et quelques nouveaux journaux ou papiers-nouvelles"（"关于《法兰西信使报》和几份新报纸或是新闻报"）;"Sur les journaux et papiers anglais"（"关于英国报纸"），*Mercure*, Oct. 24, 1789 and Jan. 30, 1790; *Lettre à Messieurs les pensionnaires du "Mercure de France"*（《致〈法兰西信使报〉领年金者的信》）(Paris, Oct.15, 1791)。庞库克称他在报纸上交的税和年金一样多；当他要求制宪议会允许他出版会议记录时，他强调说他"付给政府或是作者的10万埃居费用值得注意"。*Archives parlementaires de 1787 à 1860*（《1787—1860年的议会档案》），ed. M. J. Madival, E. Laurent, and E.Clavel (Paris, 1875), VIII, 45, session of May 23, 1789。

路易,依据上帝的安排,法兰西和纳瓦尔的国王:各位亲爱的、忠实的参事们、高等法院的法官、常设诉讼法庭法官、大法庭、巴黎法官、大法官、司法总管、民事长官及其所属的其他审判官们:你们好。我们亲爱的庞库克先生,巴黎的书商,告诉我们他希望印刷和公开发行一部题为《方法百科全书》的著作:询问我们是否能为此授予他必需的特许权证明书。对此,吾愿同意请求人,吾已允许印刷上述书籍……此乃朕意。①

这是一个国王意愿和忠实的参事们的世界,庞库克在其中大行其道,革命则彻底毁灭了它。庞库克在这个世界中的成功成了革命的新闻记者对他的攻击中最有罪的一项。当一个小册子的作者指控他拍前巴黎警察总监 J. C. P. 勒鲁瓦马屁的时候,他回答说:"人们可以判断我是否应该为勒先生感到惋惜……人们说他对我帮助很大。我从未见过这位行政官员……我从未获得过任何国务会议的恩惠和判决;我可以确定无疑地说,自从我经商以来,从未请求过保护或是要求当局以公众的支出来促进自己的各项生意。"②

庞库克的读者们不可能知道庞库克一贯借助于勒鲁瓦和其他高级政府官员的力量来促进自己的生意,也不可能知道当局的官

---

① 日期为 1780 年 6 月 7 日的特许权出现在《图版》第一卷的前面。
② "Observations de Panckouck"("庞库克先生的意见"),*Mercure*, Nov. 21 1789, pp. 33–34.

## 第九章　百科全书主义、资本主义和革命

方通信中视他为被保护人。①但是《方法百科全书》的准官方身份在它的扉页上显得很醒目。《艺术和工艺辞典》的前六卷宣称自己是"献给勒鲁瓦先生，国务会议成员，警察总监"的（这一题献在1790年出版的第七卷的扉页上没有再出现）。《地理辞典》是献给外交大臣韦尔热内的，到了第三卷（1788年），又献给了他的后任蒙莫兰伯爵。庞库克1789年的"表格和概述"表明，《地理辞典》事实上是在外交部内编纂的。②《法学辞典》献给掌玺大臣米罗梅斯尼尔；《语法和文学辞典》献给书报总监勒卡缪·德·内维尔；《航海辞典》献给海军大臣卡斯特里元帅；《政治经济和外交辞典》献给国务大臣布勒特伊男爵；《自然三领域的百科全书和方法图表》是献给财政总监内克的，到了1790年，他的名字被小心谨慎地去掉了。庞库克几乎奉承了王国所有最有权势的人；谁能够反对这样的说法：庞库克把自己献给了革命前的权力体系。

　　激进的新闻记者，比如德穆兰、布里索和卡拉集中火力猛攻这一点，庞库克则试图把自己说成是进步和改革的支持者从而避开他们的攻击。"人们称我是目前革命的敌人，书报查禁和审查体系的拥护者。"他在1789年11月21日的《信使报》上愤怒地写

---

① 1789年6月，庞库克向掌玺大臣请求进口一批《方法百科全书》，这批书是由普隆德在列日印制的，没有能够通过海关的例行检查。一份可能是由书报总监迈斯密写的、日期为1789年6月6日的备忘录中介绍了庞库克的请求："我觉得庞库克先生从事了太多大生意，而且过于依附政府以使自己不受任何欺骗；不过欺骗并不是像他所想象的样子。" Archives Nationales, V¹ 533。

② "Tableau et aperçu", *Mathématiques*, III, 12: "韦尔热内伯爵确信该事的重要性，为有用知识的发展而点燃的热情所鼓舞，尤其认为《百科全书》是一部民族书籍，它需要政府的支持；这位大臣愿意为我们敞开负责贸易、和平协定以及国与国间的规定的外交部办公室；他为我们提供了完成这部书所需要的文件、说明和情报。"

道,"我始终厌恶这两者。没有人比我更多承受了它们所带来的痛苦……我撰文反对永久的排他性的特权,支持有限度的特权,对于文人和书商们来说,没有它们就不可能存在所有权。"严格说来,庞库克是对的:尽管他充分利用了特许权的价值,但他也帮助改革了图书的永久特许权制度。不过,革命者并不满足于改革,而庞库克却偏爱不彻底。他把曾用于出版生意中的"联合"思想带给了大革命——优先考虑谋划和策略而不是强制措施。①

妥协和联合显露了对旧制度下的习惯方式的执着,庞库克对它们的偏好程度可以从他1790年试图恢复书商公会的想法中看出来。1789年7月,出版业放开以后,大革命已经摧毁了旧图书业的基础,并且留下了管理真空,因为它让审查官、警方巡视员、雇主联合会都靠边站了。书商和印刷商的公会还存在,但在法律上处于不确定状态,不能保卫他们的垄断权或者强化他们的特许权。1789年市政革命改变了法国各城镇的合法政权,留下了大量悬而未决的问题。出版业不再属于商业贵族了,但谁想印什么就可以印什么吗?审查制度取消了,但出版自由中是否包括着重印原来由特许权保护的图书的权力呢?书报总监已经失去了权威性,但是新的权力机构会允许诽谤、色情、渎神和煽动暴乱吗?一个全新的产业——对大革命生死攸关的产业——应该建立在新的基础之上;所以法国出版商中的领头羊认为有必要提出一个计划,

---

① *Mercure*, Nov. 21, 1789, pp. 81-82。记者攻击庞库克的例子可参见 *Révolutions de Paris*(《巴黎革命》), Sept. 24, 1791, pp. 587-589;关于布里索看待庞库克的观点,参见 J.-P. Brissot, *Mémoires*(《回忆》), ed. Claude Perroud (Paris, 1911-12), I, 84-88。在一份通告中,庞库克把自己描述成有"联合思想"特征的人,见 "sur le retard que l'*Encyclopédie* a éprouvé de la part de plusieurs auteurs", *Histoire*, V, 11。

## 第九章　百科全书主义、资本主义和革命

通过旧与新的适当联合把局势稳定下来。①

庞库克把和图书生意有关的问题简化到一点，就是探究"区分许可证自由的真正分界线"②，而且他提议通过在新的基础上恢复书商公会来解决这个问题。雇主联合会应该放弃检查印刷商工场和图书运输中的禁书的权力——无论如何，大革命已经有效地摧毁了这种权力。但是它还要保持监管仿冒图书生意的权力，因为庞库克把保护财产放在首位。图书的特许权应该和英国一样限定为二十八年，不过这些特许权应该是无条件的。雇主联合会应该和地方政府联合工作；而当时正在由制宪议会进行组织的地方政府应该被授予肃清盗版书交易的权力，正像应该清除掉街上的暴徒一样。当时到处都可以得到特许证，所以行政部门的力量应该得到加强。

如果庞库克看起来好像是急于恢复某些旧的监管力量的话，那么实际上他也说得很清楚，他不赞同旧公会的"专制"。③他信仰自由贸易："正是竞争降低了所有东西的价格。"而且他认为一个自由的政府不应容忍"贵族"企业。④任何人只要通过了审查并交纳了"入行费"，都应该能够成为印刷工头。不过，这笔费用应该足够

---

① 虽然公会在1789年8月4日夜里被废止了，但8月4日法令的最后一稿中没有相关内容；正式的废止法令直到1791年3月2日才制订出来。然而，事实上，新闻出版业在巴士底狱风暴后立即就摆脱了公会和国家的控制。

② Panckoucke, "Sur les chambers syndicales"（"关于雇主联合会"）, *Mercure*, Jan. 23, 1790, p. 181. 这篇文章及其发表在1790年3月6日的《信使报》上的续篇, "Sur l'état actuel de l'imprimerie"（"关于当前的印刷状况"）, 是后文讨论的主要材料来源。

③ "sur les chambers syndicales", p. 176.

④ "Sur l'état actuel de l'imprimerie", p. 38.

高——也许3 000或者4 000里弗——以把大部分体力劳动者排除在外。事实上，庞库克并不想放开图书交易以减少其中的"混乱"的程度。在援引自由放任的自由主义谴责了公会之后，他又力争恢复公会，就好像他是中世纪复兴（Gothic Revival）的预言者一样。

最重要的是，他强调通过家长式统治战胜工人。他解释说，工人所想的无非就是眼前的报酬。他们为要求尽快付现钱而在夜间印制报纸的工场里毁掉自己的健康。更糟的是，他们在雇主间挑拨离间，迫使后者提高工资，自己却对工作心不在焉。不过如果雇主们制订一个计划，相互合作来"驯化"他们，他们是可以回到从前的路上去的。首先，雇主们要同意工资正常、暂时的增长。然后他们要在公会学校里培训新人以保证后备劳动力的规模和稳定。每年花1 500里弗，他们就可以请到一位牧师来教拼写和初级拉丁文，而且也可以轻易地找到一个好的排字工和一个印刷工来教授技术手册。这所学校每六个月就可以培训60—80个工人——而最重要的是，这些新工人将一直依恋他们的雇主，因为庞库克还提议公会成员拿出一部分会费用作雇员的退休基金。如果一个工人知道雇主为他的教育和暮年都提供了一定的保障，他是不会离开的。此外，雇主将照料工人的遗孀，也许还为他的儿子保留一个工作机会，这样，几代之后，工人对雇主的忠诚就会建立起来，而工场也将发展成家族式的。雇主们还应该留出足够的公会资金作为他们本人的养老金。最后，他们就会同意与警方、学院院士和其他城市的公会成员合作消灭盗版；因为庞库克设想了一个联合了巴黎人和外省人共同保护著作权益的全国性组织。为了使他的计划能够启动，他承诺在《百科全书》的工作完成之后为它提供12 000里弗，并且以后每年再支付300里弗。

## 第九章　百科全书主义、资本主义和革命

虽然这一计划和他的"国家印刷公司"甚至他自己的印刷生意有一定联系，但是却并不那么重要。不过，它确实展现了一个随着时代进步的出版商的观念中陈旧过时的社团主义因素；它还清楚地表露了庞库克的政见，因为他把印刷工场对秩序的需求和煽动性言论的威胁联系在一起。盗匪般的高薪酬的熟练印刷工人中最令他厌恶的是他们的物欲。他厌恶他们的思想，试图消除那些"在黑暗中腐蚀人类思想和使他们丧失理智的毒药"①。尽管他反对恢复原来的审查制度，但却支持用事后追溯的办法对付煽动性言论。令人好奇的是，他认为法国应该模仿英国处理新闻业问题的办法，后者的新闻记者煽动闹事已有多年，尤其是在维尔克斯事件\*中。但他显然没有注意到英国新闻业中直言不讳和激进的一面；因为他在1789年8月在英国做了一次走马观花式的旅行，回国以后只表达了对英国当局之强有力的赞赏，当时英国政府刚刚以诽谤罪判处《泰晤士报》编辑500英镑罚款和一年监禁。庞库克明确希望巴黎市政府也用同样手段对付德穆兰和马拉。他以反对"这些煽动性和诬蔑性的著作、不断告密的小册子——人们用它们毫无根据地指控那些有地位的人"的雄辩为他恢复公会的计划增色不少。②

庞库克对出版公会的执着的背后隐藏着对革命新闻业的深刻

---

① "Sur l'état actuel de l'imprimerie", p. 35.
\* John Wilkes，1725—1797年，英国议员和新闻记者，创办报刊批判国王，对英国的新闻出版自由起过积极作用。——译者
② "Sur les chambres syndicales", p. 180. 庞库克旅行的目的不太清楚，但引起了传言，说他和反革命阴谋有关联，庞库克在1790年1月16日的《信使报》上愤怒地否认了这一点。

的不信任——这也是可以预料的，因为他更容易作为《信使报》和《法兰西报》的后台而不是《方法百科全书》的出版商而受到激进分子的攻击。十月事件\*后不久，他在《信使报》上发表了一封公开信表明了他担忧的程度。他说自己代表了旧新闻业。他曾经获取特许权、支付年金并且服从审查。大革命摧毁了这一切，他认识到自己要适应新秩序。他乐于和各处涌现的新报刊公开竞争。但是他们不会满足于自由竞争。他们用残忍凶狠的态度反对一切，尤其是反对旧报刊，而这种态度将"破坏整个秩序和规则"。他们掠夺他的作者、贿赂他的雇员、窃取他的订户名录。他们甚至提出将向那些和他断绝关系的订户免费提供他们自己的报刊。"人们直接或间接地采用各种阴谋诡计以摧毁那个我在其中投入了财产、花费了我十年艰苦努力、悉心照料与想尽办法的事业。"①此外，对庞库克来说，他们在政治上的诽谤要比行销方面的卑鄙行为更加危险。新的新闻记者们的毁谤和抨击直指特许权证。如果法国想保持自由，最好仿效英国，在那里无须担心"这些小册子和源源不断的各类印刷品，人们可以在不到两个小时内就印完，并且在很短的时间内就可以在整个市郊、整座城市流传开"②。

庞库克认为，通过加强关于诽谤的法律和利用税收杠杆，英国已经淘汰了这样的出版物。1789年在英国旅行的时候，他发现了一种新的报纸。这种报纸的版面很大，封面上是最新新闻和广

---

\* 1789年10月5日—6日，巴黎人民进军凡尔赛迫使王室迁回巴黎的事件。——译者

① Panckoucke, "Sur le *Mercure de France* et quelques nouveaux Sournaux ou papiers-nouvelles", *Mercure*, Oct. 24, 1789.

② Panckouck, "Sur les Sournaux et papiers anglais", *Mercure*, Jan. 30, 1790, pp. 233-234.

## 第九章 百科全书主义、资本主义和革命

告,和法国那种称为报纸(journaux)、内容像随笔、没有什么广告的小册子截然不同。英国的报纸出版机构都是最好的企业。他们雇请多组作者和日夜轮班的印刷工人,让这些工人在专门的印刷工场中根据严格的计划进行生产。报纸的发行面很广,甚至一直发行到下层人当中。庞库克惊奇地听说普通工人凑钱买报纸,在一起阅读讨论。他还在巴斯附近遇到一个小农夫对法国的事情知之甚详。但是,这些读者并没有读到煽动性的言论——庞库克大概这样认为——因为传播范围广大的报刊不能冒进行煽动性报道的危险。它们的利益太大经不起损失。如果遭到诽谤大臣或者攻击国教和政府的指控,就会毁了它们的生意。小的报刊可能冒险发表异端邪说,但政府已经通过征收报纸税、广告税和印花税把它们逐出了生意场——"以这些有效的限制措施明确出版自由的界限是一种很简单的方法"①,庞库克向制宪议会推荐了这一办法。

  英国逐渐形成的大生意和温和政治的结合吸引了他。事实上,庞库克对不同类型的报刊所知不多。他可能甚至都看不懂英文。但是他的旅行报告极大地展示了他对法国新闻业的看法,因为他对英国人消灭了那种在法国还很有危险性的新闻,即那种激进的、不可信任的散页出版物表示祝贺。他承认,这样的出版物有自己的地位,但那是在革命初期攻击旧制度的时候。现在已经到了巩固1789年的成果和恢复秩序的时候了。新闻业应该处在像《导报》这样品行端正的大企业的影响和支配下,正如图书业应该由一个谨慎而富有的公会来领导一样——而政治应该仅限于"积极的"

---

① Panckoucke, "Sur les journaux et papiers anglais", p. 232.

或者富有的公民来谈论。①

庞库克没有如此坦率地表达自己的观点，但是他关于新闻业的宣言表明他支持1790年和1791年间风行有产阶级的反动浪潮。② 他在1790年1月公布了恢复公会和用税收把激进报刊整垮的建议，时值制宪议会争论西耶斯有关禁止报章杂志中的诽谤和煽动性言论的计划。这一计划一直没有结果，但是制宪议会在1791年7月采取了对付左翼报刊的措施；而且1791年8月23日还通过了被并入宪法的新闻法。这部由雅克·图雷（他的兄弟米歇尔-奥古斯丁·图雷是庞库克的《百科全书》的编纂者之一）提出的法律包括了一些针对反政府宣传的明确规定。不过它一直没有生效。君主立宪时期一直没有解决如何把新闻的力量引导到法律许可的范围里来的问题。新闻记者们也一直没有停止谈论新闻业的特权，这一特权对他们来说就像图书的特许权之于庞库克。庞库克的两种报刊，《信使报》和《法兰西报》，代表了法国新闻业中最老派、最有名望、最保守的一面。在大革命的早期，它们仍然遵循着保守的或者"斐扬派"的路线。因此，它们招来了激进媒体的攻击——尤其是在瓦伦事件后的时期里，当时新的控制公共舆论的斗争已经爆发，而庞库克则被塑造成反革命的角色。

起先，庞库克试图采取超越政党和意识形态冲突的中立立场。他强调，他的报纸上发表的意见属于作者个人，而不是他本人；倘若他们文责自负并且没有诽谤言论，他就让他们按照自己的想

---

① 关于此类坦率的意见，请参见 "Sur les chambres syndicales", p. 180; "Sur le Mercure de France et quelques nouveaux journanx ou papiers-nouvelles", p. 104。

② 关于这次反动浪潮的性质，请参见 Georges Michon, *Essai sur l'histoire du parti feuillant, Adrien Duport*（《论斐扬派、阿德里安·杜波尔的历史》）(Paris, 1924)。

第九章　百科全书主义、资本主义和革命

法写。这难道不是尊重新闻自由的正确方式吗？不过，假如所有的"革命给我带来的敌人们"要求他表明自己的立场，他愿意满足他们的要求："报纸所有者们，其中一部分被认为是贵族，另一部分是民主派，他们不是想指责我是第一类人吗？然而在这里我要以书面文字向他们宣布我常常大声说的话：'我既不是贵族，也不是民主派；我是，我想自始至终都是第一次出现的自由和代议制的君主制的积极公民。'"① 在1791年最模糊不明的政治环境中，这些话听起来不那么明确清晰。但是到了那一年的夏末，斐扬派控制了局势，庞库克就畅所欲言了，好像他就是他们中的一员。

他甚至想通过把自己说成是毫不掩饰的保守派而在立法议会中谋求一席之地。他宣称自己从未踏进过大众社会，也未曾和丹东为伍，而且他承认必须在政府中取得稳固的地位。他将增进国王的权力，恢复对神职人员和贵族的尊重。事实上，他赞成恢复所有的旧头衔和象征地位的纹章。而最最重要的是，他想抑制新闻业的无政府状态："如同目前至少在巴黎存在的这种出版自由，是欧洲的耻辱，使诚实者和误入歧途的民族感到恐怖，它似乎既不承认法律，也不接受约束和权威。"② 巴黎的选民们拒绝了这一方

---

① "Mémoire pour M. Panckoucke relatif aux journaux dout il est propriétaire", *Histoire*, V, 28。尽管在《方法百科全书》中这份回忆录标注的日期是1791年7月1日，但是此前在一本小册子中刊登过，更早还在1790年12月4日的《信使报》上发表过。

② *Lettre de M.Panckoucke à Messieurs le président et électeurs de 1791* (Paris, Sept.9, 1791)。另请参见 Panckoucke, *Projet d'une adresse au Roi, tendante à ramener le calme et la paix, à empêcher la guerre, et à rétablir Louis XVI dans l'esprit de la nation* (《给国王的计划，旨在恢复宁静与和平、防止战争以及在国人心中恢复路易十六的形象》) (Paris, Aug.15, 1791)。在这部纯粹的斐扬主义的著作中，庞库克猛烈攻击（转下页）

案,庞库克因此退出了政治。不过,尽管他的政治生涯很短,但却显露了他对大革命的一贯态度。他想要的是驯服劳动力、恢复对图书生意的控制、统治新闻业和摧毁左翼的宣传。所有这些努力代表了一个总的企图的各个方面,这个企图就是把大革命抑制在它1789年底所达到的边界内。

事实上,庞库克和革命的新闻界的争论并不仅仅和利益、政治原则的冲突有关,而且也因为对出版物功能的看法根本不同。庞库克声称对他和贤哲们的合同、对成功地传播了他们的著作、对《百科全书》对国民制宪议会的改革所造成的影响感到骄傲。① 但是,他对1789年7月以后的出版物感到震惊。他几乎不知道把它称作什么。它既不像他在英国看到的报刊,也不像一度在法国繁荣过的报刊。在"新闻记者"的条目下,《方法百科全书》改变了狄德罗在其《百科全书》中所作的定义:"当文学、科学和艺术著作出版时,忙于发表一些摘录和评论的作者。"② 那种新闻在攻占巴士底狱后已经近乎绝迹了。它是由那种为刊登"消息"的报纸

---

(接上页)马拉、福什、雅各宾派、科德利埃俱乐部和"上千份可恨的小册子和报纸,它们的作者以最难以容受的语言辱骂王公们"(p. 4)。庞库克认为君主立宪政体再加上强有力的行政机构将扑灭骚乱,完成1774年到1789年的改良,似乎大革命最好的结局就是恢复波旁王朝的改良主义。

① *Lettre de M. Panckoucke à Messieurs le président et élection de 1791*, pp. 6, 16–19; Panckoucke, "Sur une opinion qui commence à se répandre dans le public, que la Révolution rend inutiles plusieurs dictionnaires de l'*Encyclopédie méthodique*" ("有关一种开始在公众中传播的观点,即革命已使《方法百科全书》中的多部辞典变得无用"), *Histoire*, V, 21。

② *Grammaire et lillérature*(《语法和文学辞典》)(1784), II, 386。

## 第九章 百科全书主义、资本主义和革命

撰写每日政治事件报道的粗鲁的人在印刷工场里捣鼓出来的。为了找到一个合适的词来描述这种现象,庞库克颇费周章,最后决定用"新闻报"(papiers-nouvelles),这是一个从未有过的英国式词汇,使人想到1789年政治新闻的激增看起来是多么不同寻常和史无前例。① 在这些迥然不同的报纸海洋的包围中,《方法百科全书》看起来就像庞库克试图保护的教堂和宫殿一样的古董。他还勇敢地为它喝彩,称它是"颂扬科学和艺术的从未有过的最伟大丰碑"②。但是它就像一个巨大的不合时宜的事物挺立在充斥着出版物市场的小册子和报刊中间。

当新的新闻记者攻击《方法百科全书》,说它是"中世纪的"之时,庞库克如何保卫他的纪念碑呢?他不可能为了消除中世纪的痕迹而重写100卷辞典,一段文字看起来是"中世纪"还是"近现代",取决于写于1789年之前还是之后。例如,八卷本的《法学辞典》的最后部分写于1789年4月,恰好处于旧法律制度被摧毁之前。几个月之后,它的大量条目由于涉及领主审判权、采邑权和错综复杂的"萨利克法、里普埃尔法、勃艮第法、伦巴第法,以及加洛林王朝后期国王签订的条约",使它看起来好像是过时法律博物馆。庞库克为了给它找到可用之处,解释说在1789年8月4日至11日的反对封建制度的复杂立法过程所产生的争论中,它可以用来参考查阅。③ 不过这个说法对订购者来说有点牵强,他们抱怨说他们可不想要被国民制宪议会的法令突然间变得过时无用

---

① "Sur le Mercure de France", pp. 97–100.
② "Lettre de M. Panckoucke", *Histoire*, V, 2.
③ Panckoucke, "Sur une opinion"("有关一种观点"), pp. 18–21;引自 p. 19。

的八卷辞典。其他的辞典有时似乎也全然是反革命的。《金融辞典》中很多关于旧税收制度的观点是有问题的;《历史辞典》很尊重贵族,这种态度即使是和较早的《百科全书》比较起来,也是反动的。庞库克的历史学家、法兰西学院院士加布里埃尔-亨利·加亚尔严厉指责他的前任若古爵士破坏"一个好的政治制度":对血统优越论抱有偏见。"他试图嘲笑这一制度;攻击它的起源;并且不满足于只是证实自然已通过出生、死亡和不幸来使我们完全平等,他坚持认为如果自然的秘密被公开的话,这一制度是如此违背事实上不存在贵族与平民之区分的法则。"①

当然,革命前的《方法百科全书》规模庞大,在其中可以找到几乎每一种观点——任何通过了审查的观点——,但是它不可能和给了它生命的旧制度没有关系。尽管如此,庞库克在革命时期的销售宣传中还是尽量抹去它的先天缺陷。他不仅删去了旧的献辞,而且把整个生意解释成爱国的冒险事业。例如,1789 年 3 月,他向公众推荐《警察辞典》,理由是它"获得了它的审查官的最好赞赏"。1791 年 1 月,他出售这部辞典的理由是,作为一本手册,它对建立革命的市政当局有一点用处。② 如果一位作者在大革命中扮演了重要角色,庞库克就会在告读者书中提到他,尽管他从没有利用过他最重要的百科全书编纂者之一罗兰所在的政府部门,这可能是因为他想避开围绕着吉伦特派成员的争论。③1791 年,他为芒泰尔的《古代地理学辞典》第二卷喝彩,说他创立了

---

① *Histoire* (1784), I, i–ii.
② 1789 年 3 月 28 日和 1791 年 1 月 4 日的告读者书,*Manufactures*, III, xi, xxxii。
③ 参见 1789 年 12 月 21 日、1790 年 2 月 8 日和 1791 年 9 月 19 日的告读者书,*Manufactures*, III。

## 第九章 百科全书主义、资本主义和革命

罗马史研究的新观点,"依据目前已为人熟知的人权原则加以论述"和在"我们旧政府的可怕准则"影响下的前历史学家的著作形成了鲜明的对照。① 1791 年他不无夸耀地向国民制宪议会赠送了一部《方法百科全书》并赠给国民自卫军价值 1 000 里弗的礼物。② 到了 1793 年,他出售《百科全书》时就像正在从事一项赢得这场战争的活动:

> 在为了维护外受疯狂攻击、内受背信弃义者出卖的自由而必须进行战斗的动荡环境中,仍然能以完成了颂扬人类知识的前所未有的最宏伟大厦而自豪,这对于一个民族来说是光荣的。即使在如此危险的环境中,法国也应该保持自己在文学领域的优势地位,在暴风雨中完成其他任何民族在宁静的和平环境中都不能完成的事,一只手放在科学神庙的顶点,而另一只手则在自由的摇篮边战斗。③

不管庞库克的隐喻如何混杂,如果他需要,他的话听起来就会像任何一个雅各宾派一样极端。他懂得如何因时而变,懂得如何使《百科全书》和国家的目标相一致,懂得如何在大革命向左转的时候让他的书似乎日益激进。但是他 1790 年和 1791 年的声明表明他是真正属于右派的。在退出政坛之后,他试图挽救自己

---

① 1790 年 11 月 29 日的告读者书,*Manufactures*, III, xxx。
② *Moniteur*, Aug. 2, 1791。
③ *Mercure*, Jan. 6, 1793。庞库克的宣传不应该被解释成从革命时期以后《百科全书》的各卷中没有真正的雅各宾主义的意思。例如,可参见 1792 年《哲学辞典》(II, 154) 中奈吉翁好战的拥护共和政体的观点。

最大的生意，通过向左转而安然度过大革命的危险。虽然这一招成功了，但并没有改变《方法百科全书》的基本性质。从本质上讲，它是旧制度的产物。尽管庞库克企图给它涂上共和的油彩，但它还是表现出了18世纪80年代贯穿于法国文化中的种种矛盾：它是进步的又是有特许权的，它是科学上的先锋但又在扉页上把自己献给显贵——简而言之，它是雅各宾主义兴起之后看起来水火不容的因素的"联合"。

## 最后的百科全书编纂者

这一点值得重点研究，因为有人说百科全书主义导致了雅各宾主义——不是因为巴鲁埃尔神甫想象的那种哲学上的合谋，而是因为它们观点一致。① 根据G. C. 吉利斯皮的说法，狄德罗的《百

---

① 关于科学、百科全书主义和法国大革命的最吸引人的总体解释是 Charles C. Gillispie, "The *Encyclopédie* and the Jacobin Philosophy of Science", in Marshall Clagett, ed., *Critical Problems in the History of Science* (Madison, Wis., 1959), pp. 255–289。另请参见同一卷 L. Pearce Williams, "The Politics of Science in the French Revolution"（"法国大革命的科学政策"）中亨利·盖拉克 (Henry Guerlac) 的批评性的评论, pp. 291–320；以及 L. Pearce Williams, "Science, Education and the French Revolution"（"科学、教育和法国大革命"）, *Isis*, XLIV (1953), 311–330。吉利斯皮 (Gillispie) 论文的进一步的细节请参见 Gillispie, "Science in the French Revolution"（"法国大革命中的科学"）, *Behavioral Science*, IV(1959), 67–73；*The Edge of Objectivity: An Essay in the History of Scientific Ideas*（《客观性的边界：科学观念史论》）(Princeton, 1960), chap. 5。关于大革命时期科学院的杰出记述，请参见 Roger Hahn, *The Anatomy of a Scientific Institution. The Paris Academy of Science, 1666–1803*（《对一个科学机构的分析：1666—1803年的巴黎科学院》）(Berkeley, 1971)，该书附有完整的参考书目。

## 第九章 百科全书主义、资本主义和革命

科全书》促进了对深奥的精确科学的反动,支持生机论的或者说"浪漫的"生物学,而这一反动又激发了和雅各宾派一起兴起的反智主义思潮去反对拉瓦锡、各种学院院士和被看作最有智慧的人的观点。这一解释的薄弱环节在于百科全书主义和雅各宾主义之间的因果关系。很难说明这两种"主义"是怎样会合的,因为大多数最初的百科全书编纂者死于1793年之前,而雅各宾派也没有引用狄德罗的话来证明他们对学院院士们的攻击是正确的。不过重要的关联点也许应该到启蒙运动的第二部《百科全书》中去寻找,它的出版时间从18世纪80年代初开始,跨过了整个大革命,一直延伸到19世纪。

尽管庞库克的《百科全书》和狄德罗的不一样,但还是被认为是对第一部《百科全书》的修订和扩充,它来自一个最初由狄德罗制订的计划,而且在那个时候它被理解为百科全书主义的最新版本。① 如前所述,《方法百科全书》的确强调了生物学,但是它的作者,尤其是拉马克,并没有用狄德罗和歌德的生机论或者浪漫的精神处理他们的学科。《方法百科全书》没有忽视数学和物理学。而它的化学卷还用拉瓦锡严格精确的体系去反对初版《百科全书》中韦内尔撰写的条目里的生机论。此外,庞库克的化学家都是著名的雅各宾派:任职于救国委员会的吉东·德·莫尔沃和接替马拉国民公会职务的富克鲁瓦。庞库克出版最深奥的辞典的时候,正是大革命进行到最白热化的时候——也许是因为他认

---

① 例如,请参见格林和拉阿尔普的通信中有关《方法百科全书》的内容。*Correspondance littéraire, philosophique et critique par Grimm, Diderot, Raynal, Meister etc.*, ed. Maurice Tourneux (Paris, 1880), XIII, 135; Jean-François La Harpe, *Correspondance littéraire* (Paris, 1801), III, 301:"这是一部以旧版为基础的新《百科全书》。"

为作者蒙热和富克鲁瓦所遵奉的雅各宾主义可以使它们在革命政府眼里看来更有合法性。如果他料想到物理学和化学辞典会冒犯雅各宾派,他根本就不会让它们在那个时候出版,而最有冒犯性的是那些已经获得路易十六的审查官批准的辞典,尤其是法学和历史辞典。无论如何,雅各宾派一直没有因为《方法百科全书》所介绍的科学已经超出了普通读者理解力的极限而指控它是不民主的。虽然,它的科学条目比初版《百科全书》中的更加深奥。事实上,《方法百科全书》表现了知识向专业化和职业化转化的一般趋势——变得更加深奥而不是相反,雅各宾派并没有对抗这一趋势,而是招募专家制造硝酸钾、大炮以及制订合理的度量衡体系。

第二种寻找百科全书主义和雅各宾主义之间关联的努力涉及撰稿人群体的变迁史。① 弗兰克·卡夫凯试图通过追踪那些寿命很长、经历了恐怖时期的第一批编纂者的职业生涯,质疑某些历史

---

① Frank A. Kafker, "Les Encyclopédistes et la Terreur"("百科全书编写者与恐怖时代"), *Revue d'histoire moderne et contemporaine*, XIV (1967), 284—295. 另请参见 Jacques Proust, *Diderot et l' "Encyclopédie"* (Paris, 1967), pp. 38—43; John Lough, *The Contributors to the "Encyclopédie"* (London, 1973), esp. pp. 51—53. 把最初的百科全书编纂者作为一个整体来进行分析的过程中最大的问题是当时的人数到底是多少。根据 Richard Schwab, *Inventory of Diderot's "Encyclopédie"*("狄德罗的《百科全书》概述"),洛确认了 142 位撰稿人的身份,但这只是最低限度的人数,通过附录的参考书目中提到的著作的研究,这个数目还可以大大增加。例如,罗伯特·沙克尔顿(Robert Shackleton)搜集了 277 位撰稿人的情况,见其 "The *Encyclopédie* as an International Phenomeon"("作为一种国际现象的《百科全书》"), *Proceedings of the American Philosophical Society*, CXIV (1970), 390. 即使如此,还有 2/5 条目的作者不知是谁,而已知撰稿人对《百科全书》的贡献又很不平衡,如果以此来进行统计,只能引向错误的结论。他们中的 1/3 只写了一个条目,而形成鲜明对照的是若古,他写了 17 000 条,几乎是总数的 1/4。

## 第九章 百科全书主义、资本主义和革命

学家中把狄德罗的撰稿人描绘成为雅各宾主义建立了意识形态基础的激进分子的倾向。卡夫凯发现,在1793年还健在的38位编纂者中,只有一位欢迎恐怖时期,有八位进行抵抗,大部分都隐遁不彰,表示不解、恐惧和厌恶。当然,要求这些人对大革命的反应和他们四十年前在关于科学和艺术的文章里所表达的观点保持一致,也是不切实际的。不过,如何以这38位的反应来代表假如能一直活到大革命的其他编纂者可能的感受,也许更困难。这38人不仅只是狄德罗的撰稿人——尽管有不下300人但无法知道确切的总人数——中无关紧要的一批人,而且,他们撰写的条目也是狄德罗的《百科全书》中无关紧要的那部分。其中只有四人的贡献比较大,而真正重要的编纂者——那些撰写了大部分内容的人——都死于1793年之前。和狄德罗本人一样,他们都属于在世纪中叶达到成熟期的一代人。而编纂《方法百科全书》的第二代撰稿人则是大革命领袖们的同龄人。尽管他们的著作不能和狄德罗的合作者相提并论,但却可以被认为是代表了百科全书主义的新阶段,在这个阶段中它和雅各宾主义产生了直接的关联。所以,如果想从研究一个知识分子群体对大革命的反应中得到些什么的话,庞库克找的编纂者的反应倒是很有启发性。①

---

① 后面的叙述基于附录D。如果要列出所有的传记性材料未免太过冗长,但一定要提到两部传记辞典:*The Dictionary of Scientific Biography*, ed. Charles C. Gillispie (New York, 1970–1976), 14vols. 和内容更加广泛却不那么可靠的 *Biographie universelle*, ed. J. F. and L. G. Michaud (Paris, 1811–62), 85 vols.。关于富克鲁瓦的背景资料——在科学体制的重组中,他可能是最重要的百科全书编纂者——,参见 W. A. Smeaton, *Fourcroy, Chemist and Revolutionary*(《富克鲁瓦:化学家和革命者》)(London, 1962). 关于另两位重要的编纂者的情况,请参见 Louis de Launay, *Un grand français. Monge fondateur de l'Ecole Polytechnique*(《一位法国伟人:(转下页)

当然，不要指望能戏剧性地发现多少生活在差不多两个世纪之前的人们的内在思想。有几份材料，比如像莫列雷和马蒙泰尔的回忆录，描述了身陷恐怖时期的百科全书编纂者的恐惧、幻想和梦魇。① 但是有一些百科全书的编纂者继续做他们的工作，没有做任何解释，也没有留下他们如何感受那个时代伟大事件的任何记录。也许他们对研究之外的事情没有任何兴趣。其他的人发现他们的生活受到了大革命的侵扰，但做出的反应却是相互矛盾的。现有的证据并不能适用于一个单一的图景。我们不可能拼出一个完整的图像，只能得到各种各样互不关联的图像：吉东·德·莫尔沃在弗勒吕斯战役中乘上热气球去观察敌人的阵地；多邦通在一群国民公会代表面前解剖一头前王家动物园的犀牛；夏尔在无套裤汉1792年8月10日猛攻杜伊勒利宫时专心在宫中的实验室里做实验（他们赦免了他，因为他当气球驾驶者时有过英雄的历史）；在同一天，拉朗德把杜邦·德·那穆尔藏在巴黎天文台里，热月以后，又在法兰西公学挺身谴责"雅各宾派的破坏艺术"；富克鲁瓦用前修道院的大钟为制造大炮提取铜；蒙杰把他掌握的钱币学知识用于为共和国制造硬币；卡特勒梅尔·德·坎西则频繁进出监狱，并在斐扬派时期到旺代暴乱期间一直和君主主义者合谋；而维克·达齐尔则在最高主宰节见到罗伯斯庇尔的时候感到

---

（接上页）综合工科学校奠基人蒙热》(Paris, 1933); Keith M. Baker, *Condorcet: From Natural Philosophy to Social Mathematics*（《孔多塞：从自然哲学到社会数学》）(Chicago and London, 1975)。近来关于大革命时期的医生的研究，请参见 David M. Vess, *Medical Revolution in France*（《法国的医疗革命》）(Gainseville, Fla., 1975)。

① 特别是 André Morellet, *Mémoires*（《回忆》）, in *Collection des mémoires relatifs à la Révolution* (Paris, 1820–25), VII, 20–29。

## 第九章 百科全书主义、资本主义和革命

极为惊恐（根据是后来的《方法百科全书》中某卷里的一条极为夸张的条目），以致后来由此而丧了命。

有些情况是很清楚的。《方法百科全书》的撰稿人中包括一位流亡贵族（波默洛尔）和一位断头台上的牺牲品（布谢·达尔吉），还有三位则因反革命嫌疑——德马雷、冉格内和卡特勒梅尔·德·坎西——被投入监狱侥幸未死。他们中没有人是恐怖的支持者；给其他几位编纂者划分类别的根据是档案——虽然这些档案在历史学家中引起了很多争议，因为他们在革命中扮演了重要的角色。德莫尼耶在制宪议会中是一个很有影响的爱国党人。他随后退出了政治，但后来又和多邦通一起东山再起，任拿破仑一世时期的元老院成员。在立法议会中，皮埃尔-路易·拉克雷泰勒和卡特勒梅尔·德·坎西与右翼的斐扬派为伍，而孔多塞、布鲁索内、吉东·德·莫尔沃、加朗·德·库隆和拉库埃·德·塞萨克一般都支持左翼的布里索派。作为国民公会开始几个月里的内政部长，罗兰领导着右翼的吉伦特派，而作为海军部长的蒙热，通常支持左翼的山岳派。清洗吉伦特派使罗兰和孔多塞付出了生命的代价（在逃离巴黎后都自杀了）。但是他们以前在《方法百科全书》上的合作者蒙热、富克鲁瓦和吉东·德·莫尔沃在恐怖时期的国防事务上发挥了重要作用。因为他们把精力集中在技术问题上，大抵不被看成是强硬的山岳派。但他们和撤到没有争议的委员会工作的加朗·德·库隆不一样，而是深深地卷入了雅各宾派的政治。因为在1793年春天的一个短暂的时期内和1794—1795年的冬天，吉东·德·莫尔沃是救国委员会的一员。而在督政府时期，更多的百科全书编纂者占据了权力中心附近的位置——罗贝尔、卡特勒梅尔·德·坎西、加朗·德·库隆和吉

东·德·莫尔沃进入了五百人院,而富克鲁瓦、马蒙泰尔和拉库埃·德·塞萨克则进入了元老院。①

无疑,百科全书编纂者中有很多政治活动家,而他们在大革命中也并不以一致的方式行事。他们不仅支持不同的派别或者政党,而且几乎都拒绝归类,因为党派之间的界限既游移又模糊。一些历史学家甚至认为,在大革命期间,各党派都没有一个紧密的形式。但是这种解释会带来把对革命者来说有意义的政治差别化约到唯名论的危险。②事实上,可以根据百科全书编纂者的政治倾向把他们分成三类:革命的反对派(从一开始就对革命表现出敌意的)、中间派(赞成君主立宪、不相信大众革命的)和共和派(在1792年8月10日以后不论作为吉伦特派、激进的雅各宾派还是无派别的个人,支持革命的激进化)。庞库克1789年列出的73位主要撰稿人之中有10位一点资料也没有,还有9人死于1793年之前,余下的人数是54人——这个数字虽然比原数字少,但对了解第二代百科全书编纂者来说仍然有代表性。

54人中有14人在大革命中没有明确的政治立场。其中7人显

---

① 关于大革命中最关键时期的政治分野的详尽研究,请参见 Alison Patrick, *The Men of the First French Republic.Political Alignments in the National Convention of 1792*(《法兰西第一共和中的人物。1792年国民公会中的政治联盟》)(Baltimore and London, 1972),它取代了 M. J. Sydenham, *The Girondins*(《吉伦特派》)(London, 1961)中的修正主义解释。从奥拉尔(Aulard)、马蒂耶(Mathiez)和库辛斯基(A. Kuscinski)较早的著作 *Les Députés à l'Assemblée Législative de 1791*(《1791年立法议会的议员》)(Paris, 1900)和 *Dictionnaire des Conventionnels*(《国民公会议员辞典》)(Paris, 1916–1919)中还可以了解到更多的百科全书编纂者参与政治的情况。
② 参见注释①中引用的帕特里克(Patrick)和西德纳姆(Sydenham)的著作。关于百科全书编纂者在政治上结盟的详细情况,可参见附录D。

## 第九章 百科全书主义、资本主义和革命

然还在继续原来的职业生涯，4人失去了收入或者工作，3人湮没无闻。看起来他们中可能有一半的人支持革命——至少是被动的，至少到1792年8月10日之前；不过这只是猜测。

有7位在早期表示不赞成大革命，但一直没有付诸行动——除了波默洛尔（他流亡国外，又在1798年结束流亡，在拿破仑手下当起了巴黎警察局长和男爵）和布谢·达尔吉（他从沙特莱法院法官的立场谴责十月事件，后于1794年7月23日被推上断头台）。

15位可以被看作是温和派。他们中至少有6位——图雷、拉克雷泰勒、波歇、德莫尼耶、凯拉利奥和卡特勒梅尔·德·坎西——支持斐扬派的君主立宪制度。他们接受了旧制度的毁灭，但支持保守的改良。其余9人很难归类，因为他们接受了官职，却没有积极参与大革命。有些人可能相当激进——例如，奥利维耶和布吕吉耶，他们被罗兰派往中东进行科学探险。但大部分人是在各种革命政权的保护下集中精力做科学研究工作。其中包括自然史博物馆的生物学家多邦通、拉马克和图万。即使他们没有和共和党人的同事富克鲁瓦持同样的激进观点——而他们很可能的确持此观点，他们也无疑从大革命对植物学和农艺学研究的鼓励中得到了好处。

18位是共和党人。其中的5位（蒙热、富克鲁瓦、吉东·德·莫尔沃、杜布莱和肖斯耶）和极端的雅各宾派过从甚密；5位（罗兰、孔多塞、布鲁索内、拉库埃·德·塞萨克和蒙杰）支持吉伦特派；其余的8位（加朗·德·库隆、冉格内、芒泰尔、罗贝尔、奈吉翁、尚邦、贝尔托利奥和德·普罗尼）没有和某派结盟，虽然他们中的大部分人很可能同意吉伦特派的主张。

516

上面的划分在精确性方面可能会使人产生一些疑虑；不过即使考虑了不准确的和错误的情况，它还是可以说明两点。首先，百科全书编纂者并不是一个整体，而是分布在所有的政治派别中。其次，他们分布得并不均匀，而是集中在中左的派别中，也就是右不过斐扬派（君主立宪派），左不过吉伦特派（温和的共和党人）。几乎没有人支持恐怖，更没有人支持恢复旧制度的反革命。从整体上看，他们比我们认为的要更激进一些。

也许通过研究制度而不是政治派系、研究热月后的时期而不是大革命的前五年，关于百科全书编纂者与大革命的关系的研究可以获得更丰富的成果。雅各宾派的百科全书编纂者把化学应用到武器的设计和生产中，发展了军事医学，还把数学用于国防。他们的成功强化了从1793年到法兰西第一帝国期间重新组织知识为国家服务的努力。当然，在1789年以前，百科全书编纂者已经在为国家服务了——作为学院院士、审查官、教授和行政官员；原来很可能还指望他们守住自己的岗位以对抗革命的进攻。但是，他们中的大部分人却帮忙拆散了旧的知识制度并重新建立了新的制度。拉马克、多邦通、图万和富克鲁瓦把旧的王家植物园转变成了自然史博物馆。维克·达齐尔和安托万·路易通过制宪议会的卫生委员会重建了医学专业，富克鲁瓦和图雷在1794年到1795年通过建立卫生学院继续自己的工作。巴黎卫生学院（后来更名为巴黎医学院）最早的12位教授中有5位早就在为《方法百科全书》编纂《医学辞典》。师范学校最早的教授中也包括了一些很有实力的百科全书编纂者：蒙热、图万和芒泰尔。蒙热推动了综合工科学校的建立，在那里他和四位合作者一起为《方法百科全书》撰稿：富克鲁瓦、吉东·德·莫尔沃、肖斯耶和德·普罗尼。蒙

## 第九章　百科全书主义、资本主义和革命

热、富克鲁瓦、冉格内还在国民公会的公共教育委员会中扮演决定性的角色，这个机构不仅创立了巴黎的各个高等专科学校，还在各省建立了一系列的中央高等学校——另外的四位百科全书编纂者德马雷、芒泰尔、格里韦尔和博纳泰尔在其中任教，并以此重建了法国的高等教育体系。最后，几乎所有曾经属于王家学院的百科全书编纂者都在法兰西研究院中获得了一席之地，这一机构是在1795年创建的，被视作"活的百科全书"。①

百科全书编纂者的职业生涯表现出了一种跨越不同制度和各种政治分歧、从旧体制过渡到新体制的非同一般的连续性。变化的路径是从王家植物园到自然史博物馆，从王家医学会到卫生学院，从单一的技术学校到高等学校。30位百科全书编纂者——1796年仍然在世的人数的一半——加入了法兰西研究院，其中有29位原来是属于巴黎各个学院的。在18世纪80年代主导了法国文化的知识界在18世纪90年代再度出现了，而且比任何时候都强大。但是知识精英的持久力并不是一则法国谚语"越是变化，越是相同"的注脚，因为新制度和旧制度有重大差别。尽管他们的成员资格非常稳定，但是已经抹去了特权、社团主义和贵族政治的痕迹。大革命清除了旧礼节以及等级差别、享有荣誉的院士和上流社会的业余爱好者。它保留了旧精英但却有了新的条

---

① Hahn, *The Anatomy of a Scientific Institution*, p. 297。在1791年9月10日提出建立一所国家研究院的建议中，塔列朗似乎是在重复庞库克在《方法百科全书》的推销材料中所说的话："研究院将由那些始终从事研究和教育的博学多才的人组成；在它的院墙内巴黎将会发现为科学建造的前所未有的最完整和最宏伟的丰碑。" *Aichives parlementaires*, XXX, 456。关于百科全书编纂者参与共和国知识体系的更多材料，请参见附录D。

件：向有才能的人开放以及职业水准至上。这些条件在1789年之前就已经存在了，但是并没有明确提出，而且与为圣路易望弥撒、颂扬路易十四和来自国王的宠臣的资助混杂在一起。在共和国的教育体系中，百科全书编纂者是以专家的面目出现的：每个人有一个领域，而每个领域又都在现代化的课程体系中占有一席之地。同样，研究院的百科全书编纂者也根据专业分成了不同的"类别"。大革命并没有消灭精英统治论，而是使它有了新的形式，驱除了特权并向专业化发展。

519　　尽管这一转变相当突然和剧烈，时间是在1793年到1796年，但是它的源头可以追溯到旧制度时期——而且部分可以追溯到《方法百科全书》。庞库克并不认为他的《百科全书》因为立场鲜明地反对无耻的人并且支持社会公平就代表了对狄德罗《百科全书》的超越——事实上，在政治和宗教问题上，它要比后者谨慎得多。不过，他认为它表达了更多的知识上的进步观念；因为他把学问分成了不同的领域，给每个领域配备了一位专家，要求他们在专业的范围内尽可能地写出最先进的内容。而到了销售产品的时候，庞库克就动用官方保护加特许权的策略，这在1789年以后看起来是反动的。然而，如果从知识社会学的角度来看，他的冒险事业应该是先进的：他以法兰西研究院组织百科全书编纂者的方式——根据的是严格的专业标准——组织了《百科全书》的内容。

　　从个人角度来说，尽管在1792年之后做出了激进的姿态，但庞库克还是一个保守派，比他的大部分作者都更保守。但他的《百科全书》却不能以某种明确的意识形态来界定，他的作者也分布在不同的政治阵营中。把这些百科全书编纂者聚拢在一起并使他们的著作呈现出一致性的，并不是一种共同的政治信仰，而是一种潜在的潮流：把全部知识推向专业化的方向。百科全书主义作为一种"主义"是相当复杂并充满矛盾的。但是作为18世纪晚期理性发展的一个阶段，它代表了一种趋势，即知识集中到专家手里，专家则被拉进了政府机构——这一趋势在路易十六时期初露端倪，在1793—1794年的救国委员会期间变得至关重要，在法国大革命之后也没有从历史中销声匿迹。

# 第十章
## 结论

不论《百科全书》是否如它的出版商所言是出版史上最伟大的事业，它最终都成了18世纪最大的生意之一。第一对开版的生意达到了数百万里弗的规模；四开本和八开本的规模又远胜于它；《方法百科全书》更是庞然大物，令原本规模巨大的几位前辈相形见绌。《百科全书》的出版规模表明了百科全书主义的重要性，正如它的敌人和朋友都赞同的，这部书的象征意义超过了它本身，它代表了一种运动、一种"主义"。它使启蒙运动具体化了。通过研究《百科全书》如何从出版商的计划变为现实，可以看到启蒙运动物质化的过程：从作者和企业家的抽象构思阶段发展到大量感兴趣的读者可以购买的具体的出版物。纳沙泰尔印刷公司的文件展现了这一过程的每个阶段。它们提供了一切必要的信息，使人们可以追踪四开本《百科全书》这部到当时为止18世纪规模最大的出版物的生产和传播过程，它们还显示了四开本是如何与所有其他版本的《百科全书》相关联的，所有这些版本共同建构了一个持续不断的努力过程，把《百科全书》带给了1750—1800年范围不断扩大的公众。

# 第十章 结论

## 启蒙的生产和传播

已经有人对四开本的制造过程进行过详细研究，因为它可以说明手工印刷年代绝大部分图书的生产方式。同时，印刷品的原材料的重要性远远超过它在现代出版业中的地位。这不仅是因为纸张的费用占生产成本的75%，而且因为纸张的质量对顾客决定是否购买有着很重要的影响。18世纪时候购买图书和现在大不相同，因为旧制度下的人把大量的注意力放在图书的物质方面。他们和关心图书的内容一样关心印有这些内容的纸张。所以，出版史中应该考虑纸张的循环周期。这是一个很复杂的故事，开始于捡破烂的人在资产阶级住宅的后门讨要破旧的亚麻布，终结于这些布在变成了《百科全书》的纸张后又从前门回到了房子里。多亏了纳沙泰尔印刷公司的记录，我们才能跟踪纸张的流动过程：从一家家的作坊，经过印刷工场，变成今天图书馆里的一部部四开本《百科全书》。人们可以通过水印追踪到有独特造纸风格的特定的作坊；也可以挑出一小段丝线，它来自绅士们的内衣裤或者女士们的衬裙。人们甚至可以识别出四开本纸页上的手指印。通过工人阶级历史中一些被遗忘了的途径，人们可以把这些手指印和生产图书的工人的生活联系起来；因为印刷工场主对待工人的方式和他们消费纸张的方式是一样的：他们为了某项工作按照一定比例"订购"不同工种的"成套"的工人，工作一旦结束，就把他们抛弃掉。

当"资产阶级"——工人们这样称呼自己的老板——的眼睛只盯着盈亏账目表的时候，当工头竭力在工场持续不断的工作中维持一定的秩序时,熟练工人正在追逐他们自己的目标。他们并不拼死拼活地想把自己变成"资产阶级",因为他们知道对他们来说唯一的流动性是地理上的。如果他们希望在拉印刷机的拉杆时轻松一些,就在印版上多加油墨。如果他们想调剂一下单调的排字工作,就到小酒馆稍事休息。如果他们喝厌了当地的酒或者生工头的气,就顺着大路另去找一家远处的工场开始新生活。德格朗热在他的造纸作坊被洪水冲垮不久之后就制造出了一种特殊的纸张;尚皮为《方法百科全书》排字时他的家人则正在担心他会死于肺炎;在和前雇主的女店员私奔后,年轻的肯德兰在印刷机上印制《百科全书》——让目光超越这部书,进入到生产这部书的人的生活中,就可以意识到《百科全书》所体现的人类经验的博大。方方面面的人都被动员起来为把《百科全书》变为现实而努力。拾破烂的人、收集栗子的人、金融家和哲人都在生产一部著作的过程中扮演了一个角色,这是一部物质实体和知性启示高度一致的著作。作为物理实体和作为观念载体,《百科全书》综合了上千种的艺术和科学;它完全象征了启蒙运动。

　　编辑和广告的作用值得专门研究,因为这会说明《百科全书》的文字是如何被处理的,以及在生产和传播过程中,它是如何呈现在公众面前的。拉塞尔神甫根本就没有表现出对原著完整性的关心,而是根据自己和杜普兰的需要进行删节和组合。因此,"大众"版的《百科全书》——四开本和八开本,后者是对前者亦步亦趋的仿造——有它们自己的"味道":除了狄德罗调制出来的基本味道以外,又加上了拉塞尔的里昂味。当然,狄德罗版《百科全书》最初的出版商也在文本中掺了假。一般而言,18 世纪的出版商对书面的文字都持轻慢的态度。现在看来很像经典的那些书,

## 第十章 结论

往往是漫不经心地凑起来的,每印一版就重新改造,或者甚至就在印制过程中随意改动,就像杜普兰通过删节文字把每卷的篇幅压缩到 800 页,被发现后,又把每卷的篇幅增加到 1 000 页。

同样,出版商在广告中信口开河。《百科全书》的广告,从 1751 年的第一份说明书到 1830 年前后《方法百科全书》最后的宣传册子,充满了半真半假的说法、谎言、不兑现的诺言和捏造出来的关于假冒版本的声明。出版商的谎言太过经常和随意,使人疑惑他们是否曾经考虑过把诚实可信作为一条原则。他们可能从来也没有想过有责任让公众得到准确的信息。实际上,法国政府鼓励他们在说明书和扉页中使用虚假信息,这样它就可以对教会和高等法院希望它没收的书视若无睹。和写有"国外出版商"的标题一样,所谓的官方"默许"也是一种合法的谎言,每个人都知道这是假的,就像每个知道内情的人都不会相信伏尔泰没有写那些小册子的声明。18 世纪的出版业不是根据信用规范进行的绅士游戏;正如一位瑞士书商所说的,这是"强盗行径"。①这些出版商和他们的现代同行相比生活在另一世界里,他们行动的前提条件也大不相同。缺乏完善的版权保护,被盗版围困,不断受到窥探,还会被叛徒威胁,在这样的条件下,他们承受不起诚实的代价。所以无论他们告诉公众什么,都是为了卖书。他们的行为不会让今天反对虚假商标和在广告中做手脚的人感到高兴,因为这表明虚假广告已经有很长的历史了。在美国广告业的时代来临之前,不存在什么诚实守信的黄金年代,至少在文雅的

---

① 巴塞尔的塞里尼致纳沙泰尔印刷公司的信,1777 年 11 月 29 日。

18世纪不存在。①

如果把对事实有所歪曲的广告当作历史文献来读，可能比把它作为简单的告读者书更有启发性，因为它们显露出了销售者是如何考虑产品以何种面目出现在读者面前的。在四开本的宣传中，出版商强调，读者将得到一部现代知识的纲要和一部现代哲学的合集，所有这些都一网打尽。从这方面来看，他们贯彻了狄德罗和达朗贝尔的策略，希望通过把哲学和知识视为一体而促进哲学的发展。追问《百科全书》是不是启蒙运动的参考书或者宣言书，是提出了一个伪问题，因为它就是要把这些特性结合在一起，而且它也被它的发起人和作者说成是这样的一种结合体。在我们所知的读者反应中，他们似乎也是这样看待《百科全书》的。他们需要哲学的程度和需要知识的程度差不多，他们并不以现在的读者看待现代百科全书的方式——立场中立的、万事万物的汇集——来看待《百科全书》。应该认真地考虑那个时代的人对这部书的理解，因为它表明了18世纪《百科全书》与启蒙运动相一致的程度。出版商的销售活动就是以这种一致为基础的。他们希望读者会因为广告中所提到的理由而购买这部书：书架上的一部《百科全书》将表明它的所有者既是一个有知识的人，也是一个懂

---

① 可以从《百科全书》广告周围的文字来评判它的性质。1777年6月27日的《莱顿报》上有一则广告，正好位于帕斯泰尔先生的"通告"上方，这位先生宣布"他发现了一种最可靠、最有效的药物——他是唯一拥有者——以治愈最根深蒂固、就连汞也对它无可奈何的花柳病；而且他还是始终难以治疗的慢性病的专家；例如冷脓肿、坏血病、妇女奶水不足和各类脱皮性皮疹，他都能治愈，而且不是以缓慢的方式，是迅速治愈"。同样，伦敦的《晨报》上一则四开本广告的背面是自称治疗秃顶绝对有效的熊脂广告，让-巴蒂斯特·达尔纳尔把它剪了下来，并在1782年4月19日寄给了纳沙泰尔印刷公司。

## 第十章 结论

哲学的人。哲学到了1777年已经非常时髦；知识界时髦潮流的商业化已经非常发达；其发展道路是由狄德罗和达朗贝尔设计的。简而言之，启蒙运动在法国社会中似乎已经相当深入。但是有多深入？

图书的消费只能被看作是读书公众的趣味和价值观不甚精确的指示器，而且首先谈什么"消费"图书可能显得有些莽撞。不过，不论从经济还是文化的角度看，买书都是一种很有意义的行为。它为知识界之外的观念传播提供了一些标志，而思想史通常是在知识界的范围内被定义的。而且由于从来没有过关于18世纪的任何一部书销售情况的研究，所以对启蒙运动最重要著作的销售情况进行分析应该是有价值的。

《百科全书》的价格给它的传播范围划定了一个界限，因为它一直超出农民和工匠的购买能力，虽然他们中的一些人可能在文学阅览室中查阅过这部书。不过，随着一版一版《百科全书》的出版，它的开本逐渐缩小，图版减少，纸张的质量降低，价格也逐渐下降。而且随着出版联合企业的相继出现，他们的网撒得越来越宽，每出版一个新的版本，读者范围就更加扩大。到了发行四开本的时候，他们宣布《百科全书》已不再是奢侈品，已经走进了普通读者当中。但是，谁是18世纪法国《百科全书》的读者？他们居住在王国的哪一个地区？属于什么社会阶层？

为了确定这些问题，有必要从四开本的订购名录中找出一些统计数字来，这份名录包括了1789年以前大约3/5在法国发行的和将近1/3在世界各地发行的《百科全书》。订单分布图（图5）表明，四开本遍布法国全境，但是某些地方的销售情况比别的地方好——城镇比农村好，商业中枢比穷乡僻壤好，罗讷河和加龙河流域比卢瓦尔河和默兹河流域好,最好的是外省省会:里昂、蒙彼利埃、图卢兹、波尔多、雷恩、卡昂、南锡、第戎和贝桑松。四开本没有到达的只有雷恩以远的布列塔尼地区、波尔多以南的朗德省以及由卢瓦尔河、谢尔河与多尔多涅河围成的西南乡村地区。用地理分布去说明社会分布是比较冒险的,不过地图上的某些疑点可以从书商的通信中得到说明。衡量了两类证据之后,情况似乎已经很清楚了,对《百科全书》的需求主要来自以下的地方:在中世纪晚期获得过大量的教会和教育机构捐赠的古老的城市以及随波旁王朝的兴起而成为行政和商业中心的城市——高等法院、科学院和总督府的所在地。在那些刚刚感觉到工业化的躁动的未来之城里,四开本的销路不太好。

  代表了《百科全书》市场两种极端情况的是贝桑松和里尔;前者是一个有 28 000 人口的守旧的外省省会,共消化了 338 部四开本;后者是一个有 61 000 人口的发展中的工业中心,只卖出了 28 部。① 如果纳沙泰尔印刷公司的通信是可信的,那么这种差异就很容易解释:工场主和商人对出版物不感兴趣。尽管北部和东北部订购的状况很糟糕,表明订购者可能属于旧商业城市中的商业寡头集团而不是新兴的工业界,但四开本的订购者当中确有少数商人,其中肯定有马赛的,很可能还有里昂的和波尔多的。弗朗什-孔泰地区的情况是,253 位订购者或者说 65% 的订购者的身份可以确认。其中只有 15 位是商人。大多数人来自传统的精英阶层:

---

① 总的订购名录上标明向贝桑松发行了 338 部四开本,但是莱帕涅公布的记录了每个订购者情况的名单上只出现了 137 部。莱帕涅名单上弗朗什-孔泰地区的其他订户订走了 116 部。其余的无法查到。

## 第十章 结论

以高等法院的法官为首的穿袍贵族和以贝桑松驻军军官为首的军人。政府官员购买了大量的《百科全书》,看起来它似乎已经深入了该省的整个政府部门。在小城镇里,它吸引了有知识的律师、行政官员甚至神甫。在贝桑松,它进了高等法院法官、地方官员和军官、律师、医生和牧师们的图书室。尽管到了最后,这部书的读者群很可能扩展到较低的中产阶级——多亏了借阅和莱帕涅的文学阅览室,但贝桑松一半的订购者来自第一和第二等级。然而,总的来说,《百科全书》没有渗透进社会的底层:它在社会的中层传播并且在上层达到了饱和的程度。

这种头重脚轻的情形符合由伏尔泰和达朗贝尔所制订的启蒙策略——一种自上而下的启蒙运动将通过上层建筑逐渐从沙龙和科学院渗透到小城镇的名人显要之中,但仅此而已。[①] 因此,《百科全书》开始时是一件奢侈品,局限在宫廷和首都的精英手里。不过,当它采用了适中的形式,价格也与中产阶级的收入相适应以后,就传遍了旧制度下的资产阶级——一个依靠年金、一官半职和军队而不是工业和商业过活的资产阶级——的圈子。现代资本主义的资产阶级也买得起后来的《百科全书》,当时的少数开明商人也的确购买了——不过人数太少,和购买了大部分《百科全书》的特权阶层和专业人员相比,显得微不足道。伏尔泰为《百科全书》所作的规划因此看来和实际情况非常接近——比今天法国一些最杰出的历史学家的解释还要接近,这些历史学家通常

---

① 这一策略在两位哲学家之间的通信中展现得很清楚。约翰·N. 帕帕斯(John N. Pappas)对他们深有研究,参见他的著作 *Voltaire and d'Alembert*(《伏尔泰和达朗贝尔》), Indiana University Humanities Series, no.50, Bloomington (1962)。

把启蒙运动和正在工业化进程中的资产阶级联系在一起,并且把《百科全书》看作是阶级意识的表达。①在竞争的残酷性和资本主义特征方面,没有什么可以和《百科全书》相提并论,不过,它的读者群并不是由资本家构成的。他们来自1789年中瓦解得最快的各个社会部门,来自高等法院和大法官裁判所,来自波旁王朝的官僚机构、军队和教会。一种进步的意识形态竟然渗透了社会结构中最为陈旧和锈蚀的部分,这看起来似乎有些荒谬,但大革命正是从悖论开始的——在自下而上的大变动开始之前,上层已经崩溃了。尽管《百科全书》的一部分订购者受到了大革命的冲击,但绝大部分人可能是从革命中受益的,至少从长期来看是这样,因为革命最终落在了律师和著名人物的控制之下,这些人根据自己的利益支配大革命,并且在下一个世纪中——如果不是更长久的话——还将继续控制法国。

《百科全书》的传播情况还与关于法国历史解释中另一个基本问题相关,即应该把启蒙运动看作是大规模地改变了公共舆论的一场广泛的社会运动,还是局限在知识分子小圈子里的相当表面的现象。关于这一问题的争论中的第一种观点回到了像巴鲁埃尔神甫这样的诡辩家的说法,把大革命归结为哲人们和共济会会员的合谋;但它被收进了托克维尔撰写的重要历史著作中,后来又得到书籍史专家——如保罗·阿扎尔和古斯塔夫·朗松,以及达尼埃尔·莫尔内一定程度上——的精心阐述。由于年鉴学派的

---

① 例如,参见 Ernest Labrousse, *Histoire économique et sociale de la France* (Paris, 1970), II, 716-725; Albert Soboul, *Encyclopédie ou Dictionnaire raisonné des sciences, des arts, et des métiers. Textes choisis* (Paris, 1952), pp. 7-24; Soboul, *Précis d'histoire de la Révolution française*(《法国大革命简史》) (Paris, 1962), 52-59。

# 第十章 结论

社会和文化史的影响,第二种观点最近占了上风。受到用一个似是而非的"落后书籍"(le livre retarde)的观念推翻了书籍史观念的吕西安·费弗尔的启发,[①] 年鉴学派的历史学家从统计上研究生产;他们发现在旧制度下的书籍文化中,"惯性"抑制了"革新"。尽管对神学的兴趣下降、关于科学和纯文学的出版物增加,大部分的法国人还是在阅读他们父辈和祖父辈读过的经典和宗教图书:启蒙运动并没有颠覆长期的、深层的传统文化。

关于《百科全书》作为历史中的一股力量所产生的总体影响的不同看法,不可能通过一本书的研究来解决。但是通过展示丰富的未曾使用过的原始材料,《百科全书》出版史有可能改变争论的依据。和书籍史专家所引用的印刷文字以及年鉴学派学者所分析的政府档案不同,出版商们的文件将使研究者与18世纪时的图书业直接接触。当然,纳沙泰尔印刷公司的文件自有其偏见:它们倾向于现代性而远离传统,而且,除非和其他的原始材料——包括雇主联合会和书报总监的文件——一起做系统研究,否则不可能对旧制度下的书籍史有一个总体的看法。但是现在可以先做一个初步的结论。在阅读了纳沙泰尔印刷公司和欧洲各地的书

528

---

① 这种说法是阿方斯·迪普龙(Alphonse Dupront)发明的,见他的"Livre et culture dans la société française de 18e siècle: réflexion sur une enquête"("18世纪法国社会的书籍与文化:有关一项调查的思索"),François Furet others, *Livre et société* (Paris and the Hague, 1965–1970), I, 232, 219;不过,这一概念又回到了Febvre, Henri-Jean Martin, *L'apparition du livre*(《书籍的出现》)(Paris, 1958)中的观点。关于惯性和文化延迟,请参见孚雷的"绪言";Furet, "La 'librairie' du royaume de France au 18e siècle"("18世纪法兰西王国的'出版业'");Julien Brancolini and Marie-Therese Bouyssy, "La vie provinciale de livre à la fin de l'Ancien Régime"(旧制度末外省的书籍状况), *Livre et société*.

商之间的 50 000 封信件之后，我们可以确信伏尔泰和达朗贝尔的确对为数众多的大众发表了意见，而且在用年鉴学派的方法研究《百科全书》的历史时，的确可以引出托克维尔的结论。《百科全书》变成畅销书的故事说明了启蒙运动在法国社会的上层和中层——如果不是在制造了1789年大革命的"大众"中的话——中间有巨大的吸引力。

不过这个故事不应该局限在法国境内。纳沙泰尔印刷公司自夸说它已经把它的《百科全书》卖遍了"欧洲的两端"①，有一些甚至还远销到非洲和美洲。实际上，在法国境外销售的大部分《百科全书》是其他的版本，不过，通过四开本的通信中所提及的其他版本的情况，我们可以对它们在欧洲大陆不同地区相应的重要性有一个总体的概念。《伊韦尔东版百科全书》主要销往低地国家和德国西部；意大利版主要在该国销售，虽然其中有一小部分在远离本土的伦敦和哥本哈根被发现；而八开本在任何地方都卖得很好——实在是太好了，事实上，法国境外的大多数读者很可能就是通过这种又便宜又小巧的"袖珍百科全书"获取狄德罗版的内容的。尽管我们对前两个对开本的传播情况几乎一无所知，但它们很可能进了遍布于欧洲的宫廷和乡间邸宅的众多图书馆中。据出版商自己说，庄严堂皇的对开本和小型的八开本分别代表了《百科全书》社会分布的两极。

然而，不幸的是，书商关于客户的讨论并没有详细到可以使我们对此有很清楚的了解的程度——除了几个个案以外。每次欧洲中部和东部的书商提到他们的顾客的时候，所说的都是贵族。

---

① 纳沙泰尔印刷公司致佩雷戈的信，1778年1月11日。

# 第十章 结论

显然,《百科全书》在易北河以远和多瑙河流域的销售情况,是和只局限在很小一部分精英范围内的法国化的文化世界主义相一致的。但是在西欧国家的社会中,《百科全书》的影响就要深入得多。在意大利和荷兰的某些地区,《百科全书》可能到达小城镇里的律师和官员手里,这和法国的情况是一样的。这些地区是《百科全书》密度最大的地区,也是书商报告说对卢梭、伏尔泰甚至霍尔巴赫的著作需求最旺盛的地区。这种需求在伊比利亚半岛同样存在,但是被教会和政府联手扼杀了。和人们预期的相反,法国图书的生意在查理三世的西班牙和庞巴尔\*的葡萄牙比在欧洲的任何其他地区——包括意大利,在那里,它的索引看起来像是畅销书目——都遭到了更大的麻烦。①

尽管不可能获得欧洲各地的统计数字以与法国进行对比,但可以通过研究 18 世纪书商的报告获得对当时图书交易状况的了解。

---

\* Pombal, 1699-1782 年,葡萄牙政治家和外交家。——译者

① 德国市场是最难描述的。尽管书商的信件表明对《百科全书》存在着相当旺盛的需求,至少在莱茵兰地区是这样,但是德国的历史学家称虔敬派的力量依然很大,《百科全书》不可能有那么强的吸引力,特别是在北部的中产阶级中间。参见 F. Schalk, "Le rayonnement de l'*Encyclopédie* en Allemagne" ("《百科全书》在德国的传播"), *Cahiers de l'Association internationale des Etudes françaises*, no.2 (May 1952), 85-91; Rolf Engelsing, *Der Burger als Leser. Lesergeschichte in Deutschland 1500-1800* (《作为读者的公民。1500—1800 年德国读者的故事》) (Stuttgart, 1974), pp. 121-136。Salvatore Bongi, "L'*Enciclopedia* in Lucca", *Archivio storico italiano*, 3d ser., XVIII (1873), 90, 称两个意大利版的《百科全书》在意大利销路很好,但只局限在精英的范围内: "Principi, patrizi, prelati e frati fecero a gara per accogliere festosamente il filosofico." ("王子、贵族、神甫和修道士争相迎接这位哲学家") 不过,他没有引用证据,而且他的说法也不适用于比较便宜的四开本和八开本,它们在阿尔卑斯山以南地区销售得很好。

他们就在市场上经营，比任何历史学家都离供求关系更近。当然，过近的距离可能使他们对某些因素视而不见，比如他们自己的鉴赏力和价值观。不过，如果充分地阅读了他们的信件的话，特殊性自然而然地就会被摒除，一幅总体的图景就会显现。

启蒙运动似乎是一种从巴黎向全欧洲被选中的地点的文化先锋辐射的运动。到了1770年，经过连续不断的普及浪潮，它已经开始到达法国外省的每一个角落，激起了法国各地社会中层的兴趣。越出国境之后，它主要集中在文化潮流急剧涌动的地区，比如低地国家和德国的莱茵兰地区。随后传播力度逐渐减弱，范围所及，从北欧平原到斯堪的那维亚的峡湾和俄国的大草原直至遥远的前哨——如华沙的莱克斯和莫斯科的鲁迪格的书店。多亏了书商的信件，我们才能够追溯这些书的踪迹，顺莱茵河而下直抵位于阿姆斯特丹和奥斯坦德的大库房，再从那里去往里斯本的贝特朗、都柏林的怀特和哥本哈根的菲利贝尔的书店。至少在11月封冻、切断半年的图书运输之前，我们还可以跟随它们越过波罗的海到达圣彼得堡的穆勒的书店——除了一部分从莱比锡出发用雪橇运输的之外。在气候温和的地区，可以跟随货物溯易北河和伏尔塔瓦河而上，从汉堡的维尔绍书店到布拉格的格尔列书店。还可以目送它们越过阿尔卑斯山抵达都灵的雷桑书店或者顺罗讷河而下抵达马赛和热那亚的莫西和格拉维耶书店。最后，可以跟随它们顺多瑙河而下，抵达佩斯的魏因刚书店，在此处，在与奥斯曼帝国的现实和西方文化的东方前线上绵延不断的冲突的对照下，巴黎似乎相隔了几个世纪之遥。书商们意识到，他们正在参与到一个巨大的进程里面，在这一进程中，（启蒙）观念经由商业

第十章 结论

动脉逐渐渗入了欧洲大陆最遥远的地区。他们知道自己是启蒙运动的媒介，不过不是因为他们认为自己负有传播知识（*Lumières*）的义务，而且因为他们做启蒙运动的生意。正如纳沙泰尔印刷公司在给洪堡的布鲁埃尔的信中所说：

> 从未有一个项目取得如此大的成功和以如此快的速度进行。在不到二十一年半的时间里和经过两次重新预订后，我们已印刷了8 000部这样的《百科全书》，并只剩下一小部分有待销售。公众似乎不耐烦地期待在这方面能得到比最初出版者慷慨一些的书店主的服务。我们的合伙人和我们为自己满足了这一要求而不无得意。先生，您可以判断如果在这美好世界中缺乏哲学知识，那么这肯定不是我们的过错。①

## 启蒙运动的出版业和资本主义精神

在18世纪，出版是一种很残酷的生意。在图书市场奋力拼杀了十年之后，纳沙泰尔人认定"这一职业带来的烦恼比其他职业更多"②。他们的肝火上升是因为需要应付生意场上的骗局。正如《百科全书》的历史所展现的，启蒙运动杰出的出版商在生意中使用了各种手段：行贿、敲诈、造假账、窃取订购者名录、相互刺

---

① 纳沙泰尔印刷公司致洪堡的J. G. 布鲁埃尔的信，1779年8月19日。
② 博塞致纳沙泰尔印刷公司的信，1780年5月12日。

探以及充满了背叛和密谋的马基雅维里式的联盟。18世纪70年代和18世纪80年代销售《百科全书》的斗争具有一种很可能是从16、17世纪的"劫掠资本主义"衍生出来的巴洛克式的味道。不过，在《百科全书》的商业历史中也有现代因素——事实上比它的条目中所描述的生意类型更加现代。阅读《百科全书》中"商业""批发交易"或者"汇票"等条目，就进入了萨瓦里的《十足的商人》（Parfait negociant）的古老世界。但是，阅读《百科全书》出版商的通信时又会觉得置身于《人间喜剧》之中。

资本主义，不论是掠夺式的还是巴尔扎克式的，都建立在连接供求双方的原则上。所以，争相供应《百科全书》说明对它的需求已经遍布法国全境。正是利润丰厚的市场触发了出版商之间的争夺。战斗的激烈程度也证实了从销售数字得到的印象：读者十分渴望《百科全书》所提供的知识。

在开发《百科全书》市场的热潮中，出版商们发现不可能顺着笔直的大道一直走下去。他们得根据环境的急剧变化不断调整方向：因此《百科全书》的发展道路是弯弯曲曲的，从初版到第二对开本、纳沙泰尔重印本、叙阿尔的改编本、三种四开本、两种八开本、列日的按内容排序的《百科全书》以及《方法百科全书》。其中的三种一直只是计划。由于受到相互竞争的版本的威胁和更有前途的生意的吸引，出版商们的计划经常处在未完成状态；有同样情况的还有达朗贝尔未成文的《〈百科全书〉史》、雷纳尔关于新教的未完成的论文、伏尔泰的关于杜尔哥政府的未发表的小册子、莫列雷未完成的《商业辞典》以及很多其他本来应该成为启蒙运动出版物的著作。实际付印的启蒙运动出版物只是那些企业家们设想中的一部分。在尽可能多地同时推进不同计划的时

## 第十章 结论

候,出版商不得不又同时中止若干个计划。他们的职业要求的是迅速决定和见机行事,因为一招不慎就会满盘皆输。甚至像庞库克这样资产多达140万里弗的大出版商,在1777年也几乎破产;而那些小出版商的破产更是经常的事,尤其是在大革命前夜的经济危机中。①

以高风险博得高回报:这是启蒙运动出版活动的前提。《百科全书》的出版商接受了这个前提,他们以两种不同的策略来进行赌博:要么用能够引起读者强烈兴趣的新产品席卷市场,要么就用更便宜的价格和更大的量来销售旧产品。庞库克偏爱前一种办法。他把四开本看作是自己重塑《百科全书》的宏大计划中所走的弯路,而杜普兰却认为四开本将成为空前的畅销书并且让一切事情都从属于四开本的销售工作。庞库克的失败策略和杜普兰的成功策略共同说明了同一个结论:对启蒙读物的需求已经越出了狄德罗最初读者的狭小圈子而扩展到更加大众化的范围。

通过研究作为一种企业活动的出版活动的策略,就有可能进入作为企业家的出版商的心理世界。但是要了解这些证据的意义,就必须先把关于"经济人"的成见放在一边,去观察那些处于工

---

① 关于庞库克的财产和他几乎破产的情况,请参见庞库克致纳沙泰尔印刷公司的信,1777年6月16日和1779年11月22日。当局用1777年4月4日的"延期判决"同意他暂缓支付欠款。他没有利用这个"延期判决",不过经历了一个相当恐慌的时期,他在 Lettre de M. Panckoucke à Messieurs le président et électeurs de 1791, Paris, Sept. 9, 1791 中对此有所描述:"我刚刚遭受了一次价值34万里弗的失败。我自以为完蛋了;我陷入纠纷之中,我的朋友们,还有布丰先生,他们申请了这一判决。我得到了它;但是很快我就摆脱了自己首次面临的恐惧,根本没有使用它。"纳沙泰尔印刷公司的文件和巴黎档案馆保存的破产记录中包含了大量18世纪80年代出版业经济危机的材料。

作当中的活生生的人。我们有足够的材料来一步步地追踪他们谋划和决定的过程。我们可以通过他们使用过的备忘录和笔记——那些胡乱涂写着"项目概述""必要支出""盈利计算"的小纸片——推想他们的思考过程。重新算算他们算过的账，我们就能够感觉到他们努力把自己的利益最大化的精确的理性分析。他们毫不怀疑自己的谋利动机。庞库克把杜普兰描述成"一位贪婪的人……疯狂地迷恋金钱"。杜普兰告诉庞库克，纳沙泰尔人对金钱贪得无厌："你们瑞士人是贪婪的。"而瑞士人在庞库克身上除了贪欲，什么也没有看到，他们承认他们所有的人都被同一种对"金钱——所有人的最大动力"的狂热驱使着。[1] 如果《百科全书》出版商的举止和当时其他的商人一样，那么就会看到18世纪的企业家们以今天无法想象的毫无约束的贪婪——就像我们很难想象的古代斯堪的纳维亚人的抢劫欲望、墨洛温王朝的王族见到宝石时的近乎原始的快乐或者其他业已消逝的心理状态——努力攫取财富。[2] 并不是现代资本主义使得贪欲过了时，而是前现代资本家的思考和感觉方式与现代格格不入。

当然，除了功利的计算和对财富原始的热爱之外，还有某些东西打动了这些出版商。洛桑印刷公司的让-皮埃尔·贝朗热希望

---

[1] 庞库克致纳沙泰尔印刷公司的信，1779年3月7日；杜普兰致庞库克的信，1779年12月27日，见庞库克1780年1月2日致纳沙泰尔印刷公司的信；奥斯特瓦尔多和博塞致纳沙泰尔印刷公司的信，1780年4月10日。

[2] Marc Bloch, *La Société féodale. La formation des liens de dépendance*（《封建社会：依附关系的形成》）(Paris, 1949), p. 34; Georges Duby and Robert Mandrou, *Histoire de la civilisation française*（《法国文明史》）(Paris, 1958), I, 17。

## 第十章 结论

能从四开本中榨出最后一个苏,目的是退归阿尔卑斯山区的小木屋,在果树、鲜花和田野间看自己的孙儿嬉戏雀跃。杜普兰怀着更宏大的梦想——一场奢侈豪华的婚礼、一座城堡和高贵的地位。他把财富从商业和工业转移到土地和身份上,为自己社会地位的抬升做最后的投资。而一旦离开商圈,他绝不会回头,甚至在夫人死后也不动摇。"杜普兰先生完全放弃一切生意,"① 他的后任勒鲁伊1784年通知纳沙泰尔印刷公司,"他委托我回答你们,他已和出版业完全无关,永远放弃这一行了。"杜普兰的个案并不是唯一的。勒鲁伊本人就曾试图模仿;② 这可以当作法国经济发展步伐缓慢的一个寓言。杜普兰,这位完全渴求名利的资本家摇身一变,成了一个假贵族。就像其他人在其他时代已经做过的那样,现代靠残酷剥削致富的资本家是在一种古老的价值体系中施展手脚的;因为那些在某些方面似乎大大超前于时代的人,在另一些方面就可能落在时代的后面,他们的心态可能是先进的和陈旧心态的矛盾混合体。③ 不错,庞库克以19世纪构建帝国的精神做投机生意,但是,从内心来看,他还和旧制度——那个促进了他在启蒙运动上的投资增长的开明的旧制度——保持着千丝万缕的联系。因此,从《百科全书》的角度来看,企业家精神是多样而且

---

① 勒鲁伊致纳沙泰尔印刷公司的信,1784年1月29日。这是纳沙泰尔印刷公司的文件中最后一次提到杜普兰。在里昂所做的研究也没有发现他1784年以后的任何踪迹。

② 同上,"我刚刚结婚,结束旅行……我的想法是,在结婚之后,将我的生意出让给我的兄弟,无论他还是我都不适合管理我们资产之外的其他任何项目。"

③ 参见 Jacques Le Goff, "Les mentalités, une histoire ambiguë" ("心态,一种模糊史学"), *Faire de l'histoire* (Paris, 1974), III, 79。

复杂的。它将进步因素和与时代不符的因素结合在一起，展现了资本主义的不均衡发展。

## 《百科全书》和政府

出版第一版《百科全书》需要勇气。第二版的出版商还不得不勇敢地面对政府的迫害。但是三种四开本以后的出版商所要面对的危险就仅仅是商业上的了——外部的盗版和内部的背叛。从路易十五时期到路易十六时期，官方政策发生了变化，法国当局更倾向于从经济的而不是意识形态的角度看待《百科全书》。

无论如何，杜普兰都不可能秘密地生产和销售《百科全书》。他的生意规模太大了。和以前在日内瓦印第二版的出版商不一样，他大部分的四开本是在里昂生产的，使用了几十台印刷机、数个仓库以及大批的办事员、印刷工和运输人员。他保证给地方当局——总督德·弗莱塞尔和书报检察官拉图雷特——提供免费的《百科全书》；而他们则在上司和庞库克勾结的时候与杜普兰合作。书报总监和"出版界的阿特拉斯"事实上是勾结在一起的。庞库克以内维尔的名义给拉图雷特发布指令，后者则让四开本的货物迅速通过而不是没收它们。事实上，中间人认为，把这些货物当作官方要没收的禁书的伪装都是十分安全的。当海关、警察和图书审查员挥手给四开本放行的时候，他们却在没收竞争对手的书——直到庞库克指令他们向八开本开放法国市场。当局并没有阻挠和四开本有关的任何活动，相反，在他们的积极支持下，它

## 第十章 结论

得以在全国各地宣传、运输和出售。①

四开本的出版商只有两次对自己能在法国免于政府的打击表示过怀疑。1778年夏天,杜普兰警告自己的合伙人,地方教会可能要告发他:"我们的店里已满了,以至于稍有人向教士告密,我们就会像老鼠一样被抓起来。"②但是,他强调存在这种危险是为了迫使合伙人在第三版的合同中同意给他一项慷慨的"保险"条款,所以更应该把他的这一说法看成是他讨价还价的技巧而不是真正威胁来临的预警信号——特别是里昂的教会在他整个吵吵嚷嚷的生意过程中一言未发。

然而,巴黎的高等法院是一个更加令人生畏的危险,不仅是因为它时常要查禁启蒙运动的图书,还因为在1777年改革的骚动期间,它支持了庞库克在巴黎书商公会中的对手。1779年8月,庞库克通知纳沙泰尔印刷公司,高等法院可能要摧毁四开本:"与那些法令(即1777年8月30日改革书籍贸易的法令)相关的出版事务属高等法院管理。有人已向它告发我们的四开本《百科全书》。我刚刚写信给杜普兰让他将所有的书藏好,并将一切暂缓。巴黎的出版界疯了。"③纳沙泰尔印刷公司实际上很欢迎这个消息。它给杜普兰发了一封信,建议他把所有的印制工作都转到它的安全的工场中来;它为"如果我们的版本刚被禁止,那么很可能它

---

① 四开本的出版商在销售活动中利用了这种支持。参见纳沙泰尔印刷公司致凡尔赛的巴尔泰斯(Barthes):"人们可以不冒任何风险地公开从事这一项目,因为我们已获得将我们版本的书引入王国并且零售的唯一许可。"
② 杜普兰致纳沙泰尔印刷公司的信,1778年7月24日。关于"保险"条款,请参见第三章。
③ 庞库克致纳沙泰尔印刷公司的信,1779年8月18日。

会卖得更好"而欢欣鼓舞。① 然而,杜普兰把它当作"假警报"而不予理睬,继续在里昂做他的赚钱生意。② 他认为高等法院的攻击目标是改革法令,而不是四开本。但是庞库克已经从一个地位很高的人那里得到了消息:"有人已向我保证确实已有告发。"他在致纳沙泰尔印刷公司的信中重复了一遍:"法官(勒卡缪·德·内维尔)本人相信这一点,而且他还好心地想通知我。我甚至已采取预防措施将所有书都单独存放到另一个店里。"③ 尽管最终什么也没有发生,但却说明了庞库克的"保护伞"的限度。他得到了凡尔赛的完全支持。但是政府官员更喜欢在幕后操纵,而不愿意同高等法院和教会这样的独立机构发生公开的冲突。《百科全书》还是有对头的,但是他们的影响在18世纪50年代以后已经下降,而在庞库克获得了最强有力的同盟者的政府里,这种影响从那时起则已不复存在了。

在这个联盟中,可能存在某种"开明专制"的因素。内维尔、韦尔热内、勒鲁瓦以及路易十六王朝的其他高级官员赞同《百科全书》中所体现的理性的改革原则。但是庞库克通过游说和权钱交易确保了他们对他的事业的支持。《第戎协定》的附录授权他在每卷出版前支付240里弗为四开本在法国扫清障碍,另一份匿名的小册子也指控杜普兰用40 000里弗买通了内维尔。尽管没有确凿的证据表明出版商用贿赂竞争对手的办法贿赂了官员,但他们

---

① 纳沙泰尔印刷公司致博塞的信,1779年8月28日。
② 达尔纳致纳沙泰尔印刷公司的信,1779年8月29日;杜普兰致纳沙泰尔印刷公司的信,1779年9月2日:"我们无须重视向高等法院的告发,鉴于它直至12月都正处于假期之中,因此不必担心。"
③ 庞库克致纳沙泰尔印刷公司的信,1779年9月10日。

## 第十章 结论

用送免费《百科全书》和送钱的办法打开了政府机构的外围——这是一种很常见的办法,庞库克曾怂恿纳沙泰尔印刷公司也来使用。[1] 实际上,庞库克没有必要使用贿赂手段,因为他作为一个出版大亨的重要地位足以使他获得进入凡尔赛的通行证。书商们认为他是"所有大臣的宠儿"[2];而大臣们和他共事的时候,他就好像是"也有大臣头衔的官员",特别是在和1777年改革有关的危机时期。[3] 作为一个改革者,庞库克协助减少了出版商们的毫无限制的特许权,但是作为一个出版商,他拒绝在《百科全书》的特许权上做出任何让步。旧制度下的政治活动和游说活动中经常充满这样的矛盾和复杂性。但是,不管庞库克的身份如何模棱两可,他都可以从法国合法的权力中心掌控他的《百科全书》生意。

这一点值得稍加强调,因为启蒙运动和法国政府经常被说成是敌对的;而且官方宣布没收《百科全书》——虽然马勒泽布成功地进行了解救——也经常被当作它们敌对关系的最重要的证据来引用。这种解释没有考虑到法国当局在旧制度的最后十五年中

---

[1] 对杜普兰的攻击来自恶语中伤又内容广博的 Lettre d'un libraire de Lyon à un libraire de Paris (1779), p. 1:"此前我曾通知您为了获得印刷《百科全书》的许可,杜普兰付了 40 000 里弗(给内维尔),这是整个里昂出版界都知道的事。"纳沙泰尔印刷公司的文件中包括了大量关于给官员送礼的内容。当纳沙泰尔印刷公司为了部分被没收的盗版《艺术和工艺手册》能够被发还而向庞库克求助的时候,庞库克出的主意是让他们去软化内维尔的首席秘书:"他是一个好孩子。请给他一些好处。让他了解您希望增加他藏书的愿望,如果引诱成功,那么您就能以这种方式更容易地获得您想要的。"庞库克致纳沙泰尔印刷公司的信,1779 年 8 月 18 日。

[2] 勒鲁伊致纳沙泰尔印刷公司的信,1783 年 12 月 17 日。

[3] D. J. Garat, *Mémoires historiques sur la vie de M.Suard, sur ses écrits et sur le XVIIIe siècle* (Paris, 1820), II, 274.

的变化。18世纪50年代中对《百科全书》的迫害,到了18世纪70年代就变成了对它的保护。马勒泽布的后任勒卡缪·德·内维尔积极地推动四开本的生意。而庞库克,这位初版《百科全书》出版商的后任,则把生意的基础建立在政府的支持上。从最初和里昂、日内瓦、阿维尼翁的盗版者的摩擦到最后和列日、洛桑和伯尔尼的公会的和解,庞库克一直依靠官方支持和特许权的策略保护自己的市场免遭闯入者的侵袭。尽管巴雷和格拉比迫使他支付了赎金,但庞库克在四开本—八开本战争中的胜利证明了他的策略的有效。八开本的出版商企望和平,并且为了得到在法国销售自己的图书的权利花费了24 000里弗。正如纳沙泰尔印刷公司所说的,庞库克手里握着这个王国的钥匙。①

路易十六的官员们滥用权力来支持庞库克,他们把《百科全书》当作一种牟利的商品。他们使这部书逐渐进入从法律上看是处于中立的意识形态立场的状态,并成为旧制度下具有资金密集和高度政治化特征的利益和权力游戏。庞库克玩这个游戏比出版业中的任何人都要好,他成功地推动了巨大的国家机器保护自己的利益。正是那些一度被用来摧毁《百科全书》的力量,在它传播过程中成了至关重要的力量。

那些在四开本的生意中还是一种明显趋向的东西,到了蜕去了秘密活动的最后痕迹、完全披着王家特许权外衣出现的《方法百科全书》时期就变成了占支配地位的特性。庞库克的终极《百科全书》在巴黎几乎每一家印刷工场公开印制,并且以准官方出版物的身份销售,而它的作者中不仅有在政府谋职的人,更有很

---

① 纳沙泰尔印刷公司致庞库克的信,1777年12月7日。

# 第十章 结论

大比例的王家审查官。这些作者可能对学问持一种埃拉斯都式\*的观点：他们用自己的知识为君主制服务，而且除了某些例外的情况，他们也愿意为共和制做同样的事情。对他们中的一些人来说，这一立场为能够在1789年以后继续做事提供了一条出路。对其他人来说，则意味着对革命理想的真正信奉。但是，无论如何，它和当时正在横扫旧学界的向专业化转化的趋向是一致的。享有特权的人变成了专业人员，专家变成了文职公务员。如果第二代百科全书编纂者的经历没有能够证明百科全书主义和雅各宾主义之间存在直接关联的话，它至少显示了从旧制度时代到大革命时期的知识精英中存在的一种重要的连续性。

## 文化的革命

《百科全书》一版又一版地向前发展，征服了各处的图书市场，它的出版史证明了这部启蒙运动最重要的著作是一部畅销书，但是却并没有能够轻易地回答出法国大革命的意识形态起源的问题。《百科全书》太过庞大和多样，使我们无法了解它是如何影响读者的，当然更不能假设盯着排版刻板、纸页卷曲的书上的庞杂内容看一段时间，就会使人受到雅各宾主义的影响。虽然如此，其中确有某种"主义"和18世纪的阅读群体的思想有一致性。它阐明了知识是有序的，不是随意的；排序的原则是对经验信息进

---

\* Erastian（Thomas Erastus），1524—1583年，埃拉斯都，瑞士神学家、医生，主张宗教应受国家支配。——译者

行逻辑思考，不是贯穿传统的神启般的言说；而理性的标准，当被应用于同时代的制度时，将揭露出随处可见的荒谬和不义。这样的意思遍布全书，甚至也贯穿在技术性的条目中，因为从强调根据来自经验本身的理性原则有系统地安排日常世界的必要性的《绪论》和某些关键性条目的观点来看，生产别针和建造水车的细节都具有更加重要的意义。路易十五的官员们在宣布禁止《百科全书》的时候就已经很清楚地意识到了这一点，而制宪议会的代表们在重新设计这个国家的政治、行政、法律和教会体系的时候也表达了这一观点。《百科全书》在律师、官员和地方精英——他们是领导大革命的人——中的传播说明了旧制度的价值体系被一种与之水火不容的意识形态破坏的程度。

然而，不幸的是，谈论"价值体系"和"主义"就很容易去推测难以言表的舆论趋势，而在1789年的气氛中这些趋势多到了令人无法追索大革命爆发和《百科全书》的销售之间的关系的程度。事实上，人们不可能用图书的销售方式来证明人类的行为方式。如果冒险说《百科全书》的广泛传播表明了广泛存在着对旧制度意识形态基础的质疑，甚至在某些情况下广泛存在着对激进变革的接受，那是很危险的。当然，路易十六的大臣们，和制宪议会的代表们一样，赞成某些激进的改革，他们还帮助庞库克推广了《百科全书》。百科全书编纂者的观念似乎已经被革命以前的精英阶层中很重要的一部分人接受了，似乎也强化了从路易十六统治时期经过大革命直至拿破仑帝国的一系列开明治国术。百科全书编纂者在督政府时期的官方知识界的再度出现也表明从18世纪80年代到18世纪90年代的一种连续性。而他们在大革命早期的分裂则强调不可能把百科全书主义和任何革命政党视为一体。

## 第十章 结论

它没有对政权构成任何真正的威胁，遑论直接导致了雅各宾主义。事实上，如果不是其他的力量摧毁了旧制度，百科全书主义可能已经在法国被同化了，这个王国也将像其他的社会在价值体系的突变中幸存下来一样，安然度过启蒙运动的风暴。

把这些关于百科全书主义和革命的关系的一般性问题落到实处——这样，假如问题不能获得最终的解决，也可以得到更加深入的研究——的一个办法，是研究《方法百科全书》的历史。第二版的《百科全书》是第一版的扩展，它标示出了百科全书主义和革命发生联系之处。到了1789年，这部书的命运似乎被和政治制度的命运绑在了一起，因为《方法百科全书》已经呈现出了半官方的色彩。它是官方保护和特许权的产物，因国王的仁慈而得以出版，题献给国王的重要大臣，大部分内容由王家科学院院士撰写，并且由巴黎握有王家授予的图书生产垄断权的36家印刷商中的25家承印。追踪庞库克及其《百科全书》直至大革命阶段的过程，就是观察一种文化制度被颠覆的过程。

尽管庞库克起初欢迎大革命，但他在攻占巴士底狱事件后很快意识到，它将毁灭他最重要的生意。到了1790年，大革命已经打乱了他关于作者、印刷商和订购者的安排。到了1794年，它已经把他带到了破产的边缘，带进了精神上筋疲力尽甚至可能是躲避的状态，因为他把自己的事情都交给女婿，过上了半隐居的生活，直到恐怖时期结束。当然，他个人的经历并不能等同于百科全书主义的命运，但至少可以作为一个例证，说明了一个基本的过程，一个印刷品角色的根本性转变，这一转变无论是对于《百科全书》还是对于大革命，都产生了深远影响。

从活字的发明直到攻占巴士底狱，当局一直用种种办法控制新闻业。它或者绞死印刷商和书商，或者把他们投入监牢，或者授予他们教育勋章，最后还把他们组织成公会，赋予他们生产图书的专有权和监管图书交易的权力。在17世纪晚期，当局把巴黎的印刷业务限制在36家工厂，并赋予巴黎书商控制大部分图书特许权的权力。这种典型的柯尔培尔式的立法行为，缔造了在整个18世纪通过与王家审查官和图书检查员合作、发动针对像杜普兰和纳沙泰尔印刷公司这样的外省人和盗版者的战争而垄断了合法图书生产的有特权的贵族阶级。印刷特许权随着1789年攻占巴士底狱而崩溃了，而与此同时，对新闻的无餍足的欲望在读者群中滋长着。在大革命的前两年里，大约350种报纸在巴黎骤然出现，把旧制度上流社会的报刊挤出了市场。为了印制这些报刊以及同样大量的各种小册子，冒出来大约200家印刷工厂。① 它们彻底改变了巴黎的印刷业，其影响随处可见——在勃艮第的破布交易中，在奥弗涅地区的造纸作坊中，在印刷工人的"法国环游"中。当雇主们争相从增长了的印刷品需求中获取利润的时候，工人们迫使工资上涨。根据庞库克的说法，在两年之内，成本上升了30%—40%，而学界也和劳动力市场一样，在混乱中崩溃了。很多杰出的作者突然间失去了年金、闲职和影响力——除非他们也仓促地投入到革命的报刊和政治当中去。那些没有特许权的粗野之辈接掌了新闻业，把审查制度和特许权抛进了时代的潮流当中，并且把公众所需要的东西交给他们——不是书籍，而是政治小册

---

① "Lettre de M. Panckoucke à Messieurs les souscripteurs", *Histoire*, V, 3: "人们向我保证现在巴黎有200多家印刷工场，并且还提供给我具体名单。在革命前只有36家有特许权……几乎所有都忙于印报纸。"

## 第十章 结论

子和报纸。

由于对政治的兴趣，历史学家们从没有对出版业的革命给予过多少关注。不可能在这里充分讨论这个问题，但它的基本特点从庞库克努力引导他的《百科全书》度过1782年到1794年的一系列危机中凸显了出来。他的基本问题，正如他在1791年所说的，来自于这样一个事实：他是在一个已经突然被摧毁的制度中计划出版自己的书的。他以三种方式对自己的困境做出了反应：设法绕过当前的困难，在重组出版业时一马当先，以及加强保守性的努力，把大革命抑制在君主立宪的限度内。

他采取了联合的形式——采用应急手段维持原稿量和出书量，以及阻止订单断流。每当生意行将崩溃，庞库克就用新的手段把它拼凑起来。他把它捏在一起，但不得不用报刊的收入做补贴，而且如他所宣称的，它很可能要花掉他百万里弗。最后，大革命虽然没有使他破产，也没有把他送上断头台，但还是摧毁了他的出版王国。庞库克1790年提出的重组出版业的建议，并没有超越他1777年的观点：向外省商人开放出版业，在增强特许权有效性的同时限制其期限。这一立场在18世纪70年代的改革骚动中看起来是开明的，并在庞库克和书商公会的元老之间造成了恶感。到了1790年，它看起来就是保守的了：大革命已经摧垮了图书交易中的所有条条框框，而庞库克所关心的主要是重建秩序——基本上是通过恢复公会来实现。他认为，一个重新组织起来的公会将能够维持出版的标准、保护版权利益、教化工人并有助于限制许可证。他没有走到要求恢复独占性印制权和审查制度的地步。不过，他认为法国可以用英国的方式，即对激进的新闻媒体征收高得使其难以承受的税，对诽谤和煽动性言论施以严法，

543

扫除激进宣传。随着不甚重要的和激进因素的消除，交易市场将被像《方法百科全书》这样的图书和《导报》这样的报刊所主导。

庞库克大体上把"印刷业中的暴动"和煽动性言论联系起来。① 他的革命政治是在出版业中拼杀出来的。他曾经控制了旧制度的新闻业，而大革命最有权威的政治家——米拉波、布里索、罗伯斯庇尔、德穆兰、埃贝尔和很多人——都是新闻界的人。对他们来说，庞库克代表了一种新贵族、一位新闻大亨。对他来说，他们则代表了放纵不羁。在1791年的危机中，他们发生了公开冲突，当时庞库克在回应攻击时认为，新闻业中的混乱状态和街头的混乱状态的性质是一样的——这是斐扬派为了镇压而提出来的说法。在为进入立法议会而进行活动的时候，他明确提出，他认为到1789年底大革命已经非常成功了：自由已经获得，混乱局面必须结束，所有权必须得到保护，事态的发展方向必须由有钱人——出版业中有名望的人物和政治活动中的"活跃的"精英——来掌握。1792年以后，庞库克把自己的真实面目掩藏起来，改弦易辙向左靠，又藏身退隐，随后突然在右翼出现，最后摇身一变成了波拿巴主义者。他是一个见风使舵的人，对方向很有感觉。他的曲曲折折的职业生涯清楚地划出了一条政治观点演变的路径：从开明改革到富人统治，从马勒泽布的法国到巴尔扎克的法国。

庞库克代表了这两个世界之间的转换，并且展现了转变道路上的崎岖和痛苦。尽管他具体体现了旧制度下的"企业家精神"，但并没有把大革命看作可以让图书交易获得无限自由的机会。相

---

① "Mémoire en faveur de M. Panckouck relatif aux journaux dont il est propriétaire"（"有关庞库克先生拥有的报纸的回忆"），Mercure, Dec. 4, 1790, p. 9。

## 第十章 结论

反,他试图通过雇主联合会让图书的洪流重回河道。当大革命摧毁了文化的团体结构——公会、科学院和一切支配着绘画、音乐、建筑、戏剧、科学和文学的特权团体——的时候,他的思想中还残留着团体的和保守的精神。庞库克已经学会了靠特权为生,学会了把特权转化为自己的优势,学会了在一个崩溃于1789年的世界中兜售权势、巧妙地利用官方的保护。他试图通过复活书商公会的形式重建秩序,但革命者不接受折中和联合。他们根除了所有的特权——不仅在学术和印刷领域,也在军队和教会、政治和法律领域,直至最卑微的农民处置收成的方式。

庞库克的《百科全书》和他的百科全书编纂者证明了同一个文化变革的进程。《方法百科全书》反映了旧制度下知识的社会组织状况。通过科学院、公会、审查官和保护人,王国的官方文化直接在这部书上留下了影响。同时,百科全书编纂者对当时能够设想得到的科学做了最为超前的纵览。1789年以后,《百科全书》的官方形式似乎不再和它的内容相容。庞库克去掉了书上给大臣的题献和王家的出版许可,把它当作一部表现了国家在对知识的理解力和领悟力方面的卓越性的书来销售。在新的三色旗的外衣下,《百科全书》和大革命正在强加给学术界的新形态以及百科全书编纂者职业生涯中的新规范是一致的。在大革命开始阶段的离散之后,百科全书编纂者正如曾经被庞库克根据辞典来分派一样,在各个高等专科学校和法兰西研究院中根据他们各自的专门领域被重新组合起来。他们是作为为国家服务的专家,而不是特权团体的后继者集结起来的。这个群体得到了改造,虽然他们作为个体还是原来的样子。

同样地,人们在法国各地正根据新的原则改造各种制度,并且在改造制度的同时重新清理自己的精神世界——这是在《百科全书》的历史上被实例所证明的普遍过程。从狄德罗的编辑工作到庞库克的编辑工作,从启蒙出版物到革命的新闻业,从王家科学院到国家研究院,甚至从百科全书主义到雅各宾主义,有一条连续的线索可以追寻;不过,断裂同样重要,因为它展示了一种文化制度是如何被打碎的。大革命摧毁了旧制度的根本原则——特权,又根据自由和平等的原则建立了一种新秩序。这些抽象的术语今天听起来有些空洞,但在当时对法国的革命一代却充满了意义。《百科全书》的历史展现了它们是如何以印刷物的方式被表达出来、如何在社会体制中传播、如何具体体现在制度中以及如何与一种关于世界的新见解结合在一起的。

# 附录 A 《百科全书》出版商合同，1776—1780 年

这些文献来自 STN（纳沙泰尔印刷公司）档案中的两份卷宗，即"百科全书"（ms. 1223）和"STN 诉杜普兰案"。它们按照时间顺序排列，我们为一些没有标题的文献添加了英文标题。

## I. 1776 年 7 月 3 日，巴黎书商 C.J. 庞库克与瑞士纳沙泰尔印刷公司的合同

1768 年 12 月 16 日，巴黎书商夏尔·约瑟夫·庞库克与德尚和肖夏先生一同签订合同，从勒布勒顿、达维德和布里亚松手中购得《百科全书》及其增补卷的权利和图版版权。1769 年 7 月 1 日和 1770 年 5 月 24 日，德尚和布里亚松签订私署证书将所有权转让给庞库克，因此庞库克成为上述著作权和图版版权的唯一所有者，1776 年 5 月 20 日，法国国王的一项特许权批准了此桩题为《科学、艺术和工艺图版汇编》的版权收购。1776 年 7 月 3 日，方旗骑士弗雷德里克·奥斯特瓦尔德、纳沙泰尔大议会议员博

塞·德吕兹、文学教授让·埃利·贝特朗与目前身在纳沙特尔的庞库克签署协议，达成以下内容。

依据事实，庞库克先生与奥斯特瓦尔德、博塞·德吕兹和贝特朗合伙之后，无论是现在还是未来，均获得《百科全书》的图版、权利和特许证以及装饰有扉画、狄德罗和达朗贝尔先生肖像画的2150部新版《百科全书》的一半股权。目前的一半销售和出借费用总计10.8万里弗，使用16张票据支付，每张票据金额均为6750里弗，支付截止日期分别为1777年、1778年、1779年和1780年的4月1日、7月1日、10月1日和12月1日，庞库克先生对此予以认可。

庞库克先生表示，目前新版本的前三卷以及包括146幅铜版画的第一卷图版在其库房印刷，两件物品的支出费用为70 800里弗，由庞库克先生垫付，其中一半费用为35 400里弗，上述诸位购买方为他支付六张票据：

| | |
|---|---|
| 第一张，1777年8月1日 | 6 000 |
| 第二张，1777年11月1日 | 6 000 |
| 第三张，1778年2月1日 | 6 000 |
| 第四张，1778年5月1日 | 6 000 |
| 第五张，1778年8月1日 | 6 000 |
| 第六张，1778年11月1日 | 5 400 |
| 总计 | 35 400 |

上述两次付款之后，上述购买方无需再为前三卷、图版第一卷、第一卷的扉画与狄德罗和达朗贝尔先生的两幅肖像画的印刷

附录A 《百科全书》出版商合同,1776—1780年

和纸张支付任何费用。

关于本公司,上述签名的诸位先生达成以下条款:

1. 没有庞库克先生的书面许可,上述购买方不得转让其股权,同样,庞库克先生承诺至少保留1/3的股权。

2. 为了简化查账事宜,合伙人同意将所有支出项目的价格固定如下。每份新版本的图版包括旧图版中的两幅,有时为三幅,价格为60里弗,构图和修版包括在内;旧图版的修版价格可以固定在25里弗;每一千张图版的晒图价格为15里弗;图版纸张价格为1令纸15里弗;包含图版在内的著作每个印张印刷2 150份的价格为38里弗;从第四卷开始,每个印张的价格为34里弗;文字卷的纸张价格为10里弗。

3. 从下一年的1月1日起,纳沙泰尔的三位合伙人在六年间将获得总额1 500里弗的共同开支,包括记账员费用、信函邮费、仓储费等。

4. 说明书、通知函以及报纸公告费用属于共同开支的一项。

5. 庞库克先生负责垫付、规划、管理和支付各卷图版的印刷费用,按照第二条规定的固定费用执行;他不负责重复支付任何虚假费用。为了保证各卷图版在各位合伙人先生签署的本合同附件"说明书"所规定的时间之内出版,他有义务进行必要的安排。

6. 奥斯特瓦尔德、博塞和贝特朗先生各自负责为2 150部14卷著作垫付必要的印刷费,并负责修订、配页、核对、入库储存,支付办事员、记账员和其他人员的费用,具体按照第3、4条规定执行。为了让各卷著作在说明书规定的时间内出版,他们要购买必要的铅字。他们必须使用与负责前三卷印刷的小福尼耶先生相同的铅字,始终备有数量充足的铅字来替换耗损铅字,使用

与今日各方一式两份签署的说明书相一致的法式细长折中字体，该说明书将作为参考样本。

7. 该新版本的销售主要在纳沙泰尔进行，说明书都将写有纳沙泰尔这一地名，庞库克先生必须把所有联系人的清单、欧洲的银行家、公证人和主要批发商的清单详细告知上述购买方。

8. 合伙人必须根据相关信函，相互告知源自书店或个人的销售或认购情况。

9. 著作的前三卷和图版的第一卷将从巴黎发货，其他卷将从巴黎和纳沙泰尔发货。双方都将向巴黎寄送一定数量的文本样书，向纳沙泰尔寄送一定数量的图版样书，以期为发货提供便利。

10. 公司将把垫款的标准设定为6%，为了让出版事宜步入正轨，从下一个6月1日开始，每位合伙人每个月都将提供垫款账户及其收入状况（无论是现金还是票据），待资金到账之后，将会根据垫款比例以票据形式返还。如果到账的资金不足以偿还垫款额远超过与庞库克先生合伙的奥斯特瓦尔德、博塞和贝特朗先生，那么在每次交货之后，庞库克先生需要分两次向这三位先生开具在巴黎或里昂兑现的单据，每次的单据金额为垫款超出金额的一半。第二次交付三个月之后，本条款才会生效，而且无论是图版卷还是文字卷，只考虑已印刷部分的垫付款。

11. 合伙人把新版本的价格定为书商600里弗，个人购买者720里弗，在任何情况下，任何合伙人的销售价格都不得超过该定价。此外，书商售出10部，可免费获得1部，个人购买者购买5部，可免费获得1部。书商的付款方式为文字卷每卷16里弗，图版卷每卷30里弗，但第11卷为28里弗。个人购买者的付款方式参见说明书。

12. 发货同样参见说明书。购买数量超过三卷以上，付款期限为六个月。购买数量越多，付款期限越长。在这一问题上，庞库克先生相信各位合伙人的谨慎。支付方式则是每次发货时纳沙泰尔开具的汇票。个人购买者尽量使用现金支付。

13. 每三个月对仓库进行大盘点，以了解情况；最后一次发货之后，未售出的书将依旧保存在仓库中，留待以公司名义出售，除非各方一致同意用其他方式处理。

14. 奥斯特瓦尔德、博塞和贝特朗先生有权利以扣除6%的方式兑换票据。

15. 在下一年1月1日之前，不得出版任何与本出版事宜有关的公告或说明书，在说明书出版之前，各方谨守秘密。

16. 一笔金额为600里弗的款项将作为共同支出，支付给纳沙泰尔慈善机构，发放给穷人。

17. 庞库克先生将提供一份巴黎出版的旧版《百科全书》，作为印刷样本。

18. 如果纳沙泰尔的合伙人认为本版问世之后，重印刚刚在巴黎出版的增补卷能够获利，庞库克先生承诺为他们提供精修过的增补卷的铜版画，价格为每处修改25里弗。增补卷的重印只能在本合同到期两年之后才能开始。

19. 如果有人认为几年之后可出版新修订版《百科全书》，那么此新版本将由合同签署人共同负责。

20. 在本出版事宜进行期间，若我们之中有人去世，那么我们的遗产和权利继承人必须承担相同的义务，并享有本协议规定的所有权利。

21. 如果合伙人之间出现与本事宜有关的纠纷，我们之中的任何人不得以任何借口诉诸公堂；我们彼此承诺把纠纷告知两位共同友人，他们将作为仲裁人，如果他们也有不同意见，那么他们可以选择一位第三仲裁人，我们将服从仲裁人的判决，不要求上诉。

22. 公司将免费提供用于著作的宣传和销售的样书。

23. 合伙人同意共同努力，获得国王允许该著作在纳沙泰尔印刷的许可。

24. 最后，鉴于纳沙泰尔的通行做法是把与本合同相同性质的所有证书与合同视为"私署证书"，我们同意一式两份签名，其效力等同于经公证人之手，同时保留任何一方首次正式提出申请要求公证人经手的权利。

本合同一式两份，纳沙泰尔，1776年7月3日

弗雷德里克·奥斯特瓦尔德　　C. 庞库克

博塞·德吕兹　　让·埃利·贝特朗

## II. 巴黎，1776年8月14日，与叙阿尔先生签署的编辑协定

法兰西学院的叙阿尔先生与普瓦特凡大街的书商夏尔·庞库克共同商定如下：

1. 叙阿尔先生同意负责修订和编辑新版《百科全书》及其增补卷，以及值得收录的外国百科全书中的文章。叙阿尔先生将同达朗贝尔先生、巴黎科学院常务秘书孔多塞侯爵先生联合完成这

项工作，后者将和他共同主持此版本的修订。经上述学者同意，叙阿尔先生保证把他为准备出版的《法语辞典》而搜集的部分资料加入此版本中。

2. 叙阿尔先生及其伙伴的工作主要包括对文字卷的编辑。他也将留意图版卷与文卷之间的相互联系，并仔细研究每个修辞格，每个插图，以及每个注释说明，用以纠正旧版《百科全书》中有关此问题的所有错误。除了上述的合作者，叙阿尔将同几位知名人士联合完成这项工作，他们将各司其职，如圣朗贝尔先生、托马先生、莫列雷修道院院长、阿尔诺修道院院长、马蒙特尔先生、德·拉阿尔普先生、佩蒂先生、路易先生等。

3. 每卷手稿应以现金形式向叙阿尔先生支付 5 000 里弗，即每月 1 000 里弗，自交付第一卷部分手稿开始，以此类推，逐月支付。其余应付款将在每年年底分三次支付，分别在第 6 个月、第 12 个月和第 18 个月等额支付。此外，五年间，每年叙阿尔先生还会得到 1 200 里弗的报酬用来聘请抄写员，这种便利的目的是为了加快工作进度，抄写员不仅要负责抄写他的部分内容，还要负责抄写其他合作者的内容。叙阿尔先生不得要求图版各卷的任何报酬。

4. 叙阿尔先生负责从每月 1 000 里弗的收入之中支付合作者以及他聘请的各种人员的各种报酬，庞库克先生希望只和他单独处理业务细节及费用。叙阿尔先生承诺，将使用庞库克先生给他的至少 40 000 里弗作为各种雇佣人员的酬劳，并以收据证明。

5. 叙阿尔先生将获得一本样书，同时给参与分得上述 40 000 里弗的合作者每人一本。

6. 叙阿尔先生明确承诺不会拖延编辑进度，每年至少提供三卷，第 1 卷和第 2 卷文字卷应于 1777 年 5 月 1 日前完成并交付印刷厂。鉴于这项条款的成功取决于他是否切实履行承诺，因此有所保留，若叙阿尔先生未在上述规定的时间内向印刷厂交付原稿，从而导致印刷暂停，必须按每周500里弗的标准向印刷厂支付闲置费。

7. 庞库克先生承诺为叙阿尔先生的工作提供两本《百科全书》及增补卷和《伊韦尔东百科全书》。

此协定由双方共同确定，1776年8月14日于巴黎。

签字：叙阿尔　　　庞库克

## III. 巴黎，1776年8月31日，与庞库克先生协定之附加条款

弗雷德里克·奥斯特瓦尔德、博塞·德吕兹和让·埃利·贝特朗与夏·庞库克于1776年7月3日，在纳沙泰尔所签订合同的补充条目如下：

1. 弗雷德里克·奥斯特瓦尔德、博塞·德吕兹与让·埃利·贝特朗已经阅读过达朗贝尔、孔多塞侯爵、叙阿尔先生等人在1776年7月27日签署的有关重新编写《百科全书》的相关合同文件，同意其对《百科全书》进行改写，并放弃对该书重新印刷的原定计划。

2. 弗雷德里克·奥斯特瓦尔德、博塞·德吕兹与让·埃利·贝特朗先生与出版事宜的大部分相关利益者，委托庞库克先生依据他们今日所寄送的方案，与叙阿尔先生商谈此次重新编写的工作与报酬。

附录A 《百科全书》出版商合同，1776—1780年

3. 庞库克先生有义务将同意删除的目前已印刷的前三卷的介绍性论述、序言、表格和其他条目寄给身在纳沙泰尔的各位。上述介绍性前言、序言、表格将不再被收录新修订版之中，这三卷的剩余内容将以公司的名义按废纸出售，前言和两幅肖像画将被收录图版的第一卷之中。

4. 根据庞库克先生所作的陈述，为了避免来自荷兰或是其他国家的相关利益书商的竞争，奥斯特瓦尔德、博塞·德吕兹和贝特朗先生同意庞库克在此次出版事宜中只保留3/12的股权，并承诺按照他们8月1日的信函和庞库克先生同日信函中约定的条件，将他们1/12的股权转让给他。

5. 纳沙泰尔的合伙人将负责这三卷书的印刷，重印的价格和条件依照其他各卷，尤其是今年7月3日在纳沙泰尔签订的合同条约第6条的规定。

6. 这三卷书将从纳沙泰尔发运，因此只有图版从巴黎发运。

7. 纳沙泰尔的三位合伙人与庞库克先生，无论是以他自己的名义还是本次事宜中其他可与其进行股份转让的利益相关方的名义，共同将这一新修订版本及增补卷的价格定为：个人购买者，对开本文字卷每卷24里弗，图版卷每卷36里弗；书商，对开本文字卷每卷20里弗，图版卷每卷30里弗。

8. 庞库克先生目前大约有300本日内瓦版要投放市场，新修订版的公告在明年7月1日之前不能公布，到那时，两卷文字卷和第一卷图版卷应该已经出版。所有的交付都应按照说明书进行，唯一的区别是原定1777年1月1日发行的内容将在7月1日发行。

9. 今年7月3日在纳沙泰尔签订的条约中的第17、18条因无用而取消。

10. 所有未因本合同而废止的其他条款均应完整地执行。

11. 叙阿尔先生承诺为每卷提供最完备的原稿以备付印，并在风格或内容上不做任何改变。然而，个别错误、笔误等疏忽也在所难免，有学识之人均可察觉，因此，作为这项事业的合伙人之一，贝特朗教授同意负责印刷前后的所有内容的校对。针对该项工作，他将得到一笔20 000里弗的报酬，即1778年1月1日给付4 000里弗，每年以此类推，直到付清全部款项为止。

本合同一式两份，纳沙泰尔，1776年8月31日

合同签署人：弗雷德里克·奥斯特瓦尔德　博塞·德吕兹
　　　　　　让·埃利·贝特朗　　　夏尔·庞库克

## IV. 1777年1月3日：1776年7月3日所签合同的第二次补充协定

纳沙泰尔印刷公司的弗雷德里克·奥斯特瓦尔德先生、博塞·德吕兹先生、让·埃利·贝特朗先生与夏尔·庞库克先生于1776年7月3日在纳沙泰尔所签合同的第二次补充协定。

l. 里昂书商杜普兰先生先后以日内瓦书商佩莱先生和努费公司的名义宣布了所谓的《百科全书》全新修订版的出版说明，简介中该书为两栏印刷，采用四开本形式，共32卷，其中三卷为图版。基于对以上情况的了解，我们各签署方同意将原计划协定中该著作的重编修订版的印刷量由2 000部减少为1 000部，即按照去年8月31日签署的首次补充协定重新编写和修订的版本，增补卷和节选图版也包括在内。

2. 这1 000部的印刷价格将从34里弗调整为26里弗，包含图版的辞典的印刷价格从38里弗调整为30里弗。

3. 除此1 000部对开本之外，我们同意再提供一版相同字体印刷的四开本，排版为一列或两列，即36或40卷文字，每卷120页，配3或4卷图版，并将印刷量增加到3 150部。

4. 该协议中所有关于对开本的条目都将适用于四开本，四开本每印张的价格由34里弗调整为42里弗，图版辞典的印刷价格由38里弗调整为46里弗。

5. 四开本每卷的个人购买价格为12里弗，书商价为10里弗；与对开本一样，购买5部，获赠1部，售出10部，获赠1部。

6. 庞库克先生将在巴黎尽心制作用于对开本和四开本两个版本的最初几卷图版；图版的雕刻、印刷和纸张费用将按照合同的第2条规定向他支付。

此合约一式两份，于1777年1月3日在纳沙泰尔签订。

C. 庞库克　　　瑞士纳沙泰尔印刷公司

## V. 1777年1月3日，纳沙泰尔，对1776年7月3日合同的第二次补充协定的补编

本文件为纳沙泰尔印刷公司的弗雷德里克·奥斯特瓦尔德、博塞·德吕兹和让·埃利·贝特朗与庞库克先生于1776年7月3日在纳沙泰尔所签的一式两份的合同的第二次补充协定的补编。本次补编包括针对纳沙泰尔印刷公司和庞库克先生的一些条款。

1. 庞库克先生已转让纳沙泰尔印刷公司的三位合伙人根据合同首次补充协定的第4条所出让的1/12股权,如此一来,三位合伙人依旧在公司内持有半数股权。

2. 1776年7月3日签署的公司合同中所提到的票据被取消,取而代之的是36张分别在1778年、1779年和1780年每月1日支付给庞库克先生的3066-13-4票据,地址为巴黎银行家老巴蒂尤的住址。上述36张票据总计为11.04万里弗,庞库克先生对此予以认可。

1777年1月3日,纳沙泰尔,一式两份。
C. 庞库克　　　　　瑞士纳沙泰尔印刷公司

## VI.《第戎协定》
## 1777年1月14日

里昂书商约瑟夫·杜普兰公司与巴黎书商、《百科全书》版权与铜版画、科学、艺术和工艺图版汇编之特许权的所有者夏尔·约瑟夫·庞库克达成以下合同。

1. 杜普兰公司已计划出版32卷四开本《百科全书》,并已经在所有省发放说明书,他同意与庞库克先生合伙经营,各占一半股权,并共享已经收到的所有订单收入。作为回报,庞库克先生已向杜普兰公司转让所有可以转让的权利,以保证出版。

2. 上述32卷四开本、名为"哲学字"的漂亮字体(小12点活字)的《百科全书》将包括刚刚在巴黎出版的增补卷,没有内容的增加和修订;只需要在按字母排序的目录中添加增补内容的所有条目。

3. 鉴于上述版本应包括三卷图版，庞库克先生应免费提供对开版本中的所有铜版画，尤其是与数学科学相关的铜版画，例如几何学、物理学、力学等。这些图版的修改费用将按照下文规定支付于他。

4. 该四开本《百科全书》将发行4 000部，在日内瓦以及杜普兰先生同意的所有瑞士城市印刷；如果某些卷在里昂印刷，货物将发送至日内瓦，统一存放在同一仓库中。

5. 销售将以日内瓦书商佩莱先生的名义进行。

6. 目前印刷工作即将开始，我们将尽力催促，确保每年能至少出版八卷四开本的《百科全书》，每卷110页到120页。

7. 首批交付的四卷在7月1日才能开始销售，同样数量的第二次交付日期在12月，即六个月之内。

8. 为了便于查账，让此次合作更加透明，双方同意确定一个固定不变的价格。每印张印制4 250份的价格为54里弗，即前1 000页的费用为30里弗，之后每印1 000页为8里弗；纸张的价格为每令纸18—20里弗；庞库克先生提供的旧图版的精修费用为25里弗，该价格维持到印刷量达到4 000为止；每个新图版的价格为60里弗；图版纸张价格为14里弗；图版讲解的印刷费用为每印张54里弗。如果印数增加，价格成比例增加。

9. 每卷书应付给编辑的费用为600里弗。

10. 杜普兰公司负责文字卷印刷的所有细节，庞库克先生负责各卷图版的印刷和精修，并负责向巴黎市场供货。

11. 存储、干燥、配页的价格、记账员、差旅费、杜普兰先生的店员工资，确定为每年2 000里弗，共计四年。说明书、运费等其他费用另外单独计算。

12. 合伙人把本版本的价格确定如下：个人购买者，文字卷为 10 里弗，图版卷为 18 里弗；书商，文字卷为 7 里弗 10 苏，图版卷为 15 里弗 10 苏，每售出 12 部，即可免费获得 1 部。记账价格以此为准。

13. 合伙人每月彼此提供收到的预付金的细节。

14. 合伙人每六个月结算一次收支情况，如果情况如预期，收入超过支出，利润由合伙人分配。

15. 由于杜普兰先生目前收到预付金，处于盈利状态，他负责为本版本提供垫款；为了确保庞库克先生支付 50% 的垫款，印刷开始之际，他必须向杜普兰先生提供一张一年后付款 20 000 里弗的期票作为担保，期票由双方持有。如果支出超过最初的盈利，庞库克先生需支付每年 5% 的利息，一年之后，期票重新签订。

16. 合伙人为本次出版事宜承担盈亏风险，如果遭受损失，合伙人共同承担。

17. 目前庞库克先生拥有一家为新版《百科全书》而成立的公司，这一新版本将由之前的作者和巴黎最负盛名的文人学者重新编写和审校。庞库克先生承诺从本合同签订起的两年内不发布与此有关的任何说明书，否则将支付诉讼费与损害赔偿。

18. 庞库克先生的出版事宜开始之后，杜普兰公司将有资格购买其中 3/12 的股权，费用、条款和条件都与已加入的合伙人相同。

19. 庞库克先生负责将推销的样书运至巴黎，合伙人彼此承诺为本合同保密。

本合同一式两份，由双方个人签字，并承诺如有任何一方要求，该合同可由公证人公证。

附录 A 《百科全书》出版商合同，1776—1780 年

第戎，1777 年 1 月 14 日
签署人： C.庞库克与约瑟夫·杜普兰公司

### 1777 年 2 月 3 日的转让

本人宣布杜普兰先生转让给我的四开本版本的 1/2 股权属于我为了出版新版《百科全书》而成立的公司，合同第 17 条提到了该版本的《百科全书》。因此，对该版本《百科全书》拥有一半股权的纳沙泰尔印刷公司将拥有杜普兰先生的四开本的 1/4 股份，而且无须为此提供任何资金。

1777 年 2 月 3 日，巴黎　　　C.庞库克

### 1777 年 1 月 23 日的补充协定

本文件为庞库克先生与约瑟夫·杜普兰公司在本月 14 日于第戎所签合同之补充协定。

该合同的执行遇到了困难，内阁认为这份合同违背了文人的利益，因此杜普兰公司的合伙人托马·勒鲁瓦先生为解决与该合同有关的困难而回到巴黎，他委托庞库克先生采取一切必要的措施来消除障碍，为此，他允许庞库克先生为有关人员支付一笔每卷 100 皮斯托尔的费用，以便为该版本进入法国获得便利，但这 100 皮斯托尔的费用只能在各卷出版之时支付，而且应被视为共同开支。

1777 年 1 月 23 日，巴黎。
签字人： 托马·勒鲁瓦

## VII. 巴黎，1777年5月28日，关于纳沙泰尔印刷公司加入巴黎书商庞库克先生与里昂书商约瑟夫·杜普兰在第戎签订之合同的新增内容

我方，即瑞士纳沙泰尔印刷公司的合伙人方旗骑士弗雷德里克·奥斯特瓦尔德、博塞、德吕兹与让·埃利·贝特朗教授，向庞库克先生承诺，加入庞库克先生与里昂书商约瑟夫·杜普兰公司在1777年1月14日签订的关于32卷四开本《百科全书》的合同。我们同意该合同中的所有条款，条件如下：

1. 杜普兰公司同意我们在纳沙泰尔印刷三卷上述版本的《百科全书》，他在今年3月16日的信函中承诺此事，这三卷的印刷费用将按照合同规定的价格，在我们交付配页并核对之后的书稿时支付。我们被明确要求使用11号字体、优质奥弗涅纸，并按照杜普兰先生提供的式样来印刷；此外，我们承诺在杜普兰先生将原稿交给我们六个月后，修改并提供校样。如果杜普兰先生同意，并且他尚未开始此项工作，我们将为这三卷添加增补卷。如果由我们负责这三卷或更多内容的重新编写，我们将按照1777年1月14日合同，收取每卷600里弗的费用。

2. 如同1777年3月20日信函中所作的承诺，杜普兰公司将以书面形式担保，根据第戎合同的第18条，如果他们无法获得我们的版本的股权，不得以直接或间接的形式，盗版我们的新编版本。

3. 我们在本文件中确认此前所签合同的所有条款有效，即1776年7月3日的合同，1776年8月31日的首次补充协定，以及1777年1月3日的第二次补充协定。

一式两份，巴黎，1777年3月28日
瑞士纳沙泰尔印刷公司　　　　C.庞库克

## VIII. 巴黎，1777年3月28日，1776年7月3日合同的第三次补充协定

本文件是对1776年7月3日，弗雷德里克·奥斯特瓦尔德、博塞·德吕兹和让·埃利·贝特朗与夏尔·约瑟夫·庞库克在纳沙泰尔所签合同的第三次补充协定。

1. 纳沙泰尔印刷公司的上述合伙人已经把1777年1月3日第二次补充协定的第7条中提到的1/12股权转让给庞库克先生，因此他们在1776年7月3日的合同中只持有5/12的股份，他们同意转让1/12股权的条件是把该部分股权转让给本次出版事宜的主编叙阿尔先生。

2. 1/12的股权转让之后，1777年1月3日的第二次补充协定提到的36张3066-13-4票据被取消，取而代之的是48张背书票据，即：

|  |  |
|---|---|
| 1778年12张，每张1000里弗 | ++12 000.— |
| 1779年12张，每张2000里弗 | ++24 000.— |
| 1780年12张，每张2000里弗 | ++24 000.— |
| 1781年11张，每张2666里弗 | ++29 326.— |
| 1781年1张，2674里弗 | ++2 674.— |
|  | ++92 000.— |

我们约定 92 000 里弗为 1/5 股权的价格。

3. 我们通过本协定确认之前签订的文件的所有条款均有效，即 1776 年 7 月 3 日的合同，1776 年 8 月 31 日的首次补充协定，1777 年 1 月 3 日的第二次补充协定。

1777 年 3 月 28 日，巴黎，一式两份。

瑞士纳沙泰尔印刷公司　　　　　C. 庞库克

## IX. 1777 年 5 月 28 日杜普兰先生的承诺书副本

签署人约瑟夫·杜普兰公司承诺，根据在第戎所签合同规定，允许纳沙泰尔印刷公司印刷三卷四开本《百科全书》，同时绝不以直接或间接方式盗版庞库克先生所筹备的增补和修订版本的《百科全书》，如果我方对该版本满意，也将对该版本拥有部分股权。

里昂，1777 年 5 月 28 日　　　签署人：约瑟夫·杜普兰公司

本签署人声明本副本与原件一致。

C. 庞库克

## X. 杜普兰先生与庞库克先生签署的关于《索引表》的合同副本
### （1777 年 9 月 29 日）

里昂书商约瑟夫·杜普兰公司与巴黎书商夏尔·庞库克达成以下内容：

## 附录A 《百科全书》出版商合同,1776—1780年

庞库克先生是《百科全书》及其增补卷的一卷由两部分组成的对开本《索引表》的所有者,他承诺在该《索引表》的印刷过程中,向杜普兰公司寄送待印刷的印张。这些印张将交付给拉塞尔神甫,由他完成必要的校对工作,并将其排版为两卷四开本小字体《索引表》,该《索引表》将成为以佩莱的名义出版、约瑟夫·杜普兰和庞库克先生均享有股权的《百科全书》的目录。约瑟夫·杜普兰公司与夏尔·庞库克先生共同负责该四开本《索引表》的出版事宜,费用双方共同承担,销售由杜普兰先生单独负责,当四开本《百科全书》最后几卷即将出版之时,他将向公众告知《索引表》相关信息,并号召订购。

双方届时将确定两卷《索引表》的价格以及印刷和纸张费用。杜普兰先生不得将任何额外的账目、店员工资和管理费用计入其中。

双方约定向德·拉塞尔神甫支付2 400里弗作为两卷《索引表》的酬劳,而且该四开本《索引表》不得超过两卷。

庞库克先生将提供包含人类知识系统详解的铜版画,该铜版画的精修和印刷费用由合伙人承担。

双方承诺对《索引表》出版事宜以及合同的特定内容严格保密。

里昂,1777年9月29日。

签字人: 夏尔·庞库克  约瑟夫·杜普兰公司

我证明此版本与原本具有同等法律效力。

里昂,1779年2月13日  庞库克

## XI. 1777 年 9 月 30 日文件

本人为巴黎书商夏尔·庞库克，按照约瑟夫·杜普兰公司针对以佩莱的名义印刷、预订数量为 4 407 部的四开本《百科全书》所作的声明，以及本人根据预订记录进行核实之后，同意他们每印张增印 3.5 令纸，他们将承担的费用如下，即：

对于重新排版且印数为 3.5 令纸的部分，每印张的印制费为 33 里弗。

原印量 8.8 令纸的印制完成后，无须重新排版且印量为 3.5 令纸的每印张的增印价格为 17 里弗 10 苏。

增印的 3.5 令纸中使用的每令纸的价格为 9 里弗 10 苏，而非 1777 年 5 月 15 日在第戎签订的第一份文件的补充协议规定的 9 里弗 5 苏。

本人夏尔·庞库克同样声明，考虑到每卷的纸张数量从最初的 90—95 页增加至现在的 110—115 页，同样考虑到德·拉塞尔神甫反复重申最晚在 1779 年当年之内提交全部手稿，为此他必须支付雇用新助手所需费用，本人同意约瑟夫·杜普兰公司为拉塞尔神甫承诺的每卷多支付 250 里弗。在此次增加的 250 里弗的基础之上，不得以任何理由再次增加。

里昂，1777 年 9 月 30 日　　　　签署人：夏尔·庞库克

本人确认庞库克先生将本同意书递交于我。里昂，1777 年 9 月 30 日　　　　　　　　　　签署人：约瑟夫·杜普兰

我声明本副本与我方持有的原件一致。

里昂，1777 年 10 月 8 日　　　　夏尔·庞库克

附录A 《百科全书》出版商合同,1776—1780年

## XII. 与雕版商贝纳尔签订的有关四开本 《百科全书》图版的合同 1777年12月28日,巴黎

巴黎书商庞库克先生与圣雅克门圣托马斯大街的雕版商贝纳尔先生就以下事宜达成一致协议:

贝纳尔先生负责把初版560份对开本图版缩印为280份四开本双面图版,分毫不差地对图样和文字进行雕版,新格式的图版共计三卷,专门用于以佩莱之名在日内瓦出版的四开本,数量共计32卷,此三卷图版包含在内。

贝纳尔先生承诺在每卷图版首次印刷1 500次后进行仔细检查,收回并修改刻印效果不佳的印刷品,以便第二次印刷的1 500份与第一次完全一致。

贝纳尔先生对每张铜版分两次试印,共计3 000份;试印后要打磨三卷书的所有铜版,对所有的图样和字母进行精修,使之与首印的3 000张完全一致。第二次印刷数量仍为3 000,贝纳尔先生将收回无法用于第二次印刷的铜版。

贝纳尔先生每次完成并交付20张完工的图版,庞库克先生承诺支付现金,该费用针对缩制上述图像并将其数量至少减为对开本图版的半数、这些图像的铜版雕版、每份铜版两次印刷1 500份之后的维护、为了第二次印刷而对首次印刷3 000份之后的铜版打磨与图样字母的精修。每张四开本双面图版的费用为66里弗,双面图版按两张计价;首次印刷3 000份之后,每交付30张重新打磨和精修过的图版,每张图版费用为25里弗。庞库克先生同样承诺在收到交付的20张图版印刷之时,为此前已交付的第一卷的47张图版补缴

现金，每张 9 里弗，因此这些图版的每张仅支付了 57 里弗。

庞库克先生将赠与贝纳尔先生新版 32 卷的两套样书，一套是贝纳尔先生作为此版本之图版的编辑和雕版方的权利所有，后续出版的卷次的样书也将赠予；另一套则是对贝纳尔先生所承担工作的补偿，他在特殊情况下根据本协议，负责三卷四开精修铜版 3 000 张的印刷。

本合同一式两份。巴黎，1777 年 12 月 28 日

签署人： 庞库克

贝纳尔

我以本人和杜普兰公司的名义证明该合同有效。

巴黎，1777 年 12 月 28 日 签署人 梅利诺·德·吉维尔迪

本合同将废除之前与勒鲁瓦先生和德·吉维尔迪先生签署的合同。

## XIII. 1778 年 6 月 24 日，巴雷和格拉比的收购协议

我方，里昂书商约瑟夫·杜普兰公司与里昂书商约瑟夫·叙尔皮斯·格拉比、让-马里·巴雷约定如下事宜。

1. 格拉比与巴雷同意并承诺停止已经开始的《百科全书》的出版。

2. 将该版本已经印刷的六个印张，共计 4.4 令纸，交给杜普兰公司。

3. 不参与、不支持、不与任何版本《百科全书》发生关联，

否则将赔付 20 000 埃居，印刷商巴雷也不能印刷该著作，否则将支付等额赔偿。

4. 杜普兰先生承诺为巴雷先生和格拉比先生支付 27 000 里弗作为退出业务的赔偿金，包括他们已经支付的费用和垫款以及本可能从继续出版他们的版本或参与杜普兰先生的版本而获得的利润，其中 3 000 里弗已在本年复活节支付，24 000 里弗在 1779 年复活节支付。

5. 鉴于杜普兰公司支付赔偿金的目的只是为了规避格拉比先生和巴雷先生的版本所带来的不可避免的竞争，确保自己版本获得成功，如果杜普兰先生所印刷的数量为 12.3 令纸的第一版无法全部售出，而杜普兰先生能够出示 500 部尚未出售的《百科全书》（在杜普兰先生的承诺期限之前，由于对著作的某些批评或其他未知原因，这种情况有可能发生），那么格拉比先生和巴雷先生将放弃最后的 24 000 里弗，只能获得第一次支付的 3 000 里弗。

6. 如果杜普兰先生能够上文提到的版本的未出售的 500 部《百科全书》，巴雷先生和格拉比先生有权利以批发价的一半价格购买这 500 部，并以这种方式从杜普兰先生那里获得那 24 000 里弗。

7. 格拉比先生和巴雷先生确认根据本协约规定，已经在杜普兰先生承诺的今年复活节之日收到款项 3 000 里弗，对于剩余的 24 000 里弗，杜普兰先生将允诺的期票交由里昂的公证人蒙图瓦马保管，并将在承诺的期限内发放。

双方达成一致，一式两份。里昂，1778 年 6 月 24 日

与原本一致。巴黎，1778 年 10 月 14 日

夏尔·庞库克

## XIV. 1778年10月10日，庞库克先生与杜普兰先生在巴黎签订有关第三版《百科全书》的合同副本

巴黎书商夏尔·约瑟夫·杜普兰与同时代表自己和约瑟夫·杜普兰公司的代理人梅利诺·德·吉维尔迪（在公证人拉尼耶及其同事的见证下，双方于1777年10月31日确立代理关系）就下列事项达成一致。

1. 1777年2月14日于第戎签署的合同中涉及的第一版百科全书，印有4 000部，现已售罄；1777年9月30日的文件中提到的第二版，印刷量为3.5令纸，同样售罄；因此双方同意进行第三次印刷，印刷量为4.8令纸，杜普兰公司承诺认真对待出版工作；为保证第三版《百科全书》内容全面完整，杜普兰先生及公司将选择一名审校员，负责百科全书的审核工作。在出版工作的初期、中期、末期分别给与该审校员1 000里弗作为报酬，共计3 000里弗。

2. 第三版《百科全书》的印刷费用仍按先前的印刷价格收取，前1 000部为30里弗，随后的1 000部为8里弗。由于印刷量为4.8令纸，该数量的每页印刷价格确定为44里弗；由于纸张价格上涨，每令纸的价格为10里弗。

3. 第三版《百科全书》的印刷将在里昂以及法国其他城市进行；若杜普兰公司认为在瑞士日内瓦印刷是恰当的，四开本联盟将根据杜普兰公司出具的发票与运输单据支付日内瓦到里昂的邮费。宣传费、运费及其他费用将分开支付。

4. 根据第戎签署合同的第11条之规定，仓储费、烘干费、

装订费、记账员工资、差旅费及杜普兰先生的店员工资共计每年2 000里弗,为期四年;由于所有这些版本的印刷量达到8 000部,双方同意将上述条款中的金额调整为16 000里弗,直到第三版完成。

5. 由于根据1777年1月14日在第戎所签合同的第4条规定,杜普兰公司希望把法国印刷的三个版本的《百科全书》运至日内瓦的转运费视为共同费用,四开本联盟同意为虚拟的里昂和法国其他城市印刷的《百科全书》运至日内瓦的转运费用拨款,价格将按照这种运输方式的最低费率确定。根据双方共识,杜普兰公司独立承担这些版本书籍被查封(无论是在里昂,还是在其仓库中)所引发的费用,并为之负责。

只有在纳沙泰尔印刷公司批准的前提下,庞库克先生才能同意本条款;反之,本合同第4条和本条款将无效,根据在第戎所签合同第11条规定,杜普兰公司将有权对运输费、仓储费、烘干费、装订费、记账员工资、差旅费、杜普兰公司的店员工资等相关方面提出要求,合同规定每年2 000里弗,四年共计8 000里弗,但杜普兰公司表示这些不断上涨费用已经构成数量非常可观的年度支出。

无论是在上述方面,还是在与出版事宜相关的任何其他事项中发生争议,合伙人必须保证在难以定论的情况下请由利益相关方选出的三或五位里昂的律师仲裁,并无条件接受结果,不得上诉。

6. 庞库克先生同意杜普兰公司与约瑟夫·叙尔皮斯·格拉比、让-马里·巴雷在1778年6月24日所签订的合同。

7. 由于杜普兰先生已经支付部分印刷费用,这些费用将作为一项共同支出,工人受形势所迫必须从巴黎前往其他城市的差旅费也是如此。

8. 由于已经做出承诺，庞库克先生同意将超出36部的部分免费赠与预订者。

本合同一式两份。巴黎，1778年10月10日

签署人　夏尔·庞库克　　　梅利诺·德·吉维尔迪

## XV. 1779年2月10日在里昂签署的协议

本人，巴黎书商夏尔·庞库克与里昂书商约瑟夫·杜普兰公司在纳沙泰尔印刷公司合伙人在场的情况下为《百科全书》做了一份记录清单，我们确认已经出售《百科全书》的前两版，印数共计12.14令纸。对此，约瑟夫·杜普兰公司承诺以合同的形式与我们进行商讨，丛书的文本卷为每页7里弗10苏，图版卷为每页15里弗10苏，扣除我们以"售出12部，免费获得1部"给出的免费赠书；我们确认前两卷甚至印刷量为4.8令纸的第三卷的所有费用几乎都已支付，杜普兰公司依旧在垫付款项。

签署各方均同意将第三版《百科全书》面向社会出售（其中有1 000部除外，500部归夏尔·庞库克先生所有，另500部归约瑟夫·杜普兰公司所有）。

本协议一式两份。里昂，1779年2月10日

签署人：夏尔·庞库克
　　　　　约瑟夫·杜普兰公司
　　　　　纳沙泰尔印刷公司

本人证明此份文件与本人持有的原件相符。

里昂，1779年2月15日

夏尔·庞库克

## XVI. 1779年2月13日，庞库克与纳沙泰尔印刷公司的协议

根据上述协议，庞库克先生已获得共500部第三版《百科全书》，这些书籍将划归于其公司名下所有。经双方同意，纳沙泰尔印刷公司将获得上述500部《百科全书》的5/12（共208部），其中一切风险由该公司承担。庞库克先生和纳沙泰尔印刷公司在分配图书时，彼此承诺严格遵守针对于图书销售商的说明书中规定的第三版《百科全书》的市场价格。

另外，庞库克先生本着让纳沙泰尔印刷公司合伙人受益的目的，同意向纳沙泰尔印刷公司转让四开本《百科全书》的《索引表》股权的5/24，根据1777年9月29日各方在里昂同意、签署并已收到副本的协议，纳沙泰尔印刷公司同意将《索引表》的印刷以及零售工作交给庞库克先生、约瑟夫·杜普兰公司共同完成。

本协议一式两份。里昂，1779年2月13日

庞库克　　瑞士沙泰尔印刷公司

附言：

在此次图书分配以及庞库克先生对纳沙泰尔印刷公司转让《百科全书》的《索引表》的股权之时，纳沙泰尔印刷公司将再次

履行双方的共同承诺，一次性付清1777年3月28日在巴黎签订的一些协议中提到的价值为92 000里弗的票据。

本协议一式两份。里昂，1779年2月13日

庞库克　　瑞士沙泰尔印刷公司

## XVII. 1779年8月3日和13日，佩兰合约

签署人巴黎书商夏尔·庞库克与杜普兰·德·圣阿尔比内就下列事项达成一致：

本人约瑟夫·杜普兰向庞库克先生详细汇报了《百科全书》的销售情况，我鼓励他接受他人向我提出的购买里昂剩余约348部《百科全书》以及巴黎剩余的约200部《百科全书》（归庞库克先生所有）的报价，价格为文字卷每卷4里弗，图版卷每卷8里弗，使用空白支票支付，每部总价为156里弗，条件是购买者要求在1780年8月之前不得宣布该书将发售任何增补版本，否则要支付一切开支和损失赔偿；本人夏尔·庞库克相信对公司而言，为了在年底能够收到现金和票据形式的利润，以这种方式来结束这笔生意是恰当的，因此允许杜普兰先生接受他人提出的以每部156里弗的价格、用票据作为支付方式来购买剩余《百科全书》的报价，票据最后期限为1780年2月，但我需要得到合伙人纳沙泰尔印刷公司的许可；如果从1779年8月5日开始，15日后，我的合伙人对此没有异议，那么授予杜普兰先生的许可将生效，按照规定，剩余书籍的销售将计入《百科全书》相关公司的账户。

一式两份。巴黎，1779年8月3日

附录A 《百科全书》出版商合同,1776—1780年

签署人： 杜普兰·德·圣阿尔比内　　　夏尔·庞库克

本人约瑟夫·杜普兰确认已经把里昂公司拥有的422部完整的《百科全书》销售并发送给里昂的代理商佩兰先生,巴黎的160部完整的《百科全书》归庞库克先生一人所有,由他处理。此外,我确认已收到佩兰先生将在下一年2月为从里昂发送的422部《百科全书》支付65 832里弗,三卷图版和第36卷则将在三个月内发货。对于巴黎的160部完整的《百科全书》,庞库克先生在收到巴黎兑付、下一年2月到期、总计24 960里弗(每部156里弗)的汇票之时,将向佩兰先生或其权利继承人发货。

一式两份。里昂,1779年8月13日。

签署人： 约瑟夫·杜普兰　　佩兰

我确认上述文件与我持有的原件相符。

签署人： 约瑟夫·杜普兰

## XVIII. 1780年2月12日的正式协议

签署人约瑟夫·杜普兰与巴黎书商夏尔·庞库克达成如下协议：

1. 本人夏尔·庞库克已经查阅杜普兰先生持有的关于我持有一半股权的《百科全书》的记录,并确认杜普兰先生向我告知的销售状况真实准确,而且了解并确认杜普兰先生据本人要求向佩兰先生出售了422部《百科全书》,杜普兰先生之所以将他有权要求的属于他的利润转让给我们,是源自他慷慨的处理方式,因此,为了表明本人对杜普兰先生的感谢,本人特此将本人及所有合伙

人对于上述《百科全书》之《索引表》的所有权利和主张转让给他，该四开本的《索引表》以勒鲁瓦先生的名义分六卷出版发行，本人将自己保留的一半股权转让给杜普兰先生，但保留对开两卷本《索引表》的所有权利。

2. 根据达成的相关协议，本人保留他在《方法百科全书》中的股权。

3. 本人以自己及本人合伙人的名义，将本人在佩莱先生的《百科全书》出版事宜中的所有权利和主张以及由此产生的利润、杜普兰先生留存的未出售的《百科全书》以及该版本多印制的所有散页以不可撤销的方式全部转让给杜普兰先生，但铜版画和特许权仍归本人所有。

本人约瑟夫·杜普兰，根据庞库克先生的转让许可，同意：

1. 按照承诺，以176 000里弗的价格向其支付上述物品的费用，即：

1780年12月支付1/3

1781年10月支付1/3

1782年8月支付剩余部分

2. 即日起六个月内向庞库克先生及其合伙人提供所有散页，用于补全书稿。

3. 明日白天向庞库克先生结算图版费用。

4. 本人同意负责上述事宜的清算工作，风险自担，不会以任何理由对庞库克先生或其合伙人进行追偿，包括在上述清算中源自预订者的任何纠纷，以及因搁置或延迟付款而造成的所有坏账，对此类事件，他将独自承担责任。

5. 如若庞库克先生能够履行与洛桑印刷公司达成的义务和协

议,本人将向其转交洛桑印刷公司的协议和票据,并在他承担风险的情况下为其背书。

一式两份,承诺按照形式和内容履行本协议。里昂,1780年2月12日

签署人: 约瑟夫·杜普兰与夏尔·庞库克

本人声明此副本与原件相符。

里昂,1780年2月13日　夏尔·庞库克

## XIX. 有关非正式协议的档案

### 1. 1780年2月6日,勒尼奥和罗塞先生代表杜普兰先生出具的订阅记录[杜普兰制]

| | | | |
|---|---|---|---|
| 最早两版 | ……6 009 中售出 5 570 | | |
| 扣除免费赠阅 | 22 | 22 | |
| | 5 987 售出 5 548 | | |
| | 5 987 售出的 5 548 价格为 294 里弗 | | ……1 631 112 里弗 |
| 第三版 | 580 售出的 526 价格为 294 里弗 | | ……154 644 里弗 |
| 根据在巴黎所 | | | |
| 订协议出售 | 422 售出的 422 价格为 156 里弗 | | 65 832 里弗 |
| 给庞库克先生 | 500 售出 | 500 | |
| 给 J.杜普兰 | 500 售出 | 500 | |
| | 7 989 | 7 496 | |
| 免费赠阅 | 22 | 22 | |
| 汇总 | 8 011 | 7 518 | ……1 851 588 里弗 |

启蒙运动的生意

### 2. 出版活动的真实净收入 [博塞制]

每卷124印张，36卷共计4 464印张，印刷费115里弗，纸张161—10。每印张花费的纸张和印刷276—10：

| | | |
|---|---|---|
| 4 464 印张 | | 1 232 060 里弗 |
| 说明书 | | 17 999 里弗 |
| 版画 | | 119 423 里弗 |
| 拉塞尔神甫以及审读者 | | 33 600 里弗 |
| 巴雷 | | 27 000 里弗 |
| 到日内瓦运费 | 20 000 | |
| 意外开支 | 30 000 | 86 000 里弗 |
| 退换与折扣 | 36 000 | |
| 支出 | | 1 516 082 里弗 |
| 出版社生产 | | 8 411 部 |
| 扣除： | | |
| 多印的散页 | 400 | |
| 分派的部数 | 1000 | 1 822 部 |
| 卖给佩兰 | 422 | |
| 剩余 | | 6 589 部 |
| 赠阅 | | 529 部 |
| | | 6 060 部 |
| 进款 | | |
| 6060 部售价 294 里弗 | | 1781640 里弗 |
| 422 部售价 156 里弗 | | 65 832 里弗 |
| | | 1 847 472 里弗 |

附录 A 《百科全书》出版商合同,1776—1780年

| | | |
|---|---|---|
| 从佩兰处收款 | 48 828 ⎫ | |
| 书店中的 200 部 | 30 000 ⎬ | 98 828 里弗 |
| 散页出售,若西内 | 20 000 ⎭ | 1 946 300 里弗 |
| 扣除开支 | | 1 516 082 里弗 |
| | | 430 218 里弗 |

需加上有人以相同价格购入的《图表》　　　50 000 里弗
　　　　　　　　　　　　　　　　　　　　480 218 里弗

### 3. 出版活动应收款表格 [博塞制]

根据做好的账目,应当分配的金额为:　　　480 000 里弗
还可加上第三版的剩余书册,无疑已经卖出了;

即有 400 部中的 1/2 在书店或者以散册形式出售:
即 200 部,扣除其中的 1/13
即 15 部
剩余 294 部中的 185 部　　　　　　　　　54 390 里弗
(请尤其注意,如果我们将散册交给他处置)　534 390 里弗

计入梅利诺先生所声索的 34 390 里弗(尽管有利益可以追索的是我们),那就有 500 000 里弗可以分配。但是,由于我们可能将收到 100 000 里弗,且这笔钱也许会在 7 月 1 日到账,他应当向我们支付:

200 000 里弗当期款项
50 000 里弗复活节款项,7 月 3 日为期限

以上似乎即是我们可以向他提出的初步结算请求，且我们一定不可松口或是将《分析性图表》交给他，除非他给出我们所要求的总清单。

### 4. 普隆特先生的第一次回忆录

杜普兰先生带走的《百科全书》全部三个版本共计 8 011 部（不包括散页制作的版本）。根据订购记录可知，到 1779 年 2 月，我们已经委托代销了（包括赠阅样书）　　　　　　　7 373 部

在杜普兰先生不久前制作的订购列表中，我们发现有 1779 年 2 月没有带走的部数为　　　　　　　　　　137 部
　　　　　　　　　　　　　　　　　　　　　　7 510 部

因此，在 1779 年 2 月，实际未售出的部数只有：
　　　　　　　　　　　　　　　　　　　　　　501 部
　　　　　　　　　　　　　　　　　　　　　　8 011 部

杜普兰先生向他的合作伙伴隐瞒了这一有利的情况，并通过反过来威胁停止订购，成功分到了 1 000 部。他不仅将他那边的 500 部出售，进入个人账户；而且，他又用新的阴险手段，伪托佩兰的名义骗取了 422 部，而根据他本人的话，这些书是尚未出售的。他夸大了印刷的质量问题，以 156 里弗的价格购入，而它们已经和这 500 部一道，在以协会名义接受的订购中，以 294 里弗的价格销售。

庞库克先生在这些销售中没有任何参与，丧失了自己的权益，损失了假冒的佩兰所购 422 部的一半金额，还不得不贱卖出版社剩余的 500 部（我们曾让杜普兰独家负责销售）。其 1/4 强的财产因为所有这些诡计而被剥夺，但仍旧被其贪婪的合伙人要求承担所有三个版本的费用，这笔金额也因为各种手段而变得巨大，为

杜普兰先生确保了超过100 000埃居的利润。而留给庞库克先生的呢？他因为诚实和信任而成了受害者，只有为牺牲了已经印刷的三卷，为原稿、他的图版、他的特许权支付的9 000多里弗，以及为他十二年多的工作感到悲伤和遗憾。这些努力付出本应得到世人的尊重，但唯有杜普兰先生不然。庞库克先生的工作让这一事业取得成功，但4/3的利润都不足以满足杜普兰先生的贪婪。

这就是庞库克先生的情况，他迫不得已与背信弃义的合伙人对簿公堂，他希望让对方做出赔偿，从而恢复自己的名誉。

**5. 里昂的奥斯特瓦尔德和博塞致纳沙泰尔的贝特朗夫人的信，1780年2月13日**

……夫人，我们迫切地告诉您，我们与杜普兰的斗争结束了，幸运的是，这场斗争的结束没有造成太严重的冲突。

在耗尽了我们四个人的努力，依靠阿纳尔为我们的援军之后；在我们不得不针对有关杜普兰的数据自己编订账目，并整理我们的文书之后；在我们确信，佩兰的销售是虚假销售，而且是一笔48 000里弗的诈骗，且他交给我们的订单记录，与我们一年前暗中的记录（他对此并没有察觉）相比是伪造的之后；在作者［博塞］昨天不得不率领司法人员、特派员、执达员，以及检察官造访他的住所，要求他的账簿以及商店接受司法核查，让他供出涉及48 000里弗的诈骗之后，下午，在其亲属和朋友的在场之下，我们向其告知了在这里和在巴黎的名誉损失，成功使其同意通过庞库克先生，以10、15和20个月为期，从其代销所得款项中一共支付200 000里弗（根据我们对经营活动和大额配件的记录表格计算而得）。事情能够这样解决真是令人高兴。他一直坚持只愿意给 128 000 里弗，声称因为本次事件和有关订阅者数量的诉讼等等会引发显著的亏损，为了让他支付这笔钱，还需要向他出让《分析性图表》的利润，估值为 25 000 里弗，因为他已经与勒鲁瓦签订了合同。而夫人，您看，他不得不放弃这项活动。其中还包括洛桑几位先生将会为他们的八开本上市而支付的 24 000 里弗，但这笔钱仅和庞库克先生（即列日协会）有关，而我们自愿（如您所知）将我们对《百科全书》特许权的权利放弃以利于他，这样的话，杜普兰先生出 176 000 里弗，庞库克先生用 24 000 里弗补足 200 000 里弗。这样一来，夫人，我们的权益是：

  这 200 000 里弗中的 5/12     ……83 666 里弗。

  还有我们之前从庞库克先生处收取以及好不容易卖掉的那三卷归给我们权益，减去我们已经向叙阿尔先生支付的款项，剩下差不多是 90 000 里弗，是我们已经开票支付给庞库克先生，从而使用其特许权的，其中大约有一半的款项需要本年和次年支付。因此，在等待《方法百科全书》的成功（庞库克先生在巴黎正大力推动，已经付梓）的同时，我们的实际利润即我们所有的 208 部的金额，每套估价为 250 里弗，所以一共是 50 000 里弗，而这实际上是很微薄的，因为我们一度确信可以拿到 100 000 里弗，而如果在这个事件的处理以及条约中没有这些不可饶恕的错误的话，肯定是有这么多的……

# 附录 B  四开本《百科全书》的订单

接下去的这张列表涵盖了四开本出版商于 1780 年 2 月在里昂为了结算账目而记录的 8 011 份订单（其中仅有一份未列入）。除了少数情况外，它给出的都是零售商而非个人订阅者的姓名，因为对这三个四开版，出版商几乎都是通过书商营销的。书商再按照零售价，将订单卖给当地的客户，随后再通过杜普兰、纳沙泰尔印刷公司或者庞库克批发《百科全书》。

本列表转写自纳沙泰尔印刷公司的杜普兰的秘密订购记录的副本（纳沙泰尔市图书馆 1220 号手稿），它展现了他是如何伪造账目的。随后我们将该列表与杜普兰档案、通信以及纳沙泰尔印刷公司账簿中的其他信息做比对。最后，我们根据不同城市将条目分组，这样就可以看到每个零售商所出售的订单数量。

虽然有的零售不是书商做的，但是列表的第一部分可以笼统展现 1777 年左右法国图书贸易最为积极的那些商人。（应当拿它与《作者与书商手册》，巴黎，1777 年做对比。它也根据城市罗列了书商，尽管不是非常准确。）第二部分包括在法国之外出售的订单。第三部分涉及出版商直接卖给某些个人的订单，应该是按照零售价。第四部分标明了 25 部书，它们是杜普兰和庞库克送出的，或是为了补偿他们的合作者，或是献给他们的保护者。

就如出版社负责批发，书商仅限于向他们自己的客户做零售。他们的信件可以印证，他们在当地市场上出售这些四开本，而不是如他们以往处理批发书籍的那样，在他们自己之间交易，或是出口。这个列表因此精确地给出了四开本的地理分布情况——一个地方除外：巴黎。

巴黎的销售量也许少于列表中提到的 575 部，因为庞库克在首都很有可能没有将所有四开本出售。当他和纳沙泰尔印刷公司分派了第三版最后的 500 部的时候，他们取得的存货本可以按零售价出售给个人，或者以批发价出售给书商。纳沙泰尔印刷公司在 500 部中分到的 205 部四开本并不是一个问题；它们可以通过纳沙泰尔印刷公司的账簿进行追踪并计入了下表（85 部流向了法国，123 部流向了欧洲其他国家）。但庞库克所持有的 292 部书的下落。根据博塞在纳沙泰尔印刷公司的列表末尾做的一则注释，庞库克本还应收到杜普兰欠纳沙泰尔印刷公司的 52 部四开本，但纳沙泰尔印刷公司拒绝接受，理由在第七章做了解释。最后，庞库克出售了前两版的 20 部，所以他总共有 364 部。尽管他的书信解释说他尝试在巴黎出售其大多数的四开本，但他很有可能向其他地方的书商出售了若干套书。因此，这个列表给出的巴黎四开本消费的印象多少是有点夸大的。不过，就总体来说，它展现了存在于法国的大约 60% 的《百科全书》，以及大革命前存在于世界各地的 1/3 的《百科全书》的分布情况。

# 附录B 四开本《百科全书》的订单

## I. 法国订购

| | | | | |
|---|---|---|---|---|
| 阿布维尔（26） | | 富尼耶 | 10 | |
| 　潘蒂奥 | 26 | 奥松（1） | | |
| 艾尔（8） | | 　拉济耶 | 1 | |
| 　迪布瓦 | 8 | 阿维尼翁（55） | | |
| 埃克斯（6） | | 　奥巴内尔 | 6 | |
| 　帕卡尔 | 6 | 　吉夏尔 | 40 | |
| 阿朗松（34） | | 　尼埃尔 | 9 | |
| 　茹昂 | 34 | 巴－勒迪克（13） | | |
| 亚眠（59） | | 　罗贝尔 | 13 | |
| 　马斯廷 | 59 | 巴约讷（16） | | |
| 昂热（109） | | 　特雷博兹 | 14 | |
| 　帕里佐 | 108 | 　福韦尔·迪阿尔 | 2 | |
| 　梅尔莱 | 1 | 博纳（26） | | |
| 阿尔让唐（3） | | 　贝尔纳 | 26 | |
| 　勒弗朗索瓦 | 3 | 博韦（8） | | |
| 阿拉斯（26） | | 　戈戴 | 8 | |
| 　托皮诺 | 26 | 贝尔热拉克（13） | | |
| 奥什（65） | | 　巴尔加斯 | 13 | |
| 　拉卡扎 | 65 | 贝尔格（1） | | |
| 奥里亚克（13） | | 　范德韦 | 1 | |
| 　阿尔芒 | 13 | 贝桑松（338） | | |
| 欧坦（39） | | 　勒帕涅（弟弟） | 338 | 588 |
| 　阿贝尔 | 39 | 比永（2） | | |
| 欧塞尔（10） | | 　德·邦帕尔 | 1 | |
| | | 　蒂法利埃 | 1 | |

| | | | | |
|---|---|---|---|---|
| 波尔多（356） | | | 波雷利 | 27 |
|   贝热雷 | 58 | | 卡斯特尔（28） | |
|   沙皮伊兄弟 | 88 | | 勒波蒂耶 | 28 |
|   戈夫里 | 6 | | 索恩河畔沙隆（67） | |
|   拉波蒂埃兄弟 | 165 | | 德利瓦尼 | 67 |
|   菲利波 | 39 | | 马恩河畔沙隆（1） | |
| 滨海布洛涅（34） | | | 帕维耶 | 1 |
|   巴蒂 | 34 | | 香槟（2） | |
| 布尔格布雷斯（91） | | | 勒马基 | 2 |
|   罗贝尔与戈捷 | 93 | | 沙特尔（77） | |
| 圣昂代奥勒堡（4） | | | 茹阿娜 | 77 |
|   邦迪 | 2 | | 夏蒂永（39） | |
|   吉尔莫 | 2 | | 科尼拉克·朗贝尔克 | 39 |
| 布尔日（20） | | | 克莱蒙（13） | |
|   德伯里 | 20 | | 德尔克罗兹 | 13 |
| 布雷斯特（20） | | | 科勒马尔（2） | |
|   马拉斯 | 20 | | 纳基尔克 | 2 |
| 卡昂（221） | | | 第戎（152） | |
|   勒鲁瓦 | 208 | | 伯努瓦 | 4 |
|   马努里 | 13 | | 卡佩尔 | 131 |
| 康布雷（57） | | | 弗隆坦 | 17 |
|   贝尔图 | 57 | | 多勒（52） | |
| 卡庞特拉（2） | | | 沙博 | 52 |
|   德沙多邦 | 2 | | 杜埃（14） | |
| 卡斯泰尔诺达里（27） | | | 泰斯 | 14 |

附录 B 四开本《百科全书》的订单

| | | | |
|---|---|---|---|
| 昂布兰（3） | | 沙博索 | 13 |
| 　穆瓦斯 | 3 | 帕维 | 43 |
| 埃夫勒（65） | | 朗松 | 3 |
| 　安塞勒 | 65 | 勒阿弗尔（52） | |
| 法莱兹（45） | | 巴特里 | 52 |
| 　布凯 | 45 | 勒芒（40） | |
| 冈热（1） | | 　罗贝尔·拉科米纳 | 14 |
| 　波马雷 | 1 | 　莫努瓦耶 | 26 |
| 格勒诺布尔（80） | | 勒普伊（39） | |
| 　屈谢 | 13 | 　布瓦瑟朗 | 39 |
| 　寡妇吉鲁 | 66 | 里尔（28） | |
| 　迪克罗·德·沙托邦 | 1 | 　雅基耶 | 28 |
| 盖雷（19） | | 利摩日（3） | |
| 　皮奥 | 19 | 　马克·迪布瓦 | 3 |
| 茹安维尔（1） | | 利雪（27） | |
| 　德戈勒 | 1 | 　德洛奈 | 23 |
| 拉费尔（15） | | 　米斯特拉尔 | 4 |
| 　吕尼 | 8 | 卢丹（1） | |
| 　让蒂永 | 7 | 　马勒布 | 1 |
| 拉弗莱什（39） | | 吕内维尔（1） | |
| 朗格勒（26） | | 　里夏尔 | 1 |
| 　鲁耶 | 26 | 莱格勒（3） | |
| 拉昂（17） | | 　格拉松 | 3 |
| 　梅尔维尔 | 17 | 里昂（1079） | |
| 拉罗谢尔（59） | | 　阿尔莱（兄） | 25 |

589

| | | | |
|---|---|---|---|
| 巴雷 | 15 | 泰塔尔 | 8 |
| 布斯凯 | 64 | 马尔芒德（1） | |
| 西泽龙 | 9 | 巴亚·德·隆巴雷德 | 1 |
| 德谢尔尼 | 1 | 马赛（228） | |
| 福舍 | 2 | 拉勒芒 | 13 |
| 格拉比 | 14 | 卡尔德塞格 | 52 |
| 雅克诺 | 65 | 莫西 | 52 |
| 佩兰 | 62 | 鲁莱 | 28 |
| 佩里斯 | 77 | 阿利埃 | 1 |
| 罗塞 | 94 | 叙布&拉波特 | 78 |
| 瓦塔尔 | 13 | 里夏尔 | 4 |
| 塞利耶 | 26 | 莫城（30） | |
| 奥当布隆·德·萨拉西& | | 夏尔 | 26 |
| 若西内 | 585 | 普吕多姆 | 4 |
| 埃斯帕龙 | 1 | 默伦（1） | |
| 肖吕 | 1 | 普雷沃 | 1 |
| 帕斯卡尔 | 40 | 梅斯（22） | |
| 吉杰（克鲁瓦－鲁斯修道院院长） | 1 | 热尔拉什 | 13 |
| | | 马沙尔 | 9 |
| 沙莱 | 1 | 米约（8） | |
| 盖伊 | 2 | 蒙布鲁苏 | 6 |
| 巴罗 | 1 | 莫瓦森表兄 | 2 |
| 马孔（17） | | 蒙塔日（26） | |
| 加尔森 | 17 | 吉勒 | 26 |
| 芒特（8） | | 蒙托邦（105） | |

590

附录 B　四开本《百科全书》的订单

| | | | | |
|---|---|---|---|---|
| | 博蒙 | 26 | 比谢 | 104 |
| | 克罗齐尔 | 78 | 戈德父子 | 105 |
| | 卡扎梅 | 1 | 韦罗 | 3 |
| 蒙布里松（6） | | | 尼奥尔（58） | |
| | 博蒙 | 6 | 埃利 | 58 |
| 蒙彼利埃（169） | | | 努瓦永（26） | |
| | 塞扎里 | 26 | 德帕勒 | 26 |
| | 里戈·庞斯公司 | 143 | 奥尔良（52） | |
| 莫尔莱（1） | | | 库雷·德·维尔纳夫 | 39 |
| | 尼科尔 | 1 | 勒图尔米 | 13 |
| 莫塔涅（22） | | | 巴黎（575） | |
| | 勒珀居谢 | 22 | 安德里埃特 & 费里诺 | 17 |
| 穆兰（52） | | | 拉聚雷 | 20 |
| | 埃诺 | 52 | E. 罗斯 | 50 |
| 南锡（121） | | | 塞波利诺 | 13 |
| | 巴班 | 91 | 布吉 | 14 |
| | 亨利 | 2 | 博斯卡里 | 1 |
| | 邦图 | 1 | 德·拉里夫 | 1 |
| | 马蒂厄 | 26 | 埃斯普里 | 9 |
| | 勒格罗 | 1 | 奥赛伯爵 | 1 |
| 南特（38） | | | 莫尼耶 | 42 |
| | 布兰寡妇 | 4 | 庞库克 | 364 |
| | 德皮伊 | 8 | 沙维西耶 | 1 |
| | 瓦塔尔 | 26 | 德拉莫特 | 1 |
| 尼姆（212） | | | 巴谢 | 1 |

· 695 ·

| | | | |
|---|---|---|---|
| 加尔松 | 3 | 德古埃特 | 11 |
| 伯爵 | 1 | 科斯特 | 35 |
| 布瓦吉博 | 2 | 罗阿讷(26) | |
| 于格南 | 1 | 布瓦瑟朗 | 26 |
| 佩雷戈 | 1 | 罗什福尔(27) | |
| 康戴·德·拉舍纳尔 | 1 | 罗姆 | 27 |
| 巴蒂尤 | 30 | 罗克莫尔(7) | |
| 佩里格(36) | | 吉罗迪 | 7 |
| 迪布勒伊 | 36 | 鲁昂(125) | |
| 佩罗讷(15) | | 勒布歇 | 108 |
| 莱内 | 15 | 卢卡神甫 | 16 |
| 佩皮尼昂(52) | | 布儒瓦 | 1 |
| 古伊 | 52 | 圣沙蒙(2) | |
| 普瓦捷(65) | | 迪加 | 2 |
| 谢弗里耶 | 65 | 圣迪济耶(3) | |
| 兰斯(24) | | 富尼耶 | 3 |
| 珀蒂 | 21 | 圣艾蒂安(13) | |
| 普雷沃托 | 3 | 贝尔纳 | 13 |
| 雷恩(218) | | 圣弗鲁尔(24) | |
| 布鲁埃 | 84 | 寡妇萨尔丹及其儿子 | 24 |
| 罗比凯 | 91 | 圣洛(7) | |
| 勒梅兰 | 43 | 法比莱 | 7 |
| 勒泰尔(40) | | 圣奥梅尔(5) | |
| 米尼 | 40 | 于盖 | 5 |
| 591 里翁(46) | | 圣康坦(16) | |

附录 B　四开本《百科全书》的订单

| | | | |
|---|---|---|---|
| 奥图歹 | 13 | 叙尔 | 21 |
| 德努瓦耶 | 1 | 塞尔让 | 1 |
| 里戈 | 1 | 图卢兹（451） | |
| 阿尔莱 | 1 | 加斯通 | 130 |
| 桑特（26） | | 达勒＆维亚克 | 6 |
| 德·利斯 | 26 | 莫纳维 | 69 |
| 索缪尔（1） | | 萨卡罗 | 233 |
| 德古里 | 1 | 罗贝尔 | 13 |
| 色当（2） | | 图尔（65） | |
| 贝谢·德·巴朗 | 2 | 比约（子） | 65 |
| 赛特（13） | | 特鲁瓦（53） | |
| 米歇尔 | 13 | 桑通 | 52 |
| 苏瓦松（52） | | 安德雷 | 1 |
| 瓦罗基耶 | 52 | 蒂勒（4） | |
| 斯特拉斯堡（16） | | 希拉克 | 4 |
| 迈诺尔 | 2 | 瓦朗斯（65） | |
| 蒂尔坎 | 13 | 奥雷尔 | 39 |
| 盖伊 | 1 | 米盖 | 26 |
| 塔布（52） | | 瓦朗谢纳（17） | |
| 布尔丹 | 52 | 吉亚尔 | 13 |
| 梯也尔（39） | | 亨利 | 4 |
| 贝尔纳 | 39 | 凡尔登（13） | |
| 图勒（1） | | 蒙东 | 13 |
| 卡雷 | 1 | 凡尔赛（5） | |
| 土伦（22） | | 纳伊伯爵 | 1 |

· 697 ·

|  |  |  |  |
|---|---|---|---|
| 德巴尔泰斯 | 1 | 都柏林（13） | |
| 德鲁比尼亚克 | 1 | 吕克·怀特 | 13 |
| 戈梅兰 | 1 | 美因河畔法兰克福（2） | |
| 迪斯巴赫 | 1 | 霍尔韦格 & 劳 | 2 |
| 维希（2） | | 日内瓦（284） | |
| 吉罗（本堂神甫） | 1 | 努弗 & 巴松皮埃尔 | 177 |
| 鲁加内 | 1 | 佩雷 | 41 |
| 自由城（37） | | 斯卡拉 | 13 |
| 韦德耶 | 37 | 特隆（兄） | 52 |
| | | 布兰克 | 1 |
| **II. 非法国订购** | | 热那亚（32） | |
| 阿姆斯特丹（5） | | 格拉维耶 | 32 |
| 弗朗克 | 1 | 汉堡（2） | |
| 迪桑舒瓦 | 1 | 维尔肖 | 2 |
| 雷伊 | 1 | 哈勒姆（1） | |
| 尚古永 | 2 | 博斯克 | 1 |
| 巴塞尔（1） | | 海牙（13） | |
| 图尔内森 | 1 | 博塞 | 13 |
| 布鲁塞尔（46） | | 洪堡（3） | |
| 里库尔 | 26 | 布吕埃尔 | 3 |
| 勒梅（兄） | 20 | 洛桑（3） | |
| 哥本哈根（4） | | 格拉塞 | 1 |
| 菲利贝尔 | 3 | 波特 | 2 |
| 施勒格勒 | 1 | 莱顿（3） | |

592

| | | | |
|---|---|---|---|
| 默里 | 1 | 道恩(伯爵) | 1 |
| 卢萨克和范达默 | 2 | 德拉卢塞恩 | 1 |
| 列日(52) | | 那不勒斯(16) | |
| 德马佐 | 26 | 印刷公司 | 16 |
| 普隆特 | 26 | 纳沙泰尔(39) | |
| 里斯本(1) | | 印刷公司 | 36 |
| 贝特朗 | 1 | 孔韦尔 | 1 |
| 伦敦(13) | | 圣罗贝尔 | 1 |
| 杜朗 | 13 | 福尔南霍兹 | 1 |
| 马德里(3) | | 尼永(2) | |
| 桑卡 | 3 | 米歇尔 | 2 |
| 马埃斯特里克(1) | | 佩斯(1) | |
| 迪富尔和鲁 | 1 | 魏甘德和克普夫 | 1 |
| 曼海姆(27) | | 布拉格(5) | |
| 方丹 | 26 | 格尔列 | 5 |
| 新图书馆 | 1 | 圣彼得堡(8) | 593 |
| 曼图瓦(5) | | 魏特布雷希特 | 5 |
| 罗梅(教授) | 5 | 穆勒 | 3 |
| 米兰(1) | | 索勒尔(1) | |
| 卡利 | 1 | 德贝维尔 | 1 |
| 莫斯科(4) | | 都灵(53) | |
| 鲁迪格 | 4 | 吉伯特和奥吉亚斯 | 13 |
| 慕尼黑(4) | | 雷桑堂兄弟 | 39 |
| 弗里茨 | 2 | 洛朗 | 1 |

| | | | |
|---|---|---|---|
| 乌得勒支（1） | | 德·穆蒂 | 1 |
| 　斯普鲁伊 | 1 | 乔蒂 | 1 |
| 威尼斯（1） | | 凯瑟琳 | 1 |
| 　泽诺特 | 1 | 德拉洛伊 | 1 |
| 华沙（31） | | 杜沙福 | 1 |
| 　格罗尔 | 18 | 德拉谢兹 | 1 |
| 　莱克斯 | 13 | 德菲松 | 1 |
| 沃尔姆斯（2） | | 德·沙特莱 | 1 |
| 　维兴哈根 | 2 | 当贝里厄 | 1 |
| 伊珀尔（8） | | 瓦塞利耶 | 4 |
| 　德克莱克 | 8 | 贝拉奇 | 8 |

### III. 个人订购

| | | | |
|---|---|---|---|
| 奥利耶 | 6 |
| 德梅雷曼德 | 1 |
| 图尔杜宾伯爵 | 1 |
| 弗里茨 | 1 |
| 舍里耶神甫 | 1 |
| 寡妇鲁塞 | 1 |
| 圣路易的骑士杜泽尔 | 1 |
| 日内瓦的杜索伊松 | 1 |
| 勒莫希尔 | 1 |
| 德·穆蒂莱 | 1 |
| 德·丰特奈 | 1 |

### IV. 免费赠送

| | |
|---|---|
| 庞库克 | 4 |
| 德·弗莱塞尔总督 | 1 |
| 拉图雷特 | 1 |
| 穆伊鲁法 | 1 |
| 普灵格斯 | 1 |
| 普洛斯特·德·鲁歹耶 | 1 |
| 米格 | 1 |
| 拉塞尔 | 1 |
| 勒鲁瓦 | 1 |
| 里昂学院 | 1 |
| 马西厄 | 1 |

| | | | |
|---|---|---|---|
| 莫雷尔 | 2 | **V. 总计** | |
| 梅利诺 | 1 | 法国订购 | 7 257 |
| 库特雷兹 | 1 | 非法国订购 | 691 |
| 雷沃尔 | 1 | 个人订购 | 37 |
| 香浦 | 3 | 免费赠送 | 25 |
| 德·居米 | 2 | | 8 010 |
| 杜普兰·P. 贝拉奇 | 1 | | |

## 附录 C　法国主要城市的订购量

下表包含出售了 50 部以上的 37 个城市，以及人口在 20 000 以上的 36 个城市。为了阐明城市销售量和规模之间的关系，它们分别根据所售订购数量以及人口数量来排序。破折号表示一座城市人口在 20 000 以下或者出售的订阅不到 50 部，最后三列中的 × 表示该城市是高等法院，学会或者总督府的所在地。布尔、瓦朗斯和奥尔良的学院一直到 1784 年方才创立，所以这些城市名后面，学院一栏里的 × 带括号。阿维尼翁尽管是教皇领地，也列在了表格上；佩皮尼昂标有高等法院，尽管它的法院严格说来是一个高级法院（Conseil supérieur）。人口数据来自 1806 年的人口普查，它是有关法国各城市、城镇相对重要性最佳的信息源，即便是往回投射到 1780 年：参见 René Le Mée, «Population agglomérée, population éparse au début du XIXᵉ siècle», in *Annales de démographie historique* (1971), pp. 455–510。

附录 C　法国主要城市的订购量

| 城市 | 订购量 | 人口（1806年） | 订单排名 | 人口排名 | 高等法院 | 学院 | 财政区首府 |
|---|---|---|---|---|---|---|---|
| 里昂 | 1 079 | 111 840 | 1 | 2 | | × | × |
| 巴黎 | 575 | 580 609 | 2 | 1 | × | × | × |
| 图卢兹 | 451 | 51 689 | 3 | 8 | × | × | × |
| 波尔多 | 356 | 92 966 | 4 | 4 | × | × | × |
| 贝桑松 | 338 | 28 721 | 5 | 21 | × | × | × |
| 马赛 | 228 | 99 169 | 6 | 3 | | × | |
| 卡昂 | 221 | 36 231 | 7 | 14 | | × | |
| 雷恩 | 218 | 29 225 | 8 | 19 | × | | × |
| 尼姆 | 212 | 41 195 | 9 | 11 | | × | |
| 蒙彼利埃 | 169 | 33 264 | 10 | 15 | | × | × |
| 第戎 | 152 | 22 026 | 11 | 29 | × | × | × |
| 鲁昂 | 125 | 86 672 | 12 | 5 | × | × | × |
| 南锡 | 121 | 30 532 | 13 | 18 | × | × | × |
| 昂热 | 109 | 29 187 | 14 | 20 | | × | |
| 蒙托邦 | 105 | 23 973 | 15 | 25 | | × | × |
| 布尔 | 91 | 7 417 | 16 | — | | (×) | |
| 格勒诺布尔 | 80 | 22 129 | 17 | 28 | × | × | × |
| 沙特尔 | 77 | 13 809 | 18 | — | | | |
| 索恩河畔沙隆 | 67 | 11 204 | 19 | — | | | |
| 奥什 | 65 | 8 918 | 20 | — | | | × |
| 埃夫勒 | 65 | 9 511 | 20 | — | | | |

启蒙运动的生意

| 城市 | 订购量 | 人口 | 订单排名 | 人口排名 | 高等法院 | 学院 | 财政区首府 |
|---|---|---|---|---|---|---|---|
| 普瓦捷 | 65 | 21 465 | 20 | 33 | | | × |
| 图尔 | 65 | 21 703 | 20 | 32 | | | × |
| 瓦朗斯 | 65 | 8 212 | 20 | — | | (×) | |
| 亚眠 | 59 | 39 853 | 21 | 12 | × | × | |
| 拉罗谢尔 | 59 | 18 346 | 22 | — | | × | × |
| 尼奥尔 | 58 | 15 066 | 23 | — | | | |
| 康布雷 | 57 | 15 608 | 24 | — | | | |
| 阿维尼翁 | 55 | 23 789 | 25 | 26 | | | |
| 特鲁瓦 | 53 | 27 196 | 26 | 27 | | | |
| 多勒 | 52 | 8 462 | 27 | — | | | |
| 勒阿弗尔 | 52 | 19 482 | 27 | — | | | |
| 穆兰 | 52 | 14 101 | 27 | — | | | |
| 奥尔良 | 52 | 42 651 | 27 | 10 | | (×) | × |
| 佩皮尼昂 | 52 | 12 499 | 27 | — | × | | |
| 苏瓦松 | 52 | 8 126 | 27 | — | | × | |
| 塔布 | 52 | 7 934 | 27 | — | | | |

除上述城市外，订购较少的大城市：

| 城市 | 订购量 | 人口（1806年） | 订单排名 | 人口排名 | 高等法院 | 学院 | 财政区首府 |
|---|---|---|---|---|---|---|---|
| 南特 | 38 | 77 226 | — | 6 | | | × |
| 里尔 | 28 | 61 467 | — | 7 | | | × |
| 兰斯 | 24 | 31 779 | — | 16 | | | |

附录 C　法国主要城市的订购量

| | | | | | | | |
|---|---|---|---|---|---|---|---|
| 梅斯 | 22 | 39 138 | — | 13 | × | × | × |
| 土伦 | 22 | 28 170 | — | 22 | | | |
| 布雷斯特 | 20 | 28 130 | — | 27 | | | |
| 克莱蒙-费朗 | 13 | 30 982 | — | 17 | | | |
| 埃克斯 | 6 | 21 960 | — | 30 | × | | × |
| 圣奥梅尔 | 5 | 20 362 | — | 35 | | | |
| 凡尔赛 | 5 | 26 974 | — | 24 | | | |
| 利摩日 | 3 | 21 757 | — | 31 | | | |
| 斯特拉斯堡 | 16 | 51 464 | — | 9 | | | × |
| 洛里昂 | 0 | 20 553 | — | 34 | | | |
| 阿尔勒 | 0 | 20 151 | — | 36 | | × | |

# 附录D 《方法百科全书》供稿人

后面的表格呈现的是《方法百科全书》的73位主要供稿人，依据是庞库克在《数学辞典》（III, xxviii）中罗列的名字。为了让读者能够领略《方法百科全书》的整体结构，他们的名字被放在了他们所撰写的辞典的标题之下。因此，贡献了不止一部的百科作者的名字会出现一次以上，而有的辞典，如药学，它有许多的作者，所以占据了非常大的空间。不过，那些辞典在规模上也是最大的：《药学辞典》，在1789年有18位作者，最终形成了13卷之巨。所以，庞库克的作者的贡献大体上是较为平均的，不像狄德罗的《百科全书》，供稿从一篇到数百篇文章不等。

到1789年，庞库克完成了《方法百科全书》的框架，他的作者写了大约一半的文本，但它一直到1832年才大功告成。表格因此呈现的是成熟之后的作品，正处在其发展的关键点上，但它没有展示《方法百科全书》在其存在的半个世纪中是如何演变的。不过，1789年罗列的作者确实写了该书的大部分，而且他们可以用来代表百科全书派的第二代，也就是经历了法国大革命的那代。

他们的经历迥异，但他们对大革命的反应，大致可以分为三类。反革命者从最开始就表达了对大革命的敌视，尽管他们中很少有公开反对革命的。温和派支持君主立宪制，甚至也有人支持共和国。但是，自1792年8月10日以后，他们当中没有人继续积极参与政治，尽管他们仍旧有个一官半职，而少数人进入了督政府时期的公共生活。在1792年，共和派并不认为革命走得太远了，但他们在之后就开始在不同阶段划分界限。他们当中更为激进的，已经用J（雅各宾）来标识，更为温和的用G（吉伦特）来标识，而其他的一些人，他们的政治归属并不清楚，用X来标记。

应当强调的是，这种类型的政治标记牵涉到大量猜测，而且不同历史学家有不同的看法。有关百科全书派如何回应大革命，我们的表格意在给出一个笼统的看法，而不是做党派站队的准确的记分卡。它没有标注14位百科全书派的政治立场，因为他们对于大革命的反应难以确定：安德里（Andry）、古兰（Goulin）、阿莱（Hallé）、于扎尔（Huzard）、维迪尔（Verdier）、格里韦尔（Grivel）、克莱布瓦（Clairbois）、拉孔布（Lacombe）、莱维斯克（Lévesque）、弗拉梅里（Framery）、夏尔（Charles）、让鲁瓦（Jean-roi）、迪阿梅尔（Duhamel）和盖亚尔（Gaillard）。他们当中，大约有一半人似乎继续从事他们的事业，所以他们大概并不敌视新秩序。9位百科全书派作者在1793年前去世：瓦特莱（Watelet）、科隆比耶（Colombier）、富热鲁·德·邦达鲁瓦（Fougeroux de Bondaroy）、莫尔韦耶（Morvilliers）、博泽（Beauzée）、贝尔吉耶（Bergier）、路易（Louis）、波多（Baudeau）和德拉克鲁瓦（Delacroix）。其他10名供稿者的信息很少：卡耶（Caille）、尚瑟吕（Chamseru）、德奥尔内（Dehorne）、拉波特（La Porte）、莫迪（Mauduyt）、萨扬（Saillant）、叙尔吉（de Surgy）、布隆多（Blondeau）、雅布罗（Jabro），以及勒拉斯勒（Le Rasle）。他们多是一流的职业人士（6

598

人是医生），但他们没有足够的名声，在印刷资料中也只能一闪而过。对百科全书派对大革命的反应的分析，因此仅限于54个案例：14个案例，反应无法决定，7人从最开始便反对大革命，15人倾向于支持君主立宪制，18人支持共和国——5人是吉伦特派，5人是更为激进的雅各宾派，还有8人则持与上述两派不同的其他立场。

作者名字之后附上的表述是庞库克所作，能够说明他是如何标记其团队成员的。追溯所属机构的主要史料来源是18世纪80年代和90年代的"王室和国民年历"（Almanachs royaux and nationaux）。

| 辞典和撰稿人 | 法兰西学术院 | 法兰西科学院 | 其他巴黎学院 | 王室医学协会 | 王室农业协会 | 王室审查官 | 学院 | 卫生学校 | 其他革命学校 | 反革命派 | 温和派 | 共和派 |
|---|---|---|---|---|---|---|---|---|---|---|---|---|
| 《数学》 | | | | | | | | | | | | |
| C.博叙神甫,科学院成员,1730—1814年 | | × | | | | | | | | | | |
| M.-J.-A.-N.卡里塔,孔多赛侯爵,科学院成员,1743—1794年 | × | | × | | | | | | | | | G |
| J.-A.-C.夏尔,科学院成员,1746—1823年 | | × | | | | | | | | × | | |
| J.-J勒弗朗索瓦·德·拉朗德,科学院成员,1732—1807年 | | × | | | | × | | | | × | | |
| 《物理学》 | | | | | | | | | | | | |
| G.蒙热,科学院成员,1746—1818年 | | × | | | | | × | | × | | | J |
| 《医学》 | | | | | | | | | | | | |
| F.维克·达奇尔,科学院成员,1748—1794年 | × | × | | × | | | | | | | × | |

| 辞典和撰稿人 | 法兰西学术院 | 法兰西科学院 | 其他巴黎学院 | 王室医学协会 | 王室农业协会 | 王室审查官 | 学院 | 卫生学校 | 其他革命学校 | 反革命派 | 温和派 | 共和派 |
|---|---|---|---|---|---|---|---|---|---|---|---|---|
| C.-L.F. 安德里,医学博士,1741—1829年 | | | | × | | | | | | | | |
| C.A. 卡耶,医学博士,?—1831年 | | | | × | | | | | | | | |
| N. 尚邦·德·蒙托,医学博士,1748—1826年 | | | | × | | | | | | | | × |
| J.-F.-J. 鲁西耶·德·尚瑟吕,医学博士,1750?—1823年 | | | | × | | | | | | | | |
| J. 科隆比耶,医学博士,1736—1789年 | | | × | × | | | | | | | | |
| A.-F. 德·富克鲁瓦,医学博士,1755—1809年 | | × | | × | × | × | × | × | × | | | J |
| J. 德奥尔内,医学博士 | | | | × | × | | | × | | | | |
| F. 杜布莱,医学博士,1751—1795年 | | | | × | | | | × | | | | J |

| 辞典和撰稿人 | 法兰西学术院 | 法兰西科学院 | 其他巴黎学院 | 王室医学协会 | 王室农业协会 | 王室审查官 | 学院 | 卫生学校 | 其他革命学校 | 反革命派 | 温和派 | 共和派 |
|---|---|---|---|---|---|---|---|---|---|---|---|---|
| J. 古兰, 医学博士, 1728—1799年 | | | | | | | | | | | | |
| J.-N. 阿莱, 医学博士, 1754—1822年 | | | × | | | | | × | | | | |
| J.-B. 于扎尔, 医学博士, 1755—1839年 | | | × | | | | × | | | | | |
| D. 让鲁瓦, 医学博士, 1730—1816年 | | | × | | | | | | | | | |
| J.J. 德拉波特, 医学博士 | | | × | | | | | | | | | |
| 莫迪·德·拉瓦雷纳, 医学博士 | | | × | | | | | | | | | |
| C.J. 萨扬, 医学博士, 1747—1814年 | | | × | | | | | | | | | |
| M.-A. 图雷, 医学博士, 1749—1810年 | | | × | | | | | × | | | × | |

| 辞典和撰稿人 | 法兰西学术院 | 法兰西科学院 | 其他巴黎学院 | 王室医学协会 | 王室农业协会 | 王室审查官 | 学院 | 卫生学校 | 其他革命学校 | 反革命派 | 温和派 | 共和派 |
| --- | --- | --- | --- | --- | --- | --- | --- | --- | --- | --- | --- | --- |
| J.韦迪耶,医学博士,1735—1820年 | | | | | | | | | | | | |
| 《解剖学》 | | | | | | | | | | | | |
| 维克·达奇尔:见上 | | | | | | | | | | | | |
| 《外科学》 | | | | | | | | | | | | |
| A.路易,外科学会终身书记,1723—1792年 | | | | x | | | | | | | | |
| 《化学》《冶金学》《药学》 | | | | | | | | | | | | |
| L.-B.吉东·德·莫尔沃,荣誉代理检察长,1737—1816年 | | | x | | | | | | x | | | J |
| J.-P.-E.-G.迪阿梅尔,科学院成员,1730—1816年 | | | | x | x | | x | x | | | | |
| F.肖西耶,化学教授,1746—1828年 | | | x | | | | x | x | x | | | J |
| 《农学》 | | | | | | | | | | | | |

| 辞典和撰稿人 | 法兰西学术院 | 法兰西科学院 | 其他巴黎学院 | 王室医学协会 | 王室农业协会 | 王室审查官 | 学院 | 卫生学校 | 其他革命学校 | 反革命派 | 温和派 | 共和派 |
|---|---|---|---|---|---|---|---|---|---|---|---|---|
| A.-H.泰西耶神甫,科学院成员,1741—1837年 | | × | | | | | | | | | × | |
| A.图安,国王花园首席园艺师,科学院成员,1747—1823年 | | × | × | | × | × | | | | | × | |
| 《林木》 | | | | | | | | | | | | |
| A.-D.富热鲁·德·邦达鲁瓦,科学院成员,1732—1789年 | | × | | | × | | | | | | | |
| 《自然史》 | | | | | | | | | | | | |
| L.-J.-M.多邦通,科学院成员,1716—1800年 | | × | × | | | × | | | × | | × | |
| P.-J.博纳泰尔神甫,1752—1804年 | | | | | | | | | × | × | | |
| 《四足动物》 | | | | | | | | | | | | |

| 辞典和撰稿人 | 法兰西学术院 | 法兰西科学院 | 其他巴黎学院 | 王室农业协会 | 王室医学协会 | 王室审查官 | 学院 | 卫生学校 | 其他革命学校 | 反革命派 | 温和派 | 共和派 |
|---|---|---|---|---|---|---|---|---|---|---|---|---|
| 多邦通：见上 | | | | | | | | | | | | |
| 莫迪：见上 | | | | | | | | | | | | |
| P.-M.-A. 布鲁索内，科学院成员，1761—1807年 | | × | | | | | | | | | | G |
| 《鱼类》 | | | | | | | | | | | | |
| 多邦通：见上 | | | | | | | | | | | | |
| 《昆虫》 | | | | | | | | | | | | |
| G.-A. 奥利维耶，医学博士，1756—1814年 | | | | | × | | × | | | | × | |
| 《蠕虫、贝类、植虫类》 | | | | | | | | | | | | |
| J.-G. 布吕吉埃，医学博士，1750—1799年 | | | | | × | | × | | | | × | |
| 《植物学》 | | | | | | | | | | | | |
| J.-B.-P.-A. 德拉马克，科学院成员，1744—1829年 | | × | | | | | × | | | | × | |

| 辞典和撰稿人 | 法兰西学术院 | 法兰西科学院 | 其他巴黎学院 | 王室医学协会 | 王室农业协会 | 王室审查官 | 学院 | 卫生学校 | 其他革命学校 | 反革命派 | 温和派 | 共和派 |
|---|---|---|---|---|---|---|---|---|---|---|---|---|
| 《矿物》 |  |  |  |  |  |  |  |  |  |  |  |  |
| 多邦通：凡上 |  |  |  |  |  |  |  |  |  |  |  |  |
| 《物质地理学》 |  |  |  |  |  |  |  |  |  |  |  |  |
| N. 德马雷，科学院成员，1725—1815年 |  | × |  |  |  |  |  |  |  |  |  |  |
| 《古代地理与历史》 |  |  |  |  |  |  |  |  |  |  |  |  |
| E. 芒泰尔，阿图瓦伯爵，地理学家，1730—1815年 |  |  |  | × |  |  |  |  | × |  | × |  |
| 《现代地理》 |  |  |  |  |  |  |  |  |  |  |  |  |
| F. 罗贝尔，国王常任地理学家，1737—1819年 |  |  |  |  |  | × |  |  | × |  |  |  |
| N. 马松·德·莫尔韦耶，诺曼底政府秘书，1740?—1789年 |  |  |  |  |  |  |  |  |  |  |  | × |
| 《古代》 |  |  |  |  |  |  |  |  |  |  |  |  |

| 辞典和撰稿人 | 法兰西学术院 | 法兰西科学院 | 其他巴黎学院 | 王室医学协会 | 王室农业协会 | 王室审查官 | 学院 | 卫生学校 | 其他革命学校 | 反革命派 | 温和派 | 共和派 |
| --- | --- | --- | --- | --- | --- | --- | --- | --- | --- | --- | --- | --- |
| A. 蒙杰神甫,圣热内维耶夫古董保管员,1747—1835年《历史》 | | | × | | | | | | | | | G |
| G.-H. 加亚尔,法兰西学术院,1726—1806年《神学》 | × | | × | | | × | | | | | | |
| N.-S. 贝尔吉耶,告解神甫,1718—1790年《哲学》 | | | | | | | × | | | | | |
| J.-A. 奈吉翁,1738—1810年《形而上学、逻辑学》 | | | | | | | × | | | | × | |
| P.-L. 拉克雷泰勒,律师,1751—1824年《道德》 | | | | | | | | | | | | |
| 拉克雷泰勒:见上 | | | | | | | | | | | | |

| 辞典和撰稿人 | 法兰西学术院 | 法兰西科学院 | 其他巴黎学院 | 王室医学协会 | 王室医业协会 | 王室审查官 | 学院 | 卫生学校 | 其他革命学校 | 反革命派 | 温和派 | 共和派 |
|---|---|---|---|---|---|---|---|---|---|---|---|---|
| 《教育》 | | | | | | | | | | | | |
| 拉克雷泰勒：见上 | | | | | | | | | | | | |
| 《语法，文学》 | | | | | | | | | | | | |
| J.-F. 马蒙泰尔，法兰西学术院，1723—1799年 | × | | | | | | | | | | | |
| N. 博泽，法兰西学术院，1717—1789年 | × | | | | | | | | | | | |
| 《法理学》 | | | | | | | | | | | | |
| A.-J. 布歇·达尔吉，律师，1750—1794年 | | | | × | | | | | | | | |
| 勒拉斯勒，律师 | | | | | | | | | | | | |
| J.-V. 德拉克鲁瓦，律师，1743—1792年 | | | | | | | | | × | | | |
| J.-P. 加朗·德·库隆，律师，1748—1816年 | | | | | | | | | | | × | |

| 辞典和撰稿人 | 法兰西学术院 | 法兰西科学院 | 其他巴黎学院 | 王室医学协会 | 王室农业审查官 | 王室学院 | 卫生学校 | 其他革命学校 | 反革命派 | 温和派 | 共和派 |
|---|---|---|---|---|---|---|---|---|---|---|---|
| P.-P.-N. 昂里翁·德·庞塞，律师，1742—1829年 | | | | | | | | | | | × |
| A.-R.-C. 贝托里奥神甫，律师，1750 ?—1812年 | | | | | | | | | | | |
| 《警察与市政》 | | | | | | | | | × | | |
| J.波歇，律师，1758—1830年 | | | | | | | | | | × | |
| 《财政》 | | | | | | | | | | | |
| 德·叙尔吉，首席财务官 | | | | × | | | | | | | |
| 《政治经济学与外交学》 | | | | | × | | | | | × | |
| J.N.德默尼耶，王室审查官，1751—1814年 | | | | | | | | × | | | |
| G.格里韦尔，律师，1735—1810 | | | | | | | | | | | |
| 《商业》 | | | | | | | | | | | |
| N.波多神甫，1730—1792年?：见上 | | | | | | | | | | | |
| 格里韦尔：见上 | | | | | | | | | | | |

| 辞典和撰稿人 | 法兰西学术院 | 法兰西科学院 | 其他巴黎学院 | 王室医学协会 | 王室农业协会 | 王室学院审查官 | 学院 | 卫生学校 | 其他革命学校 | 反革命派 | 温和派 | 共和派 |
|---|---|---|---|---|---|---|---|---|---|---|---|---|
| 《海事》 | | | | | | | | | | | | |
| H.-S. 维亚尔·迪·克莱布瓦,工程师－造船师,1733—1816年 | | | | | | | | | | | × | G |
| 布隆多,航海教授 | | | | | | | | | | | | |
| 《军事技艺》 | | | | | | | | | | | | |
| L.-F.-G. 德·凯拉利奥,铭文学院,1731—1793年 | | | × | | | | | | | | | |
| J.-G. 德·拉居埃,塞萨克伯爵,步兵上尉,1752—1841年 | | | | | | × | × | | × | | | |
| 雅布罗,王室榴弹兵上校 | | | | | | | | | | | | |
| 《炮兵》 | | | | | | | | | | | | |
| F.R.-J. 德·波默洛尔,炮兵上尉,1745—1823年 | | | | | | | | | | × | | |
| 《路桥》 | | | | | | | | | | | | |

| 辞典和撰稿人 | 法兰西学术院 | 法兰西科学院 | 其他巴黎学院 | 王室医学协会 | 王室农业协会 | 王室审查官 | 学院 | 卫生学校 | 其他革命学校 | 反革命派 | 温和派 | 共和派 |
|---|---|---|---|---|---|---|---|---|---|---|---|---|
| G.-C.-F.-M. 里什·德·普罗尼, 路桥检查员, 1755—1839年 | | | | | | | | | | | | x |
| 《学术技艺、驯马术、剑术、彝茵、游泳》没有列出作者 | | | | | | | | | x | | | |
| 《犬猪、狩猪、捕鱼》J. 拉孔布, 律师, 1724—1801年 | | | | | | | x | | | | | |
| 《美术》C.-H. 瓦特莱, 法兰西学术院, 1718—1786年 | | | x | | | | | | | | | |
| P.-C. 莱韦斯克, 圣彼得堡美术学院, 1736—1812年 | | | | | | | x | | | | | |
| 《音乐》J.-B.-A. 叙阿尔, 法兰西学术院, 1734—1817年 | x | | | | | | | | | x | | |

| 辞典和撰稿人 | 法兰西学术院 | 法兰西科学院 | 其他巴黎学院 | 王室医学协会 | 王室农业协会 | 王室审查官 | 学院 | 卫生学校 | 其他革命学校 | 反革命派 | 温和派 | 共和派 |
|---|---|---|---|---|---|---|---|---|---|---|---|---|
| N.-E. 弗拉梅里,阿图瓦伯爵,音乐总管,1745—1810年 | | | | | | | | | | | | × |
| P.-L. 冉格内,1748—1815年 | | | | | | | × | | | | | |
| 《建筑》 | | | | | | | | | | | | |
| A.-C. 卡特勒梅尔·德·坎西,1755—1849年 | | | | | | | × | | | | × | |
| 《技艺与职业》 | | | | | | | | | | | | |
| J.-M. 罗兰·德·拉普拉蒂埃尔,制造检查员,1732—1793年 | | | | | | | | | | | | G |
| 总计 | 7 | 15 | 7 | 18 | 8 | 12 | 30 | 5 | 12 | 7 | 15 | 18 |

# 参考文献说明

本书主要是以瑞士纳沙泰尔市立图书馆的纳沙泰尔印刷公司的档案为基础的。尽管它对旧制度出版和图书贸易有大量披露，从纳沙泰尔出发的观点可能是扭曲的。因此，作为补充，我在以下档案馆做了研究：

巴黎：国家图书馆，巴黎书商和印刷商联合会档案（Archive de la Chambre syndicale des libraires et imprimeurs de Paris），21863-4（庞库克与《方法百科全书》），21933-4（没收的禁书），21958，21966-7，22001（图书特许权）。阿尼松－杜佩隆藏书（Collection Anisson-Duperron），22073（杜普兰与孀居德尚），22086（《方法百科全书》），22100（没收的庞库克的对开本《百科全书》的第1—3卷）。

国家档案馆，$V^1$549，553，$V^6$1145（书商局与《方法百科全书》）。

巴黎档案馆（原塞纳省档案馆），5AZ2009，8AZ278（庞库克通信）。

巴黎市立历史图书馆，第770—1776，779，815号手稿（庞库克通信)。

日内瓦：公共与大学图书馆，补编第 148 号手稿（庞库克文档）。

国家档案馆，商业 F61-3（戈斯文档）。

阿姆斯特丹：书商利益促进会图书馆（Bibliotheek van de vereeniging ter bevordering van de belangen des boekhandels），马克·米歇尔·雷伊档案（《增补卷》与日内瓦对开本）。

大学图书馆（Universiteits-Bibliotheek），狄德罗捐赠（庞库克通信）。

牛津：博德利图书馆，法语 c. 31, d. 31 号手稿，Don. D.135（庞库克通信）。

芝加哥，伊利诺伊州：纽贝里图书馆，Case Wing Z 311. P188 手稿（富热鲁·德·邦达鲁瓦与庞库克），Z 45. 18, ser. 7（书商传单和编目）。

劳伦斯，堪萨斯州：肯尼斯·斯宾塞研究图书馆（Kenneth Spencer Research Library），第 99 号手稿（《方法百科全书》合同）。

鉴于有关百科全书派和《百科全书》的文献汗牛充栋，这里无法概述。就此主题较好的综述参见雅克·普鲁斯特（Jacques Proust），《狄德罗与百科全书》(*Diderot et l'Encyclopédie*, Paris, 1967) 以及亚瑟·威尔森（Arthur Wilson），《狄德罗》(*Diderot*, New York, 1972)。

尽管相关研究十分丰富，但《百科全书》的出版史因为史料缺乏一直都鲜为人知。有关第一版的起源与变化的基本信息，参见 Franco Venturi, *Le Origini dell'Enciclopedia* (Florence, 1946); Douglas

H. Gordon and Norman L. Torrey, *The Censoring of Diderot's Encyclopédie and the Re-established Text* (New York, 1947); R. N. Schwab, "Inventory of Diderot's *Encyclopédie*," *Studies on Voltaire and the Eighteenth Century*, LXXX(1971)。若干最初的出版商的相关档案，有一部分已经由路易-菲利普·梅（Louis-Philippe May）出版，"Histoire et sources de l'*Encyclopédie* d'après le registre de délibérations et de comptes des éditeurs et un mémoire inédit", *Revue de synthèse*, XV (1938), 1-109。但是，如拉尔夫·H. 博文（Ralph H. Bowen）所说，这篇论文用到的文献太少，不足以支撑牢固的经济解释，"The *Encyclopédie* as a Business Venture", *From the Ancien Régime to the Popular Front: Essays in the History of Modern France in Honor of Shepard B. Clough*, ed. Charles K. Warner (New York and London, 1969), pp. 1-22 and Norman L. Torrey, "L'*Encyclopédie* de Diderot, une grande aventure dans le domaine de l'édition", *Revue d'histoire littéraire de la France*, LI (1951), 306-317。通过彻底筛选这一材料，我们就第一版的商业史以及读者可以得出少量结论，最佳的呈现见 John Lough, "Luneau de Boisjermain v. the Publishers of the *Encyclopédie*", *Studies on Voltaire and the Eighteenth Century*, XXIII (1963), 115-173。亦见 Frank A. Kafker, "The Fortunes and Misfortunes of a Leading French Bookseller-Printer: André-François Le Breton, Chief Publisher of the *Encyclopédie*", *Studies in Eighteenth-Century Culture*, V(1976), 371-385。

随后几个版本的出版史在乔治·B. 沃茨（George B. Watts）于日内瓦发现了若干关键书信和公证档案后变得清晰可辨。Watts, "Forgotten Folio Editions of the *Encyclopédie*", *French Review*, XXVII (1953-54), 22-29, 243-244; "The Swiss Editions of the *Encyclopédie*", *Harvard Library Bulletin*, IX(1955), 213-235; "The Genevan Folio Reprinting of the *Ency-*

clopédie", *Proceedings of the American Philosophical Society*, CV (1961), 361–367; "The Supplément and the *Table analytique et raisonnée of the Encyclopédie*", *French Review*, XXVIII (1954–55), 4–19。通过研究布永印刷协会以及马克·米歇尔·雷伊的文书，费尔南·克莱芒（Fernand Clément）和雷蒙·F. 伯恩（Raymond F.Birn）揭示了《增补卷》出版背后的故事，及其与日内瓦对开本《百科全书》的关系。Clément, "Pierre Rousseau et l'édition des *Suppléments de 1'Encyclopédie*", *Revue des sciences humaines de la facultés des lettres de l'Université de Lille*, LXXXVI (1957), 133–143; Birn, "Pierre Rousseau and the philosophes of Bouillon", *Studies on Voltaire and the Eighteenth Century*, XXIX (1964)。约翰·洛（John Lough）在一系列史料翔实的文章中将这些素材放在了一起，收录于 *Essays on the Encyclopédie of Diderot and d'Alembert* (London, 1968) 以及 *The Encyclopédie in Eighteenth-Century England and Other Studies* (Neweastle upon Tyne, 1970)。（有关四开本和八开本见 Robert Darnton, "The Encyclopédie Wars of Prerevolutionary France", *American Historical Review*, LXXVIII (1973), 1331–1352, 这是本书的雏形。"消失"的四开本和八开本，以及拼凑版本的问题，在这篇文章中有进一步讨论：Darnton, "True and False Editions of the *Encyclopédie*, a Bibliographical Imbroglio", 将收录于日内瓦印刷和书籍历史国际学术讨论会的会议记录中。

有关意大利语版本的出版商和保护者，参见 Salvatore Bongi, "*L'Enciclopedia* in Lucca", *Archivio storico italiano*, 3d ser., XVIII (1873), 64–90; Ettore Levi-Malvano, "Les éditions toscanes de 1'*Encyclopédie*", *Revue de littérature comparée*, III (1923), 213–256; 以 及 Adriana Lay, *Un editore illuminista: Giuseppe Aubert nel carteggio con Beccaria e Verri* (Turin, 1973)。不过，除非发现新史料，似乎有关意大利语版《百科全书》的生

614

产和传播我们能够知道的不多。有关《伊韦尔东百科全书》的信息多少丰富一些，得益于这些研究：J. P. Perret, *Les imprimeries d'Yverdon au XVIIé et au XVIIIe siècle* (Lausanne,1945) 以及 E.Maccabez, *F. B. de Félice(1723-1789) et son Encyclopédie (Yverdon, 1770-1780)* (Basle, 1903)。

只有少量《方法百科全书》的档案散布在世界各地，如阿姆斯特丹、牛津、巴黎、芝加哥和堪萨斯州的劳伦斯。但是，《方法百科全书》的文本就包含了足够的素材，主要是给订购者的通知的影印版，足以让我们将其出版史拼接出来。就此而言，沃茨也写了一篇论文，为进一步研究打开了道路："The *Encyclopédie méthodique*", *Publications of the Modern Language Association of America*, LXXIII (1958), 348-366 以及若干有关庞库克的论文，并以一部传记而达到顶峰。"Charles Joseph Panckoucke, 'l'Atlas de la librairie frangaise", *Studies on Voltaire and the Eighteenth Century*, LXVIII (Geneva, 1969)。有关庞库克，亦见 David I.Kulstein, "The Ideas of Charles-Joseph Panckoucke, Publisher of the *Moniteur Universel*, on the French Revolution", *French Historical Studies*, IV(1966), 304-319 以及 Suzanne Tucoo-Chala, "La diffusion des lumières dans la seconde moitié du XVIIIe siècle: Ch. -J. Panckoucke, un libraire élairé (1760-1799)", *Dix-huitième siècle* (1974), pp. 115-128。图库-查拉夫人（Mme. Tucoo-Chala）的 *Charles-Joseph Panckoucke & la librairie française 1736-1789* (Pau and Paris, 1977) 详细讲述了庞库克的职业生涯。不幸的是，它在本研究完成之后面世，而它对于《百科全书》相关投机活动的讨论并不确切。

尽管除了前文第六章中所呈现的之外，别无有关《百科全书》的传播的数据，许多学者业已通过文学史料，尝试去勾勒《百科全书》的传播。*Cahiers de l'Association internationale des études françaises*, no.2 (May 1952) 的一期特刊中发表了若干这些研究。尤其见以下几篇文章：让·法布尔（Jean Fabre）讨论波兰的情况，让·萨拉耶（Jean Sarrailh）讨论西班牙的情况，吉贝尔·希纳尔（Gilbert Chinard）讨论美国的情况。后来还有两部更全面的研究：Roland Mortier, *Diderot en Allemagne (1750–1850)* (Paris,1954) 以及 Charly Guyot, *Le rayonnement de l'Encyclopédie en Suisse française* (Neuchâtel, 1955)。

百科全书派是一个群体，对它所进行的社会学分析容易被不具代表性的数据和错误的归类图示而弄得一团糟。最谦逊而有用的研究是 John Lough, *The Contributors to the Encycloepeédie* (London, 1973)。对狄德罗的合作者的特点和人数的不同看法，参见 Proust, *Diderot et l'Encyclopédie*, chap.1 and appendix I; Robert Shackleton, "The *Encyclopédie* and Freemasonry", *The Age of Enlightenment: Studies Presented to Theodore Besterman* (London,1967), 223–237; *The Encyclopédie and the Clerks*(Oxford,1970); Frank A. Kafker, "A List of Contributors to Diderot's Encyclopedia", *French Historical Studies*, III(1963), 106–122; "Les Encyclopédistes et la Terreur", *Revue d'histoire moderne et contemporaine*, XIV (1967), 284–295; Louis-Philippe May, "Note sur les origines maçonniques de l'*Encyclopédie* suivie de la liste des Encyclopédistes", *Revue de synthèse*, XVII (1939), 181–190; 以及 Takeo Kubawara, Syunsuke Turumi, and Kiniti Higuti, *Les collaborateurs de l'Encyclopédie, les conditions de leur organisation* (Kyoto, 1951)。

法国的书籍史研究部分是衍生于达尼埃尔·莫尔内（Daniel Mornet）的研究，尤其是他对 18 世纪图书馆的数据研究，"Les enseignements des bibliotheques privées (1750–1780)", *Revue d'histoire littéraire de la France*, XVII (1910), 449–496。莫尔内发现了大量的《百科全书》原稿，以及相关作品，如培尔（Bayle）的《辞典》。他由

此得出结论 (p. 455): "18 世纪, 凭借其深刻的倾向, 是一个百科全书的世纪无疑。"不过, 从这之后, 许多统计学研究 (有关遗嘱目录、图书馆编目、国王特权以及默认许可的请求状, 以及 18 世纪期刊的文章) 强调了 18 世纪文学文化中古旧、未启蒙的成分。这一取向最重要的例子是 François Furet and others, *Livre et société dans la France du XVIIIe siècle* (Paris and The Hague, 1965 and 1970), 2 vols. 有关这种新的史学分支, 其最好的两位实践者做了文献综述, 参见 Roger Chartier and Daniel Roche, "Le livre. Un changement de perspective", *Faire de l'histoire* (Paris, 1974), III, 115–136, 进一步的细节参见《法国历史杂志》(*Revue française d'histoire*) 的专刊 new ser., no. 16 (July-Sept. 1977)。法国研究中的定量方法的极致见 Robert Estivals, *La statistique bibliographique de la France sous la monarchie au XVIIIe siècle* (Paris and The Hague, 1965)。但还有更传统的研究, 大多数是地方性的, 如 Madeleine Ventre, *L'imprimerie et la librairie en Languedoc au dernier siècle de l'ancien régime 1700–1789* (Paris and The Hague, 1958); Jean Queniart, *L'imprimerie et la librairie à Rouen au XVIIIe siècle* (Paris, 1969); 以及 René Moulinas, *L'imprimerie, la librairie et la presse à Avignon au XVIIIe siècle* (Grenoble, 1974)。有关 18 世纪图书贸易的背景, 关键研究参见 Henri-Jean Martin, *Livre, pouvoirs et société à Paris au XVIIe siècle (1598–1701)* (Geneva, 1969)。David T. Pottinger, *The French Book Trade in the Ancien Regime* (Cambridge, Mass., 1958) 仅包含了比较浅的叙述, 以印刷文献为基础。

图书生产方面丰富的文献的简要综述, 以及分析性的参考文献, 参见 Philip Gaskell, *A New Introduction to Bibliography* (Oxford, 1972), 它可以作为沃尔特·格雷格爵士 (Sir Walter Greg)、弗雷德

索·鲍尔斯（Fredson Bowers）、R. B. 麦克罗（R. B. McKerrow）、格雷厄姆·波拉德（Graham Pollard）等人研究的进一步读物。在准备撰写本书过程中，最为重要的研究是 D. F. McKenzie, "Printers of the Mind", *Studies in Bibliography*, XXII (1969), 1-75; McKenzie, *The Cambridge University Press, 1696-1712* (Cambridge, Fng., 1966), 2 vols; Leon Voet, *The Golden Compasses* (Amsterdam, 1969 and 1972), 2 vols；以及 Raymond de Roover, "The Business Organization of the Plantin Press in the Setting of Sixteenth-Century Antwerp", *De gulden passer*, XXIV (1956)104-120。更为重要的还有 18 世纪的印刷手册：A. -F. Momoro, *Traité élémentaire de l'imprimerie ou le manuel de l'imprimeur* (Paris, 1793); S. Boulard, *Le manuel de l'imprimeur* (Paris, 1791);《百科全书》中的若干文章已有重印：Giles Barber, *Book Making in Diderot's Encyclopédie* (Westmead, Farnborough, Eng., 1973); 以及 Nicolas Contat (dit Le Brun), *Anecdotes typographiques d'un garçon imprimeur*, ed. Giles Barber (Oxford Bibliographical Society, 1979)，这是一位 18 世纪印刷厂工头的自传。有关熟练印刷工的生活的很多信息，参见 Paul Chauvet, *Les ouvriers du livre en France des origins à la révolution de 1789* (Paris, 1959)。但是，从直接出自印刷厂的史料展开的详尽叙述，就需要等待雅克·里什纳（Jacques Rychner）有关纳沙泰尔印刷公司的博士论文出版。该论文在文献学研究上，应该和剑桥大学出版社 D. F. 麦肯锡（McKenzie）的研究同样重要。欲先睹为快，不妨参见 Rychner, "A l'ombre des Lumières : coup d'oeil sur la main d'oeuvre de quelques imprimeries du XVIIIe siècle", *Studies on Voltaire and the Eighteenth Century*, CLV (1976), 1925-1955。

# 索 引

（词条中页码为原书页码，即本书边码。）

Academicians 学院院士，430—434

Académie française 法兰西学院，50

Académie royale des sciences 王室科学院，17

*Acquit à caution* 货物通运准单，157

Advertising 广告，251—254, 259—263；成本，257—258

Agasse de Cresne, Henri 阿加斯·德·克雷讷，亨利，493—495

Alembert, Jean Le Rond d' 达朗贝尔，让·勒·隆，13, 22；其哲学，7—9；与叙阿尔的合作，45—46, 50—52；他构思的《百科全书》史，52；《绪论》，397, 419

America, United States of 美国，318

Amsterdam 阿姆斯特丹，18, 19, 23

Andry, Charles-Louis-François 安德里，夏尔-路易-弗朗索瓦，433

Anisson-Duperron, Jacques 阿尼松-迪佩龙，雅克，69

*Annales politiques, civiles, et littéraires du dix-huitième siècle*《18世纪政治、世俗和文学年鉴》，249

Arbitration: in commercial disputes 仲裁：商业纠纷中的，379

Arnal, Jacques-François d' 达尔纳尔，雅克-弗朗索瓦，104—105, 108, 110, 187, 354—356

Arnaud, abbé François d' 达尔诺，弗朗索瓦，修道院院长，49, 433

Artois, Charles-Philippe de Bourbon, comte d' 阿图瓦，夏尔-菲利普·德·波旁，伯爵，432

# 索 引

Aubert, Giuseppe 奥贝尔，朱塞佩，34—35，315

Audambron and Jossinet 奥当布隆与若西内，364—365

Bacon, Francis 培根，弗朗西斯，419

Balzac, Honoré de 巴尔扎克·奥诺雷·德，243，392

Barret, Jean-Marie 巴雷，让-马里，61，73，133，134，136

Batilliot 巴蒂尤，79，325—326

Baudeau, abbé Nicolas 波多，尼古拉，修道院院长，432，444，468

Beaumarchais, Pierre-Augustin Caron de 博马舍，皮埃尔-奥古斯丁·卡龙·德，394，409

Beauzée, Nicolas 博泽，尼古拉，433，436

Bérenger, Jean-Pierre 贝朗热，让-皮埃尔，140，169—170

Bergier, abbé Nicolas-Sylvestre 贝尔吉耶，尼古拉-西尔维斯特神甫，436，444，452—453

Berne, Société typographique de 伯尔尼，印刷公司，19，36，106，136

Bertolio, abbé Antoine-René-Constance 贝尔托利奥，安托万-勒内-康斯坦斯神甫，433，444，516

Bertrand, Jean-Elie 贝特朗，让-埃利，39—40，60，330

Besançon 贝桑松，287—294

Blondeau 布隆多，432

Bonnaterre, abbé P. J. 博纳泰尔，P. J. 神甫，517

Bonnet, Charles 博内，夏尔，21

Booksellers: and *Encyclopédie* distribution 书商；与《百科全书》的分配，264—270，280

Booksellers' guild 书商公会，500—503，541—542

Bornand, Jacob-François 博尔南，雅各布-弗朗索瓦，150

Bosc, Louis-Augustin Guillaume 博斯克，路易-奥古斯丁·纪尧姆，429—430

Bosset de Luze, Abraham 博塞·德·吕兹，亚伯拉罕，53—56，84—91，306，310，372—381

Bossut, abbé Charles 博叙，夏尔神甫，431，432，444

Boucher d'Argis, Antoine-Gaspard 布歇·达尔吉，安托万-加斯帕

尔，15，433，436，514，516
Bouillon, Société typographique de 布永，印刷公司，18，19
Boulanger, Nicolas-Antoine 布朗热，尼古拉-安托万，10
Breteuil, Louis-Auguste Le Tonnelier, baron de 布勒特伊，路易-奥古斯特·勒托内利耶，男爵，499
Briasson, Antoine-Claude 布里亚松，安托万-克洛德，11
Brisson, Antoine-François 布里松，安托万-弗朗索瓦，455
Brissot, Jacques-Pierre 布里索，雅克-皮埃尔，499
Broussonet, Pierre-Marie-Auguste 布鲁索内，皮埃尔-马里-奥古斯特，431，514，510
Bruguières, Jean-Guillaume 布吕吉耶，让-纪尧姆，516
Brunet 布律内，18
Bruysset, Jean-Marie 布吕赛，让-马里，59，60
Buffon, Georges-Louis Leclerc, comte de 布丰，乔治-路易·勒克莱克，伯爵，10—11，17，122，404，408

Cabinets littéraires 文学图书室，288
Cailler, Jean-Samuel 卡耶，让-萨米埃尔，137
Capel 卡佩尔，161—162
Carra, Jean-Louis 卡拉，让-路易，499
Cartesianism 笛卡尔主义，7
Castries, Charles de La Croix, marquis de 卡斯特里，夏尔·德·拉克鲁瓦，侯爵，499
Catherine II 叶卡捷琳娜二世，465
Chambers, Ephraim 钱伯斯，埃弗拉伊姆，28
Chambon de Montaux, Nicolas 尚邦·德·蒙托，尼古拉，433，516
Charles, Jacques-Alexandre-César 夏尔，雅克-亚历山大-凯撒，513—514
Charmet 沙尔梅，85
Chauchat 肖夏，17—18
Chaussier, François 肖斯耶，弗朗索瓦，516，517
Chénier, Marie-Joseph 谢尼埃，马里-约瑟夫，495
舒瓦瑟尔，艾蒂安-弗朗索瓦，公爵，18

*Clef du cabinet des souverains*《君主密室的钥匙》, 495

Clement XII 克雷芒十二世, 12

Clergy: threat to the *Encyclopédie* 神职人员：对《百科全书》的威胁, 9—12, 22, 120—121, 339, 536

Colombier, Jean 科隆比耶, 让, 433

Condorcet, Antoine-Nicolas, marquis de 孔多塞, 安托万-尼古拉, 侯爵, 45—46, 431, 444, 514, 516

Copenhagen 哥本哈根, 308—309

Court de Gébelin, Antoine 库尔·德·热伯兰, 安托万, 467

Cramer, Gabriel 克拉梅尔, 加布里埃尔, 18—24

Cuchet 屈谢, 213

Damilaville, Etienne-Noël 达米拉维尔, 艾蒂安-诺埃尔, 10, 15

Daubenton, Louis-Jean-Marie 多邦通, 路易-让-马里, 10, 431, 450; 在大革命期间的生涯 513, 514, 516, 517

David, Michel-Antoine 达维德, 米歇尔-安托万, 11

Dehorne, Jacques 德奥尔内, 雅克, 433, 436

Delacroix, Jacques-Vincent 德拉克鲁瓦, 雅克-樊尚, 433

*Description des arts et métiers*《技艺与职业的描述》, 199, 201 注

Desmarets, Nicolas 德马雷, 尼古拉, 432, 514, 517

Desmeunier, Jean-Nicolas 德莫尼耶, 让-尼古拉, 436, 514, 516

Desmoulins, Camille 德穆兰, 卡米耶, 499

Dessaint, Jean 德尚, 让, 17—18

Deveria 德韦里亚, 397—402, 410, 415—416

Diderot, Denis 狄德罗, 德尼, 5, 16, 48—49; 其哲学, 7—9; 有关《百科全书》的回忆录, 17, 46—48, 418—419

Digeon, Jancques-Marie 迪吉翁, 雅克-玛丽, 468

Diodati, Ottaviano 迪奥达第, 奥塔维亚诺, 34

Doublet, François 杜布莱, 弗朗索瓦, 433, 516

Duclos, Charles Pinot 杜克罗, 夏尔·皮诺, 10

· 733 ·

Duhamel, Jean-Pierre-François 杜阿梅尔, 让-皮埃尔-弗朗索瓦, 432

Duhamel du Monceau, Henri-Louis 杜阿梅尔·杜·蒙梭, 亨利-路易, 423

Du Peyrou, Pierre-Alexandre 杜佩鲁, 皮埃尔-亚历山大, 405

Duplain, Joseph 杜普兰, 约瑟夫, 35, 64, 246, 536; 他的背景, 59—63; 与《第戎协定》, 76—78; 四开本第三版的谈判, 100—106, 116—124; 财务压力, 107—108, 110—111; 第三版的合同, 127—129; 对洛桑八开本声明的反应, 139, 144—147; 四开本的广告, 251—254, 259—260; 给巴蒂尤的信, 325—326; 私人订单列表, 335; 与纳沙泰尔印刷公司的争执, 336—343, 346—347, 359; 他的欺诈行为, 360—373; 他日后的生涯, 389—392

Durand, Laurent 杜朗, 洛朗, 11

Encyclopédie《百科全书》

对开本第一版, 33, 37; 相关档案文献, 5—6; 销售, 11, 15, 16; 特许权被撤回, 12—13, 29; 它的作者, 14—15, 437—447; 它的订购者, 17

对开本第二版, 34, 37; 相关档案文献, 6; 其印刷, 18—24; 第一到三卷被没收, 23; 计划从巴黎发货, 22—23, 26; 其合法化, 27, 31; 庞库克的合同, 43注, 44

八开本, 35—36, 37; 它的传播, 6; 订购通告, 137—138; 与四开本联盟的谈判, 139—147; 走私进入法国, 162—164; 第二版计划书, 173—174; 在欧洲的销售, 300—319; 与庞库克清算, 377

《方法百科全书》, 13, 36, 106, 377—378; 与纳沙泰尔档案馆, 6; 庞库克的提议, 332—333, 335; 计划书, 344, 455—457, 460—464; 盗版的尝试, 385, 388, 465, 466; 德韦里亚的计划, 397—402; 庞库克所取得的, 410—415; 重新编排后的, 417—422; 庞库克作为编者, 423—429; 延期与成

本上涨，467—480，486—189；大革命的影响，481—496；与职业化，518，519

伊韦尔东版，36，62；与庞库克的商业战，19—21；销售，24，250，300—312；提议增补，322

卢卡版，19，34，37；相关档案文献，0；在意大利的销售，314-315

里窝那版，19，34—35，37；相关档案文献，6；在意大利的销售，314—316

Encyclopedism 百科全书主义：定义，7；其社会背景，14—15；与雅各宾主义，511—519，539—541

Encyclopedists 百科全书派：他们的社会背景，14—15，430—437；两代人相比较，437—447；与职业化，446，451—453

Fauche, Samuel 福什，萨米埃尔，39，40，277

Favarger, Jean-François 法瓦吉，让-弗朗索瓦，111—114，257，270—273

Félice, Fortuné-Barthélemy de 菲利斯，福蒂内-巴泰勒米·德，19—21. 亦见伊韦尔东

Flesselles, Jacques de 弗莱塞尔，雅克·德，156

Fougoroux de Bondaroy, Auguste-Denis 富杰胡·德·邦达罗瓦，奥古斯特-德尼，423—430，436

Fourcroy, Antoine-François, comte de 富克鲁瓦，安托万-弗朗索瓦，伯爵，431，444，488；与大革命，511—517 各处

Fournier le jeune 小富尼耶，58

Framery, Nicolas-Etienne 弗拉梅里，尼古拉-艾蒂安，434

Franklin, Benjamin 富兰克林，本杰明，243，465

Frederick II 弗雷德里希二世，10，51—52

French Revolution: effect on publishing industry 法国大革命：对出版业的影响，482—485，490—491；作为一场文化革命，539—545

Gaillard, Gabriel-Henri 加亚尔，加布里埃尔-亨利，434，436，

440, 508—509

Garran de Coulon, Jean-Philippe 加朗·德·库隆, 让-菲利普, 433, 514, 515, 516

*Gazette de Berne*《伯尔尼报》, 20, 137, 258

*Gazette de France*《法兰西报》, 70, 505—506

*Gazette de Leyde*《莱顿报》, 20, 64, 258

*Gazzetin*《新闻报》, 484

Geneva 日内瓦, 6, 18, 19, 22—23, 131—133, 178 日内瓦, 印刷公司, 405, 409, 410

Gillispie, Charles C 吉利斯皮, 夏尔·C., 511

Ginguené, Pierre-Louis 冉格内, 皮埃尔-路易, 433, 434, 444; 大革命期间的生涯, 514, 516, 517

Girardin, marquis de 吉拉尔丹, 侯爵, 406

Gosse, Pierre, Junior 戈斯, 小皮埃尔, 19—20, 25, 249, 250, 322

Grabit, Joseph Sulpice 格拉比, 约瑟夫·叙尔皮斯, 134—136

Grimm, Friedrich Melchior 格里姆, 弗里德里希·梅尔希奥, 10

Grivel, Guillaume 格里韦尔, 纪尧姆, 468, 517

Guénau de Montbeillard, Philibert 格诺·德·蒙贝亚尔, 菲利贝尔, 467

Guyton de Morveau, Louis-Bernard 吉东·德·莫尔沃, 路易-贝尔纳, 436, 475—476, 488; 大革命期间的生涯, 511—517

Hague, 海牙 The, 19

Haller, Albrecht von 阿莱, 阿尔布雷希特·冯, 21

Helvétius, Claude-Adrien 爱尔维修, 克劳德-阿德里安, 11—12, 289

Henrion de Pansey, Pierre-Paul Nicolas 昂里翁·德·庞塞, 皮埃尔-保罗·尼古拉, 433

Heubach, Jean-Pierre 霍伊巴赫, 让-皮埃尔, 136—137

Holbach, Paul Thiry, baron d' 霍尔巴赫, 保罗·蒂里, 男爵, 8, 10, 40, 289, 433

Holland 荷兰, 309—312

Imprimerie voyale 王室印刷厂, 17
Ink: supplies for quarto 油墨：四开本的供应, 182
Institut de France 法兰西学院, 518
Ireland 爱尔兰, 309
Italy 意大利, 316—318, 465

Jaucourt, Louis, chevalier de 若古, 路易, 骑士, 8, 10, 13, 15, 418, 446, 508—509
Jeanroi, Dieudonné 让鲁瓦, 迪厄多内, 433
Jefferson, Thomas 杰斐逊, 托马斯, 318—319, 465
Journal de Paris《巴黎杂志》, 74
Journal de politique《政治杂志》, 23, 69
Journal de politique et de littérature《政治与文学杂志》, 249
Journal des savants《学者杂志》, 21
Journal encyclopédique《百科全书杂志》, 21, 23, 74
Journal helvétique《瑞士杂志》, 20, 199, 258
Journal historique et politique de. Genève《日内瓦历史与政治杂志》, 23, 74

Journalism: under the Revolution 新闻业：大革命之下的, 503, 508; 庞库克谈英国出版业, 503, 504—505

Kafker, Frank A. 卡夫卡, 弗兰克·A., 438, 512
Kéralio, Louis-Félix Guinement de 凯拉利奥, 路易-费利克斯·吉内芒·德, 432, 516

Lacombe, Jacques 拉孔布, 雅克, 435, 444
Lacretelle, Pierre-Louis 拉克雷泰勒, 皮埃尔-路易, 434, 514, 516
Lacuée, Jean-Gérard de, comte de Cessac 拉库埃, 让-热拉尔·德, 塞萨克伯爵, 444, 514, 515, 516
La Harpe, Jean-François de 拉阿尔普, 让-弗朗索瓦·德, 49, 249, 434
Lalande, Joseph-Jérôme Lefrançois de 拉朗德, 约瑟夫-杰罗姆·勒弗朗索瓦·德, 430—431, 514
Lamarck, Jean-Baptiste de Monct, chevalier de 拉马克, 让-巴蒂

斯特·德·莫奈,骑士,423,
431,444,450,476,511;大
革命期间的生涯,516,517

Lambert, Michel 朗贝尔,米歇尔,
69

Lambot 朗博,18

La Mettrie, Julien Offroy de 拉默特里,
朱利安·奥弗鲁瓦·德,289

Laserre, abbé Jean-Antoine do 拉塞
尔,让-安托万·德,神父,
98,99,197—203

La Tourette 拉图雷特,156

Lausanne, Société typographique de 洛
桑,印刷公司,36,106,136

La Vallière, Louis-César la Baume Le
Blanc, duc de 拉瓦利埃,路易-
凯撒-拉博姆·勒勃朗,公爵,
17

Lavoisier, Antoine-Laurent de 拉瓦锡,
安托万-洛朗·德,511

Le Breton, André-François 勒布雷
顿,安德烈-弗朗索瓦,11,
13,15,17,25

Leghorn 里窝那,参见《百科全
书》,里窝那版

Lenoir, Jean-Charles-Pierre 勒努瓦,
让-夏尔-皮埃尔,72,156,
498—499

Leopold, Grand Duke of Tuscany 利
奥波德,托斯卡纳大公,35,
315,465

Lépagnez 莱帕涅,384

Le Rasle 勒拉斯勒,433

Le Roy, Amable 勒鲁瓦,阿马布勒,
214,247,256,372,383,
534

Levasseur, Thérèse 勒瓦瑟,泰雷兹,
406,409

Lévesque, Pierre-Charles 莱韦斯克,
皮埃尔-夏尔,433

Liège 列日,466

Linguet, Nicolas-Simon-Henri 兰盖,
尼古拉-西蒙-亨利,114—
115,249—251

Locke, John 洛克,约翰,7

London 伦敦,309

Lough, John 洛,约翰,6,438

Louis, Antoine 路易,安托万,49,
431,446,517

Lucca,卢卡,参见《百科全书》,
卢卡版

Luneau de Boisjermain, Pierre-Joseph-
François 卢诺·德·布瓦热尔曼,
皮埃尔-约瑟夫-弗朗索瓦,5,

11, 16, 47—48, 478

Lyons 里昂, 59—61, 120, 178—179, 280

Madison, James 麦迪逊, 詹姆士, 318, 319, 465

Malesherbes, Chrétien-Guillaume de Lamoignon de 马勒泽布, 克雷蒂安-纪尧姆·德·拉穆瓦尼翁·德, 9—10, 12—13, 27

Mallet, abbé Edme 马勒, 埃德姆神父, 15

Mallet du Pan, Jacques 马莱·迪庞, 雅克, 251

Marchais, madame de 马尔谢, 夫人, 433

Marcinhes, Louis 马西纳, 路易, 213, 354

Marie-Antoinette 玛丽-安托瓦内特, 432

Marmontel, Jean-François 马蒙泰尔, 让-弗朗索瓦, 10, 49, 495; 《方法百科全书》的供稿者, 431, 433, 436; 大革命期间的生涯, 513, 515

Maupeou, René-Nicolas de 莫普, 勒内-尼古拉·德, 18, 49, 66

Maurepas, Jean-Frédéric Phélypeaux, comte de 莫勒帕, 让-弗雷德里克·菲利波, 伯爵, 72

Mentelle, Edme 芒泰尔, 埃德姆, 432, 436, 509, 516, 517

*Mercure*《信使报》, 69, 74, 258, 505—506

Merlino de Giverdy 梅利诺·德·吉维尔迪, 117, 120

Miromesnil, Armand-Thomas de 米罗梅斯尼尔, 阿尔芒-托马·德, 156, 499

Monge, Gaspard 蒙热, 加斯帕尔, 432, 455, 476; 大革命期间的生涯, 511, 514, 516, 517

Mongez, abbé Antoine 蒙杰, 安托万神父, 514, 516

*Moniteur universel*《导报》, 484

Monroe, James 门罗, 詹姆士, 465

Montesquieu, Charles de Secondat, baron de 孟德斯鸠, 夏尔·德·塞孔达, 男爵, 10

Montmorin de Saint Hérem, Armand Marc, comte de 蒙莫兰·德·圣埃兰, 阿尔芒·马克, 伯爵, 499

Moreau, Jacob-Nicolas 莫罗, 雅各-尼古拉, 10

Morellet, abbé André 莫列雷，安德烈神甫, 10, 49, 386, 513

Mornet, Daniel 莫尔内，达尼埃尔, 451

*Morning-Herald*《晨报》, 258

Mouchon, Pierre 穆雄，皮埃尔, 79

Mouchy, Philippe de Noailles, duc de 穆西，菲利普·德·诺阿伊，公爵, 17

Naigeon, Jacques-André 奈吉翁，雅克-安德烈, 10, 418, 452, 516

Necker, Jacques 内克，雅克, 499

纳沙泰尔公司, 3

Neuchâtel, Société typographique de: archives 纳沙泰尔，印刷公司：档案, 3, 6; 与庞库克的合同, 29—30, 31, 43—44;《百科全书》的投机, 38—43; 他们在杜普兰四开本中的配合, 80—82, 92; 与庞库克的冲突, 82—91; 尝试印刷四开本第三版, 102—106, 108, 111, 124, 127, 129—130; 第三版出版商名称, 113—115; 财务紧张, 125—127; 第三版合同, 127—129; 有关八开本的争执, 139, 143—147, 149—153, 166—176; 参与"瑞士邦联"149; 走私活动, 159—160; 招募劳动力, 207—212; 印刷工人工资, 214—221; 工作组织, 221—227; 印刷质量受批评, 230, 235—236; 四开本工作流程分析, 239, 242; 竞标印刷《分析表》, 350—352; 从《百科全书》中取得的最终利润, 381—385; 计划盗版《方法百科全书》, 385—388; 尝试取得卢梭的手稿, 402—403, 409—410; 处置《方法百科全书》中的股份, 412—413

Néville, Le Camus de 内维尔，勒加缪·德, 65, 72, 156, 499, 537, 538

Newton, Sir Isaac 牛顿，艾萨克勋爵, 7

Noailles, Louis, vicomte de 诺阿耶，路易，子爵, 17

Olivier, Guillaume-Antoine 奥利维耶，纪尧姆-安托万, 516

Ostervald, Frédéric-Samuel 奥斯特瓦尔德，弗雷德里克-萨米埃尔，39，84—91，167—171，383—388

Palissot, Charles 帕里索，夏尔，10

Panekoucke, Charles Joseph 庞库克，夏尔·约瑟夫：与对开第二版，17—24；取得《百科全书》特许权，29—31；与叙阿尔合作，45—46，49—50；与巴黎图书公会，68—89，70—71；他受到政府保护，72—75，535—539；他与杜普兰的合同（《第戎协定》），76—78；就四开本第三版的谈判，100—106，116—124，127—129；反对八开本，141—143，145，154—156，163—164，173—175；与计划中的《索引表》，333—334；他的性格，392—394；他接管《方法百科全书》，400—402，410—416；投机伏尔泰和卢梭的文稿，402—410；作为《方法百科全书》的编辑，416—430；他出版《方法百科全书》时的困难，454—458，460—493；他在《方法百科全书》中的文章，447—449；创办自己的印刷场，485—486；去世，495；与革命报业，503—508；他的革命政治，500—510，542，544

Paper 纸张，97—98，99，521；供应，186—187，188—189；成本，185—186，195；生产，187，193，195—196；纳沙泰尔四开本中的嫁接，189—194

*Paquet* system 长条系统，216，217，237

Parlement of Paris 巴黎高等法院，9，12

Parmentier, Antoine-Augustin 帕尔芒耶，安托万-奥古斯丁，488

Pellet, Jean-Léonard 佩莱，让-莱奥纳德，64，113—115，178，215—217，255

Périsse frères 佩里斯兄弟，59，60，61，270

Perregaux, Jean-Frédéric 佩雷戈，让-弗雷德里克，41，82

Perrin Affair 佩兰事件，349—360

Petit, Antoine 珀蒂，安托万，49

Peuchet, Jacques，波歇，雅克 433, 435, 516

Pfaehler 普法勒，136, 150

Plomteux, Clément 普隆特，克莱芒，35, 57, 89, 414—416

Pommereul, François-René-Jean de 波默洛尔，弗朗索瓦-勒内-让·德，444, 514, 516

Portugal 葡萄牙，312

Prades, abbé Jean-Martin de 普拉德，让-马丁·德，神甫，9—10, 12

Price 价格：《百科全书》的价格，相对于其他生活必需品，273—277

Printers' slang 印刷工的俚语，243, 244

Privilege 特许权，3, 27—28, 496—498；《百科全书》的，28—31；受 1777 年 8 月 30 日诏令的改动，66—68; 庞库克提议的改革，500—501, 538

Prony, Gaspard-Clair-François-Marie Riche de 普罗尼，加斯帕尔-克莱尔-弗朗索瓦-马里·里什·德，432, 516, 517

Prost de Royer, Antoine-François de 普洛斯特·德·鲁瓦耶，安托万-弗朗索瓦·德，156

Proust, Jacques 普鲁斯特，雅克，14, 438, 441

Quandet de Lachenal, Nicolas-Guillaume 冈代·德·拉舍纳尔，尼古拉-纪尧姆，354, 412

Quatremère de Quincy, Antoine-Chrysostome 卡特勒梅尔·德·坎西，安托万-克里索斯托姆，434, 436, 514, 515, 516

Quesnay, François 魁奈，弗朗索瓦，10

Regnault, Gabriel 勒尼奥，加布里埃尔，35, 57—58, 60, 61, 76, 344, 354

Regnier 勒尼耶，488

Rémy, abbé 雷米，神甫，407

Restif de la Bretonne, Nicolas-Edme 雷蒂夫·德·拉布勒托内，尼古拉-埃德姆，243

Revol, Jacques 勒沃尔，雅克，157—159, 162

Rey, Marc-Michel 雷伊，马克-米歇尔，18, 22, 57

## 索引

Robert, François 罗贝尔，弗朗索瓦, 436, 440, 515, 516

Robinet, Jean-Baptiste 罗比内, 让-巴蒂斯特, 18, 21, 22—23

Roche, Daniel 罗什, 达尼埃尔, 441

Roland de la Platière, Jean-Marie 罗兰·德·拉帕蒂埃尔, 让-马里, 432, 444—445, 509, 514, 516

Rouen 鲁昂, 89

Rousseau, Jean-Jacques 卢梭, 让-雅克, 8, 10, 17, 272, 402—410

Rousseau, Pierre 卢梭, 皮埃尔, 18, 21, 22—23

Saint Lambert, Jean-François, marquis de 圣朗贝尔, 让-弗朗索瓦, 侯爵, 10, 49

Sales (of quarto)：(四开本的) 销量：地理分布, 278—286；其社会模式, 295—299；砍价, 344—345

Schwab, Richard 施瓦布, 理查德, 438

Senebier, Jean 塞纳比耶, 让, 426—428

Seven Years' War 七年战争, 11

Spain 西班牙, 312—313, 465

Spying 间谍活动, 353—354

Stoupe, Jean-Georges-Antoine 斯图普, 让-乔治-安托万, 23

Suard, Jean-Baptiste Antoine 叙阿尔, 让-巴蒂斯特·安托万, 45—46, 49—50, 86—87, 88；他用于修订对开版本的开支, 58—59, 396；他的改写计划终结, 401—402；他对《方法百科全书》的贡献, 421—422, 433《百科全书》的《增补卷》, 18, 21, 22—23, 31, 33

Surgy, Rousselot de 叙尔吉, 鲁斯洛·德, 432, 468

Table analytique《索引表》, 99—100, 333—334, 350—352, 356, 365, 378, 383—384

Teller d'Acosta 特莱·达科斯塔, 425

Tessier, abbé Alexandre-Henri 泰西耶, 亚历山大-亨利神甫, 423, 426, 429, 488

Thomas, Antoine-Léonard 托马, 安

托万-莱奥纳尔，49

Thomism 托马斯主义，7

Thouin, André 图万，安德烈，423，429，431，488，516，517

Thouret, Michel-Augustin 图雷，米歇尔-奥古斯丁，516，517

Toulouse 图卢兹，131—133

Tournes, Samuel de 图尔内，萨米埃尔·德，18，21—23，45

Toussaint, François-Vincent 图桑，弗朗索瓦-樊尚，10

Turgot, Anne-Eobert-Jacques 杜尔哥，安内-罗贝尔-雅克，10，27，66，432

Venel, Gabriel-François 韦内尔，加布里埃尔-弗朗索瓦，511

Verdier, Jean 韦迪耶，让，433

Vergennes, Charles Gravier, comte de 韦尔热内，夏尔·格拉维耶，伯爵，72，156，499

Vernange, Louis 韦尔南奇，路易，181—182，207—208

Vial du Clairbois, Honoré-Sébastien 维亚尔·杜克莱尔布瓦，奥诺雷-塞巴斯蒂安，432

Vicq d'Azyr, Félix 维克·达齐尔，费利克斯，431，432，436，439—440，468，476；在大革命期间的生涯，514，517

Voltaire, François-Marie Arouet 伏尔泰，弗朗索瓦-玛丽·阿鲁埃，10，13，17；他的《关于〈百科全书〉的问题》，20，62，417—418；他的手稿，403—409

Watelet, Claude-Henri 瓦特莱，克洛德-亨利，433，435—436，446，467

Watts, George B. 沃茨，乔治·B.，6

Yverdon 伊韦尔东，19

# 编后说明

《启蒙运动的生意》自首次中文版问世已十余年，此次经叶彤（英文部分译者）、顾杭（法文部分译者）两位译者重新校订，并征得他们同意，请申华明、董子云两位译者补译了首版未译部分（申华明译附录A之I—XVIII；董子云译附录B、C、D，参考文献说明以及索引），本书才得以再版。在此向各位译者谨表谢忱！

商务印书馆编辑部
2022年7月

## 图书在版编目（CIP）数据

启蒙运动的生意：《百科全书》出版史：1775–1800 /（美）罗伯特·达恩顿著；叶彤，顾杭译. —北京：商务印书馆，2023
（新文化史名著译丛）
ISBN 978-7-100-21642-5

Ⅰ.①启… Ⅱ.①罗… ②叶… ③顾… Ⅲ.①百科全书—出版发行—史料—世界—1775–1800 Ⅳ.① G237.4

中国版本图书馆 CIP 数据核字（2022）第 177307 号

**权利保留，侵权必究。**

### 启蒙运动的生意
#### 《百科全书》出版史（1775–1800）

〔美〕罗伯特·达恩顿　著
叶彤　顾杭　译

商 务 印 书 馆 出 版
（北京王府井大街36号　邮政编码100710）
商 务 印 书 馆 发 行
北京通州皇家印刷厂印刷
ISBN 978-7-100-21642-5

| | |
|---|---|
| 2023年1月第1版 | 开本 880×1230　1/32 |
| 2023年1月北京第1次印刷 | 印张 23⅝ |

定价：128.00 元